깨져야 깨친다

불교학자 박성배 교수와 제자 심리학자 황경열 교수의 편지글

불교총서 20

깨져야 깨친다
불교학자 박성배 교수와 제자 심리학자 황경열 교수의 편지글

지은이   박성배·황경열
펴낸이   오정혜
펴낸곳   예문서원

편집   유미희
인쇄 및 제책   주) 상지사 P&B

초판 1쇄   2019년 10월 23일
초판 2쇄   2020년 8월 3일

출판등록   1993년 1월 7일(제307-2010-51호)
주소   서울시 성북구 안암로 9길 13, 4층
전화   925-5913~4 ｜ 팩스   929-2285
전자우편   yemoonsw@empas.com

ISBN 978-89-7646-399-9   03220
YEMOONSEOWON 13, Anam-ro 9-gil, Seongbuk-Gu, Seoul, KOREA 02857
Tel) 02-925-5913~4 ｜ Fax) 02-929-2285

값   50,000원

불교총서 20

깨져야 깨친다

불교학자 박성배 교수와 제자 심리학자 황경열 교수의 편지글

박성배 · 황경열 지음

예문서원

1. 박성배 선생님을 만나기까지

돌이켜보면 저는 어릴 때부터 심리적 갈등과 고민 때문에 고통스러웠습니다. 갈등과 고민이 남보다 많았는지 아니면 남보다 민감하게 느꼈는지 모르겠지만 어쨌든 저는 철이 들면서부터 지금까지 줄곧 고통에서 벗어나려는 노력의 연장선상에 있습니다. 고통 극복의 한 방편으로 중학교 시절에는 스님이 되고 싶었습니다. 스님이 되고 싶은 간절한 소망은 박성배 선생님을 만날 때까지도 계속되었습니다.

대학에서는 심리학과에 학사편입해서 오랫동안 정신분석공부에 몰두하였습니다. 정신분석 지식을 저에게 적용시켜 고통으로부터 저를 해방시키려는 체험 위주의 공부를 하였습니다. 한약방의 약상자식으로 정신분석 지식과 정보를 단순히 머리에 담는 것을 주된 공부로 삼지는 않았습니다. 정신분석을 통해 밤낮없이 심지어 꿈에서조차 괴로움에서 벗어나고자 노력하였습니다. 이런 끊임없는 노력으로 교수가 되면 고통으로부터 벗어나리라 기대하였습니다. 정신분석은 그 당시의 저를 정화시키고 변화시키는데 많은 도움을 주었고 장점을 가지고 있음에는 틀림없습니다. 그러나 박성배 선생님의 가르침에 입각해서 보면, 정신분석은 이원론적, 몸짓적 사고구조를 가지고 있고, 절대자유의 세계에 도달하는 것을 목표로 삼지도 않기 때문에 저를 고통으로부터 완전히 해방시켜 주지 못하였습니다. 정신분석은 지금은 고통스럽지만 열심히 노력하면 차츰 차츰 고통에서 벗어날 것이라고 하는데, 바로 이 점 때문에 저를 고통으로부터 해방시켜 주지 못하였습니다. 자연스럽게 불교에 귀의하지 않고서는 괴로움으로부터 벗어날 수 없다는 생각을 하게 되었습니다.

저는 어린 시절부터 불교에 관심을 가지고 있었습니다. 1996년을 전후해서 대략 1년 정도 불교모임에서 불교경전을 읽었습니다. 그 당시 이 공부는 저의 가슴에 와 닿는 체험 위주의 공부가 아니라 사변적이고 관념적인 언어·문자 위주의 공부였습니다. 그저 돌아가면서 경전을 읽는 것이었습니다. 저의 목마름을 해소시키기에는 역부족이었습니다. 차라리 아침저녁으로 108배를 하는 것이 나을 듯했고, 이 무렵 어느 스님으로부터 주력을 배웠기 때문에 이 모임에서 과감하게 탈퇴하였습니다. 그 후 오랫동안 아침저녁으로 108배를 하며 열심히 기도하였고, 절이 너무 하고 싶어 해인사 백련암에서 삼천배도 몇 차례 하였습니다. 1990년 이후 큰스님 몇 분의 법문을 들었습니다. 어떤 큰스님은 직접 찾아뵈었고 다른 큰스님은 녹음법문을 들었습니다. 큰스님 중 두 분을 소개합니다. 1996년, 10여 개의 카세트테이프로 된 성철 큰스님의 백일법문과 백일법문 책을 구해서 듣고 읽었지만 그 당시는 성철 큰스님께서 전하시는 메시지를 파악하지 못했습니다. 이때는 성철 큰스님과의 시절인연이 무르익지 않았습니다. 그러다가 1998년, 청화 큰스님의 녹음법문을 듣고 완전히 빠져들었습니다. 그로부터 2년 여 동안 청화 큰스님을 저의 마음속에서 스승으로 모시고 큰스님의 말씀을 좇아 열심히 공부하였습니다. 물론 찾아뵙고 가르침도 받았습니다. 이 당시 출가 수행승이 되고 싶은 충동은 굉장히 강렬하였습니다. 처자식이 없었더라면 아마도 스님이 되었을 것입니다. 1998년부터 술과 담배는 완전히 끊었고, 채식만 했으며 오신채도 먹지 않았습니다. 식사량은 아주 적었습니다. 이전부터 요가체조도 줄곧 해 오던 터라 모든 감각이 아주 예민해졌고 몇 가지 신비체험도 하였습니다. 특히 채식에 대한 저의 결의는 아주 대단해서 그 누구도 저의 채식습관을 바꿀 수 없었습니다. 당시 저는 스스로 생각하기에 청화 큰스님의 가르침도 받아 익혔고 계행청정도 철저하게 지켰습니다. 그런 제가 자랑스러웠고 공부에 자신감이 있었습니다. 이러는 가운데 2000년, 청화 큰스님과 박성배 선생님의 도움으로 박성배 선생님께서 계신 미국 뉴욕주립대학교 스토니브룩대학에서 1년간 연구년을 갖게 되었습니다. 미국으로 가겠다고 마음을 낸 최초의 동기는 청화 큰스님의 승인 하에 큰스님께서 계셨던 로스앤젤레스 근교에 있는 금강선원에 가서 생명의 근본인 불성자리로 돌아가 불이의 경지를 체험하려는 것이었습니다. 뉴욕주립대학교 스토니브룩대학에 도착한 후 박성배 선생님께 전후사정을 말씀드려 양해를 구하고 금강선원으로 갈 계획이었습니다.

2. 몸짓 닦음

박성배 선생님과의 만남은 저의 삶에 있어서 혁명적인 전환점이었습니다. 다시 태어난 것입니다. 선생님을 만난 후 어린 시절부터 품어온 머리 깎고 승복 입고 절에 사는 겉모습 흉내의 몸짓 출가는 접었습니다. 그러나 제가 가지고 있는 모든 것을 아낌없이 완전히 다 버리고 부처님의 가르침으로 돌아가는 몸 출가를 결심하였고 이는 아직도 진행 중입니다. 철저하게 깨져서 깨치는 환골탈태의 몸 출가는 현재도 계속하고 있습니다. 선생님께서 항상 말씀하시는 '무상한 몸짓세계에서 벗어나 몸세계로 돌아가는 몸 바꾸기 즉 전의'가 저의 평생 관심사가 되었습니다. 선생님께서는 "몸짓만 바꾸면 무엇 하나? 못된 몸짓을 되풀이하는 잘못된 몸이 깨져야지! 겉으로 나타나는 몸짓이 조금 바뀌는 정도의 '깨달음'을 '깨침'으로 오해해서는 안 된다. '깨침'은 몸짓이 바뀌는 정도의 것이 아니라 사람의 모든 몸짓이 나오는 '몸' 자체가 깨져 버리는 것이다. 몸이 깨질 때 깨침을 이룬다. 깨짐과 깨침은 동시에 이루어진다. '몸 바꿈'이란 죽었다가 다시 태어난다는 말이며 우리말의 '부활과 비슷한 말이다'라고 하셨습니다.

2000년 처음 미국에 도착했을 당시 전술한 바와 같이 청화 큰스님의 가르침을 그대로 받들어 공부하고 있었던 터라 내심 자신감이 있었습니다. 그래서 선생님께 저의 체험 중 일부를 말씀드리며 대단하지 않느냐는 식으로 은연중에 저를 드러내 보였습니다. 그리고 여차여차해서 로스앤젤레스로 가겠다고 말씀드렸습니다. 또한 저는 철저한 채식주의자여서 오신채도 먹지 않는다고 말씀드렸습니다. 선생님께서는 별 말씀이 없으셨습니다. 그러다가 미국에 도착한 지 불과 한 달도 못 되어 선생님의 폭격에 저의 철옹성이 함락되는 사건이 벌어졌습니다. 이 사건의 장면은 아직도 저의 기억에 뚜렷하게 남아 생생합니다. 충격이 컸습니다. 어느 날 저녁, 학교에서 집으로 돌아가는 길이었습니다. 선생님의 폭격은 대체로 다음과 같았습니다. "들이쉰 숨 내쉬기 전에 깨치지 못하면 영원히 깨치지 못한다는 말이 있는데, 이는 바로 이 순간 이 자리에서 깨치지 못하면 영원히 못 깨친다는 뜻이다. 들이쉰 숨 내쉰 다음에 깨치겠다는 것은 깨침과 거리가 멀다. 숨 들이쉰 바로 이 순간 내가 부처고 거기에 끼어들 시간과 공간이 없다. 잠깐 있어 숨 좀 내쉬고, 잠깐 있어 이번 하안거 죽어라고 용맹정진해서 뭐 어쩌고 하면 벌써 깨침과는 거리가 멀다. 숨 들이쉬고 내쉴 것도 없다. 그러니까 지금 이 자리에서는 안 되지만 장차 다른 곳에서는 된다고 하는 이원론적 사고방식은 용납 안 된다. 불교에서 제일 먼저 깨려고 하는 것이 이원론적 사고방식이다. 그런데 시간과 공간을 집어넣어 로스앤젤레스에 가서 공부하겠다고 하는가? 황 교수님이 음식을 가리지 않고 아무거나 먹으면 피자나 먹으면서 공부이야기를 좀 할 텐데. 원래는 대자유인이 무슨 채식이 어떻고 하면서 나도 남도 괴롭히는가. 황 교수님이 부인에게 김치를 두 가지(젓갈과 마늘이 들어간 김치와 들어가지 않은 김치)로 담그게 하고, 채소 반찬을 만들 때도 오신채를 사용하지 못하게 하는 등 부인을 얼마나 힘들게 하는가. 나도 남도 괴롭히는 것이 무슨 공부가"라고 하셨습니다. 저는 뒤통수를 정통으로 얻어맞아 정신이 아찔하였고 부끄러워 고개를 들 수가 없었습니다. 왈칵 눈물이 쏟아졌습니다. "황 교수님은 청화 큰스님 같이 계행이 청정한 분들이나 상대하지 거지나 창녀 같은 사람들은 거들떠보지도 않겠네." 모두 다 저의 이원론적 수행관과 몸짓 닦음에 대한 무서운 경책이었습니다. 계행이 청정한 것을 공부의 척도로 착각해 몇 년간 고수해 왔던, 그 누구도 부수지 못할 것 같았던 채식을 그 순간 이후로 포기했습니다. 그날 피자집에서 선생님께 로스앤젤레스로 가지 않고 여기 뉴욕 선생님 곁에서 공부하겠다고 말씀드렸습니다. 저는 선생님께 정곡이 찔려 완전히 항복하였습니다. 어떻게 대항할 여지가 없었습니다. 피자집에서 선생님의 몇 마디에 내가 왜 완전히 항복했을까? 그 이유가 그 당시로는 명확하게 파악되지 않았지만 여하튼 꼼짝할 수가 없었습니다. 그 이후 생각해 보았더니 이것은 굉장히 중요한 사건이었습니다. "원래는 대자유인이 채식으로 자기를 묶어 남도 자기도 불편하게 만드는가." 이 말에 깊은 의미가 담겨 있습니다. 우리는 본래로 절대 자유인인데 자기가 만든 번뇌망상의 몸짓 속에 스스로를 가두어 두고 있습니다. 그 몸짓이 나오는 못된 몸이 깨지면 절대 자유의 부처님 세계가 드러납니다.

돌이켜보았더니 어린 시절부터 이제까지 해 왔던 저의 모든 공부, 그것이 심리학이든, 정신분석이든, 불교이든, 지식 위주의 이론공부이든, 체험 위주 공부이든, 어떤 형태의 공부이든 전부가 수행의 겉모습을 흉내 내는 몸짓 닦음이었습니다. 이 당시 선생님에게 항복하고 난 후 굉장히 혼란스러웠습니다. 저의 기존의 사고 틀이 남아 있어 이 틀로 선생님의 사상을 받아들이자니 몹시 삐거덕거렸습니다. 자꾸만 죽 떠먹던 자리로 되돌아가려고 했습니다. 그 혼란은 정도에 차이가 있을 뿐 현재도 마찬가지입니다.

무상한 몸짓 닦음으로 부처님의 몸세계를 받아들이려니 혼란스러울 수밖에 없습니다.(체용의 논리 즉 몸과 몸짓의 논리와 體用不二 그리고 몸 바꾸기 즉 전의에 관해서는 선생님께서 이 책에서 상세하게 말씀하십니다.) 사실 고백하건대, 저는 1년 동안 선생님의 가르침을 받고 귀국하는 2001년 1월에도 몸 닦음과 몸짓 닦음, 몸 바꾸기 그리고 몸과 몸짓의 논리에 관해 명확하게 이해하지 못했습니다. 이 책 끝 부록에 실린 「틀을 깨자」는 2000년 11월 뉴욕주립대학교 한국학 교수 세미나에서 제가 발표했던 글입니다. 1년 동안 선생님으로부터 지도를 받고 그 경험을 글로 드러낸 것이었습니다. 제가 쓴 원고를 보시고 선생님께서 두 개의 제목을 제시하시더니 하나를 고르라고 하셨습니다. 그때 제가 택했던 제목이 '틀을 깨자'였습니다. 제목은 택했지만 문제는 선생님께서 전하시려는 이 제목의 메시지를 그 당시 제가 깊이 이해하지 못했다는 것입니다. 2001년 1월 귀국을 앞두고 선생님께 하직인사를 드렸습니다. 이때 선생님께서 덕담을 하셨습니다. "황 교수님, 귀국 후 공부 열심히 하셔서 환골탈태하셔야지요"라고. 그러나 저는 환골탈태의 메시지를 뼈저리게 깊이 새기지 못했습니다. 저는 속으로 생각했습니다. '환골탈태? 공부가 좀 되었다고 생각하는데 무슨 말씀이신지? 2000년, 저는 선생님으로부터 '아니'를 철저히 할 때 부처님의 세계가 드러나고, 새가 저녁이면 돌아와 의지하는 횃대마저 쳐 버려야 한다는 말씀을 들었습니다. 내가 가장 소중하게 여기는 것조차도 뒤집어엎고 이제까지의 몸이 철저하게 깨질 때 다시 태어난다고 말씀하셨습니다. 이것이 몸 닦음이고 이는 한마디로 이제까지의 자기를 버리는 것입니다. 버림은 죽음을 의미합니다. 이제까지의 자기가 죽어야 산다는 것입니다. 어찌하였든 저는 선생님의 가르침을 새기지 못한 상태로 귀국하였습니다. 귀국 후 몸짓공부와 몸공부의 혼란은 더 심해지고 계속되었습니다.

3. 이 책의 배경

2000년 1월 20일경, 뉴욕에서 선생님을 처음 뵈었으니 선생님의 가르침은 오늘로 20년이 됩니다. 선생님 가르침의 시작은 2000년 1월 20일쯤 뉴욕 주립대학교 한국학 교수 세미나에서부터였습니다. 세미나는 선생님 연구실에서 있었습니다. 방문 교수로 오셨던 성균관대학교 철학과 어느 교수님께서 불교에 관해 발표를 하셨는데, 제가 "불교이론 말고 어떻게 하면 고통에서 벗어나 깨침을 얻을 수 있는지 그 실제와 실천을 알고 싶다"고 질문했습니다. 세미나가 끝난 후 선생님께서 저에게 "황 교수님은 이론보다 실천과 체험에 관심이 있으시군요"라고 말씀하셨습니다. 이때부터 선생님의 가르침이 본격적으로 시작되었습니다. 거의 1년 동안, 선생님 연구실과 댁에서 일주일에 두 번씩 『대승기신론』과 『금강경』을 배웠습니다. 선생님은 경전공부뿐만 아니라 일상생활 곳곳에서 저를 가르치는 노고를 아끼지 않으셨습니다. 2000년 미국 저의 집에서, 선생님 댁에서, 식당에서, 쇼핑몰 등등에서 때와 장소를 가리지 않고 가르침을 받았습니다. 어디든 저를 데리고 다니시면서 가르치셨습니다. 심지어 미국 보스턴에서 있었던 손녀 돌잔치에도 저를 데리고 가셨습니다. 한번은 2000년 어느 봄날, 선생님 연구실에서 저에게 발표원고를 교정봐 달라고 하셨습니다. 저는 이제까지 제가 하던 식으로 글자만 교정했습니다. 선생님께서 앞으로는 글자만의 교정이 아니라 원고가 전하는 메시지를 파악하고 다듬는 교정을 하라고 경책을 하셨습니다. 몸짓공부에 대한 경책이었습니다. 아직도 이 장면이 기억에 생생합니다. 그 이후 지금까지 선생님의 많은 원고를 교정볼 때 이 가르침을 따랐습니다. 2001년 여름방학, 저는 한 달간 뉴욕 선생님 곁으로 가서 공부했습니다. 2008년에는 1년간의 연구년을 또다시 뉴욕 선생님 곁에서 보냈습니다.

2001년 1월 귀국 후부터 최근까지 거의 한 주에 한 번 꼴로 선생님께 전화 드리고 가르침을 받았습니다. 또 이메일로 제가 공부에 관해 여쭈면 소상하게 답장을 주셨습니다. 답장 가운데는 선생님께서 가까운 분과 주고받으신 서신을 저도 읽어 보라고 주신 것도 있습니다. 또 선생님께서는 발표하실 원고나 잡지에 실은 글을 저에게 이메일로 보내시면서 읽어 보라고 하셨습니다. 이 모든 것이 저를 공부시키는 방편이었습니다. 선생님과의 전화통화, 이메일로 보내신 편지와 원고, 학회 참석차 한국에 오셨을 때의 만남 등 선생님과 관련된 모든 것이 하나도 빠짐없이 저에게는 공부였고 선생님의 낙초자비였습니다. 이 중에서 그동안 제가 보관해 온 선생님의 편지글과 원고는 저 혼자만 읽기에는 너무 아까웠습니다. 많은 분들이 함께 읽으면 좋겠다는 생각이 들어 선생님의 허락을 얻어 책으로 출간하기로 결정하였습니다. 이 책에는 제가 선생님께 보내드렸던 이메일 편지글과 원고도 몇 편 있습니다. 2001년 2월경부터 2003년경까지 선생님께서 보내신 이메일 편지 일부는 저의 불찰로 찾을 수가 없었습니다. 잃어버린 편지 가운데는 그 내용이 훌륭한 것이 있어 두고두고 안타깝습니다. 선생님께 책 제목과 머리글을 써 달라고 말씀드렸더니 책 제목과 머리글은 물론이고 책 출간과 관련된 일체의 것을 저에게 맡기셨습니다. 고심 끝에 제목을 정해 선생님의 허락을 얻은 것이 『깨져야 깨친다』였습니다. 산 넘어 산이라더니 더 큰 부담과 걱정은 머리글을 쓰는 것이었습니다. '선생님의 말씀을 담은 이 책을 많은 독자가 읽어야 할 텐데…… 그러려면 책 맨 앞에 있는 머리글을 잘 써야 한다. 그렇지 않으면 선생님께 누를 끼치게 되는데…… 또 머리글을 쓰다 보면 나의 수준이 드러나고 독자들이 실망해서 선생님의 말씀을 과소평가하면 어떡하지. 선생님께서 나의 수준을 보고 실망하시면 어쩌지……' 별의별 부담과 걱정이 저를 짓눌렀습니다. 원고 교정을 위해 또 머리글을 쓰기 위해 원고를 읽을수록 머리글 방향은 잡히지 않고 이런 부담과 괴로움은 시간이 갈수록 더했습니다. 급기야 '머리글, 선생님께서 쓰시지 왜 나에게 맡기셨나? 도망치고 싶었습니다. 원고를 읽다 보니 지난날 저의 부족한 공부 수준이 보여 부끄러움에 피식 웃음이 났습니다. 그렇다고 지금의 제 수준이 높아진 것은 결코 아닙니다. 겨우 지난날 저의 부족한 모습을 볼 정도입니다. 제가 모르는 것이 너무 많다는 사실을 재확인하였습니다. 이제껏 선생님께서는 저의 이런 모습이 얼마나 한심하셨을까, 생각하니 진땀이 났습니다. 그러면서도 다른 한편으론 선생님의 가르침과 사상이 이전보다 더 잘 정리되고 큰 흐름이 보였습니다. '선생님께서 나를 공부시키시려고 제목을 달고 머리글을 쓰라고 하셨구나. 나는 어떻게 복이 이렇게 많은가!' 만감이 교차했습니다.

이 책의 제목 『깨져야 깨친다』가 전하는 메시지는 이원론이 아닙니다. 깨짐과 깨침이 동시입니다. 깨짐 따로, 깨침 따로가 아닙니다. 깨짐이 곧 깨침이고, 깨침이 곧 깨짐이라는 것입니다. 깨졌다는 것은 이미 깨친 것이고, 깨쳤다는 것은 이미 깨진 것입니다. 이는 성철 큰스님 애창곡, '구름 걷히면 햇볕 나제'와 같은 맥락입니다. 성철 큰스님께서는 구름 걷힘 따로 있고 햇볕 남 따로 있는 것이 아니라, 구름 걷혔다는 것은 이미 햇볕 난 것이고 햇볕 났다는 것은 이미 구름 걷힌 것이라 하셨습니다. 차조遮照가 동시라 하셨습니다.

4. 깨짐과 깨침

공부는 간단치 않았습니다. 선생님을 만난 후 몸짓 닦음과 몸 닦음의 혼란은 갈수록 더해갔습니다. 선생님을 만나기 전에는 몸 닦음이 뭔지 몰랐으니 이렇게까지 혼란스럽지 않았습니다. 선생님께서는 항상 공부가 안 되고 혼란스러운 것이 좋은 것이라 말씀하셨습니다. 혼란스러운 것은 공부가 제대로 되고 있다는 증거라는 것입니다. 나의 좁은 아성으로 허공과 같은 부처님의 세계를 담으려니 혼란이 없을 수 없습니다. 혼란이 없고 공부가 잘 된다는 것은 기존의 아성을 더 공고히 하는 확인 작업에 불과합니다. 허공 같은 부처님 세계를 나의 수준으로 끌어내려 나의 방식대로 해석해 버리니 혼란이 있을 수 없고 공부가 잘 된다고 착각을 합니다. 그러나 작은 그릇으로는 큰 그릇을 담을 수 없습니다. 나의 작은 그릇으로는 부처님의 세계를 담을 수는 없습니다. 자기가 서 있는 자리도 밝히지 못하는 촛불로는 부처님의 대광명 세계를 비출 수는 없습니다. 부처님의 세계에서는 모든 것을 다 담을 수 있고 부처님의 대광명은 삼라만상 어느 것 하나라도 빠짐없이 구분하지 않고 골고루 밝게 비춥니다.

혼란은 아성을 확인하는 작업이 아니라 부처님의 세계 때문에 아성이 흔들리고 무너지려는 상태에 있는 것입니다. 문제는 내가 변해야 하는 것입니다. 더 밀고 나가 아성을 뿌리째 폭파시켜야 합니다. 이제까지의 내 몸을 바꾸는 것입니다. 다시 돌아갈 아성이 송두리째 폭파된 깨짐의 경지가 부처님의 깨침이고 불교의 깨침입니다. 여기서는 태양이 일체의 차별을 넘어 천하만물을 골고루 두루 다 비추듯이 부처님의 대광명도 그러합니다. 무애자재의 부사의 대해탈 경계가 현전합니다. 저는 선생님으로부터 이렇게 배웠습니다. 깨짐과 깨침, 몸과 몸짓, 몸 바꾸기에 관한 선생님 말씀의 일부를 다소 길더라도 아래에 인용하겠습니다.

몸짓만 바꾸면 무엇 하나? 못된 몸짓을 되풀이하는 잘못된 몸이 깨져야지! 나는 이 말이 성철사상의 핵심에 해당한다고 생각한다. 겉으로 나타나는 몸짓이 조금 바뀌는 정도의 '깨달음'을 '깨침'으로 오해해서는 안 된다. '깨침'은 몸짓이 바뀌는 정도의 것이 아니라 사람의 모든 몸짓이 나오는 '몸' 자체가 깨져 버리는 것이다. 몸짓이 중생이 하는 것이라면 그러한 몸짓이 나오는 몸은 중생성이다. 그러므로 중생성을 극복한다는 말은 몸이 깨진다는 말이다. 몸이 깨질 때 깨침을 이룬다.

깨짐과 깨침은 동시에 이루어진다.…… 불교수행의 경우, 중생성의 극복인 몸의 '깨짐'과 부처님의 몸이 탄생하는 '깨침'은 동시에 일어난다. 성철스님은 화엄철학에 나오는 쌍차雙遮와 쌍조雙照라는 말과 구름과 햇볕의 비유를 가지고 깨짐과 깨침의 관계를 설명하셨다.(이 책 38~39쪽)

견성은 몸짓세계의 일이 아니다. 그것은 몸세계의 일이다. 사람들이 여기서 길을 잃는다. 그래서 성철스님은 대승불교 유식학의 제8 아라야식을 들고 나오신 것이다. 선문에서 말하는 견성이 무엇인가를 밝히는 데 필요불가결한 것이 인간의 의식구조 설명이다. 6식 세계, 7식 세계, 8식 세계란 말들이 다 그런 말들이다. 8식 세계에 들어가면 보통 사람들이 하는 그런 구별에 얽매이지 않는다. 그래서 너도 없고 나도 없고 삶도 없고 죽음도 없고…… 일체의 차별이 다 없어진다고 말한다. 오매일여의 경지라고 할까. 그래서 사람들은 이를 두고 깨친 경지라고 말한다. 그러나 성철스님은 "그렇지 않다"고 말씀하신다. 그렇게 말하면 그것은 못된 소리라는 것이다. 그것이 어떠한 경지든, 깨친이의 경지든, 부처님의 경지든, 만약 그것이 지금의 '나'가 계속 발붙이고 있는 곳이라면, 그것은 깨침이 아니라는 것이다.(이 책 416쪽)

성철스님이 저에게 관심이 용에 쏠려 있다고 한방 놓으셨을 때, 저는 쓰러질 것 같은 현기증을 느꼈습니다. 이러한 연유로 용用에 쏠려 있는 제 관심을 체體로 돌리는 일이 제가 성철스님을 모시고 해인사 백련암에서 한 공부의 전부라고 말해도 좋을 것입니다.…… 문제의 핵심은 몸의 발견에 있습니다. 그래서 몸짓으로 살지 않고 몸으로 살자는 것입니다. 몸엔 두 가지의 뜻이 있습니다. 하나는 우리들이 보통 말하는 생주이멸의 무상한 몸이고, 또 하나는 항상 우주에 가득 차 생주이멸을 가능하게 하는 불생불멸의 몸입니다. 그런 몸을 발견해야 우리의 몸짓은 배은망덕의 이기적인 못된 몸짓을 하지 않게 됩니다. 몸의 몸짓은 몸짓의 몸짓이 아닙니다. 우리들의 관심이 용에 쏠려 있는 한 우리들의 몸짓은 배은망덕을 그만두지 않습니다.(이 책 367~368쪽)

불교에서 수행을 말할 때면, '전의轉依'(몸 바꾸기; ashraya paravrtti)라는 말을 자주 들먹입니다. '전의'는 간화선의 핵심 사상이며 저의 평생 관심사입니다.…… '전의轉依' 즉 '몸 바꾸기'를 이야기할 때면, 저는 예외 없이 '백척간두진일보百尺竿頭進一步 현애살수장부아懸崖撒手丈夫兒'라는 말을 생각합니다. 백척간두에서 진일보하는 것은 쉽지 않습니다. 죽음을 택하는 순간이기 때문입니다. 백척간두까지 가는 사람도 드물지만 설사 갔다 하더라도 대개는 마지막 판에 물러서서 집(옛날 집, 즉 舊殼)으로 돌아오고 맙니다. 현애懸崖라는 말은 천 길 벼랑 낭떠러지 절벽에 대롱대롱 매달려 있다는 말입니다. 아주 아슬아슬한 순간입니다. 구각에서 탈피 즉 환골탈태하느냐 마느냐 하는 중요한 순간입니다. 그때에 '살수撒手' 즉 '손을 놓아야 한다'는 말입니다. 다시 말씀드리면 삶을 포기하고 죽음을 택하라는 말입니다. 왜냐하면 이제까지 삶의 길이라고 생각했던 그 길은 실은 죽음과 윤회의 길이요, 죽음이라고 무서워했던 그 길이 진실로 삶의 길이기 때문입니다. 그러나 사람들은 자기 생각에 갇혀 있기 때문에 진짜 삶은 죽음이라 생각하고 실지론 죽음의 길이건만 그걸 삶의 길이라고 생각하고 집착합니다.…… '전의' 없는 수행은 불교적 수행이 아니라는 것입니다.(이 책 310~313쪽)

진리가 하나라면 기독교의 진리 따로 있고 불교의 진리 따로 있고, 그럴 수는 없을 것이다. 하나의 진리를 두고 기독교에서는 저렇게 표현하는데 불교에서는 이렇게 표현한다고 말해야 옳을 것이다. 그러므로 지금 나타난 두 종교 간의 갈등은 두 가지의 서로 다른 진리들이 그 내용 때문에 싸우는 것이 아니라 하나의 진리를 두고 기독교인들의 진리 표현법과 불교인들의 진리 표현법의 차이 때문에 싸우는 것이다.

한마디로 말해 진리 표현이라는 몸짓세계에서의 충돌현상이다. 몸의 세계에서는 진리 표현의 차이 때문에 서로 다투는 충돌현상이 있을 수 없다. 하나님의 세계든, 부처님의 세계든, 둘 다 몸의 세계를 말하고 있다. 이 대목이 두 종교가 가지고 있는 종교적인 차원이다. 우리는 먼저 각 종교가 가지고 있는 종교적인 차원에 눈을 떠야 한다. 이제 우리들이 해야 할 일은 몸의 세계로 돌아가는 것이다.(이 책 409쪽)

지금부터 몸과 몸짓의 논리가 일하는 현장으로 들어가 보자. 몸과 몸짓의 논리가 수행해야 할 일은 지극히 간단하다. 그것은 다름 아닌 종교적 차원을 드러내는 것이다. 몸짓의 차원은 누구나 알고 누구나 경험하는 가장 일상적인 것인 데 비하여 몸의 차원은 누구나 놓치기 쉬운 종교적인 차원이다. 일상적인 몸짓의 차원에 얽매어 종교적인 몸의 차원을 놓치면 안 된다는 것이 몸과 몸짓의 논리가 수행하려는 사명이다. 몸짓세계의 그 어떤 것이든 하나도 예외 없이 모두가 종교적인 몸의 차원과 연결되어 있고, 모든 몸짓은 하나도 빠짐없이 몸의 일함이다. 몸을 알면, 모든 몸짓이 몸의 일함임을 단박에 알아차릴 수 있다. 그런데 사람들은 몸을 모르니, 몸짓만 보고 몸을 못 본다. 그래서 삼라만상을 그 가짓수만큼 낱낱이 구별한다. 이것이 큰 문제다.(이 책 496쪽)

위의 선생님 말씀에 의하면, 몸을 알면 모든 몸짓이 하나도 빠짐없이 몸의 일함임을 단박에 알아차릴 수 있어 어디에도 어떤 몸짓에도 걸림 없이 넘나드는 삶을 살 수가 있습니다. 이 책 「61. 돈오돈수설의 종교성에 대하여—성철스님의 백일법문을 중심으로」에서 보면, 선생님께서는 종교적인 몸의 차원에서 어디에도 걸림 없이 넘나들면서 유교, 도교, 기독교, 불교의 종교성에 대하여 말씀하셨습니다.

여기서 잠깐 성철 큰스님과의 만남을 소개하겠습니다. 저는 큰스님을 직접 뵌 적이 없습니다. 2009년인가, 2010년인가 정확하지 않습니다. 마침내 큰스님과의 시절인연이 무르익었습니다. 그 당시 몸짓공부와 몸공부의 혼란은 여전하였고 공부에 진전이 없어 답답하기 짝이 없었습니다. 그러다가 저의 갈증을 단박에 날려버리는 단비가 내렸습니다. 늦가을 어느 날 밤, 평소 가끔 보던 BTN불교TV에서 큰스님 특유의 빠르고 쉿소리 나는 목소리가 흘러나왔습니다. 오래된 일이라 그때 들은 법문 내용이 정확하게 기억나지 않습니다. 아마 다음의 기억이 맞을 겁니다. 저의 희미한 기억으로는 위에서 박성배 선생님께서 말씀하신 바와 비슷한 내용으로 기억됩니다. 8식 세계는 깨친 경지라 말하지만 아직도 본인조차 알지 못하는 미세망념이 남아 있어 견성이 아니라는 것입니다. 이것을 견성으로 착각하니 오히려 공부를 방해한다고 하셨습니다.(그래서 8식 세계를 제8 마계라 합니다.) 일체의 흔적도 없고 그 없다는 생각마저 없는 구경각이라야 견성입니다. 그날 잠깐 들었던 큰스님의 법문에 정신이 번쩍 들었습니다. 당장 그날부터 시작해 3년간 전체 6번의 겨울방학과 여름방학마다 동안거와 하안거를 했습니다. 약 70일간의 매 방학마다 급한 일이 아니면 두문불출했습니다. BTN불교TV 홈페이지에 있는 큰스님의 동영상 백일법문과 오래전에 구입했던『백일법문』책을 하나하나 대조해 가면서 큰스님 백일법문을 매일 아침 9시부터 오후 5시까지 보고 또 보고 읽고 또 읽었습니다. 나중에는 성철스님 법어집 2집 1권『육조단경』, 큰스님께서 강설한 영가스님『증도가』와 큰스님께서 저술한『선문정로』를 비롯해 장경각에서 나온 책들을 구해 읽었습니다. 위에서 인용한 선생님 말씀에서처럼 '큰스님께서는 화엄철학에 나오는 쌍차雙遮와 쌍조雙照라는 말과 구름과 햇볕의 비유를 들어 깨짐과 깨침의 관계를 설명하셨습니다.' 큰스님의 애창곡, '구름 걷히면 햇볕 나제'는 해를 가리는 구름이 완전히 걷히면 대광명이 이 세상 삼라만상을 있는 그대로 비추어 일체가 제 모습을 드러낸다는 것입니다. 큰스님께서 신년법어에서 말씀하셨던 "산은 산, 물은 물"입니다. 『백일법문』에 보면, 큰스님께서 인용한 백장스님 말씀 가운데 "구름 걷히면 햇볕 나제"를 잘 드러낸 법문이 있습니다. "일체 유·무 등의 견해가 없으며 또한 견해가 없다는 것도 없으면 바른 견해라 한다."(都無一切有無等見 亦無無見 名正見.) 제가 박성배 선생님의 가르침을 받고 혼란에 빠졌다가 성철 큰스님을 뵈었고, 큰스님을 뵌 후 선생님 사상을 이전보다 더 깊이 만나게 되었습니다. 또 선생님의 사상을 바탕으로 큰스님을 더 깊이 알게 되었습니다. 두 어른의 법문은 서로 상호작용하면서 저를 공부시켰습니다. 나아가 이 책 출간을 준비하는 과정에서 선생님의 편지글과 원고를 수차례 교정보고 각고의 노력을 기울여 머리글을 쓰는 가운데 큰스님의 사상과 선생님의 사상이 전하는 메시지를 다시 새깁니다. 그러나 제가 선생님의 몸은 보지 못하고 겉모습 몸짓만 좇으니 스스로 생각하기에도 안타깝기 그지없습니다.

5. 경외하는 나의 스승, 박성배 선생님

선생님께서 2016년 12월 31일 저에게 보내신 편지를 소개합니다. 물론 이 책에 실린 내용입니다.

황경열 교수님께,

오늘이 올해 마지막 날이군요. 은퇴를 한 다음 집사람 때문에 병원에 묶여 사니까 달력문화에서 벗어나게 됩니다. 옛날 동국대학교를 그만두고 가야산으로 들어가 3년간 성철스님의 무서운 훈련을 받았지만 그래도 그것은 오늘, 병원에 누워 있는 집사람을 보살피는 수도만큼 철저하진 못했던 것 같습니다. 그래서 나는 어찌하여 이렇게 복이 많은가 하고 감사를 드리면서 살고 있습니다.

이 편지를 마주하고는 언제나 어디서나 보살행을 하시는 선생님을 뵙고 눈물을 흘렸습니다. 선생님께서는 상산上山과 하산下山이야기를 하셨습니다. 읽고 또 읽어도 가슴이 뭉클하고 눈물이 납니다. 너무 좋습니다. 선생님의 이 편지로 머리글을 마무리합니다.

독자들께서는 이 책을 읽으시고 부디 현애懸崖에서 살수撒手하셔서 작은 세상에서 큰 세상 사시기를 기원합니다. 공자님, 노자님, 하나님, 부처님, 성철 큰스님, 박성배 선생님을 두루 만나시고 어디에도 걸림 없이 넘나드는 삶을 사시길 두 손 모아 빕니다.

2019년 10월
황경열

1 일이 서투른 것과 겉과 속이 다른 것

황경열 교수님,

저희들이 봄방학 휴가를 이용해서 손자, 손녀들과 함께 여행을 가느라 오랫동안 집을 비웠습니다. 미안합니다. '일이 서투른 것'과 '겉과 속이 다른 것'을 동일시하지 마시기 바랍니다. 후자는 병인 경우가 많지만, 전자는 병이 아닐 때가 많습니다.

성심성의껏 했는데도 만인의 눈살을 찌푸리게 하는 경우(타고날 때부터 재주가 없어서 또는 아직 미숙해서)도 있고, 겉과 속이 다른 못된 마음으로 했는데도 만인의 박수갈채를 받는 경우(고도의 사기꾼)도 있습니다. 여기서 후자는 병이지만, 전자는 병이 아닙니다. 남들이 평가하기 전에 자기가 먼저 압니다. 중생제도를 꼭 샤카무니 부처님처럼 멋지게 해야만 그게 중생제도라고 말할 수는 없을 줄 압니다. 아무리 서툴러도 성심성의껏 한다면 그것도 훌륭한 중생제도가 아닐까 생각해 봅니다. '괴롭고, 답답하고……' 하는 증상은 구도자에게서 항상 나타나는 현상일 것이라고 생각합니다. 계속 버티고 버텨야지요. 칠전팔기라고 하지 않습니까. 소식 주셔서 감사합니다.

박성배 드림

25

2
몸짓공부와 몸공부

선생님,

지금 저의 상태는 대략 다음과 같습니다.

2001년 여름방학 중 선생님께 다녀온 후 나태해진 것 같습니다. 그렇다고 마음을 완전히 놓아 버린 것은 아니고 용쓰고 애태우고는 있습니다. 물론 미국 가기 전과는 저의 상태가 다릅니다. 절에 열심히 가고, 참선·기도하는 겉꾸밈공부가 몸짓공부로 여겨져 혼란이 있습니다. 예전에는 절에 가고, 기도도 열심히 하는 것이 공부의 전부라 여겼건만, 지금은 어떻게 하는 것이 몸공부인지 혼란스럽습니다. 예전의 몸짓공부를 버리고 어떻게 공부를 해야 할지……. 또한 예전과 달리 생활 속에서 바람직한 저의 역할이 공부의 척도로 여겨지는데, 실제 저의 행동이 못 따라가니 괴롭습니다. 요즘 와서는 전보다 화도 많이 나고 여기에 끌려 다닙니다.

어제 전화로 말씀드렸습니다만, 화두가 들리지 않고, 선생님 말씀처럼 화두를 드는 것이 아니라 단어만 머릿속으로 되뇌고 있습니다. 화두만 들고 앉으면 이내 잠이 쏟아집니다.

안녕히 계십시오.

황경열 올림

3 몸공부

황경열 교수님,

황 교수님이 제기하신 문제는 도에 관심을 가진 사람이면 누구나 고민하는 심각한 문제입니다. 그런 것을 가지고 고민한다는 것 자체가 황 교수님의 남다른 대목입니다. 문제는 '몸공부' 따로 있고 '몸짓공부' 따로 있는 것이 아니라는 것을 바로 아는 데 있는 것 같습니다. 몸공부는 안 하고 몸짓공부만 열심히 하는 사람에게는 몸공부와 몸짓공부가 둘로 나누어져 둘이 딴 것이 되지만, 몸공부를 하는 사람에게는 몸짓공부가 바로 몸공부이기 때문에 몸짓공부를 어느 때보다도 더 열심히 하게 됩니다. 문자 그대로 '어묵語默과 동정動靜에 관계없이 일체시일체처一切時一切處에서 주인主人 노릇'을 하게 됩니다. 화내고 게으름 피우는 것을 탓하지 마세요. 피곤하면 나태해지고 못마땅한 것을 보면 화내는 것이 생명의 질서가 아닌가 생각합니다. 평생 화 한 번 내지 않고 나태한 적 한 번 없는 사람들 가운데도 위선자는 얼마든지 있습니다. 우리는 그러한 몸짓적 가치 기준에서 해방되어야 합니다. 그렇게 될 때, 화내지 말아야 할 때 화내지 않게 되고 까닭 없이 나태에 빠진 상태에서 벗어날 수 있습니다. 칠전팔기라고 하지 않습니까? 다시 일어나셔야지요.

박성배 합장

4 「보현행원품」 이야기

황경열 교수님께,

인생 도처에 스승이 있건만 당장 스승이 필요하지 않기 때문에 스승이 보이지 않는 것이라 생각합니다. 물에 빠지면 지푸라기도 구세주지만 큰 배를 타고 있다고 믿는 자들은 구세주도 거들떠보지 않는 것이지요. 문제는 자기 속의 '오만'입니다. 속에 오만이 도사리고 있는 한, 스승 없는 인생을 살다가 가는 수밖에 없지요. 우리들의 이러한 병을 치료해 주시고자 부처님은 "일체 중생이 부처님이시다"라고 말씀하신 것 같습니다. 인생 도처에 스승이 있다는 말씀이지요. 그리고 「보현행원품」은 이러한 병을 치료하는 구체적인 처방전 같은 것이라고 봅니다. 제가 지금 다시 쓰고 있는 「「보현행원품」 이야기」를 보내 드립니다. 이제 막 시작하는 글이지만 한번 읽어 주시기 바랍니다. 새해에 복 많이 받으시고 온 가족 모두 건강하신 가운데 하시는 일마다 모두 다 잘 이루어지시기를 빕니다.

스토니브룩에서 박성배 드림

■ ■ 이야기를 시작하면서

1. 중화사 사건

> 허공계가 다하고
> 중생계가 다하고
> 중생의 업이 다하고
> 중생의 번뇌가 다하여도
> 나의 이 행원은 다함이 없어
> 생각 생각 상속하고 끊임이 없되
> 몸과 말과 뜻으로 짓는 일에
> 지치거나 싫어하는 생각이 없느니라.

옛날 「보현행원품」을 열심히 독송할 때 이 대목에 이르면 신이 났었다. 거기서는 항상 새 맛이 우러나왔다. 어려운 말도 아니고 특별한 말도 아닌데 이상한 일이었다. 글의 뜻은 글에 있지 않고 글 밖에 있는 것일까. 무유피염無有疲厭 즉 "지침도 싫어함도 없이"라는 말은 지친 나를 다시 일으켜 주었다. 나의 일생은 한마디로 말해 실패의 연속이었다. 그럼에도 불구하고 다시 일어나 이렇게 또다시 투쟁을 벌이는 것은 「보현행원품」을 독송한 공덕이 아닌가 생각한다.

---

1) 「보현행원품」은 『大方廣佛華嚴經』 「入不思議解脫境界普賢行願品」의 줄인 말이다. 『대정신수대장경』 제10권, T293, 844~848쪽에 있다. 1966년 동국대학교의 동국역경원이 운허스님 번역의 『보현행원품』을 출판한 이래 많은 우리말 번역이 나왔다. 1970년대에 광덕스님이 번역하고 해인총림에서 출판한 『보현행원품』이 독송용으로 널리 보급되었으며, 1984년에 법정스님이 번역하고 불일출판사에서 펴낸 『나누는 기쁨』이 읽기 쉬운 우리말 보현행원품으로 알려져 있다.

공자가 늙어서 힘들어하는 모습을 보고 제자들이 좀 쉬시라고 권했단다. 그때 공자의 대답이 내 마음에 든다. "하늘이 쉰 적이 있더냐?"[2] 이 말이 사실이라면 공자는 투철한 보현정신의 소유자가 아니었던가 짐작해 본다. 1962년 봄, 내가 동국대학교 대학선원에서 간사로 있었을 때의 일이다. 그 당시 대학선원의 원장은 얼마 전에 돌아가신 백양사의 서옹스님이었고 입승은 인천 용화사의 송담스님이었다. 나는 일요일마다 회원들을 위해 『화엄경』 「보현행원품」을 강의하였다. 대학에서의 처음 불경 강의라 나는 최선을 다했다. 그러나 사실대로 말하라면 '죽을 지경'이었다. 잘했든 못했든 남이야 뭐라 하든 강의하는 사람은 자신이 있어야 하는 법인데 그때 나는 그렇지를 못했다. 내가 가지고 있는 모든 지식과 모든 지혜를 다 동원해도 내 강의는 나를 만족시키지 못했다. 청중에게 미안했다. 한마디로 말해서 처음 만나는 화엄의 세계에 나는 그저 황홀하기만 했다. 그리고 그 황홀함을 말로 표현할 수가 없었다. 여러 해가 지난 뒤에야 깨달은 일이지만, 화엄의 언어는 '몸짓의 언어'가 아니라 '몸의 언어'이었음을 몰랐던 것이다. 몸의 언어를 구사할 줄 몰랐던 나는 그것을 억지로 몸짓의 언어로 작살내려 했으니 될 리가 만무했다. 모난 나무를 가지고 둥근 구멍을 막으려(以角木, 逗圓孔) 하는 어리석음을 범했던 것이다. 그런데 설상가상으로 당시의 동국대 총장이 나의 대학선원 강의를 문제 삼기 시작했다. 왜 철학과 출신이 대학의 선원에서 불경을 강의하느냐 는 것이었다. 물론 나는 그런 비판에 개의치 않았지만 시간강사가 총장과 시비를 벌였으니 결과는 뻔했다. 나는 그 길로 보따리를 싸 짊어지고 절로 들어갔다. 절은 영동의 중화사重華寺였다.

나는 중화사에서 아침 일찍부터 밤늦게까지 하루 종일 「보현행원품」만을 읽었다. 마치 「보현행원품」과 무슨 원수라도 진 듯이 고래고래 소리

---

2) 옛날 서당에 다닐 때 들었던 이야기인데 아직 출처를 확인하지 못했다.

를 지르면서 읽었다. 한 번 읽는 데 약 25분이 걸렸다. 처음엔 첫 문장을 읽을 때는 그다음 문장이 보이지 않았고, 둘째 문장을 읽을 때는 첫 문장이 보이지 않았다. 그럼에도 불구하고 읽고 또 읽기를 근 한 달을 계속했더니 뜻밖의 현상이 일어났다. 첫 문장을 읽을 때 둘째, 셋째 문장이 동시에 보이는 것이었다. 뿐만 아니라 마침내는 글의 첫 문장부터 마지막 문장까지가 한꺼번에 눈앞에 나타나는 것이었다. 일종의 '여대목전如對目前' 현상이었다고나 할까. 읽을 때와 안 읽을 때의 차이도 없어지는 것 같았고 내가 바로 『화엄경』 자체인 듯 느껴졌다. 그러니까 「보현행원품」의 어느 대목에 눈이 가고 있건 그런 것에 관계없이 항상 「보현행원품」 전체가 내 앞에 펼쳐져 있는 것 같았다. 그것은 전체와 부분이 유기적으로 동시 공존하는 경험이었다. 환희심이 났다. 총장에 대한 불쾌감 같은 것은 사라진 지 오래고, 도대체 남들의 평 같은 것엔 신경을 쓰지 않게 되었다. 내 속을 드러내는 데도 밖의 눈치를 살피지 않게 되었다. 나는 그때부터 편안하게 '불교를 믿는다'고 말할 수 있게 되었다. 대학선원 때의 어려움을 맛보지 않았더라면 중화사 사건은 일어나지도 않았을 것이라 생각하니 실패의 소중함이 새삼스러웠다. 그러한 의미에서 대학선원은 나의 보현행각의 시원지가 된 셈이다.

2. 김룡사 사건

중화사 사건 이후 얼마 안 있어 나는 대학생불교연합회 구도부 학생들과 함께 전국의 큰스님들을 친견하는 구도행각을 떠났다. 1964년 7월 31일, 그날은 왜 그렇게도 더웠는지 모르겠다. 그 더운 날, 대학생불교연합회 구도부 학생 13명은 경북 문경 김룡사金龍寺 큰 법당에서 삼천배三千拜를 하고 있었다. "구도의 마당에 학생이고 지도교수고 무슨 차별이 있을수 있느냐"는 성철스님의 불호령 때문에 다른 절에서는 의례히 받았던 교수특대의 혜택도 받지 못하고 나도 또한 학생들과 함께 울며 겨자 먹기의 삼천배를 하지 않을 수 없었다. 냉방이 안 되어 있는 법당은 한증막처럼 더웠다.

"한번 시작한 이상 끝나기 전에는 못 나갑니다. 끝내지 않고서 살아서 이 법당 밖으로 나갈 수 있는 길은 없습니다. 그리고 도중엔 한 번의 휴식도 없으니 미리 볼일을 다 보고 오십시오."

감독하는 시자스님의 주의말씀이었다. "끝내지 않고서⋯⋯"라는 말에 유난히 힘을 주어 말하는 시자스님의 목소리는 약간 떨리는 듯했다. 시작부터가 한 치의 운신폭도 주지 않는 긴장된 분위기였다. 드디어 시작의 목탁소리가 울렸다. 그러나 겨우 100배를 하고 나니 벌써 미칠 것 같았다. 바깥 열과 속의 열이 합쳐져 몸은 뜨겁게 달아오르고 숨은 콱콱 막혔다. 그래도 300배까지는 그런 대로 견딜 수가 있었다. 그러나 500배가 고비였다. 이미 우리들의 옷은 물속에 빠졌다가 기어 나온 사람들처럼 땀에 흠뻑 젖어 있었고, 우리들은 절을 하는 게 아니라 빌딩이 넘어지듯 넘어졌다가 넘어진 몸을 다시 일으키는 동작만을 되풀이하고 있는 것 같았다. 기진맥진, 몸을 가눌 수가 없었다. 무릎은 깨져 피로 얼룩지고 더 이상 견딜 수가 없게 되자 학생들은 불평을 하기 시작했다.

"불교는 자비문중이라고 들었는데 이게 자비문중에서 하는 짓입니까?"

내가 하고 싶은 이야기를 학생이 대신 해 주니 기뻤지만 그래도 지도교수라고 큰소리를 질렀다.

"잔소리 마라! 사람이 한번하기로 했으면 하는 거야. 자비문중인지 잔인문중인지는 다 하고 난 다음에 따지자."

나중엔 헛소리를 하는 학생도 있었고 벌떡 드러누워 막무가내로 일어나지 않으려는 학생도 있었다. 이렇게 하여 1000배를 넘겼다. 그다음 또 1000배, 특히 마지막 1000배는 어떻게 해냈는지 아무 생각도 나지 않았다. 한번도 쉬지 않고 약 13시간 만에 우리는 모두 삼천배를 무사히(?) 끝마쳤다.

법당에서 나오는 우리의 모습은 가관이었다. 걸음걸이는 부상병처럼 절뚝거렸고 옷은 물에 빠진 생쥐처럼 푹 젖어 있었다. 그렇지만 모두들 눈빛은 빛나고 개선장군처럼 의기양양했다. 그러나 성철스님은 또 불호령을 내렸다. 고되다고 앉아서 쉬어서는 안 된다는 것이었다. 절 뒷산 상봉까지 약 2시간쯤 걸리는 거리를 한 번도 쉬지 말고 뛰어서 다녀오라는 것이었다. 군대 훈련에도 이런 법은 없다는 생각이 들었다. 그러나 학생들은 아무런 불평도 하지 않았다. 오히려 신바람이 난 듯, 고함을 지르면서 달려 나갔다. 그 어려운 삼천배를 해냈다는 자신감에 기가 팔팔 살아 있었다. 나와 성철스님의 만남은 이렇게 시작되었다.

삼천배를 하고 난 다음, 나에게는 몇 가지의 변화가 생겼다. 그 가운데 하나가 '무장해제武裝解除'의 경험이었다. 강제로 무장을 해제 당한 것이 아니라 스스로 무기를 내버린 기분이었다. 일종의 무장이 필요 없는 상태를 경험했다고 말할 수 있을 것 같다. 나는 그동안 얼마나 중무장重武裝을 하고 다녔는지 모른다. 속에 무슨 보배를 그리도 많이 지니고 다녔는지 항상 경계태세를 풀지 않고 살아왔었다. 아무것도 가진 게 없으면 지킬 것도 없고, 두려울 것도 없을 것이다. 학생들도 마찬가지였다. 그렇게도 따지기를 좋아하고 지지 않으려고 밤낮 시비만 일삼던 학생들이 갑자기 잠잠해졌다. 누가 뭐라 해도 남의 이야기를 듣는 것처럼 가만히 듣고만 있지 통 불평을 할 줄 몰랐다. 이것은 멍청해진 것과는 달랐다. 그들도 분명히 속에 지니고 다녔던 것들을 모두 버려 버린 듯했다. 한 학생이 말했다.

"몇 푼어치 안 되는 지식을 가지고서 내가 남보다 더 낫다는 것을 증명하기 위해 그동안 얼마나 수고를 했는지 생각해 보면 우습습니다."

제법 무엇인가 깨달은 것 같았다. 이것은 분명히 재미있는 경험이었다. 미국에서는 자신의 안전을 위해 총을 가지고 다니는 사람이 많다. 그러나 사실은 총을 가졌기 때문에 불안과 고통이 더 심해진다고 한다. 이들에게 무장해제의 편안함을 깨우쳐 줄 길은 없을까? 총을 가지고 있지 않아도 총 가진 사람 이상으로 항상 무엇인가를 경계하면서 긴장을 풀지 않고 사는 게 현대인이라고 말하면 지나친 말일까?

삼천배를 마친 그다음 날부터 성철스님은 약 1주일간 불교의 핵심 사상에 대해서 자상한 강의를 해 주셨다. 육조스님의 『법보단경法寶壇經』을 비롯하여 선종에서 소중히 여기는 조사스님들의 어록을 많이 소개해 주셨다.

"예부터 투철하게 깨치신 역대의 큰스님들은 모두가 한결같이 석가모니 부처님의 중도법문 밖에 딴 말씀을 하신 적이 없다"라고 말씀하시는 성철스님의 목소리에서는 쇳소리가 났다. 그 당시 나는 30대 초반의 새내기 조교수였다. 성철스님의 중도법문은 내가 그 당시 가지고 있던 '신앙과 학문의 관계에 대한 많은 의문'을 풀어 주었다. 특히 학문과 수도가 둘일 수 없고 이론과 실천이 둘일 수 없다는 불교의 이치가 분명해진 듯했다. 학생들 덕택에 지도교수란 이름으로 뒤따라 다닌 구도행각이었는데 행각의 효과는 나 혼자서 다 본 듯한 느낌이었다.

그때 성철스님의 강의가 그렇게 좋았던 데에는 그럴 만한 까닭이 있었다. 나는 그 첫째의 공을 우리의 '무장해제의 경험'에 돌리고 싶다. 무장해제 이전에는 그렇게도 걸리는 것들이 많았었다. 스님의 좋은 법문을 들어도 자기 속에 있는 것들과 부딪히는 게 많아서 별로 얻는 게 없었다. 겉으로 보기엔 날카로운 것 같고 이지적인 것 같고 그래서 비판적이고 객관적이어서 제법 학자답게 보였지만, 사실은 자기무장이라는 자기속의 장애물 때문에 스스로 걸려 넘어지는 현상을 연출하는 경우가 많았다. 더욱 고약한 것은 자존심이었다. 자존심은 '선비의 긍지'라는 좋은 점도 없지 않지만, 많은 경우 교수라는 신분이 주는 제약과 연결되어 있었고 그 밑바닥에는 남이 안 가지고 있는 것을 나는 가지고 있다는 교만이 깔려 있었다. 그러니 종래의 자기에 영광을 돌릴 수 있다는 보장이 되어야 받아들이지 그렇지 않으면 아무리 좋은 것도 받아들이지 않았다. 걸리는 것이 많다는 말은 바로 이런 말이다. 그리고 무장해제란 말은 이런 장애물들이 없어졌다는 말이다. 그러니까 말하는 사람에게 말을 잘해야 할 책임이 있듯이 듣는 사람에게도 말을 잘 들어야 할 의무가 있는 것이다. 교육이란 이 두 가지가 다 만족되었을 때 빛이 난다. 성철스님은 지식을 주기 전에 먼저 듣는 사람의 태도를 바로잡아 주신 것이다. 다시 말하면 성철스님은 우리들에게 중도에 관해서 말씀하시기 전에 먼저 우리들을 중도에 가까이 가 있게 해 주신 것이 아닌가 생각한다. 중도에 들어가 있는 사람에게 중도를 이야기하면 백발백중일 수 있을 것이다. 꽃을 이야기하려면 먼저 꽃을 손에 쥐어 주라고 하지 않던가.

3. 대학생수도원

서울로 돌아온 우리들은 뚝섬 봉은사에 대학생수도원大學生修道院이라는 간판을 걸었다. 대학생활과 수도생활을 겸해야겠다는 생각에서였다. 그때 우리들은 모두 이상주의자들이었고 또한 야심가들이었다. 이상주의도 야심가도 나쁠 것은 없다. 문제는 이상도 야심도 잔인한 현실 앞에 모두가 난파당하고 말았다는 사실에 있다. 그러므로 그 원인을 분석해 보지 않을 수 없다. 가장 큰 잘못은 결과만을 황홀하게 꿈꾸고 있었을 뿐, 그런 결과를 가져오기까지의 과정을 철저하게 점검해 볼 줄 몰랐던 것이다. 위대한 일을 해내려면 그 일을 해낼 만한 힘이 어디서 나와야 하는 법인데 그 점이 불분명했었다. 그저 옛날 경전에 쓰인 대로 하면 된다고 생각했었다. 『화엄경』 「보현행원품」은 우리들의 '다라니'였다. 「보현행원품」을 아침에도 읽고, 저녁에도 읽고, 한문으로 읽고, 한글로 읽고, 나중에는 영문번역본으로 읽었다. 오직 믿는 것은 「보현행원품」뿐이었다. 아무리 읽어도 읽을 때마다 신났던 대목은 보현보살의 십대행원이었다.

언제나 어디서나 부처님을 찬탄하리.
언제나 어디서나 부처님을 공경하리.

내 가진 모든 것을 부처님께 바치리.

잘못한 일은 무엇이나 피눈물로 참회하리.

항상 중생을 부처님으로 섬기리.

「보현행원품」은 아무리 읽어도 싫증 나지 않았다. 그러나 이를 실천하기란 여간 어려운 일이 아니었다. 대학생활과 수도생활을 겸한다는 것이 힘에 겨웠다. 두 직장을 가지고 밤낮으로 뛰어다닌다 해도 이보다 더 어려우랴 싶었다. 우리들은 그해 겨울방학에 또 김룡사로 성철스님을 찾아갔다. 우리의 딱한 사정을 다 듣고 나신 성철스님의 진단은 간단했다. "눈이 용用에 쏠려 있구나. 너희들에겐 행원품이 원수로다." 뿌리를 튼튼히 할 줄 모르고 남의 눈에 뜨이는 겉만을 꾸미고 다니는 것으로 보현행을 삼으니 어리석지 않느냐는 것이 스님의 말씀이었다. 나는 성철스님의 이 한마디에 '넋을 잃은' 느낌이었다. 오랜 고민 끝에 대학생수도원을 떠나기로 결심했다. 교수직도 버리고 가족도 버리고 오직 눈에 안 보이는 뿌리를 튼튼히 하기 위해서 출가할 것을 결심했다.

4. 재출가

1965년 봄, 나는 대학에 나가지 않고 또 김룡사로 내려갔다. 성철스님께 출가하겠다고 말씀드렸다. "먼저 삼천배를 매일 3주 동안 계속할 수 있느냐"고 스님은 물으셨다. 자신의 결심을 시험할 겸, 출가의 의지를 다질 겸, 한번 그렇게 해 보라는 것이다. 조금도 겁나지 않았다. 시험이건 단련이건 그런 것은 문제되지 않았다. 스님이 하라면 뭐든지 할 준비가 되어 있었다. 21일 동안 모두 합해 63,000배를 거뜬히 해냈다. 작년 여름의 삼천배보다도 훨씬 수월했다. 날씨가 덥지 않은 것도 도움이 되었다. 그러나 그것보다는 나의 자세가 달라져 있었다. 이번은 '울며 겨자 먹기'가 아니었다. 결심 여하에 따라 이렇게 큰 차이가 날 줄은 몰랐다. 3주간의 기도는 나의 업을 다 녹여 내고 씻어 준 것 같았다. 심신이 상쾌했다.

5. 깨달음과 깨침

　　그러나 문제는 그렇게 간단치 않았다. 상쾌했던 심신은 또 고달파지기 시작했으며 녹아났다고 느꼈던 업은 또다시 고개를 들기 시작했다. 모든 것이 일시적인 것이었을 뿐 근본적인 해결이 아니었다. 다시는 물러서지 않는다는 불퇴전의 경지가 새삼 문제되었다.

　　삼칠일간의 기도가 끝난 다음, 성철스님은 나의 사상을 정리하는 작업을 시작하셨다. 나는 그 당시 보조국사 지눌스님의 돈오점수설을 좋아했었다.

　　"먼저 깨달아야 한다. 그리고 그 깨달음에 의지하여 평생토록 꾸준히 닦아야 한다"는 지눌스님의 말씀은 이 세상 누구에게도 적용될 수 있는 가장 보편적인 진리처럼 느껴졌다. 그런데 성철스님은 이를 부인했다. 성철스님의 지눌 비판은 무서웠다. 돈오점수설은 아직 선禪이 무엇인 줄 모르는 화엄학자들이나 하는 소리라는 것이었다. 나는 다시 한 번 휘청거리기 시작했다. 성철스님의 가르침을 요즈음 내가 쓰고 있는 언어로 다시 정리하면 다음과 같이 말할 수 있을 것이다.

　　"깨달음 정도로는 안 된다. 깨쳐야 한다. '깨달음'은 '머리로 아는 것'이다. 그러므로 그 속에 후퇴할 위험성을 항상 내포하고 있다. 그러니 뭔가 좀 알았다 해도 힘이 없다. 아는 것과 아는 대로 실천하는 행동과의 거리는 여전히 크다. 그러나 '깨침'은 '온몸으로 아는 것'이다. 따라서 아는 것과 행동하는 것이 일치한다. 만일 그렇지 않다면 그것은 여전히 깨달음일 뿐, 아직 깨침이 아니다. 깨달음 정도로 만족해서는 안 된다. 깨침이라야 한다. 선종에서 견성見性을 했다느니 또는 확철대오廓徹大悟를 했다느니 하는 것은 모두 궁극적인 불퇴전의 '깨침'을 얻었다는 말이지, 언제 물러설지도 모르는 '깨달음'을 얻었다는 말은 아니다. 보조국사는 돈오점수설을 선양함으로써 수행자로 하여금 깨달음을 깨침으로 잘못 알게 하는 오류를 범했다."

성철스님의 지눌 비판은 대강 이런 것이었다. 솔직히 말해서 나는 성철스님을 만나기 전에는 '깨달음'과 '깨침'의 차이를 구별할 줄 몰랐다. 성철스님에게 있어서 '깨달음'과 '깨침'은 전혀 별개의 다른 경험이었다. '깨달음'은 중생의 경험이지만 '깨침'은 부처님의 경험이다. 중생의 경험인 '깨달음'은 아무리 여러 번 하고 이를 모두 다 합쳐 놓아도 부처님의 '깨침'은 되지 않는다. '깨침'은 '깨달음'을 포용하지만 '깨달음'이 바로 '깨침'으로 연결되지는 않는다. 그러면 어떻게 해야 할 것인가? 천하에 별것을 다 깨닫고 또 골백번을 깨달았다 할지라도 '깨달음'은 역시 깨달음일 뿐, 그 이상의 것이 아님을 알아야 한다. 깨달음밖에 얻지 못하는 벽을 우리는 무너뜨려야 한다. 이 벽이 바로 '중생성衆生性'이다. 이 중생성을 극복해야 한다.

6. 몸과 몸짓

몸짓만 바꾸면 무엇 하나? 못된 몸짓을 되풀이하는 잘못된 몸이 깨져야지! 나는 이 말이 성철사상의 핵심에 해당한다고 생각한다. 겉으로 나타나는 몸짓이 조금 바뀌는 정도의 '깨달음'을 '깨침'으로 오해해서는 안 된다. '깨침'은 몸짓이 바뀌는 정도의 것이 아니라 사람의 모든 몸짓이 나오는 '몸' 자체가 깨져 버리는 것이다. 몸짓이 중생이 하는 것이라면 그러한 몸짓이 나오는 몸은 중생성이다. 그러므로 중생성을 극복한다는 말은 몸이 깨진다는 말이다. 몸이 깨질 때 깨침을 이룬다. 깨짐과 깨침은 동시에 이루어진다. 우리말에 '깨지다'는 말과 '깨치다'는 말은 둘 다 똑같은 '깨다'라는 동사에서 나왔다. 유리창을 깬다든가 놀음판을 깬다는 따위의 파괴적인 경우는 '깨짐'의 뜻이 강하고, 잠을 깬다든가 국문을 깬다는 따위의 건설적인 경우는 '깨침'의 뜻이 강하다. 불교수행의 경우, 중생성의 극복인 몸의 '깨짐'과 부처님의 몸이 탄생하는 '깨침'은 동시에 일어난다. 성철스님은 화엄철학에 나오는 쌍차雙遮와 쌍조雙照라는 말과 구름과 햇볕의 비유를 가지고 깨짐과 깨침의 관계를 설명하셨다.

구름 걷히면 햇볕 나제, 구름 걷히는 것 따로 있고 햇볕 나는 것 따로 있는가?
망상 쉬면 부처님이지, 망상 쉬는 것 따로 있고 부처되는 것 따로 있는가?
부처가 되고 싶으면 화두를 들고 참선을 하라. 그것 밖에 딴 길은 없다. 적당히 슬슬 해서는 안 된다. 오매일여가 되도록 해야 한다. 자나 깨나 화두 드는 것을 한결같이 해야 한다. 꿈속에서도 화두를 들고 꿈조차 없는 깊은 잠 속에서도 화두가 들려져 있어야 한다. 그렇게 되면 그것이 오매일여의 경지이다. 오매일여의 경지를 거치지 않고 깨친 이는 없다. 오매일여가 아니면 미세망념이라는 중생의 근본번뇌가 깨지지 않는다. 깨짐이라야 깨침이다. 초보자는 행여나 깨달음을 깨침으로 오해하여 도중하차하는 일이 없도록 각별히 주의해야 한다.

성철사상의 핵심은 보는 사람의 입장에 따라서 여러 가지로 풀이할 수 있을 것이다. 성철스님의 사상을 말하면서 '몸과 몸짓의 논리'를 동원하고 '깨달음과 깨침을 구별'하는 것은 성철스님을 보는 나의 입장을 드러내 놓는 일일지도 모른다.

1968년 2월, 나는 해인사를 떠났다. 성철스님을 떠난 것은 아니고 중노릇을 그만두고 다시 동국대학교 불교대학으로 돌아간 것이다. 해인사를 떠날 때, 나는 대중 스님들이 지켜보는 가운데 환계식還戒式이라고 부르는 일종의 퇴속退俗 절차를 밟았다. 이것은 내가 불교를 떠난 것도 아니고 수도생활에 자신이 없어 밤중에 도망치는 것이 아니라는 것을 만천하에 선언하는 것이라고 했다. 그러나 절집에서 퇴속은 출가보다 더 힘든 일이었다. 그만큼 짙은 인간관계가 그 속에 있었다.

해인사를 나온 뒤, 꼭 일 년 만에 나는 미국으로 건너갔다. 한국 나이로 37세였으니 유학치고는 좀 늦은 셈이었다. 그러나 이른바 'Cultural Shock' 같은 것은 없었다. 문제는 영어였다. 언어의 장벽이란 것이 그렇게 대단한 것인 줄을 미처 몰랐다. 이왕 가야 할 미국 유학이었다면 좀 더 일찍 갈 걸 그랬다는 때늦은 후회에 잠기다 혼자서 웃기도 했다. 약 6년 걸려서 버클리에 있는 캘리포니아주립대학교에서 원효 연구로 박사학위를 땄다.

그동안 별일이 다 많았다. 미국에서는 학생들이 여름방학이면 일 년 쓸 용돈을 벌겠다고 모두 막벌이 일자리를 찾아 나선다. 나도 물론 한몫 끼었다. 별일을 다 해 보았다. 힘들었던 것은 역시 노동판의 일이었다. 보수가 좋았다. 그 대신 지독하게 부려 먹었다. 보수를 많이 주면 그만큼 뽑아 가는 것 같았다. 황소 같은 몸집을 가진 20대의 미국 청년들 틈에서 똑같은 양의 막노동을 한다는 것은 무리였다. 고대 로마의 노예들도 이렇게 잔인하게 혹사당하지는 않았을 거라는 생각이 들었다. 미국 아이들도 고되다고 도중에 그만두는 중노동을 나는 포기하지 않고 한여름 내내 했다. 성철스님의 삼천배보다는 수월했기 때문이다. 사실은 노동판의 일뿐만 아니라 박사학위과정의 종합시험 보는 일이나 학위논문 쓰는 일을 하면서 힘이 들 때마다 나는 나 자신에게 물었다. '삼천배보다 더 어렵느냐'고. 이렇게 묻기만 해도 어디서 나오는지 새 힘이 솟아 나왔다. 이렇게 해서 나는 많은 어려움을 극복할 수 있었다.

1977년 9월, 박사학위과정을 마치자 나는 지금 있는 스토니브룩 뉴욕 주립대학교 종교학과의 불교학 교수로 취직이 되었다. 그리고 한국을 떠나온 지 만 10년 만에 처음으로 한국을 방문할 기회가 생겼다. 1979년 12월, 한국정신문화연구원이 주최했던 제1회 국제 한국학 심포지엄에 참석하기 위해 뉴욕의 케네디 공항을 떠났다. 비행기 속에서 태평양을 내려다

보며 나는 생각했다. 만일 누가 나더러 한국에 가서 '꼭 한 군데만 보라'고 말한다면 어디를 택할까? 나와 인연이 있었던 여러 곳들이 머리에 떠올랐다. 결국엔 내가 태어나서 자랐던 전남 보성의 고향마을과 가야산 해인사의 백련암, 이 두 군데가 마지막까지 남았다. 막상막하라더니, 어느 한 곳을 택하기가 곤란했다. 그러나 나는 마침내 내가 태어난 고향마을을 택했다. 택해 놓고 보니 잘 택한 것 같았다. 내 사상이 내 결정을 재확인해 주었다. 이때, 나는 결국 속세에서 속인으로밖엔 살 수 없는 사람임을 깨달았다.3)……

---

3) 이 글의 일부는 1993년 11월 18일자 『시사저널』에 실렸다. 그다음 달 『미주현대불교』를 위하여 다시 쓴 것을 이번에 또 고쳐 썼다.

5 몸짓공부

선생님,

그동안 안녕하셨습니까?

사모님께서도 평안하시지요.

한동안 편지 드리지 못했습니다.

선생님을 뵙기 전에는 일상과 사람들과의 관계에서 벗어나 절에 가서 열심히 기도하는 것을 공부의 전부로 생각했습니다. 그런데 선생님을 뵙고는 깨우쳤습니다. 사람들과 일상 속에서 잘 사는 것이 공부더군요. 이 두 측면도 모두 몸짓이겠지요. 어디에 있느냐는 몸짓이겠지요. 지금 생각이 어디에 있느냐는 몸짓이니, 어디에 있건 최선을 다하면 되겠습니다.

예전에는 힘들면 사람들을 떠나 절로 도망을 갈 수도 있었고, 절로 도망가는 저를 공부 잘하는 것으로 착각도 하고 위안도 했었습니다. 그런데 지금은 절로 도망도 못 갑니다. 힘들어도 도피도 못 합니다. 그렇다고 남들과 부대끼는 생활도 못 하고…… 나도 남도 편하게 못 하고.

선생님, 또 연락드리겠습니다.

안녕히 계십시오.

황경열 올림

42

6 경외심과 겸손

선생님,

새해 복 많이 받으십시오.

사모님께서도 새해 복 많이 받으시고 건강하십시오.

새해 인사가 늦었습니다.

지난번 서울에서 뵈었을 때, 여전히 건강하셨고 예전과 같이 좋아 보였습니다.

선생님, 저는 모르는 게 왜 이리 많을까요?

제가 전헌 교수님께도 말씀드렸는데, 모르는 게 너무 많습니다.

모르는 미지의 세계에 대한 끊임없는 경외심과 겸손이 선생님께서 말씀하시는 신앙심이고 종교심이며 의단이라 생각됩니다.

선생님께서 "잘 안 되고 모르는 것이 묘한(좋은) 것"이라고 늘 힘주어 말씀하신 것으로 저는 알고 있습니다.

선생님 계신 곳은 날씨가 어떠신지요.

눈 피해는 없으신지요?

뉴스에 보니 연말연시 행사로 맨해튼은 쓰레기 천지더군요.

이곳은 너무 춥습니다.

삼한사온도 없어진 듯 강추위가 연일 계속되고 있습니다.

호남지방에는 눈이 너무 많이 와 그 피해가 심각합니다.

모두가 다 같이 행복해야 할 텐데 일부 지역은 피해가 너무 커 그곳 사람들의 가슴이 너무 아플 것입니다.

눈 피해 입고, 없는 사람들은 이 추위를 어떻게 견디어 나갈까요?

선생님 그리고 사모님, 언제나 건강하시기 바랍니다.

황경열 올림

7

손가락으로 벽 뚫기

황경열 교수님께,

옛날 제가 어렸을 때 우리 아버지가 다음과 같은 말씀을 해 주셨습니다.

사람이 벽을 뚫을 때 송곳으로 뚫는 사람이 있고 손가락으로 뚫는 사람이 있다. 전자는 일시에 뚫지만, 후자는 무진장 시간이 많이 걸린다. 얼핏 보기에 전자가 영리하고 후자는 멍청해 보이겠지만, 그러나 뒤에 남는 결과는 양자 간이 천양지판으로 다르다. 전자는 빨리 뚫지만 효과는 별로 없다. 도로 막혀 버리니까. 그러나 후자는 시간이 오래 걸리고 또한 손끝이 다 망가져 무진 고생을 다 하지만 그렇게 해서 뚫린 벽은 다시는 막히지 않는다. 그리고 그 구멍으로 공기도 들어오고 햇볕도 들어오고 또한 안에서 밖을 내다볼 수도 있고 마침내는 그 구멍을 통해 광명천지로 나갈 수도 있다. 공부도 이와 같다. 쉽게 한 공부는 곧잘 잊어 먹는 법이라 쓸모없게 되는 경우가 많다. 그러나 어렵게 온몸으로 한 공부는 한번 터득하면 영원히 자기 것이 되어 평생을 써도 여전하고 그 덕화는 또한 자손들에게까지 미치는 법이다.

우리 황 교수님은 공부를 쉽게 하려 하지 않는 훌륭한 면을 가지고 계십니다. 항상 머리로 하는 것보다는 몸으로 하는 천품이 있으십니다. 공자가 칭찬한 안자가 바로 그런 분이라 하지 않습니까? 황 교수님도 그런 자세를 굳게 간직하면 앞으로 크게 빛이 날 때가 올 것입니다.

주신 약은 잘 쓰고 있습니다. 감사드립니다.

황 교수님 내외분과 두 따님 모두 새해 복 많이 받으시기를 기원합니다.

박성배 합장

8

2편의 글—불경번역이 왜 어려운가, 암흑시대

황경열 교수님,

주신 편지 잘 받았습니다. 저희들은 잘 지내고 있습니다. 집사람의
수술 결과는 아주 좋습니다. 이젠 걷는 것도 문제없고 낮은 의자에도
혼자서 잘 앉고 서고 합니다. 그러나 무릎 대체 수술의 성공이 곧 관절
염의 완치를 의미하는 것은 아니기 때문에 여기저기 아픈 곳은 여전히
많습니다. 큰 도적을 없애니 군소 작은 도적떼들이 출몰하는 현상 같습
니다. 황 교수님도 공부 잘하시고 가족들 모두 편안하시기를 빕니다.
제 글 두 가지 보냅니다. 소람하시기 바랍니다.

안녕히 계십시오.

박성배 합장

:: 불경번역이 왜 어려운가―암폴스키의 돈황본 『육조단경』 영역에 나타난 무념이해를 중심으로 ―

1. 머리말

1960년대의 일이다. 그 당시 동국대학교에서 대학원 학생들을 지도했
던 김영수 교수는 항상 이렇게 한탄하였다. "요즈음 불교를 공부하는 사
람들이 체용體用을 바로 뗄 줄 모른다"고. '체(몸)와 용(몸짓)의 논리'에 익숙
하지 않은 요즈음 사람들에겐 김영수 교수의 '한탄' 자체가 가슴에 와닿지
않을지도 모른다. '체용을 바로 뗀다'는 말은 무슨 뜻일까? 현대문화의 용
(몸짓) 일변도적인 성격이 항상 동양사상의 핵심에서 일해 왔던 체용논리
를 실종케 했다. 몸짓문화의 횡포에 몸서리치는 아픔을 맛본 사람만이 모

든 몸짓이 나오는 '몸'을 찾게 된다. 한마디로 말해서 '체體(몸)의 실종'이라는 현대병에 저항하는 자세가 없으면 몸 발견의 시급함이 우이독경일 수밖에 없을 것이다.

선승들이 말하는 '몸'은 오늘날 우리들이 말하는 '몸'과 그 뜻이 판이하게 다르다. 선승들의 몸은 반야사상을 겪고 나온 '공空적 몸'이며, 화엄사상을 겪었기에 일즉일체一卽一切와 사사무애事事無碍로 표현되는 '연기緣起적 몸'인 것은 물론이고, 여기서 한 발 더 나아가 시대사조에 온몸으로 저항하는 선승 특유의 방할棒喝적인 성격을 가짐과 동시에, 유록화홍柳綠花紅적인 자연 자체로서의 몸이다. 이를 구태여 다시 말하자면, 개개인의 개체적인 몸이 크게 죽고, 전우주적인 보편자로서의 몸으로 다시 태어났다가, 이러한 몸이 다시 깨어지고 부서지면서 지금 당장, 바로 이 자리에서 제 할 일을 제대로 하는 구체적인 개체자로 사는 몸이다. 좀 어색하고 비선非禪적인 어휘라는 비난을 면할 길이 없지만, 그래도 잠시 '보편적普遍的 개체자個體者'라는 표현을 빌리면 어떨까 싶다.

오늘 필자가 정말 이야기하고 싶은 것도 다름 아닌 '몸과 몸짓의 논리'다. 컬럼비아대학교에서 불교를 가르쳤던 얌폴스키 교수가 번역한 영문 돈황본 『육조단경』이 가지고 있는 결정적인 문제점도 다름 아닌 "체용體用을 바로 뗄 줄 몰랐다"는 데에 있다. 체용을 바로 뗄 줄 모르면서 불경을 번역하면 견강부회牽强附會를 면할 길이 없다. 필자는 오늘 여기에다 한 가지를 더 강조하고 싶다. 그것은 번역자가 기계여서는 안 된다는 것이다. 동시에 번역해야 할 경전도 죽은 물질이어서는 안 된다. 경전에는 항상 사자후하는 사람이 있다. 다시 말하면 불경번역은 '산 사람'과 '산 사람'의 대화를 통해 이루어져야 한다는 말이다.

앞으로 과학이 더 발달하면 로봇이 불경을 번역하는 세상이 올지도 모른다. 그리고 로봇의 번역이 어느 역경자의 번역보다 더 나을지도 모른다. 그러나 나는 여기에 단서를 붙이고 싶다. 만일 언젠가 그런 훌륭한 로봇 삼장三藏이 나타난다면 그 삼장은 사람보다 더 사람다울 거라고, 아니, 보통 사람들보다 더 사람다워야 한다고. '사람답다'는 것은 불경을 물질로 대하지 않고 부처님으로 대한다는 뜻이다. 불경을 종이에 글씨가 써져 있는 물질로 대하느냐 아니면 부처님 일하심의 현장으로 대하느냐에 따라 역경의 질은 천양지판으로 달라질 것 같다. 역경이란 사람과 사람의 막 부닥침이다. 대화엔 항상 그런 대결적 성격이 있기 마련이다. 그러므로 역경이란 경을 쓴 부처님이라는 이름의 '사람'과, 그 경을 번역하는 '사람'과, 둘이 다 살아 있는 '사람'으로 마주 앉아 대화하면서 부처님의 메시지를 창조적으로 전달하는 일종의 공동 작업이라고 생각한다. 말하자면 육바라밀 가운데 정진바라밀 같은 것이다. 불경을 지은 '사람'과 불경을 번역하는 '사람'이 마주 앉아 서로 눈이 부딪치고(目擊) 서로 상대방의 숨소리를 들으면서 때로는 오순도순, 때로는 씩씩거리면서 두 몸이 한 몸이 된 듯, 온몸으로 일함이 다름 아닌 불경번역의 현장이 아닌가 싶다. 하나는 사람, 하나는 물질인 역경, 둘이 모두 물질인 역경, 그런 역경은 로봇 할아버지의 역경이라도 그 번역물의 질에 대해서 나는 회의적일 수밖에 없다.

불경 속에 나타나는 어려운 대목들을 처리하는 장면을 한번 상상해 보자. 번역해야 할 불경 속에는 항상 번역자의 생각으로는 말이 안 된다고 느껴지는 대목 또는 아무리 읽어도 무슨 말인지 모르겠다든가, 아니면 사상적으로 도저히 동의할 수도 없고 용납할 수도 없는 대목들이 있기 마련이다. 자, 이런 경우에 우리는 어떻게 해야 할 것인가? 옛날의 훌륭한 역경가들은 이렇게 딱한 처지에 봉착했을 때 비교적 사람다웠던 것 같다. 상대방의 의견을 존중하고 자기를 다시 살필 줄 아는 겸손한 사람들이었던 것 같다. 모르면 모르는 대로, 말이 안 되면 안 되는 대로, 일단 그대로 놔두면서 계속 생각하는 구도자적인 자세라고나 할까. 마치 산전수전 다 겪은 할아버지가, 혈기 방장한 아버지와는 달리, 자기하고 다른 자손들의 의견을 눈만 끔벅끔벅하며 잘 듣고 계속 생각하는 자세와 흡사하다고 할까. 공자의 『논어』나 노자의 『도덕경』이 헤아릴 수도 없이 여러 차례 영어로 번역되었음에도 불구하고 아직도 새로운 번역이 계속 나오고 있다는 사실이 그래도 우리에겐 희망이 있다는 메시지처럼 느껴진다.

1960년대 초에 『능엄경』의 우리말 번역을 마친 운허스님이 성철스님을 찾아가 '증의證義'를 부탁했다고 한다. '증의'는 불경을 번역할 때 흔히 생기는 오류를 바로잡기 위한 역경상의 중요한 과정이다. 증의를 할 수 있는 사람은 물론 불경의 핵심을 꿰뚫어 보고 있는 소위 경안經眼이 열린 사람임을 전제한다. 평생을 역경 사업에 바친 학승이 선승을 찾아가 자기가 번역한 원고의 증의를 부탁한다는 것은 쉬운 일이 아닐 것 같다.

1967년, 컬럼비아대학교의 필립 얌폴스키(Philip Yampolsky) 교수는 돈황본 『육조단경』을 영어로 번역하였다.[1] 이 책은 출판 이후 반세기가 다 되도록 여전히 많이 팔리고 있다. 학계가 요구하는 서지학적인 정밀성과 역사적인 사실에 대한 고증을 철저히 했기 때문이라고 한다. 그러나 얌폴스키의 번역은 한국불교가 중요시하는 '증의' 과정을 제대로 거치지 않는 것처럼 보인다. 그의 번역에는 『단경』 공부를 철저히 하려는 사람들을 당혹하게 만드는 대목들이 있다. 얌폴스키가 영역한 돈황본 『육조단경』의 「무념장無念章」을 가지고 한번 집중적으로 분석해 보자.

2. 얌폴스키의 영역

얌폴스키는 돈황본 『육조단경』의 「무념장」을 다음과 같이 번역했다.[2]

(1행) Men of the world, separate yourselves from views; do not activate

---

1) Philip B. Yampolsky, translated by, *The Platform Sutra of the Sixth Patriarch: The Text of the Tun-Huang Manuscript*(New York: Columbia University Press, 1967).
2) Philip B. Yampolsky, translated by, *The Platform Sutra of the Sixth Patriarch: The Text of the Tun-Huang Manuscript*, p.139.

thoughts.

(2행) If there were no thinking, then no-thought would have no place to exist.

(3행) 'No' is the 'no' of what?

(4행) 'Thought' means 'thinking' of what?

(5행) 'No' is the seperation from the dualism that produces the passion.

(5a행) 'Thought' means thinking of the original nature of True Reality.

(6행) True Reality is the substance of thoughts;

(7행) thoughts are the function of True reality.

(8행) If you give rise to thoughts from your self-nature,

(9행) then, although you see, hear, perceive, and know,

(10행) you are not stained by the manifold environments, and are always free.

(11행) The Vimalakirti Sutra says:

(12행) 'Externally, while distinguishing well all the forms of the various dharmas,

(13행) internally he stands firm within the First Principle.'

위에 인용한 얌폴스키의 돈황본 『육조단경』 영역에서 문제 삼지 않을 수 없는 대목이 세 군데 있다.

(4행) 'Thought' means 'thinking' of what이라는 문장과 **(5a행) 'Thought' means thinking of the original nature of True Reality**라는 문장과 **(8행) If you give rise to thoughts from your self-nature**라는 문장이다.

우선 위에 인용한 얌폴스키의 영역을 우리말로 옮겨 보자.

(1행) 세상 사람들이여, 자신을 여러 견해에서 해방시켜라. 생각을 일으 키지 말라.

(2행) 만약 생각이 일어나지 않는다면, 무념無念이란 말도 있을 수 없을 것이다.

(3행) 무념의 '무無'는 무엇이 없다는 말이며,

(4행) 무념의 '념念'은 무엇을 생각한다는 말인가?

(5행) '무'란 모든 번뇌망상을 일으키는 이원론을 벗어난다는 말이며,

(5a행) '념'이란 진여자성을 생각한다는 말이다.

(6행) 진여는 생각의 몸이요,

(7행) 생각은 진여의 몸짓이다.

(8행) 만약 당신들이 당신들의 자성으로부터 생각을 일으킨다면,

(9행) 비록 당신들이 보고 듣고 느끼고 안다 할지라도,

(10행) 삼라만상에 물들지 않고 항상 자유로우리라.

(11행) 유마경은 말한다.

(12행) '겉으로 여러 가지 것들의 온갖 모양들을 잘 분별하면서도

(13행) 그 사람은 안으로 제1의에 굳건하게 서 있다.'

얌폴스키의 영역을 비판적으로 읽을 수 있으려면 우리는 무엇보다도 돈황본 『육조단경』의 원문에 익숙해져야 한다.

3. 돈황본 『육조단경』의 「무념장」 원문

돈황본 『육조단경』은 무념사상을 다음과 같이 전개했다.[3]

(1행) 世人離見　不起於念

(2행) 若無有念　無念亦不立

(3행) 無者無何事

(4행) 念者何物

(5행) 无者離二相諸塵勞

(6행) 眞如是念之體

---

3) 柳田聖山 編, 『六祖壇經 諸本集成』(京都: 中文出版社, 1976년판), 13쪽.

(7행) 念是眞如之用

(8행) 性起念

(9행) 雖卽見聞覺之

(10행) 不染萬鏡而常自在

(11행) 維摩經云

(12행) 外能善分別諸法相

(13행) 內於第一義而不動

우선 위의 인용문을 우리말로 옮겨 보자.

(1행) 세상 사람들이여, 견해에서 벗어나라. 그리고 생각을 일으키지 말 지어다.

(2행) 만약 생각이 없다면, 무념無念이란 말도 있을 수 없을 것이다.

(3행) 무념의 '무無'는 무엇이 없다는 말이며,

(4행) 무념의 '념念'이란 무엇인가?

(5행) '무'란 두 가지의 모습에서 비롯한 여러 번뇌망상을 여의었다는 말 이며,

(6행) 진여는 생각의 몸이니,

(7행) 생각은 진여의 몸짓이다.

(8행) 자성의 일함이 생각인지라,

(9행) 비록 보고 듣고 느끼고 안다 할지라도,

(10행) 자성은 온갖 경계에 더럽혀지지 않고 항상 자유롭다.

(11행) 유마경은 말한다.

(12행) 겉으로 여러 가지 것들의 온갖 모양들을 잘 분별하면서도

(13행) 안으로 제일의第一義에 군건하게 서 있다.

그러면 우리는 위에 인용한 돈황본 『육조단경』의 원문과 얌폴스키의

해당 부분 영역을 같은 줄 위에 병렬적으로 올려놓고 양자를 동시에 볼 수 있도록 대조해 보자. 무엇이 어떻게 다른가가 선명하게 눈에 들어올 것이다.

돈황본 『육조단경』	얌폴스키의 영역
(1행) 世人離見 不起於念	(1행) Men of the world, separate yourselves from views; do not activate thoughts.
(2행) 若無有念 無念亦不立	(2행) If there were no thinking, then no-thought would have no place to exist.
(3행) 無者無何事	(3행) 'No' is the 'no' of what?
(4행) 念者何物	(4행) **'Thought' means 'thinking' of what?**
(5행) 无者離二相諸塵勞	(5행) 'No' is the seperation from the dualism that produces the passion.
	(5a행) **'Thought' means thinking of the original nature of True Reality.**
(6행) 眞如是念之體	(6행) True Reality is the substance of thoughts;
(7행) 念是眞如之用	(7행) thoughts are the function of True reality.
(8행) 性起念	(8행) **If you give rise to thoughts from yourself-nature,**
(9행) 雖卽見聞覺之	(9행) then, although you see, hear, perceive, and know,
(10행) 不染萬鏡而常自在	(10행) you are not stained by the manifold environments, and are always free.
(11행) 維摩經云	(11행) The Vimalakirti Sutra says:
(12행) 外能善分別諸法相	(12행) 'Externally, while distinguishing well all the forms of the various dharmas,
(13행) 內於第一義而不動	(13행) internally he stands firm within the First Principle.'

4. 얌폴스키 영역의 문제점

각 행의 첫머리에 보이는 번호는 필자가 붙인 것이다. 문제되는 대목을 따지기 위해서다. 얌폴스키의 영역을 돈황본 원문과 대조했을 때 드러나는 문제는 다음의 세 가지다.

• 첫째, 돈황본의 제4행인 "염자하물念者何物"을 얌폴스키의 영역 스타일로 번역하자면 그것은 응당 "Thought means what?"이라고 했어야 할 터인데도 그는 그것을 'Thought' means thinking of what?이라고 번역했다. 돈황본에 없는 'thinking of'라는 말을 삽입한 것이다.

• 둘째, 얌폴스키의 제5a행인 'Thought' means thinking of the original nature of True Reality라는 문장은 돈황본에는 없는 말이다.

• 셋째, 돈황본의 제8행은 "성기념性起念" 세 글자다. 그런데도 얌폴스키는 이를 If you give rise to thoughts from your self-nature라고 길게 번역했다. 본문에서 문장의 주어는 '성' 즉 진여자성인데 왜 번역자는 문장의 주어를 you로 바꿨을까?

• 첫째 문제: 돈황본은 "염자하물念者何物"(생각이란 무엇인가?)이라고 물었는데 왜 얌폴스키는 이를 "염자념하물念者念何物"(생각은 무엇을 생각하는 것이냐?)이라고 번역했을까? 돈황본 『육조단경』이 묻고 있는 질문 자체를 바꾸어 버린 이유가 무엇인가? '생각이 무엇이냐'라는 질문과 '무엇을 생각하느냐'라는 질문은 서로 다른 질문이다. 돈황본 『단경』의 질문인 '염자하물'이란 말을 둘로 갈라놓고 그 가운데에 념念이란 글자 하나를 삽입함으로써 념念이란 글자는 타동사가 되어 버렸다. 따라서 하물은 타동사의 목적어로 전락했다. 얌폴스키는 이러한 바꿔치기에 대해서 각주도 달지 않고 아무런 설명도 붙이지 않았다. '염자하물'이라고 묻는 돈황본의 문제의식과 '염자념하물'이라고 묻는 홍성사본의 문제의식 사이엔 커다란 차이가 있다는 것을 얌폴스키는 간과한 것일까?

• 둘째 문제: 얌폴스키의 제5a행 'Thought' means thinking of the original nature of True Reality('념'이란 진여자성을 생각한다는 말이다)는 우리를 당황하게 한다. 왜 그는 원문에 없는 이런 말을 삽입했을까? 얌폴스키는 그의 각주 72번[4]에서 그 이유를 다음과 같이 밝혔다. "이 문장이 돈황본에 빠져 있어서 홍성사본에 의거하여 보충해 넣었다."[5] 얌폴스키는 이 대목(5a행)이 4행의 변질된 질문 때문에 억지로 삽입한 변질된 답변이라는 사실을 간과한 것처럼 보인다. 이 삽입된 답변은 돈황본의 답변이 아니다. 이는 4행에서 바꿔친 문제를 정당화하기 위해서 돈황본에 없는 답변을 고의로 삽입한 것이라고 밖엔 볼 수 없다. 얌폴스키는 왜 이렇게 질문을 바꿔치고 엉뚱한 답변을 삽입해야 했을까? 이렇게 함으로써『단경』이 말하고 싶은 무념의 뜻이 더 잘 드러났다고 생각했던 것일까?

• 셋째 문제: 제8행 "성기념性起念"으로 시작하는 이 대목은 바로 앞의 제7행 "염시진여지용念是眞如之用"을 이어 체용논리로 글을 마무리 짓는 대목이다. 다시 말하면 '생각'이란 진여자성眞如自性의 일함이기 때문에 무엇을 하든 언제나 어디서나 항상 자유자재하단 말이다. 얌폴스키의 번역은 이 점이 분명치 않다. '당신'(you)과 '생각'(thoughts)과 '당신의 자성'(yourself-nature) 등 세 가지의 개념들이 따로 놀고 있다. 이 세 가지 것들이 따로 노는 한, 아무리 'if(만약)'를 집어넣고 강조해 보았자 설득력도 없고 뭐가 뭔지 불분명한 글이 되고 만다. 무엇이 불분명하단 말인가? '상자재常自在'(항상 자유롭다)는 희망사항일 뿐 현실이 아니란 말이다. 따라서 그것은 돈황본『육조단경』의 무념이 아니며『단경』이 "상자재常自在"라고 말할 때의 '상常'(항상)이란 말도 힘없는 공수표가 되고 만다. 사람의 생각이 진여자성에서 나온다는 보장이 없기 때문이다. 그러므로 '상자재常自在'의 주어나, '불염만경不染萬境'의 주어나, '견문각지見聞覺知'의 주어가 모두 '진여자성'인데

4) 얌폴스키의 책, 139쪽.
5) This passage is omitted in the Tun-huang version and has been supplied from Koshoji, p.22.

도 불구하고 이를 모르고 있는 것이다.

비슷한 경우를 컬럼비아대학교에서 불교를 가르쳤던 요시토 하케다 교수의 대승기신론 영역에서도 발견한다.[6] 하케다는 대승기신을 "대승에 대한 믿음을 일으킨다"고 번역했다. 그러나 원효元曉(617~686)는 달랐다. "대승은 체요, 기신은 용"이라고 보았다. 체용으로 본 것이다. 이 말은 '기신起信'의 주어를 '대승大乘'으로 본 것이다. 그러므로 그 번역은 당연히 '대 승이 기신한다'가 되어야 한다. 물론, 혹자는 말할지도 모른다. "대승기신 론은 온통 '대승'에 대한 믿음 강조인데, 어찌하여 하케다를 비판하느냐" 고. 그러나 그건 모르고 하는 소리다. 믿음 강조가 체용을 버린 것으로 보는 것은 아직 화엄도 모르는 소리다. 화엄에서 원융문圓融門과 항포문行 布門을 나누면서, 원융문으로 말하면 '초발심시변성정각初發心時便成正覺'이지 만 항포문으로 이야기하면 53점차가 벌어진다고 말하지 않는가. 53점차가 초발심시변성정각의 일함이다. '항포'가 곧 '원융'이란 말이다. 대승이 체 고 기신이 용이기에 대승기신의 믿음 이론도 가능하고 실천 이론도 가능 한 것이다. 대승기신론은 잊어버릴 만하면 도처에서 이 점을 환기시키고 있다. 그러므로 우리는 말해야 한다. 대승이 기신하기에 점차로 보이는 수행도 이를 밑받침하는 수행도 가능한 것이다. 대승기신大乘起信과 진여자 성기념眞如自性起念은 말투까지도 비슷하다. 똑같이 체용논리적 사고의 산 물이란 말이다.

비교종교학적인 안목으로 볼 때, 다른 종교에서도 이러한 경우는 발견 된다. 기독교 신학의 경우, 죄를 지은 사람도 참회하고 하나님께로 돌아가

6) Yoshito S. Hakeda, translated by, *The Awakening of Faith*(New York: Columbis University Press, 1967). 이 책의 서론 첫 줄에서(3쪽) 하케다는 책 이름을 영어로 *the Awakening of Faith in the Mahayana*로 번역했다. 대승기신론의 책 이름에 대한 이러한 이해는 D.T. Suzuki의 *The Awakening of Faith in the Mahayana*(Chicago: 1900)나, 이기영의 『원효사상』(서울: 홍법원, 1967), 13쪽에서도 발견된다.

면, 그다음엔 모든 것이 하나님의 일하심이기 때문에, 보고 듣고 느끼는 것 또한 모두 하나님의 일하심이라 하나님은 아무것에도 물들지 않고 항상 자유자재하다고 말하는 것과 아주 흡사하다고 하지 않는가?

5. 얌폴스키의 무념이해

첫째, 얌폴스키의 번역에 나타난 무념은 돈황본 『육조단경』 전체의 무념사상과 조화가 되지 않는다. 필자가 이해하는 한, 돈황본 『육조단경』의 「무념장」은 수미일관 논리정연하게 잘 정리되어 있는 글이다. 필자의 이러한 말을 돈황본 『육조단경』이 아무런 오자도 없고 탈락된 글자도 없고 저자에 대한 의혹도 없다는 말로 오해해서는 안 된다. 문헌학적 입장에서 볼 때, 얌폴스키의 학적 공로는 높이 평가해야 한다. 그러나 사상적인 맥락에서 볼 때, 우리는 할 말이 많다는 말이다. 돈황본 『육조단경』에는 그 책 제목에서부터 들고 나온 뚜렷한 기치 같은 것이 있다. 그것은 책의 저자가, 그가 누구든, 처음부터 돈적頓的인 메시지를 전달하려고 애쓰고 있다는 사실이다. 그리고 그것은 철두철미 『금강반야바라밀경』의 반야사상에 근거하고 있다. 불교수행에서 선정과 지혜 중 어느 쪽에 더 무게를 두느냐에 따라 사람들이 두 파로 갈라져 싸우고 있을 때 돈황본 『육조단경』은 선정과 지혜는 말로는 둘이지만 사실은 둘이 아니라고 잘라 말한다. 그리고 그 둘의 체(몸)는 하나임을 강조한다. 그러한 논리 전개의 마무리를 '등불과 그 불빛의 관계'로 설명한다. 다름 아닌 체용體用의 논리다. 이것은 철저한 불이不二의 논리요, 생명의 논리라는 데에 그 특징이 있다. 그러니까 공부하는 사람은 말에 얽매이지 말고 논리를 뛰어넘어 생명의 실상으로 되돌아가자고 역설한다. 이런 의도를 저변에 깔고 돈황본 『육조단경』의 저자는 계속 '무념의 노래'를 부르고 있다. 유독 '무념'뿐만이 아니다. 무상無相도 그렇고 무주無住도 그렇고, 얽매임(繫縛)과 얽매이지 않음(無縛)의 논리 등등 그렇지 않은 것은 하나도 없다. 그러나 안타깝게도 얌폴스키의 번역은 문헌학적으로 훌륭한 업적을 성취한 데에 비해서 결정적인 순간에 무념의 념이 진여본성을 생각하는 것이라고 말하는 등 사상적으로 깊이 들어간 것 같지 않다. 돈황본『육조단경』의 무념사상이 전달하려는 메시지로 비추어 볼 때, 이것은 옥에 티가 아닐 수 없다. 왜냐하면, 얌폴스키가 말하는 그러한 무념에는 돈頓적인 메시지도,『금강경』의 반야사상도 발견하기 어렵고, 체용의 논리도 제대로 드러나지 않은 것처럼 보이기 때문이다.

둘째, 얌폴스키의 번역은 '몸 소식'을 '몸짓 소식'으로 바꿔버린 듯한 느낌을 준다. 돈황본『육조단경』의 「무념장」은 체용의 논리를 동원하여 몸짓문화에 갇혀 사는 사람들에게 몸 소식을 알려 주려고 애쓰고 있다. 그런데도 불구하고 얌폴스키는 이에 역행하여『단경』의 몸 소식을 몸짓 소식으로 바꾸어 놓은 것 같은 느낌을 준다. 돈황본『육조단경』 중에 체용논리가 약여하게 일하고 있는 현장은 위에 인용한 「무념장」의 '질문과 답변'이라고 말할 수 있다. 다시 한 번 그 현장을 재현시켜 보자.

질문		답변
無者無何事	·········	无者離二相諸塵勞
念者何物	·········	眞如是念之體
		念是眞如之用

여기서 우리들이 주의해야 할 것이 있다. '무념'의 '념念'이 무엇이냐고 묻는 질문에 대해서 돈황본『육조단경』은 바로 답변하지 않았다는 사실이다. 이 점이 홍성사본과 다른 점이다. 왜 바로 답변하지 않았을까? 체용논리로 답변하기 위해서다. 바로 답변하면 보통 논리지만 보통 논리로 안될 때는 체용논리가 등장한다. 돈頓적인 체용의 논리는 불이不二의 논리이어야 한다. 보통 논리는 '불이의 논리'가 아니다. 홍성사본처럼 '염자념진

여본성念者念眞如本性'(생각이란 진여본성을 생각하는 것)이라고 대답한다면 '불이의 논리'가 아니다. '생각하는 나'와 '생각되는 대상으로서의 진여본성'이 둘로 나누어져 있기 때문이다. '불이의 논리'인 '체용의 논리'는 깨친 '부처님의 논리'이며 '생명자체生命自體의 논리'라고 말할 수 있을 것이다. 이미 '이이상제진로離二相諸塵勞'(이원에서 비롯한 모든 번뇌망상을 다 여읨)이기 때문이다. 망상이 없으면 부처님이다. 왜 부처님이 다시 부처님(眞如本性)을 생각하고 있겠는가? 그건 말이 안 된다. 이처럼 보통 사람들의 이원적인 논리로는 의사전달이 잘 안 되는 사상전개상의 어려움이 있을 때마다 돈황본 『육조단경』은 체용논리를 원용하고 있다.

체용의 논리가 돈황본 『육조단경』에서 어떻게 일하고 있는가를 여실하게 보기 위해서, 우리는 돈황본 『육조단경』이 무념사상을 어떻게 전개하고 있는지 그 이론적인 구조부터 먼저 밝혀 보자. 돈황본 『육조단경』의 「무념장」은 4단으로 나누어 볼 수 있다.

제1단: (1행) 世人 **離見** 不起於念

(2행) 若無有念 無念亦不立

첫 단은 바로 앞의 「정혜장定慧章」을 이어 이제부터 무념론無念論을 전개하려는 머리말 같은 성격을 가지고 있다. 결상생하結上生下가 이 단의 몫이다. 그래서 시작이 이견離見(잘못된 견해를 여의는 것)을 기점으로 삼고 있다.

제2단: (3행) 無者無何事

(4행) 念者何物

(5행) 无者離二相諸塵勞

(6행) 眞如是念之體

(7행) 念是眞如之用

60

둘째 단은 질문과 답변의 형식으로 되어 있다. 질문은 무념을 파자破字하여 무념의 '무'는 무엇이며(3행), 무념의 '념'은 무엇이냐(4행)고 묻고 있다. 이러한 질문에 대해서 답변은 5행, 6행, 7행으로 되어 있다. 이 가운데서 첫 5행은 3행의 질문에 대한 직답이다. 그러나 4행의 질문에 대한 답변은 직답이 아니며 그 답변의 구조도 한 줄이 아니고 두 줄로 되어 있다. 그것이 다름 아닌 6행과 7행이다. 우리는 여기서 무념의 '념'을 설명하는 일이 여간 힘든 작업이 아니었음을 느낄 수 있다. 그러면 우리는 여기서 또한 왜 직답이 불가능하며 왜 한 줄의 답변으로는 불가능했는지 그 까닭을 밝혀내지 않을 수 없다. '념'이란 용用인데 누구의 '용'이냐 하면 다름 아닌 진여자성이라는 체體의 용이기 때문에 용을 말하기 전에 먼저 체를 분명히 해 둘 필요가 있었던 것이다. 얌폴스키는 이 점을 놓친 것이다. 그는 체용을 하나의 레토릭으로 본 것 같다. 그러니까 5행에서 무념의 '무'는 잘 설명해 놓고 무념의 '념'에 대한 설명이 빠졌다고 본 것이다. "This passage is omitted in the Tun-huang version"이라고 말하는 각주 72번의 말투가 이를 잘 입증해 주고 있다. 그래서 그는 홍성사본의 '염자념진여본성念者念眞如本性'이란 말이 여기에 들어와야 비로소 말이 된다고 생각한 것 같다. 6행과 7행이 함께 체용의 논리로 진여의 용인 무념의 '념'을 잘 설명하고 있는 것을 보지 못한 것이다. 이래서 '일인전허만인전진一人傳虛萬人傳眞'이라는 따끔한 비판이 옛날부터 전해 내려온 것 같다. "한 사람이 거짓말을 하니 그 뒤의 모든 사람이 그 거짓말을 참말로 전한다"는 뜻의 아픈 말이다.

제3단:　　(8행) 性起念

　　　　　(9행) 雖卽見聞覺之

　　　　　(10행) 不染萬鏡而常自在

셋째 단은 무념장의 결론에 해당된다. "성기념性起念(진여본성이 생각함)이라 이 세상의 별별 것을 다 보고 듣고 느낀다 할지라도……"라고 되어 있는 첫 문장은 진여자성의 '용用'을 말하고 있으며 그다음의 "만경에 물들지 않고 항상 자재하다"는 대목은 그 '체體'를 말하고 있는 것이다. 이 대목은 보조국사 지눌(1158~1210)을 깨우쳐 준 대목으로도 유명하다.

제4단: (11행) 維摩經云

         (12행) 外能善分別諸法相

         (13행) 內於第一義而不動

넷째 단은 『유마경』의 말씀을 인용, 위의 제3단 결론을 입증하는 경증經證의 역할을 맡고 있다. 12행의 "밖으로 모든 것을 잘 따지지만"이라는 말은 '용'이고, 13행의 "안으로는 제일의第一義에서 벗어나지 않는다"는 말은 '체'를 두고 하는 말이다. 돈황본 『육조단경』이 무념을 이야기하면서 이렇게 체용논리로 일관하는 것은 그것이 부처님의 무념이기 때문이다. 부처님의 무념은 보통 사람의 눈엔 두 가지의 다른 것으로 보이는 것들, 가령 여기서 '견문見聞'(듣고 보는 것)과 '자재自在'(자유로움)의 관계나 또는 『유마경』의 '선분별善分別'(잘 따지는 것)과 '부동不動'(태산처럼 요지부동)의 관계 등등이 모두 부처님의 일함에서는 둘이 아니라는 점을 밝히기 위해서다. 그러한 불이不二(둘 아님)사상을 전달하려고 할 때마다 돈황본 『육조단경』은 체용의 논리를 쓰고 있다. 제3단의 결론과 제4단의 결증이 서로서로 앞뒤가 딱 들어맞는 것은 둘 다 체용의 논리에 근거하여 논리를 전개하고 있기 때문이다. 이상을 도표로 표시하면 다음과 같다.

용用   체體

性起念 雖卽見聞覺之   ········   不染萬鏡而常自在

維摩經云 外能善分別諸法相 ········ 內於第一義而不動

셋째, 얌폴스키의 번역은 불교의 수행논리를 외면하고 있는 것처럼 보인다. 불교의 수행논리가 일하는 곳에서는 항상 혁명적인 전의轉依[7])가 핵심적인 역할을 한다. 전의가 수행되기 전과 수행된 다음은 판이하다. 얌폴스키의 논리엔 이것이 빠져 있다. 다시 돈황본『육조단경』「무념장」의 원문으로 돌아가서 생각해 보자. 제2단의 3행과 4행에서 무념의 '무'는 무엇이며 무념의 '념'은 무엇이냐고 묻고 나서, 그 대답으로 5행에서 무념의 무는 이상二相에서 비롯한 모든 번뇌망상을 여읜 것이라 했다. 바로 이때가 혁명적인 전의가 일어나는 순간이다. 그러므로 그다음의 6행과 7행은 혁명적인 전의가 성공적으로 수행된 이후의 진여眞如가 일하고 있는 현장을 드러내 보여 주어야 한다. 그래서 돈황본『육조단경』의 저자는 거기서 생명의 논리인 체용體用을 들고 나온 것이다. 여기서 어영부영 무념의 '념'은 진여본성을 생각하는 것이라 말하면 다 된 밥에 코 빠트리는 격이라, 결국엔 죽도 밥도 안 되는 것이다. 자기가 박아무개이면서 밖으로 박아무개를 찾고 돌아다니다가 마침내 자기 자신이 박아무개임을 깨달은 다음, 또다시 박아무개를 찾고 있다면 어떻게 될 것인가? 중생의 이런 현상이 안타까워 "불불불상견佛佛不相見"(부처와 부처는 서로 보지 않음)이라 말했을 것이다. 얌폴스키는 '전의'라는 혁명 이후의 '정말 무념'과 '아직 무념이 되기 전의 무념'의 차이를 극명하게 밝혔어야 하지 않았을까.

---

7) Sung-bae Park, *Buddhist Faith and Sudden Enlightenment*(Albany: State University of New York Press, 1983), pp.126~132에 ashraya paravrtti를 revolution of the basis 로 영역하여 불교의 轉依 사상을 다루었다. 윤원철 번역,『박성배 교수의 불교철학 강의 깨침과 깨달음』(서울: 예문서원, 2002),「16장 전의—몸 바꾸기—」, 230~240쪽 참조.

『열반경』의 「중도게中道偈」는 불교의 수행논리가 일하는 현장을 잘 보여 준다. 『열반경』의 「중도게」는 말한다.

비유비무非有非無: 유有도 아니고 무無도 아니다.
역유역무亦有亦無: 유有이기도 하고 무無이기도 하다.
유무상통有無相通: 유有와 무無는 서로 통한다.
시명중도是名中道: 이를 이름하여 중도中道라 한다.

여기서 '비유비무'라는 제1구가 없다면 '역유역무'라는 제2구는 있을 수 없다. 양부정으로 나타난 제1구는 모든 것을 때려 부수는 혁명의 현장을 드러내 보여 주고 있다. 때려 부숨이 없는 혁명은 없다. 물질세계에서의 때려 부숨은 파괴와 폐허만이 남지만 정신세계에서의 때려 부숨은 대사일번大死一飜이란 말이 알려 주듯이 다시 새롭게 살아남이다. 이것이 다름 아닌 전의轉依다. '전의'는 밑바닥이 뿌리째 완전히 뽑힌 상태다. 그래서 제1구 없는 제2구는 없으며, 제1구가 있는 곳엔 반드시 제2구가 있기 마련이다. 양자는 말로 할 땐 선후가 있지만 실지는 동시일 것이다. 그러므로 역으로 제2구 없는 제1구도 없다고 말해야 할 것이다. 화엄의 쌍차쌍조雙遮雙照가 바로 그 말이다. 무자무하사無者無何事라는 물음에 대하여 무자이이상제진로無者離二相諸塵勞라고 답변한 것은 『열반경』의 제1구 소식이다.

그렇다면 제2구에 해당하는 '역유역무'의 소식이 『육조단경』에서 뒤따라 나와야 한다. 얌폴스키의 번역에는 그것이 없다. 없는 정도가 아니고 제1구를 무효화시키는 엉뚱한 질문을 한다. 넘은 무엇을 염하는 것이냐고. 이런 질문은 돈황본 『육조단경』에 없는 말이다. 얌폴스키는 돈황본 『육조단경』의 말이 '말이 되지 않아서' 말이 되게끔 자기가 이를 삽입했다고 고백했다. 고백한 것까지는 좋다. 더군다나 뒤에 나오긴 했지만 홍성사본에 그렇게 되어 있어서 그걸 따왔다니까 말은 된다. 그러나 '이이상제진로離二相諸塵勞'면 제1차 혁명이 끝난 것이다. 혁명이 끝났는데도 혁명이 일어나기 전의 말들을 되풀이하고 있으니 문제란 말이다. 얌폴스키는 이이상離二相이란 말이 무슨 말인지를 몰랐을까? 그래서 그는 질문을 바꾼 것일까? 이해가 되지 않는다. 아무튼 얌폴스키는 질문을 바꾸었다. 그 결과로 그는 답변도 바꾸지 않을 수 없는 처지에 몰렸다. '염자념진여본성念者念眞如本性'이란 말이 바로 그 말이다. 그는 돈황본『육조단경』에 없는 문장을 하나 만들어 집어넣는 격이 되었다. 그의 변명은 홍성사본이 그렇게 되어 있더라는 것이다.

6. 『육조단경』의 한국말 번역들

한국에서 나온 우리말『육조단경』은 모두가 얌폴스키의 잘못을 묵인하고 있다. 1959년, 삼척 영은사에서 출판한 탄허스님의 우리말『육조단경』은 13세기 말엽(1290년경)에 나온 덕이본德異本을 대본으로 삼았기 때문에 돈황본『육조단경』과의 차이에 도전하는 문제의식이 없었다.[8] 1975년부터 1990년대에 이르기까지 여러 차례 출판된 광덕스님의『법보단경』도 이 부분에 대해서는 예외가 아니었으며[9], 1995년에 나온 법성스님의『육조법보단경해의』도 마찬가지였다[10]. 물론 이들에겐 모두 돈황본『육조단경』을 대본으로 삼지 않았다는 변명이 가능하다. 그러나 1987년에 나온 성철스님의 번역은 돈황본을 대본으로 삼았기 때문에 얌폴스키처럼 책 이름부터 '돈황본敦煌本 단경壇經'이라 명명했다. 그럼에도 불구하고 성철스님은 얌폴스키의 오류를 지적하지 않았다. 뿐만 아니라, 얌폴스키의 오류를 그대로 답습했다.[11] 그러나 성철스님은 그의 책 55쪽 둘째 줄에서『단경』의

---

8) 탄허스님『육조단경』(현토번역), 95쪽.
9) 광덕스님 역주,『육조단경』, 173쪽.
10) 법성스님,『육조단경해의』, 296쪽.
11) 성철스님,『돈황본 단경』, 131쪽.

무념에 대해 중요한 지침을 내렸다. "육조의 무념은 망상이 다 없어진 불지무념佛地無念(부처님 지위의 무념)이다"라고.[12] 이 지침이 성철스님의 사상이라면 지금 우리들이 문제 삼고 있는 「무념장」(131쪽)의 번역은 편집 과정에서 발생한 착오인 것 같다.

성철스님과 법성스님은 『단경』의 '무념'을 간혹 '생각 없음'이라 번역했다. '생각 없음'이라니, 이게 무슨 뜻일까? 번역자에겐 그 뜻이 분명할지 모르지만, 독자들은 그렇지 않을 수도 있다. 다시 말하면, 『단경』의 무념을 '정말 아무 생각도 없는 것'으로 잘못 알 수도 있다. 만일 이것이 사실이라면, 그러한 무념은 돈황본 『육조단경』이 가르치고자 하는 무념과 천양지판으로 다르다. 한마디로 말해서, 돈황본 『육조단경』 전편에 흐르는 메시지가 행여 아무런 생각도 없는 것을 불교의 '무념'으로 오해하지 말라는 것인데 어찌하여 무념을 '생각 없음'으로 번역한단 말인가. 필자는 돈황본 『육조단경』의 '무념'을 '생각 없음'으로 번역하는 것에 동의할 수 없다. 꼭 번역해야 한다면 '생각 없음'보다는 좀 생경한 표현일지라도 차라리 '없음 생각'이라고 말하는 것이 돈황본 『육조단경』의 무념사상에 더 가까울 것 같다.

삼장법사 현장玄奘(622~664)은 말했다. 저 나라에는 있지만 이 나라엔 없는 경우엔 번역하지 말라고. 서양에서 선禪을 영어로 번역하면서 선禪이란 선정禪定이니 'meditation'이라고 번역하자느니, 또는 선禪은 기독교 수도원의 기도와 그 성격이 비슷하니까 'prayer'로 번역하자느니 말이 많았다고 한다. 그러다가 일본의 선객 D.T. Suzuki의 슬기로 번역하지 않고 음만을 그대로 표기하기로 낙착됐다. 그것이 오늘날의 'Zen'이다. 지금 와서 생각해 보면 그것은 정말 잘한 일이었다. 오늘날 '무념'을 영어로 번역할 때, 얌폴스키처럼 'no-thought'라고 번역하는 사람이 많지만, 그 밖에도 W.T.

---

12) 성철스님, 『돈황본 단경』, 55쪽, 둘째 줄.

Chan처럼 'absence-of-thought'[13]라고 번역하는 사람도 있고, Thoman Cleary 처럼 'freedom from thought'[14]라고 번역하는 사람도 있다. 어느 경우든 어색하기는 마찬가지다. 'Zen'의 경우처럼 'munyum'이라 음역하는 것도 무방할 것 같다.

7. 맺는말

돈황본 『육조단경』의 무념은, 성철스님의 말씀처럼, "망상이 다 없어진 불지무념佛地無念(부처님 지위의 무념)"[15]이라야 한다. 얌폴스키의 번역이나 홍성사본처럼 '진여자성을 생각하는 것'이라고 말하면 앞뒤가 맞질 않는다. 이것이 오늘 필자가 발표한 논문의 요점이다. 하나님을 생각한다든가 부처님을 생각한다는 말이 말도 되지 않는다고 말하고 있는 것은 아니다. 돈황본 『육조단경』 밖으로 나가서 가톨릭수도원의 경우나 불교의 염불수행念佛修行 같은 경우 등등 인간세계에 진여자성을 생각하는 경우는 얼마든지 있을 수 있다. 다만 돈황본 『육조단경』을 두고 말하는 이상, 그것은 말이 안 된다는 말이다. 이 점을 분명히 해 놓지 않으면 우리는 경을 제대로 읽었다고도 말할 수 없을 것이다.

중국의 Hu Shih(胡適)[16], 일본의 우이 하쿠주(宇井伯壽)[17], 야나기다 세이잔(柳田聖山)[18] 등등 현대에 들어와서 불교학계엔 『육조단경』을 연구하는 학자들이 많이 나왔다. 오늘날의 『단경』 공부는 이러한 학자들의 서지학적 노고 덕택으로 그동안의 짙은 안개에서 벗어날 수 있게 되었다. 고마

---

13) Wing-tsit Chan, *The Platform Scripture*, p.53.
14) Thomas Cleary, *The Sutra of Hui-neng Grand Master of Zen*(Boston & London: Shambhala, 1998), p.33.
15) 성철스님, 『돈황본 단경』, 55쪽, 둘째 줄.
16) 胡適, 『胡適禪學案』(臺北: 正中書局, 1975년판) 참조.
17) 宇井伯壽, 『第二禪宗史硏究』(東京: 巖波書店, 1941년판) 참조.
18) 柳田聖山, 『初期禪宗史書硏究』(京都: 法藏館, 1967년판) 참조.

운 일이다. 그러나 여기에도 조심해야 할 것이 있다. 이제까지의 『단경』 연구가들의 관심은 항상 문헌비판학을 무기로 '역사 왜곡 바로잡기'에 쏠려 있었다. 그러나 역사적 현실이란 그 속에 미래도 포함되어 있다는 사실을 잊어서는 안 된다. 과거를 바로잡는 일은 곧 미래를 창조하는 일이어야 한다. 양자의 갈등은 일시적으로 불가피할지 모르지만 극복되어야 할 과도기임엔 틀림없다. 오늘날 『단경』을 읽는 사람들의 관심사는 다양하다. '천차만별'이라고 말해도 좋을 정도다. 공부하는 사람들의 여러 가지 관심사를 획일화하려 할 때 무리가 생긴다. 가령 불교를 좋아하는 사람들이 믿음과 닦음의 문제와 씨름하다가 얌폴스키의 번역처럼 체용논리가 제 할 일을 못하고 하나의 레토릭(rhetoric)으로 전락해 있는 것을 보면 어떻게 될 것인가?

종교적인 서적의 성공적인 번역을 이야기할 때, 인구에 회자되는 이야기가 있다. 독일의 쇼펜하우어(Arthur Schopenhauer, 1788~1860)는 인도의 『우파니샤드』를 읽고 큰 감동을 받았단다. 그래서 그의 철학에는 우파니샤드의 철학사상이 깊숙이 스며들어 와 있다고 한다. 그의 명저 『의지와 표상으로서의 세계』(Das Welt als Wille und Anschaung)가 바로 그런 책이다. 그러나 쇼펜하우어가 읽은 『우파니샤드』는 오역투성이의 초기 라틴어 번역이었다. 그래서 사람들은 말한다. "중요한 것은 책을 읽는 사람의 마음"이라고. 사람의 마음이 무엇인가를 진실로 찾고 있으면 오역의 장애도 넘어서기 마련이란 말일 것이다. 그와 반대로 과학적이고 이성적인 이른바 학문적인 훈련을 강조하는 학계에서 엉뚱한 오역과 곡해 등등이 비일비재로 일어난다. 사람의 관심이 '장삿속(利害打算)과 말장난(戲論)' 때문에 엉뚱한 방향으로 쏠려 있으면 오해나 오역을 면할 길이 없을 것이다. Hu Shih나 야나기다 같은 사람들이 훌륭한 학자였다는 것은 주지의 사실이다. 문제는 이러한 훌륭한 선각자들을 제대로 계승하지 못하는 후계자들에게 있는 것이 아닐까. 그러니까 문헌비판학도 중요하고 서지학도 중요하다. 과학적인 접근을 생명으로 아는 현대의 실증주의적인 역사학도 물론 중요하다. 뿐만 아니라, 얌폴스키의 돈황본『육조단경』의 영역은 문장도 매끄럽고 읽기도 쉽다. 이러한 여러 가지 장점들이 그의 번역을 50년이 다 되도록 여전히 잘 팔리게 하고 있을 것이다. 그러나 전문적인 번역가들에게서 흔히 나타나는 사상성의 결여 문제는 우리들이 언제든 진지하게 다루어야 문제라고 생각한다. 〈끝〉[19]

:: 암흑시대 ————————————————————————

불행이 무엇인지 모르는 사람이 행복이 무엇인 줄 알 수 있을까. 전쟁의 처절함을 경험하지 못한 사람이 평화의 소중함을 알 수 있을까. 지난 2006년 3월 19일은 미국이 이라크 전쟁을 일으킨 지 꼭 3주년이 되는 날이었다. 지난 3년 동안 전쟁 속의 이라크는 어떠했을까. 뉴스를 통해 들려오는 소식은 이라크가 파괴와 살육의 아수라장이요 아비지옥이라고 전한다. 우리들이 겪은 6·25와 똑같았다. 악몽이다. 그러나 전쟁을 일으킨 장본인들은 부끄러움도 괴로움도 없다. 전쟁 3주년 기념식장에서 부시 대통령과 체니 부통령은 입을 모아 "이라크 전쟁은 성공적"이라고 기염을 토했다.

---

19) 참고문헌
　Philip B. Yampolsky, *The Platform Sutra of the Sixth Patriarch*(New York: Columbia University Press, 1967); Wing-tsit Chan, *The Platform Scripture*(New York: St. John's University, 1963); Thomas Cleary, *The Sutra of Hui-neng Grand Master of Zen*(Boston & London: Shambhala, 1998); John R. McRae, *Seeing Through Zen*(Berkeley: University of California Press, 2003); 胡適,『胡適禪學案』(臺北: 正中書局, 1975); 宇井伯壽,『第二禪宗史』(東京: 巖波書店, 1941); 柳田聖山,『初期禪宗史書硏究』(京都: 法藏館, 1967); 柳田聖山 編,『六祖壇經 諸本集成』(京都: 中文出版社, 1976); 駒澤大學禪宗史硏究會 編著,『慧能硏究』(東京: 大修館書店, 1986); 탄허스님,『육조단경』(현토번역, 강원도 삼척: 영은사, 1959); 광덕스님 역주,『육조단경』(서울: 불광출판부, 1975); 성철스님,『돈황본 단경』(현토편역, 해인사 백련암: 장경각, 1987); 법성스님,『육조법보단경해의』(서울: 큰수레, 1995); 김지견 편,『육조단경의 세계』(서울: 민족사, 1989).

무엇이 이들을 이렇게 만들고 있을까?

　불교는 밝음의 종교다. 그래서 영어권에서는 부처님의 깨침을 'Enlightenment'라 번역한다. 그리고 부처님도 'The Enlightened One'이라고 부른다. 불타佛陀라는 말이 원래 범어의 buddha(깨친 사람)에서 나왔으니 시비할 건 없다. 그러나 이렇게 말할 때도 똑같은 문제가 생긴다. 정말 어둠이 무엇인 줄 모르는 사람이 부처님의 밝음이 무엇인 줄 알 수 있을까. 한밤중에 전기가 나가서 어두운 게 아니다. 아침인데도 태양이 떠오르지 않아서 어둡다고 말하는 것도 아니다. 전깃불은 대낮처럼 환하게 밝은데 어둡단 말이다. 해는 중천에 높이 떠서 밝기가 이루 말할 수 없는데 칠흑처럼 어둡단 말이다. 인간의 무명無明(밝지 못함) 때문이다. 지성사를 다루는 사람들이 '암흑시대' 운운하는 것은 이러한 어둠을 두고 답답해서 하는 소리다.

　　암흑시대(the Dark Ages)라 하면 중세 유럽의 가톨릭 전권시대를 가리키지만 암흑시대는 그것으로 끝나지 않았다. 암흑은 어떠한 암흑이든 그 뒤에 독재가 있다. 독재시대에는 사람들이 자유롭게 말할 수도 없고 자유롭게 행동할 수도 없다. 말과 행동에 제약을 받으면 사람은 생각하는 것도 느끼는 것도 자유롭지 못한 법이다. 따라서 독재는 어떠한 독재든 그 시대를 어둡게 만든다. 독재와 어둠은 똑같은 것의 다른 이름일 뿐이다. 오늘날의 독재는 어떠한 형태로 존재하는가. 그것은 다름 아닌 돈의 독재다. 오늘의 돈은 인류 역사상 전무후무할 무서운 독재를 종횡무진으로 자행하고 있다. 대학도 요즘은 돈타령만 하고 있는 것 같다. 다시 말하면 모두가 비즈니스란 말이다. 그러나 이것을 내놓고 비판하는 사람은 없다. 대학 밖으로 나가 보아도 사정은 마찬가지다. 기독교의 교회에 가 보아도 그렇고 불교의 사원에 가 보아도 그렇다. 세상이 어떻게 되려고 이러는지 모르겠다. 오늘날 인간사회의 구석구석까지 돈의 횡포는 미치지 않는 곳이 없고 그 위력은 중세적인 신의 횡포에 비할 바가 아니다.

한번 상상력을 동원해 보자. 신神과 돈이 '내기'를 한다면 어느 쪽이 이길까? 돈의 위력과 신의 위력 중에 어느 쪽이 더 강할까? 현대라는 비극 시대를 살면서도 양자는 '막상막하'라고 말할 바보는 없을 것이다. 중세에 신의 위력이 아무리 막강했다 할지라도 오늘날의 돈의 위력에 비하면 족탈불급이다. '암흑시대'라고 지탄 받는 중세에도 신은 사람들을 완전히 지배하지 못했다. 그러나 오늘날의 돈은 사람들의 잠재의식과 무의식세계에 까지 파고 들어가서 꿈속에서도 사람들은 돈을 배반하지 못한다. 아마, 무덤 속에서도 일편단심 돈을 그리워하고 있을지 모른다.

우리 대학에 중세 유럽의 민화民畵를 수집하는 교수가 있었다. 한국의 여러 대학에서 강의를 한 적도 있는 루이스 배스배리라는 비교문학 전공자다. 그 교수는 그가 수집한 민화에 근거해서 지성사를 전공하는 사람들을 공격했다. "유럽의 중세를 암흑시대라 말하지 말라. 그건 너무 피상적인 평가다. 그 당시 서민들의 그림을 보라. 그들은 자유롭게 생각하고 자유롭게 발표했던 것 같다. 성모 마리아를 창녀로 묘사한 대담한 그림들이 수두룩하다. 중세의 그 무서운 가톨릭 독재시대에 아무 소리도 못하고 암흑 속에서 산 사람들은 오히려 지성인들이었다." 종교와 정치가 한 덩어리 되어 전 세계를 지배하는 독재를 오랫동안 계속했으니 서민들은 모두 죽었으리라 생각하기 쉽지만 사실은 그렇지 않았다는 것이다.

오랫동안 학자들은 너무 일방적이었다. 너무 문헌에 치우쳐 있었다. 문헌을 누가 만들었는가. 싸움에서 이긴 승리자들이 만든 것 아닌가. 패배하여 죽은 사람은 문헌을 만들지 못한다. 설사 죽기 전에 진실을 밝히기 위해서 무엇인가를 적어 놓았다 할지라도 나중에 살아남아 있는 사람들이 가만두지 않았다. 자기들에게 불리하면 없애 버리고 이로운 소리는 조작해서라도 집어넣었다. 기록이란 항상 그런 것이다. 불쌍한 패배자들의 피맺힌 증언들은 승리자들이 모두 없애 버린 것이다. 이것이 인간의 역사다. 지배자와 지배자에 빌붙어 사는 사람들이 기록한 문헌들만이 각광을 받던 시대는 암흑시대다. 그러나 앞서 말한 것처럼 서민들은 민요, 민담, 민화 등등을 통해서 그들의 의사를 표시했다. 종교적인 문헌은 원래 패배자와 피지배자를 위한 기록이었다. 승리자와 지배자에 정면으로 도전할 수 없는 군주국가 시대의 산물이라 한계는 있다. 그런 상황에서 그들이 할 수 있는 일이란 패배자들을 위로할 길이 종교적인 필법으로밖엔 없었을 것이다.

밝음의 종교인 불교는 이럴 때 한마디 해야 할 것이다. '이러 이렇게 하면, 어떠 어떻게 될 것이라'는 식의 설교가 아니라, 당장 이 자리에서 뭔가를 해야 할 것 같다. 하다못해 따끔한 '말 한마디'라도 내뱉어야 할 것 같다. 부처님은 왜 깨치신 다음, 그 좋은 말씀들을 다 놔두시고 맨 처음에 인생의 그 많은 괴로움에 대해서 말씀하셨을까. '이러 이렇게 하면, 어떠 어떻게 되리라'는 식의 설교는 뒤에 나온 말투다. 독화살을 맞은 사람 앞에서 우리들이 해야 할 일은 잡담 제하고 먼저 독화살을 뽑는 일이라고 부처님은 가르치셨다. 우리는 부처님의 가르침을 따라야 할 것이다. 잡담 제하고 먼저 '어둡다'고 소리쳐야 한다. 어둠을 놓고 어둠이라 말하지 않는 것이 우리의 병이다. '호랑이에 물려 가도 정신만 차리면 산다'는 속담이 있다. 오늘날의 '돈'은 일종의 호랑이다. 사람들은 모두 '돈'이라는 호랑이에 물려 가고 있는 꼴이다. 여기서 살아남기 위해서는 정신을 차리는 수밖에 없다. 문제는 '어떻게?'다. 우리를 물고 가는 놈이 '돈'이라는 이름의 호랑이임을 바로 아는 것이 곧 정신 차림이다. 정신을 차린 사람은 달라야 한다. '돈이 호랑이'라고 외쳐야 한다. '호랑이다', '호랑이 나왔다'고 소리치는 것이 정신 차린 사람의 할 일이다. 지금 돈 때문에 윤리도덕도 비틀거리고 철학도 종교도 모두 간 곳이 없다. 암흑시대다. 시대 자체가 호랑이에 물린 꼴이다. 황금만능의 세상은 호랑이보다 더 무섭다. 〈끝〉

9 교불연 기조강연 원고   2006년 8월 11일

황경열 교수님,

기조강연 원고입니다. 시간 나시면 소람해 주세요.

그럼 서울서 만나요. 안녕.

박성배 드림

:: 2006 한국교수불자대회 기조강연—세계불교와의 성공적인 대화를 위하여[1]

■ ■ 들어가면서

한국불교와 세계불교의 대화에 가장 큰 걸림돌은 뭘까? 무엇보다도 서로서로 언어가 다르다는 것이 큰 문제일 것이다. 언어의 차이는 사고방식의 차이, 종교관의 차이로 이어진다. 서양 사람들이 가지고 있는 종교관의 특징을 말하라 하면 두 가지를 들 수 있을 것이다. 하나는 '이원론二元論적인 사고방식'이요, 다른 하나는 '인격신人格神의 문제'다. 물론 그 밖에도 실용주의, 이성주의 등등 여러 가지를 열거할 수 있을 것이다.

우리는 과연 이러한 피차간의 여러 가지 차이에 대해서 얼마나 알고 있는가? "지피지기백전백승知彼知己百戰百勝"(저 편도 알고 내 편도 알면 백 번을 싸워도 백 번을 다 이긴다), 병가의 말이지만 오늘의 우리에게도 적용될 것 같다. 오랫동안 서양에서 학생들에게 불교를 가르치면서 참담한 경험을 많이 했다. '불립문자不立文字' 즉 문자를 내세우지 않는 선사상禪思想을 가르치면서도 별수 없이 문자文字를 가지고 가르치기 때문에 학생들도 불립문자사상을 문자를 통해서 이해한다. 사람들과 대화를 할 때 뒤에 숨은 피차의

---

1) 2006년 8월 17일, 설악산 백담사 만해마을.

문화적 차이는 커다란 장애물이다. 서양 사람들의 이원론적이고 실용주의적인 사고방식은 대화의 도처에서 충돌을 일으킨다. 불교는 불이론不二論이라고 아무리 소리쳐 보았자 소용없다. '불이不二'(둘 아님; non-duality)를 '이원二元'의 틀 속에서 처리하고 이해하며 '불이'를 '이원의 틀'을 가지고 실천하려 든다. 구제불능이라는 생각이 들 정도다. 백전백패百戰百敗다. 출가의 의미, 성불의 의미를 설명할 때도, 어려움은 마찬가지다. 출가出家도 실용주의적인 가치체계 속에서 이해하고 성불成佛의 의미 또한 유일신론의 구제론적인 맥락에서 정리하려 한다. 기가 막혔다.

미국 사람들은 대개가, 설사 무종교인이라 할지라도, 일반적으로 신神을 믿고 있다. 이러한 문화적 특징을 무시하고 '불교는 무신론'이라고 소개하며 '불교는 신앙보다는 수행을 강조한다'고 말하면 백발백중 불교를 오해하게 만든다. 미국 사람들이 흔히 불교를 '종교가 아닌 철학'이라 말하며 불교적 수행의 공덕도 정신과 의사의 정신치료 정도로 폄하하는 것도 사실은 그 책임이 불교인에게 있다고 말해야 옳을 것이다.

미국 사람들이 일반적으로 가지고 있는 '사람'이란 말의 뜻도 동양 사람들의 그것과는 상당히 거리가 있어 보인다. '열 길 물속은 알아도, 한 길 사람 속은 모른다'는 우리의 속담이 암시하듯, 동양 사람들에게 '사람'이란 말의 뜻은 무궁무진하여 말문이 막히는 것이다. 공자가 '인仁'(love, 사랑, 어짊)은 '애인愛人'(사람을 사랑함)이라고 말한 것도 그러한 맥락에서 한 말일 것이다. 공자의 사상에서 '인'의 중요성은 가위 절대적이다. 그러한 공자가 '인'의 정의를 '애인'이라고 말했다는 것은 주목해야 할 것이다. 나는 이때의 '인'을 '사람다움' 또는 '인간적'이라고 이해해 본다. 어질다는 말은 인간적이란 말이다. 한국 사람치고 이러한 문화권 밖에 있는 사람이 있을까. 우리는 유교를 재음미하고 재평가해야 할 것 같다.

1977년 스토니브룩 종교학 프로그램에 불교학 교수로 부임한 뒤 얼마 안 있어 나는 그 당시 학과장으로 있었던 라벗 네블 교수로부터 "당신은 유교적"이라는 평을 받았다. 나는 "그러냐?"고 웃어 넘겼다. 그렇지만 그의 말은 잊지 않았다. 네블 교수는 그 뒤에도 몇 번 그런 평을 되풀이했다. 나는 그 평을 이해하기 위해 공력을 많이 들였다. 그 결과 다음과 같은 결론을 내렸다. 그동안 내가 만나 본 한국의 종교인들은 거의 모두가 유교적이라는 사실이다. 불교인들도 '유교적 불교인'이고 기독교인들도 '유교적 기독교인'이었다. 심지어는 유교를 반대하는 반유교인도 '유교적 반유교인'이었다. 무엇이 한국 사람들을 이렇게 만들었을까? '사람 인人'자의 해석 때문이 아니었을까. 어린이부터 늙은이까지 남녀노소 없이 '사람, 사람……' 사람의 노래를 불러 주고 들려주는 게 한국인들의 가정 아닌가. "먼저 사람이 되라, 사람이 그러면 못써……" 등등의 말씀은 우리의 뇌리에 생생하다. 이러한 한국의 오랜 인간 교육이 불교의 "바로 이 자리에서"의 사상과 만난 것이 아닐까. 한국 사람에게 "바로 이 자리"는 가정을 떠나 따로 있을 수 없다. 사람이란 별 생각을 다 하지만 결국은 현실로 돌아온다. 현실은 가정이다. 가정이란 사람과 사람이 함께 사는 가장 구체적인 현장이다. 무엇을 믿든 어느 종파에 속하든 사람이 이 현실을 무시하고 살 수 있을까? 서양 사람들에게 이런 것을 강조하면 '당신은 유교'라고 도장을 찍으려 한다.

나는 처음 미국에 도착하여 텍사스 댈러스에 있는 Southern Methodist University 신학부에 들어갔다. 나는 여기서 종교생활에서의 신神의 위치와 역할 같은 것을 어렴풋이 짐작할 수 있게 되었다. 그다음부터 나는 그러한 눈으로 우리의 전통을 다시 보게 되었다. 그러자 신神의 인격적인 성격이 한국문화의 도처에 보이는 것이다. 불교에서도 보이고 유교에서도 보였다. 한국문화는 성경 없이도 그 일을 해낸 것이다. 성경이 없었기 때문에 오히려 더 널리 더 깊이 퍼져들어 갈 수 있었던 것 같다. 그래서 불상 앞에서도, 조상의 위패 앞에서도, 마을 앞 고목나무 앞에서도 '저것은 우상'이라는 생각에 방해받지 않고 경건해질 수 있었지 않았나 싶다. 문자와 문화의 질곡에서 해방된 신이 한국인의 신이었던 것 같다. 그래서 사랑방 문을 열어놓고 지나가는 과객을 정성껏 대접하는 관습도 가능했을 것이다. 그러나 걱정되는 대목도 없지 않다. 유일신 사상에서 항상 중요한 역할을 하는 자르는 대목, 무서운 대목이 무디어졌다는 우려다. 선禪사상에 나타난 혁명적인 무서운 대목은 언어와 문화가 그렇게 다름에도 불구하고 오히려 서양의 인격적인 유일신 사상과 통하는 대목이 있는 것 같다.

동양과 서양의 문화적 장벽은 너무 높다고 말해도 과언이 아닐 것이다. 그러나 나는 오늘 이렇게 끝없이 산적해 있는 여러 가지 문제들을 뒤로 미루고 더 시급한 문제를 제기하려고 한다. 이것이 세계불교와의 성공적인 대화를 위해서는 꼭 다루어야 할 문제라고 믿기 때문이다.

1. 존경과 신뢰

21세기 지구촌 시대를 사는 불교인들은 어떻게 대화를 해야 옳을까? 옛날의 불교인들과는 현저하게 다를 수밖에 없을 것 같다. 옛날 어른들의 말씀이 틀렸다는 게 아니다. 대화의 상대가 바뀌고 대화의 현장이 바뀌었기 때문에 불가피한 수정이 필요하단 말이다. 한국불교와 세계불교의 대화를 본궤도에 올려놓기 위해서는 무엇보다도 먼저 대화 당사자들이 상대방을 존경하고 신뢰하는 마음을 가져야 할 것 같다.

대화에는 동기가 있기 마련이다. 지금 우리들이 한국불교와 세계불교의 대화를 문제 삼는 동기가 무엇일까? 만에 하나라도 거기에 어떤 불순함이 끼어 있다면 대화는 쉽지 않을 것이다. 불순함이란 상대방을 존중하지도 않고 신뢰하지도 않으면서 포교라는 이름으로 자기의 세력을 확장하기 위해서 일을 꾸미는 것을 의미한다. 이러한 수법은 장사꾼들이 흔히 하는 수법이다. 우리는 조심해야 한다. '세계화'니 '지구촌시대'니 하는 말들이 원래 나쁜 말은 아니었다. 그러나 불행히도 이런 좋은 말들이 그동안 불순분자들에 의하여 악용되어 왔다. 대재벌들이 시장을 개척하고 사업을 확장하고 회사의 이익을 추구하는 데 써먹었단 말이다. 아무리 좋은 말이라 할지라도 그 말을 제대로 쓰는 사람이 없으면 말은 힘을 잃기 마련이다. 더구나 장사꾼들이 장삿속으로 좋은 말들을 악이용하면 그 말은 곧 변질되고 만다. 옛날엔 총으로 세계를 정복하려 했지만 지금은 돈으로 세계를 정복하려 하고 있다. 무엇으로 정복하든 일단 정복이 목적이 되면 비극은 그치지 않는다. 불교인들의 대화는 자기의 물건을 팔기 위해서 시장을 개척하는 장사꾼들의 그것과는 질적으로 달라야 할 것이다.

다른 문화권의 불교인들을 대할 때, 한국불교에 대한 역사적인 개관이나 교리적인 정리, 또는 어떤 통계자료에 근거한 분석과 종합 등등이 모두 다 절실하게 요청되는 것은 사실이다. 그러나 막상 대화를 하는 마당에서는 그런 것보다 더 중요한 것이 있다. 그것은 서로서로 존중하고 신뢰하는 것이다. 돈과 기술과 재주로 할 수 있는 일이란 아무리 잘해 놓아도 거기에 상호 존중과 신뢰가 있다는 보장이 없다. 그러므로 우리는 오늘 여기서 어떤 비즈니스 스타일의 대화보다는 정말 불교인다운 대화의 모델을 모색해 보아야 할 줄 안다. 불교인다운 대화, 그것은 무상無常과 무아無我의 실천이어야 할 것이다.

2. '아니티야'와 '아나트만'

'아니티야'(anitya; 無常), 이 말은 내가 불문에 처음 발을 들여놓았을 때 들은 말이다. 그 뒤로 반세기가 지난 오늘날 누군가가 나더러 "너는 그동안 불교에서 무엇을 배웠느냐?"고 묻는다면, 나는 주저하지 않고 '아니티야' 즉 무상無常이라고 말하고 싶다. 『열반경涅槃經』의 「무상게無常偈」가 생각난다.

제행무상諸行無常: 모든 것은 무상하다.
시생멸법是生滅法: 생긴 것은 모두 없어지기 때문이다.

생멸멸이生滅滅已: 그러나 이러한 생멸법에서 해방되면,

적멸위락寂滅爲樂: 평화와 자유를 누릴 것이다.

사람은 누구나 생멸법으로 왔다가 간다. 그러면서도 그런 생멸법에 얽매이지 않으면 거기에 평화가 있고 자유와 행복이 있다는 메시지 같다. 불교인답게 살려고 노력할 때 가장 커다란 장애물이 뭘까? 모두들 '나'라는 생각이 문제라고 한다. '나'(ego; self)라는 생각은 '무상'과 '무아'라는 부처님의 가르침에 거역하는 생각이다. '나'라는 생각이 있기에 내가 아닌 '남'이 있기 마련이고, 남들과 맞서 있는 '나'라는 생각은 의례 나는 남들보다 더 잘났고 똑똑하다는 우월의식적인 구조를 지니기 마련이다. 불교사상의 기초요 핵심이라고 말할 수 있는 '아나트만'(anatman; non-self; 나 없음; 無我)도 알고 보면 무상의 자각을 철저히 심화시킨 표현이라고 말할 수 있을 것이다. 다시 말하면 '무상'이면 '무아'요, '무아'면 '무상'이란 말이다. 그러므로 불교공부를 제대로 하려면 '아니티야'를 몸에 익혀야 한다고 생각한다. 불교의 역사를 공부하든, 교리를 공부하든, 불법을 믿고 수행에 전념하든, 그 어디에서든, '아니티야'는 항상 거기에 있다.

1969년 봄, 미국으로 건너간 뒤, 40년이 다 되도록 미국에서 살면서 무엇보다도 나는 무상無常을 뼈저리게 느꼈다. 내가 느낀 무상은 교과서적인 무상이 아니었다. 생로병사 밖에 무상을 보았단 말도 아니다. 평상시의 일상생활에서 '친구는 친구가 아니고 원수는 원수가 아니다'라는 것을 실지로 경험했다고나 할까. 닉슨(Richard Nixon, 1913~1994)이 마오쩌둥(毛澤東, 1893~1976)을 찾아가 큰절을 할 때 나는 '아니티야'를 실감했다. 조지 부시가 사담 후세인을 칠 때도 마찬가지였다. 국가관계나 인간관계에서만 무상을 실감하는 것은 아니다. 지성인들의 가치관도 그렇고 종교인들의 인생관도 그렇다. 아니, 인간이 쓰고 있는 모든 단어들이 다 무상법 밖에 있지 않다. 다시 말하면 한국불교니 세계불교니 하고 말이 많지만 모두가 아니티야 밖에서 일어나는 일은 하나도 없다는 말이다. 아니티야를 바로 알면 일체가 제대로 보이고, 아니티야를 제대로 모르면 일체가 뒤틀린다고 말해도 과언은 아닐 것이다.

미국에서 살다가 한국에 나가 절에 가 보고 스님들을 만나 보면 내가 옛날부터 가지고 있었던 한국불교란 개념이 흔들린다. 지금 절은 옛날 절이 아니고, 지금 스님은 옛날 스님이 아니다. '아니티야'를 새삼스럽게 되뇌지 않을 수 없다. 내가 태어나서 자랐던 고향마을에 가 보아도 역시 마찬가지다. 그리던 옛날의 고향마을이 아니더란 말이다. 한마디로 '아니티야'다. 내가 왜 이렇게 '아니티야' 타령을 하고 있는가. 불교인들 간의 대화는 무상과 무아의 불법을 실천하는 것 밖에 딴 것일 수 없다고 믿기 때문이다.

3. 업경대

무상과 무아의 실천이 왜 그렇게도 어려운가? 자기가 자기를 모르기 때문이 아닐까. 무상과 무아의 일함으로서의 '자기'를 반무상反無常과 반무아反無我로 무장하고 버티려 하니 될 리가 없다. 불교에는 자기가 자기를 바로 아는 법을 가지가지로 개발해 놓았다. 그 가운데는 무상과 무아의 이치에 거슬러 사는 자기를 고발하는 장치도 있다. 1950년대 초, 해남 대흥사에서 살 때, 대웅전 옆에 시왕전十王殿을 안내하던 스님에게서 들은 이야기가 있다. 그 스님은 시왕전 염라대왕 앞에 놓인 조각물 '거울'을 가리키며 이것이 '업경대業鏡臺'라고 말했다. 자기가 지은 업은 모두 이 거울에 나타나기 때문에 염라대왕 앞에서는 어떠한 속임수나 과장 또는 은폐도 통하지 않는다고 했다. 이성적인 과학도를 자부했던 20대였기에 나는 스님의 장황한 설명에 관심이 없었다. 그러나 '업경대'란 말은 내 뇌리에서 사라지지 않았다.

사람이 하는 짓은 보이는 것과 보이지 않는 것으로 나눌 수 있다. 문제는 남의 눈에 띄지 않는 마음으로 하는 짓이다. 마음의 짓이란 쉴 사이가 없다. 남의 앞이든 혼자든 상관없이 동분서주로 계속된다. 마음먹은 것이 자랑스러우면 물론 큰소리로 말하고 그것을 행동으로 보여 주려고 애쓴다. 그러나 자랑스럽지 못하면 숨어서 한다. 하면서도 입 밖에도 내지 않고 하는 척도 하지 않는다. 속임수다. 여기서 가지가지의 거짓과 악덕이 다 나온다. 공부하는 사람은 이 자리에서 정신을 차려야 할 것 같다.

왜 옛날 어른들은 그렇게도 부지런히 일기日記를 썼을까. 일기를 쓸 때 자기가 잘 드러나기 때문이리라. 정직하게 일기를 쓰면 염라대왕의 업경대도 무섭지 않을 것이다. 자기 자신이 항상 업경대 노릇을 하고 있기 때문이다. 앞으로 과학이 더 발달하여 사람의 생각이 일어나는 자리에 칩(chip)을 장치하여 마음이 움직이는 것을 모두 영상화해 둘 수 있다면 자기를 반성하고 거짓을 고발하는 데 이 이상 더 좋은 장치는 없을 것이다. 이거야말로 현대판 업경대라 말할 수 있을 것이다. 속일 수 없는 세계, 이 것이 불교인들의 세계가 아닌가 싶다. 일기를 쓰든 안 쓰든, 업경대야 있건 말건, 그런 것에 관계없이 일체를 의식하고 일체와 함께 사는 불교인이면 대화를 할 때 항상 상대방을 존경하고 신뢰하지 않을 수 없을 것이다.

4. 참회와 서원

1960년대 초, 동국대학교 대학선원에서 간사직을 맡고 있을 때의 일이었다. 사람들은 나더러 불교에 미쳤다고 수군거렸다. 그러나 나는 그런 수군거림을 이해할 수 없었다. 그 당시의 내 신조는 '참회와 서원'을 날마다 하는 것이었다. 아침마다 108참회를 하고 보현행자의 서원을 다짐했다. 그렇지만 나 자신은 하나도 달라지는 것 같지 않았다. 내심 불안했다. 그런 나를 보고 불교에 미쳤다니, 세상 사람들의 평은 엉성하다는 느낌이 들었다. 그러면서 정말 불교에 미친 사람을 만나 보고 싶었다. 그래서 누가 불교를 믿는단 말만 들어도 반가워서 불원천리하고 찾아갔다. 그러나 결과는 번번이 실망이었다. 나보다 더 잘한 것 같지도 않은데 나와 같은 불안이 없어 보였다. 오히려 자신만만하고 교만해 보였다. 업경대가 있으면 보여 주고 싶었다. 그런 사람은 다신 만나 보고 싶지 않았다. 그런 사람들과 마주 앉아 대화를 한다는 것은 시간낭비처럼 느껴졌다.

나의 참회와 서원의 노력이 아무리 실패작이었다 할지라도 나는 참회와 서원의 공덕을 과소평가할 수 없다. 참회의 본질은 자존망대의 아성을 무너트리는 것이다. 무상과 무아의 이치를 모르고 사람들은 매순간 쉬지 않고 '자기 높임'에 열중하고 있다. 그러므로 우리는 '자기 높임'을 뉘우치는 참회의 수행을 그만둘 수 없다. 참회는 서원으로 이어지기 마련이다. 참회를 통해 자기를 낮추면 주위의 이웃들을 보살피게 된다. 서원이란 이웃을 돌보겠다고 다짐하는 것이다. 참회와 서원은 말로는 둘이지만 사실은 하나다. 참회와 서원이 철저해질 때, 자기가 드러나고 자신은 곧 무상과 무아임을 알게 된다. 무상은 참회로 나타나고 무아는 서원으로 이어진다. 한국불교와 세계불교의 대화가 유종의 미를 거두려면 이런 문제를 다루는 개개인이 무상과 무아, 그리고 참회와 서원으로 일관할 때 개개인은 상대방을 존경하고 신뢰하게 될 것이다.

5. 지구촌 시대의 계명

오늘날 우리들이 '불교인다운 대화'를 성공적으로 수행하기 위해서는 먼저 우리들이 '당장 해야 할 일'과 '해서는 안 될 일들'을 정리해 볼 필요가 있다. 요즘 어느 종교의 집회에 가 보아도 사람들의 눈살을 찌푸리게 하는 장면들이 많다. 세계불교와의 성공적인 대화를 위해서는 잘못된 것은 대담하게 고쳐야 한다.

첫째, 큰 거짓말을 하지 말아야겠다. 큰 거짓말이란 그것이 거짓말임을 아무도 증명할 수 없는 그런 거짓말이다. 예를 들면, "당신이 죽으면 어떠어떠하게 되리라……"는 따위의 예언자풍 거짓말이 그 대표적인 경우라고 말할 수 있을 것이다. 예언자풍 지도자의 상당수가 자기 자신도 모르는 소리를 너무 함부로 하는 것 같다. 자기 자신도 모르는 소리를 한다는 것은 자기를 속이고 남을 속이는 것이다. 작은 거짓말은 곧장 들통이 나기 때문에 오래 가지도 못하고 따라서 그 피해도 적지만, 큰 거짓말은 증명하기가 어렵기 때문에 오래 가고 사람의 일생을 오도한다. 피해막심이다. 그래서 경전의 말투를 본떠서 이렇게 정리해 보자. "차라리 수미산만큼의 작은 거짓말을 할지언정, 겨자씨만큼이라도 큰 거짓말은 결코 하지 않겠다"고. 우리는 맹세코 자기도 모르는 소리를 하지 말아야 할 것이다. 큰 거짓말쟁이들이 세계불교와의 대화에 참여하면 그 대화는 깨지기 마련이다.

둘째, 남들이 못 알아듣는 낱말들을 쓰지 말자. 그리고 자기도 모르는 논리를 전개하지 말자. 자기가 신봉하는 종교의 경전에 있는 말이라 하여 남들이 알아듣지 못하는 낱말을 함부로 사용하면 대화는 깨지기 마련이다. 만일 남들이 잘 모르는 새로운 논리를 전개하려 할 때는 각별한 주의를 기울여 알아들을 수 있을 때까지 친절하게 도와줘야 한다. 남들이 못 알아듣는데도 거기에 무감각한 것은 자기하고 문화적으로 다른 세계의 불교인들과 대화를 하려는 자세는 아닐 것이다.

셋째, 아는 자는 모르는 자의 종이어야 한다. 자기는 아는데 상대방은 모른다고 단정하여 상대방을 무시한다면 종교적인 대화에 관심이 없는 사람이다. 종교적인 의미에서의 '안다'는 말은 알면 알수록 더욱 머리가 수그러들고 그래서 모든 사람들의 밑바닥으로 내려가 그들의 종노릇을 하는 것이다. 겸손의 극치다. 모르는 사람을 깔보고 이단시하는 것은 종교적인 태도가 아니다. 부모와 자식의 관계에서도 자식이 모르면 부모는 가진 정성을 다하여 자식을 보살핀다. 하물며 종교의 세계에서랴. 일체중생을 자기의 친자식처럼 돌본다는 것이 부처님의 가르침 아닌가. 불교권에는 깨친 자와 못 깨친 자의 구별이 엄격하다. 그러나 그것은 아직 깨치지 못한 자가 잘못되게도 이미 깨쳤다고 착각할까 두려워 노파심으로 그러는 것이다. 자기는 깨쳤다고 못 깨친 이들을 무시하고 악이용하려 든다면 그건 깨친 이가 아닐 것이다. 유일신을 믿는 사람들이 자기는 하나님을 보았다고 하면서 아직 못 본 사람을 무시하고 악이용한다면 그런 사람은 하나님을 보기는커녕, 하나님을 믿지도 않는 사람일 것이다.

넷째, 이론과 체험이 모두 중요하다는 것을 명심해야겠다. 불법을 공부하는 데 길은 한두 가지가 아니다. 겉으로 나타난 특징만을 가지고 크게 나누면, 하나는 이론을 철저히 다지는 길이요, 다른 하나는 체험 위주로 일관하는 길이다. 어느 길로 들어서든 결국 양자는 만나기 마련이다. 그러나 길을 가지 않고 길에 집착하면 만나지 않을 수도 있다. 못 만남은 길 때문이 아니고 사람 때문이다. 정확히 말하면 사람의 집착 때문이다. 그래서 처음부터 양자는 모두 중요하다는 것을 명심함으로써 못 만남의 비극을 막아야 한다. 이론의 장점은 의식화에 있고 체험의 강점은 실재實在(reality)로 돌아가는 데 있다. 체험이 없는 이론적 의식화는 사람을 건조하게 하고 마지막엔 사람을 비생명화非生命化한다. 반면, 이론 없는 체험은 착각을 잘하고 엉뚱한 방향으로 비약하기가 일쑤며 마지막엔 자기가 지금 어디에 있는 줄도 모르게 된다. 체험 일변도의 종교인들이 겉보기엔 대단히 강해 보이면서도, 아차 하면 개종도 잘하고 사이비 종교의 교주로 전락하는 경우도 허다하다. 체험이 중요하다고 사람들이 입을 모으지만 이렇게 되면 이론 일변도의 비생명적인 옹고집보다 나을 것이 하나도 없다. 대화는 현실이다. 현실이란 살아 있는 것이기 때문에 어느 쪽으로든 치우치는 것을 싫어한다.

다섯째, 배타독선은 금물이다. 세계불교와 대화를 한다면서 배타독선이란 있을 수 없는 일이다. 좀 강하게 말하자면 불교인은 불교만이 길이라고 말해서도 안 된다. 뿐만 아니라, 다른 종교를 믿는 사람들이 자기들의 종교만이 길이라고 외치면 조용히 그들의 말을 들을 줄 아는 자세가 바람직하다. 그리고 그들에게서 옳은 것을 발견하면 함께 기뻐할 줄 알아야 한다. 그래야 불교인이다. 세계의 어느 종교, 어느 종파에 속하든 조금이라도 지적 훈련을 받은 사람이라면 배타독선을 장려할 사람은 없을 것이다. 그리고 누군가에 배타독선이 발견되면 그냥 눈살을 찌푸리기 마련이다. 그러나 종교인치고 정말 배타독선을 완전히 씻어내 버린 사람을 만나기란 쉽지 않다. 어떤 종교든 처음 창시자는 남다른 데가 있었던 것 같다. 그 종교가 사교가 아닌 이상 처음엔 상대적인 관심사보다는 절대적인 관심사가 더 강하다. 말하자면 민중과의 대화보다는 부처님이나 하나님과의 대화를 더 많이 하는 것 같다. 그러나 추종자가 생기고 추종자들이 기거하고 활동할 사원이나 교회를 만들면 그다음부터는 절대는 어디로 가버리고 상대로 전락하고 만다. 다시 말하면 사원을 경영할 성직자가 생기고 경전이 생기고 법규가 만들어지고 도그마가 생긴다. 그러다가 경쟁자가 생기면 변질하기 시작한다. 질의 문제는 실종하고 많은 것이 좋다는 양우선주의가 판을 친다. 종교계에 흔히 보는 각종의 분쟁은 모두 물량적 가치관에서 비롯하는 것 같다. 이럴 때에 배타독선이 독버섯처럼 생겨나는 것 같다. 세계불교와 대화를 하려면 적어도 배타독선만은 버려야 한다. 배타독선은 악이다. 이는 전쟁으로 가는 길이기 때문이다. 어떠한 형태든 전쟁은 막아야 한다.

여섯째, 전쟁은 막아야 한다. '아힘사!'(ahimsa; 不殺生) 얼마나 좋은 말인가. 얼마나 강력한 표현인가. 이것으로부터 20세기의 여기저기서 간디(Mahatma Gandhi, 1869~1948)가 나왔고 킹(Martin Luther King, Jr., 1929~1968)이 나왔다. 나는 한문의 '불살생'을 영역의 '넌바이어런스'(nonviolence; 非暴力)보다 더 좋아한다. 번역이란 항상 독자와 청중을 의식한다. 그런 번역이 나온 시대적 상황과 사회적 배경을 무시하면 좋은 번역도 오역으로 전락하기 일쑤다. 오늘날 강대국들의 호전적인 성향에 몸서리치는 우리는 '아힘사'를 불살생으로 읽고 그 메시지는 '전쟁반대'라는 강력한 표현으로 바꾸는 것이 바람직하다. 그리고 오늘을 사는 불교인은 가지가지의 전쟁 음모를 고발하고 전쟁반대운동에 적극적으로 참여해야 한다. 전쟁을 일으키면서 먼저 하나님께 기도하는 아버지 조지 부시 대통령의 사진이 뉴스에 나왔을 때, 불교인들은 하나님을 믿는 사람들과도 적극적으로 대화해야겠다고 느꼈다.

6. 나가면서

옛날 사회는 물리적으로 막힌 사회였다. 큰 강물이 흐르면 강의 이쪽과 저쪽이 서로서로 잘 알지 못했다. 큰 산이 가로막혀도 역시 마찬가지였다. 그러나 오늘날은 다르다. 한국에서 사는 사람들이 미국 사정을 미국에서 사는 사람들보다 더 잘 안다. 물론 인터넷 웹 브라우저 덕택이지만 『화엄경華嚴經』에 나오는 인드라의 그물을 연상케 할 정도다. 이제 하나는 하나가 아니고 일체라는 의미에서 개인의 소중함을 절실히 느낀다. 개인 없는 세계인이 없듯이, 한국불교 없는 세계불교도 있을 수 없을 것이다. 이러한 의미에서 세계불교란 말의 뜻이 많이 달라졌다.

평생을 대학에 몸담고 살아온 사람으로서 하고 싶은 말이 있다. 20대에 해남 대흥사에서 전강스님을 모시고 참선에 몰두할 때의 일이다. 하루는 전강스님이 함께 살던 강사스님을 이렇게 평하였다. "무엇을 물어도 모르는 게 없지. 『팔만대장경』을 다 꿰고 있으니까! 그러나 사실은 아무것도 모르거든……" 나는 그 당시 그 말을 이해하지 못했다. 그런데 요즈음에 와서야 그 뜻을 조금 알게 된 것 같다. 그 말씀은 다른 사람이 아닌 바로 나를 두고 하는 말씀 같다. 그러나 공부를 중단하고 체험의 세계로 다시 뛰어들 용기는 없다. 반대로 매사를 이지적으로 깊이 생각해서 해야겠다는 생각이 더 강해진다. 그리고 생각한 것을 버릇이 되도록 익혀야겠다고 생각한다. 그래야만 실수가 없을 것 같다.

선승들이 좋아하는 '불립문자직지인심不立文字直指人心'(문자를 내세우지 아니하고 곧바로 사람의 마음을 가리킴)이나 '입차문내막존지해入此門內莫存知解'(이 문안으로 들어온 자는 누구도 알음알이를 간직하지 말라)라는 말을 모르는 사람은 없다. 그러나 오늘날 선승들의 문자 비판이나 지해 규탄糾彈의 구호들은 악용되고 있다. 선운동禪運動의 본래 의도는 하나하나의 몸짓으로서의 말을 비판하는 것이 아니고 모든 몸짓이 나오는 몸이 잘못되어 있음을 비판하는 것임을 알아야 한다. 80년대에 일본의 여러 불교대학들을 둘러보면서 놀란 적이 있다. 불교대학의 도서관마다 종파별로 책을 분류해 놓았는데, 선종 칸의 도서량은 다른 교종 칸의 책들보다 훨씬 많았다. 반문자반지해反文字反知解 전통의 실지 체험이 없는 사람은 이를 잘 이해할 수 없을 것이다. 반문자반지해의 방망이를 맞으면 그 결과는 오히려 문자나 지해가 그 본래 임무를 더 잘 수행한다는 사실을 우리는 똑바로 보아야 한다. 부처님의 경우가 그렇고 용수, 세친 등등의 역대 선지식들이 모두 그렇지 않았던가.

세상이 변하고 있다. 너무 빨리 변해서 정신이 하나도 없다. 그러나 변하지 않는 것도 많다. 해와 달은 여전히 동쪽에서 떠서 서쪽으로 진다. 동서남북도 변함없고 춘하추동도 변함없다. 그러면 사람은 어떤가? 이목구비며 팔다리, 오장육부, 심장의 박동, 혈액순환 등등 우리의 몸이 가지고 있는 여러 기관과 기능들이 모두 옛날과 다를 바 없다. 만고불변이다. 그렇다면 우리는 지금 변하고 있는 것과 변하지 않는 것을 모두 다 함께 가지고 있는 셈이다. 새삼스럽지만, 변하는 것과 변하지 않는 것의 관계를 문제 삼지 않을 수 없다. 나는 변하는 것을 '몸짓'이라 부르고 변하지 않는 것을 '몸'이라 부르면서 양자의 관계를 따져왔다.

불교계의 어디를 가도 모두가 한결같이 '마음공부하자'고 가르친다. 그런데 문제는 몸짓을 잘 다듬는 것으로 마음공부를 삼는 사람들이 많다는 데에 있다. 이들에겐 마음도 몸짓이다. 그러나 몸짓 꾸밈은 장사꾼들의 짓이다. 몸짓공부는 마음공부가 아니다. 마음공부란 온 정성을 다 하는 것이다. 다시 말하면 온몸으로 하는 몸공부라야 마음공부라고 말할 수 있다. 아무리 거룩해 보이고 또한 행복해 보인다 할지라도 몸짓만 꾸미는 것은 불교에서 말하는 마음공부가 아니다. 몸공부를 제대로 하면 몸짓은 저절로 잘 된다. 그러나 몸짓은 아무리 잘해도 그대로 몸은 아니다.

세계불교라 하면 거창하게 들릴지 모르지만 중요한 것은 개인이다. 개인 개인이 자기 속에 간직하고 있는 문제들을 해결하지 않으면 아무리 거창한 소리 해 보았자 말짱 헛짓이다. 그러나 만일 진정으로 자기 속의 중요한 문제를 해결하면 이것은 남에게도 도움을 줄 수 있다. 세계불교를 운운하고 대화를 문제 삼는 근본 목적이 여기에 있다. 진실하기만 하면, 내 이야기는 남에게 도움이 되고, 남의 이야기는 나에게 도움을 준다.

모든 것이 시시각각으로 변하는 '아니티야'의 현장에서 우리는 어떻게 살아야 옳은가? '아힘사'를 외치면서 '아나트만'을 실천해야 하기 때문에 지금 당장 여기 이 자리가 중요하다. 그리고 이 자리의 주인공은 '나'다. '불변의 나'가 아니라 '변하는 나'가 중요하단 말이다. '변하는 나'가 '아나트만'이요 '아니티야'다. 한국불교든 세계불교든 나를 떠나 따로 있는 게 아니다. 역설 같지만 내가 바로 한국불교요, 세계불교다. 나를 속이지 말고 나에 충실해야 할 것 같다.

감사합니다.

10 부처님은 어디에 계시는가 2007년 5월 29일

황경열 교수님께,

어제 작은딸 집에 갔다가 늦게 돌아와 e-mail을 열어 보았더니 황교수님 편지가 와 있더군요. 미세스 황의 수술 경과가 좋으시다니 정말 다행입니다. 큰 수술은 수술 성공도 중요하지만, 수술 후의 조리도 중요하다고 들었습니다. 부디 조리를 잘하시어 연말에 뵐 때는 더 건강한 모습으로 뵙게 되기를 바랍니다. 아래에 전헌 교수님이 보내 주신 근조시를 붙이겠습니다. 그리고 『현대불교신문』에 실린 제 글도 붙입니다. 소람해 주시기 바랍니다.

안녕히 계십시오.

박성배 드림

:: 전헌 교수의 근조 편지

박 선생님께,

어머님 같으시다던 큰누님이신데 지난번 남원 내려가셨던 게 마지막 뵈신 것이네요.

작은 세상에선 헤어지셨어도 큰 세상에서는 늘 같이 계시는 것이지요.

돈오돈수는 작은 세상에서 큰 세상 사는 것이지요.

체는 큰 세상, 용은 작은 세상이지요.

선생님은 작은 세상에서 큰 세상 사시는 분입니다.

전헌 올림

내가 사는 뉴욕은 사람들이 많이 모여드는 곳이다. 특히 맨해튼(Manhattan)은 어찌나 붐비든지 발 들여놓을 틈도 없다. '맨해튼에 없으면 아무 데도 없다'는 이곳 속담처럼 '없는 것이 없는 곳'이 맨해튼이다. 많은 사람들이 맨해튼에서 일하고 맨해튼에서 사는 것을 자랑스러워한다. 그런데 이 맨해튼에 한번 이변이 생겼으니, 일대 정전(停電) 소동이 일어난 것이다.

불야성을 자랑하던 맨해튼에 전기가 나가자, 천지는 일시에 암흑으로 변했고, 맨해튼은 무법천지가 되었다. 어두운 밤이면 날뛰는 도깨비귀신 같은 범죄자들이 각종의 범죄를 자행했다. 범죄자들은 남의 눈도 무서워하지 않았고 경찰도 속수무책이었다. 그러다가 불이 들어왔다. 사람들은 환호성을 질렀다. 도깨비 같은 범죄자들은 자취를 감추었다.

사람들은 모두 '자기 잘난 맛에 산다'고 한다. 그럼에도 불구하고 맨해튼에 불나가듯 캄캄해질 때가 있다. 무엇을 두고 잘났다고 생각하는지 몰라도 사람들은 무법천지의 어둠 속에서 홀로 신음할 때가 많다. 우리는 오늘 부처님 오신 날에 어둠의 근원을 밝혀 볼 필요가 있다. 그것이 밝혀지지 않고서는 부처님의 밝음도 제대로 드러나지 않을 것이다. 사람들은 곧잘 부처님이 이 세상에 오신 것을 아침에 떠오르는 태양에 비유한다. 태양이 떠오르면 어둠은 사라지기 때문이다. 그러나 하루가 지나면 해는 지고 어둠은 다시 찾아온다. 맨해튼에 전깃불도 언제 또 나갈지 모른다. 태양은 천지와 더불어 영원하다고 하지만 그래서 어쨌다는 건가. 어둠은 또다시 찾아오니 이를 어떻게 할 것인가. 맨해튼의 전깃불이든 하늘의 태양이든 모두가 비유다. 우리는 그러한 비유들이 전달하고자 하는 메시지를 읽어야겠다. 전깃불과 태양은 '있고, 없고'에 차이가 나지만, 부처님이 이 세상에 오심은 모든 종류의 이원론적인 '있고, 없고'에 차별이 나지 않는다. 심지어 부처님이 이 세상에 '오시고, 안 오시고'에도 상관없이 부처님의 밝음은 항상 그렇게 밝아 있다.

부처님의 밝음과 태양의 불빛 사이에는 커다란 차이가 있다. 태양은 어둠을 영원히 쫓아내지 못한다. 그러나 부처님의 밝음은 다르다. 부처님의 밝음에는 '밝았다 어두웠다' 하는 단절이 없기 때문이다. 이 말은 밝음만 있고 어둠은 없다는 말이 아니다. 밝든 어둡든 그런 것엔 관계없이 '항상 밝다'는 말이다. 다시 말하면 전깃불이 나가도 여전히 밝고 캄캄한 밤에도 여전히 빛난다는 말이다.

오늘은 부처님 오신 날이다. 2500여 년 전 인도에서 어린 부처님이 탄생했다. 그 어린이가 산전수전 다 겪고 30이 넘어 크게 깨쳤다. 그러나 부처님의 탄생도 부처님의 깨침도 지금 이 글을 쓰고 있는 나 자신을 떠나서는 그 의미를 찾을 수 없다. 그리고 이 글을 읽고 있는 독자들을 떠나서도 의미가 없다. "지금 당장 바로 이 자리에서" 내가 건강하든 병들어 신음하든, 일이 잘 풀리든 말든, 언제나 어디서나 누구에게나, 뚜렷이 밝아 있는 부처님의 밝음을 바로 보지 않고서는 아무리 떠들어도 '도로아미타불'이다.

오늘 부처님 오신 날을 환호하고 찬탄하는 일이 '작심삼일作心三日'로 끝나서는 안 되겠다. 왜 '작심삼일' 현상이 일어나는가? 겉과 속이 다르기 때문이다. 겉과 속이 다르면 앞과 뒤도 맞지 않게 되어 있다. 앞뒤도 안 맞고 겉과 속이 다른 사람이 아무리 환호하고 찬탄한들 무슨 소용이 있겠는가. 부처님은 그런 사람의 환호와 찬탄을 반기실 리 없다.

문제는 어떻게 겉과 속이 일치하고 앞과 뒤가 일치하게 되느냐에 있다. 그래서 불제자들은 자고로 이 좋은 날에 '참회'를 하고 미래를 다짐하는 '발원'을 한다. 부처님의 오심은 내가 나를 발견함이다. 나에게서 가장 중요한 것이 '몸'이다. '몸'이 없으면 천하의 별것을 다 가지고 있어도 아무 소용이 없다. 마음은 천방지축 천하방정 온갖 짓을 멋대로 다하고 못할 짓이 없지만 몸은 항상 우주적 질서와 함께 있다. 그래서 '몸의 발견'은 곧 '진정한 나의 발견'이며 또한 '부처님의 발견'이라고 말하는 것 같다.

우리 불교인들은 오랫동안 잘못된 '마음 문화'에 병들어 왔다. '마음 심心'자 밑에 '임금 왕王'자를 붙여 마음을 '심왕心王'이라 부르는 것이 탈선의 발단이다. '사람에게 마음보다 더 중요한 것이 또 어디 있느냐고 힐문하면 말문이 막힌다. 마음의 중요성은 누구나 날마다 통절히 느끼고 있기 때문이다. 그러나 이 세상엔 마음보다 더 중요한 것이 있다. 그것을 우리 조상들은 '하늘'이라 부르기도 했고, '자연'이니 '우주'니 '태극'이니 등등 별별 이름을 다 붙여 그 중요성을 역설해 왔다. 이 알량하고도 잘난 마음이 전기 나간 맨해튼처럼 자연과 우주의 이치에 거슬려 자꾸만 엉뚱한 방향으로 달려가기 때문이었으리라. 심왕론心王論(마음은 임금이라는 주장)은 한때 설득력이 있었다. 그러나 오늘날은 군왕 중심의 독재시대가 아니다. 오늘날은 대통령보다는 백성이 더 중요하다. 물론 오늘날도 대통령은 중요하다. 누가 그걸 모를까. 그러나 그의 할 일은 백성을 보살피는 일이다. 백성에게 군림하는 임금이 아니다. 백성의 종노릇을 해야 한다. 마음도 마찬가지다. 마음이 임금노릇을 하려 들면 몸이 망가진다. 몸이 몸노릇을 제대로 하도록 돕는 일이 마음의 할 일이다. 동양의 성인들이 왜 그토록 '무심無心'을 강조했는지 알아야겠다. 혜능(683~713)의 『단경』을 다시 읽어 보자. '무심'이 될 때 몸은 가장 편안하다 하지 않던가.

부처님 오셨네. 부처님 만나러 가세. 너도 나도 우리 모두 다 함께 부처님 뵈러 가세. 그런데 부처님은 어디에 계시는가? 내 눈엔 부처님이 보이지 않네. 큰절 법당에 금물 칠한 불상을 보고 모두들 부처님이라고 야단이지만 내 눈엔 그가 부처님으로 보이지 않네. 아무리 보고 또 보고 다시 보아도 그건 금물 칠한 불상일 뿐, 내가 만나 뵙고 싶은 부처님은 아니네. 아, 부처님은 어디 계시는가?

하도 답답해서 지나가는 어린 동자스님에게 물어 보았다. "부처님은 어디 계시느냐"고. 동자스님 말씀은 "당신이 바로 부처님"이라며 씽긋 웃고 그냥 저리로 가 버린다. 그런데 그 말씀이 정말 옳았다. 나는 그동안 부처님을 밖에서 찾고 있었다. '내가 바로 부처님이다.' 그리고 진정 내가 부처님이라면 내 눈에 보이는 모든 사람들이 다 똑같이 부처님이란 말이다. 해야 뜨든 말든, 전기야 나가든 말든 이 진리야 변할 수가 없다. 부처님은 어디에나 계시고 언제나 계신다. 그러니 남녀노소, 빈부귀천 가릴 것 없이 만나는 사람마다 모두 모두 부처님으로 받들고 코가 땅에 닿도록 큰절을 하면서 살아야 한다. 이렇게만 살 수 있다면, 이 세상에 이 이상의 환희가 또 어디에 있으랴! 부처님, 감사합니다. 〈끝〉

11

원효, 서양에 가다

2007년 10월 16일

황경열 교수님,

11월 3일, 경주에서 발표할 제 논문입니다. 소람해 주시기 바랍니다.

안녕히 계세요.

박성배 드림

10월 19일

황경열 교수님,

제 글이 완성되었습니다. 소람하시고 좋은 평과 충고 말씀해 주시기

바랍니다.

안녕히 계십시오.

박성배 합장

:: 원효, 서양에 가다—그러나 아무도 그를 알아보는 사람이 없다[1]

1. 무엇이 문제인가

그동안 국내외를 막론하고 원효의 저술들이 많이 번역되어 나왔다.
최근에는 UCLA의 불교학 교수 로버트 버스웰(Robert Buswell)이 원효의 『금
강삼매경론金剛三昧經論』 3권을 영어로 번역하여 출판했다.[2] 버스웰은 『금

---

1) 2007 원효학 학술대회, 원효학연구원 주최, 경주 불국사문화회관, 2007년 11월 3일.
2) Robert Buswell, translated by, *Cultivating Original Enlightenment*(Honolulu:
University of Hawaii Press, 2007).

강삼매경론』「대의장大意章」의 핵심 단어인 "무파이무불파無破而無不破"란 말을 "……though refuting nothing, there is nothing not refuted……"라고 번역했다.[3] 원효의 '무파無破'를 이런 식으로 다루는 것은 그동안 한국불교학계의 관례이었다. 원효의 '무파'를 노장사상의 '무위無爲'와 혼동한 것이다. 원효의 '무파'를 'though refuting nothing'으로 번역하면 원효사상은 온통 뒤죽박죽이 되고 만다. 원효의 '무파'는 그 말 바로 앞에 나오는 '이내爾乃'(이와 같이; accordingly)라는 감탄조의 말투가 암시하듯이 계속되는 산고産苦(否定) 끝에 마침내 탄생하는 '몸'의 등장을 소리 높여 외치는 말이다. 사실, 원효는 여기서 열두 번의 부정을 통해 온갖 것을 다 파破했다. 한번 열거해 보자. 첫째는 유무有無를 파했고, 둘째는 진속眞俗을 파했고, 셋째는 불일不一로 융이融二를 파했고, 넷째는 비중非中으로 이변二邊을 파했고, 다섯째는 무無는 무無가 아니라고 파했고, 여섯째는 유有는 유有가 아니라고 파했고, 일곱째는 속俗은 속俗이 아니라고 파했고, 여덟째는 진眞은 진眞이 아니라고 파했다. 그리고 나서 원효는 다시 네 번을 더 파한다. 이 네 번은 이제까지 자기가 부정한 것을 모두 다 긍정해 버리는 식의 색다른 파를 감행했다. 그래서 나는 열두 번 파했다고 보는 것이다. 열두 번의 부정은 일종의 산고다. 그러므로 아무것도 파하지 않았다는 말은 맞지 않는 말이다. 파하고 또 파하기를 여덟 번, 그리고 더 나아가 파한 자기까지 파하기를 네 번, 모두 합해서 열두 번을 파했으니 원효는 여기서 '무파'라고 말함으로써 파의 뿌리까지 송두리째 뽑아 버린 셈이다. 이러한 근거 위에 원효는 그다음에 '무불파無不破' 즉 '파하지 아니함이 없다'(there is nothing not refuted)라고 말한 것이다. 이러한 원효 이해를 바탕으로 그의 "무파이무불파無破而無不破"를 다시 번역해 보면 우리말 번역은 응당 '파를 없애니(또는 파가 없어지니) 파하지 아니함이 없다'로 되어야 할 것이다.

---

3) Ibid. pp.47~48.

이제 우리에게 문제는 주어졌다. 원효의 '무파無破'를 '파함이 없다'로 읽을 것인가, 아니면 '파를 없애니' 또는 수동형으로 '파가 없어지니'로 읽을 것인가? 그동안 한국의 『금강삼매경론』 번역가들은 이 대목을 어떻게 번역했는지 알아보자.

1972년 이기영: "파함이 없으되 파하지 않음이 없으며"(대양서, 31쪽)
1986년 김달진: "파함이 없되 파하지 않음이 없고"(열음사, 11쪽)
1987년 한길로: "부숨이 없으면서도 부수지 않음이 없고"(보련각, 241쪽)
1991년 동국역경원: "파함이 없되 파하지 않음이 없으며"(동국대학교, 32쪽)
1996년 이기영: "파함이 없으되 파하지 않음이 없으며"(한국불교연구원, 25쪽)
2000년 은정희·송진현: "깨뜨림이 없되 깨뜨리지 않음이 없으며"(일지
사, 20쪽)

버스웰의 영역은 위에 열거한 한국말 번역들과 아주 비슷하다. 모두가 한결같이 원효의 "무파이무불파"를 중국 도가의 '무위이무불위無爲而無不爲'(아무것도 하지 않는데 실은 하지 않는 것이 없다)와 비슷하게 읽고 있다. 그러나 원효는 여기서 도가의 흉내를 내어 '아무것도 하지 않는데(無破) 실지는 모든 것이 저절로 다 잘 되어 간다(無不破)는 식의 '무위자연無爲自然'을 이야기하고 있는 것 같지 않다.

누가 나에게 불교적 체험의 핵심을 드러내는 말이 무엇이냐고 묻는다면 나는 서슴지 않고 '무아無我' 체험이라고 대답할 것이다. '무아' 체험은 다름 아닌 '무불아無不我' 체험이다. 진정 아我가 없어지면 남은 남이 아니게 된다. 이것이 '무불아'다. 이를 한문으로 표현하면 '무아이무불아無我而無不我'다. 나는 여기서 원효의 "무파이무불파"를 '무아이무불아'와 똑같은 사상에서 나온 똑같은 말투로 보고 싶다. 우리는 '무파'를 '파함이 없되'로 처리하는 도가풍을 버려야 한다. 무아無我처럼 '아我가 없어지니'로 번역하

여 불가 고유의 적극적인 맛을 내자는 말이다. 원효의 삶은 아무도 흉내낼 수 없을 만큼 적극적이었다. 앞에서도 지적한 바와 같이 원효가 말하는 무파의 파破는 '파破'라는 이름의 또 다른 '아我'이기 때문에 원효는 이를 쳐부수고 있는 것이다.

"무파이무불파"라는 표현에서 가운데에 있는 '말이을 이而'라는 글자의 앞부분의 '무파'와 뒷부분의 '무불파無不破'는 서로서로 떨어질 수 없는 관계를 이룬다. 앞의 '무파'는 '몸' 소식이고 뒤의 '무불파'는 '몸짓' 소식이다. 몸 소식은 항상 끊임없이 계속되는 부정으로밖에는 표현할 길이 없다. 그러나 몸짓 소식은 사람들의 눈에 보이고 귀에 들리고 의식에 붙잡힌다. 그래서 사람들은 곧잘 뒤의 '몸짓' 소식에 대해서는 제법 잘 아는 것처럼 쉽게 고개를 끄덕이지만, 사실인즉 앞의 '몸' 소식을 놓치면 그런 '고개 끄덕임'은 자기기만일 뿐이다. 모르면서도 안다고 미소 짓는 것과 다를 바 없다는 말이다. '무파'없이는 '무불파'도 없다. '무파 작업'을 제대로 수행하지 못하면 '무불파 작업'도 제대로 하지 못한다는 말이다. 한국의 원효학계에는 아직도 도가의 안개가 자욱하게 끼어 있는 것 같다. 그러니 한국 안에서도 그렇고 한국 밖에서도 그렇고 오나가나 원효가 제대로 드러나지 않는 것이다. 그래서 나는 "아무도 그를 알아보는 사람이 없다"고 말한 것이다.

원효의 『금강삼매경론』 「대의장」 원문과 은정희와 버스웰의 두 번역을 함께 묶어 '삼자대조표'를 만들어 보았다.

원효의 원문	은정희의 한국말 번역과 버스웰의 영역
第一述大意者	1. 대의를 서술함
	Part One: A Statement of Its Main Idea
夫一心之源	저 일심의 근원은
	Now, the fountainhead of the one mind,

離有無而獨淨	유와 무를 떠나서 홀로 맑으며,
	which is distinct from existence and nonexistence, is independently pure.
三空之海	삼공의 바다는
	The sea of the three voidness,
融眞俗而湛然	진과 속을 융합하여 깊고 고요하다.
	which subsumes absolute and conventional, is profoundly calm.
湛然 融二而不一	깊고 고요하게 둘을 융합하였으나 하나가 아니며,
	Profoundly calm, it subsumes dualities and yet is not unitary.
獨淨 離邊而非中	홀로 맑아서 양변을 떠나 있으나 중간도 아니다.
	Independently pure, it is far from the extremes and yet is not located at the middle.
非中而離邊故	중간이 아니면서 양변을 떠났으므로
	Because it is not located at the middle and yet is far from the extremes,
不有之法 不卽住無	유가 아닌 법이 무에 나아가 머물지 아니하며,
	dharmas that are nonexistence do not linger in nonexistence
不無之相 不卽住有	무가 아닌 상이 유에 나아가 머물지 아니한다.
	and characteristics that are not-nonexistent do not linger in existence.
不一而融二故	하나가 아니면서 둘을 융합하였으므로
	Because it is not unitary and yet subsumes dualities,
非眞之事 未始爲俗	진이 아닌 사가 애초에 속이 된 적이 없으며
	those phenomena that are not absolute need not be conventional
非俗之理 未始爲眞也	속이 아닌 이가 애초에 진이 된 적이 없다.
	and those principles that are not conventional need not be absolute.
融二而不一故	둘을 융합하였으면서도 하나가 아니기 때문에
	Because it subsumes dualities and yet is not unitary,

眞俗之性 無所不立	진과 속의 자성이 세워지지 않는 것이 없고, there are none of its absolute or conventional qualities that are not established
染淨之相 莫不備焉	염과 정의 상이 갖추어지지 않는 것이 없으며, and none of its tainted or pure characteristics that are not furnished therein.
離邊而非中故	양변을 떠났으면서도 중간이 아니기 때문에 Because it is far from the extremes and yet is not located at the middle,
有無之法 無所不作	유와 무의 법이 만들어지지 않는 법이 없고, there are none of the existent or nonexistent dharmas that are inactive
是非之義 莫不周焉	옳음과 그름의 뜻이 두루 하지 아니함이 없다. and none of its affirmative or negative concepts with which it is not equipped.
爾乃	이와 같이 Accordingly,
無破而無不破	깨뜨림이 없되 깨뜨리지 않음이 없으며, though refuting nothing, there is nothing not refuted
無立而無不立	세움이 없되 세우지 않음이 없으니, and, though establishing nothing, there is nothing not established.
可謂	이야말로
無理之至理	이치가 없는 지극한 이치요, This alone can be called the ultimate principle that is free from principles,
不然之大然矣	그렇지 않으면서 크게 그러한 것이라고 할 수 있다. and the great suchness that is not such.
是謂斯經之大意也	이것이 이 경의 대의다. This is said to be the main idea of this sutra.

위의 '삼자대조표'를 잘 들여다보면서 거기에 담겨 있는 깊은 뜻을 파

고 들어가면 토론거리는 끝없이 나올 수 있다. 그러나 오늘 여기서는 한 가지만 더 짚고 넘어가기로 하자. 그것은 마지막에 나오는 "무리지지리無理之至理"와 "불연지대연不然之大然"이란 말을 어떻게 이해해야 할 것인가의 문제다. 은정희는 이를 "이치가 없는 지극한 이치요, 그렇지 않으면서 크게 그러한 것"이라 번역했고, 버스웰은 이를 "This alone can be called the ultimate principle that is free from principles and the great suchness that is not such"라고 번역했다. 번역이야 어떻게 하든, 문제는 이해다. 이게 도대체 무슨 말일까? 위의 두 번역은 모두 도가 냄새를 깨끗이 씻어내지 못한 혐의가 있다. "무리지지리, 불연지대연"은 바로 그 앞의 "무파이무불파無破而無不破, 무립이무불립無立而無不立"을 떠나서 해석할 수 없다. 무파의 무無가 파破를 때려 부수듯이 여기서도 무리無理의 무無는 그다음에 따라오는 '리理'를 때려 부셔야 한다. 그러므로 이 문장은 '이치理致(라는 我相)를 때려 부순 지극한 리理요, 그럴 법(이라는 몸짓) 연然을 때려 부순 커다란 (몸의) 그러함(然)'으로 읽을 수 있다. 이렇게 읽으면 원효의 『금강삼매경론』 대의장의 메시지가 뚜렷해지고 앞뒤가 서로서로 맞아 떨어지며 도가의 냄새도 씻어 버릴 수 있다.

원효는 7세기의 신라 사람이다. 그는 많은 글을 남겼지만 모두 한문으로 썼다. 그를 제대로 알아보는 사람이 많지 않으리라는 것은 예상했던 일이지만 그렇다고 "아무도 그를 알아보는 사람이 없다"고 말하는 것은 좀 심한 말이라고 생각하는 사람이 많을 것이다. 나는 이제부터 왜 그렇게 말하는가를 밝혀야겠다.

사람을 못 알아보는 이야기는 서양에도 있다. 기독교의 신약성서 『누가복음』 마지막 부분에 이런 이야기가 있다.

예수가 십자가에 못 박혀 죽은 지 삼 일째 되던 날, 예수와 가까웠던 제자 두 사람이 예루살렘에서 삼십 리쯤 떨어져 있는 엠마오라는 마을로 가고 있었다. 이때 예수가 나타나 그들과 동행하면서 대화를 나누었다. 그러나 그들은 예수를 알아보지 못했다. 나중에 그들의 집에 들어가 함께 식사를 할 때 비로소 그들은 예수를 알아보았다. 그러나 그들이 그를 알아보는 그 순간 예수는 사라졌다.[4]

제자가, 그것도 직접 제자가, 갈린 지 삼 일밖에 안 되었는데 왜 스승을 못 알아보았을까? 『누가복음』은 이를 "눈이 가리어……"라고만 적었을 뿐, 그 이유를 밝히지 않았다. 영어로는 "but they were kept from recognizing him"[5]이라고 되어 있다. 같은 책은 이에 "By special divine intervention"이란 간단한 각주를 달았다. 이런 일을 신의 섭리로 보고 있는 듯하다. 부활한 예수의 이야기는 신약성경의 여러 군데에 나온다. 나는 오늘 여기서 『누가복음』의 이야기를 신약성경의 부활사상 쪽으로 밀고 나가지 않고 내가 요즘 즐겨 사용하는 '몸과 몸짓의 논리'와 결부하여 원효의 몸을 바로 보는 길을 밝혀 보려 한다. 예수의 두 제자가 예수를 못 알아 본 것은 그들의 눈이 가리어 있었기 때문이다. 무엇에 가리었는가? 그들은 자기들이 이제까지 듣고 보고 한 것에 가리어 예수를 못 알아본 것이다. 다시 말하면 그들은 그들이 보고 들었던 예수의 몸짓에 갇혀 있었다. 그래서 그들은 예수의 몸을 보지 못한 것이다.

부활한 예수는 예수의 몸짓만으로는 알 수 없다. 그의 몸을 바로 보지 않고서는 그를 알아볼 수 없다. 그러므로 "몸짓만 보지 말고 몸을 보라." 이것이 요즘 나의 구호다. 그러나 문제는 '어떻게?'에 있다. 남의 이야기 할 것 없다. 문제는 나 자신이다. 원효를 공부한 지 반세기가 넘었고, 원효로 박사학위를 땄고, 원효의 『대승기신론소기회본』을 영어로 번역했으며,

---

4) 『누가복음』 24장 13~35절 참조. 여기서는 1993년 대한성서공회에서 나온 『성경전서』 121쪽의 이야기를 요약했다.

5) *The NIV STUDY BIBLE*, Grand Raids(MI: Zondervan Publishing House, 1995), p.1586.

밤낮 입만 열면 원효를 이야기하고 있건만, 나는 과연 원효의 몸을 보았다고 말할 수 있을까? 나는 감히 "나는 보았다"고 말하지 못한다. 문제가 어디에 있을까? 내 진단이 옳은지, 또 언제 변할지 모르지만 나는 내 나름대로 진단을 했다. 문제는 '실천'이다. '원효처럼 살고 있지 않다'는 데에 문제가 있다는 말이다. 원효의 몸짓만 보고 만족한다면 더 말할 것 없지만, 만일 원효의 몸을 보고 싶다면 실천의 문제를 들고 나오지 않을 수 없다. 오늘날 불교학에서 실천의 문제를 심각하게 다루지 않는 것은 큰 잘못이라고 생각한다.

나는 오늘날 서양에서 원효를 알아보지 못한 것도 이러한 맥락에서 이해해 보려고 한다. 사람들이 원효의 몸짓만을 보고 그의 몸을 보지 못 했기 때문에 그를 알아보지 못한다는 말을 좀 더 구체적으로 해 보자. 오늘날 학자들은 원효의 몸짓만을 주워 모으고 있는 것 같다. 이렇게 주워 모은 것들을 아무리 잘 분석하고 종합하고 비교해 보았댔자 그것이 바로 원효는 아니다. 그것은 내가 그린 원효의 그림일 뿐이다. 그것은 『누가복음』이 지적하듯, 예수의 제자들이 예수를 보고도 못 알아보는 현상, 그리고 알아보았다 하면 거기에는 이미 그런 예수는 없는 꼴이 되고 말 것이다.

나는 오늘 그동안에 나온 몇 가지의 중요한 글들을 차례로 분석해 보려고 한다. 과연 얼마나 잘 원효가 드러났는가를 알아보기 위해서다. 내 입장은 간단하다. 내가 읽은 원효에는 원효의 간절한 외침으로 가득 차 있다. '제발 자기를 몸짓으로 읽지 말아 달라'고 호소하는 원효의 외침으로 가득 차 있다는 말이다. 그런데 왜 오늘날의 원효학자들은 이를 외면하는지 모르겠다. 오늘날 원효를 읽는 사람은 모두들 한결같이 원효를 몸짓으로 읽고 있는 것 같다. 그렇게 해서는 끝내 원효가 드러나지 않는다는 말을 나는 하고 싶은 것이다. 원효를 몸짓으로 읽는다는 말은 사람들이 너무 문자에 의존하고 있다는 말이다. 문자에 의존한다는 말은 여러 가지로 풀이할 수 있다. 첫째는 문헌에 갇힌다는 말이다. 이 말은 문헌

속의 어떤 표현, 논리 등등에 갇힌다는 말이다. 나는 오늘 이 논문에서 그러한 갇힘의 현장들을 좀 자세히 들여다보려고 한다.

오늘 우리 원효학 학술대회의 주제는 〈원효, 서양에 놀다〉로 되어 있다. '놀다'라는 말이 흥미롭다. 문제는 '놀다'라는 말이 '몸짓 개념'이 아니라 '몸 개념'이었으면 좋겠다. 어디서 놀든, 정말 논다면 그것은 '몸 놀음'이지 '몸짓 놀음'일 순 없다. 나는 일일연속극에 열중하지 못한다. 그 이유는 요즘 드라마들이 온통 몸짓 놀음만 하고 있기 때문이다. 작가의 각본에 따라, 감독의 지시에 따라, 많은 카메라맨들의 조명 아래, 뭇 사람들이 지켜보는 가운데서 우는 장면인데도 눈물이 안 나오면 눈에 눈물 나오는 안약을 넣어 눈물이 나오게 만들고 등등, 철저한 몸짓 놀음이다. 온통 관심사가 '히트 친다'는 일념에 사로잡혀 있는 것 같다. 놀음의 본질인 자기 자신의 평화도 없고 즐거움도 없다. 몸짓이 몸보다 앞서 있으면 창조는 없다. 거기엔 오직 각본만이 있고 그 밑바닥엔 소기의 목적을 달성하고 말겠다는 '탐욕'만이 도사리고 있다. 거기엔 자유가 없다. 자유가 없는 곳에 창조는 없다. 몸짓이 앞장서면 몸은 고달프다. 오늘날의 정치인들, 비즈니스 하는 사람들, 모두가 몸짓 놀음을 하고 있다. 종교인들은 어떻고 학자들은 어떠한가? '나는 그렇지 않다'고 장담할 수 있는 사람이 있을지 모르겠다. 분명한 비극이다. 현대문화는 '몸짓문화'라는 사실에 비극의 심각성이 있다. 사람이 태어날 때는 누구나 몸으로 태어난다. 자연 그대로다. 그러나 일단 태어나면 훈련이 시작된다. 훈련이란 사회에서 살아남는 교육이다. 여기서 자연성과 사회성의 갈등이 생긴다. 자연성은 '몸 위주'인 데 반하여 사회성은 '몸짓 위주'이기가 일쑤다. 오늘날 소위 성공했다는 사람들을 보면 대개가 몸짓 훈련이 잘된 사람들이다. 말하자면 사회성이 발달한 사람들이란 말이다. 개인만이 아니다. 집단도 그렇고 국가니 민족 등등 모두가 몸짓 훈련 잘되면 성공하는 것 같다. 이런 판국에 몸의 중요성을 역설하면 웃음거리 되기가 십상이다. 그러나 원효는 몸을 중요시했다. 그리고 몸짓 일변도를 경계했다. 원효의 노는 모습은 그의 몸을 보지 않고서는 그 진미를 알 수 없다. 슬프게도 오늘날 학자들은 원효를 이야기하면서 원효의 이 점을 분명히 하지 않고 있는 것 같다.

2. 옛날 문헌 속의 원효

원효를 문제 삼은 사람들은 그동안 원효를 바로 보려고 많은 애를 썼던 것 같다. 이 점은 고금이 한결같다. 그러나 옛날엔 십중팔구가 중요한 대목에 이르러 신비화로 빠지거나 아니면 덜된 것을 다 됐다는 듯이 적당히 얼버무리는 것이 일쑤였다. 이 점은 오늘날도 크게 달라진 것 같지 않다. 조금 달라진 것이 있다면 신비화의 반대 방향으로만 치닫고 있다는 점이다. 한마디로 말해, 이성적이고 합리적이면 된다는 식이다. 두 극단이다. 극단은 어느 쪽으로 가든 모두 변견邊見이다. 옛날 기록에도 중요한 가르침이 많다. 그 중요한 말들 가운데 몇 가지만 골라 보자.

예를 들면, 원효가 세상을 떠난 뒤 얼마 안 있어 세워졌다는 고선사高仙寺 서당화상탑비誓幢和上塔碑6)에 나오는 다음의 말들은 우리의 주목을 끈다. "청람공체靑藍共體, 빙수동원氷水同源, 경납만형鏡納萬形, 수분통융水分通融"이란 말이다. 우리말로 풀면 "청靑빛과 람藍빛은 (원래) 체體를 함께하며, 얼음과 물은 (원래) 같은 데서 나왔으며, 거울은 가지가지의 형상을 모두 다 용납하며, 물은 나누어 놓아도 마침내는 서로 통하여 하나로 된다"는 뜻이다. 이 말은 원래 원효가 쓴 「십문화쟁론十門和諍論」이라는 글의 서문에 나오는 말이라고 한다. 이러한 말은 우리들이 원효를 어디서 보아야 할 것인가를 일러 주고 있는 것 같다. 여기서 '청靑'과 '람藍'은 두 가지의 서로 다른 빛깔임에도 불구하고 둘은 다 똑같은 몸(體)에서 나왔다(共體)는 사실에서 우리는 몸짓으로 보면 둘이지만 몸으로 보면 둘이 아니라는 메

---

6) 1914년 5월 경주에서 발견된 탑비.

시지를 읽을 수 있다. '빙氷'과 '수水'의 관계에서도 우리는 똑같은 말을 할 수 있다. 얼음과 물은 겉으로 나타난 몸짓으로 보면 둘이지만 둘을 꿰뚫는 몸으로 보면 '동원同源'이란 말이다. 그래서 나는 몸과 몸짓의 논리로 원효를 읽으면 그를 보다 더 잘 알아볼 수 있다고 주장한다. 다시 말하면 원효는 그의 몸짓만을 잘 아는 것으로는 알아볼 수 없고, 그의 몸을 바로 봄으로써만이 알아볼 수 있다고 주장하는 것이다.

988년에 나온 찬녕贊寧의 『송고승전宋高僧傳』[7]은 우리들에게 원효에 관한 중요한 정보를 제공해 주고 있다. 이 책에 들어 있는 「원효전元曉傳」은 대정신수대장경본大正新修大藏經本으로 한 쪽도 채 못 되는 짧은 전기이다. 그것도 전 53행 가운데 39행이 원효의 『금강삼매경론』에 관한 이야기로 차 있다. 그러나 여기에도 우리들이 원효를 어떻게 보아야 하는가를 말해 주는 중요한 구절이 들어 있다. "金剛三昧經, 乃二覺圓通, 示菩薩行也.……謂 使人曰, 此經以本始二覺爲宗, 爲我備角乘, 將案几. 在兩角之間, 置筆硯, 始終於牛 車, 造疏成五卷"이란 말이다. 이를 우리말로 풀면, "『금강삼매경金剛三昧經』 은 두 가지의 각, 다시 말하면 본각本覺과 시각始覺이 원만하게 융통하는 것으로서 보살의 행을 나타내 보이는 책이다.…… (원효가) 사신들에게 말 하기를, '이 경은 본래 본각과 시각의 두 각을 그 근본으로 삼고 있으니 나를 위해서 소가 이끄는 수레를 준비해 주고 책상을 가져오라'고 당부하 였다. 원효는 소의 두 뿔 사이에다 붓과 벼루를 놓고서 처음부터 끝까지 그 소가 끄는 수레 위에서 소疏 오권五卷을 다 지었다"는 말이다.

여기서 우리의 눈길을 끄는 것은 "이각원통시보살행二覺圓通示菩薩行"이 란 말이다. 이 말은 『금강삼매경』의 서문에 나온다. 대승이 대승다운 소이 所以는 보살행에 있으므로, 우리는 항상 보살행의 가능 근거를 묻지 않을 수 없다. 찬녕에 의하면 이에 대한 『금강삼매경』의 대답이 여기에 있다.

---

7) T.2061, vol.50, p.730a.

다름 아닌 '본각과 시각의 융통'이다. 불교사상에서 본각과 시각은 항상 서로 팽팽히 맞서 있는 개념들이다. '본각'이란 말은 일체 중생이 본래부터 깨달은 존재임을 주장할 때에 그 근거로 쓰이는 말이며, '시각'이란 말은 일체 중생이 현재 미혹된 존재임을 전제로 하고, 이러한 미혹된 중생이 어떻게 본각을 유감없이 드러낼 수 있는가를 설명할 때에 쓰이는 말이다. 그러므로 본각이라는 말은 시각이라는 말이 있을 자리를 주지 아니하며, 시각이라는 말은 항상 본각이라는 말을 무색하게 만들어 버린다. 얼핏 보기에 본각과 시각의 관계는 서로 용납하지 않는 관계처럼 보인다. 그런데 『금강삼매경』에 의하면 이러한 두 각이 서로서로 원만하게 융통할 때에 보살행이 가능하다는 것이다.

그러면 어떻게 해야 이러한 '이각원통二覺圓通'의 이상이 실현될 수 있을까? 찬녕은 전설적인 말투로 「원효전」을 쓰고 있다. 그러므로 우리는 이러한 전설의 이면에 숨어 있는 상징적인 의미를 캐내야 한다. 박종홍은 그의 글 「원효의 철학사상」에서 "소의 양각 사이에 필연을 준비해 놓고 시종 우차牛車 위에서 저술을 하였다"는 이야기를 "본각과 시각의 양각으로써 이론전개의 기반으로 삼았다"는 뜻으로 풀이하였다.

"이론전개의 기반을 삼았다"니, 이게 무슨 말인가? 원효가 그의 붓과 벼루를 소의 두 뿔 사이에다 놓았다고 말할 때의 '사이'라는 말에 귀가 번쩍 뜨이어야 할 것이다. 붓과 벼루가 원효의 저술 활동을 상징한다면, 붓과 벼루를 소의 두 뿔 '사이'에다 놓았다는 말은 소疏를 짓는 그의 차원을 암시해 주고 있다. 그리고 두 뿔이 시각과 본각의 양각을 상징한다면 두 뿔의 '사이'란 시각과 본각에 두루 통하는 경지를 말해 주고 있는 듯하다. 그러므로 이 이야기는 원효가 『금강삼매경소』 5권을 지을 때에 처음부터 끝까지 두 가지의 서로 다른 각覺이 완전하게 통(圓通)하는 경지에서 한 발도 벗어나지 아니했음을 보여 주고 있다고 해석할 수 있다. 그리고 또한 이 이야기는 시각과 본각에 두루 통하기 위해서는 원효가 그의 붓과 벼루를 소의 두 뿔의 사이에 놓듯이 우리도 시각과 본각의 사이에 서 있어야 함을 가르쳐 주고 있다. 그리고 동시에 우리는 시각도 본각도 둘 다 포섭하는 세계에 서 있어야 한다는 말일 것이다. 다시 말하면 시각과 본각의 어느 편에도 기울지 않는 양부정적인 태도를 지니면서, 동시에 시각의 의미도 본각의 의미도 다 살리는 양긍정적인 면을 지니는 것이라고 말할 수 있을 것이다. 결국 찬녕은 전설적인 서술 방식을 원용하고 있지만 실지는 우리들이 어디서 원효를 보아야 할 것인지를 알려 주었다고 말할 수 있을 것이다.

고려의 일연一然(1206~1289)도 그의 『삼국유사』8)에서 원효를 아무 데도 걸림이 없는 무애도인으로 그리고 있다. 거기에 나오는 무애가無碍歌가 바로 그것이다. 원효가 무애가를 부르면서 전국 방방곡곡 안 가는 데 없이 돌아다녔다는 이야기는 과연 무엇을 의미하는가? "모든 것에 걸림 없는 사람이라야 한 길로 생사를 뛰어넘을 수 있다"(一切無碍人, 一道出生死)라는 무애가의 가사는 서기 421년에 Buddhabhadra가 한문으로 번역한 60권 『화엄경』의 「보살문난품菩薩門難品」제육第六에 나오는 말이다. 생사를 뛰어넘는 일은 불교적 수도의 지상과제이다. 어떻게 해야 그렇게 될 수 있는가? 무애라야 된다. 모든 것에 걸림이 없어야 한다. 이 말이 얼마나 좋았기에 원효는 이를 노래하면서 천촌만락千村萬落, 안 가는 데 없이 춤을 추며 돌아다녔을까? 무애, 그것도 일체무애一切無碍, 이는 분명히 모든 시비와 대립이 다 녹아 버린 가장 자유로운 모습이며, 모든 이치를 다 통달한 경지를 그려내는 데에 가장 적절한 표현이다. 흔히 원효를 책을 많이 저술한 학승으로 생각하기 쉽지만, 만일 원효가 책을 저술하는 데에 그치고 책에서 밝힌 진리를 몸소 실천하는 데는 소홀히 했더라면 그의 위대성도 영향력도 모두 감소되고 말았을 것이다. 원효를 두고 찬녕이 암시한 '원통圓通'이라는

---

8) T.2039, vol.49, p.1006a~b.

106

말과 일연이 사용한 '무애無碍'라는 말이 모두 원효의 사람됨과 그가 세상을 살아가는 모습을 그린 말임이 분명하며, 동시에 이는 원효사상의 핵심인 화쟁和諍과 불가분적인 관계에 있다고 말할 수 있을 것이다. 사실 '원통'과 '무애'와 '화쟁'이라는 세 마디의 말을 빼놓고서 원효의 몸을 제대로 그릴 수는 없을 것이며 이 세 마디의 말이야 말로 원효의 현주소를 일러주는 말일 것이다. 그러면 이제부터 현대인들의 원효 이해를 살펴보자.

3. 현대인의 원효 이해

오늘 우리의 주제가 〈서양에 간 원효〉라 하지만 서양에서 사는 사람만이 우리의 연구대상이 될 수는 없다. 동양에 살아도 서양적으로 생각하는 사람들의 발언은 우리의 연구대상이 되지 않을 수 없다. 원효를 서양적으로 다룬 많은 학자들 가운데 가장 먼저 나의 눈에 뜨인 학자는 박종홍朴鍾鴻(1903~1976)이다.[9]

1966년, 박종홍은 「원효의 철학사상」이라는 논문을 발표했다. 화쟁이라는 초점을 가지고 원효의 전 사상체계를 꿰뚫어 보려는 매우 야심찬 논문이다. 박종홍에 의하면, "원효의 논리는 화쟁의 논리이며 그것은 다름 아닌 개합開合으로써 종요宗要를 밝히는 것"이었다. 박종홍의 이러한 정의는 오늘날 널리 받아들여지고 있는 것 같다. 그러나 우리는 먼저 이 자리에서 이 말의 뜻이 무엇인가를 좀 더 분명히 하고 넘어 가는 것이 좋을 줄 안다.

원효가 즐겨 쓰는 종요라는 말과 개합이라는 말에 대해서 박종홍은 다음과 같은 정의를 내리고 있다. "종요의 종이라 함은 다多로 전개함이

---

9) 필자(박성배)는 1979년 苔巖 金奎榮 博士 華甲紀念 論文集 『東西哲學의 諸問題』(서울: 서강대학교 철학과동문회 편, 1979, 60~96쪽)에 「원효사상 전개의 문제점―박종홍 박사의 경우」라는 논문을 발표했다. 여기서는 거기에 실린 글의 일부를 발췌하여 오늘의 초점에 맞추어 다시 정리한 것이다.

요, 요라 함은 일一로 통합이니, 종요가 곧 개합 이외의 다른 것이 아니다.” 여기서 개합의 개는 전개라는 뜻으로, 합은 통합이라는 뜻으로 이해되고 있으며, 또한 개합과 종요는 동일시되고 있다. 필자가 이해하는 한에 있어서 박종홍이 말하는 원효의 화쟁의 논리란 '전개와 통합이라는 작업을 통해서 다多와 일一의 관계가 무애자재無碍自在함을 밝히는 것'이라고 말할 수 있을 줄 안다.

박종홍은 원효가 즐겨 쓰는 개開와 합合이라는 말을 '전개'와 '통합'이라는 현대어로 바꾸어 사용하였다. 과연 그렇게 해도 좋은지 우리는 이 점을 문제 삼아야 될 줄 안다. 박종홍이 개합의 논리의 전거로 삼고 있는 구절은 유명한 『기신론해동소起信論海東疏』의 「종체장宗體章」에 나오는 말이다.

〈원효의 원문〉	〈박종홍의 해석〉
① 開則無量無邊之義爲宗	① 개開하면 무량무변지의無量無邊之義가 전개되지만
② 合則二門一心之法爲要	② 합치면
③ 二門之內容萬義而不亂	③
④ 無邊之義同一心而混融	④ 하나로 혼융되어
⑤ 是以開合自在立破無碍	⑤ 이른바 개합이 자재하고 입파가 무애하여
⑥ 開而不繁合而不狹	⑥ 개開한다고 번거로운 것도 아니요, 합친다고 좁아지는 것도 아니다. (다시 말하면 개합에 따라 증감하는 것이 아니다.)
⑦ 立而無碍破而無失	⑦ 그리하여 정립하되 얽음이 없으며 논파하되 잃음이 없다고 한다.

이상에서 우리는 원효의 원문과 박종홍의 해석 사이에 가로 놓여 있는 엄청난 차이에 대해서 놀라지 않을 수 없다. 박종홍은 그의 지론인 개합의 논리에 초점을 맞추어 원효의 원문을 제멋대로 해석해 버렸다는 비

난을 면할 수 없을 것이다. 다시 말하면 박종홍은 자기가 고안한 전개와 통합이라는 도식을 진리탐구의 방법론으로 정착시키기 위해서 원효의 원문을 완전히 변형시켜 버렸다. 위의 대조표에서 ②·③·④행 속에 들어 있는 원효의 한자 30자를 우리말 10자로 압축하였다. 이는 무엇을 의미하는가?

지금 우리의 관심사는 원효의 사상이다. 그러므로 만일 박종홍이 원효와 멀어져 간다고 생각될 때에는 기탄없이 이의를 제기해야 할 것이다. 그러면 원효의 원문 가운데 ②·③·④를 박종홍처럼 간단하게 "합치면 하나로 혼용되어"라고 해석하면 무슨 잘못된 점이라도 있다는 말인가?

여기서 문제의 성격을 좀 더 뚜렷이 하기 위해서 먼저 필자의 해석을 내놓는 것이 좋을 것 같다.

① 펼칠 때는 무량무변한 뜻(義)이 그 대종大宗으로 되어 있고
② 합칠 때는 이문일심二門一心이라는 법이 그 요체로 되어 있다.
③ (그런데 묘하게도) 그 이문 속에 (위에 말한) 무량한 뜻이 다 포용되고도 조금도 혼란됨이 없으며
④ (또한 위에 말한) 무변한 뜻이 일심과 하나가 되어 혼연히 융합해 버린다.
⑤ 이렇기 때문에 개와 합은 서로 자재하고 정립定立(긍정)과 논파論破(부정)는 서로 걸림이 없는 것이다.

이상에서 ⑥행과 ⑦행에 대한 필자의 해석은 선생의 것과 별로 차이가 없으므로 생략했다. 필자의 해석도 퍽 자유롭고 다분히 해설적이다. 이 문장을 통해서 원효가 무엇을 말하려고 했는가를 잡아내기 위해서는 어떠한 형태로든 필자가 이해한 바를 모두 다 털어 내놓아야만 했기 때문이다.

그러면 필자의 해석을 바탕으로 필요한 분석을 시도해 보자. ①행과

②행은 일종의 대칭구조로서 양자는 서로 상반된 성격을 지니고 있는 것이 그 특징이다. 원효는 여기서 개와 합, 무량무변지의와 이문일심지법, 그리고 종과 요, 이러한 것들이 모두 서로서로 팽팽히 맞서 있음을 의식적으로 대조시켜 보여 주고 있다. 이러한 대조는 현과 밀, 용과 체, 생기와 귀원 등등 여러 가지로 나타날 수 있다. 그런데 흔히들 이러한 쌍쌍의 어느 하나만을 보거나 또는 둘 다 본다 하더라도 양자의 진정한 관계를 못보고 곧잘 그 가운데 어느 하나만을 더 강조한다. 이래서 시비가 벌어진다. 원효는 지금 어떻게 해서든지 이러한 시비가 아무런 근거가 없음을 밝히려 하고 있다. 그 첫째 작업이 여기서는 ③행과 ④행의 표현으로 나타난 것이다. 다시 말하면 시비를 벌이는 사람들이 생각하는 것과는 달리, 펼칠 때(開) 나타난 무량무변한 뜻이 합칠 때(合) 나타난 이문일심 속에 완전히 포용되어 조금도 혼란이 없이 융합되어 있다는 것이다. 그래서 원효는 ⑤행과 같은 결론을 자신 있게 내릴 수 있는 것이다. 즉, 개측과 합측이 서로 모순하기는커녕 개는 합의 나타남이고, 합에는 또 개가 포용되어 있어서 개가 곧 합이요, 합이 곧 개가 되는 상호 무애자재한 관계에 있다. 개합이 자재한다는 말은 원효의 화쟁사상을 단적으로 가장 잘 드러낸 말이다. 지금 필자가 문제 삼고 있는 ③행과 ④행은 개합이 자재한 가능 근거를 파헤치고 있는 부분이므로 원효의 원효다운 면을 가장 잘 드러낸 중요한 대목이라고 말할 수 있다. 이는 개측과 합측 사이에 가로막혀 있는 두터운 벽을 터서 통하게 하고, 시비를 무쟁無諍으로 질적으로 전환시키는 화쟁 작업이기 때문이다. 만일 원효가 ①행과 ②행만을 말했다면 그는 한낱 지식인에 불과하다고 말해 마땅할 것이며, 만일 그가 ⑤행만을 말했다면 그는 한낱 기이奇異를 능사能事로 하는 도인에 불과할 것이다. 그가 ③행과 ④행을 마저 말했기 때문에 그는 지식을 지혜로 승화시키고, 그 지혜를 다시 지식으로 표현한 보살행의 실천자가 될 수 있었으며, 한국불교의 특징인 통불교의 선구자가 될 수 있었다. 나는 '보살행의 실천'이

라는 말을 빼고 '통불교'라는 말을 생각해 볼 수가 없다. 그러므로 여기서 '통通'이라는 말은 여러 종파를 하나로 통합했다는 뜻이 아니라 지식의 차원이 승화되어 지혜의 차원이 되고, 이는 다시 지식의 차원으로 내려와서 서로서로 통하는 것을 의미한다. 보살이란 자기 자신도 이렇게 되려고 노력하고 남들도 이렇게 되도록 돕는 사람들을 가리키는 말일 것이다.

그러면 박종홍처럼 ②·③·④행을 하나로 묶어서 "합치면 하나로 혼융되어"라고 줄여 버릴 때 어떠한 결과가 생기는가를 살펴보자. 첫째, ②행을 철두철미하게 ①행에 맞서게 하지 아니하고 "합치면"이라는 단 한마디의 말로 대치하고 넘어가 버리면 원효가 제기한 문제, 즉 시비하는 사람들이 빠지기 쉬운 '대립'이라는 함정을 여실히 부각시킨다는 초점이 흐려져 버릴 우려가 있고, 둘째, ③행과 ④행을 단순히 "하나로 혼융되어"라는 말로 대치해 버리면 ⑤행의 결론이 진부한 고투의 되풀이로밖에는 들리지 아니할 수도 있다.

나는 여기에서 박종홍이 말하는 개합의 논리가 원효의 특색이 아니라고 말하고 있는 것은 아니다. 개합의 의미에 있어서 양자 간에 거리가 있다는 점을 말하고 있을 뿐이다. 원효에 있어서는 개합은 문제 제기일 뿐이요, 더 중요한 것은 개와 합의 관계가 어떻게 해서 대립의 관계에서 자재의 관계로 넘어가느냐에 있었다. 그런데 박종홍에 있어서는 개합이 진리탐구의 방법이 되어 있고 따라서 전개와 통합만을 잘해 나가면 진리는 발견되게 되어 있다. 이러한 차이는 결코 작은 차이가 아니다. 원효에게서는 개합을 아무리 잘해 놓아도 그것이 곧 화쟁이 되지는 못한다. 더 요청되는 것이 있다. 그것은 개와 합의 관계에 대하여 새로 눈을 뜨는 것이다. 다시 말하면 종래엔 대립관계로 보던 것을 조화된 융통관계로 새롭게 다시 보는 것이다. ③행과 ④행은 바로 이러한 인식의 전환을 알리는 구절들이다. 여기에 ②·③·④행을 하나로 합쳐 버려서는 안 된다고 주장하는 필자의 이유가 있다.

필자는 앞에서 원효에 있어서의 개합이라는 말이 박종홍이 말하는 전개와 통합이라는 개념과는 상당히 거리가 먼 말들임을 지적하였다. 그러면서도 필자는 원효가 그의 문장을 쓸 때에 그 형식적인 문장 서술 기법상의 순서를 항상 개開했다가는 합合하고 합했다가는 개하면서 나중에는 개에서 합을 드러내고 동시에 합 속에서 개를 봄으로써 이 양자가 자유자재로 융통함을 밝히는 문장 형식을 쓰고 있다는 사실을 인정하였다. 박종홍은 원효의 현존 저술에 나타나 있는 이러한 개합 형식의 문장들을 빠짐없이 망라하였다. 어떻게 보면 선생이 줄기차게 밝히려고 했던 것은 원효 사상의 내용이었기보다도 논리라는 이름의 이러한 형식이었던 것 같다. 물론 내용을 무시한 형식이란 있을 수 없다. 박종홍도 그의 각의 원리의 장에서 이 점을 분명히 하고 있다.

> 화쟁의 논리를 원효철학의 방법론적인 면이라고 할 수 있다면, 본시(本覺과 始覺)의 양각을 추축으로 하여 전개되는 각의 원리는 원효철학의 내용을 제시하는 것이라고 하겠다. 그러나 내실 자체의 전개하는 모습이 다름 아닌 논리인 이상, 화쟁의 논리가 각의 원리와 유리遊離하여 있을 리는 없다.

논리와 내실은 따로 떨어질 수 없다는 말은 매우 불교적이며 또한 원효적이다. 그러나 진리탐구의 방법으로서의 개합의 논리가 어떻게 해서 내실 자체의 전개하는 모습이라는 점을 밝히지 않고서는 원효의 체계와 박종홍의 체계는 여전히 거리가 멀다고 말할 수밖에 없다. 논리와 내실의 상관관계상 개합의 논리가 원효의 특징이라면 각의 원리도 원효의 특징이어야 할 것이다. 그러나 불교의 교리상 원효에서의 각의 원리가 다른 불교학자들의 각의 원리와 다르다고 주장할 수 있을까? 만일 각의 원리가 모든 개별적인 차이를 떠난 것이며 또한 초시공적인 것이라면 왜 그것이

하필 개합이라는 형태로만 나타날 것인가? 그것은 때로는 논리로도 나타나고 때로는 비논리로도 나타나며, 사랑으로도 나타나고 징벌로도 나타나고, 지혜, 모순 등등 가지가지의 모습으로 나타날 것이다. 만일 그렇다면 필자는 여기에서도 원효의 개합의 논리가 진리탐구의 방법이라는 말에 어떠한 단서를 붙여야만 할 것 같다. 우리는 진리탐구의 방법이라는 말을 들을 때 그 방법에 의해서 그 진리에 도달한다고 생각하기 쉽다. 그러나 원효의 화쟁사상에 관한한 개합이라는 방법에 의하여 화쟁이 이루어진다는 보장은 되어 있지 않다고 생각한다. 왜냐하면 원효의 화쟁은 앞에서도 필자가 누누이 지적한 바와 같이 화쟁자의 세계에 무애자재가 구현된다는 점을 항상 전제하고 있기 때문이다. 그러나 필자는 불교적 근본주의자들처럼 "그러니까 우리는 먼저 도통해야 한다"고 주장하고 있는 것은 아니다. 왜냐하면 무애자재를 핵으로 하고 있는 원효의 화쟁사상은 무엇보다도 먼저 비화쟁적인 사고방식으로부터 자유로워지는 것을 가르치고 있으며, 이때에 비화쟁적인 사고방식이란 다름 아닌 "이렇게 하기만 하면 된다"는 방법론 지상주의자나 또는 "길은 이 길밖에 없다"는 근본주의자들의 통폐를 두고 하는 말이기 때문이다. 이상적으로는 논리와 내실이 둘일 수 없지만 현실적으로 미迷한 중생이 논리를 길잡이로 삼아 내실에 도달하려고 할 때에는 가지가지의 폐단이 생기게 마련이다. 이 점은 체體와 용用의 관계에 있어서 양자가 둘일 수 없지만, 양자를 아직도 둘로 보는 사람이 용을 길잡이로 체를 알려고 할 때에는 가지가지의 폐단이 생기는 것과 흡사하다고 하겠다. 그러므로 미한 중생이 논리라는 방법으로 내실에 도달한다는 실천적인 문제와 논리는 내실의 드러남이라는 인식론적인 문제는 혼동해서는 아니 될 별개의 문제이다.

아무튼 박종홍의 원효관에 있어서 '논리'라는 말의 비중은 대단히 크다. 그가 각의 방법이라는 장에서 "각의 방법으로서의 지止가 원효의 화쟁의 논리와 뗄 수 없이 긴밀하게 일체가 되고 있다"고 강조하는 것이나,

무애의 구현이라는 장에서 "원효가 퇴속한 후 소성거사로서 참회하는 것을 무애의 이론적 탐구를 넘어선 다음의 구현하는 단계"로 보려는 것 등은 그 좋은 예라고 하겠다. 그러나 원효 자신이 말하는 지관과 무애의 구현이 과연 박종홍이 강조하는 것만큼 그렇게 긴밀하게 논리와 관계를 가지고 있는 것인지는 앞으로 더 연구해 보아야 할 과제라고 생각한다.

우리는 박종홍이 원효사상을 올바로 소개하고 이를 다시 계승 발전시키려 한 고충을 이해한다. '무애자재'하다는 말은 분명히 화쟁사상의 핵심이 되는 말이며, 이는 또한 무분별지의 세계에서나 가능한 일이기 때문에, 응당 비합리의 합리라는 말이나 비논리의 논리라는 말로밖에는 달리 어떻게 잘 표현할 길이 없을 것이다. 그러나 안타까운 것은 우리의 독자들이, 아니 우리들 자신이 형식논리의 분별지에 집착하지 말라는 경고를 받았다고 하여 곧 이에 집착하지 않게 될 수 있느냐 하는 점이다. 합리적이어야 하고 논리적이어야 한다는 것을 강요당해 온 우리들이 어떻게 비합리의 합리, 비논리의 논리라는 세계를 올바로 이해할 수 있을까 하는 문제는 결코 작은 문제가 아니며, 이는 원효사상 전개상 다루지 아니할 수 없는 중요한 문제라고 생각한다. 아직은 분별지에의 집착을 어찌하지 못하는 우리가 어떻게 무분별지의 소산인 비논리의 논리를 제대로 따라갈 수 있을 것인가? 박종홍은 이러한 문제를 제기조차 하지 아니했다. 이는 무엇을 의미하는 것일까? 논문의 제목이 '원효의 철학사상'이니까 영역 밖의 일로 생각했기 때문이었을까? 아니면 분별지와 무분별지의 차이를 불교인들처럼 심각하게 생각하지 아니했기 때문이었을까?

여기에서 소위 학어자學語者의 길과 수도자修道者의 길이 갈라진다. 전통적인 불교 교육에서는, 학어자의 길은 항상 무시당해 왔다. 학어자라는 말은 일종의 폄칭이다. 원효 이후에 원효 같은 사람이 다시 나오지 아니한 것은 이러한 전통사회의 풍조 때문이었는지도 모른다. 그러면 오늘날 우리들은 어느 길을 택해야 할까? 흔히 현대적인 의미의 학자의 길을 전통적인 의미의 학어자의 길로 착각한다. 그러나 우리들이 오늘날 학자의 사명이 무엇인가를 한번 생각해 본다면 대답은 자명하다. 원효사상 전개의 경우 현대 학자들이 다루고 있는 것은 원효의 언어요, 원효의 문장이지만, 학자들이 정말 밝히고자 하는 것은 원효의 사상이기 때문에, 오늘날의 학자들은 어찌할 수 없이 원효가 체험한 경지, 원효가 구현한 세계를 문제삼아야만 되게 되어 있다. 그러므로 오늘날 원효사상을 전개하는 사람은, 겉으로는 학어자처럼 보이지만 사실은 학어자이기만 해서는 안 되고, 겉으로는 수도자처럼 보이지 않지만 사실은 수도자들 이상이라야 한다. 얼핏 듣기에 이는 너무 엄청난 무거운 짐을 지우는 것 같지만 그것이 어차피 우리들이 가야 할 길이라면 우리는 그 길을 외면할 수도 없고 외면해서도 아니 될 것이다. 진리를 탐구하는 사람의 길을 학어자의 길과 수도자의 길로 나누는 폐풍은 먼저 우리의 사고방식에서부터 시정되어 나아가야 한다. 찬녕과 일연이 원효의 『금강삼매경소』를 짓는 태도를 소의 두 뿔 '사이'에다 그의 붓과 벼루를 놓고 지었다고 말하듯이, 오늘날 우리들도 원효사상을 전개할 때에 학어자의 길과 수도자의 길의 '사이'에 서서 몸이 부서지는 난파를 체험하면서 이론을 전개해 나아가야 할 것이다.

요즘처럼 천하가 서구화의 홍수에 휩쓸려 떠내려가고 있는 판에, 불교학계에까지 쳐들어온 '방법 일변도'라는 잘못된 풍조를 바로잡는 일은 쉽지 않을 것이다. 그렇지만 원효를 바로 본다는 말이 그의 '몸짓'만이 아니고 그 '몸'을 바로 본다는 것을 의미하는 한, 우리들이 어떻게 수도修道의 문제를 비학문의 영역이라고 배제할 수 있을지 모르겠다. 뿐만 아니라 요즘 학자들 간에는 수도란 말이 다분히 오해되고 있다. 수도란 한마디로 말해 실천의 문제인데, 동양의 어디에 실천을 빼놓은 종교적 학문이 있었던가? 원효의 경우는 더 말할 것이 없다. 박종홍의 경우, 논리적 혼란이 비일비재인 것은 이 점이 분명치 않았기 때문이라고 말하지 않을 수 없다.

1973년, 고익진은 「원효의 기신론소·별기를 통해 본 진속원융무애관과 그 성립이론」10)이라는 논문을 발표했다. 이 논문의 서론에서 고익진은 다음과 같이 주장한다.

원효의 『기신론소』 종체문은 그의 기신론 연구의 총결이라고 할 수 있는데, 거기에는 진여眞如, 생멸生滅 이문二門이 화합된 불가사의한 *대승의 체體가 진에서 속, 속에서 진으로 원륭무애하게 생동하고 있음*을 본다. 이 원숙한 종교적 경지를 나는 '진속원륭무애'라고 부르고 싶다.11)

'*대승의 체가 진에서 속, 속에서 진으로 원륭무애하게 생동하고 있다*'는 말은 고익진이 애용하는 말이다. 그는 이 말을 자기 논문의 이곳저곳에 여러 번 되풀이했으며 마지막의 결론에서도 똑같은 말을 힘주어 강조했다. 그러나 우리는 고익진의 이 말을 주의 깊게 들여다볼 필요가 있다. 고익진이 애용하는 이 말은 원효의 종체문 어디에도 없는 말이다. 다시 말하면 이 말은 고익진의 말이지 원효의 말은 아니라는 말이다. 그러면 우리는 이제부터 고익진이 원효의 종체문을 어떻게 이해하고 있는지 한번 살펴보자.

고익진은 같은 논문 「제8장 해동소 종체문의 음미」에서 먼저 원효의 원문을 소개하고 그다음에 자기의 해설을 붙였다.

〈원효의 『기신론소』 원문〉

a 然夫大乘之爲體也 蕭焉空寂 湛爾沖玄

b 玄之又玄之 豈出萬像之表

寂之又寂之 猶在百家之談

---

10) 고익진, 「원효의 기신론소・별기를 통해 본 진속원륭무애관과 그 성립이론」, 『불교학보』 제10집(서울: 동국대학교, 1973), 287~321쪽.

11) 고익진, 「원효의 기신론소・별기를 통해 본 진속원륭무애관과 그 성립이론」, 『불교학보』 제10집(서울: 동국대학교, 1973), 289쪽.

c 非像表也 五眼不能見其軀

在言裏也 四辯不能談其狀

d 欲言大矣 入無內而莫遺

欲言微矣 苞無外而有餘

e 引之於有 一如用之而空

獲之於無 萬物乘之而生

f 不知何以言之 强號之謂大乘[12]

(원효의) 이 종체문에서 "然夫大乘之爲體也 蕭焉空寂 湛爾沖玄"(a문)은 진여문과 생멸문이 비일비이非一非二의 관계로 화합하여 대승大乘의 체體를 이룸을 나타내고 있다. 진여문은 일체의 분별과 언설을 떠났으므로 '소언공적蕭焉空寂'이라고 말할 수 있고, 생멸문은 불생불멸(自性淸淨心)이 거체동擧體動(隨緣)하여 생멸을 지음으로 '담이충현湛爾沖玄'이라고 할 수 있기 때문이다.

이 구절을 잇는 다음 문장(b문)은 이문화합二門和合의 대승체大乘體가 진眞에서 속俗으로 나오고, 속俗에서 다시 진眞으로 들어가 진속원륭무애함을 나타낸다고 볼 수 있다. 그 가운데 '玄之又玄之 豈出萬像之表'는 상문의 '담이충현'(생멸문)을 이어 그것이 지극하여(玄之又玄之) 다시 진眞에 들어가고, '寂之又寂之 猶在百家之談'은 상문의 '소언공적'(진여문)을 이어 그것이 지극하여(寂之又寂之) 다시 속俗에 나옴을(猶在百家之談) 뜻하는 것으로 생각되기 때문이다.…… 따라서 '玄之又玄之'는 '현한 것이 다시 현하나'와 같이, '寂之又寂之'는 '적한 것이 다시 적하나'와 같이, 이중부정二重不定을 통한 긍정肯定과 같은 논리로 해석할 수 있을 것이다. 이럴 경우, 생멸문의 '현玄'은 다시 '현玄'하면 진眞에 들어갈 수밖에 없고, 진여문의 '적寂'은 다시 '적寂'하면 속俗에 나올 수밖에 없는 것이다.

생멸문이 이렇게 현하고 다시 현하여 만상의 겉에 나타나지 않으므로,

---

12) 동국대학교 편, 『한국불교전서』 제1책, 698쪽 중단.

다시 말하면 진에 들어가므로 오안으로도 그 몸을 볼 수 없고, 진여문이 적하고 다시 적하여 오히려 백가의 말속에 있으므로, 다시 말하면 속에 나옴으로 사변으로도 그 모양을 표현할 수가 없을 것은(d문) 물론이다.[13]

고익진은 "玄之又玄之 豈出萬像之表"를 '현하고 다시 현하여 만상의 겉에 나타나지 않으므로……'라고 읽었다. 이러한 독법은 탄허, 성낙훈, 은정희 등 다른 사람들의 번역과 다르다. 은정희는 이를 "(이 대승의 체가) 깊고 또 깊으나 어찌 만상의 밖을 벗어났겠으며……"라고 번역했다.[14] 고익진 독법의 문제점은 번역 자체의 한문 문법상의 잘잘못에 있다기보다 더 심각한 데에 있는 것 같다. 왜 고익진은 '玄之又玄之'를 재부정으로 보고 '豈出萬像之表'를 생멸문이 진여문으로 돌아서는 것으로 보아야 했을까?

원효의 종체문 전편에 흐르고 있는 사상을 딱 꼬집어 내는 말이 있다면 그것은 "이언離言"과 "절려絕慮"라는 말일 것이다. 그가 대승을 이야기하고 기신을 이야기하지만, 말로 하는 대승, 생각으로 하는 기신을 가지고는 안 되겠다고 잘라 말한다. 그의 대안은 두구대사나 목격장부 같은 사람의 등장이다. 다시 말하면 몸짓으로 살지 않고 몸으로 사는 사람이라야 되겠다는 것이다. 원효는 고익진이 열심히 두들겨 맞추고 갖다가 붙이는 모든 작업을 미리 예견이나 한 듯이 한마디로 때려 부수고 있다. 그 한마디란 "不知何以言之 強號之謂大乘"(무엇으로 이를 말해야 할지 몰라 억지로 대승이라 부른다)이란 말이다. 원효의 종체문은 처음부터 일관되게 우리의 언어와 생각에 도전하고 있다. 다시 말하면 구태의연한 우리의 intellectual karma라 할까, way of thinking을 쳐부수면서 몸짓에 얽매이지 말고 몸을 보라고 외치고 있는 것 같다.

원효는 그가 『별기別記』에서 썼던 '대의大意'란 말을 나중에 쓴 『해동소

---

13) 동국대학교 편, 『한국불교전서』 제1책, 315~316쪽.
14) 은정희 역주, 『원효의 대승기신론소·별기』(서울: 일지사, 1991), 18쪽.

海東疏』에서는 '종체宗體'란 말로 바꿨다. 그리고 『별기』의 첫 문장인 '佛道之爲道也'란 말을 '大乘之爲體也'로 바꿨다. 대수롭지 않게 보면 그냥 넘어갈 수도 있겠지만 따지고 들어가면 거기에도 많은 뜻이 함축되어 있다. 도道라는 말 대신에 체體란 말을 썼다는 것이 눈에 뜬다. 도道라는 말보다도 체體라는 말이 더 자기 사상에 가까웠던 것 같다. 뿐만 아니라 원효는 별기에서 썼던 불도佛道란 말 대신에 소에서는 대승大乘이란 말로 바꿨다. 원효에게 대승은 바로 몸이었고 기신起信은 그 몸짓이었다. 원효가 생각하는 몸은 관념적인 것이 아니라 철저한 현실이었다. '玄之又玄之 豈出萬像之表'란 말이 그 말이다. 아무리 현묘하고 또 현묘해 보았자 어찌 만상 밖으로 나갔겠느냐고 감탄조로 되물은 것이다. 철저한 현실이다. 그것을 한문 고유의 화법으로 요약한 것이 그다음의 '비상표야非像表也'다. 삼라만상 밖으로 나간 것이 아니란 말이다. 다시 말하면 '바로 지금 당장, 바로 이 자리' 눈앞의 현실을 그는 들여다보고 있는 것이다. 그것이 현玄이다. 만상 밖으로 나간 진여문이어서 현한 것이 아니다. 천하에 제아무리 별 재주를 다가졌다 해도, 설령 불교의 오안과 사변을 다 갖추었다 할지라도, 그런 것들을 가지고 몸을 알려고 해서는 안 된다는 것이다. 왜? 그런 것들은 모두 몸짓문화의 산물이거나 몸짓문화에 초점을 맞추어 놓은 노예적 성격의 것이기 때문이다.

나는 고익진이 인용한 종체문을 영어로 번역해 보았다.

Revealing the mom of the doctrine

In its mom, Mahayana is completely empty, yet very mysterious.

Though very mysterious, it does not exist outside of the myriad things.

Though completely empty, it nevertheless resides in everyday talk.

Though not outside of the myriad things, even the Buddha's five visual powers cannot grasp its form.

And while it resides in everyday talk, even the Buddha's four powers of speech cannot describe its shape.

We want to say it is big, but it enters into a single point without residue.

We want to say it is tiny, but it envelops the universe with room to spare.

Force it into 'being'? But we use it all the time and still it remains empty.

Trap it in 'nothingness'? Yet through it everything arises.

Not knowing how to speak of it, we force it into the name Mahayana.[15]

고익진은 근래에 드물게 보는 훌륭한 불교학자다. 그러나 그의 글에서는 수도원 중심의 조계종 불교에 도전하는 비판정신이 보인다. 그에겐 진眞 일변도이어서는 안 되겠다는 의식이 투철하고 현실을 긍정적으로 살려 내야겠다는 강력한 의지가 있다. 뭔가 현실에 도움을 주고 싶어하는 그의 자비심은 환영한다. 그러나 난파難破 없는 현실긍정은 위험하다. 고익진은 진여문 일변도의 제1 의제적 진속평등을 교리적 결함으로 보았다. 그리고 진여 · 생멸 이문의 화합에 의한 이론전개를 원효의 '진속원융무애'라고 칭찬했다. 그러나 진여 · 생멸 이문은 원래 일심으로 화합된 것인데 어찌하여 불화합이 되었으며 이 불화합을 어떻게 재화합시킬 수 있는가를 밝혀야 했음에도 불구하고, 그는 성급하게 전통적인 제1 의제 공격에 치우친 나머지 원효의 저술 도처에 맥맥이 흐르는 체적 측면을 소홀히 다루었다. 그래서 고익진의 글에는 난파(shipwreck)가 없다. 난파 없이는 몸이 드러날 수 없다.

4. 맺는말

사람들의 관심사는 크게 '몸짓 관심'과 '몸 관심'으로 나눌 수 있을 것

---

15) 이 영역은 1993년 Peter Lee가 편집하여 컬럼비아대학 출판부에서 나온 *Sourcebook of Korean Civilization* Vol.1, p.157에 실렸던 것을 이번에 다시 손질한 것이다.

이다. 사람이 태어날 때 눈이 먼다든가 또는 귀가 멀고 말을 못하면 그 부모는 태산이 무너진 듯 한숨으로 세상을 산다. 사람이 사람 노릇 하는 데 이목구비의 역할은 가위 절대적이기 때문이다. 사람에게 있어서 이목구비 등 여섯 가지 의식기관의 역할은 각자가 태어난 가정의 훈련과 자라날 때의 사회적, 문화적 또는 역사적 조건에 따라 많은 차이가 생긴다. 이른바 자기 것밖에는 못 보는 'tunnel vision'이랄지 또는 전체주의적 세뇌 현상도 이러한 차이 가운데 하나일 것이다. 그러므로 종교적 훈련이란 사람으로 하여금 이러한 개별적 또는 전체적 '업의 감옥'을 뛰어넘어 보다 커다란 세계를 알아차리게 하는 것이라고 말할 수 있을 것이다. 나는 대화의 편의상, 이러한 감옥에 갇힌 사람들의 관심을 '몸짓 관심'이라 부르고, 감옥을 부수고 해방된 사람의 관심을 '몸 관심'이라 부르고 있다.

내가 읽은 원효의 글들은 철두철미 '몸짓 관심'에 갇힌 사람들을 '몸 관심'의 차원으로 끌어올리려는 노력으로 일관하고 있는 것 같다. 원효의 『기신론소』 첫머리에 나오는 종체문이 그 좋은 예라고 말할 수 있을 것이다. 그리고 그 첫 문장이 "然夫大乘之爲體也" 아닌가! 간단하게 "체體"라고만 말하지 않고 "위체爲體"라고 말한 것도 재미있다. 체라는 글자 앞에 위라는 글자를 붙이고 안 붙이고는 무시할 수 없는 커다란 차이인 것 같다. "위체"라고 말함으로써 화룡점정畵龍點睛처럼 생명 없는 것이 갑자기 생동하는 생명체로 변신하는 것 같다. 그러니 그다음부터는 생명 없는 말장난을 철두철미 때려 부수고 있다. 마침내는 '대승大乘'이란 말까지도 부정해 버린다. "不知何以言之 強號之謂大乘"이란 말이 바로 그 말이다.

내가 앞에서 박종홍이 말한 '개합開合의 논리論理'를 비판한 것도 그 때문이다. 박종홍이 말한 개합은 원효의 개합이 아니란 말을 하고 싶었던 것이다. 원효의 개합은 몸을 드러내는 것이었는데 박종홍의 개합은 몸짓을 분석하고 종합하는 데에 그쳤다. 원효의 개開는 생명의 개開이었는데 박종홍의 개開는 그렇질 못했다. 원효의 개開는 생명이 피어나고 자라는 것인데 박종홍의 개開는 말 가지고 씨름하는 것이었다. 박종홍의 개開는 그렇다 치더라도 그의 합合은 더욱 가관이었다. 박종홍은 개와 합을 각각 분석分析과 통합統合이라 이해했다.16) 원효의 경우 합은 개와 마찬가지로 생명의 일함이기 때문에 강산을 덮을 것 같은 커다란 나무가 하나의 씨앗으로 들어가듯 감추어지는 것이었다. 박종홍의 '전개—통합'이든 Buswell의 'analysis —synthesis'든, 이것들이 어찌 원효의 개합을 드러낼 수 있을 것인가. 우리는 원효가 개했다고 번거로워지는 것도 아니고 합했다고 좁아지는 것이 아니어서 개와 합은 서로서로 자재의 관계라고 말하는 대목을 잊어서는 아니 될 것이다. 말을 가지고 나눴다 붙였다 하는 것과 생명 자체의 일함과를 혼동할 수는 없다. 전자는 몸짓문화고 후자는 몸문화이기 때문이다. Buswell은 그의 『금강삼매경론』 영역본, *Cultivating Original Enlightenment*의 서론(pp.41~42)에서 원효의 개와 합의 문제를 다루었지만 예나 다름없이 박종홍과 비슷했다.

원효는 그렇게도 간절하게 몸짓만 보지 말고 제발 몸을 보라고 호소하고 있건만 어찌된 영문인지 무슨 약속이나 한 듯이 요즘 사람들은 모두 원효의 몸을 보지 않고 원효의 몸짓만을 보고 있는 것 같다. 『해동소』의 종체문은 처음부터 이것도 아니고 저것도 아니고 하는 식으로 '아니'를 되풀이하고 있는데 무엇을 '아니'라고 하는가? 몸짓을 아니라고 하고 있지 않는가! '아니'를 철저히 할 때 몸이 드러난다. 그러나 몸짓 학자들은 반문할지도 모른다. "원효는 '아니'라는 부정만을 되풀이하지 않았다. 원효는 '그렇다'는 긍정도 수없이 했다"고. 옳은 말이다. 그러나 원효의 긍정은 혁명적인 부정 작업을 완수한 다음에 나타난 몸의 일함으로써의 긍정임

---

16) Robert Buswell은 원효의 開와 合을 각각 analysis와 synthesis로 영역했다. Robert Buswell, translated by, "Wonhyo's Philosophical Thought", *Assimilation of Buddhism in Korea: Religious Maturity and Innovation in the Silla Dynasty*, edited by Lewis Lancaster and C.S. Yu(Berkeley: Asian Humanities Press, 1991), pp.47~103.

을 알아야 한다. 다시 말하면 '**몸짓**의 몸짓'이 아니라 '**몸**의 몸짓'이란 말이
다. 〈끝〉17)

11월 12일

황경열 교수님,

자상하게 답장을 해 주셔서 감사합니다. 지난 11월 3일 경주회의에
서 학자들과 주고받은 이야기들을 바탕으로 발표했던 글을 다시 손질
하고 있습니다. 손질이 끝나면 곧 보내드리겠습니다. 『불교신문』에 난
기사를 동봉합니다. 참고하시기 바랍니다. 만일 착오가 발견되면 즉시
알려 주시기 바랍니다. 정정토록 하겠습니다.

안녕히 계십시오.

박성배 올림

---

17) 참고문헌
　　원효, 「금강삼매경론」 삼권, 『한국불교전서』 제1책—신라시대 편 1(서울: 동국대학
　　교 출판부, 1979년판), 604~677쪽; 원효, 「대승기신론별기」, 같은 책, 677~697쪽;
　　원효, 「기신론소」, 같은 책, 698~732쪽; 贊寧, 「宋高僧傳」, 『대정신수대장경』 제50권
　　—史傳部 2(일본 동경: 대정신수대장경간행회, 1960년판), 709~900쪽; 一然 지음, 최
　　남선 편, 『三國遺事』(서울: 서문문화사, 1983); 박종홍, 『한국사상사』(서울: 일신사,
　　1966); 태암 김규영 박사 화갑 기념 논문집 간행회, 『동서철학의 제문제』(서울: 서강
　　대학교 철학과동문회, 1979); 고익진, 「원효의 기신론소 별기를 통해 본 진속원융무
　　애관과 그 성립이론」, 『불교학보』 제10집(1973), 287~321쪽; 은정희 역주, 『원효의
　　대승기신론 소·별기』(서울: 일지사, 1991); 은정희·송진현 역주, 『원효의 금강삼매
　　경론』(서울: 일지사, 2000); Robert Buswell, translated by, *Cultivationg Original
　　Enlightenment*(Honolulu: University of Hawaii Press, 2007); 「누가복음」 24장, 『성경전
　　서』(서울: 대한성서공회, 1993); *The NIV STUDY BIBLE*, Grand Raids(MI: Zondervan
　　Publishing House, 1995).

‘한국불교학계, 원효사상을 노자사상과 혼동’
재미 박성배 교수 원효학 학술대회서 주장
『금강삼매경론』 핵심 단어 번역오류 등 지적

　　한국불교학계가 원효사상을 중국의 노자사상과 혼돈하고 있다는 주
장이 제기됐다. 뉴욕주립대학교 스토니브룩 박성배 불교학 교수는 지난
3일 경주 불국사문화회관에서 〈원효, 서양에서 놀다〉라는 주제로 열린 원
효학 학술대회에서 이같이 밝혔다.

　　논문 「원효, 서양에 가다─그러나 아무도 그를 알아보는 사람이 없다」
에서 박 교수는 “한국의 원효학계에는 아직도 도가의 안개가 자욱하게 끼
어 있는 것 같다”며 “그래서 아무도 그를 알아보는 사람이 없다고 말할
수밖에 없다”고 입을 열었다. 박 교수는 먼저 『금강삼매경론』 「대의장」의
핵심 단어인 ‘무파이무불파無破而無不破’에 대한 번역의 오류를 언급했다. 그
는 “원효스님의 ‘무파이무불파’를 ‘파함이 없되’라고 번역해 도가의 ‘무위
이무불위無爲而無不爲’(아무것도 하지 않는데 실은 하지 않는 것이 없다)와 비슷하게
읽고 있다”며 “무아를 설명할 때와 마찬가지로 ‘파함이 없어지니’로 번역
하는 것이 맞다”고 말했다.

　　또 박 교수는 1966년 발표된 박종홍 교수의 「원효의 철학사상」이란
논문과 고익진 교수의 「원효의 기신론소·별기를 통해 본 진속원융무애
관과 그 성립이론」 등 두 논문을 통해 현대인들의 원효의 이해 정도를
짚어 봤다. 그는 “박종홍은 원효가 즐겨 쓰는 개開와 합合을 전개와 통합이
라는 현대어로 바꿔 사용했지만 이는 원효가 말하려던 개합과는 거리가
멀다”고 봤다.

　　이 같은 혼돈 원인에 대해 박 교수는 ‘실천’ 때문이라고 봤다. 즉 “원효
처럼 살지 않고 있다는 데 문제가 있다”는 것이다. “원효의 몸을 보고 싶

다면 실천의 문제를 들고 나오지 않을 수 없다"며 "오늘날 불교학에서 실천의 문제를 심각하게 다루지 않은 것은 큰 잘못"이라고 지적했다.

"현대학자들이 다루고 있는 것은 원효의 언어요 문장이지만, 정말 밝히고자 하는 것은 원효의 사상이기 때문에 오늘날 학자들은 어쩔 수 없이 원효가 체험한 경지, 구현한 세계를 문제 삼아야 한다"고 말했다.

어현경 기자, eonaldo@ibulgyo.com [불교신문 2375호 / 11월 10일자]

11월 14일

황경열 교수님,

오늘 『불교신문』에 난 기사를 읽고 생각하는 것이 많습니다. 회의에 참석도 하지 않은 기자가 회의에 참석한 학자들보다도 더 잘 제 논문을 요약한 것 같습니다.

종래에 학자들이 원효의 '무파이무불파無破而無不破'를 그렇게 노장식老莊式으로 읽고 있는데도 아무도 이를 비판하지 않았다는 사실이 믿어지지 않습니다. 아마도 자기들의 삶이 노장적이었기 때문에 그런 게 아닌가 하는 생각이 듭니다. 자기들이 현재 그렇게 살고 있으면 그렇게 읽어야 옳다고 믿는 게 중생상이 아닌가 싶습니다. 저는 출가를 두 번 했습니다. 한 번은 50년대에 대흥사에서 전강과 송담, 두 스님을 모시고, 또 한 번은 60년대에 해인사에서 성철스님을 모시고…… 그때에 보고 듣고 느낀 게 많습니다. 지금 생각해 보면 한국의 많은 승려들이 노장적으로 인생을 살고 있었다고 느껴집니다. 도피적이고 염세적이고 책임지기를 싫어하고…… 말은 '대사일번大死一飜'…… 운운하지만, 그것은 말뿐, 죽는 자리는 죽어라고 싫어하고 교묘하게 피해 다니며 사는 사람들…… 화가 치밀어 오릅니다. 삶 자체는 대사를 싫어하는데 어떻게 그들의 정신세계에 대사일번의 사건이 생길 수 있겠습니까. 생선을 잡겠다면서 나무로 올라가고 있는 꼴이지요.

원효의 무파無破를 '몸짓'(無破)으로 읽으면 안 된다는 것이 제 신념입니다. 그것은 모든 파破를 철저히 수행, 마침내는 파破하는 자기 자신까지 파破해 버린 '몸'(無破)이라야 한다고 생각합니다. 그래야 '무불파無不破'가 되는 거지요.

중국에서 '무념無念'을 몸짓 무념으로 오해하고 있었기 때문에 육조혜능은 화가 났던 것 같습니다. 그래서 그는 그의 『단경』에서 '무자무하사?'라고 날카롭게 물은 다음, '무자는 무이변제진로!'라고 잘못된 무자 해석을 쳐부수고, '념'은 진여자성의 일함이라고 갈파했습니다. 잘못된 몸짓을 때려 부수니 몸이 몸 노릇을 제대로 하는 거지요.

그런데도 지금 한국에서는 '무념'을 노장적으로 '생각 없음'이라고 이해하고 있습니다. 성철스님의 돈황본 『육조단경』 우리말 번역도 무념을 '생각 없음'이라 번역하고 있습니다. 불교의 '무념'이 어떻게 '생각 없음'이 된단 말입니까? 현재 한국 불교인들의 삶이 그렇게 해석해야만 정당화될 수 있기 때문이 아닐까요.

원효의 『기신론소』「수파불이水波不二」장에 나오는 거체擧體를 전체全體로 바꾸어 놓고도 그게 원효를 죽이는 짓이라는 것을 모르니 안타깝습니다. 원효의 거체는 오늘날 한국에서 발간한 모든 사전에서 제외해 버렸는데 아무도 이를 문제 삼지 않고 있습니다. 일본이 서양을 받아들일 때, 그들은 새로 그들의 사전을 만들었습니다. 그때, 그들은 동양에만 있고 서양에 없는 것은 푸대접했습니다. 서양에는 'PART / WHOLE'만 있고 거체는 없으니까 거체를 전체로 바꾸고 거체를 버린 것입니다. 오늘날 한국의 사전들은 일본인들의 오류를 그대로 답습하고 있습니다.

그럼 안녕히 계십시오.

박성배 합장

12

『재미 불교학 교수의 고뇌』 서문 2007년 12월 24일

황경열 교수님,

모든 일이 순조롭게 진행되는듯하여 기쁩니다. 1월 15일이면 아직 시간 여유가 많으니 천천히 하시기 바랍니다. 리무진 예약도 1월 초에 하면 됩니다. 염려하지 마시기 바랍니다. 요즘 여기 날씨는 아주 포근합니다. 며칠 전에 내렸던 눈도 포근한 날씨에 다 녹아 오늘은 꼭 봄날 같습니다. 대학도 학기말 시험까지 다 끝나고 이젠 몇 가지 연말행사만 남아 있습니다. 저희들은 내일 뉴햄프셔에 갈 예정입니다. 거기서 휴일을 보내고 12월 28일 금요일에 돌아오려고 합니다.

글을 쓰는 일은 항상 힘이 듭니다. 그동안 여기저기 글을 써 주기로 약속했더니 마감 날이 지났다고 독촉이 심합니다. 방금 그 가운데 글 하나를 마무리 지었습니다. 보내드리오니 소람하시기 바랍니다.

그럼 추위에 몸조심하시기 바라면서,

박성배 드림

:: 재미 불교학 교수의 고뇌―한국과 미국의 사이에 서서 ─────────────

■ ■ 머리말

인도의 남단에 있는 불교국가 스리랑카에는 '코끼리와 잔디의 비유'가 있다. "두 마리의 코끼리가 싸울 때 잔디는 망가진다. 코끼리가 사랑을 할 때도 잔디는 역시 망가진다." 이러나저러나 망가지는 잔디의 서러움을 스리랑카 사람들은 일찍이 깨달았던 것 같다.

유교 집안에서 태어난 나는 네 살 때부터 한문을 배우기 시작했다. 대학에서 불교학을 전공하면서 한문경전은 내 인생의 동반자가 되었다. 그러다가 1969년에 미국으로 자리를 옮기면서 나는 영어와 불가분의 관계를 맺게 되었다. 나에겐 한문과 영어가 두 마리의 큰 코끼리처럼 느껴질 때가 있었다. 내 속에서 어떨 때는 두 놈이 충돌을 일으킬 때도 있었고 어떨 때는 두 놈이 사랑을 나누는 듯 잘 어울릴 때도 있었다. 그러나 한문도 영어도 내 모국어는 아니었다. 나의 모국어는 한국어다. 나는 지금도 한국말로 생각하고 한국말로 꿈을 꾼다. 두 마리의 코끼리가 싸우든 사랑을 하든 잔디는 망가지듯, 영어와 한문 때문에 내 속에서 한국말은 짓밟히고 있는 것 같다. 그래서 잔디의 서러움이 남의 이야기 같지 않다.

1977년, 스토니브룩대학교(State University of New York at Stony Brook)의 불교학 교수로 취임한 뒤, 나는 대학에 한국학연구소를 창설했다. 모두가 뉴욕 일원에 사는 교포들이 도와준 덕택이었다. 이러한 인연으로 나는 뉴욕 인근의 한국인 사회에 비교적 깊숙이 파고들어 갈 수 있었다. 그래서 지금도 나는 한국에 관심이 많다. 지금 미국의 언론들은 내년에 있을 미국의 대통령 선거를 내다보면서 힐러리 클린턴이냐 아니면 버락 오바마냐 하면서 왈가왈부 말들이 많지만 나는 그런 것보다는 한국에서 들어오는 뉴스가 더 궁금하다.

미국물이 많이 든 재미 교포들 가운데는 한국말이 서투른 사람들이 많다. 그런데 한국말을 잘할 줄 아는 사람들이 "나는 한국 신문도 보지 않고 한국 방송도 듣지 않는다"는 말을 무슨 자랑거리나 되는 것처럼 태연하게 내뱉는 경우도 있다. 한국에서 명문대학을 나왔다고 자랑하면서도 일상적인 대화에서는 한국말은 절대로 쓰지 않는 교포들도 있다. 누군가가 이들에게 한국말로 말을 걸면 의례히 영어로 응수한다고 한다. 잔디의 신세 같은 한국말의 서러움을 본다.

1970년, 미국의 중부에 있는 어느 도시에서 재미 한국학자 회의가 있었다. 거기서 나는 '불교의 평화사상'에 대해서 발표했다. 미국에 상륙한 뒤의 첫 발표이었다. 여러 분야 학자들이 제각기 자기 분야의 연구 성과들을 발표했었다. 그런데 내가 놀란 것은 그들의 발표 내용이 아니라 발표를 시작할 때의 인사말이었다. 모두가 예외 없이 자기들의 한국말이 서투른 것을 무슨 자랑처럼 이야기하는 것이었다. 미국에 도착한 지 얼마 되지 않았던 나에겐 커다란 충격이었다. 그 뒤 얼마 안 있어, 어떤 일본학회의에 참석할 기회가 있었다. 홍미로웠던 것은 거기에 참석한 학자들이 모두 영어보다는 일본말 하기를 좋아한다는 사실이었다. 서양학자들도 자기의 일본말 실력을 과시하려고 애쓰고 있었다. 발표는 일본 사람들도 서양 사람들도 모두 일본말로 발표했었다. 잔디의 서러움이 없는 일본말과 그렇지 못한 한국말이 대조적이었다.

미국에서 오래 사는 한국 사람들이 한국말을 잊어버린 것은 오히려 당연하다고 해야 할 것이다. 무엇이든 이용가치가 없으면 사람들은 그것을 잊어 먹기 마련이니까. 더군다나 한국 사람들이 없는 곳에서 외롭게 사는 한국 사람들이 오랫동안 한국말을 쓰지 않았기 때문에 한국말이 서툴다는 말은 십분 이해할 수 있다. 그런데 재미있는 것은 한국말을 정말 잊어버린 교포 2세들 또는 한국말을 전혀 할 줄 모르는 3세들에게서 한국적 가치관과 사고방식이 발견된다는 사실이다.

지금 미국의 대도시에서는 어디서나 한국 사람들이 모두 괄목할 만한 성공을 거두고 있다고 한다. 누군가가 물었다. 그 비결은 무엇이냐고. 진부하게 들릴지 모르지만 부모에게 효도하고, 형제끼리 서로 돕고, 이웃을 보살피고, 그리고 '먼저 사람이 되어야 한다'고 외치고…… 등등의 한국적 가치관과 한국적 사고방식이 성공의 비결이라고 한다. 이러한 한국인들의 오랜 관습은 이민 올 때 옛것은 다 버렸다 해도 버려지지 않는 것이다. 이런 것들은 말이나 생각보다 더 깊숙이 일상생활 속에 스며들어 있는 것이며 이러한 습관은 말이나 생각과는 달리 없애려 해도 없어지지 않는 것이다.

내가 미국서 오래 살면서 속상한 일이 많았다. 견디기 어려웠던 일 가운데 하나가 한국말의 본래 모습이 퇴색해 가고 있다는 사실이었다. 한 예를 들면, 한국 사람치고 "지는 것이 이기는 것"이란 말을 들어 보지 않은 사람은 없을 것이다. 사람들이 싸우면 거기엔 반드시 지는 자와 이기는 자가 있기 마련이다. 이 세상에 어느 누가 지는 것을 좋아하랴만 옛날 동양의 지혜로운 사람들은 '지는 것이 이기는 것'이라 가르치면서 싸움을 말렸다.

내가 어렸을 때는 '나의 세계'라 해 보았자 고작 우리 집안이 전부였으니까 '이기느니 지느니' 하고 법석을 떨어 보아도 결국은 모두가 한 가족 간의 일이었다. 가족 간의 화목이 거의 절대적인 덕목이었던 봉건적 농촌 사회에서는 '지는 게 이기는 것'이란 말에 토를 달 필요가 없었다. 그래서 지는 것이 분하지만 참을 수 있었다. 가정의 분위기가 나를 그렇게 만들었다.

그런데 이상한 것은 미국으로 이민 와서 사는 한국 사람들까지도 이런 말을 곧잘 쓰는 것이다. 그러나 가만히 살펴보면 이 말의 원래 뜻이 변질되어 있다는 것을 곧 알 수 있다. 미국에서 사는 소수민족들의 이민 사회는 서러움도 많고 문제도 많다. 뿐만 아니라 지금 미국 사회는 결코 옛날 한국의 농촌사회가 아니다. 한마디로 무서운 자본주의적 경쟁사회다. 이런 데서 살아남으려면 우선 이겨 놓고 봐야 한다. 그리고 정녕 싸움에 승산이 없을 땐 작전상의 후퇴가 필요하다. 그럴 때는 더 큰 승리를 위해서 일단 지는 척 한발 물러서는 지혜가 있어야 한다. 사람들은 그런 지혜를 '지는 게 이기는 거'라는 말로 표현하고 있는 것 같다. 만일 이게 사실이라면, 당초에 이 말이 쓰였던 옛날 한국의 가치관과는 상당히 거리가 멀어진 것이라고 말해야 할 것이다.

내가 미국에 처음 도착했을 때 미국물이 많이 든 어떤 친구가 나에게 충고해 준 말이 생각난다. 미국서는 시비가 생겼을 때 절대로 잘못했다는 말을 먼저 해서는 안 된다는 것이었다. 나는 그 말을 처음 들었을 때 어리둥절했지만 그땐 미국을 너무도 몰랐기 때문에 이 충고를 액면 그대로 받아들였다. 그러나 그 말은 미국의 어느 단면을 들여다보고 한 말이었을 뿐 미국의 온 모습을 제대로 다 들여다보고 한 말은 아니었다. 그러나 요즈음 미국의 자본주의가 극단으로 치닫고 있는 모습을 들여다보면서 "잘못했는데도 잘못했다는 말을 하지 말라"는 미국문화와 이길 수 있는데도 져 주는 것을 높이 사는 한국의 전통문화와의 사이에서 신음하는 잔디 같은 교포들의 언어생활을 다시 생각하게 되었다.

오랜 고통 끝에 나는 마침내 한 결론에 도달했다. 그것은 한국문화의 도처에서 발견되는 한국의 '몸'사상이 나를 도와주었다. 사람에게 '몸'보다 더 중요한 것은 없다. 옛날 한국의 생각하는 사람들이 말했던 몸은 우주적인 몸이었다. 우주적인 몸이란 그 속에 이 세상 모든 것이 다 들어가 있는 그러한 몸을 의미한다. 나는 어려서부터 어른들에게서 "사람은 몸이 튼튼해야 한다"는 말을 무수히 들었다. 옛날엔 이를 "체體가 실해야 한다"고 표현했었다. 이 말은 밥 잘 먹고, 잠 잘 자고, 아무 탈 없이 건강해야 한다는 말만은 아니었다. 임꺽정 같은 천하장사를 보고도 체가 실하지 못한 놈이라고 혀를 차는 경우도 있었으며, 몸이 약해 오랫동안 병상에 누워 있는 사람에게도 그분은 체가 실해서…… 운운하며 존경심을 표하는 경우도 있었다.

한마디로 말해서 "체가 실하다"는 말은 사람됨의 깊이를 가늠하는 인격人格을 두고 하는 말이었다. 다시 말하면 자기의 이익밖에 모르는 소인小人이 아니라 이 세상 모두를 위해서 항상 걱정하고 애쓰는 대인大人을 두고 옛날 사람들은 "체가 실하다"고 말했던 것 같다. 그러므로 한국문화에서 '몸'이란 말의 원래 뜻은 기독교의 하나님 같은 엄청난 뜻을 지니고 있었던 것 같다. 그래서 나는 동양의 '몸 발견'은 서양의 '신神 발견'과도 같은 위대한 사건이라고 말하고 있다.

이기는 사람의 특징은 고개를 빳빳하게 들고 의기양양하여 천하에 무서울 것이 없다는 데에 있다. 반면에 지는 사람의 고개는 수그러지기 마련이다. 그런데 여기에는 우리들이 간과해서는 안 될 중요한 대목이 있다. '지는 게 이기는 거'라고 말하는 사람은 아직 진짜로 진 것은 아니라는 사실이다. 진짜로 져 버린 사람과 지기 전에 지는 편을 택하는 사람 사이에는 천양지판의 차이가 있다. '지는 게 이기는 거'라고 말하는 사람의 속 내용에는 경천동지의 자각이 있다. 거기에는 '이긴다' 아니면 '진다'는 일시적 결과에 집착하는 것보다도 더 중요한 것을 자각하고 있다는 사실이 전제되어 있다. 그것은 '우린 모두 한 몸'이라는 자각이다. 그래서 나는 몸의 발견을 일종의 종교적인 자각으로 보고 싶은 것이다. 싸움을 피하고 승리를 상대에게 양보하는 일이 저절로 되는 것이 아님을 알아야겠다.

오늘날 한국 사람들이 즐겨 쓰는 말 가운데 '좋은 게 좋은 거'라는 말이 있다. 원래 이 말은 매우 엄격한 말이었던 것 같다. 다시 말하면 "좋은 것이 아닌 것을 좋은 것이라 말하지 말라"는 어른들의 불호령이 그 속에서 들려오기 때문이다. 우리는 이런 말을 올바로 이해하기 위해서 몇 단계의 분석적인 해석을 시도해 볼 필요가 있다. 첫째 단계는 이 말을 옛날 우리나라의 가족 중심 사회와 연결시켜 생각해 보아야 한다. 우리 가족 모두에게 다 좋은 것이라야 한 가족 안의 너에게도 나에게도 다 좋은 것이라는 뜻이 이 말속에 담겨져 있기 때문이다. 둘째 단계는 가족 관념이 국가와 민족이라는 더 커다란 차원으로 그 내용이 깊어져야 한다. 그런 다음 여기서 한 발 더 나아가 이 세상 모든 나라, 모든 민족을 다 감싸 안는 전 우주적 차원으로 심화되어야 한다. 다시 말하면 전우주全宇宙, 만백성萬百姓, 일체중생一切衆生에게 다 좋아야 그게 보잘것없는 나에게도 좋은 것이란 말이 되는 것이다. 나는 이것이 한국사상의 핵심이라고 생각한다.

그러므로 '좋은 게 좋은 거'라는 우리말에도 종교적인 차원이 들어가 있다고 보아야 할 것이다. 옛날 지혜로운 사람들은 '물아일체物我一體'라 하여 '나와 나 아닌 것을 한 몸으로' 보려 했다는 사실이 이를 잘 입증해 주고 있다. 그런데도 이런 좋은 말들이 옛날의 가족사회가 무너지면서 오늘날은 너 좋고 나 좋으면 남들에게 피해를 주든 말든 내 알 바 아니라는 말로 타락하여 쓰여 지고 있다. 말의 타락은 사람의 타락을 의미한다. 여러 해 전의 일이지만 경상도에서 어느 정당이 "우리가 남이가"라는 경상도 말투로 구호를 만들어 대통령 선거의 판도를 바꿔 보려고 애쓴 적이 있었다. 부모님이 자기 자식들에게 "우리가 남이가"라고 말했다면 얼마나 아름다운가. 거기에는 '우리는 한 몸'이라는 사상이 배어 있고 그래서 이기는 것보다는 모두를 위해서 차라리 지는 쪽을 택하겠다는 아량이 넘쳐 나고…… 그러니 이는 아름답다는 말보다도 더 아름다운 것을 가리키고 있었다. 그러나 그것이 대통령 선거에서 한 정당이 딴 정당을 따돌리기 위해서 쓰였다면 그것도 분명한 말의 타락이라고 말하지 않을 수 없다.

　사람 사는 세상은 왜 이렇게 온통 싸움판인지 모르겠다. 밖을 내다보아도 그렇고, 내 속을 들여다보아도 그렇다. 나는 이러한 싸움판을 '있음'(有, being)과 '없음'(無, non-being)의 싸움판이라고 이름 붙여 보았다. '있는 것'과 '없는 것'의 전쟁은 어제 오늘에 생긴 일이 아니다. 오늘날 돈을 두고 '있는 것이 좋으냐 아니면 없는 것이 좋으냐고 묻는다면 왜 그렇게 바보 같은 질문을 다 하느냐고 다시 쳐다볼 것이다. 사람에게 가장 중요한 것이 몸인데 이게 '있는 게 좋은가 없는 게 좋은가' 라고 묻는 어리석은 사람도 없을 것이다. 그럼에도 불구하고 이런 식으로 계속 '직장이 있는 게 좋은가 없는 게 좋은가?, '지식이 있는 게 좋은가 없는 게 좋은가?, '친구가 있는 게 좋은가 없는 게 좋은가? 등등의 질문을 던지면 사람들은 '없는 것'보다는 '있는 것'을 더 좋아한다. 사람이란 원래 '없는 것'이 아니고 '있는 것'이니까 응당 있는 것을 더 좋아하겠지 하면서도 뭔가 나사가 빠져 있는 것 같은 느낌은 가시지 않는다.

사람들이 선별적으로 좋아하는 것은 대개 한정되어 있는 것들이다. 그렇게 한정되어 있는 것을 너도 나도 다투어 좋아하니 싸움판이 벌어질 수밖에 없다. 그런데 가만히 생각해 보면 이 세상에 있는 것은 모두 항상 변하면서 있는 것이기 때문에 사람들이 생사를 걸고 싸우는 싸움의 의미는 그 존재 이유를 잃고 마는 것이다. 아무리 애써서 내 것으로 만들어 놓아도 결국은 헛짓이기 때문이다. 이 세상에 있는 그 어떠한 것도 그것이 영원히 내 것이라는 보장은 없는 것이다.

이 세상에 있는 모든 것은 결국 없어지고 만다는 사실은 우리들로 하여금 '있는 것'과 '없는 것'과의 거리를 짐작하게 해 준다. 이 세상에 있는 것은 무엇이나 애당초 없는 것에서 나왔고 결국엔 다시 없는 것으로 돌아간다. 그래서 옛날부터 생각할 줄 아는 사람들은 '유有(있음)의 세계에서 살면서 그렇게도 크게 '무無(없음)의 세계를 문제 삼았던 것 같다. 특히 동양에서는 이러한 '없음의 사상' 때문에 서양에서 그렇게도 위세를 떨치던 인격신 사상이 발을 붙이지 못했던 것 같다. 사람들이 좋아하는 '있음'은 결국 사람들로 하여금 '있음'의 근원으로서의 '없음'을 찾아가게 만들었다. 그리고 '없음'을 확인한 다음, 다시 '있음'을 새롭게 해석했다. 이러한 사상은 동양의 도처에서 발견된다.

서양의 기독교는 인간의 죄罪를 말하는데, 동양의 불교는 인생의 고苦를 이야기한다. '죄'와 '고'는 서로서로 얼마나 떨어져 있는 것일까? 죄罪로 다그치든, 고苦로 옥박지르든, 수난을 당하는 자는 나의 몸이다. 양자의 실지 거리는 알지도 못하면서 '나는 깊고 너는 얕다'든지 또는 '나는 옳고 너는 그르다'고 말할 수 있을까. 불교는 해탈解脫을 강조하는데 기독교는 구원救援을 문제 삼는다. 이 경우에도 양자의 실지 거리는 오리무중으로 남겨 둔 채, 사람들은 왈가왈부 세월만 허송한다. 말장난을 하고 있으면서 말장난만 하고 있는 줄도 모르는 사람들이 이 세상엔 너무나 많은 것 같다. 사람들이 자기의 언어나 문자에 집착하는 한, 달은 보지 않고 손가락만 따지는 어리석음을 면치 못할 것이다.

　사람의 생각이란 자유 분망하기 짝이 없다. 동서고금 안 가는 데가 없이 분주하게 쏘다닌다. 한마디로 말해서 미국으로 이민 와서 한국말 좀 쓰지 않는다고 속에 있는 한국적 가치관과 사고방식이 깨끗이 없어질 수는 없을 것이다. 이 세상에 과거가 없는 사람은 없다. 이것은 미래가 없는 사람이 없다는 말과 똑같은 말이다. 사람의 과거는, 그것이 누구의 과거이든, 끝없이 옛날로 되돌아간다. 다시 말하면 이 작은 한 사람의 몸속에 인간이 만들어 놓은 시간時間과 공간空間의 한계까지도 초월하는 전 우주가 다 들어가 있는 것이다. 내가 지금 스토니브룩대학교의 한 연구실에 앉아 있으면서도 무한한 과거와 무한한 미래가 이 자리에서 함께 일하고 있는 것이다. 사람의 몸에는 이 세상 모든 것이 다 들어 있다는 말이 거짓말은 아닌 것 같다. 그래서 '자기를 알면 남을 알게 된다'는 말도 나왔을 것이다. 내 글이 자기를 바로 알고 남들을 바로 이해하는 데에 도움이 됐으면 좋겠다.

　지지난번 미국의 대통령 선거에서 당시 부통령이었던 엘 고어는 텍사스의 주지사였던 조지 부시에게 패배했다. 그러나 그는 그 뒤로 지구온난화地球溫暖化(global warmness) 문제 해결에 몰두, 그 공로로 이번에 노벨상을 탔다. 그를 좋아하는 사람들이 2008년 대선에 출마하라고 권했지만 그는 사양했다. '지구를 구하는 일이 더 급하다'는 이유 때문이었다.

　'지구온난화'의 문제는 보통 심각한 문제가 아니다. 북극의 얼음덩어리들이 다 녹아내리고 있다. 왜 그러는가? 이렇게 되면 앞으로 지구는 어떻게 될 것인가? 지구 자체의 앞날에 빨간불이 켜진 것이다. 이러한 문제는 지금 지구상의 도처에서 사람들을 괴롭히는 사회불의社會不義(social injustice)의 문제나 환경오염環境汚染(ecological pollution)의 문제와 함께 우리들이 풀어야 할 황급한 문제들이다. 지금 지구상의 모든 사람들이 하나의 공통된 위협 앞에서 함께 떨고 있는 판국에 누가 이기느냐는 크게 문제

되지 않는다. '지는 게 이기는 것'이라는 한국인의 지혜가 한번 힘을 쓸
때가 되지 않았나 싶다.

---

13 허공의 비유와 부처님의 지혜

[문]

선생님, 부처님의 사제법문을 어떻게 읽어야 합니까?(2008년 6월 어느 날, 스토니브룩에서 사적으로 질문하였다.)

황경열 교수님,

다음은 은정희 씨가 역주한 『원효의 대승기신론소·별기』[1] 46쪽에 나옵니다.

마치 허공이 일체의 물질세계에 두루하여 생·주·멸의 변이가 없는 것처럼, 여래의 지혜도 그러하여 일체의 아는 바에 두루하여 전도되는 것도 없고 변이되는 것도 없다.[2]

[해설]

보통 사람들이 알고 있는 것들은 잘못된 경우도 많고 또한 항상 변질해 버리는 것들입니다. 거기엔 영원한 진리란 없습니다.

이것은 이 세상에 있는 모든 것들이 무엇이나 생겨났다가 없어져 버리는 것과 똑같습니다. 그렇지만 이 세상 모든 것들을 감싸고 있는 허공은 전혀 다릅니다. 허공은 생겨나거나 없어지거나 하는 그런 것이 아닙니다.

---

1) 은정희 역주, 『원효의 대승기신론소·별기』(서울: 일지사, 1991).
2) 如攝論云: 猶如虛空, 遍一切色際, 無生住滅變異, 如來智亦爾, 遍一切所知, 無倒無變異.

부처님의 지혜도 이와 똑같습니다. 우리들이 알고 있는 모든 것들을 하나도 빠짐없이 다 알고 있지만 그런 것들처럼 전도되지도 않고 변화하고 변질하는 것이 아닙니다.

부처님의 최초 법문인 사제법문을 생멸로밖에는 못 보는 것은 중생의 앎이 가지고 있는 한계 때문입니다. 그것이 틀렸다는 말이 아닙니다. 그렇게밖에는 못 본다는 데에 문제가 있다는 말입니다. 허공처럼 시간과 공간이라는 인간이 만든 틀을 뛰어넘는 부처님의 지혜로 사제를 보아야 한다는 것이 무생사제라는 말이 노리는 핵심입니다. 생멸사제에 갇혀 있지 말고 부처님의 지혜로 사제를 보자는 것이 무생사제입니다. 몸짓이 나쁘다는 말이 아니고 몸으로 돌아가 몸의 몸짓을 하자는 것과 비슷합니다.

참고하시기 바랍니다.

박성배 드림

14

임현숙 교수님과 주고받은 편지

황경열 교수님,

어제 저녁, 굴비 만찬은 정말 맛있었습니다. 감사합니다. 임현숙 교수와 주고받은 편지를 첨부합니다. 소람하시기 바랍니다.

박성배 드림

:: 편지 ①(7월 26일)

임 교수님,

안녕하시지요. 언제든 한번 저희 집에 오셔서 쉬었다 가시면 좋겠습니다. 집사람이 곧 연락드리겠다고 합니다. 오늘 보내드리는 것은 2008년 7월 4일자 『법보신문』에 난 글입니다. 윤창화 씨의 성철스님 비판을 어떻게 생각하시는지요?

안녕히 계십시오.

박성배 드림

'성철스님 오매일여 해석은 도교적 관점'
민족사 윤창화 대표 월요포럼 논문서 주장
'오매일여한 화두참구' 자체가 분별망상
원오-대혜의 오매일여 이해와도 상반돼

성철스님이 『선문정로』(1981)에서 "화두를 참구하고 있는 상태가 낮(깨어 있을 때)에는 말할 것도 없고 밤에 잠 속에서도 들려야 한다. 오매일여寤寐一如를 통과하지 못하면 견성이 아니며 오도悟道가 아니다"라고 선언한 이후 이러한 오매일여의 관점은 현대 한국의 선가에서 정설처럼 간주되고 있다. 이런 가운데 '화두참구 상태가 실제 오매일여가 돼야 한다는 것 자체가 분별망상'이라는 강한 비판이 제기됐다.

윤창화 민족사 대표는 미리 배포한 월요불교포럼 논문을 통해 "『벽암록』의 저자 원오극근이나 간화선을 주창한 대혜종고 스님은 부질없이 오매일여나 오매항일寤寐恒一에 대해 분별하지 말라고 했다"며 "오늘날 해석과 같이 화두를 참구하고 있는 상태가 실제 오매일여가 돼야 한다는 말은 그 어디에도 찾아볼 수가 없다"고 밝혔다.

〈오매일여는 가능한가—오매일여의 진실과 오해〉란 주제로 7월 7일 오후 12시 운암 김성숙 기념사업회 회의실에서 발표할 예정인 윤 대표는 "일심으로 간절히 참구하라는 의미가 화두를 들고 있는 상태가 깨어 있을 때나 잘 때나 똑같아야 한다는 것은 근래 성철스님의 영향이고 멀리는 원나라 몽산덕이의 영향 탓"이라며 "이는 오매일여에 대한 잘못된 이해"라고 못 박았다.

논문에 따르면 몽산화상은 "허물(지각심)이 없는 사람은 동정에 일여하고 자(寐)나 깨(寤)나 성성해서 화두가 앞에 나타나게 되는데, 마치 물에 비친 달빛과 같아서 여울물결 가운데에서도 활발발해서 손가락을 대도 흩어지지 않으며 주먹으로 쳐도 흐트러지지 아니하게 된다"고 보았다. 성철스님 또한 "잠 속에 화두를 놓치거나 망각, 또는 상실한다면 그것은 아직 공부가 덜 된 것으로 완전한 깨달음(돈오)의 기준을 오매일여에 두고 있다"는 것이다.

그러나 원오와 대혜의 오매일여 이해는 전혀 다르다는 게 윤 대표의 주장이다. 윤 대표에 따르면 대혜가 젊은 시절 정진할 때 낮에는 정진이 잘 되다가도 꿈에는 재물욕심을 내고 다른 사람을 해치려는 경계를 만나 자괴감에 빠졌는데, 이에 대해 스승 원오는 "그대가 말하는 허다한 망상이 끊어질 때가 되면 그때 저절로 깨어 있을 때와 잘 때가 늘 하나인 곳(寤寐恒一處)에 이르게 될 것"이라고 말했다. 그리고 『서장』에 나타나듯 실제 대혜가 깨달은 후에는 "오와 매를 분별하지 말라. 꿈과 현실을 별개의 것으로 보지 말라"고 강조했고 이는 본질적으로 모두 부처인데 깨달음과 깨닫지 못함, 또는 꿈과 현실을 분별할 것이 없음을 강조한 것으로 화두참구의 상태와는 무관하다는 것이다. 뿐만 아니라 이 말이 처음 등장하는 『능엄경』에서도 오매일여에 대해 번뇌가 사라지고 나면 깨어 있을 때나 잠을 잘 적에도 꿈이 없어야 한다는 의미로 사용되고 있다는 게 윤 대표의 설명이다.

윤 대표는 "『능엄경』을 비롯해 원오나 대혜의 관점에서 볼 때 오매일여란 분별심을 갖지 말라는 것이지 화두참구 과정에서 오매일여가 돼야 한다고 보는 것 자체가 분별망상"이라며 "성철스님의 오매일여 해석은 선과 도교적 깨달음을 혼동한 데서 온 과잉해석"이라고 비판했다.

이재형 기자, mitra@beopbo.com [956호, 2008년 7월 4일]

:: 편지 ②(7월 27일)

박성배 선생님께,

문외한의 입장에서는 학자적 논란을 벌이기가 쉽지 않습니다. 다만 일반론으로 보았을 때, 윤창화 씨의 논지도 하나의 분별이 아닐까 싶습니다. 우선 윤 대표가 성철스님의 오매일여를 치기 위해 언급한 원오와 대혜스님 간 대화의 내용이 오매일여와 다르지 않다는 것이 제 느낌입니다. 즉 "그대가 말하는 허다한 망상이 끊어질 때가 되면 그때 저절로 깨어 있을 때와 잘 때가 늘 하나인 곳(寤寐恒一處)에 이르게 될 것"이란 말은 결국 깨치게 되면 궁극적으로 오매일여의 단계에 들어간다는 것이지요. 그러니 성철스님께서 언급하셨다고 하는 글귀인 "화두를 참구하고 있는 상태가 낮(깨어 있을 때)에는 말할 것도 없고 밤에 잠 속에서도 들려야 한다. 오매일여(寤寐一如)를 통과하지 못하면 견성이 아니며 오도(悟道)가 아니다"라는 내용과 원오스님의 말씀을 비교할 때 문장에서의 차이는, 원오스님은 "오매일여는 깨치게 되면 절로 되는 것이다"라는 것이고, 성철스님의 말씀은 두 가지를 포함하고 있습니다. "하나는 화두를 참구할 때에 오매일여에 들어야 하고, 또 하나는 오매일여가 없다면 견성이 아니다"라는 것이지요. 그런데 두 분 스님의 말씀에, 즉 윤창화 씨가 예로 든 두 말씀에 차이가 없다고 제가 느끼는 것은 최종적으로 오매일여에 들려면 화두를 참구할 때 그 자세를 견지하지 않고는 그 상태에 이를 수 없다는 생각에서 입니다. 윤창화 씨의 전체 원고를 읽지 않아 단정하기는 어렵지만 보내 주신 글만을 보면, 윤창화 씨는 그러면 궁극적으로 오매일여에 들기 위해 참구할 때 어떻게 해야 하느냐에 대한 이야기가 없습니다. 그저 화두를 간절히 참구하되 잘 때 일어나는 망상을 허용하라는 뜻일까요? 잘 때 망상이 일어나면 그 원인이 무엇인지를 또 참구하고 결국은 오매일여에 들도록 노력하는 것이 화두를 참구하는 자가 가져야 할 자세라고 생각합니다.

그리고 여러 시대를 내려오면서 큰스님마다 다른 견해를 표명하신 것은 아마도 그 시대를 사는 사람들의 생각과 불교를 둘러싼 환경이 달랐기 때문에 이에 걸맞은 방편을 내려주신 것이라 생각합니다. 선생님께서 즐겨 인용하시는 달을 가리키는 손만 보아서는 안 되고, 섬에 도달하면 배는 버려야 한다는 뜻을 이해한다면, 오매일여에 들어야 깨치게 되느냐, 깨치는 과정에는 이러한 분별심을 갖지 않아야 결국 오매일여에 들게 된다, 등등은 결국 방편에 집착하는 것이겠지요.

그래서 제 생각에 불교학자들은 불교의 기본 교리에 관한 차이가 아니라면 지금까지 제시된 다양한 해석들을 긍정적으로 통합하는 노력을 해야 한다고 봅니다. '이때는 사회상이 이러했기 때문에 이런 말씀이 나왔고, 저때는 또 저러저러 했었기 때문에 저러한 주장이 제기되었다. 그렇지만 추구하는바 목적은 오직 한가지로 동일하다. 그런데 현재는 어떠어떠하니 어느 스님의 말씀을 따르는 것이 좋겠다든지 또는 개인마다 근기가 다르니 어떤 말씀들 중에 자신에 맞는 말씀을 지침으로 삼을 수 있겠다.' 이런 식으로 말입니다.

그리고 윤창화 씨의 마지막 문장인 '도교적 깨달음과 혼동'에 대해서는 도교적 깨달음이 무엇인지 전혀 몰라서 해석을 못하겠습니다.

제가 지난번에 선생님의 책을 읽고 질문을 드린 다음에 정말 입문도 못한 사람하고 대화하시려면 선생님께서 얼마나 괴로우실까 하는 생각을 했습니다. 그 후로 또 선생님께서 쓰신 목우자 지눌 스님의 글을 읽고 또 좋았습니다. 그런데 이번에 윤창화 씨의 글에 대한 소감을 물으니 어리둥절할 뿐입니다. 그래도 하명을 하셨으니 답변을 보내 드립니다.

임현숙 드림

:: 편지 ③(7월 27일)

임 교수님,

성철스님을 따르는 사람들은 성철스님 팔아먹기에 급급하고 성철스님을 따르지 않는 사람들은 어떻게든 헐뜯으려 하고…… 참 가관입니다. 임 교수님 평이 정곡을 찔렀습니다. 원오극근이니 대혜종고니 몽산덕이니 성철스님이니 여러 고승들을 인용하고 있지만 윤창화 씨는 그들이 모두 똑같은 데를 들여다보고 있다는 사실을 간과하고 있는 것 같습니다. 도교와 선의 혼동을 운운하고 있지만 들으나마나 윤창화 씨는 도교공부도 참선정진도 제대로 하지 않는 사람처럼 보입니다.

뇌성벽력 때문에 컴퓨터를 꺼야 할 것 같습니다.

안녕히 계십시오.

박성배 드림

15

다시 '한국불교의 돈점논쟁'을 생각해 본다 　　2008년 8월 13일

황경열 교수님,

송재운 박사 고희 기념 논문집에 실릴 제 글 하나 보냅니다. 읽어 주시면 감사하겠습니다.

안녕히 계십시오.

박성배 드림

:: 다시 '한국불교의 돈점논쟁'을 생각해 본다 ─────────

I.

송재운 교수는 불교와 유교를 다 같이 섭렵한 율곡학 전문가이다. 그래서 나는 송 교수의 고희 기념 논문집에 불교와 유교를 넘나드는 글을 쓰고 싶었다. 나는 불교와 유교를 넘나드는 경우를 무수히 보았다. 그럴 때마다 나는 그 말을 '주어진 현실에서 사람으로서 사람답게 살려고 애쓴다'는 말로 이해했었다.

우리 집 마당엔 자그마한 채소밭이 있다. 채소밭을 가꾸는 원칙은 분명하다. 좋은 것은 북돋아 주고 나쁜 것은 뽑아 주고…… 그래야 채소가 잘된다. 가령, 고추 농사를 지을 때, 잡초는 나쁜 것, 병들고 못난 고추나무는 나쁜 것이다. 그것들은 뽑아 줘야 한다. 그래야 튼튼하고 씩씩한 고추나무는 더욱 잘 자란다. 농사의 원칙은 이렇게 분명하다.

동물영화를 보면 동물들도 비슷한 원칙으로 살고 있는 것 같다. 우리 집 마당엔 새들이 많이 산다. 새들은 해마다 알을 낳고 새끼를 깐다. 어미 새는 부지런히 먹이를 날라다 새끼들을 키운다. 그러나 놀랍게도 그들은

145

못난 새끼에겐 먹이를 잘 주지 않는다. 항상 잘난 새끼에게만 계속 먹이를 준다. 결국 잘난 놈만 잘되고 못난 놈은 도태 당한다. 신의 창조설을 부정하고 진화론을 제창한 다윈의 적자생존론도 결국 비슷한 착상에서 출발한 것 같다. 이것저것 따질 것 없이 자연세계에는 어디에나 그 비슷한 원칙이 있는 것 같다.

그러나 인간세계는 그렇게 간단치 않다. 한국방송을 보면 「인간극장」이란 다큐멘터리 4부작들이 잘 나온다. 대개 실지로 있었던 불행한 일들을 알리는 것이 제작자들의 의도인 듯싶다. 나는 그 프로그램을 좋아한다. 매번 보다가 불행한 사람들과 함께 눈물을 흘리게 된다. 나는 거기서 많은 것을 배운다. 가령 불구의 자식을 둔 어머니가 자식을 위해 상상을 초월한 희생을 한다. 나도 모르게 엄숙해지면서 사람 사는 세상을 다시 생각하게 된다. 원칙이 없는 것은 아니지만 식물의 세계나 동물의 세계와는 다른 모습을 보게 된다. 불구의 아들을 둔 어머니가 혼자서 중얼거린다. "내가 죽으면 저 애는 어떻게 되지? 난 못 죽어! 저놈을 놔두고 내가 어떻게 죽어! 저 애는 걷지도 못하고 말도 못하고 제 손으로 밥도 못 떠먹고……." 처절한 장면이다.

여기서 나는 불교를 생각하게 된다. 부처님은 일체중생을 당신의 자식으로 아는 분이다. 일체의 중생들 가운데는 별별 불행한 사람들이 다 있다. 그 많은 불행한 사람들을 놔두고 부처님은 어떻게 혼자서 열반에 드셨을까? 지금 부처님은 어디 계실까? 부처님은 누구신가?…… 이에 대한 불교인들의 답변은 뭘까?

이 세상을 살다보면 나쁜 생각, 나쁜 짓들을 많이 하게 된다. 이 나쁜 놈을 누가 돌보는가? 별별 소리들을 다 하지만 나 자신만큼 나를 돌보는 사람은 없다. 내가 나를 돌보는 모습을 들여다보면 거기엔 잣대가 없다. 채소밭을 가꿀 때의 원칙, 동물들이 자기 새끼들을 키울 때의 원칙, 다윈 같은 진화론의 원칙과는 판이한 질서가 나에겐 있는 것 같다. 거기엔 악이 악이 아니다. 악을 누구보다도 빨리 잘 알아보면서도 악을 죽이기 위해 자기를 죽이는 법은 없다. 언제나 어디서나 자기를 돌보는 그러한 자기, 못된 생각과 못된 짓은 골라 가면서 다 하는 자기를 있는 그대로 감싸고 돌보는 자기…… 나는 종교인들의 수도이론에 한계를 느낀다. 그들의 수도이론엔 악을 감싸고 돌보는 자기가 없다. 자기가 자기를 위하지 않으면 누가 자기를 돌보는가? 부처님은 불구의 자식을 돌보는 어머니처럼 못된 자기를 항상 돌보는 자기 자신을 떠나 따로 있지 않는 것 같다.

유교에서 극기克己를 말하지만 그런 극기의 밑바닥엔 위기爲己가 있다. '자기를 위한다'는 위기爲己라는 말은 '자기를 이긴다'는 극기克己라는 말보다 먼저인 것 같다. 그래서 유교의 선비들은 자기들의 공부를 위기지학爲己之學이라고 말했던 것 같다. 유교든 불교든 다 놔두고 우리는 자기를 과소평가하지 말아야겠다. 자기를 잘 들여다보면 거기서 부처님도 보고 하나님도 볼 것 같다.

공자님의 『논어論語』를 읽어 보면 첫 장이 「학이學而」편이다. 그런데 내 눈엔 "학이學而"라는 말이 무슨 화두처럼 보인다. 글자 그대로 풀이하면 "배우고서……"라는 뜻인데 나에겐 이것이 "배우기만 하고……" 하면서 나를 윽박지르는 말처럼 들린다. 왜냐하면 "학이" 그래 버리면 말이 안 된다. "학이시습지學而時習之"라고 말해야 말이 된다. 그러므로 정 줄이려면 학습편이라고 말했어야 한다. 그러나 공자님의 참뜻은 그것만으로도 부족하다. 그다음에 "불역열호不亦說乎"라는 말이 마지막에 붙어야 비로소 제대로 드러난다. 여기서 공자님의 기쁨은 학學만에 있지 않다. 거기에 습習 자가 뒤따라가야 한다. 학學은 학습學習이란 말이다. 그리고 그 학습은 열說 (설이라 읽지 않고 열이라 읽는다) 즉 기쁨으로 나타나야 한다. 그러므로 '학'과 '습'과 '열'은 함께 붙어 다녀야 한다. 습 없는 학은 학이 아니요, 열 없는 습은 습이 아니란 말이다. 그러나 이 세상엔 기쁨으로 승화되지 않는 학습도 많다. 요즘은 학습이 모두 수단으로 전락해 버렸다. 이익을 노리는 학습에는 기쁨이 없다. 이익을 따냈을 때의 기쁨은 학습 자체가 기쁨인 경우와 판이하다. 학습이 기쁨이 되려면 학습 자체가 목적이어야 한다. 수단으로 전락해서는 안 된다. 학습이 그대로 기쁨인 세계를 한번 찾아가 보아야 한다.

II.

1962년 봄에 나는 「지눌연구知訥研究」라는 제목의 긴 논문을 한 편 발표하였다. 이 논문은 그 당시 동국대학교에 제출했던 일종의 취직논문이었다. 이 논문 덕택에 나는 동국대학교의 교수로 채용되었다. 벌써 반세기 전의 옛날이야기다. 나는 그 논문에서 지눌知訥(1158~1210)의 돈오점수설頓悟漸修說을 중점적으로 다루었다. 지눌의 돈오점수설은 1209년에 나온 지눌의 『법집별행록절요法集別行錄節要』(약칭: 절요)라는 책에 소상하게 밝혀져 있다. 지눌의 돈오점수설이란 "불도를 닦는 사람이 불교의 진리를 깨치는 데는 오랜 시간이 필요하지 않지만 일단 깨친 다음에는 그 깨친 경험에 의지하여 오래 오래 닦아야 한다"는 것이다. 다시 말하면 참선공부 하는 사람들이 항상 문제 삼는 깨침悟과 닦음修의 문제를 체계적으로 다룬 불교의 수행이론이 지눌의 '돈오점수설'이다.

내가 지눌의 돈오점수설에 관심을 갖기 시작한 것은 1950년대 한국전쟁 직후의 일이었다. 그 당시 서울대학교의 박종홍 교수가 광주에 있는 전남대학교 문리대에서 한국철학 특강을 한 적이 있었다. 그때 박종홍 교수는 개강 벽두에 "만약 어떤 외국인이 자기에게 너의 나라에도 철학자가 있느냐고 묻는다면, 자기는 주저하지 않고 『절요』의 저자인 보조국사 지눌을 제일 먼저 꼽겠다"고 말문을 열었다. 박종홍 교수는 지눌의 『절요』를 아주 높이 평가했다. "자기는 평생 지눌의 『절요』만큼 인간의 근본적인 문제를 그렇게 철저하게 깊이 파고 들어간 책을 본 적이 없다"고 칭찬을 아끼지 않았다.

그러나 지눌의 돈오점수설은 20세기의 후반에 들어와 큰 수난을 겪었다. 한때, 해인총림의 방장이었고 조계종의 종정이었던 성철性徹(1911~1993) 스님이 지눌의 돈오점수설을 대놓고 비판하기 시작한 것이다. 1981년에 나온 성철의 『선문정로禪門正路』라는 책은 한마디로 말해서 지눌의 돈오점수설을 비판하고 당신의 돈오돈수설을 선양하기 위해서 출판한 책이라고 말할 수 있을 것이다. 성철은 지눌의 돈오점수설을 선禪을 모르는 강사들의 학설에 불과하다고 혹평했다. "지눌이 선사였다면 그는 돈오점수설을 비판하고 돈오돈수설頓悟頓修說을 선양했었을 것." 이것이 성철의 지눌론이다. 성철이 말하는 돈오돈수란 깨침이 단박에 이루어지듯이 닦음도 단박에 이루어진다는 것이다. 이처럼 한국불교는 지금 깨침과 닦음의 관계를 따지는 마당에서 '점차'를 강조하는 〈지눌의 점수파〉와 '단박'을 강조하는 〈성철의 돈수파〉로 갈라져 날카롭게 대립해 있다고 말할 수 있을 것이다.

1990년 가을, 순천 송광사에서는 한국불교의 돈점논쟁을 주제로 하는 국제불교 학술회의가 열렸다. 세계의 도처에서 불교를 가르치는 외국인 불교학자들이 많이 참여하였다. 나는 이 회의에서 「성철스님의 돈오점수설 비판에 대하여」라는 제목의 논문을 발표하였다. 이 회의에서 발표된 논문들은 보조사상연구원이 발간하는 『보조사상』 제4집(1990년 10월)에 모두 수록되어 있다. 이리하여 한국불교의 돈점논쟁은 한국불교 최근대사를 장식하는 가장 치열한 철학적 업적으로 손꼽히게 되었다.

그런데 문제는 요즈음 학자들이 이러한 철학적 논쟁을 계승하고 발전시키는 데에 열을 올리지 않는다는 데에 있다. 이러한 현상은 한국의 불교학계뿐만 아니라 한국의 유학자들에게서도 나타난다. 16세기의 퇴계退溪 이황李滉(1501~1570)이 그의 제자 고봉高峯 기대승奇大升(1527~1572)과 나눈 이른바 '사단칠정논쟁四端七情論爭'은 십 년 이상 계속된 치열한 논쟁이었다. 우리는 오늘날 퇴계-고봉 간의 '사단칠정논쟁'이 없는 한국철학사를 생각할 수 없는데도 불구하고 오늘의 유학자들은 이 논쟁에 큰 관심이 없는 것 같다. 불교의 돈점頓漸논쟁과 유교의 사단칠정四端七情논쟁은 한국의 철학자들이 어떻게 철학공부를 했으며 또한 그들이 이런 공부를 얼마나 철저히 했는가를 잘 말해 주는 자랑스러운 유산이라고 말하지 않을 수 없다. 그렇다면 왜 오늘날 그런 위대한 철학적 유산들이 폐기직전의 위기에 처해 있는가?

문제는 사람들의 관심사다. 옛날이나 지금이나 불교공부를 지적으로 하려는 사람들은 많다. 그러나 막상 불교의 진리를 체험하고 실천하려는 사람은 드물다. 애당초 그들이 왜 불교를 믿게 되었을까? 불교야 말로 일체의 못된 차별을 모두 다 뛰어넘었기 때문이 아닌가. 부처님의 설법은 인간만을 위한 휴먼 쇼비니즘(human chauvinism)도 아니었다. 내 것 네 것도 따지지 않고, 빈부귀천 유식무식을 가리지 않는 것은 물론, 산천초목 유정무정 할 것 없이 문자 그대로 일체중생을 위한 법문이었다. 불교공부는 재주도 없고 학식도 없는 사람들도 얼마든지 잘할 수 있는 법문法門이다. 그러나 재주가 앞선 사람들은 말을 해도 남들이 못 알아듣는 말들을 함부로 한다. 한국불교의 돈점논쟁과 한국유학의 사칠논쟁에서도 이러한 현상이 뚜렷하게 나타난다. 한마디로 말해 사람들이 알아들을 수 없는 어려운 문자들을 너무도 많이 쓴다. 무식한 사람도 알아들을 수 있도록 말하는 풍토가 아쉽다.

사단칠정 논쟁의 경우를 보면, 인의예지仁義禮智는 사람이면 누구나 다 가지고 있는 덕성인데 희노애락 등의 감정이 발동하면 마냥 실수를 하기 때문에 문제가 생긴다. 어찌하면 좋을까? 이런 일은 사람이면 누구에게나 일어나는 일이다. 이러한 문제를 이모저모로 깊이 생각해 보는 것이 유교의 사칠논쟁이다. 이러한 문제를 제대로 해결하려면 매일매일 경공부敬工夫를 부지런히 해야 한다. 인생을 경건하게 살지 않는 사람에겐 이런 문제가 괴로움으로 다가서지 않는다. '경공부'란 마음을 항상 겸손하게 갖고 누구에게나 존경심을 잃지 않게 하는 공부다. 경공부를 하면 사칠논쟁이 남의 이야기가 아니고 모두 다 내 이야기가 된다. 요즈음 유학자들이 사칠논쟁에 흥미가 없는 것은 경공부를 하지 않기 때문이 아닐까.

돈점논쟁에 대해서도 똑같은 진단을 내릴 수 있을 것이다. 사람이면 누구나 자기 자신에 대한 믿음을 가지고 있다. 불교식으로 말하면 내가 부처님이라는 믿음이다. 그런데 우리는 끊임없이 부처님답지 않게 생각하고 말하고 행동한다. 어찌하면 좋을까? 사람은 누구나 돈점논쟁적인 문제를 가지고 있는 것이다. 이러한 문제를 해결하려면 말길이 끊어지고 마음길이 끊어지는 경지에 들어가야 한다. 이것이 불교의 참선공부다. 그런데 요즘 학자들은 말길이 끊어지고 마음길이 끊어지는 경지를 믿지도 않는다. 그러니 돈점논쟁에 관심이 있을 리 없다. 만일 이들이 참선의 경지에 관심이 있으면 돈점논쟁이 남의 일이 아니기 때문에 할 말이 많게 될 것이다. 불교든 유교든 문제는 똑같다. 경공부나 참선공부 같은 실천 수행을 하지 않는다는 것이 문제다. 불교의 돈점논쟁이나 유교의 사칠논쟁은 모두 참선하고 경공부하는 사람들이 그런 공부를 하면서 생기는 문제들을 가지고 토론하는 것이다.

뿌리 없는 나무는 죽는다. 나무를 잘 키우려면 그 뿌리를 튼튼히 해야 한다. 불교공부도 불교의 뿌리를 바로 알고 이를 튼튼히 하는 데서 시작되어야 한다. 불교의 뿌리를 바로 보는 것을 '깨침'이라 부른다. 그리고 그 뿌리를 튼튼히 하는 것을 '닦음'이라 한다. '깨침'과 '닦음'은 불교공부의 핵심이다.

재주 없는 사람, 학식이 없는 사람도 재주 있는 사람이나 학식이 있는 사람과 똑같이 잘 믿을 수 있는 종교가 불교다. 재주 있고 학식이 있는 사람보다도 오히려 재주 없고 학식이 없는 사람이 더 잘 믿을 수 있는 종교가 불교다. 장님도 귀머거리도 손발 없는 불구자도 병들어 죽어 가는 사람도 다 잘 믿을 수 있는 종교가 불교다. 불교를 믿는다는 말이 무슨 말인가? 불교에서 말하는 진리를 일상생활에서 실천한다는 말 아닌가! 재주가 있고 학식이 많은 사람들에겐 의외로 문제가 많다. 설법을 들을 때 얼핏 미소 짓고 곧잘 고개를 끄덕이지만 그 미소와 고개 끄덕거림이 오래 가지 않는다. 때로는 돌아서면 잊어버리는 경우도 있다. 이러한 잊어버림 은 곧잘 그 사람을 불교 밖의 비불교적 또는 반불교적인 관심사로 치닫게 만든다. 불행한 일이 아닐 수 없다. 오늘날 불교가 겪고 있는 가장 큰 어 려움이 여기에 있다. 만일 불교인이 모두 다 이렇게 된다면 큰일이다. 불 교를 믿는 사람은 위선자로 전락하고 불교는 있으나마나 한 종교로 타락 하고 말 것이기 때문이다. 유식한 사람들만이 알아듣는 문자 위주의 공부 방법을 지양해야 한다. 전문 용어들이 난무하여 무식한 사람은 알아들을 수 없다면 그건 불교가 아니다. 문자에 의존하지 않고 재주나 지식에 의 존하지 않는 불교공부 방법을 개발해야 한다. 불교의 선禪사상은 우리들 에게 그러한 공부 방법을 일러 주고 있다.

Ⅲ.

이제까지 한국의 종교계는 재주 있는 사람들이 주도권을 쥐고 이끌어 왔다. 그래서 종교계는 재주 있는 사람들의 농간으로 얼룩져 왔다. 재주 있음을 누가 싫어하랴. 학식 많음을 누가 마다하랴. 그러나 재주나 학식이 종교의 근본이 될 수는 없다. 재주와 학식은 어디까지나 모든 사람들을 받들고 모시는 일에 쓰여야 한다. 재주 좀 있다고 까불고 학식이 많다고 건방지면 그런 재주 그런 학식은 없는 것만도 못하다. 까부는 재주, 건방 진 학식이 앞장서고 날뛰면 그런 종교는 어느 종교를 막론하고 망하게 되어 있다.

'헌집 고치기'란 말이 있다. 아무리 고쳐 봤자 소용없다는 말이다. 좋 은 집은 낡은 집을 허물어 버리고 새로 지어야 한다. 파사현정破邪顯正이란 말이 바로 그 말이다. 자, 그러면 파사현정 작업을 한번 해 보자. 요즈음 한국의 종교집단들은 어느 집단을 막론하고 모두가 '마음 타령'이다. 그럼에도 불구하고 한국인의 마음은 조금도 깨끗해진 것 같지 않다. 오늘날 한국종교의 '마음문화'를 철저히 검토해 보지 않을 수 없다. 마음이 사람의 몸 가운데서 가장 중요한 역할을 맡고 있다는 사실을 모르는 사람은 없다. 아무리 어려운 처지에 놓여 있더라도 마음만 바로 먹으면 길은 열린다든가, 호랑이에 물려 가도 정신만 차리면 산다든가, 아무리 좋은 조건을 다 가지고 있더라도 마음이 잘못되어 있으면 다 뒤틀리고 만다든가…… 등등 옛날 유행했던 말들이 오늘날에도 여전히 유효하다. 우리는 오늘 여기서 마음의 중요성을 새삼스럽게 더 강조할 필요는 없다. 동서고금의 성인들이 모두 한결같이 마음의 중요성을 강조했기 때문이다.

그러나 우리는 오늘 묻지 않을 수 없다. 지금 우리의 마음문화가 과연 정상인가? 긍정적인 답변을 하기는 어려울 것 같다. 밖에 있는 남들을 살피기 전에 나 자신을 한번 살펴보자. 솔직히 말해서 '마음문화'가 제대로 작동하고 있는 것 같지 않다. 무엇이 잘못되어 있는가? 모두들 마음공부한다면서 자기 마음을 독재자로 만들어 놓고 있다. 어리석은 짓이다. 사람의 마음을 군주시대의 임금으로 만들어서는 안 된다. 민주주의 국가의 대통령은 임금이 아니다. 민주국가에서 대통령이 해야 할 가장 중요한 일은 온 백성을 하늘처럼 받들고 모시는 일이다. 사람의 마음도 마찬가지다. 마음이 해야 할 가장 중요한 일은 몸을 받들고 모시는 일이다. 이목구비, 팔다리, 오장육부를 호령하고 독재자 노릇 하는 마음은 잘못된 마음이다. 마음은 언제나 겸손해야 한다. 24시간 밤낮 가리지 않고 온갖 궂은일을 다 도맡아 하고서도 아무것도 바라지 않는 충직한 옛날의 종처럼 봉사하는 것이 마음이다. 그래서 우리 선배들은 모두 하심下心하라고 가르쳤다. 하심은 불교의 전문용어처럼 들리지만 사실은 어느 종교에나 다 있는 말이고 종교를 믿지 않는 사람들도 모두 명심하고 있는 말이다. 한마디로 말해서, '하심'이란 겸손의 극치다. 하심보다도 한 발 더 깊이 들어간 것이 무심無心이다. 불교에서는 '마음 심心'자 앞에 항상 '없을 무無'자를 붙여 무심無心이라고 말하지 않던가. 무심이라야 불교의 마음이다. 무심이 아니면 불교의 마음이 아니다. 사람이 무심일 때 마음은 마음 노릇을 가장 잘하는 것이다. 이러한 사상은 혜능의 『단경壇經』에 잘 나타나 있다. 『단경』은 오늘날의 잘못된 마음문화를 예견이나 한 듯, 우리의 허를 여지없이 때려 부수고 있다.

자기의 마음을 임금으로 만들어 놓고 독재자가 되어 있다면 비즈니스월드의 CEO로서는 만점일지 모른다. 그러나 그런 것은 성자들의 본의는 아니다. 그런 것은 마군들이 하는 짓이다. 잘못된 것은 또 있다. 참선이나 지경공부는 결코 수단이 될 수 없음에도 불구하고 요즘 참선공부를 한다면서 참선을 깨침의 수단으로 생각하는 사람들이 많다. 참선공부를 그런 식으로 생각하면 참선에 종교성이 사라지고 만다. 종교성 없는 참선은 마법사의 요술에 불과하다. 참선공부에 종교성 회복이 시급하다.

병을 고치려면 진단이 정확해야 한다. 당면한 문제를 제대로 해결하려면 먼저 문제의 성격부터 분명히 파악해야 한다. 요즈음, 동서를 막론하고 불교의 선禪사상에 대해서 관심이 많다. 그러나 한국에서는 지금 선禪에 대해서 회의적이고 비판적인 글들이 쏟아져 나오고 있다. 비판의 화살은 대개 화두를 들고 참선하는 간화선看話禪을 겨냥하고 있다. 비판하는 이유는 '아무리 해도 잘 안 된다'는 것이다. 아무리 해도? 말도 안 된다. 한 번도 제대로 해 보지 않고 말을 그렇게 하고 있기 때문에 하는 소리다. 비판적인 글들의 공통적인 특징은 글을 쓴 사람들이 하나같이 화두 드는 참선을 제대로 해 본 적이 없는 사람들이라는 사실이다. 간화선 수행에서 가장 중요한 것이 '믿음'이다. 믿음이 있고 없고의 차이는 천양지판이다. 믿음이 있어야 발분망식의 용맹스러운 정진이 가능하다. 믿음도 없고 정진도 없는데 어찌 거기에 간화선의 본질인 의단疑團이 독로獨露할 수 있겠는가. 어불성설이다. 그럼에도 불구하고 간화선은 옛날엔 되었을지 모르지만 오늘날은 안 된다느니 수식관이나 단전호흡이 더 효과적이라느니 아니면 남방의 위파사나가 더 좋다느니 하는 망발을 태연히 자행하고 있다. 이러한 말투는 마치 옛날엔 밥이 생명이었지만 오늘날은 빵이 생명이라고 말하는 것과 같다. 빵을 먹고 싶은 사람은 빵을 먹으면 된다. 다만 밥 먹는 것을 욕하고 헐뜯는 짓은 말아야 한다. 진실로 일체중생이 있는 그대로 완전한 부처님이라는 사실을 믿으면 자기 자신에 대해서 소스라치게 놀라지 않을 수 없다. 그리고 그때엔 발분망식의 정진이 나오지 않을 수 없다. 모든 문제는 믿지 않는다는 사실에 있다. 선불교禪佛敎에서 말하는 '믿음'이 무엇인가를 분명히 알아야 한다. 그리고 왜 오늘날 사람들이 말로는 불교를 믿는다고 말하면서 실제 생활과 행동에서는 불교인답게 살고 있지 않는지 그 까닭을 밝혀내야 할 것이다.

한국의 불교인들이 좋아하는 참회의 글이 있다.

죄란 자성이 없고 마음에서 생기는 것이다.	罪無自性 從心起
그러므로 마음이 없어지면 죄도 또한 없어진다.	心若滅時 罪亦亡
만일 마음도 죄도 다 없어지고 텅 비어 있으면	心滅罪滅 兩俱空
이것이야말로 진정한 참회가 아니겠는가!	是卽名爲 眞懺悔

참으로 훌륭한 글이다. 이렇게 좋은 글을 아침저녁으로 외우고 있으면서 마음으로 하여금 제자리로 돌아가 제 할 일 하게 하지 않고 독재자를 만들고 있으니 말세라는 한탄이 절로 나온다. 위에 인용한 참회의 글은 요즈음 종교에 관심가진 한국 사람들 사이에 널리 퍼져 있는 잘못된 마음문화를 여지없이 때려 부수고 있지 않는가!

IV.

진리를 멀리서 찾지 말자. 진리란 시간적으로도 공간적으로 멀리 떨어져 있는 것이 아니다. 진리란 '지금 당장, 바로 이 자리에 있는 것'이다.

그럼에도 불구하고 우리들은 잘못 생각해 왔다. 진리란 먼 훗날 공부를 많이 한 다음에 나타나는 것으로 착각해 왔다. 문제는 안에 있는데 안은 보지 않고 밖에만 두리번거리고 있는 꼴이다. 그들에게 진리란 여기엔 없고 먼 데 딴 곳에 있는 것이다. 깊은 산중의 도인들에게나 있다든가 죽어서 천당 가야 있다는 식이다. 죽은 다음의 극락세계에 가야 거기에 진리가 있다고 말한다면 그것은 불교가 아니다. 왜 우리는 이런 착각을 끝없이 하고 있는 것일까? 이것은 분명, 뭔가가 뒤바뀐 전도 현상이 아닐 수 없다. 이러한 전도 현상을 바로잡고 오랜 착각에서 벗어나야 한다. 이러한 병을 어떻게 고칠 것인가? 천 리 길도 한 걸음에서 시작하듯이 병을 고치는 일도 지금 당장 바로 이 자리에서 시작해야 할 것이다. 현실은 항상 명백하다. 착각 때문에 현실의 명백성이 흐려진다. 우리의 현실로 돌아가자.

한 예로, "부모에게 효도한다"는 말을 가지고 한번 생각해 보자. 부모니 효도니 하는 말은 원래 중국에서 들어온 한문 문자다. 이를 순수한 우리말로 바꾸면 '엄마아빠에게 잘한다'가 된다. 왜 한문은 아버지가 먼저인데 순수한 우리말은 엄마가 먼저일까? 순수한 우리말로 '아빠엄마'라고 아빠를 먼저 말하는 사람은 거의 없다. 한자로 되어 있는 부모라는 말은 중국에서 들어온 남성 위주 시대의 산물이라면 순수한 우리말은 여성 위주의,자연주의 시대의 산물이라고 보면 어떨까. 또 한 가지의 예를 더 들어 보자. 한문 문자에 '심신단련'이라는 말이 있다. 이를 순수한 우리말로 바꾸면, '몸과 마음을 튼튼히'가 된다. 이 경우에도 중국의 한문은 '마음 심'자가 앞서 있는 데 반하여 순수한 우리말은 '몸'이란 말이 '마음'이란 말보다 앞서 있다. 한국 사람 치고 '몸과 마음'이라 말하지 않고 그 순서를 바꾸어 '마음과 몸'이라고 말하는 사람은 없다. 여기서 우리는 한국문화의 특징을 하나 집어낼 수 있다. 아빠보다는 엄마가 먼저고, 마음보다는 몸이 먼저라는 것이 한국적 사고방식의 특징이 아닐까? 부정모혈이란 말처럼 아버지에게서는 정자 하나뿐인데 어머니에게서는 10개월이라는 긴 세월

동안 피를 공급받는다. 그러니 엄마아빠라고 말해야 옳지, 아빠엄마가 될수 없는 것이다. 그리고 사람의 마음은 가진 못된 짓을 다한다. 그것도부족하여 아무 죄도 없는 몸을 끌어들여 앞잡이 노릇을 시킨다. 그런 다음, 마지막엔 자기는 쏙 빠지고 모든 죄를 몸에다 덮어씌운다. 생각하면몸은 불쌍하다. 그리고 마음이 얄밉다. 그래서 나는 사형제도를 반대한다.벌을 받아야 할 놈은 몸이 아니라 마음이다. 코끼리가 싸울 때 망가지는것은 잔디라는 말처럼, 마음이 코끼리라면 몸은 짓밟힌 잔디 같다. 한국문화는 엄마문화고 몸문화다. 그것이 언제부터인지도 모르게 아빠문화와 마음문화로 뒤바뀐 것이다. 한국 사람들이 자기 자식들에게 가장 자주 하는말이 "잘 먹고 잘 살아라"라는 말이다. 이것은 돼지처럼 잘 먹어라 라는말이 아니라 몸이 중요하니 좋은 먹이를 잘 먹여야 한다는 말일 것이다.중국 음식에도 일본 음식에도 없는 김치가 한국 음식에 있는 것도 우연이아닐 것이다. 그리고 한국 사람처럼 채식을 좋아하고 나물을 좋아하고 오만가지 건강식을 모두 개발하여 몸을 중요시하는 민족도 드물 것이다. 그러므로 잘 산다는 말도 마음으로만이 아니고 몸으로 잘 산다는 말일 것이다. 남들에게 잘하는 것도 마음으로만 잘해 보았자 소용없다. 우리들의위대한 엄마처럼 자기를 희생하면서 남을 보살피고 돌보고 사랑하는 삶을 영위하라는 것이 잘 살아라 라는 말의 본래 뜻이었을 것이다. 가만히생각해 보면 순수한 우리말처럼 좋은 말이 없는 것 같다. 살다는 동사는사랑한다와 통하고 또한 이것은 사람이나 사람의 삶과도 통한다. '삶'과'사랑'과 '사람'이 하나로 이어지는 철학적이고 종교적인 말이 순수한 우리말인 것 같다.

앞으로 어떻게 할 것인가? 언제나 어디서나 누구나 할 수 있는 공부를하자. 밤낮 부지런히 공부를 하고 있는 것 같은데 전혀 공부를 하지 않고있는 사람도 있고, 전혀 공부를 하지 않는 것 같은데 밤낮 공부를 하고있는 사람이 있다. 우리는 전자가 되지 말고 후자가 되어야겠다. 다시 말하면 공부하는 척만 하지 말고 쉬지 않고 실지로 공부하는 사람이 되어야겠다는 말이다. 누가 그런가? 우리의 어머니다. 우리들의 어머니는 전혀 공부를 하지 않는 것 같은데 실지로는 밤낮없이 공부하는 분들이다. 자기는 뒤로하고 자식을 먼저 생각하는 분이 우리의 어머니들이다. 그렇게 사는 것이 바로 공부다. 우리들의 어머님이 선지식이다. 어머님 계신 곳이 진리가 일하고 있는 현장이다.

그렇다면 앞으로 우리는 어떻게 해야 할 것인가? 있는 그대로 살자. 나도 부처님이고 당신도 부처님이고 우리 모두가 다 부처님인데 뭘 그리 야단인가. 걱정할 것 하나도 없다. 문제는 간단하다. 무조건 자기 자신부터 부처님답게 살면 된다. 왜 부처님을 사생四生의 자부慈父라고 말하는가? 중생은 자기 자식만을 자식으로 알고 자기 자식만을 보살피지만, 부처님은 일체중생을 당신의 자식으로 알고 일체중생을 보살피기 때문이 아닌가. 그래도 잘 모르겠거든 나를 낳아 주시고 키워 주신 어머니를 다시 한번 더 생각해 보자. 왜 이 세상의 모든 성자들이 한결같이 어머니의 사랑을 그렇게도 높이 평가했는가. 무엇을 먹든 자식 생각이 앞서 먹지를 못하는 분이 우리 어머님이다. 맛없으면 삼키지만 맛있으면 내뱉어 자식 입에 넣어 주시는 분이 우리의 어머님이다. 어머님이 부처님이다. 어머님의 사랑이 부처님의 사랑이요, 어머님의 보살핌이 부처님의 보살핌이다. 사람은 누구나 그런 사랑을 타고날 때부터 가지고 태어났다. 그런 사랑을 자기 자신 속에서 발견하고 개발하고 발전시켜야 한다. 그리하여 이를 주위 사람들에게 베풀면서 살아야겠다. 이것이 부처님답게 사는 것이다.

우리는 그동안 너무나 오래 부처님을 등지고 살아왔다. 그래서 부처님답지 않은 나쁜 버릇이 몸에 배어 있다. 우리는 이를 깨닫고 뉘우쳐야 한다. 뉘우침이 없는 사람은 부처님답게 살 수 없다. 아무리 바쁘더라도 하루에 세 번은 뉘우쳐야 한다. 아침에 막 일어나서 뉘우치고, 점심을 먹기 전에 뉘우치고, 그리고 잠자리에 들기 전에 행여 부처님답지 않은 생각과 부처님답지 않은 말과 부처님답지 않은 행동을 하지 않았는지 살피고 뉘우쳐야 한다. 생각과 말과 행동이 한결같이 부처님다우면 이 이상 더 훌륭한 불공이 없을 것이다.

"일체중생을 맹세코 다 제도하겠다"는 말은 불교인들이 아침저녁으로 다짐하는 '사홍서원四弘誓願'의 첫 구절이다. 중생제도는 불제자들이 일시도 잊어서는 안 될 가장 중요한 실천덕목이다. 그러나 나는 20대의 젊은 시절에 처음 이 말을 듣고 '말도 안 된다'는 반발심을 일으켰다. 그때는 부르주아(bourgeois)들의 착취에 신음하는 프롤레타리아(proletariat)를 해방시켜야 한다는 말이 훨씬 더 그럴 법하게 들렸다. 그리고 산속에 숨어 사는 스님들의 서원을 허위요, 위선이라고 욕했다. 나의 이러한 고민을 들여다본 어느 스님이 말씀하셨다. '일체중생을 다 제도한다'는 불자들의 맹서는 자기 속에 있는 일체중생을 다 제도한다는 말이라고. 자기 속에 있는 일체중생과 자기 밖에 있는 일체중생. 그러니까 그때 나는 자기 밖에 있는 일체중생만 보았지, 자기 속에 있는 일체 중생을 못 보고 있었던 것 같다. 솔직히 말해서 그때 나는 그 스님의 말씀 속에 담겨진 깊은 뜻을 이해하지 못했다. 그런데 지금의 나는 사실 내 자신 속의 일체중생 제도가 얼마나 시급하고 중요한가를 처절하게 느끼고 있다. 이 말은 밖에 있는 온 세상의 불쌍한 사람들을 모른 척하겠다는 말도 아니고, 또한 세상의 불쌍한 사람들을 모른 척하고 사는 사람들을 옳다고 두둔하는 것도 아니다. 자기 속의 일체중생을 다 제도하겠다고 맹서하는 사람은 시시각각 자기 속의 일체중생을 제도하려고 애쓰면서 동시에 자기 밖의 일체중생을 걱정하는 삶을 사는 사람이라고 생각한다. 자기 속의 일체중생과 자기 밖의 일체중생은 따로 떨어져 있지 않다. 그렇다고 둘은 똑같은 하나라고 말할 수도 없다. 이들 둘을 따로 떨어져 있는 별개의 다른 둘로 나누는 것도 잘못이며 이들 '둘을 하나라고' 말해 버리는 것도 잘못이다. 그러므로 우리는 이들 둘이 하나인 경지에 살면서 이들 둘이 둘인 세상에서 살아야 한다. 나는 부처님이 그러한 분이었다고 생각한다.

　나의 이러한 말을 알쏭달쏭 무슨 말을 하고 있는지 모르겠다고 불평하는 사람도 있을 것이다. 그렇지만 이것은 사람이면 누구나 항상 경험하고 있는 일일 것이다. 현실을 말로 하면 항상 사람들은 못 알아듣겠다고 한다. 여기서 말(language)과 현실(reality)의 거리가 문제된다. 말은 현실을 다 담지 못한다. 말은 사람이 만든 것이다. 그러나 현실은 사람이 만든 것이 아니다. '있는 그대로'다. 작은 것 속에 큰 것을 담을 수는 없다. 이럴 때마다 어머니의 사랑을 생각해 보면 된다. 어머님의 사랑이 밖에 있는 것인가? 아니면 안에 있는 것인가? 어머니의 자식에 대한 사랑은 안에 있는 것이기도 하고 밖에 있는 것이기도 하지 않는가. 사실, 이들 둘은 하나다. 어머니는 이들 둘이 하나인 경지에 살고 있다. 둘이 하나인 경지에 살고 있기 때문에 둘이 둘 노릇을 제대로 하는 일을 잘할 수 있다. 어머니는 절대로 맹목적인 하나에 집착하지 않는다. 추호의 착오도 없이 자식의 모든 것을 샅샅이 다 알고 계시는 분이 우리들의 어머님이다. 큰 하나는 작은 둘을 포용한다. 전자는 몸이고 후자는 몸짓이다. 몸이 몸이라고 불리는 것은 그것이 죽은 것이 아니고 살아서 움직이고 일하는 몸이기 때문이다. 어머니의 사랑 속에서 어머니와 자식은 둘이 아니다. 그러면서도 하나임에 얽매이지 않고 둘을 다 살려 나간다. 불교의 진리 속에서 나와 일체중생의 관계가 꼭 그와 같다. 우리들의 불교공부는 말에 얽매이지 말고 주어진 현실에서 사람답게 사는 것이어야 할 것이다. 재주 있고 학식 많은 학자들이 왈가왈부하는 불교의 돈점논쟁도 유교의 사칠논쟁도 우리들이 말에 얽매이지 않고 일상생활을 제대로 하려 할 때 오히려 더 빛을 낼 것이다. 배움(學)이 그대로 익힘(習)이 되고 기쁨이 되는 세상은 지금 당장 이 자리에서 이루어져야 한다. 〈끝〉

16

박성배 불교학논집 서문 2009년 2월 22일

황경열 교수님,

아까 전화로 말씀드린, 다시 쓴 박성배 불교학논집 서문입니다.

환절기에 몸조심하시기 바랍니다.

박성배 드림

3월 9일

황경열 교수님,

교정을 꼼꼼히 잘 보셨군요. 수고가 많으셨습니다. 고친 것을 또 보
냅니다.

안녕히 계십시오.

박성배 드림

:: 박성배 불교학논집 서문─산山을 오르내리며

　이 세상을 살아 보면 살아 볼수록 내가 나쁜 놈이란 걸 뼈저리게 느낀
다. 불법을 처음 만나서부터 오늘날까지 나의 불교공부는 계정혜戒定慧 삼
학三學을 닦고 탐진치삼독심貪瞋痴三毒心을 다스리는 공부를 떠나지 않았다.
그럼에도 불구하고 나의 삶은 삼학도 삼독심도 아랑곳없는 막무가내였다.
이런 나쁜 놈을 누가 돌보는가? 긴 말 말고 단도직입적으로 말해 보자.
언제나 어디서나 자기를 돌보는 자기, 못된 생각과 못된 짓을 골라 가면서
다 하는 자기를 있는 그대로 보고 있으면서 이를 감싸고 돌보는 자는 다

름 아닌 자기 자신이다. 별별 소리를 다 하지만 나 자신만큼 나를 돌보는 자는 없다. 그러므로 자기 자신의 세계에서는 악惡이 악惡이 아니다. 자신의 악을 누구보다도 자기 자신이 재빨리 알아보면서도 악을 죽이기 위해 자기를 죽이는 법은 없다. 나는 여기서 현실現實과 이상理想의 모순을 본다. 그리고 여기서 종교인들의 수도이론修道理論에 한계를 느낀다. 종교인들의 수도이론에는 악을 감싸고 돌보는 자기가 없다. 이상에 집착한 나머지 현실을 있는 그대로 보지 못하고 있는 것 같다.

종교인들의 수도이론엔 산에 오르는 '상산上山 이야기'만 풍성하고 산에서 내려오는 '하산下山 이야기'가 빈약하다. 상산은 이원론적인 논리로 말할 수 있지만 하산은 그게 잘 안 된다. 구태여 말하자면 하산은 '둘 아님' 즉 '불이不二'의 실천이기 때문이다. 그러니 출가出家 이야기만 끝없이 하고 귀가歸家 이야기를 제대로 할 수 없는 것이다. 불법에 하산이나 귀가의 이야기가 전혀 없는 것은 아님에도 불구하고 많은 사람들이 그것을 마치 남의 이야기처럼 무책임하게 말한다. 예를 들면 그것은 성자들의 세계에서만 가능하다는 투의 꽁무니 빼는 논리다. 이원론이다. 이것이 몸짓 문화의 한계다. 문자문명은 그러한 의미에서 폭군처럼 못된 횡포를 자행했다. 성인의 세계와 죄인의 세계를 갈라놓고 깨친 이의 경지와 못 깨친 이의 세계를 갈라놓는다면 그것은 엄격한 의미에서의 종교는 아니다. 자기가 자기를 위하지 않으면 누가 자기를 돌보는가? 부처님은 불구의 자식을 돌보는 어머니처럼 못된 자기를 돌보는 자기 자신을 떠나 따로 있지 않은 것 같다. 불구의 자식을 돌보는 어머니와 못된 자기를 감싸는 자신은 가끔 상반된 듯이 보이지만 사실은 둘이 아니다. 이러한 상반되어 보이는 둘을 하나로 꿰뚫어 보는 지혜가 아쉽다.

나는 오랫동안 잘 풀리지 않는 불교의 수도이론 때문에 애를 먹었다. 그것은 고승들의 수도이론에 한계를 느끼고 거기에서 벗어나려고 애를 쓰는 몸부림이었다. 한마디로 말해서 고승들의 수도이론은 대개 기존의 질서에 너무 의존하고 있었다. 기존의 질서란 몸문화의 산물이라기보다는 몸짓문화의 산물인 경우가 많았다. 문자화된 모든 자료들이 몸짓문화의 산물이요, 그런 자료들을 근거로 하여 이루어진 인간의 생각들이 그러한 몸짓문화를 영구불변의 그 무엇으로 만드는 데에 결정적인 역할을 했다. 여기서 인간은 끝없는 고통에 신음해야 했다. 이제까지 고승들은 종래의 문헌과 그것을 근거로 형성된 교리教理와 제도制度 등등의 몸짓적인 업業에 의지하여 그들의 수도이론을 만들었다. 나는 이런 것들을 박차고 몸문화에 근거한 새로운 수도이론을 만들고 싶었다.

20대에 불교를 처음 만났을 때 경허鏡虛 성우惺牛(1849∼1912)스님의 이야기를 듣고 충격을 받았다. 경허스님은 한국의 선맥禪脈을 기사회생시킨 큰스님이었다. 그런 그가 56세라는 아직도 한참 일할 나이에 자취를 감추어버렸다. 나중에 알고 보니 경허스님은 갑산 강계에서 머리를 기르고 갓을 쓴 유교 선비로서 마을 아이들에게 유교 경전을 가르치다가 거기서 세상을 떠났던 것이다. 뒤늦게 송만공宋滿空, 한용운韓龍雲 등 제자들이 비보를 듣고 달려가 유구를 다시 불교의 제자리로 돌려놓았다. 하지만 경허스님 자신은 모르는 일이었다. 자, 이제 우리는 이 사건을 어떻게 해석해야 할까. 경허스님은 유교로 개종했던가? 오늘날 아무도 그가 만년에 유교로 개종했다고 생각하는 사람은 없다. 도인의 행적은 범인이 짐작할 수 없다는 것이 가장 흔한 해석이다. 그러나 나는 도인과 범인을 둘로 나누고 경허스님의 행적을 이런 식으로 얼버무리는 이분법을 싫어한다. 이분법적인 해석은 그동안 중요한 대목에 이르러 항상 죽을 쑤고 말았다. 우리는 경허스님의 말년 이야기를 있는 그대로 잘 들여다보아야 할 것 같다.

불교는 남을 포용하는 종교다. 그래서 불교는 가는 곳마다 현지의 기성 종교를 포용했다. 그리고 그 나라에서 자리를 잡은 다음에도 어떤 새로운 종교가 그 나라에 들어오면 그것도 또한 포용했다. 조선조 500년 동안 유교 선비들 가운데는 불교를 눈엣가시처럼 여긴 사람도 있었지만 그래도 불교는 유교를 우호적으로 대했던 것 같다. 이래서 한국불교의 경우, 불교적 사고방식에는 유교가 들어갔고 유교적 사고방식에도 불교가 들어갔다. 며느리가 시어머니를 미워하면서도 닮아가는 현상과 비슷하다. 일종의 종교적 습합현상이다. 그래서 나는 한국사상을 연구한다면서 불교를 모르는 유교공부나 유교를 모르는 불교공부를 온전한 공부로 보지 않는다. 나는 오랫동안 불교와 유교를 넘나드는 글을 쓰고 싶었다. 그러나 내가 과연 그런 글을 쓸 수 있을까 하는 회의가 앞섰다. 엄밀한 의미에서, 유교와 불교를 넘나드는 삶을 살지 않고는 양자를 넘나드는 글을 쓸 수 없을 것 같았다. 차별과 대립을 넘어서서 어디든 자유롭게 넘나드는 삶을 그리워한 지 오래지만 여전히 그림의 떡이다.

'넘나든다'는 말은 결코 어려운 말이 아니다. 도통을 해야 나타나는 신비스런 경지가 아니라 사람이면 누구나 경험하는 가장 일상적인 일이다. 나는 여기서 '넘나든다'는 말의 뜻을 내 나름대로 풀어 보았다. 주어진 현실에서 사람으로서 사람답게 사는 것, 이것이 넘나드는 삶이 아닐까. 지식인으로서, 종교인으로서, 또는 어느 집단의 일원으로서…… 등등 이렇게 나가기 시작하면 십만팔천 리다. 사람은 누구나 넘나들면서 살고 있는데, 지식인을 자처할 때, 종교인임을 자부할 때, 또는 어느 집단의 이해관계에 휩쓸릴 때 사람들이 그걸 잘 못하는 것 같다. 가지고 다니는 지식, 믿고 있는 종교, 그리고 이해관계에 구속받기 때문인 것 같다.

한국불교를 사상적으로 이해하려면 넘어야 할 고비가 많다. 그 가운데 하나가 돈점논쟁頓漸論爭과 체용논리體用論理를 제대로 정리하는 일일 것이다. 돈점논쟁은 불교적 체험에 입각한 자기의 증처證處를 드러내는 데에 목적이 있다면, 체용논리는 자기의 증처를 남들에게 전달하는 도구의 역할을 한다고 말할 수 있을 것이다. 돈점논쟁은 선禪과 교敎의 대립에서 비롯한 사건이기 때문에 어찌할 수 없이 신해信解와 행증行證이라는 화엄학의 수도이론을 원용하지 않을 수 없다. 화엄학에서 말하는 신해행증의 증은 대승기신론에서 말하는 구경각과 마찬가지로 대승불교적 수행체험의 절정을 가리킨다. 이러한 교가들의 증처를 염두에 두고 처음부터 구경각을 출발점으로 삼는 공부가 돈오돈수설이다. 20세기 후반에 해인사의 성철스님은 『선문정로禪門正路』라는 책을 내고 그 속에서 고려의 지눌(1158~1210)을 정면으로 비판하였다. 요즈음 한국의 돈점논쟁은 이렇게 시작되었다. 그러므로 돈점논쟁을 이해하려면 지눌의 돈오점수설과 성철의 돈오돈수설을 알아야 한다. 이러한 두 가지의 수행이론을 정리하는 데 필수불가결의 선결조건이 성철의 증처와 지눌의 증처를 분명히 하는 일이며, 두 분의 증처를 파악하는 데는 어찌할 수 없이 화엄학을 배경으로 하는 교가의 전통과 이를 넘어 서려는 선가의 전통을 다 넘나들어야 한다. 뿐만 아니라 선禪에서 말하는 활구참선活句參禪의 경지가 무엇인지를 분명히 알아야 한다.

　이런 식으로 그 뿌리를 캐 들어가기 시작하면 우리의 연구는 끝이 안 보인다고 해도 과언이 아닐 것이다. 그러나 공부에는 요령이 있다. 그것은 먼저 공부한 사람들의 경험담을 들으면서 함께 공부하는 일이다. 나에겐 다행히 그런 기회가 있었다. 그것은 1950년대에 대학을 중퇴하고 전라남도 해남 대흥사에 들어가 전강스님과 묵언스님의 지도로 활구참선을 실수實修한 경험이다. 전강스님이나 묵언스님이 고승이냐 아니냐는 배우는 나에게도 가르치는 그들에게도 문제되지 않았다. 그들은 수도이론을 거부한 선승들이었다. 나의 불교학은 한마디로 참선공부에서 비롯됐다고 말할 수 있을 것 같다. 그것은 선서禪書를 뒤지거나 선사禪師의 강의를 듣는 식의 공부가 아니었다. 잡담 제하고 절벽에서 천 길 벼랑 끝으로 집어던져 버리는 식이었다. 나는 지금도 그런 분위기를 잊을 수가 없다. 불교공부는 처음에 누구하고 시작했느냐가 크게 문제되는 것 같다. 만일 이러한 백척간두에서 진일보하는 경험이 없었더라면 그 뒤에 동국대학교의 교수직을 사표 내고 해인사로 들어가 성철스님의 돈오돈수설을 전수받는 행운을 감당하지 못했을 것이다. 아이들에게 헤엄치는 것을 가르치기 위해서는 어떠한 이론보다도 먼저 아이들을 물속에 밀어 넣는 것이 상책인 경우와 비슷하다고나 할까.

체용논리는 보다 근본적인 것과 거기에 따라 다니는 부수적인 것들을 분명히 가려내는 논리라고 말할 수 있다. 나는 학생들에게 체용논리를 가르칠 때 칠판에다 한 그루의 나무를 그린다. 사람들의 눈에 나무의 줄기나 가지, 잎, 꽃, 열매 등등은 잘 보이지만 땅속의 뿌리는 잘 보이지 않는다. 나무의 경우 눈에 보이지 않는 뿌리는 눈에 보이는 그 어떠한 부분보다 더 중요하다. 이러한 이치를 잘 아는 농부는 훌륭한 농사꾼이 될 수 있다. 인간의 경우도 마찬가지다. 눈에 보이는 부분과 보이지 않는 부분의 관계에서 후자의 중요성은 새삼스럽게 역설할 필요가 없다. 보이지 않는 부분을 볼 줄 알면 지혜로운 사람이다. 옛날의 어진 사람들은 항상 눈에 보이지 않는 부분의 중요성을 강조했다. 이런 것이 체용논리가 일하는 현장이다. 체와 용의 관계를 뿌리와 가지의 관계를 가지고 이야기하기도 하고 때로는 몸과 몸짓의 관계로 설명하기도 한다. 그래서 체용논리를 우리말로는 '몸과 몸짓의 논리'라고 한다.

앞서 말한 돈점논쟁을 체용논리로 풀면 돈頓은 몸에 해당하고 점漸은 몸짓에 해당한다. 요즘 사람들이 불교를 공부하는 모습을 보면 밤낮 몸짓공부만 하고 있고 몸공부는 하지 않는 것 같다. 소승불교의 좁은 테두리를 박차고 대승운동을 전개할 때 우리 선배들은 세상 사람들의 눈에 띄는 몸짓보다는 남들의 눈에 띄지 않는 세계에 눈을 뜨고 있었다. 그것이 돈의 세계다. 그것은 일의 시작과 마지막이 동시에 존재하는 세계라고 말할 수 있을 것이다. 그러한 의미에서 깨친 이의 점은 그대로가 돈의 일함이다. 깨침이니 견성이니 해탈이니 운운하지만 그런 것은 몸짓공부만으로 이루어지는 것이 아니다. 사색을 해도 몸으로 하지 않고 몸짓으로 한다면 몸짓의 노예상태에서 벗어날 수 없을 것이다.

본 논집에는 여러 가지 글이 실려 있다. 1950년대 학부시절의 글도 있고 최근의 글도 있다. 그동안의 내 삶이 안 가는 데가 없이 돌아다녔기 때문에 그에 따라서 글도 그 모양임을 고백하지 않을 수 없다. 그럼에도 불구하고 그 가운데는 잊히지 않는 글이 있다. 1979년 김규영 교수의 회갑 기념 논문집에 실렸던 「박종홍 교수의 원효사상 전개」라는 글과, 1990년 『보조사상』 제4집에 실린 「성철스님의 돈오점수설 비판에 대하여」라는 글은 지금도 내 기억에 생생하다. 나는 이 두 글을 쓰면서 얼마나 큰 고통을 받았는지 모른다. 왜냐하면 박종홍 교수와 성철스님은 모두 내가 존경하는 은사이었기 때문이다. 처음 원고 청탁을 받았을 때 나는 사양했다. 은사를 비판하는 글은 도저히 쓸 수 없었기 때문이다. 청탁하는 사람도 내가 사양하는 이유를 곧 알아듣는 것 같았다. 그러나 청탁이 또 왔다. 다른 적당한 필자를 찾지 못했단다. 또 사양했다. 이러기를 몇 번 되풀이하다가 나는 마침내 청탁을 받아들였다. 일종의 역사적 사명감 같은 것을 느꼈기 때문이었다.

그러나 막상 글을 쓰기 시작하면서 당한 고통은 이루 말할 수가 없었다. 밤새기를 수도 없이 했다. 그러나 한 달이 넘도록 글을 완성할 수 없었다. 천신만고 끝에 글이 하나 나왔다. 나는 실망했다. 내가 하고 싶은 말이 제대로 드러나 있지 않았다. 그때 나는 미련 없이 구고를 버리고 새로 다시 쓰기 시작했다. 그러나 역시 실패작이었다. 또다시 썼다. 몇 번을 다시 써도 나를 만족시키는 글은 끝내 나오지 않았다. 이러다가 원고 마감 날이 왔다. 울며 겨자 먹기로 마음에 들지 않는 원고를 청탁한 사람에게 보내 버렸다.

그토록 오랜 산고 끝에 나온 원고가 왜 내 맘에 안 들었을까. 나는 두고두고 내가 왜 그때 그렇게 고통 받았던가를 생각하지 않을 수 없었다. 몇 가지 짚힌 게 있었다. 무엇보다도 그 당시 나는 한국 사회에 뿌리깊이 박혀 있었던 사제지간의 정을 뛰어넘기가 그렇게 힘들었던 것이다. 스승

167

을 위하자니 글이 울고 글을 위하자니 스승이 우는 격이었다. 그러나 문제는 더 깊은 곳에 있었다. 그때 내 속엔 이미 박종홍사상과 성철사상이 너무 깊숙이 들어와 있었기 때문이었던 것 같다. 그러니까 나는 그때 두 은사를 비판하는 것만이 아니라 나 자신을 비판하는 작업을 하고 있었던 것이다. 성공적인 자기비판은 자기혁명을 거치지 않고는 불가능한 일이기 때문에 그 일이 쉬웠을 리 없다.

요즘의 내 좌우명은 '있는 그대로'다. '있는 그대로'라야 거기에 몸짓문화를 박차고 전개되는 몸문화가 피어날 수 있고, 가지가지의 못된 한계를 뛰어넘는 '넘나듦'이 가능할 것 같다. 있는 그대로 살면 남의 잘잘못을 따지기 전에 사실을 사실 그대로 선입견 없이 받아들일 수 있고 나 자신에 대해서도 꾸미거나 속이지 않게 될 것 같다. 남들을 있는 그대로 받아들이지 않고 자신을 있는 그대로 드러내지 않는다면 거기서 무슨 철학이 나오고 종교가 나올 수 있을까 하는 생각이 든다.

그동안 이 책을 내기 위해 수고해 주신 동지들에게 이 자리를 빌려 감사의 말씀을 드린다. 〈끝〉

17

청화스님의 불교사상　　　　　　　　2009년 10월 28일

황경열 교수님,

제 글 초안 보냅니다. 기탄없는 충고를 바랍니다.

안녕히 계십시오.

　　　　　　　　　　　　　　　　　　박성배 드림

11월 21일

황경열 교수님,

여러 차례 교정을 성심껏 봐 주셔서 고맙습니다. 저의 최종본을 보내드립니다. 서울엔 23일 새벽에 도착했다가 아홉 밤을 자고 12월 2일 수요일 오후 8시에 떠납니다.

그럼 서울서 만납시다.

안녕히 계십시오.

　　　　　　　　　　　　　　　　　　박성배 드림

:: '몸과 몸짓의 논리'로 본 청화스님의 불교사상[1]

1. 또 하나의 커다란 서원

오늘날 종교학자들은 세계에서 가장 널리 알려진 성자로 다섯 사람을 꼽습니다. 공자님, 부처님, 예수님, 마호메트, 소크라테스. 이른바 '오대성

---

1) 주최: 국제문화도시교류협회, 고불총림 백양사, 조계사, 한국불교역사문화기념관, 2009년 11월 26일 오후 2시.

인설五大聖人說'입니다. 그러나 입장에 따라서는 다른 리스트를 가지고 있는 사람도 없지 않을 것입니다. 몰라서 그렇지 어찌 이들 다섯 분만이 성자이었겠습니까? 알려지지 않는 성인들도 무수히 많을 것입니다. 한국엔 소문난 큰스님들이 많습니다. 그러나 소문 안 난 큰스님들도 없지 않을 것입니다.

우리들이 성자를 문제 삼을 때 제일 먼저 다루어야 할 점은 '성자의 정의'입니다. "어떤 사람이 성자인가?" "Who is the sage?" "聖者是何人?" 귀가 아프도록 듣는 오래된 질문입니다. 그리고 이것은 무시할 수도 없는 질문입니다. 성자라 하면 우리는 항상 남을 위해 살고 그러면서도 또한 겸손하며 자기들이 신봉하는 경전의 정신을 철저히 실천하는 높은 인격의 소유자를 연상합니다. 물론 이러한 사람은 흔하진 않지만 어디에나 있었습니다. 서양에도 있었고 동양에도 있었습니다. 그런데 여기저기 소문난 성자전들을 살펴보면 한 가지 공통점이 있습니다. 그것은 스승을 신비화하고 신격화하는 경향입니다. 예수님의 처녀잉태설, 부처님의 우협탄생설 등이 모두 신격화 작업의 부산물들입니다. 그러나 오늘날 이러한 성자관에 동의하는 학자는 별로 없을 줄 압니다. 성자도 우리들과 똑같은 보통 사람이라는 것이 오늘날 학자들의 공통된 의견인 것 같습니다. 공자님, 부처님, 예수님 등등이 모두 우리와 똑같은 보통 사람이었다는 사실 때문에 사람들은 오히려 큰 감동을 받고 자기도 개과천선하여 새사람이 되고자 애쓴다는 것입니다.

2500여 년 전 인도에서 석가모니 부처님이 돌아가셨을 때 제자들이 모여 부처님의 가르침을 결집했다고 합니다. 이때 재미있는 일이 생겼습니다. 결집 모임의 좌장격인 가섭존자가 아난존자를 퇴장시킨 사건입니다. 사람들은 모두 놀랐을 것입니다. 부처님을 항상 따라다녔고 기억력이 출중한 아난존자가 아니면 결집은 사실상 불가능하다고 믿고 있었기 때문입니다. 그러나 퇴장을 명령한 가섭존자의 태도는 추호도 흔들림이 없었다고 합니다. 아직 이기적인 사심이 없어지지 않은 아난의 입을 통해 나오는 부처님 말씀을 그대로 부처님 말씀으로 받아들일 수는 없다는 것이 가섭존자의 입장이었습니다. 요즘 말로 하면 전문적인 자격증이 없는 사람에게 전문직을 맡길 수는 없다는 것입니다. 한마디로 말해서 성자전을 쓰는 사람은 성자전을 쓸 수 있는 자격이 있어야 한다는 말입니다.

올바른 성자관聖者觀을 정립하는 일은 일시도 뒤로 미룰 수 없는 중요하고 시급한 일입니다. 저는 오랫동안 제가 만나 뵌 우리 큰스님들이 모두 다 '우리와 똑같은 보통 사람이었다'는 것을 밝히고 싶었습니다. 이런 일을 제대로 하려고 할 때 제일 먼저 대두되는 문제가 '내가 과연 성자전을 쓸 자격이 있느냐'는 문제였습니다. 동서고금의 성자전을 쓴 사람들이 모두 성자는 아니었다는 사실은 재론할 여지가 없습니다. 성자도 아닌 사람들이 성자전을 마구 써서 그동안 종교계는 막대한 피해를 입었습니다. 의사도 아니면서 부엌칼로 개복수술을 제멋대로 하는 경우와 비슷했습니다. 성자도 아니면서 성자전을 쓴다는 것이 얼마나 위험한 일인가를 우리는 알아야겠습니다.

우리들은 인격적으로 훌륭한 사람을 만날 때마다 저분이 바로 우리들이 오매불망 기다리던 성자가 아닌가 하고 생각할 때가 있습니다. 성자의 제일 큰 특징은 사리사욕이 없다는 것입니다. 아무리 훌륭해도 그 사람됨이 사리사욕에 갇혀 있으면 우리는 실망합니다. 사리사욕에 사로잡힌 사람은 항상 남을 해치기 때문입니다. 그러나 성자를 따르는 사람들이 모두 사리사욕을 떠난 사람들이라고 말할 수는 없습니다. 이러한 사실 때문에 저는 기존의 성자전에 큰 회의를 느낍니다. 성자를 따르는 사람들이 자기들이 믿고 따르는 성자가 다른 사람들이 믿고 따르는 성자들보다 더 훌륭한 성자임을 증명하려는 사리사욕적인 저의가 역력히 보이기 때문입니다. 기존의 모든 성자전들이 공통적으로 안고 있는 문제가 바로 여기에 있습니다. 한마디로 모두가 자기들의 스승을 신격화하는 경쟁을 하고 있는 것입니다.

　오늘날 자본주의적 경쟁사회에서 살아남기 위해서 사람들은 못하는 짓이 없습니다. 부끄러운 일이지만 종교계는 옛날부터 그런 짓을 해 왔었습니다. 그들은 다른 성자를 따르는 사람들과의 경쟁에서 이기기 위해 못할 짓이 없었습니다. 겉은 언제나 성스럽게 꾸몄지만 속은 항상 오늘날 자본주의 사회의 비대한 고양이들(fat cats)과 다를 바 없었습니다. 경쟁에서 이기려면 따르는 사람이 많아야 합니다. 따르는 사람이 많으면 경전을 편찬해야 합니다. 그리고 이를 무기화하기 위해서 도그마(dogma)를 만들어야 합니다. 그리고 이런 도그마로 무장한 결사대가 있어야 합니다. 오늘날 자본주의 시대의 집단이기주의와 똑같습니다.

　분명한 사리사욕입니다. 이것은 우리들이 존경하는 성자의 가르침을 배반하는 짓입니다. 이러한 현상은 소위 성공한 종교집단에 공통적으로 드러난 현상입니다. 자기들의 사리사욕이 스승의 사리사욕 없음을 배신한 것입니다. 오늘 우리들은 청화스님의 사리사욕 없으셨음을 기리기 위해 이 자리에 모였습니다. 그러므로 우리들은 이 자리에서 모든 불자들의 사홍서원처럼 커다란 서원을 하나 세워야겠습니다. "죽는 한이 있을지라도 깨끗하셨던 우리의 청화 큰스님을 터럭 끝만큼이라도 사리사욕에 악용하여 큰스님을 욕되게 하진 않겠습니다"라고.

2. 청화스님은 누구?

　청화스님은 아주 겸손하신 분이었습니다.[2] 저는 청화스님을 만날 때

---

2) 『마음의 고향』, 81쪽에 보면 청화스님의 겸손함을 알 수 있는 글이 있다. "저 같은 경우도 한 오십 년 가까이 중 생활을 했습니다. 그러나 제가 자의로 반성할 때 과거에 조금 더 부지런하고 순수했으면 하는, 그런 한심스러울 때가 많이 있었습니다. 누구나 다 그러는 것입니다. 그런데 우리가 지금 이 모양 이대로 자신을 생각할 때는 한심스럽지만, 부처님 차원에서 본다고 생각할 때는 똑같이 하나님의 아들이고, 또 화신 부처님입니다."

마다 이 점을 느꼈습니다. 청화스님에게서 '나는 깨쳤다'는 발언을 들어본 사람은 없을 것입니다. 스님의 언행에는 그런 흔적이 전혀 없었습니다. 또한 "나는 큰스님"이라느니 "나는 성자"라느니 하는 속된 분위기를 청화스님에게서는 조금도 느낄 수 없습니다. 문자 그대로 남녀노소, 빈부귀천, 유식무식, 불교도이교도, 친불친親不親을 막론하고 스님께서는 항상 한결같이 사람들을 대하셨습니다.

청화스님의 법문에는 못 알아들을 말이 별로 없습니다. 다시 말씀드리면 스님께서는 항상 우리들이 알아들을 수 있는 쉬운 말로 말씀하였기 때문입니다. 스님께서는 타고 날 때부터 남다른 학문적인 소질을 가지고 계셨던 것 같습니다. 큰스님을 뵐 때마다 저는 이러한 생각을 했습니다. 스님께서 만일 학계로 나가셨더라면 큰 학자가 되셨을 것이라고. 그럼에도 불구하고 스님은 유식한 척 학자 티를 내지 않으셨습니다. 누구에게나 겸손하셨고 누구나 알아들을 수 있는 말로 말씀하셨던 두 가지의 특징은 바로 청화사상의 특성과도 직결된다고 생각합니다. 염불선을 강조하시고 원통불법을 선양하신 점은 스님의 이러한 생활태도와 바로 연결된다고 생각합니다.

청화스님은 또한 문제의 현장을 피하지 않으셨습니다. 예를 들면 스님께서는 기독교와 불교의 갈등이 심해져 갔을 때 기독교인들 만나기를 좋아하셨습니다. 이것은 말이 쉽지 실제로는 쉽지 않은 일입니다. 뿐만 아니라 정치권에서 보수진영과 혁신세력 간에 갈등이 심했을 때도 스님께서는 운동권 사람들 만나기를 좋아하셨습니다. 스님의 이러한 특징은 모두 스님의 염불선사상 그리고 원통불법사상과 무관하지 않다고 생각합니다.[3] 만일 스님이 간화선을 하는 선승이었으면 이런 일을 하시기 어려

---

3) 『정통선의 향훈』, 62쪽에서는 "비록 불교라 할지라도 편협하게 어느 종파나 문중 등에 집착하여, 원융무애한 중도사상인 정통 불법을 외면하고서는 소용돌이치는 현대사회의 혼탁한 물결을 맑힐 수 없습니다"라고 하여 정통 불법의 중요성을 논하고 있다.

윘을 것입니다.

　동서를 막론하고 큰 가르침을 편 종교적 성자들은 누구나 "이 세상에 진리는 없다"고 말하지 않았습니다. 그러한 의미에서 성자들은 모두 "진리는 있다"는 확신을 가지고 사신 분이라고 말할 수 있을 줄 압니다. 뿐만 아니라 성자들은 그러한 진리를 꾸준히 추구했고 마침내 진리와 하나 된 삶을 살았습니다. 지금 우리들이 살고 있는 지구는 땅덩어리가 크고 넓어서 서로서로 막힌 대목이 많습니다. 동과 서가 다르고, 옛날과 오늘이 다르고, 언어가 다르고, 먹고사는 직업이 다르고, 믿는 종교가 다르고, 가치관이 다르고,. 습관과 풍속과 문화 등등이 모두 다릅니다. 이 많은 다른 것들 가운데서 가장 심각한 문제가 서로서로 믿는 종교가 다르다는 데에 있습니다. 목숨은 버려도 믿음은 못 버리는 것이 종교인들의 특성이라고 합니다. 그래서 인류 역사상 사람들을 무자비하게 죽인 비극적인 전쟁들이 서로서로의 종교가 다르기 때문에 생겼다고 말하는 사람도 있습니다. 그러므로 우리는 믿음의 차이를 넘어서는 진리를 추구해야 합니다. 그리고 그러한 작업은 많은 사람들로부터 공감을 받아야 합니다.[4] 그기 위해서는 종교적인 지도자들이 독선과 오만을 버리고 자기만 아는 문자를 되도록 쓰지 말고 만인이 알아들을 수 있도록 말을 쉽게 해야 합니다. 저는 청화스님이 그런 분이었다고 생각합니다.

　석가모니 부처님은 가피라(Kapila) 성을 떠난 다음 10여 년의 고행을 하시다가. 다시 우리들이 사는 속세로 내려 오셨습니다. 그리고 제일 먼저

---

4) 본 원고 부록에 제시한 《도표 1》은 기독교와 불교가 어떻게 다른가를 밝혀 보려는 시도에서 나왔다. 여기서 나는 기독교를 유목민이 시작했고 불교는 농경민의 종교로 보았다. 《도표 2》는 남의 종교를 이야기할 때의 자기의 위치를 분명히 알고 이야기하자는 의도에서 만든 것이다. 불교인이 기독교를 이야기하면서 자기는 최고의 위치에 놓고 상대방은 최하의 위치에 놓고 이야기한다면 이는 대화를 하지 말자는 거나 다름이 없다. 내가 최고의 위치라면 상대방의 최고를 이야기해야 한다. 그리고 상대방의 최하를 이야기하려면 자기도 최하로 내려가 이야기해야 한다. 이것이 오늘을 사는 사람들이 지켜야 할 윤리라고 생각한다.

인생의 고통에 대해서 말씀하셨습니다. 누구나 알아들을 수 있는 주제입니다. 종교의 세계에는 진리를 찾아 산 위로 올라가는(上山) 길과 찾은 진리를 실천하기 위해서 다시 산 아래로 내려오는(下山) 길이 있습니다. '상산 이야기'는 대개 자기 혼자만의 이야기로 가득 차 있지만 '하산 이야기'는 항상 가지가지의 여러 사람들을 상대하는 이야기입니다. 청화스님도 40년의 용맹정진 끝에 산에서 내려오셨습니다. 그리고 천하가 좋아하는 간화선을 하지 않고 세상이 이단시하는 염불을 가르치셨습니다.[5] 청화스님이 누구인가를 밝히기 위해서 우리들은 스님이 왜 염불선을 강조하셨는가를 이야기하지 않을 수 없습니다.[6]

3. 염불사상에 대한 오해

일본 불교권에 널리 퍼져 있는 해괴한 말이 있습니다. "염불念佛은 타력他力, 참선參禪은 자력自力"이란 말입니다. 세상에 이런 엉터리 같은 소리가 어디 있습니까! 불교공부를 해 본 사람이면 누구나 다 아는 소리지만 원 세상에 타력 없는 자력이 어디 있으며 자력 없는 타력이 어디 있습니까? 해괴한 소리는 또 있습니다. "정토淨土는 이행易行, 선종禪宗은 난행難行"이란 말입니다. 분명코 일본의 정토종 사람들이 만든 말일 것입니다. 그러

---

5) 『정통선의 향훈』, 95쪽에서는 간화선 일변도에 대한 반성으로 "가까운 일본이나 중국의 불교에서도 여러 가지 선법이 고루 인정받고 발전해 온 데 반해, 유독 우리나라 불교계만 간화선 일변도로 치우치는 듯한 풍조는 반성해야 할 점입니다. 본체만 여의지 않으면 염불, 지계, 간경이 궁극적으로 선이 아님이 없지 않습니다"를 이야기하고 있다.
6) 『정통선의 향훈』, 153쪽에서 청화스님은 "그냥 염불은 이것은 부처를 자기 밖에서 구한단 말입니다. 또 극락세계를 자기 밖에서 구한다 말입니다.…… 부처를 자기 마음 밖에서 구하고, 극락을 자기 마음의 밖에서, 저만치 십만 억 국토 밖에서 구하는 그러한 것은 방편염불입니다. 우리가 흔히 하는 염불은 방편염불입니다. 진실이 아니라는 말입니다. 그러나 '염불선'은 참다운 염불이 바로 염불선인데 이것은 '자기 마음의 본바탕이, 자기 마음이 바로 부처' 또한 동시에 우주를 바로 부처로 생각한다는 말입니다. 이와 같이 하는 염불이 바로 염불선입니다"라고 하여 염불과 염불선을 구별하고 있다.

나 이 말은 의외로 널리 퍼져 있습니다. 미국서도 이렇게 말하는 사람들이 많습니다. "Pure Land Buddhism is Other power Buddhism whereas Zen Buddhism is Self power Buddhism; the latter is difficult to practice, but the former is easy to practice." 정말 해괴한 소리입니다. 미국 사람들은 어렵다 하면 도망치는데 독일 사람들은 어렵다 해야 덤벼든다는 말도 있습니다.(Americans love an easy way like Pure Land yet Germans like a harder way like Zen.) 미국문화의 한 단면을 드러내는 말입니다. 불법을 수행하는 데 어디에 쉽다 어렵다 하는 말들이 상품의 상표처럼 항상 붙어 다닐 수 있단 말입니까? 쉬운가 하면 어렵고 어려운가 하면 쉬운 것이 불교공부입니다.

한국에는 '염불'에 대한 부정적인 말들이 많이 있습니다. "스님이 염불에는 관심이 없고 잿밥에만 관심이 있다"든가, 또는 "십년공부 도로아미타불"이란 말도 그런 말들 가운데 하나일 것입니다. 이런 말들은 모두 염불수행에 부정적인 감정을 일으키게 합니다. 나라와 민족을 걱정하신 한용운 대사도 그의 『조선불교유신론』에서 "염불당을 없애라"고 주장했습니다. 원효, 지눌, 서산 등등의 큰스님들도 염불을 말씀하셨지만 염불을 대단하게 본 것 같진 않습니다. 심지어 『대승기신론』의 염불관도 신심이 겁약한 하근기 중생을 위해 마지못해 쓴 방편으로 알려져 있습니다.[7] 이것은 그냥 넘어갈 문제가 아닙니다. 다시 조심스럽게 검토해 보아야 할 문제입니다. 왜냐하면 사실은 그렇지 않기 때문입니다.

『대승기신론大乘起信論』은 가장 잘된 '대승불교학 개론서'로 꼽히는 책입니다. 이 책은 수행을 이야기하면서 신심이 약한 사람들을 위하여 염불

---

7) 『원통불법의 요체』, 223쪽에서 청화스님은 "우리 불성은 원만무결한 것이지만 중생은 宿業에 따라서 그렇지 않기 때문에 정서나 의지로 참구하는 쪽보다 화두를 의단으로 참구하는 것도 무방할 것이고, 확신을 위주하고, 疑團을 싫어하는 사람은 화두 없이 黙照하는 것도 좋겠지요. 어느 쪽으로 가나 다 성불하는 법입니다. 그러나 빠르고 더딘 차이는 있겠지요. 자기 근기에 맞으면 더 빠르고 쉬울 것입니다"라고 하여 참선의 방법에 대한 시각을 보이고 있다.

을 권하고 있는 것으로 알려져 있습니다. 그러나 우리는 여기서 묻지 않을 수 없습니다. 신심이 약한 사람들이라니, 도대체 어떤 사람들이 신심이 겁약한 사람들입니까? 바로 '나 같은 사람'일 거라는 생각이 듭니다. 이 세상에 '나는 신심이 강한 사람이다'라고 장담할 수 있는 사람이 있을까요? 만에 하나라도 그런 사람이 있다면, 그런 사람은 뭔가 딴 목적이 있어서 그렇게 말할 것입니다. 그러므로 저는 "『대승기신론』은 일체중생을 위해서 염불을 권하고 있다"고 말하고 싶습니다.

불교에서 수행이라 하면 전통적으로는 팔정도를 닦는 것을 의미했습니다. 『초전법륜경』 사제법문의 마지막인 도제道諦가 바로 팔정도八正道입니다. 팔정도란 정견正見, 정사正思, 정어正語, 정업正業, 정명正命, 정정진正精進, 정념正念, 정정正定을 말합니다. 이러한 팔정도를 닦는 것이 불교적 수행의 핵심이었습니다. 팔정도는 그 이름이 여덟 가지이지만 하나하나가 따로따로 떨어져 있지 않고 내용적으로는 모두가 서로서로 얽혀 있습니다. 그래서 영어권에서 이를 Eight-fold Path라고 말합니다. 학자들은 그동안 맨 처음의 정견과 마지막의 정정에 큰 관심을 표명했습니다. 『대승기신론』은 염불이 정정에 이르는 길임을 분명히 했고 염불을 아주 훌륭한 불퇴전의 길이라고 주장하고 있습니다. 부처님이 처음 사제법문四諦法門을 설하신 뒤로 오늘날까지 불교의 교리는 거의 무한정이라 말해도 좋을 만큼 여러 가지로 다양하게 발전해 왔습니다. 그렇지만 그 내용을 자세히 살펴보면 모두가 부처님의 처음 법문을 떠나지 않고 있습니다. 뿐만 아니라 이른바 불경은 한마디로 수행을 떠나 따로 있지 않다는 것을 생각하면 『대승기신론』의 핵심도 수행에 있고 그 수행신심분의 마지막 말이 염불선양으로 되어 있다는 사실은 의미심장한 일이 아닐 수 없습니다. 우리는 다시 이 대목에 주의해야 할 줄 압니다. 한용운, 서산, 지눌, 원효 등등 그 누구도 염불을 폄하하진 않았습니다. 다만 하려면 제대로 하라고 노파심절老婆心切 간곡하게 경고했을 뿐입니다. 심지어 "십년공부 도로아미타불"이라는 속

설도 자세히 살펴보면 욕이 아닌 경고로 볼 수 있습니다. 그리고 그 이면엔 많은 사람들이 이미 염불공부를 하고 있다는 것을 암암리에 입증해 주고 있습니다. 일본엔 염불종이 잘 되고 그 신도들도 타의 추종을 불허할 만큼 많은데, 한국엔 왜 오랫동안 염불종이 없었을까요? 물론 거기엔 정치적인 이유도 없지 않았지만 우리는 이 사실을 달리 해석할 수도 있습니다. 그것은 염불이 너무나 당연한 수행법이기 때문에 이를 따로 명시할 필요가 없었다고 말할 수도 있을 줄 압니다. 오늘날 한국의 모든 불교도들은 승속을 막론하고 염불을 하지 않는 사람은 없다고 말해도 좋을 것입니다. 이것이 오늘날 한국불교의 현실입니다.

1956년 봄, 저는 의학공부를 그만두고 불교학을 전공하기 위해서 동국대학교로 편입시험을 보러 갔었습니다. 시험을 치르고 돌아오는 길에 남산 기슭에 있는 동국대 캠퍼스의 어느 높은 절벽에서 잘못 헛발을 디뎌 깊은 골짜기로 떨어지고 말았습니다. 즉시 세브란스병원으로 옮겨져 생명은 구했지만 나는 그날 밤 죽을 욕을 보았습니다. 척추가 부러졌기 때문입니다. 절벽에서 떨어진 처음 며칠은 사경을 헤매었습니다. 다행히 의식은 잃지 않았기 때문에 입원 첫날 화두를 들려고 애썼습니다. 그러나 다친 허리가 너무 아파 신음소리밖엔 나오지 않았습니다. 그러다가 밤늦게 잠이 들었습니다. 의사의 처방이 아직 안 나왔다는 이유로 간호사들은 진통제도 수면제도 주지 않았습니다. 그땐 그 간호사들이 정말 미웠습니다. 미워하다가 잠이 들었습니다. 아침에 잠을 깨니 옆에 누워 있던 다른 중환자들이 모두 저에게 어찌된 일이냐고 물었습니다. 초저녁엔 아프다고 고래고래 소리 지르고 간호사 나오라고 고함치다가 갑자기 조용해지더니 아침까지 잘 자더라는 것입니다. 자기들은 제가 죽은 줄 알고 저의 코에 손을 대 보고 여러 차례 생사확인을 했었다고 합니다. 그 말을 듣고 가만히 생각해 보니 심한 고통 때문에 화두가 들리지 않아 나도 모르게 염불을 시작했고, 그리고 잠이 든 것입니다. 잠이 든 다음에도 비몽사몽간에 염불을 계속했던 기억이 났습니다. 이러한 경험을 한 다음, 저는 견디기 어려운 인생의 고비에 부딪칠 때마다 저도 모르게 염불을 하게 되었습니다. 이것은 '무엇을 버리고 무엇을 택하는 선택'이 아니라 저절로 그렇게 된 것입니다. 그렇다면 그동안 한국불교계는 어째서 염불을 이단시했을까요? 청화스님은 이것을 간화선 하는 사람들의 독선 때문이라고 말씀하셨습니다.[8]

4. 청화스님의 염불관

청화스님은 '염불이 바로 선'이라는 확신을 가지고 평생을 사셨습니다. 한국의 조계종이 소중히 여기는 『육조단경』도 스님의 길을 뒷받침해 주고 있습니다. 이것은 스님의 순선純禪사상에 잘 나타나 있습니다.[9] 순선이란 아직 종파대립으로 분열되지 않는 초조 달마대사로부터 육조 혜능대사에 이르기까지 면면히 전해 내려온 순수한 선을 의미합니다.[10] 청화스님은 열반하셨던 2003년에 『육조단경』을 역주하여 출판하셨습니다. 그 해제에 청화스님은 다음과 같이 말씀하셨습니다.

---

8) 『정통선의 향훈』, 95쪽에서 청화스님은 "가까운 일본이나 중국의 불교에서도 여러 가지 선법이 고루 인정받고 발전해 온 데 반해, 유독 우리나라 불교계만 간화선 일변도로 치우치는 듯한 풍조는 반성해야 할 점입니다. 본체만 여의지 않으면 염불, 지계, 간경이 궁극적으로 선이 아님이 없지 않습니다"라고 하여 오히려 간화선 일변도인 풍조에 대해서 비판하고 있다.

9) 『원통불법의 요체』, 69쪽에서 청화스님은 "모든 문화 현상이 분열로부터 종합과 화해로 나아가는 것이 현대사회의 추세입니다. 따라서 우리 佛法의 해석도 마땅히 會通的이어야 하고, 佛法 본래 자체가 '非法도 佛法이라' 佛法 아닌 것이 아무것도 없는 것이기에, 응당 부처님께서 주로 말씀하신 如來禪이나 또는 달마스님 이후에 발달된 祖師禪이나 내용은 둘일 수가 없는 것입니다"라고 하여 회통의 필요성과 여래선과 조사선이 둘일 수 없다는 의견을 제시하고 있다.

10) 『정통선의 향훈』(금륜 제6호), 45쪽에서 청화스님은 "달마대사로부터 혜능대사까지는 오로지 순수하게 마음의 해탈만을 문제시하였다고 하여 純禪時代라 하고, 그 무렵에 주로 제창한 법문을 안심법문이라 하는 것입니다"라고 하여 순선시대와 안심법문을 정의하고 있다.

······ 특히 사조四祖 도신대사道信大師의 「입도안심요방편법문入道安心要方便法門」에는 "일상삼매一相三昧는 우주법계가 진여실상眞如實相의 일상一相이기 때문에 일상삼매라 하고, 생각생각에 일상삼매를 여의지 않고 참구수행參究修行함을 일행삼매一行三昧라 하였으며, 선남자善男子 선여인善女人이 일행삼매에 입入하고자 하면 마음으로 오로지 한 부처의 명호를 상속相續하여 외우면 즉시 염중念中에 능히 과거, 미래, 현재의 제불諸佛을 볼 수 있는데, 그것은 일불一佛 공덕과 무량제불無量諸佛의 공덕功德이 둘이 아니기 때문이라" 하였다. 그리고 『문수설반야경文殊說般若經』을 인용하여 "부처를 염하는 염불하는 마음이 바로 불이요 망상하는 마음이 바로 중생이며 염불은 곧 염심이고 구심求心은 바로 구불인데, 왜 그런가 하면 마음은 본래 모양이 없고 부처 또한 모습이 없기 때문에 마음과 부처가 둘이 아닌 도리를 알면 바로 이것이 안심이니라" 하여 이른바 안심법문(달마)의 원리를 도파道破하였으며, 그리하여 "항상 염념히 불을 억념憶念하면 반연攀緣이 일어나지 않으며 번연히 모든 상을 여의고 여실하게 평등무이不等無二한 여래진실법성신如來眞實法性身을 성취하게 되나니, 달리 이름하여 정법正法이라 하고 또한 불성佛性이라 하고, 제법실상諸法實相이라 하고, 정토淨土라 하고, 보리라 하고, 또한 금강삼매金剛三昧, 본각本覺, 열반계 등 비록 이름은 헤아릴 수 없이 많으나 모두가 동일한 진여불성이니라" 하였다.······11)

청화스님은 '염불念佛이 곧 선禪'임을 주장하셨습니다. 이것은 쉬운 일이 아닙니다. 천하가 동쪽으로 가는데 홀로 서쪽으로 간다는 것은 쉬운 일이 아니란 말입니다. 그러나 인류 역사상 위대한 성자치고 그렇지 않은 사람은 없었습니다. 석가모니 부처님이 바로 그런 분이었습니다. 천하가 바라문이 가리키는 길을 가는데 부처님은 바라문의 길을 가지 않았습니

---

11) 청화 역주, 『육조단경』, 「해제」 5, '일상삼매와 일행삼매', 31~33쪽.

다. 기독교의 예수님도 이 점에서는 부처님과 아주 비슷했습니다. 유태인으로 태어나 유태인으로 살았던 예수님은 유태인들의 삶을 따라 가지 않았습니다. 그래서 예수님은 유태인들의 반감을 샀고 그것은 결국 그가 십자가 처형이라는 비극을 면치 못한 이유이기도 했습니다. 부처님이나 예수님만 그러신 것이 아닙니다. 희랍의 성자 소크라테스의 일생도 그러했고 중국의 공자님도 그러했습니다. 그래서 우리들의 잣대로 볼 때 그들은 모두 불행했습니다. 청화스님도 그러하셨습니다. 참선을 강조하는 조계종의 풍토는 청화스님을 제대로 대접해 드리지 않았습니다. 그럼에도 불구하고 청화스님은 이에 굴하지 않고 평생을 꿋꿋하게 당신의 소신대로 살다 가셨습니다. 우리가 청화스님을 성자라고 말할 때는 이 점을 분명히 해야 한다고 생각합니다. 우리는 여기서 무엇이 청화스님을 그렇게 꿋꿋하게 사실 수 있게 했던가를 밝혀야 합니다.

5. 청화스님의 원통사상

청화스님은 "원통圓通"이란 말을 자주 쓰셨습니다. 원효스님의 핵심 사상인 회통會通과 일맥상통하는 말입니다. 모든 것은 서로서로 완전히 통하게 되어 있다는 청화스님의 원통사상은 한마디로 말해서 대승불교의 핵심 사상이라고 말할 수 있습니다. 대승불교운동의 핵심은 부처님의 자비를 당장 이 자리에서 다 함께 실천하자는 것이라고 말할 수 있을 줄 압니다. 그러자면 우리 모두가 다 그렇게 할 수 있다는 근거를 제시해야 합니다. 초기 대승불교의 사상가들은 이것을 반야般若(프라즈냐, prajna; wisdom)에서 찾았습니다. 프라즈냐는 누구나 타고날 때부터 가지고 나온 슬기입니다. 유식무식 남녀노소에 관계없이 누구나 태어날 때부터 가지고 있는 지혜입니다.

초기 대승불교운동의 지도자들이 말씀하신 지혜는 하나의 텅 빈 공간처럼 그 자리에 무엇이나 자유롭게 들어올 수 있는 특성을 지닙니다. 다름 아닌 공空(텅 빔; sunyata; emptiness)입니다. 불교의 텅 빔은 요즘 사람들의 공간개념과는 다릅니다. 불교의 공에 항상 거기에 지혜라는 말이 따라 다니는 것을 보면, 그것은 하나의 생명 현상임을 알 수 있습니다. 불교의 공은 지혜롭다는 말이며 지혜롭다는 말은 텅 비었다는 말입니다. 그러므로 불교의 텅 비었다는 말에서는 항상 인간미가 느껴집니다. 그게 자비입니다. 공이라 하든 지혜라 하든 자비라 하든, 모두가 다 인간을 두고 하는 말임을 잊어서는 안 됩니다.

공과 지혜가 인간을 두고 말하는 한, 그것들은 모두가 인간의 몸을 떠나 따로 있는 것이 아닙니다. 다시 말씀드리면 오온五蘊(판차 스칸다; panca skandha; five aggregates; 다섯 가지 무더기) 밖의 일이 아니란 말입니다. 별별 것이 다 함께 얽히고설키고 뭉쳐서 편안하게 생명 노릇 하고 있는 것이 '스칸다'라는 말입니다. 그런 스칸다들이 우리 몸입니다. 그러니까 물질과 텅 빔과 지혜를 하나의 단어로 묶을 때 그것을 몸이라고 합니다. 여기서 몸은 물질이다, 몸은 텅 비었다, 몸은 지혜롭다는 말이 다 가능한 것입니다. 불교의 독특한 인간관이 엿보입니다. 몸으로 사는 인간은 있는 그대로 진여眞如(진정 그러함; tathata; suchness)입니다. 이것이 우리의 본성이고 부처님의 본바탕입니다. 우리들이 대자대비하시고 대지대혜하신 부처님을 생각하고 '나무아미타불!' 할 때 전 우주가 나이고 내가 전 우주가 됩니다. 이것을 염불이라 불러도 좋고 선이라 불러도 좋고 뭐라 불러도 좋습니다. 문제는 있는 그대로 기쁨이고 누구나 나이니까 그 사람에게서는 봉사가 나오고 창조가 나오고 고함이 나오고 용맹정진 불철주야 등등 온몸의 움직임이 나옵니다. 이것이 자비로 세상을 산 부처님의 모습입니다. 저는 이런 것을 청화스님의 원통불법사상이라고 생각합니다.

6. 몸과 몸짓의 논리로 풀어 본 청화사상

그러면 이제부터 저의 장기인 '몸과 몸짓의 논리'로 청화사상을 한번 정리해 보겠습니다. 저는 청화사상을 몸의 논리로 보아야지 몸짓의 논리로 보아서는 안 된다고 생각합니다. 몸의 논리는 우주적인 질서로 되어 있습니다. 거기에 비해 몸짓의 논리는 개인적 또는 사회적 집단의 질서로 되어 있습니다. 이러한 두 가지의 질서는 누구에게나 다 있습니다. 그런데 이러한 두 가지의 질서는 동시에 공존하기 때문에 항상 사람으로 하여금 내적 갈등을 일으키게 하고 그 결과 심한 고통을 겪게 합니다. 사람을 괴롭게 만드는 이러한 두 가지 질서의 갈등현상은 오래 계속되는 사람도 있고 빨리 사라지는 사람도 있습니다. 빨리 사라지는 경우는 종교적인 수련을 통해 사라지기도 하고 이지적인 훈련으로 다스리는 경우일 것입니다. 불교에서는 후자를 온전한 해결방법으로 보지 않습니다. 어디까지나 속에 응어리져 있는 아라야식이 녹아 없어져야 한다고 주장합니다. 저는 그런 경지를 몸을 발견하고 몸으로 사는 사람에게서 봅니다. 저는 청화스님을 몸을 발견하고 몸으로 세상을 산 사람이라고 믿습니다. 청화스님이 누구에게나 겸손하셨고, 누구하고나 아주 쉬운 말로 대화하셨고, 계율을 엄격하게 잘 지키셨고, 비록 원수지간이라 할지라도 껴안고 보살피신 것을 그저 몸짓으로 그러셨다고 생각할 수는 없습니다. 몸을 발견하고 몸으로 돌아가 다시 몸에서 나오는 몸짓으로 그리 하셨을 것입니다. 만에 하나라도 그렇지 않았다면 큰일입니다. 사람의 몸짓이 몸의 질서의 일함이 아니고 딴 목적을 가지고 그런다면 그것은 위선입니다. 이중인격적인 행위입니다. 저는 이러한 것을 '몸의 몸짓'과 구별하여 '몸짓의 몸짓'이라고 부릅니다. 우리는 지금 '몸의 몸짓'으로 살고 있느냐, 아니면 '몸짓의 몸짓'으로 살고 있느냐를 잘 살펴야 합니다.

'몸의 몸짓'은 위대합니다. 인류의 모든 성자들은 '몸의 몸짓'으로 사신 분이었다고 생각합니다. 반면에 거짓 성자들은 모두 '몸짓의 몸짓'으로 산 사람들이었다고 말할 수 있을 줄 압니다. 속이고 거짓말하는 문제는 결코 작은 문제가 아닙니다. 조선조의 대표적인 유학자인 퇴계선생은 이를 이

용위체以用爲體의 오류(用을 體로 착각하는 오류)라고 질타했습니다. 이것이 바로 제가 지금 밝히고자 하는 것입니다. 다시 말씀드리면 '몸짓의 몸짓'을 '몸의 몸짓'으로 착각하는 오류입니다. 간화선看話禪은 몸짓문화를 파사현정의 철퇴로 쳐부수었다고 말할 수 있습니다. 그러나 불행히도 오늘날 그 추종자들이 그러한 간화선을 또 하나의 몸짓문화로 전락시키고 말았습니다. 그래서 사람들은 지금 간화선을 경원시하는 것 같습니다. 그러나 몸짓만을 보고 몸을 보지 않는 오류는 어찌 간화선 하는 사람들에게만 있겠습니까? 모두들 종교를 믿고 도를 닦는다고 말하지만 이용위체의 오류를 완전히 극복한 사람이 과연 몇이나 될지 의심스럽습니다. 동서고금의 어느 종교, 어느 종파를 막론하고 거의 모든 종교인들이 스승의 몸짓을 '몸짓의 몸짓'으로밖에는 못 보는 오류를 범하고 있다고 말하면 너무 지나친 말일까요? 그래서 옛날 어른들은 기를 쓰고 말씀하셨던 것 같습니다. "도를 닦는 사람은 남을 욕하기 전에 자기 단속부터 먼저 해야 한다"고. '공부길을 가로막는 적은 밖에 있지 않고 안에 있다'는 옛날 말이 새삼스럽게 가슴에 와닿습니다.

청화스님은 한때 금타사상에 열중하셨습니다. 그래서 40년을 두문불출하셨다고 합니다. 그러시던 청화스님이 간화선 중심의 조계종 사회로 돌아오셨습니다. 무엇이 스님으로 하여금 다시 돌아오시게 하였을까요? 돌아오시기 이전과 이후 사이에 분명한 선이 그어집니다. 우리는 양자 간에 나타난 차이를 보아야 합니다. 첫째, 스님은 입을 여셨습니다. 스님의 개구 제1성은 무엇이었습니까? 못 알아들을 수 있는 말을 하셨던가요? 아닙니다! 모두가 알아들을 수 있도록 말씀하셨습니다. 그것은 신비가 아니었습니다. 스님께서는 신비의 안개 속에 당신을 감추고 있지 않았습니다. 바로 이 점이 스님께서 우리에게로 내려오신 까닭입니다. 저는 이것을 보고 청화스님의 몸짓은 '몸짓의 몸짓'이 아니라 '몸의 몸짓'이었다고 말씀드리는 것입니다. 청화스님을 욕하는 사람들이 대개 '몸짓의 몸짓'으로 일관하고 있는 데 반하여, 청화스님은 '몸짓의 몸짓'을 거부하고 '몸의 몸짓'으로 시종 일관했다는 사실은 괄목할 만한 대목입니다. 스님의 이러한 모습 때문에 많은 사람들이 감동하고 마침내 그를 성자라고 부르는 데 주저하지 않았다고 봅니다. 그러나 만에 하나라도 청화스님을 존경한다면서 스님의 몸짓만을 보고 스님의 몸을 보지 못한다면 이것도 작은 문제가 아닐 것입니다.

예수님이 보통 사람들과는 달리 성령으로 잉태되었다 하여 예수님이 더 돋보이진 않을 것입니다. 만일 그가 창녀의 아들이었다고 해도 예수님의 가치는 조금도 떨어지지 않을 것입니다. 부처님이 보통 사람들처럼 자궁에서 나오지 않고 마야부인의 오른쪽 옆구리로 태어났다는 소위 우협탄생설右脇誕生說이 단순한 문학적 서술이었다 한들, 부처님의 가치는 조금도 떨어지지 않습니다. 우리는 지금 성자를 처녀잉태나 우협탄생으로 묘사해야 하는 시대에 살고 있지 않습니다. 오늘의 성자는 우리들 보통 사람들과 똑같이 사람들이 괴로워서 울고 있을 때 함께 괴로워서 울고, 사람들이 기뻐서 춤을 출 때 함께 기뻐하고 춤추는 사람이라고 생각합니다.

저는 1969년에 한국을 떠났습니다. 40년 전입니다. 미국에 도착하자마자 처음 들어간 곳이 기독교의 신학교이었습니다. 신학공부가 어쩌나 재미있던지 거의 매일 밤을 새며 공부했습니다. 죽어라고 공부한 것이 아니고 기쁘고 즐거워서 잠이 오지 않았습니다. 그때 제가 다니던 감리교 신학대학원에는 한국 학생이 30여 명이나 있었습니다. 모두가 목사가 되기 위한 신학 교육을 받고 있었습니다. 그분들은 제가 기독교 신학공부를 하도 열심히 하고 또한 기뻐서 잠도 안 자는 것을 보고 모두들 뒤에서 박성배는 기독교로 개종했다고 수군거렸다 합니다. 그러나 그들은 저의 기쁨을 이해하지 못했던 것 같습니다. 제 기쁨은 성경 속에서 부처님을 발견했기 때문입니다. 이 말은 기독교에 배울 것이 없었다는 말이 아닙니다. 3년간의 기독교 교육은 저의 기독교관도 바꿔 놓았고 저의 불교관도 바꿔 놓았습니다. 제가 미국에 와서 40년 동안 가장 잘한 일이 무엇이었느냐고 묻는다면 저는 주저하지 않고 기독교 신학교에 들어가 신학을 공부한 것이라고 말하고 싶습니다. 저는 저의 이러한 경험을 청화스님의 원통사상과 일맥상통하는 것으로 보고 싶습니다.

저의 요즈음 구호는 '있는 그대로'입니다. 그래서 오늘의 강의노트도 있는 그대로의 청화 큰스님을 드러내려고 애썼습니다. 그래야 거기서 새 싹이 틀 수 있다고 믿기 때문입니다. 우리는 불교니 불교학이니 하는 말을 자주 씁니다. 아무도 이에 거부감을 느끼는 사람이 없습니다. 설사 불교신자가 아니고 불교학자가 아니더라도 사정은 마찬가지일 것이라 믿습니다. 원효의 경우도 그렇습니다. 원효학이란 말을 이상하다고 생각하는 사람은 없습니다. 그래서 드리는 말씀입니다만 저는 청화사상[12] 또는 청화학이란 말이 자리를 잡았으면 좋겠습니다. 그러기 위해서는 스님을 신격화하고 초인처럼 묘사하는 수준에서 한 걸음 더 나아가야 한다고 생각합니다. 대담하게 스님의 보통 사람다운 모습들을 들추어내야 합니다. 그래야 청화학은 자랍니다. 저에게 청화는 생명입니다. 생명은 자랄 수 있는 조건이 갖추어져야 자랍니다. 신화화 일변도의 풍토에서는 생명이 자라지 않습니다.

지금 세상은 급격하게 변하고 있습니다. '지구촌 시대가 되었다'고 모두들 야단입니다. 그렇지만 아직 멀었습니다. 동양과 서양 사이를 가로막는 벽은 아직도 높습니다. 말로만 지구촌 운운하는 사람은 차치하고 실지로 동서를 넘나드는 사람들을 볼 때도 '아직 멀었다'는 한숨이 절로 나옵니다. 동양 사람들이 서양에 대해서 글을 쓰고 서양 사람들이 동양에 대

---

12) 이중표 교수의 「청화선사의 원통불법과 순선사상」(2007)에 따르면 청화스님의 사상은 다음과 같이 요약될 수 있다. ① 불교를 安心法門이라고 규정한다. ② 수행을 先悟後修의 수행으로 규정한다. ③ 六祖 慧能 이전까지의 禪를 純禪이라고 명명하고, 순선시대의 선으로 돌아가야 한다고 역설한다. ④ 순선시대의 불교는 圓通佛法이다. ⑤ 원통불법을 사회적으로 실현할 수 있는 가장 좋은 방법으로 念佛禪을 권장한다.

해서 써 놓은 글들을 찬찬히 뜯어보면 저의 한숨 소리를 이해하실 줄 믿습니다. 가장 대표적인 것이 기독교와 불교의 대화에서 느껴집니다. 저는 약 10년 전에 인디아나 주립대학 근처에서 열린 기독교와 불교의 대화라는 초종파적인 모임에 3년을 계속해서 나가 보았습니다. 참석하는 사람들이 모두들 열심이었고 겸손하여 기분이 좋았고 보람도 느꼈지만 어쩐지 뒷입맛이 떨떠름했습니다. 대화의 근본 조건인 남을 알려는 태도는 희미하고 나를 내세우려는 아상이 강했기 때문이 아닐까 생각되었습니다. 저는 그때 청화스님의 원통불법사상이 그리웠습니다.[13] 경청해 주셔서 감사합니다. 〈끝〉

【부록 1】 도서목록
가. 청화스님이 번역 또는 편찬한 소의경전
    금타스님 저술, 청화스님 편찬, 『금강심론』(서울: 보련각, 1979); 청화 역, 『정토삼부경』(성륜각; 서울: 한진출판사, 1980); 청화 역, 『약사경』(서울: 금륜출판사, 1992); 청화 역주, 『육조단경』(서울: 광륜출판사, 2003).
나. 청화스님의 법문 또는 직접 저술
    『정통선의 향훈』(청화선사 법어집 Ⅰ, 서울: 금륜출판사, 1992); 『원통불교의 요체』(청화선사 법어집 Ⅱ, 전남 곡성: 성륜사 성륜불서간행회, 1993); 『진리의 길』 Ⅰ(청화큰스님 어록 1, 광주: 사회문화원, 2002); 『진리의 길』 Ⅱ(청화큰스님 어록 2); 『마음의 고향』(청화큰스님 법어집, 강릉: 성원사, 2002); 『마음의 고향』(청화큰스님 법문집 제1권, 純禪安心法門, 서울: 상상예찬, 2008); 『마음의 고향』(청화큰스님 법문집 제2권, 修行者法門); 『마음의 고향』(청화큰스님 법문집 제3권, 眞如實相法門); 『마음의 고향』(청화큰스님 법문집 제4권, 無我 無所有法門); 『마음의 고향』(청화큰스님 법문집 제5권, 菩提方便法門); 『생명의 고향 마음자리로 돌아가는 가르침』(청화큰스님 염불

---

13) 『원통불법의 요체』, 16쪽에서 언급한 "현대에 와서 꼭 필요한 것이 불교의 이른바 회통불교로서 불교의 경직된 분파적인 것을 지양하고, 세계 종교의 비교종교학적 연구와 교섭과 화해를 통한 융합의 문제입니다. 다종교는 대체로 어떻게 교섭해야 할 것인가? 다른 종교의 가르침을 어떻게 수용해야 할 것인가? 그런 문제들을 지금은 피할 수 없는 문제입니다. 아시는 바와 같이 지구촌이라고 하지 않습니까. 이런 가운데서 다른 종교, 다른 교리, 다른 주의 주장과 서로 화해를 못할 때에는 인류 문화적으로나 개인적인 생활에나 공헌을 할 수가 없습니다"에서 청화스님의 회통, 원통 사상을 알 수 있다.

선 법문집, 서울: 상상예찬, 2007);『가장 행복한 공부』(청화스님 말씀, 서울: 시공사, 2003);『청화큰스님 염불선 법문자료』(성원사);『성자의 길—청화스님 일대기』(미입수);『청화 큰스님의 친필자료 모음 2』(서울: 광륜출판사, 2004); Young E. Park, tr. by, *The Most Joyful Study: The Dharma Talks of Cheonghwa Sunim*(Seoul: Muju, 2008).

다. 관련 자료

『청화선사의 사상과 수행법』(정통불법의 재천명 제3차 세미나, 서울: 원통불법연구회, 2007); 주경스님,『이것이 염불선이다』(서울: 무한, 2008); 남지심 장편소설,『청화 큰스님』 1, 2(서울: 랜덤하우스중앙, 2005); 정진백,『성자의 삶—청화 큰스님 행장 수행처 탐방』(광주: 사회문화원, 2007); 한보광,「염불선이란 무엇인가?」,『불교연구』 10집(서울: 한국불교연구원, 1993); 한보광,「염불선의 수행방법」,『정토학연구』제5집(서울: 여래장, 2002); 한보광,「정토교의 수행방법론」; 이운식,「청화 염불선 연구」(동국대학교 불교대학원 불교학과 석사학위논문, 2006); 이중표,「청화선사의 원통불법과 순선사상」(청화선사의 사상과 수행법, 원통불법연구회, 2007); 대주스님,「염불선 수행에 대한 재조명」; 손병욱,「육조혜능을 중심으로 한 순선시대의 수행론」; 조은수,「청화선사의 사상과 수행법에 대한 소고」(정통불법의 재천명 제3차 세미나, 2007); 월암,「청화선사의 선사상」; 박건주,「청화대종사의 역사적 조명」(2009); 제4차 청화사상연구회 세미나(청화사상연구회, 2009). 정리미완, 자료 도착순 게재.

【부록 2】 스님 행적

탄생일: 1923년 11월 6일, 전남 무안에서 탄생.

열반일: 2003년 11월 12일, 전남 곡성 성륜사에서 입적.

거쳐 가신 곳: 광주사범학교 졸업, 사재를 털어 망운중학교 설립, 백양사 운문암 금타스님을 은사로 출가(1947), 이후 근 40년간 숨어서 용맹정진, 전남 곡성 태안사에서 3년 결사(1985), 미주 포교 시작(1992), 카멜 삼보사(1995), 팜스프링 금강선원 3년 결사(1995), 성륜사 조실(1998), 서울 도봉산 광륜사 개원(2002).

【부록 3】 도표

《도표 1》 불교와 기독교의 대화 1(대화는 먼저 차이를 아는 것에서 시작합니다.)

東	西
불교	기독교
인도, 중국, 한국, 일본	이스라엘, 유태인, 히브리
農耕民	遊牧民
定着/不移動	牧草 찾아 항상 이동
항상 똑같으니 눈 감는다 (명상世界)	항상 다르니 긴장한다. 싸움 빈번
差異 無視 → 문화적 낙후현상	싸움에서 이겨야 하니 軍神 등장 → 戰爭 빈번
體用/不二사상 → 不二病 위험	能所 二元的 사상 → 能所病 위험

《도표 2》 자기가 지금 어디에 있는가를 아는 것은 대화의 생명입니다.

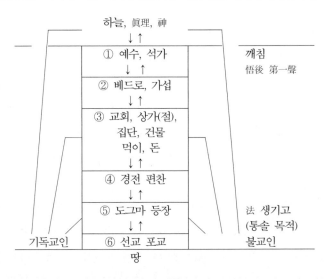

도표 작성 동기 설명: '불교와 기독교의 대화'라는 이름의 두 가지 도표는 청화스님의 원통불법을 실천하는 현장에서 생긴 문제를 한번 다루어 본 것입니다. 자기가 지금 어디에 있으며 어떻게 있는가를 밝히기 위해서 만들어 본 도표입니다. 원통이니 회통이니 화쟁이니 원융무애니 등등 비슷한 말들이 무수히 많지만 한마디로 말해서 모두가 대승불교의 불이不二(둘 아님; Non-duality)사상을 이야기하고 있습니다. 여기서 주의할 것은 차별을 넘어선다 하여 차별을 못 보는 것은 아니라는 것입니다. 구도자는 먼저 차별 때문에 괴로워하다가 차별하는 '자기'가 무너지고 다시 태어나 차별세계로 되돌아옵니다. 차별 때문에 괴로워하는 사람들을 도와주려고 애씁니다. 이때에 구도자는 차별이 횡행하는 현장을 누구보다도 더 뚜렷이 들여다볼 줄 알아야 합니다. 차별 모르는 원통은 일을 못 합니다. 이것이 제가 이러한 도표들을 한번 만들어 본 동기입니다. 창조주의 위대함을 드러내려다 유일신 신봉자들은 능소병能所病에 걸리기 쉽고, 원융무애에 황홀해진 마음제일주의자들은 불이병不二病에 걸리기 쉽습니다. 모두가 몸짓문화의 병폐들입니다. 이런 병을 고치는 작업의 일환으로 위의 도표는 작성된 것입니다. 〈부록 끝〉

추신: 저의 이번 〈강의용 노트〉는 여러 선생님들의 도움으로 이루어졌습니다. 특히 각주와 부록의 작성과 편집상의 여러 일들은 지금 스토니브룩대학교의 방문 교수로 와 계시는 경희대학교의 조현용 교수님께서 해 주셨습니다. 깊이 감사드립니다.

I. '몸과 몸짓'이라는 안목

저의 오늘 소임은 청화스님의 불교사상에 대한 박성배 교수님의 강연을 논평하는 것입니다. 당연한 일을 굳이 언급하는 것은 제 논평의 초점이 청화스님의 사상에 있는 것이 아니라 박성배 교수님의 '안목眼目'에 있다는 점을 분명히 하기 위해서입니다. 안목이란 사람이나 사물의 가치를 판별할 수 있는 능력이나 식견을 말합니다. 따라서 청화스님의 삶과 사상에 대한 입장은 보는 사람의 안목에 따라 크게 다를 것입니다.

제가 '입장立場'이란 말 대신 '안목'이란 말을 쓰는 이유가 있습니다. 입장이란 말은 서 있는 자리에 따라 달리 볼 수 있음을 뜻합니다. 그래서 한 입장과 다른 입장 사이에는 우열이 있을 수 없는, 상대적 차이만이 존재합니다. 그러나 안목은 다릅니다. 안목은 보는 사람의 높고 낮은 '경지'가 드러납니다. 박성배 교수님의 강연을 평하면서 박 교수님의 입장이 아닌 안목을 보겠다고 하는 것은 박 교수님의 글이 청화스님에 대한 자신의 입장을 드러내고 있는 것이 아니라 자신의 안목을 드러내고 있기 때문입니다. 아마도 이 점이, 박 교수님이 여느 학자들과 구분이 되는 면이기도 합니다.15) 학자들은 흔히 '입장의 차이일 뿐'이라면서 '진검승부'를 피하는 경향이 있습니다. 그러나 박 교수님은 진검승부를 마다하지 않는 정도가 아니라 그것을 학자의 의무라고 생각하고 살아온 분입니다. 박 교수님은 학문을 전문가들끼리의 '지적 게임' 정도로 생각하는 것이 아니라 진지한 수행의 일부라고 생각하고 있기 때문입니다.

솔직히 말씀드린다면 저는 박 교수님과 다른 학자들의 중간쯤에 있는

---

14) 조성택(고려대학교 철학과), 한국불교 역사문화기념관(2009.11.26).
15) 이 강연에서만이 아니라, 박성배 교수님의 글은 상대적 관점의 '입장을 개진'하는 것이 아닌 항상 자신의 '안목'을 드러내고 있다. 박성배 교수님의 이러한 글쓰기는 오늘날 학계에서 가장 아쉬운 점으로 우리가 본받아야 할 미덕이라고 생각한다.

사람입니다. 전문가끼리의 지적 게임이라는 그 '가벼움'을 때로 즐기고 좋아하면서도 그 축에 끼기는 싫고, 그러나 박 교수님과 같이 학문을 수행으로 생각하기에는 좀 속된 면이 있기 때문에 감히 그 반열을 입에 올릴 수 없는 사람입니다. 저의 부족한 안목이 박 교수님의 논지를 흐리지 않기를 바라면서 논평에 임하고자 합니다.

박성배 교수님은 '몸과 몸짓의 논리'로 청화스님의 불교사상을 조망하고 있습니다. 여기서 논리란 동일률과 모순율에 입각한 형식 논리가 아니라 초 논리 혹은 논리 이전의 논리라고 할 수 있습니다. 달리 말씀드리면 논리가 아닌 '그러함의 세계'라고도 할 수 있을 것 같습니다. 이 '몸과 몸짓의 논리'가 바로 평소 박성배 교수님이 세계를 바라보는 안목이며 또 오늘 청화스님을 바라보는 안목입니다.16)

박 교수님에 따르면 청화스님은 '몸의 몸짓'으로 사신 분입니다. 청화스님 사상의 핵심으로 알려진 원통圓通사상의 교학적 의미를 문제 삼는 것이 아니라 당신의 사상대로 살았느냐 그렇지 않았느냐를 문제 삼고 있는 것입니다. 그러한 관점에 따른다면 부처님의 사상이나 원효스님의 회통이나 청화스님의 원통사상이나 모두 결국 우리의 '몸'을 문제 삼고 있고 '몸'을 발견할 것을 가르치고 있다는 점에서 본질적인 차이가 없다는 것입니다. 염불선 또한 마찬가지입니다. 박 교수님에 따르면 염불선이냐 간화선이냐의 문제는 그 이름의 차이가 중요한 것이 아니라 '염불'이 그리고 '간화'가 몸의 일이냐 몸짓의 일이냐의 차이가 중요하다는 것입니다. 아무리 염불선을 강조하더라도 그것이 몸의 일이 아니라 몸짓의 일이라면 '도로아미타불'에 지나지 않는다는 것입니다. 부처님의 명호를 독송하는 것이 염불이 아니라(그러한 염불은 '몸짓의 염불'!) 몸이 즉 원통圓通이 염불을 하

---

16) '몸과 몸짓의 논리'는 박성배 교수님의 오랜 문제의식과 철학이 담긴 주제이다. 이 문제에 관해 더 깊이 알고 싶은 분들은 박성배 교수님의 『깨침과 깨달음』(윤원철 역, 예문서원)과 『몸과 몸짓의 논리』(민음사, 2007) 참조.

는 것이라야 한다는 것입니다. 몸이 일할 때(즉 몸의 몸짓일 때) 비로소 '참'이 나온다는 것입니다. 요컨대 '원통'이니 '염불'이니 '간화'니 하는 이름(혹은 몸짓)의 차이에 주목할 것이 아니라 그것이 '몸'(혹은 원통 혹은 진여)에서 나온 것이냐 '몸짓'일 뿐이냐(혹은 몸짓의 몸짓이냐)를 구분하는 것이 더 중요하다는 것입니다.

나아가 박 교수님은 '몸과 몸짓의 논리'로써 올바른 수행관과 성자관聖者觀을 제시하고 있습니다. 깨달음이 그리고 스승의 죽음이 사리의 개수로 환원되고 심지어 종교 비즈니스로 가늠되고 있는 현실을 생각하면, '몸과 몸짓'이라는 엄정한 기준은 참으로 우리에게 시사해 주는 바가 많다고 생각합니다.

박성배 교수님 강연의 논지를 제가 잘못 이해한 바가 없기를 간절히 바라면서 좀 더 진전된 논의와 토론을 위해 다음과 같은 몇 가지 질문을 드리고자 합니다.

II. 몇 가지 질문들

II-1. 몸 그리고 몸짓이라는 말은 매우 평이한 용어들입니다. 바로 그 이유로 박 교수님은 체體나 용用이라는 고답적인 용어 대신에 몸과 몸짓이라는 용어를 사용하고 계신 것 같습니다. 구어체의 평이함 그리고 깨달음과 진리의 일상성을 강조하는 것은 매우 중요하고 바로 그 점에 박 교수님의 공헌과 장점이 있다고 생각합니다. 그러나 바로 그 평이함과 일상성 때문에 약간의 혼란을 느끼는 것도 사실입니다. 그래서 다음과 같이 여쭙고자 합니다. '몸'과 '몸짓'이라는 말을 '참된 행위'와 '거짓된 행위'란 말로 이해해도 되는 것인지 궁금합니다. 굳이 이렇게 여쭈어 보는 것은 몸과 몸짓의 논리의 핵심은 '몸에서 나온 몸짓'이냐 '몸짓에서 나온 몸짓'이냐를 분간하는 데 있는 것 같습니다. 그리고 이 양자의 차이는 결국 '참된 것'이냐 '거짓된 것이냐'의 차이일 것입니다. 만약 그러하다면 '몸의 몸짓'이란 곧 '참된 마음에서 나오는 행위'를 말하는 것이고 '몸짓의 몸짓'은 곧 '거짓된 마음에서 나온 행위'를 뜻하는 것이 아닐까 생각합니다. 불교적으로 보자면 '마음'이라는 말 또한 비유인데 '몸'이라는 비유보다는 좀 더 쉽고 분명하게 의미가 전달되기 때문이며 마찬가지로 '몸짓'이라는 비유보다는 '행위'라는 말이 좀 더 쉽게 그 의미가 와닿기 때문입니다. 더구나 불교에서 '행위'란 신身·구口·의意 삼업三業을 다 포괄하기 때문에 '몸짓'의 비유가 담고 있는 의미를 많이 벗어나지 않는다고 생각합니다.

II-2. 한편 박 교수님께서는 "몸이 일하게 하라"고 하십니다. '몸에서 나오는 몸짓'이라야 참된 몸짓이라는 말씀으로 이해하고 있습니다. 이 또한 매우 평이한 말씀입니다만 그 실천은 매우 어렵습니다. 마치 "너는 이미 부처이니 부처처럼 살아라"라고 하는 말처럼 어렵습니다. 이 말의 불교적 의미를 모르는 불교인들은 없을 것입니다. 그러나 그 실천은 참으로 막연합니다. 오히려 "너는 중생이니 부처가 되도록 노력하라"는 말은 그 실천의 측면에서 보자면 구체적이어서 당장 접근하기가 쉽습니다. 우선 좀 더 근면해지고 일상적 거짓말을 삼가고(혹은 좀 줄이고) 등 실천할 엄두가 생기는데, 당장 부처님처럼 살려니 마치 뱁새가 황새처럼 걸어야 하는 것 같은 당혹감과 막연함이 앞섭니다. 어쩌면 이런 이원적二元的 사고 자체가 '몸짓의 몸짓' 같아서 여쭈어 보기 두렵지만 점진적 수행방식은 '몸의 일'이라 할 수는 없는 것인지 선생님의 말씀이 궁금합니다.

II-3. 위의 질문과 비슷하지만 좀 다른 맥락에서 여쭙고자 합니다. 오늘날 한국불교를 보면 '확철대오' 하는 것을 지상의 목표로 삼고 소외계층이나 사회적 약자들의 고통을 돌보는 일에 대해서는 세속적 정치참여 혹은 사회참여라 하여 등한시하거나 무시하는 경향이 있습니다. "중생이 아프니 나도 아프다"는 유마거사의 보살정신은 아마도 상구보리上求菩提 이후의 일로 미루고 있는 것 같습니다.

'몸'이라는 관점에서 볼 때 과연 '돈오돈수'의 '확철대오' 하는 것만이

'몸을 발견' 혹은 '몸을 체득'하는 것인지, 아니면 사회봉사와 같은 일상적 윤리행위를 통해서도 선생님이 말씀하시는 그 '몸'을 찾을 수 있는 것인지 궁금합니다. 다시 말씀드린다면 상구보리와 하화중생이 '둘이 아닌 것'(不二)이라고 말은 하지만 실제 수행의 현장에서는 이 둘을 선후의 문제로 인식하는 경우가 많은 것 같습니다. 즉 깨달은(상구보리) 이후에야 중생을 제도할 수 있다(혹은 자격이 있다)고 생각을 하는 사람이 대부분이지만, 또 소수이긴 하지만 어떤 사람들은 '하화중생' 하는 가운데 비로소 '상구보리'가 가능하다고 생각합니다. 실천적 측면에서 상구보리와 하화중생의 관계를 선생님께서는 어떻게 보시는지 궁금합니다.

II-4. '몸과 몸짓의 논리'는 동양사상에서의 체용體用의 논리에 입각하면서 거기서 한 발 더 나아간 것이라고 저는 생각하고 있습니다. 그리고 여기에는 다분히 문명 비판론적 관점이 들어 있습니다. 박 교수님께서 흔히 '몸짓문화' 혹은 '거짓 몸짓'이라고 하시는 맥락이 바로 그러한 것입니다. 오늘날 현대문명에서 우리가 가장 시급하게 찾아야 할 '몸'이 있다면 어떤 것일지 예를 들어 설명해 주신다면 선생님의 '몸과 몸짓'을 좀 더 잘 이해할 수 있을 것 같습니다.

늘 그렇듯이 매우 유익하고 흥미진진한 강연 감사합니다.

논평문 ② 「'몸과 몸짓'의 논리로 본 청화스님의 불교사상」을 읽고—논평보다는 질문을 중심으로[17]

저는 기존의 성자전에 큰 회의를 느낍니다. 성자를 따르는 사람들이
자기들이 믿고 따르는 성자가 다른 사람들이 믿고 따르는 성자들보다
더 훌륭한 성자임을 증명하려는 사리사욕적인 저의가 역력히 보이기
때문입니다.……
우리들은 이 자리에서 모든 불자들의 사홍서원처럼 커다란 서원을 하

---

17) 도법스님(실상사).

나 세워야겠습니다. "죽는 한이 있을지라도 깨끗하셨던 우리의 청화 큰스님을 터럭 끝만큼이라도 사리사욕에 악용하여 큰스님을 욕되게 하진 않겠습니다"라고.……

저의 요즈음 구호는 '있는 그대로'입니다. 그래서 오늘의 강의노트도 있는 그대로의 청화 큰스님을 드러내려고 애썼습니다.……

발제의 글을 잘 읽었습니다. 먼저 발제자의 깊은 문제의식에 전적으로 함께함을 말씀드립니다.

한 달 전쯤 논평문을 써야 한다는 연락을 받고 발제문을 여러 차례 읽었습니다. 읽고 또 읽는 과정에서 논평 형식보다는 비판적인 질문 형식으로 접근하는 것이 더 좋겠다는 생각이 들었습니다. 물론 문중 입장에서 보면 아쉽고 서운한 점이 없지 않겠습니다. 하지만 종교계, 나아가 불교계의 문제점을 걱정하는 발제자의 문제의식에 충실할 수 있는 길이 그 길이라고 여겨집니다. 그리고 안목이 넓고 높으신 교수님을 만난 김에 평소 갖고 있었던 이런저런 궁금증들을 풀어야 되겠다는 개인적인 욕심이 생긴 것도 사실입니다.

돌이켜 보면 저는 청화스님을 멀리서 바라보며 관심과 존경심은 갖고 있었지만 직접적인 인연은 많지 않았습니다. 사실 한 번도 모시고 살아본 경험도 없고 직접 가르침을 받은 경우도 있지 않았습니다. 다만 불교계에서 '간화선 선사'가 아니라는 이유로 그분에 대해 소홀히 한다는 점 때문에 '이건 아닌데' 하는 마음이 있었습니다. 그러는 즈음에 실상사 대중들과 논의 끝에 스님을 실상사 조실로 모시게 되었습니다. 청화스님과의 인연이 이 정도이기 때문에 그분을 잘 알지도 못하고 그분의 사상과 정신을 연구하지도 않은 상태에서 논평을 한다는 것이 적절하지 않다고 여겨졌습니다. 궁색해 보이지만 이런저런 이유 때문에 「청화스님의 불교사상」을 읽으며 머리에 떠오른 문제의식들을 논평 형식이 아닌 비판적 질문 형식으로 정리해 보려고 합니다.

① 청화스님을 신비화, 신격화하지 않겠다는 서원과, 성자도 우리들과 똑같은 보통 사람이라는 발제의 문제의식으로 볼 때 굳이 경쟁적으로 속스럽게 사용되고 있는 큰스님이라는 표현을 하는 것이 바람직한 것인지 하는 생각입니다.

② "공자님, 부처님, 예수님 등등이 모두 우리와 똑같은 보통 사람이었다는 사실 때문에 사람들은 오히려 큰 감동을 받고 진리로 개과천선하여 새사람이 되고자 애쓴다는 것입니다"라고 하셨는데, 뜻하는 바가 짐작은 되지만 만일 성인과 범부가 똑같다면 굳이 고생스럽게 성스러움을 추구할 필요가 어디 있는가 하는 의심을 갖게 됩니다.

③ 불교경전이 가섭존자와 같은 성자들에 의해 편찬되었는데 왜 부처님만을 성중성, 천중천이라고 내세우는 사리사욕이 나타났습니까? 부처님을 신비화하고 신격화하고 있는 부처님 경전들을 어떻게 이해해야 하겠습니까?

④ 발제문 어디에도 청화스님을 비판적으로 천착한 내용이 보이지 않습니다. 미화하지 않겠다는 서원으로 볼 때 앞뒤가 맞지 않다고 여겨집니다. 아니면 정말 청화스님께는 어떤 한계와 오류와 문제도 없기 때문입니까?

⑤ "청화스님은 문제의 현장을 피하지 않았다"고 했는데 어떤 현장에 있었습니까? 부처님은 물싸움 현장, 살인마 현장, 전쟁 현장을 직접 찾아갔습니다. 청화스님이 자연스럽게 찾아오는 사람들을 만나는 것 말고 파사현정 즉 정법을 구현하고 구세대비 즉 세상을 구제하기 위해 종단 문제나 사회 문제의 어떤 현장에 있었는지 듣고 싶습니다.

⑥ "스님의 열린 모습은 염불선사상 그리고 원통불교사상을 실천하는 분이었기 때문이다. 만일 간화선을 하는 선승이었다면 이런 열린 모습으로 행동하기 어려웠을 것이다"라고 하셨는데 정말 그렇습니까? 논평자가 알고 있는 바로는 어떤 선사 또는 어떤 수행자도 참된 선사, 수행자의 경우

언제나 그 대상을 가리지 않고 열린 자세로 만나고 길을 안내하는 일을 했다고 보는데 염불선을 했기 때문이라는 설명은 동의하기 어렵습니다.

⑦ "진리를 찾아 산 위로 올라가는(上山) 길과 진리를 실천하기 위해 산 아래로 내려오는(下山) 길이 있다"고 하셨는데, 과연 부처님이 그렇게 가르쳤는가 또는 꼭 그렇게 해야 하는가 하는 의문이 듭니다. 논자가 좋아하는 선배 수좌스님이 있습니다. 50년 넘게 선원에서 진리를 찾는 데 골몰하고 있습니다. 그런데 아직도 깨닫지 못했기 때문에 대중이 원해도 결코 조실을 하지 않겠다고 합니다. 미루어 짐작건대 지금 70세가 넘으셨으니 돌아가시는 날까지 그렇지 않을까 하는 생각이 듭니다. 그분의 한결같은 정직함과 성실함을 존경하지만, 과연 그분의 삶이 진리를 찾고 실현하는 데 바람직한 태도인지의 여부는 잘 모르겠습니다.

여기에 전혀 다른 예를 인용해 볼까 합니다. 인도의 간디는 진리를 찾는 길을 언제나 지금 여기 현실에서 찾았고, 그 실현의 길도 늘 현장에서 찾았습니다. 진리를 찾고 실현하는 삶의 시작과 과정과 끝, 즉 전 과정이 언제나 지금 여기 현장을 벗어난 적이 없었습니다. 내용으로 보더라도 현장에서 찾고 실현하는 줄기찬 실천의 과정에서 꾸준하게 진리에 대한 그분의 안목도 더 높아지고 삶의 내용도 날로 더 완성되고 있음을 잘 보여 주고 있습니다. 논자가 보기에 간디가 보여 준 길이야말로 부처님이 가르쳐 준 길, 특히 대승불교가 가르쳐 준 길과 같은 길이 아닌가 합니다. 오늘날 한국불교가 가야 할 길도 그 길이라고 보는데 어떻게 보십니까?

⑧ "한국불교는 어째서 염불을 이단시했을까? 청화스님은 간화선자의 독선 때문이라고 보았다." 물론 공감하는 부분이 많습니다. 하지만 초기 불교론자들은 그렇지 않을까요? 크게 다르지 않다고 봅니다. 어쩌면 사상四相의 뿌리가 떨어지지 않은 사람은 오십보백보를 벗어나기 어려우리라고 봅니다. 오히려 문제는 문제의 본질을 제대로 짚지 않고 방법과 형식만 보기 때문이 아닌가 합니다. 즉 본래 있는 법인 연기법 또는 본래부처

의 사상과 정신에 바탕한 염불인가, 간화선인가, 돈오돈수인가 돈오점수인가, 초기 불교인가 대승불교인가를 여실하게 다루지 않고 방법과 형식에 눈멀고 속고 지배받기 때문이 아닌가 하는 의문이 듭니다.

⑨ "청화스님은 염불이 곧 선이라고 주장했습니다." 법의 정신으로 중생의 병을 치유하고 삶의 고통을 해결하고 삶의 문제에 해답이 된다면 염불이면 어떻고 참선이면 어떤가, 초기 불교면 어떻고 대승불교면 어떤가, 나아가 불교면 어떻고 기독교면 어떤가. 그 명과 상이 무엇이든 무슨 허물이 있는가. 염불이면 되었지, 굳이 염불이 선이어야 할 필요가 어디에 있는지 궁금합니다.

⑩ "불교의 공은 지혜롭다는 말이며, 지혜롭다는 말은 텅 비었다는 말입니다." 논자의 견해로는 공을 통찰하는 안목을 지혜라 하고, 그 공의 정신을 삶으로 실현하는 것을 자비라고 봅니다. 발제문의 내용이 공이 그대로 지혜고 지혜가 그대로 공이라는 뜻인지 혼란스럽기도 하고 공과 지혜와 자비의 본뜻이 왜곡될 위험이 있다는 생각이 드는데 설명을 해 주시면 좋겠습니다.

⑪ '몸의 몸짓, 몸짓의 몸짓'의 논리가 신선하기도 하고 궁금하기도 합니다. 기신론의 체 · 상 · 용 논리와 연결시켜서 어떤 무엇을 몸이라고 하고 몸짓이라고 하는지 설명을 듣고 싶습니다.

⑫ 발제자의 논리로 볼 때, 성자란 몸의 몸짓으로 삶을 사는 사람을 뜻한다고 하겠습니다. 그럼 부처님이 몸의 몸짓으로 끼니를 걱정해야 하는 가난한 집에 가서 문전걸식하는 삶, 시민을 불안에 떨게 하는 살인마를 찾아가 교화하는 삶, 임종의 순간에도 길을 찾는 구도자를 직접 만나 따뜻하고 자상하게 길을 가르쳐 주는 삶, 가난하고 외롭고 약한 사람들의 좋은 친구 · 좋은 이웃으로 살아간 삶은 누가 보아도 거룩하다고 하겠습니다. 그런데 제가 60년대 말부터 절집에 들어와서 지금까지 직접 만나고 모시고 가르침을 받은 분 중에 성철스님을 위시해서 대부분의 큰스님들의 삶

을 볼 때 그분들의 삶이 거룩한 몸의 몸짓의 삶인지는 잘 모르겠지만 부처님의 삶에서 느끼는 감동과 감화를 받을 수가 없었습니다. 이런 생각이 단순히 업이 많은 논평자만의 문제인지 아니면 다른 문제가 있는 것인지 교수님의 고견을 듣고 싶습니다.

「청화스님의 불교사상」을 읽으며 좀 더 구체적으로 짚어지고 객관적으로 설득력 있게 설명되면 더 좋겠다는 생각이 드는 내용들을 질문 형식으로 정리해 보았습니다. 논평자의 입장에서 볼 때 질문으로 내놓은 이외의 내용에 대해서는 발제문의 뜻에 대부분 동의하고 함께함을 말씀드리면서 군더더기 이야기를 끝냅니다.

오늘의 이 자리가 발제자의 고민, 논평자의 고민, 한국불교의 고민, 현대사회의 고민을 풀어내고, 앞으로 불교가 또는 종교가 제 모습, 제 역할을 제대로 찾아가도록 하는 데 도움이 되었으면 하는 충정으로 불편하지만 질문하는 방식을 취했습니다. 이 점 넓은 아량으로 살펴 주시길 청합니다.

고맙습니다.

18 21세기의 보현행원

2010년 2월 11일

황경열 교수님,

1월 말까지 보내드리기로 한 원고를 오늘에야 마쳤습니다. 그동안 독감에 걸려 만사가 밀리고 말았습니다. 한번 읽어 보시고 좋은 말씀 많이 해 주시기 바랍니다.

안녕히 계십시오.

박성배 드림

:: 21세기의 보현행원[1]

1. 선생님은 지금 불교를 믿고 계십니까?

1960년대 초반의 일이었다. 그때 나는 동국대학교 불교대학의 시간강사였다. 그리고 그 당시 동국대학교에 새로 생긴 대학선원의 간사 일을 보고 있었다. 그 당시의 대학선원은 서옹스님이 원장이었고, 송담스님이 입승이었으며, 매주 토요일마다 열리는 법회에서는 내가 『화엄경』「보현행원품」을 강의하고 있었다. 나의 「보현행원품」 강의실에는 많은 사람들이 모였다.

그런데 한번은 「보현행원품」 강의 시간에 어떤 학생이 "선생님은 지금 불교를 믿고 계십니까?"라고 물었다. 나는 당황했다. 당당하게 믿는다고 말할 수 없었기 때문이다. 아주 고통스러운 순간이었다. 비록 시간강사였지만 나는 그때 대학에서 불교를 가르치는 불교학 교수이었으며 또한

---

1) "Samantabhadra's Vows in the 21st Century", 2010년 4월 11일, 동국대학교 중강당, 주최: 한국불교학회.

대학선원에서 큰스님을 모시고 참선을 지도하는 책임을 맡고 있는 사람이었으며, 한때는 중노릇까지 한 경력을 가진 사람이었는데, '왜 나는 당당하게 '불교를 믿는다'고 말할 수 없었을까?' 등에서 식은땀이 나는 순간이었다.

나는 1950년대 초에 처음으로 불법을 만났다. 가까운 친척이었던 송담 스님을 통해서 불교의 어떤 진지한 모습을 보았다. 나는 불법을 만난 지 얼마 안 되어 다니던 의과대학을 중퇴하고 해남 대흥사에 들어가 전강스님 밑에서 중이 되었다. 그러한 인연으로 나는 결국 동국대학교에서 불교를 전공하게 되었다. 대흥사에서의 중노릇은 1년밖에 안 되는 짧은 기간이었지만, 20대의 미숙한 나의 사상체계를 근본적으로 흔들어 놓았다. 어둠 속에서 사경을 헤매다가 구세주를 만나 다시 살아난 사람처럼 환희심이 넘쳐흘렀다. 그땐 누가 불교를 믿는다는 말만 들어도 그렇게 반가울 수가 없었다. 누군가가 깨쳤다는 소문을 들으면 불원천리하고 찾아가는 정열도 있었다. 그런 사람이 '왜 나는 '불교를 믿는다'는 말을 당당하게 하지 못했을까? 거기엔 많은 이유들이 뒤엉켜 있었다. 그중의 하나는 그 당시 내가 「보현행원품」을 너무 지적知的으로 읽고 있었기 때문이라고 생각한다.

2. 세간과 출세간의 충돌

한국불교는 오랫동안 승僧과 속俗을 둘로 갈라놓았다. 그래서 승이 사는 곳을 출세간出世間이라 부르고 속이 사는 곳을 세간世間이라 불렀다. 그래서 양자 사이엔 커다란 장벽이 있었다. 나의 불교공부는 해남 대흥사의 승려생활로 시작했기 때문에 출세간을 출발점으로 삼았다.

해남 대흥사에서의 승려생활을 나는 다음과 같이 정리해 보았다. 그때 내가 배운 불법은 사람을 세뇌시키는 불법이 아니었다. 그것은 사람으로 하여금 '삶 자체'에 뛰어들게 하는 불법이었다고 말할 수 있을 것 같다.

삶 자체에 뛰어드는 불법이란 예를 들면 수영을 가르칠 때 교실에 앉아 수영의 이론을 가르치는 것이 아니고 무엇보다도 먼저 학생을 깊은 물속에 집어던져 버리는 것과 비슷했다. 교실 안에서 말로 배우는 수영공부와 물속에 집어던져진 수영공부는 판이하다. 불교공부에도 꼭 같은 경우가 생긴다. '앎을 통해서 삶을 이해하느냐 아니면 '직접 삶속에 뛰어들게 하느냐'의 차이는 크다. 삶을 통한 불교공부를 할 때 만일 '앎'이 '삶'을 등질 때면 스승은 가차 없이 쳐부수고 들어왔다. 공부하는 사람들로 하여금 '앎의 질곡'을 깨트리고 나아가 '삶의 현장'에 뛰어들게 하기 위해서다. 이것이 내가 배운 불법이었다. 다만 여기서 첨가하고 싶은 말은 한국 고승들이 말하는 '삶'이란 우리들이 요즘 말하는 정치 경제적인 삶이나 직장생활 또는 가정생활 같은 삶에 국한하지 않고 보다 근본적인 자연과 우주의 생명자체로서의 삶 같은 것이었다.

그러나 절에서 나와 보니 세상은 너무나도 달랐다. 여기서 나는 세간과 출세간의 충돌을 경험한 것이다. 세간은 모든 것을 무자비하게 이분법적으로 처리하고 있었다. 그때는 6·25 동란으로 사람들의 '삶'은 짓밟혀질 대로 짓밟혀져 있었고 이분법적인 '앎'이 만사를 무자비하게 갈라놓는 무서운 세상이었다. 한마디로 말해서, '앎'으로 인해 '삶'은 난도질을 당하고 있었다. 나는 당황하지 않을 수 없었다.

그 당시 가장 흔한 이분법이 좌익이냐 우익이냐를 따지는 정치적 이분법이었다. 좌익은 유물론자 빨갱이라고 몰아붙였고, 우익은 물질보다는 정신을 더 중요시하기 때문에 미국의 앞잡이라고 몰아붙였다. 모든 것이 패 가르고 편 가르는 식으로 처리되었다. 나는 지금의 한국도 그 병에서 벗어나지 못하고 있다는 생각이 든다. 사람의 삶에는 별별 것이 다 들어 있다. 유물론적인 것도 들어 있고 유심론적인 것도 들어 있으며 종교적인 것도 들어 있고 비종교적인 것도 들어 있다. 이런 모든 것들이 자연스럽게 함께 사는 법인데 그 당시 내가 살던 사회는 이를 둘로 나누어 어느 한쪽을 택하라고 강요하고 있었다.

"당신은 불교를 믿느냐"는 질문에도 그 비슷한 면이 있었다. 그 당시 나는 나 자신을 불교를 '믿는다' 또는 '안 믿는다'는 둘로 나눌 수가 없었다. 세상을 '믿는다' 또는 '안 믿는다'라는 둘로 나누는 것은 생명을 둘로 나누는 짓에 불과했다. 다시 말하면 그 당시 나에게는 '믿는다'라고도 말할 수 있고, '안 믿는다'라고도 말할 수 있는 두 가지 면이 공존하고 있었다. '믿는다'고 답변해도 나는 둘로 갈라져 죽고, '안 믿는다'고 답변해도 역시 둘로 갈라져 죽고 마는 형국이었던 것 같다. 그 당시 나는 그런 무자비한 이분법과 몸으로 싸우면서 살았다고 말할 수 있을 것 같다.

"나는 불교를 믿는다"고 당당하게 말하지 못한 이유도 그러한 나의 삶과 무관하지 않았다고 생각한다. '삶을 둘로 나누는 것이 세간이라면, 이와 반대로 둘로 나눔을 거부하고 둘로 나눌 수 없는 삶 자체를 중요시하면 그것은 출세간이 되는 것 같았다. 다시 말하면 눈에 보이는 기준으로 승속을 나누고 겉으로 나타난 모습으로 세간, 출세간을 나누는 것은 불법이 아니라고 느껴졌다. 그러한 의미에서 내가 믿는 불법은 요즘 유행하는 세상 사람들의 불법과는 판이하게 달랐다. 그러나 당당하지 못하고 당황한 이면에는 어떤 부끄러움을 숨기고 있었기 때문이라고 생각한다. 그것은 말과는 달리 그 당시의 내 관심은 삶보다는 앎 쪽에 쏠려 있었던 것 같다. 그러한 겉 다르고 속 다른 엉거주춤한 정신상태 때문에 나는 그렇게 당황했던 것이다.

3. 사의로 읽은 「보현행원품」

동국대학교 대학선원에서 「보현행원품」을 강의할 때 나는 스님이 아니고 속인이었다. 그리고 내 강의를 듣는 학생도 대부분 스님이 아니고 속인이었다. 그래서 나는 그때 출세간의 불법을 소중히 여기면서도 속인들의 세간법을 외면할 수 없었다. 따라서 나의 「보현행원품」 강의도 세간에서 유행하는 이성적인 해석에 집착해 있었던 것 같다. 문제는 바로 여기에 있었다. 여기서 나는 세간의 이성적 해석의 정체를 한번 밝혀 볼 필요를 느낀다.

「보현행원품普賢行願品」의 원래 이름은 『대방광불화엄경大方廣佛華嚴經』이라는 불경 속의 「입부사의 해탈경계 보현행원품入不思議 解脫境界 普賢行願品」이다. 그런데 그 당시 나는 '입부사의 해탈경계入不思議 解脫境界'란 수식어에 대해서는 별 관심이 없었다. 앞에 붙은 '입부사의 해탈경계'란 말과 뒤따라오는 '보현행원품'이란 말이 불가분리의 관계라는 사실에 무감각했다. 말하자면 글을 헛읽은 것이다. 앞말 없는 뒷말은 말이 안 된다는 것을 몰랐다. 요즈음 사람들은 무슨 일이든 사의思議로 푼다. 이런 판국에 경은 부사의不思議라고 들여대니 그냥 넘어갈 수가 없었어야 했다. 『화엄경』「보현행원품」은 처음부터 매사를 사의로 처리하는 우리들의 길을 딱 가로막고 있었다. 그러나 나는 처음에 이러한 길 막음을 눈치채지 못했다. 말하자면 부사의의 길과 사의의 길의 대결을 바로 보지 못한 것이다. 그러므로 우리는 무엇보다도 먼저 「보현행원품」에 나오는 '부사의'의 성격을 분명하게 밝혀야 한다고 생각한다.

그러면 맨 먼저 반야삼장이 번역한 「보현행원품」의 원문을 한번 살펴보자.

爾時, 普賢菩薩摩訶薩, 稱歎如來, 勝功德已, 告諸菩薩, 及善財言. 善男子,
如來功德, 假使十方一切諸佛, 經不可說不可說佛剎極微塵數劫, 相續演說,
不可窮盡.

이 문장을 광덕스님은 다음과 같이 번역했다.

그때에 보현보살마하살이 부처님의 수승하신 공덕을 찬탄하고 나서 모든 보살과 선재동자에게 말씀하셨다. 선남자여, 여래의 공덕은 가사 시방에 계시는 일체 모든 부처님께서 불가설불가설불찰극미진수겁을 지내면서 계속하여 말씀하시더라도 다 말씀하지 못하느니라.[2]

그 뒤에 나온 학담스님의 번역은 다음과 같다.

그때 보현보살은 이미 해탈을 이루신 여래의 뛰어난 공덕을 칭찬하고, 여러 보살과 선재에게 말씀하셨다. 진리의 길에 옳게 나아가는 이여, 여래의 공덕은 비록 시방의 모든 붓다들이 이루 말할 수 없는 오랜 세월 동안 서로 이어서 연설한다 해도 다 말할 수 없다.[3]

D.T. Suzuki는 이 대목을 다음과 같이 영역했다.

After praising the excellent virtues of the Tathagata, the Bodhisattva Samantabhadra said to all the Bodhisattvas assembled including Sudhana: The virtues of the Tathagata are so great that nobody, however long and however incessantly he may talk about them, cannot even begin to describe them adequately.[4]

위에 인용한 반야삼장의 원문과 세 분의 번역문을 통해서 분명해졌듯이 「보현행원품」은 처음부터 '말의 한계'를 들고 나온 것이다. 사의思議는 항상 지식에 의존한다. 생각하고 따지는 일은 말과 글을 필수불가결의 중요한 도구로 사용한다. 「보현행원품」은 그 제목에서부터 '부사의'를 들고

---

2) 광덕 지음, 『보현행원품 강의』(서울: 불광출판부, 1989), 21쪽.
3) 학담 연의, 『화엄경 보현행원품』(서울: 도서출판 큰수레, 1992), 19쪽.
4) Daisetz Teitaro Suzuki, *Studies in THE LANKAVATARA SUTRA*(London: Geoge Routledge & Sons, 1930), p.230.

나왔다. 부사의란 사의의 반대말이다. 말과 글과 지식에 의존해서는 안 된다는 것이 부사의의 핵심 사상이다. 「보현행원품」은 이렇게 그 첫 문장에서부터 줄기차게 '부사의'를 내세우고 있다. 「보현행원품」은 처음부터 '사의'의 한계를 지적하고 나선 것이다. 여래의 공덕에 관심이 있는 한, 길은 사의가 아니라 부사의라고 분명히 말하고 있다.

그렇다면 이렇게 말하는 경의 의도가 어디에 있는가. 오늘날 일부 학자들은 마치 사의라는 방편으로 부사의의 경지에 들어갈 수 있는 것처럼 이야기한다. 그러나 그런 사상은 경의 어디에서도 발견할 수 없다. 부처님 경계는 해탈의 경계요, 그것은 사의의 경계가 아니라는 사실을 중언부언할 필요는 없다. 대학선원에서 저지른 내 잘못은 「보현행원품」을 강의하면서 '부사의'를 '사의'로 해결하려 했다는 데에 있었던 것 같다.

4. 부사의로 다시 읽은 「보현행원품」

마침내 나는 대학선원의 간사직을 내놓고 영동 중화사로 들어갔다. 거기서 나는 불철주야 「보현행원품」을 독송했다. 2008년에 나온 책, 『미국에서 강의한 화엄경 보현행원품』에서 나는 그 당시를 다음과 같이 회상했다.

나는 중화사에서 아침 일찍부터 밤늦게까지 하루 종일 「보현행원품」을 읽었다. 마치 「보현행원품」과 무슨 원수라도 진 듯이 소리를 지르면서 읽었다. 한 번 읽는데 약 25분이 걸렸다. 처음엔 첫 문장을 읽을 때는 그다음 문장이 보이지 않았다. 그리고 그다음 문장을 읽을 때는 첫 문장이 보이지 않았다. 물론 나는 그런 것에 개의치 않고 읽고 또 읽기를 근 한 달을 계속했더니 뜻밖의 현상이 일어났다. 첫 문장을 읽을 때 둘째, 셋째의 문장이 동시에 보이는 것이었다. 뿐만 아니라 마침내는 「보현행원품」의 첫 문장부터 마지막 문장까지가 한꺼번에 눈앞에 나타나는 것처럼 느껴졌다. 일종의 '여대목전如對目前' 현상이었다고나 할까.

읽을 때와 안 읽을 때의 차이도 없어지는 것 같았고, 내가 바로 『화엄경』 자체인 듯이 느껴졌다. 그러니까 「보현행원품」의 어느 대목에 눈이 가고 있건 그런 것엔 관계없이 「보현행원품」 전체가 항상 내 앞에 펼쳐져 있었다. 그것은 전체와 부분이 유기적으로 동시에 공존한다는 사실을 체험하는 순간이었다. 환희심이 났다. 그때부터 나는 남들의 평에 신경을 쓰지 않게 되었다. 내 속을 드러내는 데도 밖의 눈치를 살피지 않게 되었다. 누가 나더러 불교를 믿느냐고 물으면 나는 편안하게 '그렇다'고 대답할 수 있게 되었다. 미숙하면 미숙한 대로 불교도는 불교도라는 사실을 인정하게 된 것이다.[5]

나는 지금도 중화사의 체험을 소중하게 생각한다. 왜냐하면 나는 그때에 비로소 『화엄경』이 말하는 "일즉일체一卽一切 일체즉일一切卽一"의 뜻을 조금 짐작하게 되었기 때문이다. 이런 경험은 요즘 말로 하면, "아무리 작은 것이라 할지라도 그 속엔 이 세상 모든 것이 다 들어가 있고, 이 세상 모든 것은 지금 당장 눈앞에 있는 아주 작은 것 속에 다 들어가 있다"는 말로 풀이할 수 있을 줄 안다. 여기서 중요한 것은 일즉일체의 소식을 사의의 차원에서가 아니고 부사의의 차원에서 경험했다는 데에 있다. 다시 말하면, 사의의 차원에서는 아무리 설명을 잘해도 설명하는 자신에게 아무 변동이 없기 때문에 항상 허전한 데 반해서 부사의의 차원에서는 설사 독경만 하고 있다 할지라도 독경하는 사람 자신의 내부에 커다란 변혁이 일어난다고 말할 수 있을 것이다. 이때부터 나는 언제나 어디서나 편안하게 "나는 불교를 믿는다"고 말할 수 있게 되었다. 이것은 '하나와 여럿의 관계'를 '앎'으로 처리하지 않고 '삶'으로 체험했다고 말할 수 있을 것이다. 그러나 중화사 체험이 불법의 전부는 아니었다. '산 넘어 또 산'이라고 내

---

5) 박성배, 『미국에서 강의한 화엄경 보현행원품』(서울: 도서출판 도피안사, 2008), 22~23쪽.

앞에는 그다음에도 넘어야 할 산들이 수도 없이 가로막고 있었다.

5. 구도행각

1960년대 중반에 나는 한국대학생불교연합회의 지도교수라는 중책을 맡았다. 그때 나는 연합회의 구도부 학생들과 함께 뚝섬 봉은사에 대학생 수도원을 세웠다. 대학생수도원의 근본 목적은 모두 다 같이 보현행자가 되자는 것이었다. 나는 수도원생들에게 또 「보현행원품」을 강의했다. 이 때의 「보현행원품」 강의는 몇 년 전 대학선원에서의 강의와 달랐다. 영동 중화사의 독경공덕을 체험하자는 데에 주력했다. 나는 이때를 보현행각의 3차전이라고 이름 붙여 보았다. 1차전은 동국대학교 대학선원에서, 2차전 은 영동 중화사에서, 그리고 봉은사는 3차전이 되는 셈이다. 그러나 3차전 도 또 실패로 돌아갔다. 실패의 가장 큰 원인은 힘에 겨운 무리한 계획 때문이었다. 한마디로 비현실적인 생각에 사로잡혀 있었다. 낮에는 대학 에 나가 다른 학생들과 똑같이 공부하고, 밤에는 절로 돌아와 다른 스님들 과 똑같이 수행한다는 것은 이루어질 수 없는 무리한 꿈이었다. 그러한 꿈은 한 달을 못 채우고 한계에 부딪치고 말았다. 학생들은 불평하기 시 작했다. 공부도 잘 안 되고 수행도 잘 안 된다는 것이다. 지금 생각해 보 면 그것은 처음부터 될 수 없는 짓이었다. 마치 두 개의 직장을 가지고 밤낮없이 뛰어다니는 맞벌이꾼과 비슷했다. 돈만이 전부라면 그렇게 해도 괜찮았겠지만 인생의 질을 문제 삼는 보현행자들에겐 비현실적인 발상이 었다. 대학에서는 졸려서 공부가 잘 안 되고, 절에 돌아오면 너무 피곤하 여 수행이 제대로 되지 않았으니 너나없이 모두 괴로울 수밖에 없었다.

그러다가 여름방학이 됐다. 우리들은 전국에 큰스님들을 찾아뵙고 우 리의 갈 길을 묻기로 했다. 말하자면 '구도행각'이다. 그러나 이것도 실패 로 돌아갔다. 봉은사 대학생수도원의 문제점이 우리의 힘으로 감당할 수 없는 무거운 짐을 지고 뛰었다는 데에 있었듯이 전국의 큰 절을 찾아다니면서 큰스님에게 길을 묻는 구도행각에도 똑같은 문제가 있었다. 그것은 우리에게 쉬는 시간이 없었다는 사실이다. 찾아간 절마다 대접을 잘 받았지만 그 절의 스님들이 우리들을 날카로운 눈초리로 지켜보고 있었다. 봉은사 대학생수도원생들이 과연 구도행각을 제대로 하는지 두고 보자는 식이었다. 우리들은 24시간 무대에서 관중들이 지켜보는 가운데서 계속 연극을 해야 하는 딱한 처지에 놓여 있었다. 그래서 큰스님에게 작별인사를 하고 그 절을 떠날 때면 큰 해방감을 느꼈다. 지켜보는 사람의 눈 밖으로 벗어 나왔기 때문이다. 지도교수라는 중책을 맡고 있는 나는 또 고민에 빠졌다. 이것은 보현행도 아니고 구도행각도 아니라는 자책감 때문이었다. 왜 이렇게 우리는 힘에 겨운 무거운 짐을 지고 다녀야 하는가? 왜 우리는 남의 시선을 의식하는 것일까? 이것은 보현행이 아니라는 의구심이 나를 괴롭혔다. 인간의 한계와 자신의 능력과 주어진 현실을 무시한 수행은 보현행이 아니라는 생각이 들었다. 그러나 그때 나에게는 다른 선택의 길이 없었다. 그러다가 마지막 일정인 경상북도 문경의 김룡사에 도착했다.

6. 관심이 용에 쏠려 있구나!

"관심이 용用에 쏠려 있다"는 말씀은 그 당시 김룡사의 방장스님이었던 성철스님이 우리들의 딱한 사정을 다 듣고 난 다음에 내리신 진단이었다. 명진단名診斷이었다. 나는 성철스님의 이러한 진단에 철퇴를 맞은 것처럼 정신이 아찔했다. 동양철학의 체용논리體用論理에서 용用이란 항상 체體와 함께 붙어 다니는 말이다. 나는 요즈음 이 말을 '몸과 몸짓의 논리'라는 우리말로 바꾸어 사용하고 있다. 몸과 몸짓의 관계처럼 두 말의 밀접한 관계를 간결하고도 명료하게 나타내는 말은 없기 때문이다. 그러나 주의해야 할 것이 있다. 사람의 몸짓은 몸의 몸짓 아님이 없음에도 불구하고 사람들은 남들의 환심을 사고 좋은 점수를 따기 위해서 곧잘 자기의 몸짓

을 꾸민다. 그 결과, 사람은 겉과 속이 다른 이중인격자가 되고, 앞과 뒤가
맞지 않는 허풍선이 된다. 인간사회의 거짓과 속임수는 이렇게 생긴다.
과장과 위선, 허위와 기만 등등의 가지가지 비인격적이고 비종교적인 작
태가 모두 여기서 생긴다. 보현행은 하지 않고 보현행을 하는 척했던 것
은 분명 몸짓문화의 부산물이었다. 2007년 서울 민음사에서 나온 책『몸과
몸짓의 논리』에서 나는 이런 고비를 다음과 같이 묘사했다.

1964년 7월 31일, 그날은 어찌 그렇게 더웠는지 모른다. 그 더운 날 대
학생불교연합회 구도부 학생 열세 명은 경상북도 문경 김룡사 법당에
서 삼천배를 하고 있었다. 구도하는 마당에 학생이고 지도교수고 무슨
차별이 있을 수 있느냐는 성철스님의 불호령 때문에 다른 절에서는 으
레 받았던 교수 특대의 혜택도 받지 못하고 나도 또한 학생들과 함께
울며 겨자 먹기의 삼천배를 하지 않을 수 없었다. 냉방이 되어 있지
않은 법당은 한증막처럼 더웠다.……
죽을 욕을 보고 열세 시간 만에 우리는 삼천배를 마쳤다. 삼천배를 마
치고 법당에서 나오는 우리의 모습은 가관이었다. 걸음걸이는 부상병
처럼 절뚝거렸고 옷은 물에 빠진 생쥐처럼 푹 젖어 있었다. 그렇지만
모두들 눈빛은 빛나고 개선장군처럼 의기양양했다. 삼천배를 하고 난
다음 나에게는 몇 가지의 변화가 생겼다. 그 가운데 하나가 무장해제의
경험이었다. 강제로 무장을 해제당한 것이 아니라 스스로 무기를 내버
린 기분이었다. 나는 그동안 얼마나 중무장을 하고 다녔는지 모른다.
속에 무슨 보배를 그리도 많이 지니고 다녔는지 항상 경계 태세를 풀지
않고 살아왔다. 아무것도 가진 게 없으면 지킬 것도 없고, 두려울 것
도 없을 것이다. 학생들도 마찬가지였다. 그렇게도 따지기 좋아하고 지
지 않으려고 밤낮 시비만 일삼던 학생들이 갑자기 잠잠해졌다. 누가
뭐라 하든 가만히 듣고만 있지 통 불평할 줄을 몰랐다. 이것은 멍청해
진 것과는 달랐다. 학생들도 분명히 속에 지니고 다녔던 것들을 모두

놓아버린 듯했다.[6]

무장해제를 경험한 보현행자와 아직 무장해제를 경험하지 못한 보현행자의 차이는 크다. 무장해제를 경험하지 못하면 사람은 아상我相에 사로잡히기 마련인 것 같다. 어떤 형태로든 아상을 버리지 못하면 보현행은 할 수 없다고 생각한다.

7. 깨달음이 아니라 깨침이라야 한다

어려운 삼천배로 무장해제를 경험한 나는 어렴풋이나마 무아無我가 무엇인가를 짐작하게 되었다. 무아는 불교사상의 핵심이다. 성철스님의 삼천배가 우리들의 아상을 근본적으로 깨트려 주었는지는 의심스럽지만 그래도 어느 정도는 아상이 무너진 것은 사실이었던 것 같다. 무아가 아니고서는 보현행은 아예 그림의 떡에 불과했다. 그동안의 수박 겉핥기 같은 불교공부에 환멸을 느꼈다. 그래서 나는 다시 출가를 결심했다. 보현행각 4차전이다. 성철스님은 "깨달음이 아니라 깨침이어야" 함을 강조했다. 깨침은 깨짐이다. 깨짐 없는 깨침은 깨침이 아니다. 깨달음은 일종의 알음알이 즉 지해다. 거기엔 깨짐이 없다.

성철스님은 보조국사 지눌스님(1158~1210)의 돈오점수설頓悟漸修說을 비판했다. 돈오점수설은 먼저 깨닫고 그다음에 그 깨달음에 의지하여 오래오래 닦아야 한다는 일종의 선오후수설先悟後修說이다. 지눌의 깨달음은 깨침이 아니기 때문에 잘못된 수도이론이란 것이 성철스님의 지론이었다. 깨침은 삼관三關 즉, 일상일여, 몽중일여, 오매일여를 돌파하고 제8 아라야식마저 깨져버린 증오證悟의 경지인 데 비하여, 깨달음은 6식 세계에서 눈으로 보고 귀로 듣고 생각하고 궁리한 끝에 종래의 지식체계를 재정리한

---

6) 박성배, 『몸과 몸짓의 논리』(서울: 민음사, 2007), 3~5쪽.

것에 불과하다. 한마디로 지적 차원에 불과하다는 것이다. 깨달음은 버려
야 할 것이지 그것에 의지하여 닦는다는 것은 말도 되지 않는다고 성철스
님은 강조했다. 지눌의 선오후수先悟後修란 먼저 깨닫고 그다음에 닦는 것
이니 이것은 경전공부를 주로 하는 교가敎家에서 하는 소리지 사교입선捨敎
入禪하여 화두를 들고 용맹정진하는 선가禪家의 가르침은 아니라고 성철스
님은 힘주어 비판했다.

1990년 10월 13일, 순천 송광사에서 열린 이른바 돈점회의는 성철스님
의 지눌 비판을 어떻게 받아들여야 하는가를 다룬 국제불교학술회의였다.
나는 거기서 「성철스님의 돈오점수설 비판에 대하여」라는 꽤 긴 논문을
한 편 발표하였다. 그 가운데 한 구절을 인용해 보자.

> 선오후수를 골자로 하는 지눌의 돈오점수설은 똑바로 깨치지 못한 거
> 짓 선지식들이 아무런 증처도 없이 '지해知解' 즉 '알음알이'로 조작해
> 낸 잘못된 수행이론이다. 지해의 길은 깨침의 길이 아니다. 지해로는
> 깨침을 담을 수 없다. 지해는 오히려 깨침의 길을 가로막는 최악의 장
> 애물이다. 정확하게 말하면 돈오점수설은 해오점수설이다. 해오解悟란
> 지해로 억측한 깨침이란 뜻이므로 해오점수란 말은 오를 잘못 짚고,
> 그런 잘못된 견해를 출발점으로 일생동안 닦는다는 뜻이 된다. 이렇게
> 잘못된 견해를 가지고 도를 닦으면 구경각 즉 올바른 깨침을 얻을 수
> 없다. 밝게 깨친 선종의 큰스님들은 모두 '지해' 즉 '알음알이'를 선문
> 최대의 금기로 삼았고, 항상 이를 통렬히 비판하였다.[7]

이러한 성철스님의 사상은 오늘날 돈오돈수설頓悟頓修說이라는 이름으
로 널리 알려져 있다. 돈오돈수설이란 오悟도 수修도 모두 돈頓이란 말이
다. 오悟에 선先이니 점漸이니 하는 수식어가 붙을 수 없다는 것이다. 오悟

---

7) 박성배, 『한국사상과 불교』(서울: 혜안, 2009), 332쪽.

는 철두철미 돈頓일 뿐이다. 오悟뿐만이 아니다. 수修도 오悟와 똑같이 돈頓이라는 것이 성철스님의 돈오돈수설이다. 이게 무슨 말인가? 오悟도 수修도 모두 부처님의 경지다. 부처님의 경지는 시간적인 선후로 해부해서는 안 된다. 선先도 후後도 모두 부처님 속에 있는 것이다. 이 말은 말이 된다. 그러나 조심해야 할 것은 부처님을 선과 후로 두 동강 내서는 안 된다는 것이다. 부처님은 끝없이 큰 것이고 시간적인 선후는 아주 작은 것을 두고 말할 때 쓰는 말이다. 작은 것을 큰 것으로 끌어들이는 것은 불가피할 때가 있지만 큰 것을 작은 것 속으로 억지로 두들겨 맞추려 한다면 이것은 큰 잘못이다. 이것은 둘 다 죽는 꼴이 되고 만다.

오늘날 사람들은 성철스님이 말하는 돈頓의 의미를 잘 이해하지 못하고 있는 것 같다. 돈頓은 빠르다는 시간적인 개념이 아니다. 빠르다느니 느리다느니 하는 시간적 지속遲速을 모두 거부하는 말이 돈頓이다. 네가 가지고 있는 시간 개념을 버리라는 말이 돈頓이란 말이 우리에게 주는 메시지다. 얼핏 즉시 된다느니 또는 점차로 천천히 된다는 말은 시간이 주가 되는 알음알이의 세계에서 하는 소리다. 돈頓은 그런 시간 개념을 깨뜨려 버린 소식이다. 돈은 몸짓세계의 단어가 아니고 몸세계의 단어다.

여기서 우리는 '보현행원'을 돈頓으로 보아야 하느냐 아니면 점漸으로 보아야 하느냐 하는 문제에 부딪친다. 보현행원의 경지는 부처님 경지다. 「보현행원품」의 도처에 골백번도 더 나오는 불가설불가설不可說不可說이란 말이 무엇을 암시하고 있는가? 이것은 부처님의 경지란 말이다. 그러므로 돈이니 점이니 하는 시간적 개념으로 부처님 경지를 난도질하여 부처님의 경지를 죽은 시체로 만들지 말라는 말이다.

내가 재출가를 결심할 때 성철스님은 이렇게 말씀하셨다. "너에게는 보현행이 원수다." 왜 그렇게 말씀하셨을까? 화엄과 선이 갈라지는 대목에서 스님은 선禪의 편에 서신 것이다. 그래서 나는 화엄을 버리고 선禪으로 들어간 것이다. 이것은 부득이한 일이었다. 내가 그때 화엄을 버리지 않았더라면 나는 끝내 선을 모르고 말았을 것이다. 그리고 그 결과는 몸짓 화엄에 집착하고 몸 화엄을 모르고 말았을 것이다. 선禪은 나로 하여금 몸짓 화엄을 지양하고 몸 화엄에 뛰어들게 하는 방편이었다. 성철스님이 내뱉으신 "너에겐 보현행이 원수"라는 약은 극약이었다. 죽을병을 앓고 있는 사람을 살리기 위해서 스님은 대담하게 극약을 사용하신 것이다. 그로부터 약 3년 후 나는 해인사 생활을 청산하고 다시 속세로 돌아왔다. 속세로 돌아올 때 나는 다시 교수를 할 생각은 없었다. 그러나 따로 특별히 갈 곳이 없어 그때까지도 사표가 수리되지 않았던 동국대의 교수 자리로 되돌아갔을 뿐이다. 그때는 1968년이었고 그 이듬해인 1969년 1월 29일 나는 미국으로 떠났다. 꼭 40년 전의 일이다.

8. 기독교의 신을 만나다

미국에 도착하자마자 나는 기독교 계통의 신학교에 들어갔다. 서양을 알아야겠다.······ 그리고 서양을 알기 위해서는 기독교를 알아야겠다는 생각이 나를 그렇게 만들었다. 텍사스의 댈러스에 있는 남감리교대학의 신학부는 좋은 신학교였다. 나는 거기서 약 3년간 기독교의 성경공부를 주로 했다. 신약, 구약을 가리지 않고 성경과목을 많이 택했다. 밤을 새 가면서 열심히 공부했더니 모두들 내가 기독교로 개종한 줄 알았다고 했다. 신학교에서 성경을 공부하다가 나는 의외의 커다란 수확을 얻었다. 그것은 기독교에서 말하는 하나님이란 말의 뜻을 좀 알게 된 것이다. 일종의 '신의 발견'이었다. 기독교인이 된 것도 아니고 신학자가 되기 위해서 신학공부를 한 것도 아니었지만, 내가 신을 발견했다는 것은 정말 놀라운 사건이었다. 그다음부터는 불경을 읽을 때도 신의 입장에서 읽게 되었다. 신을 믿는 사람의 입장이 아니고 신의 입장에서 불경을 읽으면 불경 또한 신의 메시지가 되는 묘한 경험을 했다. 이러한 경험을 가진 다음부터는 기독교가 남의 종교라는 이질감이 줄어들었다. 신을 믿는 사람들과는 거리감이 깨끗이 사라지지 않았지만 그들이 믿는 신과의 거리감은 훨씬 줄어들었다. 그다음부터는 기독교의 성경 속에 부처님의 메시지가 무수히 발견되었다. 그러면서 불교의 어느 종파이든 관계없이 그들이 신봉하는 부처님의 말씀에서는 거리감이 없게 되었다. 그러니까 나는 자력신앙인 선종이니까 타력신앙인 염불종은 남처럼 느껴지는 거리감이 없어졌다. 이 때부터 나는 「보현행원품」을 예전과는 달리 읽게 되었다.

9. 다시 읽은 「보현행원품」

「보현행원품」을 읽으면서 가장 인상적인 대목은 뭐니뭐니 해도 역시 이 글이 가지고 있는 '원顧사상'이라고 말할 수 있을 것이다. 나는 지금 무엇을 바라고 있는가? 나는 그동안 무엇을 가장 간절하게 원했던가? 「보현행원품」은 단순하게 원顧이라고 말하지 않고 행원行顧이라고 말했다. 보통 사람들은 소원所願이란 말을 자주 쓴다. 우리말로는 '원하는 바' 또는 '원하는 것'이란 말이다. 매우 구체적이다. 불치병을 앓는 사람은 그 병을 고치는 것이 소원일 것이고, 사업을 하는 사람은 사업을 성공시키는 것이 소원일 것이고, 자식의 진학 때문에 골치 아픈 부모는 자식을 원하는 학교에 입학시키는 것이 소원일 것이고 등등, 모두가 다 구체적이라는 특징을 가지고 있다. 한마디로 몸짓세계의 소원이다. 그러나 「보현행원품」의 행원은 보통 사람들의 소원과는 다르다.

「보현행원품」의 '행원行顧'을 글자 그대로 풀면 '행동하는 원'이란 말이다. 행동하는 원이란 무슨 말인가? 이 말이 보통 사람들의 소원과 다른 대목을 한번 살펴보자. 보통 사람들의 소원은 그 특징이 지금은 없지만 노력하면 나중에 이루어진다는 구조를 가지고 있다. 시간적인 선후가 분명하고 노력 여하에 따라 그 결과가 달라진다는 인과율적인 특징을 가지고 있다. 시간이 끼어들고 인과율이 판을 치면 그것은 몸짓세계의 현상이다. 시간도 넘어서고 인과율도 넘어서는 몸의 세계는 아니다. 원과 행이 둘로 맞서 하나는 내적이고 하나는 외적이라는 구분을 때려 부셔버리는 것 같다. 「보현행원품」이 가지고 있는 '행원'이란 말에는 시간도 인과율도 내외內外도 선후도 모두 뛰어넘는 무서운 대목이 있다. 그러면 한번 구체적으로 살펴보자. 「보현행원품」 첫머리에서 보현보살은 구도자 선재에게 다음과 같이 말했다.

> 부처님의 공덕은 가령 온 우주에 모든 부처님들이 아무리 오랜 세월을 두고 계속해서 설명한다고 해도 다 설명 못한다.[8]

여기엔 시간 개념도 없고 인과율적인 합법칙성도 없다. 여래의 공덕이 무엇이기에 이렇게도 무서울까? 부처님의 공덕이란 부처님의 훌륭하신 대목, 우리들에게 잘해 주신 일들이 모두 부처님의 공덕이다. 부처님의 공덕은 그다음에 뒤따라 나오는 문장에 분명히 드러나 있다.

> 若欲成就, 此功德門, 應修十種廣大行願. 何等爲十. 一者, 禮敬諸佛, 二者, 稱讚如來, 三者, 廣修供養, 四者, 懺悔業障, 五者, 隨喜功德, 六者, 請轉法輪, 七者, 請佛住世, 八者, 常隨佛學, 九者, 恒順衆生, 十者, 普皆廻向.

「보현행원품」을 제대로 읽으려면 이 대목에서 길을 잃지 말아야 한다. 먼저, 위에 인용한 문장을 뜻이 통하고 고개가 수그러지도록 제대로 읽어야 한다.

> 구도자 선재여, 만약 당신이 부처님의 공덕을 이루고 싶으면 꼭 다음 열 가지의 광대한 행원을 닦아야 한다. 그 열 가지란 다음과 같다. 첫째는 모든 부처님께 예경을 드리는 일이요, 둘째는 부처님을 칭찬하는

---

8) 如來功德, 假使十方一切諸佛, 經不可說不可說佛刹極微塵數劫, 相續演說, 不可窮盡.

일이요, 셋째는 부처님께 두루두루 공양드리는 일이요, 넷째는 자기의 업장을 참회하는 일이요, 다섯째는 남들이 잘한 일을 자기가 잘한 것처럼 기뻐하는 일이요, 여섯째는 부처님께 진리의 수레바퀴를 끊임없이 굴려 주시기를 부탁하는 일이요, 일곱째는 부처님께 우리들이 사는 세상에 계속 함께 살아 주시기를 부탁하는 일이요, 여덟째는 항상 부처님을 따라다니면서 그 곁에서 배우는 일이요, 아홉째는 항상 중생을 따라다니는 일이요, 열째는 자기가 쌓은 공덕을 일체 중생에게 되돌려 주는 일이다.

'제대로 읽는다'는 말은 한문의 글자 풀이만 제대로 한다는 말이어서는 안 될 것이다. 그렇다면 위에 인용한 한문의 글자 풀이만으로 일이 끝났다고 볼 수 없다. 응당 「보현행원품」의 십대원 하나하나를 제대로 이해해야 할 것이다. 보현행원사상을 제대로 파악하기 위해서는 먼저 명심해야 할 일들이 몇 가지 있다. 무엇보다도 중요한 것이 아까 지적한 행원을 가지는 것이고, 이러한 행원은 제대로 된 신심을 가졌을 때 성취된다. 신심 없이는 아무것도 안 된다. 오직 신심을 통해서 십대행원은 성취된다. 그런데 이 경은 신심과 행원을 동시존재로 보고 있다. 바람이 있기에 믿음이 생기고 믿음이 있기에 바람은 일을 한다. 이것이 행동하는 원이다. 그래서 나는 행원과 신심을 동시라고 주장한다. 원이 있으면 믿음이 생기고 믿음이 있으면 원은 살아서 일하기 마련이다.

경에 쓰여 있는 대로 이 대목을 한번 읽어 보자.

극히 미세한 티끌 수만큼 많은 이 세상의 모든 부처님을 나는 보현보살의 행원력을 가지고 있기 때문에 깊은 마음속 깊이 믿고 알아차리기를 마치 내 눈앞에 대하듯 하고 나의 모든 것 즉 몸과 말과 뜻으로 하는 모든 일에 최선을 다해서 항상 예경한다.[9]

예경제불을 실천하는 데 있어서 '보현행원'을 갖는다는 것이 얼마나 중요한가를 이 이상 더 잘 말할 수는 없을 것이다. 그러면 「보현행원품」에서 말하는 보현행원이란 무엇일까? 바람(願)과 믿음(信)과 중생衆生은 「보현행원품」의 삼대 축이다. 그 가운데서도 핵심은 중생이다. 「보현행원품」은 한마디로 '중생경'이라 말해도 과언이 아닐 만큼 중생의 노래를 부르고 있다. 첫째의 예경이란 것도 알고 보면 중생에게 고개 숙여 절하는 것이다. 둘째 칭찬도 마찬가지다. 다름 아닌 중생을 칭찬하는 것이다. 셋째 공양도 중생이 잘 되도록 공양하는 것이다. 넷째 참회도 그동안 중생을 받들지 못했음을 참회하는 것이다. 다섯째 수희도 중생의 위대함에 수희하는 것이다. 여섯째 전법을 청하는 것도 중생이 중생 노릇 제대로 해 주시기를 청하는 것이다. 일곱째도 중생에게 영원토록 우리와 함께 살아 주시기를 청하는 것이다. 여덟째도 중생 따라 배우겠다는 것이다.

만일 이상의 내 해석에 거부감을 느낀다면 중생이 바로 부처님이라는 화엄사상을 다시 한 번 더 음미해 보면 될 것이다. 「보현행원품」은 철두철미 일체중생이 그대로 부처님이라는 사실에 근거하고 있다.

그래서 우리는 「보현행원품」을 읽고 실천하는 데 있어서도 어려운 옛날 말을 고집할 것이 아니라 누구나 항상 쓰는 일상적인 말로 바꿔 써도 좋을 것이다. 가령, 첫째 예경도 그저 일체 중생에게 고개 숙여 절하는 것이라고 말해도 좋을 것이다. 그래야 경의 뜻이 살아난다는 말이다. 꼭 절에 가서 불상 앞에 두 손 모아 엎드려 예경을 드린다고만 읽으면 오히려 경의 뜻을 해치는 결과가 될 것이다. 나는 중생의 대표자이고 또한 동시에 나는 부처님의 대표자이다. 있는 그대로 나는 부처님이면서 동시에 중생이다. 중생 밖에 부처님 없고 부처님 밖에 중생 없다. 이것은 몰록의 세계 즉 돈頓의 세계다. 이것이 기독교에서 말하는 하나님의 세계다. 이것

---

9) 極微塵數, 諸佛世尊, 我以普賢行願力故, 深心信解, 如對目前, 悉以淸淨身語意業, 常修禮敬.

이 내가 말하는 몸의 세계다. 나는 여기서 돈오돈수頓悟頓修를 본다.

둘째의 칭찬도 마찬가지다. 누구를 만나든 소중해서 못 견디고 나오느니 칭찬뿐이다. 이것이 보현보살이 여래를 칭찬하는 모습이다.

셋째의 공양도 중생에게 공양하는 것이다. 처음 고개 숙여 절하고 마음으로부터 칭찬이 쏟아져 나왔다면 그것은 공양이다. 공양은 잘된다는 말이다. 중생 잘되는 것이 바로 부처님 잘되는 것이다. 「보현행원품」은 모든 공양 가운데서 법공양이 제일 중요하다고 했다. 경은 법공양을 일곱 가지로 나누어 설명하고 있다. 특히 가운데 세 가지가 눈에 띈다. 즉 중생을 이롭게 하는 것과 중생을 포섭하고 수용하는 것과 중생의 고통을 대신 지는 것이 공양이라는 것이다. 공양이란 한마디로 중생을 위하는 것이다. 나머지 네 가지도 알고 보면 똑같다. 이 세 가지 앞에 여설수행공양이 있고, 뒤에 근수선근공양과 불사보살업공양과 불리보리심공양이 있다. 모두가 중생을 위하자는 것을 그 핵심으로 삼고 있다.

「보현행원품」 십대행원 중에서 '중생'이란 말을 그 제목에서부터 들고 나온 곳은 아홉 번째의 항순중생원恒順衆生願이다. 여기에 나오는 '목마른 나무의 비유'는 인상적이다. 사막에 사는 목마른 나무도 그 뿌리에 물을 주면 꽃이 피고 열매를 맺는다. 이와 마찬가지로 생사의 고해라는 이 세상도 그 뿌리에 물을 주면 보살이 탄생하고 부처님이 출현한다. 세상의 뿌리란 중생이고 물은 자비다. 누가 자비라는 이름의 물을 세상의 뿌리인 중생에게 주는가? 보현행원을 가진 사람이다. 자비는 지혜를 낳고 거기서 부처님이 탄생한다. 부처님의 뿌리는 중생임을 분명히 말하고 있다. 중생이 없으면 지혜도 깨침도 부처님도 모두 없다. 『화엄경』「보현행원품」에 따르면 불교佛敎는 중생교衆生敎다. 보현행원사상은 우리들의 관심과 눈길을 중생에게로 돌리기 위해 무진 애를 쓰고 있다. 그동안 우리 불제자들의 눈길은 「보현행원품」이 보라는 것은 보지 않고 엉뚱한 것만 보고 있었다는 생각이 든다.

10. 이것이 문제다

아무리 말을 잘하고 글을 잘 써도 문제는 여전히 남는다. 실천이 문제란 말이다. 불법에 아예 관심이 없는 사람은 그렇다 치더라도 발심하고 실천을 맹서한 사람들이 왜 계속 실패만 거듭하는가? 실천에 대한 세심하고 조심스러운 연구가 있어야 할 것 같다. 실천이 실종된 종교 교육은 진정한 종교 교육은 아닐 것이다.

어떤 사회든, 사회는 똑똑한 사람들이 이끌어 가기 마련이다. 그런데 똑똑한 사람들이란 게 하나같이 아만에 빠져 있다. 아만은 교만이다. 남들을 내려다보기 시작하면 그 사람의 성장 발전은 중단된다. 이것은 생명이 생명 노릇을 못한다는 말이다. 아만과 교만은 사람을 죽음으로 이끌고 간다. 목숨은 붙어 있지만 송장이나 다름없는데 송장이 산 사람을 무시하는 것이다. 보현행원사상은 이런 사람들에게 기사회생의 양약이다.

사람이 교만병에 걸리면 자기가 만든 지식 체계에 갇혀 있기 마련이다. 이 굳어 빠진 지식체계를 때려 부셔야 하는데 그들에겐 그런 힘이 없다. 결국 사회가 자기를 용납하지 않을 때 그들은 눈물을 흘리며 반성하고 참회한다 하지만 여전히 힘은 없다. 약은 하나, 보현보살이 가르쳐 준 것처럼 일체중생을 위해서 사는 사람으로 다시 태어나야 한다. 이것이 자기가 다시 살아나는 길임을 깨달아야 한다. 그러한 의미에서 21세기의 보현행원은 일종의 시대적 요청이다.

그런데 요즘에 또 나에겐 이변이 생겼다. 웬일인지는 몰라도 "나는 불교를 믿는다"는 말을 하기 싫어졌다. 곰곰이 생각해 보았다. 이게 웬일일까? 세계의 어느 종교를 막론하고 종교적인 행위의 핵심엔 언제나 참회가 있다. 종교는 참회로 시작해서 참회로 끝난다고 말해도 좋을 것이다. 그만큼 종교생활에서 참회의 비중은 크다. 그런데 참회는 개인의 경우는 그런대로 잘 된다. 그러나 집단의 경우는 잘 안 된다. 이것이 나의 진단이다. 자기 집단의 과오를 솔직하게 인정하는 집단을 본 적이 있는가? 사람은 사회적 동물이기에 자기가 속한 집단의 덕을 엄청나게 많이 보면서 살고 있다. 그래서 사람은 자기 집단에 덤벼들지 못한다. 한국 사람이 한국에 덤벼들지 못하는 거나, 어느 종교집단에 속한 사람들이 자기의 집단에 덤벼들지 못하는 것이 정말 인간의 한계일까? 개인이 잘못을 저지르는 것처럼 집단도 잘못을 저지른다. 인류가 집단생활을 시작한 이래 세상엔 무서운 전쟁이 무수히 벌어졌다. 모두가 집단의 참회기피증 때문이다. 참회할 줄 모르면 집단과 집단 사이에서는 전쟁이 일어나기 마련이다. 지금 "믿습니다"라는 말은 집단의 일원이 되겠다는 말이 되어 버렸다. 국가라는 집단, 민족이라는 집단 등등 이 세상엔 가지가지의 집단이 있다. 그 가운데서 종교집단이 제일 무섭다. 종교의 근본 목표가 중생을 위하자는 것이고 자연과 생명을 사랑하자는 것인데, 참회할 줄 모르는 종교집단은 살생을 무자비하게 자행하고 있다. 그래서 나는 믿는다는 말을 함부로 하지 말아야겠다는 생각을 하게 된 것이다.

이제까지 우리의 종교사회엔 개인적인 참회와 행원만 있었지 않았나 싶다. 다시 말하면, 집단적인 참회와 행원이 없었다는 말이다. 오늘날 지구촌적인 큰 문제는 모두 집단적인 사고방식 때문에 생겼다고 말해도 좋을 것이다. 패거리 짓고, 판 가르고…… 집단의 독선, 집단의 횡포…… 대표적인 것이 국가요, 민족이요, 종교다. 개인은 잘못하면 뉘우치기도 하고 참회도 하는데, 집단은 국가의 경우든, 민족의 경우든, 종교의 경우든 뉘우침이 없고 잘못 해 놓고도 참회할 줄 모른다. 앞으로의 보현행원은 이 문제를 다루어야 한다. 어떻게 하면 참회를 제대로 할 수 있을까? 개인적인 참회만이 아니라 집단적인 참회도 할 줄 알아야겠다.

오늘날 한국의 마음문화에는 문제가 많다. 오늘날 마음은 가지가지 미신의 서식처로 변해 버렸다. 때로는 마음이 악의 은신처로 변해 버렸다. 소위 성공했다는 사람치고 마음을 강조하지 않는 사람을 못 보았다. 그러나 묻고 싶다. 이 세상은 성공한 사람만 사는 곳인가? 성공하지 못한 사람은 어떻게 할 것인가. 이러한 질문에 부처님은 어떻게 가르치셨던가? 보현행원이든 간화선이든 문제는 그 종교성이 생명인데, 가만히 보면 오늘날 마음은 그 종교성을 좀 먹고 있다. 해서는 안 될 짓들을 해 놓고서, 꼭 해야 할 일을 하지 않고서, 급하면 제 마음만은 그렇지 않았다고 변명과 궤변을 늘어놓는다. 그러면 통한다. 그래서 진정한 참회는 없다. 그러니 개과천선이 없다. 인간생활에서 마음은 중요한 역할을 맡고 있다. 인간의 마음은 인간이 가지고 있는 어떤 기능보다도 더 중요한 역할을 맡고 있다. 이것을 부정할 사람은 없다. 그래서 인간의 마음은 곧잘 옛날의 임금에 비유되었다. 심왕心王이란 말이 그래서 나왔다. 사람에게 있어서 마음자리는 오늘날 막권을 쥐고 있는 대통령 자리나 비슷하다. 그러나 대통령이 대통령 노릇을 제대로 못하면 그 나라가 엉망이 되는 것과 같이, 마음도 마음 노릇을 제대로 못하면 큰일 난다. 그리고 마음이 제아무리 마음 노릇 잘한다 해도 만능은 아니다. 옛날에 유행하던 '정신일도하사불성精神一到何事不成'이란 속담을 오해해선 안 된다. 마음이 만능에 가까울 정도로 모든 일을 잘한다 해도 그것을 만능이라고 생각하면 그 순간 마음은 마음 노릇을 그만두고 지옥으로 전락하는 꼴이 된다. 마치 대통령이 아무리 훌륭해도 그렇다고 자기를 만능이라 오해하면 그 순간 그 대통령은 폭군으로 전락하고 무서운 독재를 자행한다. 대통령이 중요하지만 그 위에 더 중요한 것이 있다. 그것이 백성이다. 불교의 경우, 중생이 이에 해당한다. 대통령은 백성의 종노릇을 해야 한다. 별별 궂은일, 별별 남모른 일들을 다 하고서도 내세우지 않는 자비로운 엄마를 한번 생각해 보자. 자식을 위해 별별 일들을 남몰래 다 하고서도 전혀 내색을 하지 않지 않는가. 그런 의미에서 엄마는 자식을 위해 그 어떠한 종보다도 더 철저하게 종노릇을 잘하면서도 내색은커녕 그런 일 했다는 기억도 없다. 모두 다 알고 있으면서 전혀 모른 사람과 똑같은 독특한 구조다. 그것이 사랑이다. 그것이 삶이다. 그것이 사람이다. 얼마나 지혜로운가! 얼마나 텅 비었는가! 그것이 자비다. 마음에 아상我相이 생길 때 이러한 덕상이 다 망가진다. 요즘 한국의 마음문화엔 무심無心과 무아無我가 없다. 불교권도 예외가 아니다. 그래서 우리의 마음문화에 문제가 많다고 말하는 것이다. 그래서 마음이 모든 악의 은신처로 변해 버린 것이다. 불교든 기독교든 그 어떤 종교든 마음의 이러한 면을 잘 들여다보지 않는다면 그런 것은 종교도 아니다.

요즈음 세상 돌아가는 것을 보고 있으면 "이거 큰일 났다"는 탄식이 절로 나온다. 잠깐 내 주변에서 일어나는 일들을 한번 살펴보고 싶다. 정년퇴직한 다음에 노인들이 주고받는 말이 있다. "아무도 찾아오는 사람 없고 아무도 찾아갈 사람 없는" 사회가 미국이란다. 인간관계가 모두 끊어져 버린 것이다. 이런 미국에서 살면서 모든 것이 인간관계 속에서 이루어지는 한국이 그리워진다. 몇 년 전의 일이다. 대학의 안식년 휴가로 한국에 나가 살았다. 그러나 지금 한국은 옛날 내가 살던 한국이 아니었다. 그리고 지금 한국은 내가 걱정하는 잘못된 미국의 뒤를 무비판적으로 뒤따라가는 것 같아서 슬펐다. 인간관계가 깨진 사회는 건전한 사회라고 말할 수 없기 때문이다.

인간관계가 깨진 미국에서 사람들이 은퇴한 다음에 가는 길은 대개 봉사활동에 참여하는 것이다. 미국에는 의료사업, 종교사업, 그리고 각종의 구호사업을 전개하고 있는 단체와 조직들이 많다. 이들은 자기들이 만든 조직과 단체들의 성공과 번영을 위하여 자원봉사자들의 참여를 끝없이 기다리고 있다. 내 친구들 가운데는 자원봉사로 생의 의미를 되찾고 있는 사람들이 있다. 그러나 내가 생각하는 인간관계는 일대일로 서로 걱정하고 돌보고 사랑하는 인간관계다. 봉사활동을 전개하는 단체나 조직을 통한 인간관계는 내가 생각하는 인간관계 하고는 상당히 거리가 먼 것 같다. 단체나 조직은 살고 개인은 죽는 인간관계는 진정한 의미의 인간관계는 아닌 것 같다. 마치 6·25전쟁 때 부모와 형제자매와 이웃들을 사랑하기 때문에 이들을 원수로부터 보호하기 위해서 군대에 나가 전쟁터에서 싸우는 현상과 비슷하다고 할까. 말로는 민족과 국가를 위해서 신성한 국방의 의무를 다한다고 하지만 전쟁터에서 총질하고 싸울 때 인간은 비인간화된다. 전쟁의 결과가 자기들이 원하는 대로 잘되면 그런 전쟁을 치른 군대와 국가는 자기들이 승리했다고 개선장군이 되어 축배를 들고 별야단법석을 다 떨지만, 실제로 전쟁을 치른 인간 개개인은 몸과 마음이 다 망가져 평생을 악몽에 시달리는 정신병을 앓는 경우가 많다고 들었다. 왜 그럴까? 국가나 종교라는 이름의 조직이나 단체는 비대해질지 모르지만 그 일을 치른 당사자들은 똑같은 인간이기 때문에 문자 그대로 만신창이가 되는 것이다. 우리 불교인들은 인간을 보호해야 한다. 우리 불교인들은 철두철미 중생 편에 서야 한다. 내가 속하는 국가나 민족이나 종교단체가 망하는 한이 있더라도 중생 편에 서서 중생을 위해 살아야 한다. 이것이 깨치신 부처님이 우리에게 가르쳐 주신 자비와 지혜의 말씀이다. 그러므로 자기가 속한 조직이나 단체의 횡포를 개인적인 이익 때문에 '나 몰라'라 하고 '입 다물고 방관'해서는 안 될 것이다. 오늘날 우리들이 이 자리에 모여 문제 삼는 보현행원이 이런 문제를 해결하는 데 도움이 되었으면 좋겠다. 감사합니다.

　　나무대행 보현보살, 나무대행 보현보살, 나무대행 보현보살 마하살.[10]

---

10) 참고문헌
　　般若 譯, 『大方廣佛華嚴經』 40卷(『大正新修大藏經』 第10卷, 華嚴部 下, T.293); 광덕 지음, 『보현행원품 강의』(서울: 불광출판부, 1992); 학담 연의, 『화엄경 보현행원품』(서울: 큰수레, 2000); 박성배, 『미국에서 강의한 화엄경 보현행원품』(안성: 도피안사, 2008); 박성배, 『몸과 몸짓의 논리』(서울: 민음사, 2007); D.T. Suzuki, *Studies in The Lankavatara Sutra*(London: George Routledge & Sons, 1930).

19 사과는 어디서나 떨어진다

황경열 교수님,

사과는 어디서나 떨어집니다. 그러나 사과가 떨어지는 것을 보고 만유인력의 법칙을 발견한 사람은 뉴턴 이전에는 없었습니다. 내 속에 화두가 있어야 합니다. 화두가 있으면 화두를 풀려는 노력을 끊임없이 하게 마련입니다. 사과는 항상 떨어지고 만유인력도 항상 거기에 있었건만 화두가 없는 사람에겐 아무 소용이 없습니다. 우리의 공부는 자기에게 매였습니다. 진정 공부하는 사람에겐 천하만물이 다 스승입니다. 교만에 빠지지 말고 항상 겸손해야 하는 것 밖에 비결은 없습니다.

죽는 마지막 순간까지 사람은 숨을 쉽니다. 사람에게 숨이란 그렇게 중요한 것입니다. 공부는 숨 쉬는 것과 똑같습니다. 죽었다가 다시 깨어나도 맨 먼저 다시 하는 일이 숨 쉬는 일이듯, 공부도 그런 것이라고 생각합니다.

안녕히 계세요.

박성배 합장

말로 하는 불교공부와
온몸을 던져 삶으로 하는 불교공부 　

황경열 교수님,

약 10년 전 여름방학 때, 미국의 뉴햄프셔 주 깊은 산속 Wentworth라
는 마을, 제 큰딸 현아의 별장에서 체용공부의 모임은 시작되었습니다.
전옥숙 교수님과 전헌 교수님 두 분이 발기인이었습니다. 그 뒤 약 10년
간 거의 매년 여름이면 그곳에서 우리들은 체용을 공부하는 모임을 가
졌습니다. 1966년 제가 해인사에서 중노릇을 할 때, 부처님의 성도절을
기념하는 용맹정진을 한 적이 있습니다. 음력으로 섣달 초하룻날 시작
하여 8일 새벽에 끝내는 만 일주일간의 용맹정진이었는데, 가위 결사적
인 분위기였습니다. 저는 그 뒤로 평생 그 분위기가 잊히지 않았습니다.
그래서 함께 공부하는 사람들에게 이 이야기를 했더니 왜 스님들만 용
맹정진 하는가? 우리 학자들도 우리의 현실에 맞추어 한번 결사적으로
공부해 보자고 해서 시작된 모임이 체용학회이었습니다. 체용학회는
한자인 '체體와 용用'을 우리말의 '몸과 몸짓'으로 바꾸어 부르기 시작했
습니다. 그런데 '말'이라는 게 참 묘하지요. 그 뒤로부터 공부하는 분위
기가 달라졌습니다. 기독교에서 말하는 하나님 앞에 똑바로 서 있는 듯
한 긴장감이 감도는 것이었습니다. 몸은 하나님이고 몸짓은 자기 자신
인데 이들 둘이 맞서 있으면서 둘이 아닌 그런 경험이라고나 할까요.
몸과 몸짓의 관계는 항상 둘이 아니면서도 그러나 몸은 항상 몸짓의
못된 짓을 묵묵히 지켜보는 날카로움과 끝까지 감싸는 자비스러움을
동시에 가지는 그런 관계입니다. 우리들이 체體와 용用이라고 말할 때는

체용의 논리에서 그런 힘이 나오지 않았습니다. 몸과 몸짓으로 말을 바꾸니까 그런 새로운 힘이 나오기 시작했습니다. 체용을 설명용으로 공부하는 사람들에게는 이런 말이 통하지 않았습니다. 공부를 말장난 즉 희론으로 하는 차원에서 하지 않고, 도를 닦는 결사적인 태도로 하는 사람들에게는 이 말이 즉각 통하는 묘한 경험도 했습니다. 한국 사람은 한국말로 도를 닦아야 한다는 생각까지도 하게 되었습니다. 그동안 불교인들은 말로 불교공부를 했지, 온몸을 던져 삶으로 하는 불교공부를 하지 않았던 게 아닌가 하는 의심도 났었습니다.

전화, 고마웠습니다.

박성배 합장

21 덕산 이한상 거사 문집 서문

황경열 교수님,

더운 여름 어떻게 지내셨습니까. 여기도 여전히 덥습니다. 분명한 이상기온입니다. 그러나 금주부터는 아침저녁으로 시원해서 견딜 만합니다.

대연 이용부 거사님이 덕산 이한상 거사님의 문집을 낸다면서 저더러 그 서문을 하나 써 달라 해서 글을 하나 썼습니다. 한번 읽어 봐 주시기 바랍니다.

더위에 몸조심하십시오.

박성배 합장

황경열 교수님께,

주신 편지 잘 읽었습니다. 말씀해 주신 대로 손질을 했습니다. 감사합니다.

박성배 합장

황경열 교수님,

믿어지지 않습니다. 어째서 이렇게 계속해서 오타가 나오는지……

감사합니다.

더위에 몸조심하세요.

박성배 합장

:: 덕산 이한상 거사님을 기리며 ────────────────────────

현대의 비극은 '인간과 기계의 충돌'에서 비롯한다고 말할 수 있을 것입니다. 기계는 사람이 만든 것인데, 지금 사람은 완전히 기계의 부속품으로 전락하고 말았습니다. 주객이 전도되어도 분수가 있지, 이럴 수는 없습니다. 이것은 비극입니다. 가만히 보십시오. 지금 기계의 질서 밖에서 자유롭게 사는 사람이 몇이나 됩니까? 사람들은 지금 물질적으로만 기계에 의존하고 있는 것이 아닙니다. 사람들의 마음 자체가 기계화되어 가고 있습니다. 사람들의 사고방식이 기계화되어 가고 있습니다. 요즈음 사람들이 가지고 있는 인간관, 가정관, 사회관, 국가관, 세계관 등등을 가만히 들여다보면 퍽 기계적이라는 인상을 떨쳐 버릴 수가 없습니다. 뿐만이 아닙니다. 사람들이 가지고 있는 가치관도 종교관도 모두가 기계화되어 가고 있다는 사실을 부인할 수가 없습니다. 이것은 분명한 비극입니다. 사람들은 기계와의 대결에서 무릎을 꿇고 백기를 들었습니다. 스스로 인간적인 삶을 내던져 버리고 기계의 노예가 된 것입니다. 이렇게 인간이 비인간화되어 갔던 적은 일찍이 없었다고 생각합니다.

오늘날 '인간과 기계의 갈등'에서 고통을 받지 않고 사는 사람은 드물 것입니다. 그러나 덕산 이한상 거사님만큼 그러한 갈등의 심각한 고통 속에서 처절하게 신음하면서 살았던 분도 드물 거라고 생각합니다. 대한전척을 비롯한 여러 개의 커다란 사업체를 가지고 이들을 모두 성공적으로 이끌어 가면서 동시에 그는 커다란 불심을 가지고 사람들을 불교의 세계로 인도하는 일들을 적극적으로 전개하는 분이셨습니다. 그것은 쉬운 일이 아니었으리라 생각합니다. 그가 사업을 할 때는 철두철미 기계적인 질서로 매사를 처리하면서도, 불교를 위해서 일할 때는 불교적인 잣대를 가지고 많은 불사를 했다는 사실을 아는 사람은 다 알고 계실 줄 믿습니다. '인간과 기계의 싸움'에서 그는 인간을 위해 기계와 싸우기도 했지만 때로는 기계를 위해 인간을 희생시키지 않을 수 없었을 것입니다. 이것이 비정의 현실이었기 때문입니다.

제가 덕산 이한상 거사님을 처음 만난 것은 1960년대 초반의 어느 겨울방학 때이었습니다. 속리산 법주사에서 열린 대학생불교연합회 수련대회의 회향법회에 참석하기 위해서 우리는 함께 길을 떠났습니다. 서울서 법주사까지 가는 자동차 안에서 우리는 많은 대화를 나누었습니다. 초면인데도 십년지기처럼 속을 터놓고 솔직하게 이야기했습니다. 40대 중반의 덕산거사님은 30대 초반의 저를 있는 그대로 잘 받아주셨습니다. 회향법회에서 저는 선禪사상의 핵심에 대해서 이야기했고, 덕산거사님은 수련대회를 마친 학생들을 위해 격려의 말씀을 해 주셨습니다. 그 후로 우리는 자주 만났습니다. 방학 때마다 열린 대학생불교연합회 수련대회에 빠짐없이 참석하였고, 이러한 만남을 통해서 저는 덕산거사님을 깊은 차원에서 사귈 수 있게 되었습니다. 저는 무엇보다도 그의 독실한 신앙심에 고개를 숙이지 않을 수 없었습니다. '이것이 불교를 위해 좋은 일'이라고 말씀드리면 그는 어김없이 반가워하셨습니다. 그래서 시작한 일들이 부지기수였습니다. 폐간의 위기에 놓여 있던 불교신문을 살려 냈고 삼보학회를 조직하여 일요법회를 시작했습니다. 덕산거사님은 대학에 관심이 많으셨습니다. 그래서 대학에서 하는 일을 많이 도우셨습니다. 첫째, 그는 장학금을 많이 내놓으셨습니다. 그 당시엔 덕산거사님의 삼보장학금을 받지 않는 사람은 없다는 말이 나돌 정도이었습니다. 둘째 그는 한국최근백년사를 정리하는 일에 돈을 많이 내놓으셨습니다. 이 작업에 동참한 학자들이 부지기수라고 말할 만큼 신나는 일이었습니다. 그리고 봉은사에 대학생수도원을 세우는 일에도 적극적으로 후원하셨습니다. 이러한 모든 일에 덕산거사님과 저는 함께 손을 잡고 일을 했습니다. 지금 생각해 보면 만일 덕산거사님이 안 계셨더라면 저의 삶은 어떤 방향으로 전개되었을까, 의문이 날 정도입니다. 1969년, 저는 동국대학교에 사표를 내고 미국으로 건너왔습니다. 서양을 알아야겠다, 타종교를 알아야겠다는 일념이 저로 하여금 그러한 결단을 내리게 하였습니다. 이때 덕산거사님과 저는 첫 번째의 헤어짐을 맛보게 되었습니다.

1970년대 초에 덕산거사님은 잘 나가던 사업을 모두 내던지고 가족과 함께 미국으로 건너오셨습니다. 마침 그때 저는 버클리에서 박사학위를 받으려고 노심초사하고 있었을 때이었습니다. 그가 정착한 카멜과 내가 살았던 버클리는 같은 캘리포니아주 안이어서 우리는 다시 자주 만날 수 있었습니다. 눈코 뜰 사이 없이 바쁜 생활을 하면서도 우리는 자주 만나 여러 가지 인생 이야기며 불교의 미래에 대해서 많은 의견을 교환했습니다. 저는 그의 사업청산과 도미결정을 그동안 그가 기계적인 삶과 인간적인 삶의 갈림길에서 고통을 받다가 점점 인간 쪽으로 기울어졌던 것이 아닌가 하는 생각을 하게 되었습니다. 마침내 덕산거사님은 카멜 삼보사에 수도원을 만들었습니다. 그는 수도원의 원장에 취임하셨고 저는 부원장직을 맡아 그를 도왔습니다. 저는 근 6년 동안 매월 첫 주 일요일에 삼보사로 내려가 법문을 했습니다. 버클리에서 카멜 삼보사까지는 2시간이 넘게 걸리는 거리였지만 저는 그것을 싫어하거나 지루해하지 않았습니다. 모두가 덕산거사님의 신심에 감화되어 그럴 수 있었던 것 같습니다. 그러다가 저는 버클리를 떠나 뉴욕으로 자리를 옮기게 되었습니다. 스토니브룩 뉴욕주립대학교 종교학과의 불교학 교수로 취직이 되었기 때문입니다. 이것이 덕산거사님과 저의 두 번째 헤어짐이었습니다.

카멜과 스토니브룩은 서부의 끝과 동부의 끝이라고 말할 수 있을 만큼 서로 멀리 떨어져 있는 도시입니다. 비행기를 타고도 8시간이 걸리는 먼 거리이었습니다. 그러나 우리들의 교제는 그치지 않았습니다. 나중엔 당신의 쌍둥이 두 아들을 저에게로 보내 교육을 부탁하셨습니다. 저는 그의 두 아들을 일 년간 데리고 있었습니다. 덕산거사님은 한때 카멜 삼보사와 부속재산 전부를 스토니브룩 뉴욕주립대학교의 한국학발전기금으로 기부하려고 하셨습니다. 그래서 대학에서는 부총장과 문리대 학장과 한국학과장 세 사람이 카멜 삼보사로 찾아갔었습니다. 기부를 법적으로 마무리 짓기 위해서였습니다. 그러나 왜 그렇게 되었는지는 분명하지 않지만, 덕산거사님은 대학과의 약속을 취소하셨고, 결국 그 일은 없었던 일이 되고 말았습니다. 중간에서 저는 한참 동안 난처한 입장에 놓여 있었습니다. 이러한 경험을 통해서 저는 미국이라는 나라가 그렇게 간단치 않다는 것을 깨달았습니다.

여기서 저는 다시 '인간과 기계의 갈등'이라는 문제를 들고 나오지 않을 수 없습니다. 최근에 제가 근무하고 있는 스토니브룩 뉴욕주립대학교에서는 심상치 않은 일이 벌어졌습니다. 뉴욕주 정부에서 주는 예산이 미화로 삼천만 불이나 삭감되었습니다. 학교는 난리가 났습니다. 벌집을 쑤셔 놓은 듯 시끄러워졌습니다. 학교 당국은 궁여지책으로 모든 지역학과를 통폐합하는 안을 내놓았습니다. 유럽학과, 스페인학과, 아프리카학과, 아세아학과 등등이 모두 지역학과에 속합니다. 이 가운데서 제일 큰 것이 아세아학과입니다. 아세아학과에는 한국학, 중국학, 일본학, 인도학 등등이 들어 있습니다. 학교 당국은 이 모든 지역학의 언어를 한군데서 가르치고 문화는 문화대로 따로 가르친다는 발상입니다. 그러면 10여 개의 지역학들이 단 두 개의 학과로 줄어들고, 그 결과 상당한 예산절약이 가능하다는 것입니다.

언어와 문화의 분리, 이것이 가능하다고 생각하는 것이 대학 당국자들의 발상인 듯싶습니다. 아세아학을 한다면서 아세아 언어를 아세아 문화와 분리시키려는 것은 기계적 사고방식에서 나온 잘못된 발상입니다. 인간의 언어는 인간과 따로 떨어져 있는 것이 아닙니다. 언어를 기계적으로 가르칠 수 있다고 생각하는 것은 언어를 인간과 분리할 수 있다는 기계적 사고방식에서 나온 일종의 망상입니다. 지금 세상은 온통 못된 망상들이 천지를 뒤덮고 있는 판이라 새삼스러운 것은 아니지만 저절로 한숨이 나옵니다.

대학은 현대가 겪고 있는 비극의 와중에서 괴로워하고 이러한 현대의 비극을 극복하는 데 최선을 다해야 할 것입니다. 무엇보다도 시대와 사회에 대해서 올바른 진단을 내리고 거기에 대한 올바른 대책을 내놓아야 할 것입니다. 우리의 학생들에게 올바른 길을 제시하고 그 길로 가도록 지도해야 할 것입니다. 그것이 교육입니다. 대학이란 보통 사람들이 잘 보지 못하는 미래를 똑바로 내다보면서 그 준비를 철저히 시키는 곳이어야 할 것입니다.

1983년 11월 말경에 저는 볼 일이 있어 샌프란시스코에 갔었습니다. 덕산거사님이 이 세상을 떠나시기 꼭 8개월 전의 일이었습니다. 그때 덕산거사님은 제가 묵었던 호텔로 찾아오셨습니다. 이것이 덕사거사님과 저와의 마지막 만남이 될 줄은 몰랐습니다. 그때 덕산거사님은 당신의 인생을 총점검하는 중요한 말씀을 하셨습니다. 저는 그 대화에서 덕산거사님이 많이 변하셨다는 것을 느꼈습니다. 당신의 일생이 무상한 꿈을 뒤쫓는 일생이었다고, 자조하는 말투로 스스로를 비판하셨습니다. 속俗을 내려다보고 성聖을 쳐다보면서 살아온 당신의 일생이 얼마나 무의미한 것이었던가를 되풀이하며 비웃으셨습니다.

1984년 8월 23일, 덕산거사님이 이 세상을 떠날 때, 그는 카멜 삼보사의 마당에 쓰러져 있는 커다란 나무뿌리 구덩이에 쓰러져 계셨다고 합니다. 혼자서 쓰러진 나무의 뿌리를 캐시다가 심장마비를 일으키신 것입니다. 당신이 파 놓은 나무뿌리 구덩이 속에서 아무도 안 보는 가운데 혼자서 숨을 거두셨습니다. 최근에 저도 비슷한 경험을 했습니다. 폭풍우에 우리 집 앞마당의 100년 넘은 늙은 사과나무가 쓰러졌습니다. 저도 혼자서 쓰러진 사과나무의 뿌리를 캐냈습니다. 무거운 도끼로 나무뿌리를 후려칠 때마다 제 숨이 콱콱 막히고 가슴이 뛰면서 심장마비를 일으킬 것 같았습니다. 그때 문득 저도 '지금 덕산거사님이 가셨던 길을 그대로 가고 있는 것은 아닌가' 하는 생각이 들었습니다.

스토니브룩 뉴욕주립대학교 불교학 교수

박성배 삼가 적습니다.

22

존 레논의 노래 '이매진'

황경열 교수님,

말씀해 주신 대로 원고 손질을 했습니다.

오늘 아침 도착한 노래 선물을 함께 듣고 싶습니다. 지금 여기는 비가 내리고 있습니다. 기다렸던 비가 내리고 있습니다. 더위에 몸조심 하세요.

감사합니다.

박성배 합장

John Lennon — Imagine

Imagine there's no heaven
It's easy if you try
No hell below us
Above us only sky
Imagine all the people
Living for today…

Imagine there's no countries
It isn't hard to do
Nothing to kill or die for
And no religion too
Imagine all the people

Living life in peace…

You may say I'm a dreamer

But I'm not the only one

I hope someday you'll join us

And the world will be as one

Imagine no possessions

I wonder if you can

No need for greed or hunger

A brotherhood of man

Imagine all the people

Sharing all the world…

You may say I'm a dreamer

But I'm not the only one

I hope someday you'll join us

And the world will live as one

:: 장동근 박사님께 —————————————————————————

　　장 박사님,

　　감사합니다. 제가 오랫동안 그리워하던 세계로 조용히 안내해 주는
노래입니다.

　　안녕히 계세요.

박성배 드림

———————————————————————————————————————

23

내가 읽은 『관음경』

황경열 교수님,

대한불교관음종 주최의 국제회의에 제출할 글입니다. 주저마시고 마음껏 고쳐 주시기 바랍니다. 다다익선입니다.

안녕히 계십시오.

박성배 드림

10월 14일

황경열 교수님,

한 문장 한 문장을 자기의 글로 알고 온몸으로 도와주시는 황 교수님께 경의를 표합니다. 고치고 또 고쳤지만 자고 나면 또 고칠 곳이 눈에 띕니다. 저의 한계를 절실하게 느낍니다.

안녕히 계세요.

박성배 드림

:: 내가 읽은 『관음경』[1]

1. 머리말: 이원론의 극복을 위하여

신앙과 사상을 별개의 딴 것으로 생각하는 사람들이 있다. 사상은 머리로 하는 것이지만 신앙은 가슴으로 한다는 말도 그런 맥락에서 나온

---

1) 관음사상 회의, 2010년 11월 1일, 주최: 대한불교 관음종, 서울 낙산 묘각사.

말이다. 그러나 한번 생각해 보자. 머리 없는 가슴이 어디 있으며 가슴 없는 머리가 어디 있는가. 사람을 오해해도 분수가 있지, 어째서 그런 말을 함부로 하는지 모르겠다. 머리 없는 가슴은 사람의 가슴이 아니며 가슴 없는 머리 또한 사람의 머리는 아닐 것이다. 인간사회가 기계화되고 비인간화되면서 이러한 '말도 안 되는 이원론二元論적인 말투'가 난무하게 된 것 같다. 불교공부는 머리와 가슴이 서로 떨어질 수 없는 데서 시작되어야 한다. 그래서 불교를 믿는다면서 신앙만을 강조하고 사상을 문제 삼지 않는다든가 또는 그 반대로 사상만을 강조하고 신앙은 문제 삼지 않는다는 것은 위험한 사고방식의 산물이다. 한마디로 말해서 불교신앙과 불교사상은 불가분리다. 신앙 없는 사상은 불교사상이 아니며 사상 없는 신앙 또한 올바른 불교신앙이라고 볼 수 없다.

신앙과 사상을 둘로 나누고 어느 한쪽만을 강조하면 많은 폐단이 생긴다. 먼저 신앙만을 강조하고 사상을 문제 삼지 않는 폐단을 검토해 보자. 이러한 오류를 범하는 사람들의 특징은 체험을 강조한다는 데에 있다. 체험이 사람을 바꿔 놓는다는 사실을 모르는 사람도 없고 체험의 중요성을 인정하지 않는 사람도 없다. 그러나 이러한 주장들이 극단으로 빠지면 뜻밖에도 많은 실수를 저지른다. 첫째의 실수는 사람이 교만해지는 것이다. 자기와 비슷한 체험을 하지 않는 사람을 만나면 무조건 깔보고 내려다본다. 오만이다. 그가 진정한 종교적 체험을 했다면 그렇게 하지는 않을 것이다. 종교의 세계에서 '신앙은 깊은데 사람은 교만하다'는 말을 듣는다면 그것은 소도 웃을 소리다. 기독교의 바울처럼 증오의 사람이 사랑의 사람으로 변했다든가, 진정 깨친 사람은 깨쳤다는 말도 하지 않고 깨쳤다는 의식조차 없다는 선가의 말에 우리는 귀 기울여야 한다. 오히려 교만하고 오만불손했던 사람이 겸손한 사람으로 변했어야 우리는 그 사람을 종교적인 체험을 한 사람이라고 말할 수 있을 것이다. 그다음으로 안타까운 일은 소위 종교적인 체험을 했다는 사람들이 뜻밖에도 신앙의 길을 버리는 경우가 있다는 사실이다. 무슨 체험을 했다고 사람이 교만해진다면 그런 사람은 이미 종교를 등지고 있는 것이다. 이런 사람들은 불보살의 가르침은 따르지 않고 미신으로 전락하기가 일쑤다. 아니면, 엉뚱한 사이비 종교를 따로 만들거나 타종교로 개종한다든가 별별 추태를 다 부린다. 모두가 신앙만을 강조하고 사상을 문제 삼지 않기 때문에 생기는 병들이다.

사상만 문제 삼고 신앙은 문제 삼지 않는 사람도 문제는 많다. 이런 사람들의 가장 큰 문제는 체험이 없다는 데에 있다. 이들은 체험이 없을 뿐만 아니라 체험을 문제 삼지도 않는다. 그 결과는 무섭다. 『팔만대장경』을 두루두루 다 꿰고 있고 문헌뿐만 아니라 역사와 전통을 속속들이 다 꿰뚫고 있다 해도 그것은 지식에 불과하다. 박물관에 잘 진열되어 있는 골동품이나 도서관에 잘 보관된 책들인 양 그 속에 생명이 없다. 일하지 않는 진리라고나 말할까, 생명이 없는 사람이라고나 할까, 안타까울 때가 많다. 이러한 현상은 인간이 물질화되고 기계화되었기 때문이라고 말할 수 있을 것이다. 이러한 병을 이성적이고 과학적이라는 미사여구로 포장하여 상품화하고 장삿속 차리기에 급급하면 학자라고도 말할 수 없을 것이다. 이들이 가장 싫어하는 사람은 체험을 강조하는 신앙인이다. 이래서 종교계에는 신앙파와 사상파의 싸움이 그칠 날이 없다. 이렇게 무의미한 싸움에 종지부를 찍고 사람을 사람답게 만드는 길을 찾아보아야 할 것이다.

2. 물줄기: 도처에 물은 흐른다

신앙에도 사상에도 '물줄기'라는 게 있는 것 같다. 그래서 나는 '신앙의 물줄기' 또는 '사상의 물줄기'라는 말을 쓴다. 뿐만 아니라 보통 사람들의 삶에도 물줄기는 존재하는 것 같아서 요즈음 나는 '삶의 물줄기'라는 말도 가끔 쓴다. 어떻게 보면 이것은 불교의 업業(karma)사상과도 통하는 것 같고 문화적 전통이란 말과도 통하는 것 같다. 업이 구속이니 윤회니

하는 부정적인 뜻만 가지고 있지 않고 해탈이란 뜻도 거기에 담겨져 있는 것을 보면 고개가 끄덕여진다. 그럼 먼저 일반 사람들에게서 발견되는 '삶의 물줄기'부터 한번 살펴보자. 삶을 떠나서는 믿음도 생각도 제 할 일을 제대로 못하기 때문이다.

나는 중학생 시절에 심각한 고민에 빠진 적이 있었다. 갑자기 아버지에 대해서 입에 담을 수 없는 욕설이 내 마음속 저 깊은 곳에서 마구 튀어나오는 것이었다. 나는 놀랐다. 스스로 입을 때렸다. 아무 소용이 없었다. 욕설은 막무가내로 쏟아져 나왔다. 고통스러운 순간이었다. 그러나 그 병은 언제 사라진 지 모르게 사라졌다. 부자유친과 삼강오륜에 대한 10대의 반발이었던 것 같다. 비슷한 일은 커서도 일어났다. 대학을 다니다가 중퇴하고 절에 들어가 중이 되었을 때 나를 지도하고 보살펴 주시는 은사스님에게 비슷한 반발이 튀어나온 것이다. 무척 괴로웠다. 가만히 보니 그래서 퇴속한 사람도 있는 것 같았다. 그러나 퇴속하지 않고 여전히 정진하는 스님들도 많았다. 은사스님에 대한 나의 반발심도 어느새 사그라져 나도 퇴속하지 않았다. 아버지를 욕하는 병이 나도 모르게 사라졌듯이, 은사스님에 대한 반발이 나도 모르게 사라지는 현상은 어디서 비롯되었을까?

가정에서 아버지라고 해서 모든 점에서 아들보다 나으라는 법도 없고, 절에서 스승이라고 해서 역시 모든 점에서 제자보다 나으라는 법도 없다. 그럼에도 불구하고 아버지가 돌아가시고 스승이 돌아가시면 그렇게 슬플 수가 없고 오래오래 눈물이 그치지 않았다. 나는 이러한 경험을 통해서 내 바탕에 어떤 보이지 않는 물줄기 같은 것이 흐르고 있다는 것을 느끼기 시작했다. 집에서 불효막심한 나를 올바로 이끌어 주고 절에서 계속 정진의 길을 걷게 해 주는 힘, 나는 이것을 '효孝의 물줄기' 또는 '믿음의 물줄기'라 부르고 있다. 도도히 흐르는 그러한 믿음의 물줄기 때문에 못난 스승 밑에서도 깨친 불보살이 탄생하는 것 아닌가 하는 생각이 든다.

한번은 13세기 지눌知訥(1158~1210)스님의 돈오점수頓悟漸修사상과 16세기 퇴계退溪(1501~1570)선생의 지경공부 사이에서 발견되는 유사성을 정리하다가 문득 또 비슷한 생각을 하게 되었다. 공부를 하면 할수록 두 분은 다 똑같은 물줄기를 타신 분들이라는 생각을 떨쳐버릴 수가 없었다. 그래서 쓰기 시작한 글이 1988년 순천 송광사에서 발표한 「지눌의 돈오점수설과 퇴계의 사단칠정설의 구조적 유사성에 대하여」라는 논문이었다. 이 논문을 발표한 뒤로 나는 이러한 신념이 더욱더 확호해졌다. 한 분은 고려 때의 불교 스님이고 한 분은 조선조의 유교 선비라는 눈에 보이는 차이점만 보지 말고 사람들의 눈에 잘 보이지 않지만 그래도 두 분은 다 똑같은 믿음과 닦음이라는 수행의 물줄기를 타신 분들임을 알아야 할 것 같다.

말이 난 김에 또 하고 싶은 말이 있다. 이번 학기에 나는 스토니브룩 뉴욕주립대학교에서 〈불교와 기독교의 대화〉라는 제목의 한국사상 강의를 하고 있다. 거기서 나는 학생들에게 숙제를 내주었다. 숙제는 〈예수님은 왜 원수를 사랑하라고 가르치셨는가?〉이었다. 서양의 기독교와 동양의 불교가 만나려면 서로 존중하고 아끼고 돌보고 보살피는 정신이 있어야 한다. 나는 옳고 너는 그르다는 생각은 금물이다. 나는 높고 우수하며 너는 얕고 열등하다는 식의 생각을 속에 지니고 있는 한, 대화는 하나마나다. 여기서도 나는 주장한다. 사람들은 동서가 멀리 떨어져 있고 기독교와 불교가 서로 다르다고 단정하지만 그것은 사람들이 보이는 것만 보고 보이지 않는 것은 볼 줄 모르는 데서 생겨난 얄팍한 속단이라고. 동서의 차이와 관계없이, 종파의 차이와 관계없이 어디에나 도도히 흐르고 있는 종교적 물줄기라는 게 있을 거다. 그걸 한번 짚어 보자는 것이 내 강의의 핵심이었다. 성당이나 교회에 나가는 학생, 절에 나가는 학생, 종교라면 무조건 싫어하는 학생 등등 가지가지지만 청강하는 학생들은 의외로 모두 진지하고 진실하며 또 뛰어났다. 나는 가르치는 보람을 느꼈다.

학생들이 숙제를 가져 왔다. 나는 깜짝 놀랐다. 학생들의 수준이 이렇게 높을 줄은 몰랐다. 한 학생은 기독교의 신약성서 『마태복음』 5장 43절에서 48절까지를 인용하면서 거기서 불교를 발견했다고 말했다. 48절에 "You must be perfect – just as your Father in heaven is perfect"(그러므로 너희의 하늘 아버지께서 완전하신 것과 같이 너희도 완전하여라)라는 구절이 있다. 예수님 은 사람들이 하늘 아버지처럼 완전할 수 있다고 믿었다는 것이다. 당신이 그런 확신도 없이 어떻게 그렇게 말씀하실 수 있겠느냐는 것이 학생의 주장이었다. 하늘 아버지에게 원수가 없듯이 너희에게도 원수는 없다. 원 수 운운은 지상적인 조건의 차이 때문에 생긴 오해에 불과하다. 모든 사 람이 다 부처님이라는 불교사상과 원수를 사랑하라는 기독교사상은 하나 다. 똑같은 물줄기에서 나온 다른 표현에 불과하다. 나는 학생에게 큰절을 했다.

그럼에도 불구하고 다른 것은 다른 것이다. 다른 것을 다르다고 볼 줄 모르면 그것도 어두운 탓이다. 내가 어렸을 때, 어른들은 아이들을 데 리고 곧잘 관상쟁이를 찾아가곤 했다. 살기가 힘드니까 그런 데서 희망을 찾으려 했던 것 같다. 한번은 관상쟁이에게서 묘한 말을 들었다. "전상前相 (앞 관상)이 아무리 좋아도 후상後相(뒤 관상)이 좋은 것만 못하고, 후상이 아 무리 좋아도 심상心相(마음 관상) 좋은 것만 못하다"는 것이다. 그땐 그게 무 슨 말인지 몰랐다. 사람들이 관상을 보러 갈 땐 앞 관상을 보기 위해서다. 이마가 어떻게 생겼으니 앞으로 어떻게 될 것이고, 눈이 잘 생겼으니 어떻 고 등등 관상쟁이는 수다를 떨다가 마지막에는 결국 "사람은 후상이 좋아 야 하고 심상이 좋아야 한다"고 결론을 맺는 것이었다. 후상이 좋다는 말 은 뒤통수가 잘생겼다는 뜻이라 했다. 그러나 그런 해석은 도움이 되지 않았다. 이러한 알쏭달쏭한 이야기들은 쉽게 잊히지 않았다. 그래서 계속 생각하게 되었다. 그러다가 아주 나중에 우연한 기회에 그 숨은 뜻을 알 았다.

2000년대 초에 있었던 일이다. 일본의 소카(創價)대학이 주최하는 〈불 교의 평화사상〉 회의를 마치고 한국으로 돌아가는 길이었다. 같은 회의에 참석했던 요한 갈퉁(Johan Galtung) 박사와 한 비행기를 탔다. 갈퉁 박사는 그때 불란서 파리의 어느 대학 학장이었고 자기 부인은 신문기자 출신의 일본 여자라고 했다. 그래서 자기는 일본에 자주 온다면서 일본과 한국의 차이를 이렇게 이야기했다.

일본 사람들은 일을 야무지게 잘한다고 칭찬했다. 일본 사람들은 무슨 일을 하면 처음부터 끝까지 그렇게 완벽할 수가 없을 만큼 일을 깨끗하게 잘한단다. 그러나 일본을 떠날 때의 자기 기분은 항상 좋지 않았다고 털어놓았다. 왜냐하면 손님들이 떠난 다음, 자기들이 초청한 손님들을 도마 위에 올려놓고 이리저리 평가하면서 점수를 매기는 것이 저들이 마지막으로 하는 짓이라는 것이다. 한마디로 뒷입맛이 고약하다는 것이다. 손님들이 탄 비행기가 아직 일본을 떠나기도 전에 그런 짓을 하고 있으니 불쾌하지 않겠느냐는 것이다. 그는 계속해서 말했다. 그러나 한국 사람들은 그러지 않는다는 것이다. 일은 좀 서툴지만 손님들을 위해 성심성의껏 최선을 다하며 떠날 때는 또 오라고 아쉬워한다는 것이다. 그래서 두고두고 잊히지 않고 뒷입맛이 좋다는 것이다. 나는 갈퉁 박사의 이야기를 전상과 후상의 차이가 무엇인가를 가르쳐 주는 좋은 예라고 생각한다.

한일 간의 이러한 차이는 인생의 도처에서 발견된다. 내가 미국으로 와서 살면서 느끼는 것도 이와 비슷했다. 1983년 내가 근무하는 스토니브룩 뉴욕주립대학교는 한국의 전남대학교와 자매결연을 맺고 학술교류를 시작했다. 그러한 교류의 일환으로 전남대학교는 스토니브룩 교수들을 전남대학으로 초청했다. 존 마버거 총장, 프란시스 바아너 국제교류처장, 로버트 네블 문리대학장, 그리고 한국학의 책임자인 나까지 모두 네 명이 한국을 방문했다. 광주에 도착한 우리들은 무등산 밑 어느 호텔에 여장을 풀었다. 우리들은 잠자리에 들기 전에 다음 날부터 있을 여러 가지 일정에 대해서 의견을 교환했다. 이때에 나는 놀랐다. 스토니브룩에서 온 미국 사람들이 전남대학 측에서 작성한 행사일정표를 보고 화가 난 것이다. 처음부터 끝까지 관광일정으로 꽉 차 있었기 때문이다. 그들은 자기들이 관광객인 줄 아는 모양이라고 혀를 찼다. 광주에 머무는 동안 강연도 하고 각종의 대화가 없었던 것은 아니지만 전남대학 측은 철두철미 손님접대에 신경을 쓰고 있었으며 손님들을 기쁘게 해 주려고 최선을 다하고 있었다. 그렇지만 하는 일은 일본 사람처럼 야무지지 않았다. 그러나 모든 일정이 다 끝나고 우리들이 한국을 떠나기 전날 우리는 또 마지막을 정리하는 회의를 했다. 분위기는 처음과는 달리 아주 화기애애했다. 특히 국제교류를 담당한 바아너 처장의 말이 인상적이었다. 그는 전남대학교를 위해서 자기가 해 줄 수 있는 일이 뭔가를 궁리하고 있었다. 그래서 나는 생각했다. 일을 면전에서 야무지게 잘하는 것도 관상의 전상이 중요한 것처럼 무시할 수는 없지만, 안 보는 데서 성심성의껏 최선을 다하는 것도 중요하다는 것을 깨달았다. 나는 이것도 전상보다 후상과 심상이 더 중요하다는 말을 설명하는 좋은 예라고 생각했다.

옛날 시골서 살다가 서울에 갔을 때도 비슷한 것을 느꼈다. 도시 사람들은 일을 깔끔하게 잘하는데도 정이 가지 않았다. 그러다가 시골 가면 시골 사람들은 일은 서툴게 하지만 마음은 편안하게 해 주었다. 이러한 차이는 유식한 사람들과 무식한 사람들 사이에서도 나타나고, 성공한 사람들과 성공 못한 사람들 사이에서도 나타난다. 나는 이러한 현상을 몸짓문화와 몸문화의 차이로 정리해 보았다. 다음은 이를 도표로 그려 본 것이다.

몸짓문화	몸문화
일본 사람	한국 사람
서양 사람	동양 사람
서울 사람	시골 사람
교육 잘 받은 사람	교육 못 받은 사람
성공한 사람	성공 못한 사람

왼쪽과 오른쪽의 근본적인 차이는 훈련이 잘된 것과 훈련이 제대로 되지 못한 차이라고 말할 수 있을 것 같다. 오늘날 우리들이 살고 있는 사회는 어떻게 하면 오른쪽에서 왼쪽으로 하루속히 옮겨 가느냐에 신경을 쓰고 있는 것 같다. 이 세상 어느 누구인들 교육 잘 받아 성공의 길로 가고 싶지 않으랴만 그래도 이 대목에서 한번 생각해 보자는 것이다. 왜냐하면 거기에도 문제가 많기 때문이다.

개개인은 모두 왼쪽을 좋아하지만 왼쪽에 속한 사람들의 사회에도 분명히 문제가 있다. 먼 안목으로 볼 때 왼쪽에 속한 사회는 더 빨리 말세의 길로 치닫고 있는 것 같은 느낌을 준다는 말이다. 잠깐 우리의 눈을 돌려 옛날 사회를 한번 생각해 보자. 옛날 사회가 왼쪽에 속할까 오른쪽에 속할까? 분명 왼쪽은 아니다. 옛날의 가치관은 겉으로 나타난 몸짓에 있지 않았다. 남들의 눈에 잘 띄진 않지만 항상 우리를 끌어가고 있는 몸 자체를 소중하게 생각한 것이다. 몸짓은 일시적인 훈련으로 조작할 수 있다. 그러나 몸은 조작을 그만두었을 때 비로소 제대로 된다.

일본에도 한국에도 모두 문화라는 이름의 물줄기가 있다. 서울 사람과 시골 사람, 돈 있는 사람과 돈 없는 사람, 성공한 사람과 실패한 사람 등등의 차이가 보여 주는 문화의 물줄기에서 전자가 전상이 잘생긴 경우라면 후자는 후상이 잘생긴 경우인 것 같다. 나는 요즈음 이것을 두고 전자는 '몸짓문화'요, 후자는 '몸문화'라 부르고 있다. 굳이 이렇게 나누는 목적은 관상에서 전상이 전부가 아니듯이 불교공부도 눈에 보이는 것이 전부는 아니라는 것을 말하고 싶어서이다.

여기서 나는 싯다르타 왕자의 구도행각을 생각해 본다. 가족을 버리고 왕사성을 뛰쳐나와 설산으로 구도의 길을 떠나는 경우는 분명한 이원론二元論(dualism)이다. 하나는 나빠서 버렸고 다른 하나는 좋다고 여겨서 그 속으로 뛰어든 것이다. 그러나 나중에 보리수 아래서 깨친 다음, 그는 다시 가족들이 살고 있는 마을로 돌아오셨다. 구도의 길과 도의 일함은 다르다. 학자들은 곧잘 전자를 상산上山의 길, 후자를 하산下山의 길이라고 한다. 산에 오르는 상산의 길은 밝음을 찾아 나서는 길이요, 산에서 내려오는 하산의 길은 세상에서 크고 작고 높고 낮은 것들을 그대로 보면서 모두를 보살피고 도우면서 사는 길이다. 모든 분별을 넘어선 자리에서 차별 받고 억눌리고 짓밟힌 중생들과 함께 사는 보살의 삶이다. 이것은 분명한 불이론不二論(non-dualism)의 실천이다. 우리는 사랑의 논리요, 우주자연과 함께 사는 삶의 논리인 몸과 몸짓의 논리를 더욱 발전시켜야 할 것 같다. '몸짓문화 속의 몸문화, 몸문화 속의 몸짓문화'에 대한 철저한 연구가 아쉽다.

3. 『법화경』의 '여시사상如是思想'

불경을 번역할 때 가장 조심할 점이 '부처님의 뜻'을 왜곡歪曲해서는 안 된다는 것이다. 그러면 "어떻게 하는 것이 왜곡"이고, "어떻게 하는 것이 부처님의 뜻을 제대로 전달하는 것"일까? 심각한 문제다. 영국은 인도 침략 정책의 일환으로 19세기 말과 20세기 초에 인도의 고전과 불경의 영역사업을 했다. 이런 영역을 읽고 그 당시에 일본의 젊은 친서양적親西洋的인 불교학자들은 크게 흥분했다. 그들의 흥분이란 그동안 일본이 중국의 한역漢譯 불전에 속고 살아왔다는 일종의 분통 터트림이었다. 요점은 팔리어(Pali)와 산스크리트(Sanskrit)에서 직접 번역한 영역은 말이 되는데 해당 부분의 한역漢譯은 말이 안 되더라는 것이었다. 그들은 한결같이 탄식했다. "그러면 그렇지. 우리의 선배들이 인도 고전을 제대로 읽지 못했었구나!" 이러한 탄식과 함께 그들은 외쳤다. "우리는 이제부터 중국의 한역에만 의존하는 종래의 태도를 버리고 인도의 원전을 공부하자"고. 새로운 시대를 연다는 그들의 자부심은 대단했다. 마침내 동경제국대학에는 범어학과까지 신설되었다. 이러한 흥분은 오늘날까지도 가라앉지 않고 있는 것 같다. 지금도 세계의 여기저기서 똑같은 목소리가 커다랗게 울려 퍼지고 있다. 한국과 미국의 불교학이란 것도 그 중의 하나라고 말한다면 지나친 말이 될까? 소위 메인 스트림(main stream)이란 것은 대개가 다 그런 것 같다.

『법화경』「방편품方便品」 제2의 첫 부분에 나오는 '십여시十如是'는 번역 자인 구마라집의 월권 또는 과장 정도로 가볍게 넘기는 것이 일본 학자나 미국 학자들의 공통된 관행이다.[2] 만일 우리들이 이 문제를 이렇게 가볍게 처리해 버리면 6세기의 천태지자대사의 일념삼천一念三千사상은 구마라 집의 오역을 맹신한 데에서 비롯된 난센스가 되고 말 것이다. 일념삼천이란 십여시에 근거하여 나온 사상이기 때문이다. 컬럼비아대학의 버턴 왓슨(Burton Watson) 교수의 『법화경』 영역도 똑같은 맥락에서 나온 번역이라고 말할 수 있을 것이다.[3] 그러면 우리는 『법화경』의 '십여시'를 이해할 때, 요즘 학자들이 주장하는 것처럼 범어 원전을 참조하면서 이해하는 것이 옳으냐 아니면 5세기 초의 구마라집처럼 이해하는 것이 옳으냐는 문제에 부닥치게 된다.

중국에서 불경을 한문으로 번역할 때 아홉 번의 독회를 거쳤다는 것은 유명한 이야기다. 맨 처음 인도말에 능한 사람들이 일을 시작하고 마지막에 깨친 선지식의 증의證義 즉 부처님의 뜻을 제대로 전달했는가를 확인하는 것으로 마무리를 지었다고 한다. 오늘날 학자들의 경우와는 아주 대조적이어서 재미있다. 『법화경』 전7책 총28장 전편에 면면히 흐르고 있는 일관된 사상에 통달하고 있느냐가 작업의 핵심이었음을 알 수 있다.

『법화경』의 요지는 한마디로 '제법실상諸法實相'을 밝히는 데에 있다고 동양의 주석가들은 말한다. 해당 문장에서 '실實'은 '여시如是'로 바뀌면서 '제법실상'이 '제법여시상諸法如是相'으로 전개해 나간다. '실'은 곧 '여시'요,

---

2) 坂本幸男, 巖本裕 譯註, 『法華經』 上卷(東京: 巖波書店, 1967), 68~69쪽 참조; 三枝充悳 역, 『法華經現代語譯』 상권(東京: 第三文明社, 1981), 48~49쪽 참조; 『한글대장경—法華經』(서울: 동국역경원, 1991), 19쪽 참조.

3) Burton Watson, translated by, *THE LOTUS SUTRA*(New York: Columbia University Press, 1993), p.24.

'여시'는 곧 '실'이다. 그러면 '그게 뭐냐?'는 질문이 나오지 않을 수 없다. 여시로 나타난 '실'은 다름 아닌 "부처님의 일함"이다. 우리들 중생의 눈에 비친 부처님의 모습이다. 여시는 부처님과 중생이 만나는 순간이요 만나는 자리다. 이것이 다름 아닌 부처님의 방편이다. 그래서 방편을 곧 부처님 지혜의 일함이라고 말한다. 그때 그 자리 그 상황에서 우리에게 가장 적절하게 일하심이 부처님의 방편이다. 진흙 속에서 저렇게 피어 있는 연꽃에서 우리는 부처님의 '실'을 보고 '여시'를 보고 '방편方便'을 본다. 이러한 비유가 가리키는 뜻을 바로 알면 일체중생이 연꽃임을 알게 된다.

　　기독교의 『요한복음』 14장을 『법화경』의 '여시사상'으로 풀 때 기독교의 '복음福音'은 곧 불교의 '법음法音'이 된다. 『요한복음』 14장 4절에서 예수님은 "내가 길이요 진리요 생명이다"라고 말씀하신다. 여지없는 '여시사상'이다. 이렇게 바로 가르쳐 주었는데도 사람들은 그 뜻을 못 알아듣는다. 그래서 빌립은 하나님 아버지를 보여 달라고 조른다.(8절) 이에 예수님은 답답해하시면서 다음과 같이 말씀하신다. "빌립아, 내가 이렇게 오랫동안 너희와 함께 지냈는데도, 너는 나를 알지 못하느냐? 나를 본 사람은 아버지를 본 사람이다. 그런데 네가 어떻게 '우리에게 아버지를 보여 주십시오' 한다는 말이냐? 내가 아버지 안에 있고 아버지께서 내 안에 계심을, 네가 믿지 않느냐?……"(9~10절) 몸짓에서 몸을 보란 말씀이다. 예수님이 당신을 '길'이라고 말씀하시니까 그 '길'은 자기들이 아는 보통 길이 아니고 어떤 특별한 길이라고 생각하고 따로 길을 찾아 헤매는 것이 중생들의 도 닦는 꼬락서니다. 예수가 진리라니까 그 진리는 우리들이 모르는 어떤 특별한 진리라고 생각하고, 예수가 생명이라니까 어떤 특별한 생명이라고 생각하기 때문에 빌립처럼 오랫동안 밤낮 주님을 보고서도 또 주님을 보여 달라고 보채게 된다. 천지를 분간 못하는 사람들의 언행은 항상 이와 같다. 자기들이 이제까지 보물단지처럼 간직해 왔던 망상妄想 속의 '하나님의 길', '하나님의 진리', '하나님의 생명'에서 해방되어 눈앞에 계신 보통 사람 예수에게서 길을 보고, 진리를 보고, 생명을 보았어야 하는데 그렇지 못하니 안타깝다. 사람에게서 하나님을 보는 것은 분명히 종래의 망상세계에서 한 발 더 껑충 뛰어 올라가는 것인데도 불구하고 그것을 모르기 때문에 오히려 반대로 그것을 한 발 더 밑으로 내려가는 것으로 착각을 한다. 그러니까 예수님을 밤낮 모시고 살았으면서도 실은 망상 속의 예수를 모시고 살았으니 예수를 만날 수가 없는 것이다. 그러니 빌립처럼 또 보여 달라고 조르고 또 보려고 애쓰는 것이다.

부처님의 최초 설법으로 알려져 있는 사제법문도 알고 보면 '번뇌(集諦)가 곧 보리(滅諦)'라는 것이 그 핵심 메시지다. 그러므로 번뇌를 다 없애고 난 다음에 보리를 얻는다고 생각하면 영원히 보리를 보지 못한다는 말이 나온다. 눈앞의 예수님, 우리와 똑같은 예수님, 우리와 똑같이 밥 먹고 똑같이 변소 가고 똑같이 행동하는 예수님에게서 하나님을 보지 못하면 영원히 하나님은 못 보고 말 것이다. 사제법문, 『요한복음』, 『법화경』의 여시법문이 모두 똑같은 메시지를 담고 있다. "집제가 곧 멸제로군요!"라는 교진여의 발언은 이런 소식을 전하고 있는 것 같다. 그래서 교진여를 불교 역사상 부처님 설법을 듣고 최초로 깨친 사람이라고 말하지 않았던가 싶다. 교진여의 발언을 한문으로는 "集諦卽是滅諦"라 하고, Pali어 원전에는 "yaṃ kiñci samudaya dhammaṃ sabbaṃ taṃ nirodha dhammaṃ"이라고 되어 있다. 영어로는 보통 "Whatever is subject to arising is subject to cessation"이라고 번역한다.[4] 문법적으로는 'yaṃ kiñci x… sabbaṃ taṃ y…' 구문인데, 그 의미는 'x는 모두 y다'라는 말이므로 'samudaya dhammaṃ' 즉 집제集諦가 'nirodha dhammaṃ' 즉 멸제滅諦로 되는 것이다. 그런데 이 문장을 Richard Robinson처럼 읽으면 상기한 바와 같은 영역이 되고, 한문으로는 '集諦卽是滅諦'가 된다. 왜 그러한 차이가 생기는가? 부처님의 사제四諦를 생멸生滅하

---

4) Richard H. Robinson and Willard L. Johnson, *The Buddhist Religion*(Berkeley: Wadsworth Publishing Company, 1982), p.24.

는 사제로 보면 영역英譯처럼 되고, 그것을 불생불멸不生不滅의 무생사제無生
四諦로 보면 한역漢譯처럼 된다. 한마디로 한역이 훨씬 월등한 번역이라고
말할 수 있다. 이러한 차이를 몸(體)과 몸짓(用)의 논리로 풀면, 생멸사제는
겉으로 나타난 '몸짓공부'하는 사람들의 사제이고, 무생사제는 속 알맹이
꿰뚫어 보는 '몸공부'하는 사람들의 사제라고 말할 수 있을 것이다. 『법화
경』 사상으로 이를 풀이하면 '생멸사제가 바로 무생사제'라고 말해야 할
것이다. 몸짓 밖에 따로 몸이 없기 때문이다. 그러나 이 말은 몸을 본 사
람 즉 무량삼매無量三昧에 들어가 무량의無量義를 터득한 부처님이나 알 수
있는 경지이지, 그렇지 못한 성문이나 벽지불은 모른다는 것이다. 왜냐하
면 소승불교의 성자들은 자기들의 경지를 과신하여 오만에 빠진 증상만增
上慢을 가지고 있기 때문이다. 또한 그들은 '아래는 경멸하고 위는 절대시
하는 병'에 걸려 이렇게 이원론적으로 계속 닦으면 언젠가 나도 미래에
부처님이 된다고 생각하기 때문이다. 『법화경』에서 계속 소승을 때리는
까닭이 여기에 있다. 우리들이 만의 하나라도 소승적인 견해를 속에 간직
하고서 입으로만 '생멸사제가 곧 무생사제'라고 『법화경』의 흉내를 낸다
면 무생사제는 실종해 버리고 말 것이다. '몸짓 밖에 몸이 따로 없다'는
말에서도 똑같은 문제가 생긴다는 사실을 우리는 똑똑히 알아야 할 것이
다. 몸사상은 사라지고 몸짓만을 숭상하는 세계는 번뇌와 망상만이 판을
치는 소인들의 세계이지 일체중생이 모두 자기의 친자식이 되어 있는 대
자대비大慈大悲 대지대혜大智大慧의 부처님 세계는 아닐 것이다. 그러므로 오
직 부처님의 세계에서만 '몸짓 밖에 몸이 따로 없다'는 말이 그 본래의
의미를 갖게 된다는 것을 우리는 잊어서는 안 될 것이다.

　다음은 내가 독송한 『법화경』의 십여시十如是 법문이다.

사리불아　　　　　　　　　　　　　　　　　　　　舍利弗

요점은 이렇다.　　　　　　　　　　　　　　　　取要言之

250

헤아릴 수도 없고 끝도 가도 없는　　　　　　　無量無邊

일찍이 아무도 가르치지 않았던 진리를　　　　未曾有法

부처님은 모두 성취하셨다.　　　　　　　　　佛悉成就

아서라, 사리불아　　　　　　　　　　　　　止舍利弗

더 이상 말할 필요 없다.　　　　　　　　　　不須復說

왜냐하면　　　　　　　　　　　　　　　　　所以者何

부처님이 성취하신　　　　　　　　　　　　佛所成就

가장 희유하고　　　　　　　　　　　　　　第一希有

알기 어려운 이 진리는　　　　　　　　　　難解之法

오직 부처님과 부처님 사이에서만　　　　　唯佛與佛

능히 그 뜻을 다 풀어낼 수 있기 때문이다.　乃能究盡

이러한 모든 진리의 실지 모습이란　　　　諸法實相

이른바　　　　　　　　　　　　　　　　所謂

모든 진리의 이와 같은 모습(相)이며　　　諸法如是相

이와 같은 바탕(性)이며　　　　　　　　　如是性

이와 같은 몸(體)이며　　　　　　　　　　如是體

이와 같은 힘(力)이며　　　　　　　　　　如是力

이와 같은 작용(作用)이며　　　　　　　　如是作

이와 같은 원인(因)이며　　　　　　　　　如是因

이와 같은 조건(緣)이며　　　　　　　　　如是緣

이와 같은 결과(果)이며　　　　　　　　　如是果

이와 같은 응보(報)이며   如是報

이처럼 근본과 지말이 마침내는 똑같은 것이니라.   如是本末究竟等

『법화경』의 이 대목을 독송하고 있으면 우리는 철두철미하게 현실로
돌아온 느낌을 갖게 된다. 산은 산이요, 물은 물이라는 소식이다. 한 포기
의 풀, 한 그루의 나무가 모두 부처님의 중도법문 아님이 없다. 그렇다면
우리는 있는 그 자리에서 있는 그대로 모두 부처님인 셈이다. 나는 이것
이 『법화경』의 십여시사상이요 제법실상諸法實相의 핵심적인 메시지라고
생각한다. 이렇게 되면 몸짓이 몸이요, 몸이 몸짓이 된다. 이를 한자로 말
하면 상相이 실實이요, 실實이 상相이란 말이다. 이것이 바로 여시如是다.

4. 『관음경』 공부

'한국불교는 통불교, 일본불교는 종파불교'란 말이 있다. 일본불교는
항상 너와 나를 분명히 가른다. '정토는 타력, 선종은 자력'이란 말도 일본
사람들이 즐겨 쓰는 잣대다. 그러나 한국은 그런 잣대로 패를 가르지 않
는다. 선종을 자력이라 하지만 염불하지 않는 스님은 없다고 해도 과언은
아닐 것이다. 말로 장난치는 차원을 넘어서서 한 발만 더 깊이 수행과 정
진의 체험세계에 들어가 보면 타력신앙 없는 자력신앙도 없고 자력신앙
없는 타력신앙도 없다.

내가 20대에 남산 기슭에 있는 동국대학교에서 편입시험을 보고 내려
오다가 발을 헛디뎌 절벽에서 떨어진 적이 있었다. 그 당시 서울역 앞에
있었던 세브란스병원 응급실로 실려 갔다. 허리뼈가 부러져 통증이 심했
다. 나의 신음소리에 옆의 환자들이 잠을 잘 수 없다고 짜증을 냈다. 그러
다가 잠이 들었다. 아침에 일어나니 옆에 있던 환자들이 반가워했다. 갑자
기 조용해져서 죽은 줄 알았다고 했다. 그제야 어젯밤 일이 생각났다. 아

무리 화두를 들고 참선을 하려고 애썼으나 되지 않았다. 통증이 너무 심했기 때문이다. 그러다가 나도 모르게 무자 화두는 관세음보살로 바뀌었다. 이것은 안 되니까 저것을 하자는 식이 아니었다. 관음정진은 꿈속에서도 계속되었다. 그래서 깊은 잠에 빠진 것처럼 보였던 것이다. 이것이 내 일생 최초로 체험한 관세음보살의 가피이었다. 의식적으로 했던 정진은 아니었지만 가피라고 말할 수밖에 없었다.

두 번째의 체험은 내가 미국으로 건너와 버클리에서 박사과정을 밟고 있었을 때에 생긴 일이다. 1975년 늦은 봄, 박사과정이 요구하는 종합구두시험을 보다가 심사위원과 의견 충돌이 생겼다. 심사위원회의 일원인 인도철학 교수 프리쓰 스탈 박사와 구두시험 도중에 싸움이 붙은 것이다. 문제는 여래장사상이었는데 나는 여래장사상을 제대로 알려면 그 사상이 중국으로 들어온 다음 선종과 어떤 관계를 가졌던가를 밝혀야 한다고 주장했는데 스탈 교수는 여래장을 인도의 유식사상으로 다루어야 한다고 주장했다. 둘 다 맞는 말인데 왜 그땐 그렇게 싸웠는지 모르겠다. 결국 위원회는 나에게 불합격 판정을 내렸다. 화가 치밀어 올라왔다. 한문도 못 읽는 사람들이 여래장사상을 말할 수 있느냐고 대들었다. 그때 내 체중은 며칠 사이에 5kg이나 빠졌다. 화를 가라앉히려고 아무리 애를 써도 허사였다. 그러다가 또 나도 모르게 관세음보살을 불렀다. 꿈속에서 잠자는 내내 관세음보살을 불렀다. 다음 날 아침잠에서 깨어나니 분노는 씻은 듯이 사라져 있었다. 기적이란 말을 쓸 수는 없지만 관세음보살의 가피를 입은 것 같았다.

옛날 성인들은 어떤 사상이든 그것을 하나의 생명현상으로 보았다. 그래서 그 사상을 전개할 때 몸과 몸짓의 논리로 이를 풀어 나갔다. 이렇게 해야 그 사상의 진면목이 제대로 드러난다고 생각했던 것 같다. 기독교의 신약성경에도 원수를 사랑하라고 가르치면서 하늘에서 내리는 비나 햇볕의 비유를 들고 있다. 현실세계에서 햇볕이나 비는 어디까지나 구체적인 몸짓이지만 알고 보면 그것은 완전한 하나님의 몸짓이라는 것이다. 그래서 의로운 사람에게나 의롭지 못한 사람에게나 똑같이 혜택은 돌아간다는 점을 강조하면서 하나님의 사랑과 평등을 사상적으로 전개해 나갔다. 이것은 서양에서도 몸과 몸짓의 논리가 아주 유용하게 쓰였다는 좋은 예라고 생각한다.

그렇다면 우리는 관음사상의 몸을 어떻게 확인할 것인가? 몸이 정확히 확인되면 몸짓은 이미 그 속에 있는 것이기 때문에 그때에 우리의 작업은 이미 궤도에 올랐다고 말할 수 있을 것이다. 그러나 몸의 확인 작업이 제대로 되어 있지 않으면 공부는 '십년공부 도로아미타불'이 될 수밖에 없다. 우리의 공부가 사상누각이 되지 않으려면 몸의 확인은 필수불가결이라고 생각한다. 그러면 이제 우리의 문제는 어떻게 관음사상의 몸을 확인할 것인가에 있다고 말해야 할 것이다.

말이든 글이든 그 목적은 서로 소통하자는 데 있다. 그러므로 말을 하고 글을 쓰기 시작한 이상, 보다 많은 사람이 알아들을 수 있도록 노력해야 한다. 불교인은 불교를 공부해 본 적도 없고 불교를 믿지도 않는 사람들에게로 내려가야 한다. 『관음경』 공부의 첫걸음은 교재를 제대로 선택하는 일에서 시작되어야 한다. 내가 공부한 바로는 AD 406년에 나온 구마라집(Kumarajiva, 343~413) 삼장이 한역한 『묘법연화경』5) 제25편에 들어 있는 「관세음보살 보문품」(이하 『관음경』으로 약칭)이 제일 좋다고 생각한다. 무엇보다도 문장이 독송하기에 좋도록 쓰여 있다. 그것이 번역자인 구마라집 삼장의 장기인 것 같다. 그러면서도 그는 원래의 뜻을 그르치지 않았다고 생각한다. 그러나 나에겐 그보다도 더 중요한 이유가 있다. 그것은 관음신앙 수행자들이 오랫동안 구마라집의 한역본을 가지고 공부해 왔다는 사실이다. 5세기 초에 나온 『관음경』은 오늘날까지 동양에서 천몇백

---

5) *Saddharma-pundarika sutra*(Taisho vol.9), pp.1~196.

년간을 줄기차게 수지독송되어 왔다는 사실을 우리는 잊어서는 안 된다. 천몇백 년간 계속되어 온 수지독송의 공덕은 하나의 신앙적인 바람을 일으키고 물줄기를 형성하여 우리 주위에 지금도 도도히 흐르고 있다. 우리도 그 물줄기를 타야 한다.

『관음경』 공부는 이 경을 매일매일 외우는 것을 원칙으로 삼아야 한다. 경을 제대로 외우려면 먼저 한문과 우리말 번역을 함께 놓고 한문을 이해하도록 노력하는 것이 좋다. 왜냐하면 불교의 독경은 같은 문장을 수도 없이 시도 때도 없이 오래도록 읽고 또 읽는 것이 제일 좋기 때문이다. 이것을 우리는 수지독송受持讀誦이라고 말한다. 스승으로부터 경을 받아 지니고 다니면서 이를 항상 읽고 외워야 한다. 이래야 수지독송이다. 그러면 공부의 몸이 형성된다. 『화엄경』「보현행원품」에 나오는 여대목전如對目前이란 표현이 정말 좋은 말이다. 이 말은 독경을 하는 사람이면 반드시 목표로 삼아야 할 중요한 말이다. 경 전체가 한눈에 눈앞에 드러나야 여대목전이다.

5. 『관음경』의 화두

사람은 누구나 풀어야 할 문제를 지니고 있다. 먹을 것이 없어 배고픈 사람은 먹이를 구해야 할 문제를 지니고 있으며, 못 고칠 병을 앓고 있는 사람은 병 고칠 약을 구해야 할 문제를 안고 산다. 풀어야 할 문제가 없는 사람은 없다고 말해도 과언은 아닐 것이다. 아주 절박한 경우는 불난 집에 갇혀 곧 타 죽게 되었다든가 또는 익사 직전의 절박한 처지에 놓여 있다든가 하는 경우일 것이다. 바로 그때에 관세음보살을 부르면 관세음보살이 나타나 구해 준다는 것이 관음사상이다. 그러면 이제부터 『관음경』의 화두는 무엇인가를 살펴보자.

『관음경』은 세 가지의 물음을 가지고 글을 전개해 나가고 있다. 첫째는 관세음보살이 누구인가를 밝혔고, 둘째는 관세음보살이 어떻게 우리들을 돕는가를 밝혔으며, 셋째는 관세음보살이 당신에게 바친 공양을 어떻게 처리하는가를 밝혔다.

첫째 관세음보살이 누구인가를 밝히는 대목에서 우리의 주목을 끄는 것은 중생이 당하고 있는 괴로움을 하나하나 다 드러내어 보여 주고 있는 부분이다. 『초전법륜경』에서 고제를 설명할 때와는 분위기가 다르다. 『초전법륜경』은 인생의 괴로움을 여덟 가지로 이야기한다. ① 태어나는 것이 괴로움이요, ② 늙는 것이 괴로움이요, ③ 병드는 것이 괴로움이요, ④ 죽는 것이 괴로움이요, ⑤ 사랑하는 사람과 헤어지는 것이 괴로움이요, ⑥ 미워하는 사람과 만나는 것이 괴로움이요, ⑦ 갖고 싶은 것을 갖지 못하는 것이 괴로움이요, ⑧ 사람의 다섯 가지 구성요소가 모두 제멋대로 노는 것이 괴로움이다.

사제법문은 부처님이 깨치신 다음의 최초 법문이라 하지만 그래도 거기엔 그 당시의 고민이 담겨져 있다고 보아야 할 것이다. 그래서 거기엔 인간의 원초적이고 생득적인 괴로움이 주를 이루고 있다. 그러나 『관음경』이 보여 주는 중생의 괴로움은 훨씬 더 구체적이고 절박한 느낌을 준다. 다음은 『관음경』이 열거한 열두 가지 괴로움들이다.

① 큰 불에 타 죽게 되었을 때, ② 물에 빠져 익사 직전에 처했을 때, ③ 바다에서 태풍을 만나 배가 부서져 모두가 함께 죽게 되었을 때, ④ 흉악한 무리들이 죽이려고 덤벼들 때, ⑤ 무서운 귀신이 나타났을 때, ⑥ 형틀에 묶여 처형 직전에 처했을 때, ⑦ 장사치들이 험한 길을 가다가 도적들을 만났을 때, ⑧ 음욕 때문에 괴로울 때, ⑨ 분노 때문에 괴로울 때, ⑩ 어리석음 때문에 괴로울 때, ⑪ 아이를 못 낳아 괴로울 때, ⑫ 집안이 망했을 때.

『관음경』은 사람들이 어떤 경우에 처해 있든, 당신의 이름만 부르면 즉시 나타나 도와주신다는 데에 초점을 맞추고 있는 것 같다. 사람이 괴로울 때 도움을 청하는 것은 소리로 하지만 관세음보살은 그것을 귀로 듣지 않고 마음으로 본다는 의미로 관觀이란 말을 쓴 것 같다. 관은 불교에서 곧잘 명상세계를 가리키는 말이다. 명상세계의 관은 멀고 가까운 것도 상관없고 트이고 막힌 것에도 상관없이 즉시 메시지가 전달된다는 것을 의미하고 있다. 여기서 관세음보살의 특징은 기독교의 하느님 사상이 암시하는 것처럼 언제나 어디서나 우리와 함께 있으면서 우리들을 보살피고 돌본다는 자비와 사랑의 존재로 묘사되어 있다. 한마디로 말하면 '관세음'이라는 이름을 통해 관세음보살이 누구인가를 드러내고 있다고 말할 수 있을 것이다.

내가 읽은 『관음경』의 핵심은 무진의보살의 두 번째 질문에 대한 세존의 답변에 잘 나타나 있다.

무진의보살이 부처님께 여쭈었다.
"세존이시여, 관세음보살님께서는 왜 이 사바세계에서 사시는 것입니까? 중생을 위하여 어떻게 법을 설하시며, 어떤 방편을 써서 일을 하시는지요?"[6]

"왜 관세음보살은 사바세계에서 사시는가?" 심상치 않은 질문이다. 관세음보살의 현주소를 묻고 있는 것 같다. 관세음보살은 왜 살기 좋은 극락세계를 놔두고 하필이면 온갖 어려움과 괴로움이 뒤범벅이 되어 있는 이 더러운 사바세계에서 사시는가? 이것은 『관음경』을 공부하는 우리가 풀어야 할 화두다. 관세음보살의 현주소가 극락세계가 아니고 사바세계라는 사실이 우리를 긴장케 한다. 오늘날 관음신앙을 가진 사람들의 현주소는 어디인가? 극락세계이어서는 안 된다. 우리가 지금 살고 있는 사바세계라야 한다. 아니, 아무도 가기 싫어하는 무간지옥이어야 한다. 이것이

---

6) 無盡意菩薩白佛言. "世尊, 觀世音菩薩, 云何遊此娑婆世界. 云何而爲衆生說法, 方便之力, 其事云何."

관음정진을 하는 사람들의 세상 사는 모습일 것이다. 우리는 『관음경』이
왜 무진의보살을 통해서 이러한 질문을 던지는지 그 의도를 정확히 파악
해야 한다. 그러면 무진의보살의 그러한 질문에 세존이 어떻게 답변하셨
는지를 알아봐야겠다.

부처님은 무진의보살에게 말씀하셨다.　　　　佛告無盡意菩薩

선남자여, 만약 어떤 국토에 중생이 있는데　　善男子, 若有國土衆生

부처님의 몸으로써만 제도받을 수 있다면　　應以佛身, 得度者

관세음보살은　　　　　　　　　　　　　　觀世音菩薩

곧 부처님 몸으로 나타나 설법하신다.　　　卽現佛身, 而爲說法

벽지불의 몸으로써만 제도받을 수 있다면　　應以辟支佛身, 得度者

곧 벽지불의 몸으로 나타나 설법하신다.　　卽現辟支佛身, 而爲說法

성문의 몸으로써만 제도받을 수 있다면　　　應以聲聞身, 得度者

곧 성문의 몸으로 나타나 설법을 하신다.　　卽現聲聞身, 而爲說法

......　　　　　　　　　　　　　　　　　　......

천이나 용이나 야차나　　　　　　　　　　應以天龍夜叉

건달바나 아수라의 몸으로써만 제도받을 수 있다면

　　　　　　　　　　　　　　　　　　　乾闥婆阿修羅身, 得度者

곧 모두 그런 몸으로 나타나 설법을 하신다.　卽皆現之, 而爲說法

......　　　　　　　　　　　　　　　　　　......

대승불교권에서는 벽지불辟支佛(pratyeka-buddha)이나 성문聲聞(shravaka)을
높이 평가하지 않는다. 물론, 야차夜叉(Yaksha)나 아수라阿修羅(Asura)를 좋아
할 리는 더더욱 없다. 그럼에도 불구하고 관세음보살은 벽지불이 되기도
하고 성문이 되기도 하고 야차가 되기도 하고 아수라가 되기도 한다. 왜
그럴까? 벽지불은 벽지불을 좋아하고 성문은 성문을 좋아하고 야차는 야
차를 좋아하고 아수라는 아수라를 좋아하기 때문에 당신의 도움을 필요

로 하는 쪽이 벽지불이면 벽지불이 되어 나타나고 성문이면 성문이 되어 나타나고 야차면 야차가 되어 나타나고 아수라면 아수라가 되어 나타나 그들을 돕는 것이다. 그렇다면, 요즈음 문화적으로 불교와의 거리감이 좁혀지지 않고 있는 천주교, 개신교, 무신론자, 종교혐오자, 공산주의자, 물질만능주의자 등등을 돕기 위해서 관음신앙을 가진 사람들은 신부가 되기도 하고 목사가 되기도 하고 혁명투사가 되기도 하고 공산주의자가 되기도 하여야 하겠다. 관세음보살을 필요로 하는 사람들을 돕기 위해서라면 어떤 변신이라도 다 해야 할 것이다. 때로는 개종을 한 것처럼 보일 수도 있어야 할 것이다. 그러므로 신부, 목사, 혁명투사, 카다피, 오사마 빈 라덴, 김정일 등등이 모두 관세음보살이라고 말할 수도 있을 것이다. 뿐만 아니라 이 글을 읽는 모든 사람이 다 관세음보살이라고 말할 수 있을 것이다. 일체중생이 관세음보살이다. 일체중생이 부처님이다. 사람은 다 누군가를 돕고 있기 때문이다. 문제는 누군가를 돕기 위해서 누군가를 해치는 짓은 관세음보살이나 부처님이면 하지 않을 것이다. 벽지불이 옳으냐 그르냐는 관세음보살의 첫 관심사가 아니다. 우선 도움을 필요로 하는 사람이면 먼저 돕고 보자는 것이 관세음보살의 자비인 것 같다. 좀 더 간단하게 말해서 불교를 해치는 것처럼 보이는 한국의 목사님들이나 신부님들 또는 공산주의자들이 모두 관세음보살의 화신이라는 사상이 『관음경』의 핵심 사상인 것 같다.

여기서 두 번째 밝힘이 우리의 관심을 끈다. 관세음보살은 어디에나 계신단다. 당신의 도움을 필요로 하는 사람들에게 언제나 어디서나 나타나신다는 것이다. 그리고 나타나는 모습은 당신의 고유한 모습이 있어 그 모습으로 나타나시는 것이 아니라 당신을 필요로 하는 사람들의 모습으로 나타난다는 것이다. 바라문족에게는 바라문족의 모습으로, 무사들에게는 무사의 모습으로 나타난다는 말이다. 도움을 필요로 하는 사람이 도움을 주는 사람의 모습으로 변하지 않고 반대로 도움을 주는 사람이 도움을 필요로 하는 사람의 모습으로 나타난다는 말이다. 상대방을 개종시키지 않고 당신이 스스로 개종한다는 말도 된다. 불교는 사성제도를 박차고 나왔지만 그럼에도 불구하고 있는 현실에서 나타난 차이를 탓하지 않고 그대로 인정하고는 그 모습 그대로 대한다는 특색이 있다.

6. 맺는말

오늘날 우리 사회의 고통은 무엇일까? 그리고 관음정진을 하는 사람은 무시 못할 우리 사회의 고통을 어떻게 해결해 나갈 것인가? 우리 사회의 고통이라고 막연하게 말했지만 입장과 관점에 따라서 여러 가지 말이 나올 것이다. 가령, 한 집안에 사는 형제간에 싸움이 벌어졌을 때 우리는 어떻게 해야 할 것인가? 독화살에 맞아 쓰러진 사람을 발견하였을 때 우리는 어떻게 해야 옳은가를 부처님은 가르치셨다.[7] 잡담 제하고 급히 독화살을 쓰러진 사람의 몸에서 빼내야 한다. 환자의 몸에서 독 묻은 화살을 빼내는 일, 이 일보다 더 급한 일은 없다. 형제간에 싸움이 벌어졌다는 말은 형제간이 함께 몸담고 있는 가정이 독화살을 맞았다는 말이다. 가정이 맞은 독화살은 뭘까? 형이든 동생이든 '너는 너고 나는 나다'는 이기적 개인주의가 독 묻은 화살이다. 이때에 독 묻은 화살을 몸으로부터 빼내는 약의 역할을 하는 것은 이기적 개인주의를 때려 부수는 한 몸 사상일 수밖에 없다. 울면서 우리는 똑같은 한 부모에게서 나온 한 몸 아니냐고 외치는 것이 형제간의 싸움이라는 독화살을 뽑아내는 작업이다. 싸움의 현장에 관세음보살이 나타나서야 한다.

지금 우리나라에는 모두가 함께 풀어야 할 커다란 문제가 가로놓여 있다. 그것은 남쪽과 북쪽의 갈등이다. 이것은 형제간의 싸움이나 다름없다. 우리 민족이 독화살을 맞은 셈이다. 시급히 독화살을 뽑아내야 한다.

---

7) 『箭喩經』 T.94, Vol.1, p.917.

'너는 너, 나는 나'라는 이기적 사고방식이 바로 독화살이다. 이런 못된 사고방식은 우리는 모두 한 부모에서 나왔다는 사실을 망각하고 '너와 나는 하나'라는 진리를 거부하고 사는 데서 나왔다고 말할 수 있을 것이다. 우리는 한 몸 사상을 되찾아 내야 한다.

그다음으로 문제 삼지 않을 수 없는 것은 교회에 나가는 사람들과 절에 나가는 사람들 사이의 거리감이다. 모든 종교는 사람들에게 원수를 사랑하라고 가르쳤는데 오늘날 종교를 믿는 사람들은 다른 종교를 믿는 사람과 거리감을 좁히지 못하고 있다. 나는 이러한 현상도 종교가 독 묻은 화살을 맞은 격이라고 말하고 싶다. 잡담 제하고 종교로부터 독 묻은 화살을 빼내야 한다. 여기서도 '나는 나, 너는 너'라는 식의 이기적 개인주의가 바로 독화살임을 알아야 한다. 그리고 그 약은 똑같이 너든 나든 모두 한 몸에서 나온 형제라는 사실을 깨닫는 것이다. 불교를 믿든 기독교를 믿든 우리는 모두 사이좋게 함께 잘 살아야 할 형제간임을 깨우쳐야 한다. 나는 이것이 관음사상이라고 믿는다.

이 밖에도 동서의 문화적 갈등, 온 천지를 뒤덮고 있는 부익부 빈익빈의 빈부갈등 등 다루어야 할 문제들이 많다. 그 어떤 경우든 관세음보살은 어느 한편의 손을 들어주는 따위의 해결책은 쓰지 않을 것이다. 모두가 한 몸에서 나온 형제간이니 서로 돕고 보살피고 사랑하면서 사이좋게 살라고 가르치실 것이다. 따라서 관세음보살의 위신력을 믿고 관음정진을 하는 관세음보살처럼 살아야 할 것이다. 폐일언하고 관세음보살이 되어야 한다.

불행이 무엇인지 모르는 사람은 행복이 무엇인 줄도 모를 것이라는 생각이 든다. 마찬가지로 전쟁의 처절함을 경험하지 못한 사람은 평화의 소중함을 알 수 없을 거라고 생각한다. 지난 2003년 3월 19일, 미국은 이라크전쟁을 일으켰다. 그동안 전쟁 속의 이라크는 어떠했을까? 선전포고를 한 다음, 날마다 들려오는 뉴스는 이라크가 파괴와 살육의 아수라장이 되었고 문자 그대로 아비지옥이었다고 전했다. 우리들이 겪은 6·25와 똑같았다. 악몽 그대로였다. 그러나 전쟁을 일으킨 장본인들은 부끄러움도 괴로움도 없었다. 전쟁의 주범인 부시 집안에서는 지금도 입을 모아 "이라크전쟁은 성공적"이라고 기염을 토하고 있다 한다. 이것이 거짓말이기를 바란다.

불교는 밝음의 종교다. 그래서 영어권에서는 부처님의 깨침을 'Enlightenment'라 번역한다. 그리고 부처님도 'The Enlightened One'이라고 부른다. 부처님 또는 불타佛陀라는 말이 원래 범어의 buddha(깨친 사람)에서 나왔으니 시비할 일은 아니다. 그러나 이렇게 말할 때도 아까 말씀드린 바와 똑같은 문제가 생긴다. 정말 어둠이 무엇인 줄 모르는 사람이 어떻게 부처님의 밝음을 짐작인들 할 수 있겠는가? 한밤중에 전기가 나가서 어두운 게 아니다. 아침인데도 태양이 떠오르지 않아서 어둡다고 말하는 것도 아니다. 전깃불은 대낮처럼 환하게 밝은데 어둡단 말이다. 해는 중천에 높이 떠서 밝기가 이루 말할 수 없는데 칠흑처럼 어둡단 말이다. 인간의 무명無明(밝지 못함) 때문이다. 지성사를 다루는 사람들이 '암흑시대' 운운 하는 것은 이러한 어둠을 두고 답답해서 하는 소리일 것이다.

암흑시대(the Dark Ages)라 하면 중세 유럽의 가톨릭 전권시대를 가리키지만 암흑시대는 그것으로 끝나지 않았다. 암흑은 어떠한 암흑이든 그 뒤에 꼭 독재자가 숨어 있다고 한다. 독재시대에는 사람들이 자유롭게 말할 수도 없고 자유롭게 행동할 수도 없다. 말과 행동에 제약을 받으면 사람은 생각하는 것도 느끼는 것도 자유롭지 못한 법이라고 한다. 따라서 독재는 어떠한 독재든 그 시대를 어둡게 만든다. 독재와 어둠은 똑같은 상황의 다른 이름일 뿐이다. 그러므로 우리들은 오늘날의 독재가 어떤 형태로 존재하는가를 밝혀내야 할 것이다. 저는 오늘날의 독재자는 '돈'이라고 말하고 싶다. 오늘날의 돈은 인류 역사상 전무후무할 무서운 독재를 종횡무진으로 자행하고 있다. 대학도 요즘은 돈타령만 하고 있는 것 같다. 다시 말하면 모두가 비즈니스 즉 장삿속이란 말이다. 그러나 이것을 내놓고 비판하는 사람은 드물다. 대학 밖으로 나가 보아도 사정은 마찬가지다. 기독교의 교회에 가 보아도 그렇고, 불교의 사찰에 가 보아도 그렇다. 다 똑같다. 세상이 어떻게 되려고 이러는지 모르겠다. 오늘날 인간사회의 구석구석까지 돈의 횡포가 자행되지 않는 곳이 없다. 오늘날 돈의 위력은 중세적인 신의 횡포에 비할 바가 아니다.

밝음의 종교인 불교는 이럴 때 한마디 해야 할 것이다. 자비의 실천을 생명으로 생각하는 관음행자들은 이럴 때 한마디 해야 할 것이다. '이러 이렇게 하면, 어떠 어떻게 될 것이라'는 식의 설교를 해 주시라는 말이 아니다. 당장 이 자리에서 뭔가를 행동으로 보여 주어야 한다고 생각한다. 하다못해 따끔한 '말 한마디'라도 내뱉어야 할 것 같다. 부처님은 왜 깨치신 다음, 그 좋은 말씀들을 다 놔두시고 인생의 그 많은 괴로움에 대해서 우선 말씀하셨을까? '이러 이렇게 하면, 어떠 어떻게 되리라'는 식의 설교는 뒤에 나온 말투다. 독화살을 맞은 사람 앞에서 우리들이 해야 할 일은 잡담 제하고 먼저 독화살을 뽑아내는 일이라고 부처님은 가르치셨다. 우리는 부처님의 가르침을 따라야 할 것이다. 그러므로 잡담 제하고 먼저 '어둡다'고 소리쳐야 할 것이다. 오늘날 세상은 어두운데 어둡다고 말하지 않는 것이 우리의 병인 것 같다. '호랑이에게 물려 가도 정신만 차리면 산다'는 속담이 있다. 오늘날의 '돈'은 일종의 호랑이다. 사람들은 모두 '돈'이라는 호랑이에 물려 가고 있는 꼴이다. 여기서 살아남기 위해서는 정신을 차리는 수밖에 없다. 문제는 '어떻게?'다. 우리를 물고 가는 놈이 '돈'이라는 이름의 호랑이임을 바로 아는 것이 곧 정신 차림이다. 정신을 차린 사람은 달라야 한다. '돈이 호랑이'라고 외쳐야 한다. '호랑이다', '호랑이 나왔다'고 소리치는 것이 정신 차린 사람의 할 일이다. 지금 돈 때문에 윤리도덕도 비틀거리고 철학도 종교도 모두 간 곳이 없다. 암흑시대다. 시대 자체가 호랑이에 물린 꼴이다. 황금만능의 세상은 호랑이보다 더 무섭다. 관음신앙을 가진 우리들이 오늘날을 어떻게 살아야 옳은가 밝혀내야 한다.

7. 후기: 태허 큰스님께 올립니다

주희朱熹(朱子, 1130~1200)가 『맹자孟子』를 읽고 나서 "불언역이선언역不言易而善言易"이라고 말했다 합니다. "주역을 한 번도 말하지 않았는데 정말 주역을 잘 말하고 있다"고 『맹자』 7권을 높이 평했다 합니다. 참으로 좋은 평이라 생각합니다. 불교에도 그런 말들이 많습니다. 옛날 불교의 큰스님들은 "산천초목山川草木 두두물물頭頭物物 무비중도無非中道"라고 말씀하셨습니다. "산이며 시냇물이며 풀 한 포기 나무 한 그루 어느 것 하나도 부처님의 중도 아님이 없다"는 말씀입니다. 산천초목 두두물물 어디에 중도란 말이 있습니까? 그것들은 중도란 말을 한 적이 없습니다. 그러나 그것들만큼 부처님의 중도 진리를 잘 드러내고 있는 것은 없습니다. 저는 이번에 이 글을 쓰면서 태허 큰스님을 한 번도 거론하지 않았지만 사실은 처음부터 지금까지 태허 큰스님의 사상을 드러내려고 애썼습니다. 원래 저의 글 쓰는 스타일이 무슨 일에 감동을 받으면 느끼는 대로 제 경험을 털어놓는 식이라서 큰스님 마음에 들지 않을지도 모르겠습니다. 부족한 점이 있더라도 용서해 주시기 바랍니다. 〈끝〉

【부록 1】 참고문헌
『성불도』(태허 대법사 유문집, 재단법인 대한불교 관음종 총무원, 불기 2533[서기 1989]); 태허 이홍선, 『불종대의』(대한불교 불입종 호법원, 불기 2519); 『태허 이홍선 가사집』(불입종 교정원, 1978); 이홍선, 『해동천태법화종법맥소고』(필사본, 1982; 고익진, 『하느님과 관세음보살』(서울: 일승보살회, 1988); 坂本幸男, 巖本裕 譯注, 『法華經』上中下 3권(東京: 巖波書店, 昭和 37[1962]); 三枝充德, 『法華經現代語譯』上中下 3권 (東京: 第三文明社, 래구루스 文庫, 1974); 『妙法蓮華經』(『大正新修大藏經』) T.262, Vol.9; 『한글대장경—묘법연화경』(서울: 동국역경원, 1991), 1~260쪽; 원효, 「법화종요」, 『한국불교전서』 제1책(서울: 동국대학교 출판부, 1979), 487~494쪽; 이종익 역주, 「원효

의 법화경종요」, 『국역 원효성사전서』, 권1(서울: 원효전서국역간행회, 1987), 19~
113쪽; 이영자, 『한국천태사상의 전개』(서울: 민족사, 1988); Leon Hurvitz, translated
by, *Scripture of the Lotus Blossom of the Fine Dharma*(The Lotus Sutra, New York:
Columbia University Press, 1976); Burton Watson, translated by, *The Lotus Sutra*(New
York: Columbia University Press, 1993); Chun-fang Yu, Kuan-yin, *The Chinese
Transformation of Avalokiteshvara*(New York: Columbia University Press, 2001); 불심
도문, 『관세음보살』(서울: 밀알, 1992); 동봉, 『관음경 이야기』(서울: 민족사, 1998).

【부록 2】 『한글 관음경』(『묘법연화경』 제5, 「관세음보살보문품」)

제1절 온갖 괴로움 건져 주기

그때에 무진의보살이 자리에서 일어나 오른 어깨를 드러내고 부처님을 향해 합장
하고 이렇게 사뢰었다.

"세존이시여, 관세음보살은 무슨 인연으로 관세음이라 부르나이까?"

부처님께서 무진의보살에게 말씀하셨다.

"선남자여! 만약 한량없는 백천만억 중생이 갖가지 괴로움을 당할 적에 관세음보
살의 이름을 듣고 한마음으로 그 이름을 부르면 관세음보살은 즉시에 그 말을 관하
고 모두 해탈케 하느니라.

관세음보살의 이름을 지니는 이는 혹 큰불 속에 들어가더라도 불타지 않을 것이
니 이것은 보살의 신통력 때문이며, 혹 큰물에 떠내려가더라도 그 이름을 부르면
곧 얕은 곳에 이를 것이며, 혹 백천만억 중생이 금, 은, 유리, 자거, 마노, 산호, 호박,
진주 등의 보배를 구하기 위해 큰 바다에 들어갔을 때 갑자기 큰 폭풍이 불어와서
그 배가 나찰 귀신의 나라로 뒤집혀 떠내려가게 되었더라도 그 가운데 누구든지 관
세음보살을 부르는 이가 한 사람이라도 있다면 다른 모든 사람들까지 다 나찰의 액
난을 벗어나게 될 것이다.

이러한 인연으로 관세음이라고 하느니라.

또 어떤 사람이 상해를 입게 되었을 때 관세음보살을 부르면 그들이 가진 칼과
흉기는 조각조각 부서져서 해탈을 얻을 것이며, 혹 삼천대천세계에 가득 찬 야차와
나찰이 사람을 괴롭게 할지라도 관세음보살 부르는 것을 들으면 감히 악한 눈으로
쳐다보지도 못할 것인데 하물며 해를 입힐 수가 있겠는가.

만일 어떤 사람이 죄가 있거나 죄가 없거나 고랑을 차고 칼을 쓰며 몸이 쇠사슬에
묶이었더라도 관세음보살을 부르면 다 끊어지고 부서져 벗어나게 될 것이며, 또 삼
천대천세계에 흉한 도적이 가득 찼는데 어떤 큰 장사꾼이 여러 상인을 거느리고 귀
중한 보물들을 가지고 험한 산길을 지나갈 적에 그 가운데 한 사람이 말하기를, '모
든 선남자들이여, 두려워하지 말라. 그대들은 다만 한마음으로 관세음보살을 부르
라. 이 보살님은 능히 두려움 없음으로 중생을 보살펴 주시는 어른이시니 그대들이
그 이름을 부르면 이 도적들을 벗어나게 될 것이다' 하여, 여러 상인들이 이 말을
듣고 다 함께 소리를 내어 '나무관세음보살' 하고 부르면, 그 이름을 부름으로 곧
해탈을 얻느니라. 무진의여, 관세음보살의 신통력의 드높음이 이와 같으니라.

또 어떤 중생이 음욕이 많을지라도 항상 관세음보살을 생각하고 공경하면 곧 음

욕을 여의게 되며, 만일 성내는 마음이 많을지라도 항상 관세음보살을 생각하고 공경하면 곧 여의게 되며, 만일 어리석음이 많을지라도 항상 관세음보살을 생각하고 공경하면 곧 어리석음을 여의게 되느니라. 무진의여 관세음보살이 이러한 큰 위신력을 가지고 이롭게 하는 일이 많으니라."

제2절 모든 소원 이뤄 주기

"또 만일 여자가 아들을 낳기 위하여 관세음보살께 예배공양하면 복덕과 지혜를 갖춘 아들을 낳을 것이며, 딸 낳기를 원한다면 단정하고 용모를 갖춘 딸을 낳을 것인데, 전생에 덕을 심었으므로 뭇사람이 사랑하고 공경할 것이니, 무진의여, 관세음보살은 이와 같은 힘이 있느니라.

또 어떤 중생이 관세음보살에게 공경하고 예배하면 그 복덕은 헛되지 않을 것이니, 그러므로 중생은 모두 다 관세음보살의 이름을 받아 지녀야 하느니라. 무진의여, 또 어떤 사람이 62억 항하사 모래 수처럼 많은 보살의 이름을 받아 지니고 또 목숨이 다하도록 음식과 의복과 침구와 의약으로 공양한다면, 그대는 어떻게 생각하는가? 이 선남자와 선여인의 공덕이 많은가?"

무진의가 사뢰었다.

"아주 많나이다! 세존이시여!"

부처님께서 말씀하셨다.

"만일 또 어떤 사람이 관세음보살의 이름을 받아 지니어서 단 한때라도 예배공양하였다면 이 두 사람의 복은 똑같고 다름이 없어서 백천만억겁에 이르도록 다함이 없을 것이니라. 무진의여, 관세음보살의 이름을 받아 지니면 이와 같이 한량없고 그지없는 복덕의 이익을 얻느니라."

제3절 인연 따라 몸 나투기

무진의보살이 부처님께 사뢰었다.

"세존이시여, 관세음보살님께서 어떻게 사바세계에 노닐며 중생을 위하여 어떻게 설법하고 그 방편의 힘은 어떠하나이까?"

부처님께서 무진의보살께 말씀하셨다.

"선남자여, 만일 어떤 세계의 중생으로서 부처님 몸으로 제도될 이는 관세음보살이 곧 부처님 몸을 나투어 법을 말하고, 벽지불의 몸으로 제도될 이는 벽지불의 몸을 나투어 법을 말하며, 성문의 몸으로 제도될 이는 관세음보살이 곧 성문의 몸을 나투어 법을 말하고, 범천왕의 몸으로 제도될 이는 곧 범천왕의 몸을 나투어 법을 말하며, 제석천왕의 몸으로 제도될 이는 곧 제석천왕의 몸을 나투어 법을 말하고, 자재천왕의 몸으로 제도될 이는 곧 자재천왕의 몸을 나투어 법을 말하며, 대자재천왕의 몸으로 제도될 이는 곧 대자재천왕의 몸을 나투어 법을 말하고, 하늘대장군의 몸으로 제도될 이는 곧 하늘대장군의 몸을 나투어 법을 말하며, 비사문의 몸으로 제도될 이는 곧 비사문의 몸을 나투어 법을 말하느니라.

작은 나라 임금의 몸으로 제도될 이는 곧 작은 나라 임금의 몸을 나투어 법을 말하고, 장자의 몸으로 제도될 이는 곧 장자의 몸을 나투어 법을 말하며, 거사의 몸으로 제도될 이는 거사의 몸을 나투어 법을 말하고, 재상의 몸으로 제도될 이는 곧

재상의 몸을 나투어 법을 말하며, 바라문의 몸으로 제도될 이는 곧 바라문의 몸을 나투어 법을 말하고, 비구, 비구니, 우바새, 우바니의 몸으로 제도될 이는 곧 비구, 비구니, 우바새, 우바니의 몸을 나투어 법을 말하며, 소왕, 장자, 거사, 재상, 바라문의 부녀의 몸으로 제도될 이는 곧 그 부녀의 몸을 나투어 법을 말하며, 동남동녀의 몸으로 제도될 이는 곧 동남동녀의 몸을 나투어 법을 말하며, 하늘, 사람, 용, 야차, 건달바, 아수라, 사람, 사람 아닌 것 등의 몸으로 제도될 이는 곧 다 그들의 몸을 나투어 법을 말하고, 집금강신의 몸으로 제도될 이는 곧 집금강신의 몸을 나투어 법을 말하느니라.

무진의여, 관세음보살은 이와 같은 공덕을 성취하여 여러 가지 모양으로 온 세계에 노닐면서 중생을 제도하여 해탈시키느니라. 그대들은 마땅히 한마음으로 관세음보살에게 공양할지니라. 이것이 관세음보살마하살이 두려웁고 급한 환란 가운데에 두려움 없음을 베푸는 것이니, 그러므로 사바세계에서 모두 다 부르기를 '두려움 없음을 베푸는 이'라고 하느니라."

무진의보살이 부처님께 사뢰었다.

"세존이시여, 제가 이제 관세음보살님께 공양하겠나이다" 하고 온갖 보배구슬과 영락으로 된 백천 냥의 금값에 해당하는 목걸이를 끌러 바치고 이렇게 사뢰었다.

"어지신 어른이시여! 법보시로서 이 진주 보배와 영락을 받으소서!"

그때에 관세음보살이 이것을 받으려 하지 않으므로 무진의는 다시 관세음보살께 사뢰었다.

"어지신 어른이시여! 저희들을 불쌍히 여기시어 이 영락을 받아주소서!"

그때에 부처님께서는 관세음보살에게 말씀하였다.

"이 무진의보살과 4부대중과 하늘, 용, 야차, 건달바, 아수라, 가루라, 긴나라, 마후라가와 사람, 사람 아닌 것들을 불쌍히 여겨 이 영락을 받으라."

그때에 관세음보살은 4부대중과 하늘, 용, 사람, 사람 아닌 것들을 불쌍히 여기시고 그 영락을 받아 두 몫으로 나누어 한 몫은 석가모니 부처님께 바치시고 한 몫은 다보불탑에 바치시었다.

부처님께서 말씀하셨다.

"무진의여, 관세음보살이 이와 같이 자재한 신통력으로 사바세계에 노니느니라."

제4절 계송으로 찬탄하심

그때에 무진의보살이 계송으로 여쭈었다.

묘상 구족하신 세존이시여
제가 이제 거듭 여쭈옵니다.
불자가 어떤 인연이 있어
관세음이라 부르나이까?

묘한 상을 갖추신 세존께서 계송으로 무진의에게 대답하셨다.

그대여 들으라 관음의 드높은 행을

시방의 어느 곳에나
알맞고 묘하게
두루 응하나니라.

그 서원 크고 깊기 바다와 같고
길고 긴 아득한 세월을
천 억의 부처님 모두 모시고
크고 깨끗한 원 세웠느니라.

내 이제 간략히 말하노니
이름을 듣거나 그 몸을 보고
마음에 헛되이 잊지 않으면
저 모든 괴로움을 능히 멸하리라.

설사 해칠 뜻을 일으켜
큰 불구덩이에 밀어 넣어도
관음을 생각하는 그 힘으로
불구덩이 변하여 연못이 되고

바닷물에 빠져서
용이나 물고기에 잡히게 되어도
관음을 생각하는 그 힘 때문에
파도에 빠지지 않으며

높은 산 절벽에서
원수에게 떠밀리어도
관음을 생각하는 그 힘 때문에
해가 허공에 있음 같으며

악독한 사람에게 쫓기어
금강산 험한 돌에 떨어지어도
관음을 생각하는 그 힘 때문에
털끝도 안 다치느니라.

원한 품은 도적들이
칼끝으로 해치려 해도
관음을 생각하는 그 힘 때문에
도둑이 자비스런 마음을 내며

국법에 위반되어
형벌 받고 죽게 되어도

관음을 생각하는 그 힘 때문에
칼날이 조각조각 부서지리라.

옥에 갇히게 되어
손발이 묶이었어도
관음을 생각하는 그 힘 때문에
자유로운 해방 얻으며

저주와 독약으로
내 몸을 해하려 해도
관음을 생각하는 그 힘 때문에
도리어 본인에게 돌아가리라.

악한 나찰
독룡과 악귀 만날지라도
관음을 생각하는 그 힘 때문에
해치지 못하게 되며

악한 짐승에게 둘러싸여서
이빨과 발톱이 날카로워도
관음을 생각하는 그 힘 때문에
재빨리 정처 없이 달아나리라.

독사와 지네들이
불꽃 같은 독으로 해하려 해도
관음을 생각하는 그 힘 때문에
그 소리에 저절로 달아나가며

우뢰와 번개가 아주 심하고
우박과 큰비가 쏟아지어도
관음을 생각하는 그 힘 때문에
모두 다 곧 흩어지나니

끝없는 곤액이
중생을 괴롭히어도
관음의 신묘한 지혜력으로
세간의 온갖 고통 구해 주리라.

신통력을 갖추고
지혜의 방편력 두루하여서
시방세계 모든 국토 어느 곳에든

그 몸을 나투지 않는 곳 없고

갖가지 나쁜 생명들
지옥, 아귀, 축생까지도
생로병사의 모든 고통을
점차로 모든 고통 없이 하리라.

진리의 관 거룩한 관
크고 넓고 지혜로운 관이며
가엾어 하고 사랑하는 관이니
항상 원하고 우러러 사모하여라.

때 없는 깨끗한 빛이여
어둠을 없애 주는 지혜의 해여
수, 화, 풍, 재앙을 항복하고
온 세상 두루 다 비추어 주며

대비의 몸과 계율의 우뢰와
자애의 구름으로
감로의 법비를 내려
번뇌의 불꽃을 꺼버리나니,

송사하는 법정에서나
두려운 전선에서도
관음을 생각하는 그 힘 때문에
원수들이 흩어지리라.

묘한 저음성 세간을 보는 음성
다 범천의 음성, 조수의 음성
세간의 속된 음을 뛰어났으니
언제나 생각하고 염불하여라.

생각생각 의심치 말라
관세음 거룩한 성자가
온갖 고뇌와 죽을 액 가운데
의지가 되고 구세주 되리라.

온갖 공덕 모두 갖추어
자비의 눈으로 중생을 보며
복덩이 바다처럼 한량없으니
마땅히 예경하고 존중하여라.

270

그때에 지지보살이 자리에서 일어나 부처님 앞에 나아가 합장하고 사뢰었다.

"세존이시여! 어떤 중생이나 이 「관세음보살보문품」의 자재한 업과 여러 방편으로 나투시는 신통력을 듣는다면 이 사람은 그 공덕이 적지 않겠나이다."

부처님께서 이 「보문품」을 말씀하실 때에 대중 가운데에 8만4천 중생이 '무등등 아뇩다라삼먁삼보리'의 마음을 일으키었다.

24 서경수 선생 문집 서문　 2010년 11월 16일

황경열 교수님,

약 40여 년 전에 『세속의 길, 열반의 길』이라는 책이 나와 화제가
된 적이 있었습니다. 그 책의 저자가 서경수 선생입니다. 날카롭고 글
잘 쓰기로 소문난 분이었지요. 이번에 그분의 제자들이 힘을 모아 올해
안에 그분의 문집을 낸답니다. 그 문집의 서문을 저더러 써 달라 해서
기쁜 마음으로 썼습니다. 한국 갔다 온 노독이 아직 안 풀렸지만 거절
할 수가 없었습니다. 한번 읽어 봐 주시기 바랍니다.

안녕히 계세요.

박성배 합장

:: 서경수 선생 문집 서문

서경수 선생님,

지금 선생님은 어디에 계십니까? 한번 뵙고 싶습니다. 저는 성묘를 좋
아 하지 않습니다. 그래서 가까운 분의 무덤을 찾아가서도 절을 하지 않
습니다. 왜냐하면 제가 뵙고 싶은 분은 거기에 계시지 않는다는 것을 너
무 잘 알기 때문입니다. 물론 무덤 속엔 돌아가신 분의 뼈도 남아 있고
유품도 들어 있을 수 있지만, 저는 그것을 선생님이라고 생각하지 않습니
다. 서경수 선생님은 원래 천당이니 지옥이니 하는 그런 말을 좋아하시지
않으셨습니다. 그러므로 저는 선생님이 지금 천당이나 지옥 같은 데에 계
신다고 생각하지 않습니다. 그러면 선생님은 지금 어디 계실까? 한 가지
분명한 것은 제가 선생님을 그리워할 때 선생님은 분명히 저와 함께 계십

272

니다. 선생님을 생각할 때마다 옛날 선생님과 주고받았던 말들이 생각나면서 선생님은 항상 저와 함께 계신 것 같습니다.

1958년 봄 저는 동국대학교에서 불교대학 대학원 입학시험을 보고 있었습니다. 그런데 옆에 이상한 사람이 한 분 앉아 계신 것을 보았습니다. 머리는 홀랑 벗겨지고 수염이 많이 난 할아버지였습니다. 시험답안을 쓰다 말고 저는 그 할아버지를 한참 동안 바라보고 있었습니다. 체구는 작은데 눈빛은 날카롭게 빛나고 있었습니다. 저런 할아버지가 저처럼 대학원 입학시험을 보러 올 리는 없고 저 할아버지는 왜 저기에 앉아 계실까 궁금해졌습니다. 드디어 쉬는 시간이 되었습니다. 그래서 저는 그 할아버지에게 다가가서 정중하게 인사를 드리면서 '선생님은 누구시냐'고 여쭈어 보았습니다. "나도 당신처럼 불교대학 대학원 입학시험 보러 왔소." 내뱉는 듯한 짤막한 대꾸이었습니다. 그러나 그 순간 그분은 할아버지가 아니라 저의 오랜 친구처럼 느껴졌습니다. 시험이 끝난 다음, 우리는 함께 어느 대폿집으로 들어가 서로서로의 이야기보따리를 풀어 놓았습니다. 선생님은 원래 이북 출신이고 기독교 집안에서 자랐으며 서울대학교 종교학과를 졸업했고 기독교 일색의 서울대 종교학과가 싫어서 동국대로 왔다고 말씀하셨습니다. 그 뒤로 우리 둘은 대학원 생활 만 2년을 항상 붙어다녔습니다. 저와 서경수 선생님과의 만남은 이렇게 시작되었습니다.

서경수 선생님을 생각할 때마다 생각나는 이야기들이 많습니다. 만난지 얼마 안 되어 우리는 둘이서 함께 농촌운동을 한 적이 있었습니다. 대학원 재학 중 어느 겨울 방학 때 우리는 저의 부모님이 사시는 전남 보성군 노동면 명봉리 봉동마을로 내려가 함께 농촌운동을 했습니다. 마을의 청소년들을 중심으로 청년회를 조직하고 청년회의 노래를 지어 함께 불렀습니다. 온 마을의 젊은 남녀 40여 명이 우리 집 사랑방에 모여 밤이 깊은 줄도 모르고 함께 노래를 불렀습니다. 잊히지 않는 감격적인 순간이었습니다. 서 선생님은 오르간도 잘 치시고 노래도 잘 부르셨으며 개그맨처럼 사람들을 웃기기도 잘 하셨습니다. 긴 겨울방학 3개월이 어떻게 지났는지도 모르게 지나가 버렸습니다. 우리는 인도철학을 전공하는 대학원 학생이라는 사실도 까맣게 잊어버렸고, 대학이 무엇인 줄도 모르는 두메산골 가난한 농촌의 청소년들과 함께 노래와 이야기로 한겨울을 보냈습니다. 이러한 경험이 두고두고 잊히지 않았습니다. 그 뒤에 불교공부를 한답시고 여러 절들을 돌아다니면서 불경을 배우고 용맹정진을 하면서 보낸 시간들보다 농촌운동의 기억들이 더 생생하게 지금도 제 기억에 남아 있는 까닭은 무엇일까요?

그다음, 잊히지 않는 기억은 서 선생님의 비판정신입니다. 서울대학교 문리대 종교학과의 학풍은 너무 서구 중심적이고 기독교일색이라는 것이 선생님의 비판이었습니다. 그리고 기회 있을 때마다 동국대학교 불교대학의 학풍도 거침없이 비판하셨습니다. 한마디로 교수들에게 고민이 없다는 사실을 한심스러워 하셨습니다. 너무 구태의연한 우물 안의 개구리들이라는 것이었습니다. 저는 그때 서 선생님의 비판을 아무런 거부감도 없이 다 받아들였습니다. 그저 고개만 끄덕거리는 무조건 수용이 아니라 목마른 나무가 물을 만난 듯 환희심을 가지고 크게 환영하였습니다. 그 결과 서 선생님과 저는 동국대에서 물 위의 기름처럼 완전히 따돌림을 당하는 신세가 되었습니다. 그때 저는 앞으로 어떠한 일이 있더라도 잘못된 학풍을 되풀이하지 않겠다고 마음속으로 다지고 또 다졌습니다. 저는 서경수 선생님과의 만남을 통해서 서울대학교를 다닌 것 같았고 서울대학교를 졸업한 듯한 느낌을 가졌습니다. 그 뒤로는 졸업한 학교나 업적을 가지고 사람을 평가하는 버릇이 없어졌습니다. 모두 서 선생님의 비판정신 덕택이라고 생각합니다. 이 세상 모두가 좋은 학교를 들어가려 애쓰고 유명한 사람이 되려고 노심초사하고 있지만 그 결과 모두가 틀에 박힌 사람들에 지나지 않을 때 세상은 암흑을 벗어나기가 어려울 것입니다.

서 선생님의 비판정신 앞에 박살 나지 않는 것은 하나도 없었다고 말해도 과언은 아닐 것입니다. 한국의 사회와 역사 비판도 대단했고 미국, 영국, 불란서, 독일 등등의 선진국가 비판도 대단했습니다. 한번은 프랑스의 대학생들이 왜 반 드골 정부 데모를 하지 않을 수 없었던가를 말씀하셨습니다. 드골 대통령이 아프리카에 있는 프랑스 식민지를 잃지 않으려고 잔꾀를 부리는 것을 보고 젊은 대학생들이 화가 났다는 것이었습니다. 학생들은 모자를 벗고 고개를 숙여 땅만 내려다보면서 침묵데모를 했습니다. 그때 학생들의 데모 정신은 '프랑스의 식민지 통치로 고통 받는 아프리카 사람들을 위해서 못되어 먹은 조국 프랑스와 싸우겠다'는 것이었습니다. 이런 이야기를 하시면서 서 선생님은 눈물을 흘리셨습니다. 저도 따라 울었습니다. 동국대학교 대학원 연구실에서 밤늦게까지 공부하다가 쉬는 시간에 서 선생님의 비판정신이 튀어나온 것입니다. 박사학위고 교수 취직이고 다 잊어버리고 인류의 평화를 위해 불의와 싸워야겠다는 생각이 들었습니다.

저는 일제강점기에 초등학교를 다녔습니다. 1학년 때부터 학교에서는 조선말 사용이 금지되었습니다. 초등학교 1학년 때부터 배운 일본말 덕택에 일본소설을 많이 읽었습니다. 특히 제가 즐겨 읽었던 책은 사무라이 소설이었습니다. 초등학교 3~4학년 때 이미 저는 몇백 권의 호걸소설을 읽었는지 모릅니다. 호걸소설의 핵심 주제는 중국의 『삼국지』나 『수호지』처럼 언제나 억강부약이었습니다. 억눌린 약자를 위해서 못된 강자와 싸우는 이야기는 저로 하여금 이 세상에 무서울 것 없는 기운을 갖게 해주었습니다. 서경수 선생님의 불란서 학생들의 침묵데모 이야기를 듣고 그렇게 크게 감동을 받을 수 있었던 것도 제 속에 자라고 있었던 그러한 억강부약정신 때문이었다고 생각하면 이것도 일종의 아이러니라는 생각이 듭니다. 일본말을 배우고 일본소설을 읽은 덕택에 일본의 군국주의자들과 그들의 식민지 정책을 비판할 수 있게 되었기 때문입니다.

저는 1969년 1월에 한국을 떠나 미국으로 왔습니다. 미국으로 건너와

서 제일 먼저 한 일이 텍사스주 댈러스시에 있는 남감리교대학 신학부에서 기독교를 공부하는 일이었습니다. 미국에 상륙하여 40년이라는 긴 세월을 지내는 동안 어리석은 짓도 많이 했지만 배운 것도 많았습니다. 그 가운데 가장 의미 있었던 일을 꼽으라면 저는 서슴지 않고 신학교에서 기독교공부를 했다는 사실을 꼽고 싶습니다. 알고 보면 이것도 서경수 선생님 덕택이었습니다. 한국을 떠나기 전날 밤, 우리는 서울의 신설동 어느 술집에서 밤늦도록 술을 마시면서 이야기를 했습니다. 화제는 서양을 알고 오라는 것이었습니다. 다음 날 제가 한국을 떠날 때도 서 선생님은 비행장까지 나오셔서 악수를 하면서 어젯밤 내 부탁을 잊지 말아 달라고 당부하셨습니다. 저에게 서 선생님 같은 친구가 없었더라면 저는 신학교에 가지 않았을 지도 모릅니다.

한국을 떠날 때까지 제 주변에는 원래 기독교인이었다가 도중에 불교공부를 시작한 사람들이 많았기 때문에 기독교에 대해서는 비교적 부정적인 생각을 많이 하고 있었습니다. 그러다가 미국의 신학대학에서 기독교공부를 본격적으로 해 보니 놀라운 일들이 많이 일어났습니다. 첫째 미국의 기독교인들은 비교적 겸손했습니다. 한국의 기독교인들과는 다르다는 생각이 들었습니다. 배타적이고 독선적인 모습이 거의 보이지 않았습니다. 그리고 제가 불교인이라고 말하면 그들은 저의 이야기를 몹시 듣고 싶어했었습니다.

신학교에서 약 3년간 기독교공부를 하면서 놀랄 만한 일들이 많이 벌어졌습니다. 그 가운데 하나는 기독교에서 말하는 신神(God, 하나님)이 무엇을 의미하는지 조금 알게 되었다는 사실입니다. 솔직히 말해서 저는 오랫동안 기독교의 신을 오해하고 있었습니다. 한마디로 말해 이해할 수 없는 일종의 미신적인 산물로 속단하고 있었습니다. 그것은 커다란 잘못이었습니다. 신이란 말은 달 가리키는 손가락에 불과한 것을 모르고 그 손가락이 가리키는 달을 보려 하지 않았다는 저의 잘못을 기독교의 신학교에 들어가 본격적으로 신학을 공부하면서 비로소 깨닫게 되었던 것입니다. 불교의 깨침이란 말이나 부처님이란 말도 모두 달 가리키는 손가락에 불과한 것을 달 가리키는 손가락만 보고 달을 보지 않기 때문에 가지가지 오해가 생기고 혼란이 생깁니다. 앞으로는 기독교인이나 불교인이나 모두 달 가리키는 손가락을 보는 데에 그치지 말고 직접 달을 보도록 애써야 할 것 같습니다. 그러면 두 개의 다른 종교를 믿으면서도 웃으면서 함께 살 수 있을 것 같습니다. 저의 생각이 이런 방향으로 나가도록 이끌어 주신 분이 서경수 선생님이었다고 생각할 때 새삼스럽게 서 선생님께 감사하는 마음이 생깁니다.

1979년 11월, 저는 10년 만에 한국에 돌아왔습니다. 정신문화연구원이 주최하는 제1회 국제한국학회의에 참석하기 위해서였습니다. 거기서 저는 서경수 선생님을 10년 만에 다시 만났습니다. 그동안 서 선생님도 저도 모두 다 많이 변했다는 것을 절실히 느꼈습니다. 선생님은 여전히 미국풍을 싫어했습니다. 그래서인지 미국서 박사학위를 따고 미국 대학에서 가르치는 저를 보는 서 선생님의 시선은 차가웠습니다. 그렇지만 서 선생님의 비판정신을 누구보다도 잘 아는 저인지라 웃으면서 오해를 풀 수 있는 기회가 오기만을 기다렸습니다. 그러나 그 기회는 오지 않았고 저는 다시 미국으로 돌아왔습니다. 그러다가 우리 서 선생님이 교통사고로 이 세상을 떠나셨다는 슬픈 소식을 들었습니다. 저는 이 자리를 빌려서 선생님께 저의 옛날 약속을 재확인하고 싶습니다. "서 선생님, 믿어 주십시오. 저는 앞으로도 계속 서 선생님의 비판정신을 마음속에 깊이 간직하고 이 세상을 살아가겠습니다."

스토니브룩 뉴욕주립대학교 한국학연구소 사무실에서
박성배는 합장하고 큰절을 올리면서
이 글을 씁니다.

25

해외에서 힘을 못 쓰는 한국불교 ::::::: 2010년 12월 20일

황경열 교수님,

전화 주셔서 감사합니다. 『불교신문』 신년특집에 실릴 제 글을 보내드립니다. 한번 읽어 봐 주시기 바랍니다.

감사합니다.

박성배 합장

:: 해외에서 힘을 못 쓰는 한국불교—무엇이 문제인가?

한국불교가 해외로 진출하려 할 때 부딪치는 장애물은 한두 가지가 아니다. 그러나 최대의 장애물은 역시 언어라고 한다. 말이 통하지 않으면 상대방을 이해할 수도 없고 상대방에게 자기를 이해시킬 수도 없다. 그러므로 언어장애는 곧 문화장애로 이어진다. 큰 문제다. 그러나 언어만 통하면 모든 일이 저절로 다 잘되어 가는 것은 아니다. 말 한마디 통하지 않는데도 포교에 성공했다는 이야기는 얼마든지 있다. 달마대사의 이야기도 그런 메시지를 담고 있을 것이다. 그러므로 우리는 현실적으로 발등에 불을 끄듯 언어의 문제를 다루지 않을 수 없지만 그것만이 전부라고 생각해서는 안 된다. 언어보다 더 중요한 것이 있다는 사실을 똑바로 알아야 한다. 그것은 불교를 전파하는 사람들의 자질 문제다. 무엇보다도 먼저 문제삼아야 할 것은 우리의 포교사들이 진실로 부처님을 믿고 있느냐를 문제삼지 않을 수 없다. 부처님의 진리를 희생하는 한이 있더라도 교세 확장이 더 시급하다고 생각한다든가, 절에 들어오는 수입이 무엇보다도 더 중요하다고 생각한다면 그 결과는 무섭다. 그것은 포교布敎의 길이 아니고

배교背敎의 길이기 때문이다.

옛날엔 인격人格이란 말이 크게 문제되었다. 그래서 우리 조상들은 인격도야를 교육의 지상목표로 삼았다. 왜 인격도야를 그렇게 강조했을까? 인격이 열등하면 인간관계가 다 깨지기 때문이다. 인간에게는 인간관계 이상 더 중요한 것은 없다고 말해도 과언은 아닐 것이다. 한자의 사람 인人 자의 모습이 말해 주듯이 인간은 홀로 사는 존재가 아니다. 남들과 함께 사는 존재란 말이다. 인간관계가 깨지면 모든 것이 다 깨진다. 그래서 사소한 이해관계나 따지고 앉아 있으면 소인이라고 나무랐다. 소인은 사람들이 모두 가까이하기를 싫어하기 때문이다.

요즘엔 국격國格이란 말도 곧잘 쓴다. 우리나라는 20세기 초 중요한 시기에 일제의 침략으로 나라의 주권을 잃어버렸기 때문에 지금도 많은 미국 사람들은 Asia를 거론하면서 곧잘 'China and Japan'이라고만 말한다. 중국과 일본만 들먹이면 된다는 식이다. 그러다가 근래에 우리나라가 세계의 주목을 받기 시작하면서부터 우리나라에서는 국격이란 말을 쓰기 시작했다. 인간관계에 인격이 문제되듯이 국제관계에서는 국가의 품격이 문제되는 것이다. 우리나라의 국격이 열등하면 다른 나라들이 우리나라를 무시하고 가까이하기를 꺼릴 것이다. 마찬가지로 종교의 세계에서도 각 종교의 교격敎格이 문제된다. 얼마 전에 돌아가신 법정스님은 불교의 '무소유無所有'사상을 사람들이 잘 알아들을 수 있도록 말씀해 줌으로써 불교의 교격을 높이는 데 크게 기여했다. 해외에 나가 불교를 전파하면서 크게 신경 써야 할 대목이 바로 이 대목이다. 포교사 개개인의 인격이 고준해야 되는 것은 물론이지만 조국의 국격과 믿고 있는 종교의 교격이 높아야 한다. 이들 셋은 항상 맞물려 있다. 불교의 교격이 땅에 떨어져 있다면 포교사의 인격과 출신 국가의 국격이 아무리 높다 한들 무슨 소용이 있겠는가.

일은 가까운 곳에서부터 시작해야 한다. 그러므로 자신이 할 수 있는 인격부터 먼저 살펴보아야 할 것이다. 사람의 인격은 남들을 만나는 순간부터 드러난다. 만남은 자기의 값을 매기는 자리다. 이때 제일 중요한 것은 누구를 만나든 상대방을 진심으로 환영하고 존경하는 일일 것이다. 가령 다른 종교를 믿는 사람이 절을 찾아왔을 때도 상대방을 진심으로 존경한다는 것은 상대방이 믿는 종교를 진심으로 존경하는 일이다. 추호라도 나의 종교가 당신들 종교보다 더 우수하다는 생각을 마음속에 간직하고 있어서는 안 된다. 사람됨이 천박하면 그런 사람들의 만남은 만나기 전에 이미 물 건너갔다고 말해야 할 것이다. 그런 사람들의 인간관계는 깨지기 마련이다. 불교인이 불교가 제일이라는 생각을 버리면 불교가 망할 것 같지만 사실은 그렇지 않다. 오히려 그 반대다. 『반야심경』에 '무지역무득無智亦無得'이란 말이 없다면 『반야심경』이 아니다. 지智도 없고 득得도 없는 공空의 세계에서 어떻게 내 종교가 제일이고 남의 종교는 열등하다는 생각을 간직하고 있을 수 있겠는가?

만남은 대화다. 불교를 믿지 않는 사람들을 만났을 때 우리는 먼저 말문을 연다. 대화다. 대화의 전제 조건은 겸손이다. 길가에 아름답게 피어 있는 한 송이의 꽃은 지나가는 사람이 누구이든 상관하지 않는다. 자기를 보고 있든 말든 상관하지 않는다. 그리고 무슨 말을 하고 있든 상관하지 않는다. 칭찬이든 욕설이든 관심이 없다. 색즉시공色卽是空의 세계다. 미국은 다국적 사회다. 따라서 언어도 가지가지고 종교도 가지가지다. 그러므로 다른 종교를 믿고 있는 사람들, 가령 유태교, 기독교, 회교, 힌두교 등등을 믿고 있는 사람들과의 대화는 피할 수가 없다. 이때에 대화를 성공적으로 이끌어 가는 비결은 '겸손'밖엔 없다. 오만은 비상이다. 그것은 나도 죽고 너도 죽는 독약이다. 미국에서 불교에 접근하는 사람들의 대부분은 이미 불교가 아닌 어떤 종교를 믿고 있거나 믿었던 사람들이다. 그러므로 이 경우에 우리들이 명심해야 할 것은 추호라도 불교가 다른 종교보다는 우월하다는 생각을 가지고 있어서는 안 된다는 것이다. 여기서 우리는 무서운 자기반성을 하지 않을 수 없다. 과연 우리 큰스님들이 절에서 신도들을 교육시키면서 이런 훈련을 철저히 시켰는지 묻지 않을 수 없다.

내가 만난 어느 고승도 『반야심경』의 무지역무득無智亦無得을 실천한 것 같지 않았다. 이것은 나의 솔직한 고백이다. 알지도 못하면서 유교보다는 불교가 더 위고, 기독교보다는 불교가 더 월등한 종교라고 말하는 고승이 대부분이었다. 그런 말을 함부로 내뱉지 않는 고승이 없진 않겠지만 그런 생각까지 깨끗이 청소해 버린 고승이 있을까 의심스럽다. 불행한 일이다. 난 처음에 신앙이란 으레 그런 것이라고 믿었다. 이것이 신앙의 세계에서는 어찌할 수 없는 일인 줄 알았다. 그러나 이제 나는 분명히 말하고 싶다. 종교를 그런 식으로 믿고 있는 이상, 그런 사람은 아직 종교가 무엇인 줄도 모르는 사람들이라고. 누구하고 대화를 하든 상대방을 진심으로 존중해야 한다. 이건 모든 종교인들이 명심해야 할 현대의 절대명령이다. 이것이 내가 믿는 종교다. 이걸 모르면 아직도 도토리 키 재기나 다름없는 천한 종교를 믿고 있는 거라고 말하지 않을 수 없다. 천주교의 신부님이 관세음보살이고 개신교의 목사님이 관세음보살이라고 가르치는 것이 불교다. 문제는 이것을 요즘 사람들이 알아들을 수 있도록 정리해 주는 일이다. 내가 요즘 전개하고 있는 '몸과 몸짓의 논리'는 바로 그런 작업의 일환이다. 이 세상에 존재하는 모든 것은 모두 똑같은 몸으로 살고 있다. 내가 잘났느니 네가 잘났느니 하고 경쟁하는 차원은 모두 몸짓의 세계에서 하는 소리다. 몸짓은 누구의 몸짓이든 모두 무상한 것이다. 그런 것을 가지고 승부를 가리려 하는 것은 종교적인 태도가 아니다.

원래 불교는 열린 종교다. 인도에서 일어난 불교가 중국으로 한국으로 일본으로 들어올 때도 이미 거기에 있었던 기존의 종교와 싸우지 않았다. 어떤 사람들은 이를 비꼬기도 한다. 비빔밥 현상이라고 비아냥거린다. 그러나 그것은 겉만 보고 속을 안 보는 소리다. 불교사상의 열려 있음과 텅 비어 있음을 바로 보지 못하고 하는 소리다. 몸짓만 보고 몸을 보지 않는 헛소리다. 몸짓의 세계에서도 아버지는 자식들의 좋은 모습밖엔 용납 못하지만 어머니는 좋은 모습뿐만 아니라 나쁜 모습까지도 다 감싸 안는다. 이런 현상을 두고 '엄마는 비빔밥'이라고 말할 것인가. 자비는 원래 높은 지혜가 일하는 현장을 두고 일컫는 말이다.

여기서 얼마 전에 들은 이태석 신부의 이야기가 생각난다. 수단의 가난한 어린이들을 위해 일생을 바친 이태석 신부의 이야기는 슈바이처의 이야기를 듣는 것보다 더 감동적이었다. 기독교를 믿느냐 불교를 믿느냐를 넘어선 이야기였다. 오래된 이야기지만 어느 목사님의 이야기도 생각난다. 나병 환자들을 돕기 위해 소록도에 들어갔다가 나병 환자들과의 거리가 좁혀지지 않아서 고민하던 중 마침내 그 목사님은 문둥병의 병균을 자기의 몸에 발라 스스로 나병 환자가 되었다. 이렇게 해서 그는 결국 나병환자들과의 거리감을 좁힐 수 있었다. 이런 이야기는 우리들의 눈시울을 뜨겁게 해 주고 우리들로 하여금 모든 종파를 뛰어넘게 해 준다. 불교에는 지옥에서 신음하고 있는 지옥중생을 돕기 위해 스스로 지옥으로 들어가는 보살님의 이야기가 있다. 우리들이 몰라서 그렇지, 불교인들 가운데도 오늘날 그렇게 보살정신을 가지고 살고 있는 사람이 없지 않을 것이다. 앞으로의 해외포교는 말로가 아니라 몸으로 말없이 보살정신을 실천하는 것으로 새 터전을 닦아야 할 것이다. 그러면 포교사의 인격뿐만 아니라 대한민국의 국격도 높아지고 불교의 교격도 함께 높아질 것이다.

그러면 마지막으로 좀 더 구체적이고 현실적인 이야기를 해 보자. 제일 먼저 이야기하고 싶은 말은 해외에 나가 일하고 있는 포교사 개개인이 진정으로 '일체중생이 부처님'이라는 믿음을 가지고 살고 있느냐는 질문을 던지고 싶다. 인생의 고뇌에 시달린 사람들이 절에 찾아갔다가 실망한 나머지 다시는 절에 안 가게 되었다든가, 삼배나 받아먹으려고 버티고 앉아 있는 스님들 꼴 보기 싫어 절에 가기 싫다는 이야기를 들은 지 오래다.

이러한 쓴소리에 스님들은 이렇게 답변한다고 한다. 신도의 삼배는 스님이 받는 게 아니고 불교의 진리가 받고 불법승 삼보가 받는 거라고. 그리고 괴롭지만 신도들로 하여금 하심하고 복 짓게 하기 위해서 그런다고. 나는 이 자리에서 이런 말을 길게 하고 싶지 않다.

비슷한 이야기지만 한 가지만 더 지적하고 싶다. 미국의 어느 한국 절에서 신도들이 사회봉사를 좀 더 철저하게 하고 함께 용맹정진을 하기 위해서 구도회를 조직했었다고 한다. 그 모임은 기대했던 것 이상으로 잘 되어 갔단다. 그런데 이변이 생겼다. 그 절의 스님이 이러한 신도들의 모임을 시기하여 가진 방법을 다 동원하여 마침내 그 모임을 해체시켜 버린 것이다. 이것이 참말이 아니기를 바라지만 왜 그런 말이 떠돌아다니는가를 종단은 하루속히 검토해 봐야 할 것이다. "사람 위에 사람 없고 사람 아래 사람 없다"는 속담은 오늘날 전 세계의 민주국가들이 애용하는 문자지만, 원래는 불교의 평등정신을 잘 드러내 주는 말이었다. 그런데 왜 오늘날 승려들이 사람 위에 올라서려고 하는지 모르겠다. 이 세상의 어떤 사람이 똑같은 사람인 승려 밑에 눌려 살기를 바랄 것인가?

백척간두에서 진일보하라는 말을 수없이 하고, 전의轉依(Revolution of the Basis)의 중요성을 끝없이 강조하시는 스님들이 왜 자기들의 잘못은 고칠 생각도 하지 않는지 모르겠다. "윗물이 맑아야 아랫물이 맑다"고 했다. 자국에서 종단을 이끄는 소위 고승들이 권력과 결부되어 있고 돈으로부터 자유로울 수 없다면 해외에서 한국불교가 크게 일어나기를 바랄 수는 없을 것이다. 우리는 오늘날 한국에서 법정스님의 무소유가 왜 그렇게도 사람들의 입에 오르내리는지를 똑바로 알아야겠다. 〈끝〉

『불교신문』, 2011년 신년특집

황경열 교수님,

저희들은 아이들과 크리스마스를 함께 지내기 위하여 떠났다가 어젯밤에 돌아왔습니다.

제가 쓴 「해외에서 힘을 못 쓰는 한국불교」를 몇몇 친지들에게 보냈더니 재미있는 반응이 왔습니다. 문제의 심각성을 일깨워 주는 반응이었습니다. 앞으로 제가 다루어야 할 문제가 무엇인지를 아는 데도 도움이 되었습니다.

앞으로 제가 다루어야 할 문제:

① 한국의 승속불화 문제

② 승가의 정의를 확실하게

③ 승려전 삼배법 폐지 문제

④ 청담스님과 성철스님들이 주도한 승단정화의 근본적인 문제점들

⑤ 불교에서 믿음이란 무엇인가

⑥ 믿음과 그 일함의 관계

여기는 지금 눈이 내리고 있습니다.

추위 조심하세요.

박성배 합장

다음은 「해외에서 힘을 못 쓰는 한국불교」에 대한 송재운 박사와 이용부 거사의 반응입니다.

선생님, 『불교신문』 신년호 글 「해외에서 힘을 못 쓰는 한국불교」를 감명 깊게 읽었습니다. 이 글을 보고 박성배 교수는 첫째 아직 늙지 않았다, 이렇게 생각했습니다. 왜냐고요? 아직도 젊은 패기만이 할 수 있는 바른 소리를 거침없이 했기 때문입니다. 둘째는 한국불교의 가장 뼈아픈 현실을 누구보다도 정확하고 가장 바르게 집어낼 수 있는 혜안과 거기에 더하여 비판의 칼을 들이댈 수 있는 용기와 논리가 정연하게 갖추어져 있었다는 것입니다. 인격이 있어야 교격이 있고, 내 종교가 제일이라는 아만과 집착을 버리고 겸손해야 하며 상대방을 존중해야 한다는 하심과 평등의 논리도 너무나 감동적입니다. 저는 오늘날 이 땅에서 선생님과 같이 이 썩어 빠진 승려들에 대해 이처럼 바른 정법의 사자후를 하는 사람을 보지 못했습니다. 참으로 후련합니다. 그런데 『불교신문』도 요새 승려들이 사장, 주필 등 모두 편집제작권을 휘두르고 있어 선생님의 그 글이 실릴 수 있을지 자못 염려스럽습니다. 안직수라는 비교적 정의감이 있는 기자가 얼마 전에 편집국장이 되었는데 말을 들어 보면 스님들의 간섭이 상상 이상이더라고요. 그래도 잘 되겠지요. 이태석 신부와 소록도의 어느 목사와 같은 승려는 지금 이 나라 불교계에선 기대하기 어렵습니다. 교회도 그렇지만 사찰은 더더욱 물량주의와 배금사상 등등 종교 본연의 모습을 찾기가 어렵게 되어 가고 있습니다. 승려들은 신도들에게 하심을 강조하면서 자기들은 자존망대의 상심上心에 살고 보시를 가르치면서 철저한 에고이스트로 살아가니 보살도의 실현은 요원합니다. 안된 얘기지만 범어사의 사천왕문 화재도, 남을 탓하기 전에, 승려들의 가슴에 끓고 있는 오욕이 화마로 둔갑한 것은 아닌지 한번 생각해 봄직 합니다.

오온개신五蘊皆神은 훌륭한 종교적 창어創語입니다. 공감합니다. 그렇다면 공즉신空卽神이라고 할 수 있는데 이 대목에선 얼른 공감이 안 와요. 그래서 요즘 저의 화두가 되었습니다. 하여간 저에게 사색의 실마리를 주셔서 감사합니다. 신묘년 새해에 내외분 건강하시길 삼보전에 기원합니다.

송재운 올림

:: 이용부 거사의 반응

혼자 보기가 아까워 생각 있는 몇 분들에게 함께 읽도록 하였더니 크리스마스 선물 고맙다고 좋아했습니다. "부드럽고도 강하며, 확실해서 속이 시원하다", 진두는 『불교신문』이 기관지인데 그대로 싫을까, 걱정하고 등등.

오늘 여기는 몹시 춥습니다. 선생님 더욱 건강하십시오.

무리하지 마시고요.

고맙습니다.

용부 합장

26

『반야심경』 공부 ①

황경열 교수님,

「『반야심경』 공부」 파일을 보냅니다. 아직도 시작 단계지만 함께 공부하고 싶은 마음에서 부족한 대로 그냥 보냅니다.

안녕히 계십시오.

박성배 합장

:: 『반야심경』 공부 ─────────────────────

■ ■ 공부를 시작하기 전에

『반야심경』 공부를 시작하기 전에 명심해야 할 것이 있다. 공부에는 두 가지의 서로 다른 길이 있다는 것이다.

하나는 몸짓으로 하는 공부요, 다른 하나는 온몸으로 하는 공부다.

'몸짓으로 하는 공부'는 문자에 의존하고 문자의 테두리 안에서만 빙빙 도는 공부를 말한다. 그러나 '온몸으로 하는 공부'는 다르다. '온몸으로 하는 공부'는 문자문화의 테두리를 벗어난다. 그리고 무문자의 세계로 뚫고 들어간다. 온몸을 던져 하는 공부냐 아니면 문자와 지식에 의존하는 공부냐의 차이는 크다. 문자로만 공부한다는 것은 몸과 몸짓의 논리로 풀면 몸을 보지 못하고 몸짓만을 보면서 왈가왈부하고 앉아 있는 것이다. 공부를 이런 식으로 하면 이제까지 자기가 쌓아 놓은 성을 더욱 공고하게 만드는 결과밖에 없다. 아만我慢과 아집我執만 키우고 앉아 있다는 말이다. 그러므로 그러한 『반야심경』 공부는 헛공부라고 말할 수밖에 없다. 『반야심경』은 이제까지 자기가 쌓아 놓은 성을 무너뜨리고 때려 부수라고 가르치고 있기 때문이다. 『반야심경』 공부는 온몸으로 해야 한다. 온몸으로 공부하지 아니하면 이제까지의 잘못된 거짓된 몸이 부서지지 않는다.

구체적으로 이야기해 보자. '온몸으로 하는 공부'는 무엇보다도 불철주야 공부에 몰두하는 그런 공부다. 잠자고 꿈꿀 때도 『반야심경』의 세계를 떠나지 않는다. 겉과 속이 다르고 앞과 뒤가 다른 생활을 하면 그런 사람은 잠잘 때와 꿈꿀 때가 딴판이기 마련이다. 이건 '온몸으로 하는 공부'가 아니다. 그러므로 『반야심경』을 온몸으로 공부하려면 무엇보다도 『반야심경』을 불철주야 독송해야 한다. 미친 듯이 외워야 한다. 이렇게 꾸준히 공부하면 자기가 바뀐다. 한 번만이 아니고 계속 자기가 바뀐다. 이제까지의 자기가 죽고 다시 새로 태어난다는 말이다. 만에 하나라도 그렇게 할 생각이 없으면 그따위 공부는 아예 시작하지 않는 것이 좋다. 다음에 『반야심경』 공부를 제대로 하기 위해서 꼭 알아야 할 것들을 살펴보자.

첫째, 『반야심경』 공부는 그 제목부터 제대로 읽어야 한다

"천 리 길도 첫걸음부터다.……", "첫걸음이 잘못되면 갈수록 엉뚱한 방향으로 가기 마련이다.……" 옛날 어른들의 말씀을 명심하자. 『반야심경』의 제목에 나오는 첫 글자가 '마하'(Maha)라는 사실에 우리는 눈을 크게 떠야 한다. 우리들이 지금 읽고 있는 『반야심경』의 원래 제목은 'Mahaprajna Paramita Hrdaya Sutra'이었다. 이것이 7세기에 현장玄奘(602~664)법사의 신역이 나오면서부터 변했다. 범어 원문에 충실해야 한다는 현장법사가 내세운 신역의 번역 원칙 때문에 '마하'가 빠진 'Prajna Paramita Hrdaya Sutra'로 변한 것이다. 『반야심경』을 공부하면서, 지혜(prajna) 앞에 '마하'가 있느냐 없느냐의 차이는 하늘과 땅의 차이보다 더 크다. 그래서 민중은 현장의 신역을 따르지 않았다. 오늘날 『반야심경』은 세계 각국의 모든 불교종파가 다 존중하고 세계 각국의 모든 불교단체가 다 독송하고 있지만 모두가 '마하'로 시작한 구마라집鳩摩羅什(Kumarajiva, 343~413)의 구역을 따르고 있다.

현장의 신역을 따르지 않고 구마라집의 구역을 따르는 까닭은 무엇인가? 영어권에서는 이를 단순하게 "It is not a prajna but the mahaprajna"라고만 말할 뿐 길게 설명하지 않는다. 『반야심경』이 말하고자 하는 것은 촛불처럼 깜박깜박하는 '보통 지혜'가 아니라, 태양처럼 항상 천지만물을 하나도 차별 없이 골고루 다 비추는 '커다란 지혜'이다. 첫 글자에 '마하'(Maha)를 갖다 붙인 이유가 여기에 있다. 마하야나운동을 처음 일으킨 대승불교 종교 개혁가들의 'Mahaprajna사상'을 분명하게 깨달아야 한다.

왜 민중은 구마라집의 구역을 따르는가? 왜 오늘날 사람들은 『반야심경』을 독송할 때, 현장의 신역을 따르지 않는가? 민중은 목마르다. 지식으로는 민중의 목마름이 가시지 않는다. 민중은 체험을 갈구한다. 근본적인 변화를 갈구한다. 민중을 우중이라고 말하는 사람들도 있다. 그러나 그 우중이 부처님의 참뜻을 따라가고 있을 때가 있다. 왜 신역이 부처님 뜻을 따라가지 못하는가? 지식 위주의 문자문화에 사로잡혀 있었기 때문이 아닐까?

둘째, 『반야심경』의 핵심은 '불이不二사상'이다

『반야심경』을 불이사상으로 읽는다는 말은 『반야심경』의 제목에 나오는 '마하반야'와 '바라밀다'를 '불이不二'로 읽는다는 말이다. 『반야심경』의 제목을 이렇게 읽으면 그다음의 본문 첫 단어 '관자재보살'도 불이사상으로 이해해야 한다. 첫 문장의 동사인 '조견照見'을 어떻게 읽느냐에 성패의 관건이 달려 있다. 이 말은 '조견'의 주어인 관자재보살과 조견의 내용인 오온이 '불이'이어야 한다는 것이다. 또한 이것을 읽는 독자도 동시에 '불이'이어야 한다. '관자재보살'과 '조견'과 '오온'과 '독자'가 모두 한 덩어리라는 말이 여기서 말하는 불이적不二的 독법讀法이다. 이렇게 읽어야 『반야심경』을 올바로 읽는 것이다.

『반야심경』을 읽으면서 가장 빈번하게 저지르는 오류가 『반야심경』을

'불이'의 경지에서 읽지 않고 지적知的으로 읽는 데에 있다. 그 좋은 예가 '조견'의 목적어를 '오온개공五蘊皆空'이라고 생각하는 것이다. 이것은 '불이' 사상으로 읽는 것이 아니다. 지적으로 읽는 것이다. 지적 이해의 단적인 오류가 영역에 나타난다. "Avalokiteshavara Bodhisattva perceives five skandhas are empty."[1] 문제는 영어의 'perceive'와 한문의 '조견照見'이 어떻게 다른가를 바로 아는 데에 있다. 한문의 '조견'은 주어인 관자재보살과 관자재보살이 비추어 보고 있는 오온이 둘이 아님을 말하고 있다. 관자재보살은 불이 보살이다. 당신과 오온이 둘로 나누어져 있지 않는 불이보살이다. '오온개공'이라는 intellectual statement를 관자재보살이 지적으로 인식하고 있다고 해석하면 그것은 지적 해석 밖에 아무것도 아니다. 『반야심경』의 지혜는 촛불 같은 지혜가 아니다. 그것은 태양 같은 절대불이의 지혜다. 그리고 그것은 너 자신임을 알아야 한다. 아니, 믿어야 한다. 이것을 믿지 않으면 계정혜 삼학이 하나라는 선의 경지로 불경을 읽는다는 말이 무슨 말인지를 모르고 말 것이다.

　『반야심경』 본문의 첫마디는 '관자재보살觀自在菩薩'(Avalokiteshvara Bodhisattva)이다. 왜 그가 주인공이 되었는가? 그는 불교의 사랑과 자비를 상징하는 대승보살이다. 자비는 불이不二(둘 아님, not two 즉 non-duality)다. 엄마와 자식의 관계는 사랑이다. 엄마와 자식은 둘이 아니다. 불이는 무문자문화無文字文化의 진면목이다. 그다음의 '행심반야바라밀다行甚般若波羅蜜多'란 말은 불이를 실천하는 모습을 가리키고 있다. 그게 뭔가? 조견照見이다. 조견은 행심반야바라밀다요, 행심반야바라밀다는 조견이다. 이때에 드러난 것이 '오온五蘊'(panca skandha; five aggregates; 다섯 가지 쌓임)이다. 오온은 이 세상을 온통 두루두루 가리키는 말이다. 그런데 이 '오온'이 모두 텅 비어 있다는 것이다. 공은 불이의 다른 표현이다. 화엄학이 힘주어 밝혔던 '일즉일체一

---

1) 1975년, 버클리 행원스님 지도 미국인 사원 사용본.

卽一切 일체즉일一切卽一', 하나가 여럿이고 여럿이 하나라는 이치와 똑같다. 이를 『반야심경』은 개공皆空이라고 표현한 것이다. 그래서 도일체고액度一切苦厄이라고 한다. 모든 괴로움에서 해방된다는 말이다. 문제해결의 관건은 조견오온照見五蘊이란 말을 어떻게 읽느냐에 달려 있다. 요즈음 이를 두고 '오온개공을 조견한다'고 읽는 사람들이 있다. 이렇게 읽으면 문자문화에 갇혀 있음을 고백하는 것이 된다. 그러면 관자재보살이 어떤 지적인 작업을 하고 있다는 말이 되어 버리기 때문이다.

셋째, 예수님의 '원수사랑'

"타산지석他山之石 가이공옥可以攻玉"이란 말이 있다. 진리는 여기에만 있는 게 아니란 말이다. 이와 똑같은 사상이 기독교에서도 발견된다. 그것은 '예수님의 원수사랑' 사상이다. 예수님이 "원수를 사랑하라"고 가르치신 것은 불교의 불이사상을 구체적인 현실에서 실천하는 길을 제시한 것이다. 타산지석이다. 기독교의 신약성서 『마태복음』 5장 48절에서 예수는 다음과 같이 말한다. "하늘에 계신 아버지 하나님께서 완전하듯이 너희들도 완전하라"고. 우리는 여기서 예수님의 말씀을 다시 한 번 음미해 보지 않을 수 없다. 불교공부와 기독교공부가 한길임을 명확하게 깨달아야 한다. 먼저 요즈음 영어권이 이를 어떻게 번역하고 있는가를 살펴보자.

You must be perfect — just as your Father in heaven is perfect.

여기서 '완전하라'는 '완전할 수 있다'를 전제하고 있다. 그러므로 우리는 '완전해야 한다'는 것이 예수의 메시지다. 『반야심경』 사상과 똑같다. 예수님에게는 '우리는 원리적으로 하나님과 똑같이 완전하다'는 사상이 그 밑바닥에 깔려 있었던 것 같다. 다시 말하면 그 말은 너희들이 곧 하나님이란 말이다. 2010년, 권애 김경수가 출판한 『한문성경漢文聖經』2)은 이 대목을 다음과 같이 번역했다.

故爾當純全若爾在天父之純全焉.

그러나 2014년에 나온 같은 분의 『성경聖經』(文理和合譯本)에는 다음과 같이 되어 있다.

故當純全若爾天父焉.

1971년 대한성서공회에서 나온 공동번역 『신약성서』에는 이 대목을 "하늘에 계신 여러분의 아버지께서 완전하신 것같이 여러분도 완전한 사람이 되어라"라고 번역했고, 1993년 대한성서공회에서 나온 『성경전서 표준새번역』에는 이 대목을 "그러므로 너희의 하늘 아버지께서 완전하신 것과 같이, 너희도 완전하여라"라고 번역했다.

어느 쪽이든 메시지는 똑같은 것 같다. 문제는 나와 하나님과의 거리다. 거리가 있어야 하는가? 아니면 거리가 없어야 하는가? 불교적 접근이니 또는 기독교적 접근이니 그런 소리 하지 말고 예수님의 메시지가 무엇인가 살펴보자. 지금 당장, 바로 이 자리에서, 일이 벌어지고 있는 현장에서 커다란 결투를 벌여야 한다.

넷째, '즉시卽是'의 의미

『반야심경』본문의 둘째 장과 셋째 장은 모두 사리자장舍利子章이다. 이들 두 사리자장들은 모두 일종의 경고문이다. 첫 번째 사리자장은 즉시卽是(jishi)의 세계를 가르쳐 주면서 불이를 드러내려 하고 있다. 즉시의 세

---

2) 1912년 중국 발간본.

계는 불이不二(pu-i; not two; 둘 아님)의 세계다. 그것은 무문자無文字문화의 세계다. 그것은 대자연 대우주의 세계다. 두 번째 사리자장은 육불六不을 분명히 하고 있다. 육불은 다음과 같은 세 구절로 되어 있다.

불생불멸不生不滅
불구부정不垢不淨
부증불감不增不減

여기서 첫째의 '불생불멸'은 모든 것을 생멸生滅로 처리하는 지성인들을 위한 것이다. 그리고 둘째의 '불구부정'은 모든 것을 더럽고 깨끗한 것으로 처리하는 종교인들을 위한 것이다. 그리고 셋째의 '부증불감'은 모든 것을 증가와 감소로 처리하는 장사치 모리배들이나 권력에 정신 나간 정치인들을 위한 것이다. 생멸이라는 잣대, 구정이라는 잣대, 증감이라는 잣대는 모두 문자문화에 갇혀 사는 사람들의 공통적인 병폐에서 나온 잘못된 사고방식과 여기서 나온 잘못된 가치관이나 세계관 등등을 가리킨다.

공의 세계란 무엇인가? 무문자문화의 세계다. 부처님의 세계다. 예수님의 세계다. 하나님의 세계다. 우리들이 부처님이고 하나님이니까 우리의 세계가 공의 세계다. 이것이 사랑의 세계요, 둘 아님의 세계다. 다시 말하면 나는 태양이요 창조적 자비의 당체라는 말이다.

『반야심경』은 '마하반야'가 그대로 '바라밀다'라고 말하고 있다. 이때에 일하는 자가 '즉시卽是'다. '마하반야'가 그대로 '바라밀다'라니 이게 무슨 말인가? 다름 아닌 '불이不二'사상이다. 바라밀다(到彼岸), 저 언덕에 이르는 것을 지금은 없지만 나중엔 있는 것이라 생각한다면 그것은 '불이사상'이 아니다. 바라밀다가 지금의 나에겐 없지만 오래오래 수행하면 그땐 내가 그 속에 있는 것이라고 말하면 그것은 불이사상이 아니다. 바라밀다는 누구나 다 바라는 것이지만 사람들은 그것을 이원론적二元論的으로 이해하고 있다. 그래서 바라밀다 즉 도피안到彼岸(저 언덕에 도착하는 것; 극락세계에 들어가는 것; arrival at the other shore) 하는 것은 지금은 안 되고, 여기는 없고, 나는 안 되고 등등의 잘못된 해석이 지금 천하를 휩쓸고 있다. 이원론적인 사고방식에 사로잡혀 있기 때문이다. 이원론적인 문자문화권에 갇혀 살고 있기 때문이다. 우리는 이를 때려 부셔야 한다. 이것이 『반야심경』 등장의 배경이다. 그래서 마하반야는 바라밀다라고 말하는 것이다. 한문으로는 '마하반야' 즉시卽是 '바라밀다'라고 말하는 것이다. 경천동지의 소식이다. 우리는 여기서 '즉시'라는 한문의 의미를 바로 알아야 한다.

'즉시'란 무슨 말인가? '즉시'의 의미를 바로 알려면 '반야般若'(prajna; wisdom; 지혜)와 '마하반야'(mahaprajna; great wisdom; 커다란 지혜)의 차이를 알아야 한다. 범어의 반야는 지혜를 뜻하는데 이때의 지혜는 촛불 같은 지혜다. 가까이는 비추지만 멀리는 비추지 못한다. 정말 가까운 바로 밑은 비추지 못한다. "등잔 밑이 어둡다"는 속담이 그런 말이다. 뿐만 아니라, 바람만 불면 흔들거리고 마침내 꺼져 버린다. 반야는 그런 것이다. 그러나 마하반야는 다르다. 바람이 불어도 꺼지지 않는다. 자기 밑도 환히 밝히고 자기 속까지도 환하게 밝힌다. 비바람이 후려쳐도 폭풍이 불어도 끄떡도 없다. 그런 지혜가 '마하반야'다. 이것이 불이사상이다. 그러므로 '마하반야'면 그게 바로 도피안 즉 '바라밀다'란 말이다. 이래야 불이사상이다. '즉시'는 두 개의 서로 다른 것들이 사실은 조금도 다르지 않다는 것을 보여 주려는 상징적인 부호일 뿐이다. 『반야심경』 본문 가운데서 가장 널리 알려져 있는 색'즉시'공色'卽是'空, 공'즉시'색空'卽是'色이란 말도 똑같은 말이다. "마하반야 즉시 바라밀다, 바라밀다 즉시 마하반야"는 『반야심경』의 핵심 사상이다. 무명 중생인 내가 바로 대자대비 대지대혜의 부처님이란 말이다. 나는 촛불이 아니고 태양이란 말이다.

다섯째, 앞으로 풀어야 할 문제

공부는 목이 말라야 한다. 6·25 때 피난민들은 7월의 논물을 꿀떡꿀떡 마시더라. 냇물은 논물보다 더 더러운 구정물이다. 그래도 이를 꿀떡꿀떡 마시는 사람들이 있었다. 목마르기 때문이다. 진리는 도처에 있다. 진리에 목마르지 않으면 진리를 코앞에 두고도 못 알아본다.

불교에서 말하는 믿음이란 무엇인가? '믿음'(FAITH; 신앙)은 모든 종교가 똑같이 강조하는 것이지만 그 의미는 종교 따라 조금씩 다른 것 같다. 설사 같은 종교를 믿는다 할지라도 사람 따라 그 내용에 차이가 있는 것도 사실이다. '믿음'이란 말이 지니고 있는 깊이나 폭이나 차원 등등이 사람 따라, 처지 따라 모두 다르기 때문일 것이다. 그럼에도 불구하고 믿음이 종교의 생명이라는 사실에는 이의가 없을 것이다. 특히 사람의 고질적인 병이라고 말할 수 있는 이원론적인 오류를 극복하는 길은 '믿음'밖에 없다고 말해도 과언은 아닐 것이다. 그러면 지금 우리들이 『반야심경』을 읽으면서 문제 삼는 '믿음'이 무엇인가를 한번 밝혀 보겠다.

불경에서 말하는 지혜는 일반적으로 부처님의 지혜를 말한다. 그러므로 불교의 지혜는 어둠을 밝히는 빛의 역할을 한다. 사람들이 가지고 있는 어둠은 가지가지이기 때문에 어둠을 밝히는 지혜 또한 가지가지다. 『반야심경』에서 말하는 지혜는 '마하반야' 즉 위대한 지혜이기 때문에 등잔불 같은 지혜가 아니다. 그것은 태양과 같은 것이다. 태양이 어둠을 비출 때는 친불친을 가리지 않는다. 옳고 그른 것도 가리지 않는다. 일체만물을 똑같이 골고루 다 비춘다. 부처님의 지혜는 그러한 것이다. 부처님의 그러한 지혜가 나 자신에게도 있다는 것을 믿어야 한다. 아니, 나 자신이 바로 부처님의 마하반야임을 믿어야 한다. 일체중생이 모두 다 부처님이란 말이 바로 그 말이다. 이것이 불교의 믿음이다. 이러한 '믿음'이 확립되어야 한다. '마하반야'라고 말할 때, 바로 그 자리에 '바라밀다' 즉 도피안이 있는 것이다. 그래서 마하반야는 몸이고 바라밀다는 그 몸짓이라고 말하는

것이다. 양자는 둘이 아니라는 말이다. 모든 생명이 있는 모습은 둘이 아
닌 모습이다. 그것이 사랑이다. 그것이 사람이다. 그것이 삶이다. 그것이
생명이다. 우리말에서 생명과 사랑과 사람이라는 말은, 겉보기에 모습은
다르지만 사실은 똑같은 것을 가리키고 있다. 한마디로 불이不二다. 둘이
아니다.

　『반야심경』 공부를 하면서 앞으로 풀어야 할 문제들을 한번 살펴보자.
지금 『반야심경』을 공부하고 있는 '나' 자신과 '마하반야'하고의 관계가 문
제된다. 무명과 삼독심으로 가득 차 있는 촛불 같은 '나'와 태양 같은 '마
하반야가 어떻게 하나가 될 수 있단 말인가? 그것이 말이 된다고 생각하
는가? 양자는 달라도 달라도 너무 다르다. 이렇게도 무섭게 다른 양자가
어떻게 '즉시卽是'로 이어질 수 있단 말인가? 이것이 문제란 말이다. 이런
문제는 일어날 수밖에 없다. 일어나야 한다. 그래야 일은 시작된다. 문제
는 부처님의 첫 제자 교진여喬陳如(Kondanna)의 이야기에서 부터 나타난다.
교진여는 부처님의 사제법문四諦法門을 듣고 최초로 깨친 사람이다. 깨친
장면이 극적이다. 집제즉시멸제集諦卽是滅諦(yamkinci samudaya dhammam sabbam
tam nirodha dhammam; 괴로움을 일으키는 진리가 괴로움을 없애는 진리다)라고 말했기
때문에 부처님은 그를 깨쳤다고 칭찬했다. 집제는 이 세상에서 제일 나쁜
것을 말하는 것이다. 그리고 멸제는 그렇게 나쁜 것들이 모두 다 완전히
없어져 버렸다는 제일 좋은 경지를 말하는 것이다. 그런데 사실인즉 '가장
나쁜 것'이 '가장 좋은 것'이라는 말이다. 이것이 교진여의 '집제즉시멸제'
란 말이다. 이래도 모르겠는가? 깨져야 산다. 죽어야 산다. 문제는 여기에
있다. 부처님은 깨치신 다음 '입 열기'(開口)를 주저했다. 왜 그랬을까? 당신
이 깨친 것은 무문자문화無文字文化의 세계이었다. 그런데 사람들은 문자문
화文字文化의 감옥 속에 사로잡혀 있었다. 이것이 문제였다. 문자문화를 부
인하는 것이 아니다. 문자문화에 사로잡혀 문자문화권文字文化圈에 갇혀 살
고 있는 것이 잘못이란 말이다. 무문자문화를 발견하면 문자문화는 제 할

일을 한다. 거기에 사로잡히거나 갇혀 살지는 않는다. 큰 그릇을 작은 그릇 속에 다 넣으려 하면 그릇은 깨져 버리지만, 작은 그릇을 큰 그릇 속에 넣어 두면 두 그릇 다 편안하게 자기가 할 일을 한다.

여섯째, 부처님의 '중도법문中道法門'과 '열반송涅槃頌'

부처님은 '중도법문'을 끝마치고 다음과 같이 말했다. "지금 인도의 인구는 9억이다. 이 가운데 3억은 여러분들처럼 나의 중도법문을 친히 들은 사람들이다. 그러나 그다음의 3억은 나의 이름만 들었을 뿐 실지로 내가 무엇을 가르쳤는지 모르는 사람들이다. 문제는 마지막 3억이다. 이들은 나의 가르침은 물론, 나의 이름도 들어 보지 못한 사람들이다. 그러나 이 마지막 3억이 나의 '중도법문'을 가장 잘 알고 가장 잘 실천하고 있는 사람들이다." 이게 무슨 말인가? 무문자문화의 안목에서 세상을 보는 것이 아닐까?

부처님의 열반송은 다음과 같다.

내가 처음 녹야원에서 설법을 시작한 다음부터
오늘 발제하에서 마지막으로 이렇게 세상을 떠나는 이 순간까지
그 사이 49년간을
일찍이 한마디 말도 못했다.[3]

이것이 부처님의 열반송이다. 이게 무슨 말인가? 문자문화를 때리고 무문자문화를 드러내려는 것 아닐까? 일찍이 한마디 말도 못했다(曾無一言說)에서 부처님의 메시지는 뭘까?

---

3) 始從鹿野苑, 終至跋堤河, 其中四九年, 曾無一言說.

일곱째, 불제자들의 오류

부처님이 이 세상을 떠난 뒤 제자들이 모였다. 자기들이 듣고 보고 배운 부처님의 가르침을 모두 모아 편집하기 위해서였다. 이를 불경佛經의 결집結集(samgiti)이라 부른다. 그 결과 오늘날의 불경이 생겨났다. 그러나 결집하는 과정에서 문제가 생겼다. 제자들의 의견이 가지각색이었다. 심지어 이러한 결집을 무의미한 짓이라 비판하고 마침내 퇴장해 버린 제자들이 있었다. 이들은 누구이었을까? 이들이 먼 훗날 소승불교를 비판하고 대승불교적 종교개혁을 일으킨 무문자문화의 선구자들이 아니었을까?

1982년 9월, 나는 테뉴어(tenure)를 따기 위해 나의 모든 자료들을 학교에 제출하였다. 그 가운데는 그동안 발표한 논문들과 새로 쓴 책도 포함되어 있었다. 이때 테뉴어 커미티(tenure committee)의 한 사람이었던 철학과의 David Dilworth 교수가 나를 반대하고 나섰다. 그는 컬럼비아대학에서 동양학 박사학위를 딴 철학자이었다. 그래서 스토니브룩의 철학과에서 불교를 가르치고 있었다. 그는 나를 비판했다. "불경의 제목만 설명하다가 만 사람에게 테뉴어를 주어서는 안 된다"고 고래고래 소리를 질렀다 한다. 불경은 그 제목부터 올바로 읽어야 한다는 대승불교의 전통을 몰랐던 것 같다. 6세기의 중국불교계에서 '천태지자대사天台智者大師'로 존경받던 지의智顗(538~597)가 그 좋은 예다. 그는 『법화경』을 해설하는 책을 써서 마침내 중국불교를 혁명적으로 바꿔 놓은 사람이었다. 그 책의 내용은 『법화경』의 제목 일곱 글자, '나무묘법연화경南無妙法蓮華經'을 설명하는 것뿐이었다. 그러나 그 책은 세상을 바꾸었다. 왜? 무엇이? 의문이 끝없이 나와야 한다. 불경공부는 그 제목부터 올바로 읽어야 한다는 대승불교의 전통을 컬럼비아대학 불교학 교수들은 가르치지 않았던 것 같다. 1967년 컬럼비아대학출판사에서 나온 컬럼비아대학 불교학 교수 Yoshito Hakeda의 『대승기신론』 영역이 그 좋은 예다. Hakeda 교수는 『대승기신론大乘起信論』이라는 책의 제목을 영어로 번역하면서 그 서론 첫 문장에서 "The text known as the Awakening of Faith in the Mahayana is⋯⋯"라고 말문을 열었다. 이원론二元論이다. 원효가 『해동소』를 쓰면서, "대승大乘은 체體요, 기신起信은 그 용用이라"고 내뱉은 불이사상과 정반대다. 우리는 오늘날 불교를 공부하면서 이러한 학자들의 오류를 간과해서는 안 된다.

여덟째, 『반야심경』의 종교개혁宗敎改革적 성격

고故 이기영 교수는 기독교와 불교의 차이를 이렇게 말씀하셨다. "기독교는 16세기에 종교개혁이 일어나 다시 태어났지만, 불교에는 불행히도 그러한 종교개혁이 없었다"고. 이기영 교수의 이러한 발언은 그 뒤 나의 화두가 되었다. "과연 그런가?⋯⋯" 오늘 우리들이 하고 있는 『반야심경』 공부가 바로 그러한 물음에 대한 해답이다. 다시 말하면 『반야심경』이야말로 불교의 종교개혁선언문이라고 말하고 싶은 것이다. 한마디로 『반야심경』은 불교의 모든 사전을 다 때려 부수고 있다. 『반야심경』의 첫머리부터 등장하는 불이의 논리, 즉시의 논리가 뭔가? '색'은 이러한 것, '공'은 이러한 것⋯⋯ 이라고 정의해 놓은 우리들의 사전을 거부하고 있다. 심지어 보통 사람들의 생멸적 사고방식마저 때려 부수고 있다. 불교사전에 적혀 있는 불교용어들의 정의에 사로잡혀 거기에 주저앉아 있는 우리들의 지적인 '업의 아성'을 때려 부수고 있다. 『반야심경』은 사리자를 두 번 부르면서 중요한 메시지를 전달하고 있다. 두 번째 사리자장에서 『반야심경』은 커다란 폭격을 가하고 있다. 몸짓문화의 근본이라고 말할 수 있는 '생멸과 구정과 증감'이라는 원리를 거부한다. "불생불멸이요, 불구부정이요, 부증불감"이라 외치고 있다. 사람치고 '생멸이라는 잣대' 밖에 사는 사람이 있는가? 옳다느니 그르다느니 하는 문제 밖에서 사는 사람이 있는가? 윤리나 철학이나 종교를 문제 삼는 사람이라면 '더럽다느니, 깨끗하다느니' 하는 '구정이라는 잣대'를 가지고 있지 않은 사람이 있는가? 어떠한 직업을 갖든, 사회라는 구조 속에서 일거리를 갖고 있는 사람치고 '잘됐다느니 못됐다느니' 하는 '증감의 잣대'를 가지고 있지 않는 사람이 있는가? 『반야심경』이 밝히고자 하는 공의 세계는 생멸, 구정, 증감이라는 잣대를 가지고 일하는 그러한 세계가 아니란 말이다. 그게 뭘까? 그다음에 『반야심경』은 더 무서운 제3의 폭격을 가하고 있다. 폭격 맞아 부서진 것들이 뭔가를 알아보자. 오온, 육근, 육진, 육경 등의 18계, 12인연의 순관과 역관 모두, 그리고 사제법문, 마지막엔 지도 없고 득도 없다고 때려 부셨다. 그 결과를 한번 상상해 보자. 어떻게 됐는가? 폭격을 당한 다음, 무엇이 남았는가? 아무것도 남은 게 없다. 나는 이러한 현상을 사람들이 몸짓문화와 결별하고 몸문화로 다시 태어나는 순간으로 본다. 문자문화에서 무문자문화로 넘어가고, 이원론적인 이기주의 문화에서 불이론적인 우주와 자연의 문화로 넘어가는 것으로 본다. 이것이 『반야심경』이 수행한 종교혁명이다. 이러한 『반야심경』의 종교개혁 결과는 어떻게 됐는가? 불교인들이 붙들고 있는 불교적인 잣대를 빼앗아 버린 것이다. 그 결과는 모든 중생이 신음하고 있는 몸짓문화의 감옥에서 벗어나는 것이다. 그리하여 몸문화라는 부처님의 세상에 다시 태어나는 것이다. 이러한 『반야심경』의 종교개혁은 불교인만을 살려내는 것이 아니었다. 불교 밖의 모든 종교가 다 그 덕을 본 것이다. 한마디로 일체중생이 모두 다 그 덕을 보았다. 불교의 자연사랑, 불교의 우주사랑, 불교의 중생사랑, 불교의 타종교사랑 등등 끝이 없다. 동양의 도교를 보라! 동양의 신유교를 보라! 동양의 모든 윤리, 철학, 종교 등등을 보라! 『반야심경』이 수행한 불교적 종교개혁의 덕을 보고 있지 않는가! 『반야심경』이 수행한 불교적 종교개혁이란 이런 것이다. 그것은 불교마저 버리고 벗어나는 종교개혁이다. 그래서 유교도 도교도 모두 그러한 불교적 종교개혁의 덕을 보았다고 말하는 것이다. 아니, 이 세상 모든 사람들이 다 그 덕을 보았다. 16세기 마르틴 루터의 기독교적 종교개혁과는 차원이 다르다. 루터의 종교개혁은 기독교의 성경으로 돌아가자는 것이었다. 『반야심경』의 종교개혁은 인간이 조작해 놓은 문자문화의 감옥을 때려 부수고 무문자문화인 원래의 몸으로 돌아가자는 것이었다.

절에 다니고 교회에 나간다고 다 종교인이라고 말할 수는 없을 것이다. 옛날 우리 할머니 생각이 난다. 일자무식 한글 편지도 못 읽는 분이었다. 그러나 40명이 넘는 당신의 자손들 하나하나를 속속들이 꿰뚫어 보고 계셨다. 뿐만 아니라 자손들 전체를 이 세상의 모든 것들과 관련시켜 들여다보고 계셨다. '하나가 여럿이고 여럿이 하나'(一卽一切 一切卽一)인 세계에 살고 계셨던 분이었다. 한마디로 사랑의 세계다, 생명의 세계다. 이것이 종교의 세계다. 기독교란 말은 들어 보지도 못했고, 절에도 다니시지 않았고 불교가 무엇인지도 모르고 일생을 마치셨던 우리 할머니. 그러나 나는 우리 할머니처럼 종교적인 사람을 일찍이 보지 못했다. 종교를 종교에서만 찾고, 종교인을 종교인에게서만 찾는 과오는 시정되어야 한다. 종교에는 종교가 없고, 종교인에게는 종교인이 없다는 것이 부처님의 가르침이다. '종교 즉시 공, 공 즉시 종교'다. 이것이 『반야심경』의 메시지다. 큰 그릇을 작은 그릇에 다 넣으려고 하면 안 된다는 말이 무슨 말인가? 여기서 '큰 그릇'이란 무엇이고 '작은 그릇'이란 무엇인가? 큰 그릇이란 너와 내가 둘이 아닌 사랑의 세계요 종교의 세계다. 작은 그릇이란 항상 자기의 이익을 도모하는 이른바 요즘의 사회적 세계를 가리킨다. 요즈음에도 많은 사람들이 종교에 관심을 가지고 있다. 그러나 문제는 많은 사람들이 종교의 세계를 자기의 세계로 끌어들여 해체해 버린다는 데에 있다. 이들은 "종교란 별것 아니다"라고 말한다. 그러나 큰 그릇을 작은 그릇 속에 억지로 집어넣으려 하면 마침내는 큰 그릇도 작은 그릇도 다 깨지고 만다는 사실을 똑바로 보아야 한다. 아는 사람은 다 아는 말이지만 작은 그릇을 큰 그릇 속에 넣으면 둘 다 편안하다. 종교적인 세계가 제대로 일을 하면 사회적인 세계도 제대로 되어 갈 것이다.

아홉째, 『반야심경』 공부를 제대로 하려면

불이를 실천하는 사람이 되어야 한다. 다시 말하면 자비를 실천하는 사람이 되어야 한다는 말이다. 관자재보살이 바로 그런 분이다. 어떻게 실천하는가? 조견照見이다. 거듭 강조하지만 조견은 타동사가 아니다. 조견을 지적 작업으로 보면 안 된다. 조견의 현장을 문자문화의 잣대로 보아서는 안 된다. 타동사의 세계는 너와 내가 둘로 대립해 있는 이원의 세계에서 쓰는 말이다. 여기서 말하는 조견하는 자는 '등잔불'이 아니고 '태양' 같은 자다. 태양 앞에서는 일체의 차별이 다 없어진다. 이 자리는 나는 비추는 자이고 너는 비추이는 자라는 구별이 없어진 자리다. 이것을 『반야심경』은 공空(sunyata)이라고 이름 붙인 것이다. 공 즉 '텅 비었다'는 말은 무슨 말인가? 부처님이 깨치고 나서 아무 말도 못한 자리다. 사람들이 입 좀 열고 말 좀 해 달라고 아우성치고 애원해도 깨치신 부처님은 입을 열지 않고 입 열기를 거부했다. 그 자리는 일체의 차별을 모두 다 넘어선 자리이기 때문이다. 이것이 무문자의 세계다. 무문자의 세계가 문자의 세계와 어떻게 다른가를 알아야 한다. 지금 사람들은 모두 생명체이면서 생명이 무엇인지를 모르고 반생명적으로 살고 있다. 우리는 생명 자체임을 알아야 한다. 생명이란 모두가 다 한 덩어리로 어우러져 함께 살고 있는 모습을 말한다. 그것은 사랑이다. 사랑은 사람의 본래 모습이다. 고통이란 무엇인가? 사랑을 모르고 생명에 거슬러 나가고 비인간화 될 때 나타나는 현상이다. 그래서 『반야심경』은 '텅 빔의 세계'에서는 모든 고통이 다 사라졌다고 말하는 것이다. 『반야심경』 공부는 어떻게 해야 하나? 일체의 차별을 넘어선 태양 같은 사람이 되어야 한다. 『마태복음』 5장 48절의 예수님 말씀처럼 친구와 원수의 차별도 없고 의로운 사람 의롭지 못한 사람 등등의 구별도 하지 않는 태양처럼 살아야 하는 것이다. 남들만 비추는 게 아니고 자기 자신도 똑같이 비춘다. 그러므로 중요한 것은 일상생활에서 태양 노릇을 하는 것이다. 그게 가능할까? 자기가 태양인데 왜 그것이 불가능하단 말인가? 작업이 필요하다. 불가능케 하는 것들을 모두 다 때려 부셔야 한다. 그것이 공空이 일하는 혁명적인 현장이다. 그래서 공은 부처님의 6근, 6식, 6경 등등의 18계설과 12인연설과 그 순관, 역관 등등을 모두 다 때려 부셨다. 뿐만 아니다. 부처님의 최초 법문인 고집멸도 4제도 때려 부셨고, 프라주냐(prajna)도 니르바나(nirvana)도 모두 다 때려 부셨다. 그래서 공空이 일하는 마당엔 항상 무無란 글자가 앞장선 것이다. 이런 작업이 성공적으로 이루어지면 그것이 '아뇩다라삼먁삼보리'(anuttara samyak sambodhi) 즉 '마하반야'(Mahaprajna)의 세계다.

경청해 주셔서 감사합니다.

박성배 합장

27 선과 교병

황경열 교수님께,

저의 건강은 매일매일 좋아지는 것 같습니다. 선생님의 따뜻한 보살 핌 덕택인 줄 압니다. 항상 고마운 마음이 우러나옵니다.

지난 토요일엔 오랜만에 마당에 나가 잔디를 깎았습니다. 올해 들어 처음 하는 마당일이었습니다. 지난해에 우리 과를 졸업한 미국인이 도와 주었습니다. 힘든 일은 그가 다 하고 저는 잔디 깎는 기계(riding lawnmower) 만 타고 왔다 갔다 하면서 그를 도왔을 뿐입니다. 그래도 계속 약 3시간 동안 밖에서 일을 했습니다. 날씨가 좋아 기분이 좋았습니다. 집사람은 처음부터 눈을 흘겼다가, 고함을 쳤다가, 발을 둥둥 굴렸다가 어쩔 줄을 모르면서 저의 마당일을 중지시키려 애썼습니다. 그러나 저는 집사람 의 말을 듣지 않았습니다. 마당일을 다 마친 다음, 제 기분은 더 좋았습 니다. 제가 마당일을 이렇게 해도 아무렇지도 않지 않느냐고 말하자 집 사람은 "어디 두고 보자"고 별렀습니다. 내일 아침 또 병이 더 도져서 일어나지도 못하고 휴강선언을 할 작정이냐고 대들었습니다. 지난 3주 동안 저는 강의도 제대로 못하고 집에서 약 먹고 잠만 자는 신세였으니 까 당연한 걱정입니다. 그러나 저는 어젯밤 9시가 좀 지나서 잠자리에 들었습니다. 그리고 오늘 새벽 3시까지 오줌 한 번 안 누고 푹 잤습니 다. 발병 이후 약 2개월 만에 처음 있는 일입니다. 그동안 프레드니손이 라는 약 기운 때문인지 밤이면 두 시간마다 변소에 갔습니다. 고통스 러웠습니다. 그런데 어젯밤엔 계속 6시간이나 잠을 잤고 입도 전혀 마르지 않았습니다. 그동안 밤이면 입이 말라 정말 고통스러웠습니다.

저는 이번에 병치레를 겪으면서 많은 생각을 했습니다. 1969년 봄에 미국으로 건너온 다음부터 오늘날까지 실수도 많이 했고 잘못도 많이 저질렀습니다. 그럼에도 불구하고 저는 제가 불교인이라는 사실을 망각한 적은 없었던 것 같습니다. 그러한 저의 불교적 의식 속에서 맥맥이 흐르고 있는 것은 역시 선禪이라고 말할 수 있을 것 같습니다. 그런데 지금 우리 주위를 돌아보면 선禪을 말하는 사람은 많지만 선禪이 무엇인 줄 알고 말하는 사람은 드문 것 같습니다. 역사적으로 애당초 선禪이라는 약이 무슨 병을 고치려고 등장했는지에 대해서도 감조차 못 잡고 있는 것처럼 보입니다. 뿐만 아니라 그 병은 지금 천하에 만연되어 가고 있습니다. 이런 병이 선禪을 팔아먹고 사는 사람들의 골수에 처박혀 치사지경에 이르러 있는데도 그걸 모르고 동분서주하면서 남을 죽이고 자기도 죽는 오류를 범하고 있습니다. 선禪이 그 본래 사명인 약으로서의 본분을 망각하고 치료받아야 할 병인 교教의 잘못을 저지르고 있습니다.

달마대사의 불식不識, 육조 혜능의 무심無心, 임제선사의 수처작주隨處作主 등등이 약 노릇을 못하고 모두 병균으로 전락하여 천하에 만연, 불교계를 더럽히고 있습니다. 소위 현대물을 먹었다는 놈 치고 이런 병에 안 걸린 놈은 하나도 없다고 말해도 과언이 아닐 지경입니다. 학문을 내세우면서 먹고 사는 대학인들 중에 이 병에 안 걸린 사람 있으면 나와 보라고 외치고 싶습니다.

그런데 놀라운 것은 제가 이번에 몇 달 동안 병고로 병원에 왔다 갔다 하면서 느낀 것이 똑같은 것이었습니다. 똑같은 현대병이 병원에

만연되어 있었습니다. 병 고치는 선禪적인 의사는 없고, 의사 자신이 모두 교敎병에 걸린 병든 의사들뿐이었습니다. 모두들 자기들이 애지중지 가지고 다니는 사전에 적혀 있는 병들의 정의에 저를 집어넣으려고 애쓰고 있는 것 같은 인상을 받았습니다. 그러나 제가 아는 범산거사라고 불리는 의사는 달랐습니다. 그 의사의 철퇴鐵槌는 저의 잠을 깨게 했습니다. "family doctor도 믿지 마라! 아무도 믿지 마라!…… 스스로 공부하여 자기가 자기 병을 알아야 한다." 부처님 말씀, 달마, 육조, 임제, 성철 등등 선지식들의 말씀과 똑같았습니다. 기사회생의 양약이었습니다.

그래서 저는 또 책을 하나 쓰고 싶은 생각이 났습니다.

① 선 등장의 역사적인 의미

② 왜 오늘날 선이 병으로 전락했는가?

③ 교병의 연장에 불과한 현대학문

④ 교병의 현장으로서의 현대병원

어제 아침에 전화를 주셨는데 받지를 못해서 죄송합니다.

안녕히 계십시오.

박성배 합장

28 오만

황경열 교수님께,

황 교수님의 글을 읽고 기뻤습니다. 무엇보다도 그 부지런함에 탄복하였고, 뿐만 아니라 백양사 스님과 강신주 박사에 대한 문제제기가 좋았습니다. 다만 자기하고 다르다 해서 무조건 상대방은 틀렸다고 생각하는 업에서 벗어나는 것도 배려해 주시기 바랍니다. 옛날 속담에 "벼는 익을수록 고개를 숙인다"고 했습니다. 우리들이 하고 있는 공부를 방해하는 최대의 적은 밖에 있지 않다고 합니다. 자신 속에 숨어 끊임없이 자라고 있는 '교만'병이 최대의 적이라는 말인 것 같습니다. 성철 스님 문도들의 가장 큰 병은 오만이라고 말하는 사람들이 많습니다. 원불교로 개종하고 가톨릭으로 개종하여 새롭게 태어나 종교생활을 보다 더 잘하는 사람들을 많이 보았습니다. 저절로 존경심이 우러나왔습니다. 그러나 그들이 나중에 '원불교 병' 환자가 되고 '가톨릭 병' 환자가 되는 경우를 많이 보았습니다. 자기 종교에 심취한 나머지 교만에 빠져 남들의 종교는 다 내려다보는 병입니다. 모두가 몸짓세계의 비극입니다. 개종했다는 것이 고작 몸짓세계 속의 자리 옮김이었을 뿐, 몸짓문화에서 몸문화로 질적 전환이 없었지 않았나 하는 아쉬움이 남습니다. 몸짓문화의 속박에서 벗어나 정말 몸의 세계로 뛰어들었다면 다른 종교가 설사 못되어 먹었다 하더라도 껴안고 존경하고 보살필 것이라고 생각합니다. 엄마가 못된 자식 보듬어 안고 사랑하듯이 말입니다. 앞으로 제가 꼭 하고 싶은 일이 불교와 기독교의 화해입니다. 그래서 지금 제

책상 위에는 그런 책들이 많이 나와 있습니다. 제 건강은 지금 현저히 좋아졌습니다. 오랜 야심이 무럭무럭 자라나고 있습니다. 고우스님 책, 저에게도 사 보내 주시면 감사하겠습니다. 책값은 우송료까지 포함해서 학교에서 내줍니다. 단 영수증이 있어야 합니다.

항상 몸과 마음 모두 건강하시기 바라면서,

박성배 합장

『반야심경』 공부 ②　　　　　　　　　　　　

황경열 교수님께,

제 건강은 나날이 좋아져 가고 있습니다. 문제는 약을 끊어야겠는데 의사가 조심해야 한다고 그래서 천천히 한 알씩 줄이고 있습니다. 건강이 회복되니 구습舊習이 도져 아프기 전에 진행했던 일들이 모두 고개를 들고 나를 불러 좀 괴롭습니다. 그 가운데 하나가 『반야심경』 공부입니다. 하다가 중단해 놓은 상태인데 그대로 황 교수님께 보내드립니다. 읽어 보시고 도와주실 수 있으면 좋겠습니다. 급한 것은 아니니 뒤로 미루어도 좋습니다.

안녕히 계십시오.

박성배 드림

30 전의

30 전의

2011년 7월 3일

황경열 교수님,

지난주 수요일에 이곳 방문학자들의 마지막 모임이 있었습니다. 마지막이니까 저더러 점을 찍어 달라 해서 황 교수님께 보낸 전의에 관한 제 편지(2011년 6월 25일)를 다시 손질하고 다듬어서 나눠 드렸습니다.

불교에서 수행을 말할 때면, '전의轉依'(몸 바꾸기; ashraya paravrtti)라는 말을 자주 들먹입니다. '전의'는 간화선의 핵심 사상이며 저의 평생 관심사입니다. 1983년 뉴욕주립대학교출판사(SUNY Press)에서 나온 저의 영문판 저서 *Buddhist Faith and Sudden Enlightenment*[1]에서 저는 '전의'를 'Revolution of the Basis'라 번역했습니다. 2002년 이 책을 한국말로 번역한 윤원철 교수는 이를 '몸 바꾸기'로 번역했습니다.[2] '몸 바꿈'이란 죽었다가 다시 태어난다는 말이며 우리말의 '부활'과 비슷한 말입니다.

'전의' 즉 '몸 바꾸기'를 이야기할 때면, 저는 예외 없이 '백척간두진일보百尺竿頭進一步 현애살수장부아懸崖撒手丈夫兒'라는 말을 생각합니다. 백척간두에서 진일보하는 것은 쉽지 않습니다. 죽음을 택하는 순간이기 때문입니다. 백척간두까지 가는 사람도 드물지만 설사 갔다 하더라도 대개는 마지막 판에 물러서서 집(옛날 집, 즉 舊殼)으로 돌아오고 맙니다. 현애懸崖라는 말은 천 길 벼랑 낭떠러지 절벽에 대롱대롱 매달려 있다는 말입니다. 아주 아슬아슬한 순간입니다. 구각에서 탈피 즉 환골탈태하느냐 마느냐 하는 중요한 순간입니다. 그때에 '살수撒手' 즉 '손을

---

1) 박성배, *Buddhist Faith and Sudden Enlightenment*, Chapter 16, Revolution of the Basis, pp.126~132.
2) 윤원철 역, 『깨침과 깨달음』(예문서원), 16장, 230~240쪽.

놓아야 한다'는 말입니다. 다시 말씀드리면 삶을 포기하고 죽음을 택하라는 말입니다. 왜냐하면 이제까지 삶의 길이라고 생각했던 그 길은 실은 죽음과 윤회의 길이요, 죽음이라고 무서워했던 그 길이 진실로 삶의 길이기 때문입니다. 그러나 사람들은 자기 생각에 갇혀 있기 때문에 진짜 삶은 죽음이라 생각하고 실지론 죽음의 길이건만 그걸 삶의 길이라고 생각하고 집착합니다. 바로 이때에 일을 치르는 것은 '함'입니다. 보통 사람들에겐 이때에 죽음을 택할 힘이 없습니다. 그래서 손을 놓지 못합니다. 문제는 그 힘이 어디서 나오는가를 똑바로 아는 데에 있습니다.

비근한 예를 하나 들겠습니다. 여기에 얼음덩어리가 하나 있다고 칩시다. 그런데 그 얼음덩어리는 너무나 딱딱해서 '부자유' 그대로 입니다. 그러나 얼음에 열을 가하면 얼음은 녹아서 물이 됩니다. 물은 액체이기에 고체인 얼음보다는 더 자유롭습니다. 그렇지만 아직도 멀었습니다. 그래서 더 자유로워지려면 쉬지 않고 계속 더 열을 가해야 합니다. 열이 백 도를 넘으면 물은 다시 기체로 변합니다. 수증기가 되어 하늘로 올라갑니다. 얼음이 물이 되고, 물이 다시 수증기로 변하는 데서 우리는 세 가지의 다른 몸을 봅니다. 고체와 액체와 기체입니다. 우리들의 사전에는 그렇게 정리되어 있습니다.

불교의 수행에서도 이와 비슷한 현상을 봅니다. 일생을 얼음덩어리처럼 고체로 사는 사람도 있고, 물처럼 액체로 사는 사람도 있고, 수증기처럼 기체로 사는 사람도 있습니다. '전의'란 말은 이러한 몸 바꾸기를 뜻합니다. 여기서 주의할 것은 몸 바꾸기에도 여러 가지 차원이 있다는 사실입니다. 어떤 사람은 고체 같은 몸을 바꿔 액체 같은 몸으로 사는 것으로 몸 바꾸기를 마쳤다고 생각합니다. 이 정도만 되어도 대단한 것이지만 그래도 거기에 머물러서는 안 됩니다. 그래서 어떤 사람은 거기에 머무르지 않고 계속 열을 가하는 수행을 합니다. 그러면 다시 몸을 바꿔 수증기나 공기처럼 눈에 보이지 않는 기체 같은 몸으로 전의를 합니다. 공기라야 천하를 덮습니다. 그러므로 저는 불교적 수행을 이야기한다면서 몸 바꾸기를 문제 삼지 않는 경우를 한심스럽게 생각합니다. 몸 바꾸기의 원동력은 한마디로 말해서 계속 열을 가하는 '꾸준함'에서 나온다고 생각합니다.

저는 어제 모기를 한 마리 죽였습니다. 여름이 되고 날씨가 더워지자 모기떼들이 기승을 부리고 돌아다닙니다. 어젯밤에 그 가운데 한 놈이 저를 물었습니다. 저는 저도 모르게 이놈을 때렸습니다. 모기는 그 자리에서 즉사했습니다. 저는 이때 아무런 후회도 죄책감도 없었습니다. 저는 평생을 이렇게 살아왔습니다. 그런데 어젯밤엔 『아함경』에 나오는 어느 비구 이야기가 생각났습니다.

부처님 당시에 어느 비구가 여행 중에 도둑을 만났답니다. 도둑들은 볼일을 본 다음, 길가에 있는 키 큰 풀로 비구의 두 손을 뒤로 묶어 놓았습니다. 부처님의 불살생계를 지키나 안 지키나 보기 위해서이었을 것입니다. 그 비구는 풀에 묶인 채 거기서 한참 동안 움직이지 않고 누워 있었습니다. 그리고 사람 오기만을 기다리고 있었습니다. 자기가 일어서면 풀이 뽑혀 죽을 것이 두려웠기 때문입니다. 그래서 그는 스스로 일어서지를 못했던 것입니다. 그 비구는 풀 한 포기 뽑히는 것 정도야 불살생계를 범하는 것도 아니라고 생각하는 그런 사람이 아니었습니다. 똑같이 부처님을 믿고 부처님의 가르침을 실천한다고 말하지만 그 내막을 들여다보면 천차만별입니다. 여기서 그 다른 점을 들여다보면 하나는 모기 한 마리 죽이는 것을 대수롭지 않게 생각하는 식이고, 다른 하나는 풀 한 포기도 뽑지 못하는 식입니다. 전자가 말만의 수행이라면, 후자는 쉬지 않고 꾸준하게 버티는 수행이라고 말할 수 있을 것입니다. 문제는 겉과 속이 일치하고 앞과 뒤가 일치하며 간단없이 버티는 수행과 겉과 속도 다르고 앞과 뒤도 다른 사람의 수행은 다르다는 것을 밝히는 데에 있습니다.

불교적 수행의 핵심은 쉬지 않고 꾸준하게 열을 가하는 일이라고 말할 수 있을 것 같습니다. 『아함경』에 나오는 풀에 묶인 비구의 이야기도 알고 보면 그 메시지는 간단하고 명료합니다. 어떠한 상황에서도 쉬지 않고 계속 수행한다는 것입니다. 수행이란 열을 가했다 말다 하는 일이 아닙니다. 그러면 고체가 액체로 변하는 몸 바꿈이 이루어지지 않습니다. 액체가 기체로 변하는 몸 바꿈이 이루어지지 않습니다. 쉬지 않고 꾸준하게 열을 가해야 수행이라고 말할 수 있습니다. 그래야 백척간두에서 진일보하고 현애에서 실수하는 몸 바꿈이 가능합니다. 고체가 액체 되고 액체가 기체 되는 몸 바꿈은 열을 가했다 말았다 하는 데서는 이루어지지 않습니다. 올챙이가 개구리로 몸을 바꿀 때도 그렇고, 암탉이 계란을 병아리로 부화할 때도 이치는 마찬가지라고 합니다. 우리는 『아함경』의 비구 이야기를 다시 음미해야 할 것 같습니다. 모두가 '몸 바꿈' 즉 '전의'의 메시지를 전하는 대목들이라 생각됩니다. 여기서 다시 한 번 더 강조하고 싶은 것은 '전의' 없는 수행은 불교적 수행이 아니라는 것입니다.[3]

2011년 6월 25일
스토니브룩에서
박성배 올림

황 교수님이 전의에 눈을 뜨고 전의에서 눈을 돌리지 않는 모습에서 저도 배우는 바가 많습니다. 앞으로는 모기가 물어도 때리지 않고 불어서 날려 보내야겠다고 생각했습니다.

---

3) 위의 글은 2011년 6월 29일 뉴욕주립대 스토니브룩대학교 한국학연구소 방문학자 모임에서 토론용으로 만든 것이다.

선생님,

선생님의 '전의'에 대한 이강옥 교수님의 소감문이 있으시다면 보내주시면 좋겠습니다.

황경열 드림

황경열 교수님,

두 번에 걸친 황 교수님의 편지는 잘 읽었습니다. 감사합니다. 요즈음 이강옥 교수님이 좀 바쁘신 것 같습니다. 우리 손자 Erick과 동갑인 아들을 계속 여기 미국 고등학교에 보낼 계획 때문에 일이 많으신 모양입니다. 이강옥 교수님의 첫 번째 소감문에 대한 저의 답장은 너무 동문서답으로 들렸던지 반문이 오지 않습니다. 저의 그때 그 답장을 아래에 다시 적겠습니다.

이강옥 교수님께

성철스님에 따르면 '돈오돈수'는 삼관三關(세 가지 관문)을 돌파하고 정각, 묘각, 구경각의 경지(6식, 7식, 8식, 9식의 경지)마저 깨끗이 떨쳐버린 사람의 경지라고 합니다. 요즈음 돈오돈수를 이야기하는 사람들은 거의가 이를 몸짓문화 속에서 찾고 있습니다. 한마디로 말해서 요즈음의 표현으로 "A wrong address!"라는 것입니다. 잘못된 주소를 가지고 엉뚱한 곳에서 헤매고 있는 꼴과 똑같습니다. 이를 저의 몸과 몸짓의 논리로 재정리해 보면, 문제는 우리들이 몸짓문화의 감옥 속에 갇혀 자유를 잃고 노예생활이나 다름없는 비참한 꼴을 당하고 살면서도 이런 엄연

314

한 사실을 똑바로 보지 못하고 있다는 데 있습니다. 부처님 말씀이든 역대 조사들의 말씀이든 누구의 어떠한 말씀이든, 그것이 몸짓문화 속에 자리를 잡고 거기에 굳어져 있다면 그것은 모두 무효입니다. 무효 정도가 아니라 그것은 모두 사람 죽이는 독약에 불과합니다. 우리는 일체개고一切皆苦의 참뜻을 알아야겠습니다. 그러나 일단 몸짓문화의 속박에서 벗어나 몸문화 속으로 들어가 다시 살아나면 그 경지에서는 모든 몸짓문화가 다 그 속에 있고 잘못된 것에 대해서는 응병여약으로 적절한 치유를 받게 됩니다. 진정한 선지식은 돈오돈수의 세계에서 3000계율을 다 지키면서 철두철미 더욱 치열하게 수행하는 사람입니다. 선지식이라고 간판 내걸고 다니는 사람들이 제발 그만 그 몸짓문화의 노예 같은 냄새를 풍기지 말았으면 좋겠습니다.

망언을 용서하십시오.

7월 3일, 박성배 합장

위의 제 글을 오늘 다시 읽어 보니 삼관돌파와 돈오돈수의 관계를 좀 더 잘 설명해야겠다는 생각이 드네요. 삼관돌파는 돈오돈수의 일함이라는 사실이 좀 더 뚜렷하게 드러나야겠습니다. 저의 돈오돈수는 지금 당장 바로 이 자리에서 일하고 있는 돈오돈수입니다. 일체중생이 있는 그대로…… 망상 하나도 덜어 내지 않고, 보리 하나 더 보태지 않고…… 있는 그대로 완전한 부처님이기 때문입니다. 제가 옛날에 쓴 글(이기영 교수와의 논쟁) 속에 이런 말이 있습니다. '불교를 믿기 전에는 부처와 중생이 둘이고 깨친 경지와 못 깨친 경지가 둘이더니(이원론적), 불교를 믿었더니 둘은 둘이 아니더라.…… 그러나 둘이 아닌 그 순간 눈물이 쏟아져 나오고 참회가 폭발하면서 무서운 수행이 시작되더라.……' 오늘 이 대목을 다시 정리해 보면 믿은 다음에도 이원론적 구조처럼 보이는 게 나타난다는 것입니다. 부처가 부처 노릇 않고 깨침이 일하지 않는 자기 자신을 견딜 수 없어 눈물이 나오고 참회가 나오는 것 아니겠습니까! 불교를 믿기 이전의 이원론적인 구조와 불교를 믿은 다음에 나타나는 이원론적인 모습은 천양지판으로 다릅니다. 그래서 성자들은 예외 없이 그렇게도 무섭게 참회를 하지 않았습니까!

또 눈이 침침해지네요. 이러면 그다음엔 골치가 아파집니다. 좀 쉬어야겠습니다. 오늘 저녁엔 집에 있을 것입니다.

안녕히 계십시오.

박성배 합장

황경열 교수님께,

약 30여 년 전 뉴욕주립대학교 스토니브룩대학의 한국학 방문학자 프로그램이 처음 생긴 이래 많은 방문학자들이 다녀가셨습니다. 그러나 우리 황경열 교수님만큼 진지하게 저하고 불교 이야기를 나눈 사람은 없었습니다. 그럼에도 불구하고 이야기는 항상 이야기에 그치고 마는 것 같은 느낌입니다. 그래서 저는 항상 아쉽습니다. 아무리 이야기를 해도 못 다한 이야기가 많은 것처럼 느껴집니다. 참선을 이야기하는 이상, 무자십종병無字十種病 이야기는 학자들이 반드시 넘어가야 할 고비입니다. 그래서 고봉의 『선요』도, 대혜의 『서장』도, 지눌의 『간화결의론』도, 성철의 『선문정로』도 모두 그 문제를 진지하게 다루었습니다. 모두들 참선한다면서 어딘가에서 넘어져 일어나지 못하고 있기 때문입니다.

저의 『깨침과 깨달음』 제16장에 나오는 전의轉依(몸 바꾸기)에 대해서 질문하는 사람들이 많습니다. 한문으로 '전의'라고 말할 때의 '의依'자가 재미있습니다. '의'란 내가 지금 의지하고 있는 것, 또는 지금의 나를 나답게 지탱해 주고 있는 것이란 뜻인데, 이런 것들을 송두리째 뒤집어 엎어 버린다는 말이 '전轉'이란 말입니다. 1975년의 일이던가, 버클리에서 한참 박사학위 따려고 서두르고 있을 때의 일이었습니다. 어느 날 아침, 학교에 가려고 부산하게 이것저것 준비하고 있는데 갑자기 우리 집 응접실의 책상과 의자들이 엎어지고 벽에 걸린 거울과 그림들이 떨어지며 박살이 났습니다. 지진이었습니다. 생전 처음 겪는 지진 경험이었습니다. 그러나 저는 그때 그것이 지진인 줄 몰랐습니다. 혼비백산이라 할까, 정신이 하나도 없었습니다. 학교고 박사학위고 가족이고 뭐고 아무것도 남는 것 없이 모든 것이 다 박살나 없어져 버린 순간이었습니다. 나중에야 저는 우리들이 얼마나 땅에 의존(依)하고 있는지를 알았습니다. 그때 저는 '의依란 믿을 것이 못된다'는 것을 깨달았습니다. 하나님을 믿는 사람들의 하나님도 일종의 의依입니다. 부처님을 믿는 사람들의 부처님도 많은 경우에 의依입니다. 현대인 특히 장사하는 사람들에게 있어서의 돈도 의依입니다. 가족이니 국가니 민족이니 하는 것들도 모두 의依입니다. 학자들의 지식도 의依입니다. 지성인들의 세계관, 역사관, 진리관, 종교관, 신앙관, 수행론 등등 모두가 의依입니다. 그런 의依를 송두리째 뽑아내 버린다는 말이 전의轉依입니다. 그것을 인간의 의식세계에서 보면서 분석하고 해석하는 것이 불교의 유식학입니다. 그리고 선불교의 깨침사상은 이론적으로는 다분히 유식학의 인간의식 이론을 원용하고 있는 것 같습니다. 그러나 선종의 참구문參句門 활구참선活句參禪 세계에서는 여기서 문제를 제기합니다. 참선의 진면목은 의단독로疑團獨露에 있다는 것입니다. 의단독로가 되지 않으면 별짓 다 해도 도로아미타불을 면치 못합니다. 여기서 의단독로가 바로 전의轉依입니다. 참선을 한다고 앉아 있으면서 의단독로가 되지 않으면 전의는 물 건너간 이야기에 불과합니다. 또 쓰겠습니다.

안녕히 계십시오.

박성배 합장

31 강의 〈명상과 깨침〉 기사 2011년 8월 8일

황경열 교수님,

삼복더위에 어떻게 지내시는지요. 저희들은 여전히 잘 있습니다. 오늘 보내 드리는 글은 Flushing에 사시는 김형근 씨가 발행하는 『미주현대불교』 10월호에 실릴 글입니다. 지난 4월, 제가 가르치는 AAS/RLS 367 Meditation and Enlightenment(Spring 2011) 시간에 김형근 사장님이 이성범 기자와 함께 들어오셔서 청강을 하고 취재한 글입니다. 저더러 고칠 것 있으면 고쳐 보내 달라 하는데 아직도 손을 못 대고 있습니다. 황 교수님이 한번 고쳐 보시기 바랍니다. 요즘에 황 교수님의 글솜씨가 나날이 좋아지시던데요. 소식 기다리겠습니다. 온 가족 모두 항상 건강하시기를 빕니다.

안녕히 계십시오.

박성배 합장

8월 17일

황경열 교수님,

이제 2주만 지나면 가을 학기가 시작되지요? 무슨 시간이 이렇게 빨리 가는지 모르겠습니다. 아무것도 해 놓은 것이 없는데 여름방학이 다 지나가 버리다니 기가 막힙니다. 어제는 인사말 한마디도 없이 전헌 교수님의 글만 전달해 드려서 미안합니다. 그리고 오늘은 또 『미주현대불

319

교』에 보낼 이성범 기자의 제 강의 기사를 대강 손질하고 이를 황 교수님께 보냅니다. 이 기사는 이미 열흘 전 황 교수님께서 교정을 보신 것을 제가 대강 고쳐 본 것입니다. 시간이 없으시면 나중에 읽어 주셔도 됩니다. 항상 잘해 주시니까 제가 허물없이 이렇게 합니다. 용서하십시오.

한국의 물난리와 늦더위를 조심하시기 바라면서,

박성배 드림

:: 깨침의 길에서—명상과 깨침(Meditation and Enlightenment)

'맨해튼에 없으면 아무 데도 없다.' 맨해튼이 세계 제일의 도시라고 자부하는 사람들이 자주 쓰는 말이다. 그러나 아무리 장점이 많다 한들 단점 없는 도시가 어디에 있을까. 그런데 맨해튼의 장점은 다 이용할 수 있어도 맨해튼의 단점은 하나도 없는 도시가 있다고 한다. 그런 도시가 스토니브룩이란다. 뉴욕주립대학교 스토니브룩 캠퍼스(State University of New York at Stony Brook)는 그러한 도시에 자리 잡고 있다.

뉴욕주 롱아일랜드에 위치한 스토니브룩대학교로 가는 길. 베이사이드(Bayside)를 따라 시원하게 트인 수평선 너머로 여름 풍경이 펼쳐진다. 맨해튼에서 동쪽으로 1시간을 달려 스토니브룩에 도착하면 웨스트 캠퍼스(West Campus), 이스트 캠퍼스(East Campus) 등 동서남북으로 광활하게 펼쳐진 대학 캠퍼스를 만난다. 1970년대에 '동부의 버클리'라고 명성을 떨치던 대학답게 대학은 스토니브룩이라는 도시 전체를 대학 캠퍼스라고 착각할 만큼 광활했다.

박성배 교수는 1977년 뉴욕주립대 스토니브룩 캠퍼스 종교학부의 불교학 교수로 부임했다. 그 후 박 교수는 여기서 줄곧 33년간 미국 학생들에게 불교를 가르치고 있다. 지금은 아시아, 아시아-미국학부(Department of Asian and Asian-American Studies)에서 동아시아의 철학과 종교를 주로 가르치면서, 동아시아지역의 철학과 종교를 중심으로 캠퍼스에서 서양 학생들에게 동양사상, 불교사상에까지 가르침을 넓혀 가고 있다. 이른 아침 시간, 공과대학 2층에 있는 강의실에는 70명이 넘는 학생들이 모여 진지한 표정으로 수업에 열중하고 있다. 강의 제목은 명상과 깨침(Meditation and Enlightenment). 1시간 20분 동안의 박성배 교수 강의는 크게 둘로 나누어진다. 하나는 참선 실습이고, 다른 하나는 강의와 토론이다. 처음 20분간은 마치 한국 선방에 들어온 듯 죽비를 치고 참선을 시작한다. 수업이 강의와 토론뿐만 아니라 실습까지도 병행하면서 다양한 방향으로 동양철학, 불교사상에 접근하고 있는 모습을 볼 수 있다. 참선은 한국학과의 방문교수로 와 있는 대구 영남대학교 국어교육학과의 이강옥 교수가 담당하고 있다. 이 교수의 태도는 한국의 전통적인 선방의 선사처럼 의연하고 엄숙했다. 장군죽비를 들고 돌면서 학생들의 자세를 바로잡아 주기도 하고 간간이 화두참선의 중요한 대목을 설명해 주기도 했다. 수행 자세에 대해서 학생들은 비교적 편한 자세로 화두를 들고 있는 것처럼 보였다. 참선시간의 끝을 알리는 죽비소리가 다시 나자 학생들은 눈을 뜨고 오늘도 뭔가 해내었다는 표정을 지으며 짧은 수행 경험에 대해 서로 이야기하는 것이 평화롭게 보였다.

동양계 학생들이 많을 거라 예상했는데, 의외로 서양 학생들이 수강인원의 대부분을 차지하고 있다. 학생들의 질문은 다양했다. 강의 내용과 다른 자신의 생각도 거침없이 쏟아내는 분위기였다. 오늘의 강의는 아시아지역의 선불교(Zen Buddhism) 전반에 대한 개론적인 내용이다. "동아시아의 선불교는 나라마다 성격을 달리하고 있습니다. 중국, 한국, 일본의 선불교 모두가 각각 특성을 가지고 있습니다. 중국의 경우 선불교가 정치적으로 정부의 영향을 받아 교조화된 특징이 있는가 하면, 일본에서는 승려들이 결혼을 하고 가정을 가질 수가 있기 때문에 세속화되어 있습니다. 그러나 한국의 선불교는 정치적 영향이나 세속화에서 탈피한 순수한 모습을 많이 간직하고 있습니다." 박성배 교수는 간명하면서도 핵심을 파고 드는 설명으로 한국 선불교의 우수성을 설명해 나갔다. 부귀영화를 헌신 짝처럼 버리고 세속을 떠나 산속에 숨어 승려의 몸으로 수도하는 모습들을 구체적으로 열거하면서 중국이나 일본과는 다른 길을 걸어간 한국 선 불교의 특징을 강조했다.

오랜 경륜에서 우러나오는 힘차면서도 차분한 목소리로 강의를 하는 박성배 교수. 강단 위에서 열정적인 모습으로 학생들에게 다가서면서 질 문하고 토론한다. 복잡한 철학 개념을 쉽게 풀어 설명하고 요점을 잘 짚 어 주는 강의 스타일은 학생들을 어느덧 동양철학의 세계로 끌어들이고 있었다. 서양철학사상에 물들은 학생들은 호기심 어린 눈빛으로 박성배 교수의 강의를 경청한다. "5~6세기경 중국 불교계에는 크게 두 가지 학파 가 생겨났습니다. 하나는 불교의 경전공부를 중요시하는 '교종불교'이었 고, 다른 하나는 명상을 중요시하는 '선종불교'이었지요. 이들 두 종파가 대립하여 서로 비판하고 공격하며 상호보완적 발전을 해 나갔죠. 12세기 에 들어서 한국에 지눌(1158~1210)이라는 위대한 스님이 등장합니다. 지눌 스님은 경전과 명상, 두 가지를 모두 중요하다고 주장했습니다. 그는 이들 둘을 서로 조화시키려고 애썼습니다. 두 종파의 장점을 잘 들여다보면서 '돈오점수설頓悟漸修說'을 주장했지요." 불교수행론의 핵심 개념인 '돈오점 수'와 활구참선의 핵심인 '돈오돈수'를 함께 가르치는 박 교수의 강의는 철학적인 깊이를 더해 갔다. 이와 동시에 서양인들이 명료하게 이해하고 다가갈 수 있도록 쉬운 이야기로 설명을 이어 갔다. "12세기에 들어서면 서 일본에는 두 분의 중요한 선사가 등장합니다. 한 분은 도겐(Dogen) 선사 이고, 다른 한 분은 에이사이(Eisai) 선사입니다. 도겐 선사는 소토(Soto)학파 의 창시자로 좌선을 강조했습니다. '그저 앉아라. 10분 앉으면 10분 부처 요, 한 시간 앉으면 한 시간 부처'라고 말하는 일본 조동종의 구호가 이런 배경에서 나왔습니다. 이에 반해 에이사이 선사는 린자이(Rinzai)학파의 창시자로 중국의 이론을 바탕으로 참선을 가르쳤어요. 모든 사람들이 내면에 고뇌와 각자의 업을 가지고 있기에 이러한 업의 감옥을 때려 부셔야 한다는 일본 임제종의 특징이 여기서 뚜렷이 드러납니다." 선불교에 대해 심층적으로 다루자 내용이 어려워지기 시작한다. 학생들은 이해하지 못하는 부분에 대해서는 질문을 하며 박 교수의 강의를 따라가기 위해 애를 썼다. "20세기에 들어서면서 한국에는 성철스님이란 분이 13세기에 조계종을 일으킨 지눌스님의 돈오점수설을 비판하고 돈오돈수頓悟頓修사상을 들고 나왔습니다. 단박에 깨치고 단박에 닦는다는 돈오돈수는 시간개념이나 인과율에 얽매인 수도이론이 아니고 일체중생이 지금 당장 바로 이 자리에서 번뇌망상 하나도 버리지 않고 불보살의 지혜 하나도 보태지 않고 누구나 있는 그대로 완전한 부처라는 사상입니다. 이것은 구체적인 참선을 철두철미하게 종교적인 차원으로 승화시킨 작업이라 말할 수 있습니다."

　박성배 교수는 동북아시아 불교의 두 가지 서로 다른 흐름을 비교, 분석하며 선불교의 정수를 학생들이 쉽게 이해할 수 있도록 설명을 해나갔다. 복잡하고 심층적인 불교사상을 서양 학생들에게 전달하는 박성배 교수의 모습에서 지난날의 경험과 연륜이 묻어난다. "사실 동양철학을 영어로 설명하는 것이 쉬운 일이 아니에요. 함축적인 한자의 내용을 영어로 번역하기가 쉽지 않거든요. 예를 들어 도겐 선사가 즐겨 썼던 '지관타좌只管打坐' 같은 용어는 영어로 번역하기가 어렵습니다. 학자들은 이를 'Sitting Only'라고 번역하는데 그 안에 담긴 깊은 뜻을 전달하는 것이 쉽지 않죠. 많은 내용을 함축하고 있는 한자어에 비해 영어는 단순 명료한 언어체계를 지니고 있기 때문입니다. 동양사상에 대한 기본적인 이해가 부족한 서양 학생들이 따라오기 힘든 과목이라 강의 내용의 난이도에 신경을 쓰고 있습니다. 저의 강의 방식이 사실 세월과 더불어 변했습니다. 처음에는 미국 학생들에게 맞는 방식, 미국 스타일로 강의를 했는데, 그 옷이 저에게 맞지 않더라고요. 세월이 지나 나중에는 한국적인 것, 내 안에 있는 자연스러운 것이 드러나는 강의 스타일을 추구하게 되었습니다. 그리고 더 시간이 지나니 새로운 경지에 이르더군요. 물론 제가 강의하는 곳이 대학교이지만 그것마저 벗어나 대학이라는 경계(boundary)를 잊고 삶에서 깨달은 것, 체험한 것을 주로 해서 강의를 해 나가기 시작한 것입니다. 저의 학문적 테두리를 지켜나가되 다른 학생들과 학자들로부터 배워간다는 마음으로 항상 강의에 임하고 있어요." 박성배 교수의 열린 마음은 이미 캠퍼스의 한계와 자신의 한계를 넘어 더 높은 깨침의 세계를 향하고 있었다.

수업이 끝난 후 학생들에게 수강 소감을 물었다. 생물학과 4학년에 재학 중인 Seema Sawh는 "명상을 직접 해 보고 실생활에서 깨침을 위해 작게나마 실천할 수 있는 것을 배우는 수업이라 마음에 들어요. 이론적인 내용도 많이 배우지만 실생활에서 실천할 수 있는 실용적인 내용도 같이 곁들여 주셔서 좋은 수업이라 생각합니다. 무엇보다도 나에 대해서 생각하는 시간을 가질 수 있어서 좋아요. 내가 어디에 서 있고 어디를 향해서 가고 있는지 되돌아볼 수 있는 시간이라는 점에 크게 만족하고 있습니다." TA를 담당하며 박성배 교수를 돕고 있는 Jonh Montani라는 학생은 "매번 수업 시간마다 잠깐씩 명상을 하는 것이 저의 정신세계에 큰 도움이 되고 있어요. 학교 다니면서 학업에서 오는 스트레스가 많은 편인데, 이 수업을 듣고 있으면 저의 마음을 어떻게 다스려야 할지 배우게 돼요. 동양과 서양 사상의 간극을 메우고 균형을 이루게 하는 데 있어서 큰 역할을 하는 수업이라 생각해요. 두 가지 서로 다른 세계의 철학과 정신세계를 통해 저의 철학관과 사상을 굳건히 하는 토대로 삼고 있습니다."

박성배 교수의 동양사상과 한국불교 강의는 이미 학생들의 마음속에 파문을 일으키며 변화의 흐름을 이끌어 내고 있었다. 지난 30년간 묵묵히 교단에 서서 제자들에게 뿌린 동양철학사상, 불교사상의 씨앗은 언젠가

싹을 틔워 다른 곳에서 또 다른 변화의 흐름을 만들어 갈 것이라 확신하는 박성배 교수. "요즘은 제가 사색하고 고민하는 것이 강의에서 드러납니다. 강의와 제 인생이 따로 존재하는 것이 아니라 제 인생 이야기가 강의로 펼쳐지는 것이죠. 그런 깨침이 은연중에 강의로 드러나요. 학생들도 그것에 공감을 하게 되죠." 어느덧 노교수의 인생은 강의가 되어 있고 강의는 다시 그의 인생의 소중한 한 부분이 되어 있다. "'도道'라는 것이 사실은 사람이 다니는 길이기도 하거든요. '도'라는 것이 어려운 개념이라 생각하면 그 깊이를 헤아릴 수 없어요. 하지만 '도'라는 것도 결국 사람이 다녀야 생기는 것이죠. 사람이 직접 다니고 실천하고 부딪히고 해야 '도'가 비로소 드러나는 것입니다. 현실에서 실천을 해야 드러나는 길이 '도'라고 생각을 해요." 강의를 통해 자신의 철학과 깨침, 불교사상을 제자들에게 전하며 그들의 내면세계를 변화시키고 있는 박성배 교수. 그의 '도道'를 향한 배움의 길, 나눔의 길은 제자들과 더불어 캠퍼스 강단에서 계속될 것이다. 〈끝〉

만남과 대화

황경열 교수님,

어젯밤 전화 감사합니다.

저는 목마른 사람입니다. 그리고 배고픈 사람입니다. 목마르기에 물을 찾아 헤매고, 배고프기에 먹을 것을 찾아 돌아다닙니다. 황 교수님의 글은 제 목을 적셔 주는 한 잔의 감로수甘露水와도 같았습니다. 나이 탓인지, 요즈음 저는 외로움을 잘 탑니다. 하나둘 다 떠나가고 모두가 소식두절이라 외롭습니다.

요즈음 저는 '만남과 대화'라는 문제를 가지고 지난날을 되새겨 보곤 합니다. 사람은 누구나 별별 사람들을 다 만나고 별별 대화를 다 나누면서 사는 것 같습니다. 그 가운데는 시간이 지나면 깨끗이 지워지는 것도 있지만 그렇지 않은 것도 있습니다. 제 평생 잊히지 않는 '만남'이 있습니다. 그 가운데 하나는 제가 어렸을 때, 조국을 만난 것이었습니다. 1945년 8월 15일 온 동네 사람들이 "해방이 됐다"고 외치면서 징을 치고 깽매기(꽹과리)를 두드리며 춤추고 노래 부르는 장면은 당시 초등학교 6학년생이었던 저를 당황하게 했습니다. 천하가 대일본제국의 신민임을 자부하고 천황폐하를 위해 목숨을 바치겠다고 맹서했던 것이 어젠데 이게 무슨 천지개벽일까, 정신을 차릴 수가 없었습니다. 저의 조국 만남은 이렇게 시작되었습니다. 이때부터 저는 끊임없이 조국과 '대화'를 계속했습니다. 해방이 되기까지 저는 한글을 배운 적이 없었습니다. 그래서 책이라고는 일본책밖에는 읽지 못했습니다. 따라서 저의 조국과의 대화는 문자를 통한 것이 아니고 눈앞에 전개되는 현실을 보고 왜 저럴까 하고 분통을 터뜨리는 식이었습니다. 동네의 착한 사람들은 다 어디론가 사라지고 일제강점기에 일본 헌병 앞잡이 노릇 하던 사람들이 다시 기승을 부리고 있었습니다. 며칠 전 8·15 광복절을 전후하여 신문, 잡지, 라디오, TV 등 언론들이 광복절 관련 기사를 보도했습니다. 그런데 저는 여기서 느꼈습니다. 오늘날 언론이 그린 광복절은 제가 실지로 겪은 8·15와 다르다는 것입니다. 제가 만난 8·15, 제가 나눈 조국과의 대화는 청천의 벽력같은 것이었고 한마디로 말해 목불인견의 비극이었습니다. 이승만의 8·15와 김구의 8·15는 달랐습니다. 스탈린의 8·15와 루즈벨트의 8·15는 다를 수밖에 없었습니다. 그런데 요즈음 언론들의 8·15는 제가 겪은 8·15가 아니었습니다. 왜 이런 차이가 생기는 것일까? 양자는 어디서 갈라지고 어떻게 다른가? 저는 계속 혼자서 이런 질문을 던져 보았습니다. 우선 이런 결론을 얻었습니다. 요즈음 언론인들은 자기들이 겪은 8·15가 아니고 자기들이 입수한 문헌과 자료들을 모아 종합하고 분석하고…… 그러고 나서 내린 결론으로 글을 쓰고 있다는 것입니다. 그러나 저의 만남은 문헌 기록 자료 등등을 통한 것이 아니고 제가 직접 체험한 것이었습니다. 직접 일을 당한 사람과 나중에 문헌에 의존하여 사량 분별로 그 일을 이해하는 사람 사이엔 커다란 차이가 있는 것 같습니다.

여기서 제가 겪은 또 다른 몇 가지의 만남이 생각납니다. 그 첫째는 의과대학에 들어가서 의학공부를 하다가 크게 실망하고 무섭게 고민하는 데서 시작되었습니다. 의대 의예과 1년을 마친 다음 저는 큰 고민에 빠졌습니다. 그 당시의 의대 교육은 대학 교육이 아니라고 느껴졌기 때문입니다. '대학 교육은 궁극적으로 인간을 완성시키는 인간 교육이어야 하는데 요즈음의 의대 교육은 그러한 배려가 전혀 없다. 문자 그대로 빵점이다.' 이것이 그때 저의 의대 교육에 대한 진단서였습니다. 그래서 저는 마침내 학교에 휴학계를 내고 시골로 내려가 전남 벌교에 있었던 효당서원에 들어갔습니다. 그리고 효당 김문옥 선생님 밑에서 학용논맹學庸論孟 등 유교서적을 공부했습니다. 특히 『중용中庸』을 읽었을 때, 저는 어두운 밤에 태양을 만난 듯한 환희심이 났습니다. 『중용』 수장 말미의 "희노애락지미발 위지중喜怒哀樂之未發 謂之中. 발이개중절 위지화發而皆中節 謂之和. 중야자 천하지대본야 화야자 천하지달도야中也者 天下之大本也 和也者 天下之達道也. 치중화 천지위언 만물육언致中和 天地位焉 萬物育焉"이란 대목이 그렇게 좋았습니다. 저는 그때 거기서 『중용』을 만났던 것입니다. 그 뒤 저는 전공을 바꾼 다음, 동국대 철학과 강의실에서 『중용』을 공부하면서 느낀 게 있었습니다. 제가 만난 중용과 대학교 철학과에서 학자들이 만난 중용의 차이가 너무 크다는 사실을 목격한 것입니다. 저는 캄캄한 밤중에 길을 잃고 괴로워 어쩔 줄 모르고 헤매다가 만난 불빛이 '중용'이었습니다. 그런데 요즈음 학자들은 그런 괴로움이 없는 것처럼 보입니다. 길을 잃고 헤매는 어둠 속의 처절함이 없어 보였습니다. 따라서 그들에게 중용은 불빛이 아닙니다. 책을 읽고 나도 그들에겐 환희가 없습니다. 빛은 이미 자기가 가지고 있었습니다. 그 알량한 재주, 몇 푼어치 되지도 않은 그 쩨쩨한 지식들…… 그런 것들이 그들의 빛 노릇을 하고 있었습니다. 그렇기 때문에 그들은 따로 빛이 필요하지 않은 것처럼 보였습니다. 그러니까 공부는 자기 잘난 것을 드러내기 위해서 하는 것이었습니다. 그들은 『중용』을 읽어도 중용을 만날 수가 없었습니다. 고전을 공부하지만 고전은 그들에게 이용되는 것뿐입니다.

저에겐 또 하나의 잊히지 않는 만남이 있습니다. 그것은 송담스님을 만난 것이었습니다. 의대 3년생이었을 때 생긴 일입니다. 그때 저는 사회불만증에 걸려 도저히 사람들과 함께 살 수 없게 되어 있었습니다. '좋은 사람은 다 죽고 못된 놈들만 잘되는 그런 세상'을 보고만 있을 수는 없었습니다. 그러나 세상은 간단치 않아 결국 나만 화병에 걸려 얼굴만 시뻘겋게 달아올라 견딜 수가 없었습니다. 그때 송담스님을 만났습니다. 그래서 해남 대흥사로 들어가 중이 되었습니다. 그 당시 저는 불교를 믿지 않는 것은 물론, 불교의 불佛도 그것이 무슨 뜻인 줄을 몰랐습니다. 불교의 교리나 역사 등등은 전혀 몰랐습니다. 그러나 중이 된 이상, 다른 중들이 하는 대로 새벽 4시에 일어나 예불하고 참선하고 소제하고 밥 짓고 논밭 가꾸고 산에 가서 땔나무 해 오고 등등 하루 24시간 쉴 사이 없이 바쁘게 살았습니다. 그러다 보니 어느새 상기증(열이 위로 올라와 얼굴이 빨갛게 달아오르는 증세)도 가시고 그러다가 불교가 무엇인가를 생각하기 시작했습니다. 저와 불교와의 만남은 일종의 도전이었습니다. 입만 열면 일체중생을 제도한다고 말하면서 이렇게 사는 것이 무슨 놈의 중생제도냐고 송담스님에게 대들었습니다. 그러다가 깨치신 선지식을 만나야겠다고 전국을 누비고 돌아다녔습니다. 3개월간의 무전여행 거지 노릇이 저를 바꾸어 놓았습니다. 그것이 오늘에 이르렀습니다. 만나고 대화하고······.

그래서 저는 이런 결론을 내렸습니다. "책을 읽을 때 몸으로 읽어라. 그러면 너는 성장한다. 그러나 몸짓으로 읽으면 몸이 위축되어 마침내 너는 죽는다. 고전이란 사람을 살리는 것이지 죽이는 것이 아니다." 여기서 몸으로 읽고 몸짓으로 읽지 말라는 말은 주어진 현실 속에 자기를 집어던져 버리는 공부라야지, 알음알이와 사량 분별로 지식을 가지고 공부하면 그 결과는 교만해지기 쉽고 따라서 생명은 위축되고 마침내 남는 것은 죽음밖에 없다는 말입니다. '부딪쳐 깨지면서 체험하라. 지식이란 깨짐을 막는 장애물이다.' 이것이 저의 구호입니다.

오늘은 이만 여기서 접겠습니다.

남은 여름 편하게 지내시기 바랍니다.

감로수 감사합니다.

박성배 합장

33 천사는 천국으로

황경열 교수님,

내일이 추석이라고 모두들 야단입니다. 뉴욕의 한국인촌도 한국과 비슷해지는 것 같습니다. 그러나 스토니브룩은 여전히 조용합니다. 저는 지금 한가롭게 옛날의 추억에 잠겨 있습니다. 1966년 해인사 백련암에서 성철스님을 뫼시고 묵언정진을 하던 시절이 생각났습니다. 하루는 큰절에서 일타스님이 백련암으로 올라오셔서 좋은 법문을 해 주셨습니다. 일타스님은 입담 좋고 법문 잘하시기로 소문난 분이었습니다. 그러나 지금 저는 그때 일타스님이 무슨 법문을 해 주셨는지 기억하지 못합니다. 다만 그때 들려주신 하나의 천사 이야기만 생각납니다.

천국에서 천사가 지구촌의 무명중생을 도와주시려고 내려오시다가 생긴 일이랍니다. 지구에 가까워지니까 천사는 코를 막고 골을 찡그리며 괴로워하셨답니다. 지구촌에서 올라오는 냄새가 어찌나 고약한지 견딜 수 없었기 때문이라고 합니다.……

저는 그때 일타스님의 그 법문을 듣고 큰 감동을 받았습니다. 우리들은 모르지만 지구촌의 중생세계가 얼마나 더럽고 냄새나는 곳이라는 것을 큰스님의 법문 덕택에 뼈저리게 느낄 수 있었습니다. 그래서 저는 더욱 열심히 정진했습니다. 하루속히 이 더러운 중생세계를 정화해야겠다고 다짐했습니다. 그러나 지금의 저는 변한 것 같습니다. 저는 지금 외치고 싶습니다. "천사는 천국으로 가라!"고. 저는 지금 딴 데로 갈 생각은 추호도 없습니다. 딴 데에 더 좋은 세상이 있다고 말하는 사람들을 싫어합니다. 이 더럽고 냄새나는 중생세계에서 중생들과 함께 살아야겠다는 것이 요즈음의 제 생각입니다.

온 가족 모두 함께 즐거운 추석되시기를 빕니다.

안녕히 계십시오.

박성배 합장

34 꾸밀 것인가, 있는 그대로 드러낼 것인가 ① 2011년 9월 27일

황경열 교수님께,

저의 안식년 휴가는 벌써 절반이 지나가 버렸습니다. 대학에서 안식년 제도를 만든 것은 교수더러 모든 잡무에서 벗어나 연구와 저술에 열중하라는 뜻에서였을 텐데, 저는 요즈음 그저 편히 쉬고만 있습니다. 문자 그대로 안식安息입니다. 저는 1933년생이라 내일모레면 80입니다. 요즘은 눈이 눈 노릇을 제대로 해 주지 않고 귀가 귀 노릇을 제대로 해 주지 않으니 교수로서의 연구 활동도 제대로 할 수가 없습니다. 젊었을 땐 언제나 마음이 주인이고 몸은 종이었는지라 몸이야 망가지든 말든 죽어라고 일만 했습니다. 그러고도 별 탈이 없었습니다. 그러나 지금은 사정이 바뀌었습니다. 지금은 몸이 주인이고 마음은 몸을 받드는 종으로 변했습니다. 몸을 받들지 않으면 변을 당하니까 별수가 없습니다. 저는 이것을 자연스러운 현상이라고 생각합니다. 늙어서야 비로소 이럴 것이 아니라 진작 젊었을 때부터 이런 이치를 깨달았어야 했는데 하는 아쉬움이 있습니다. 마음이 진정으로 몸을 받들면 무심無心이 되는 것 같습니다. 그리고 하심下心도 되는 것 같습니다. 몸을 받드는 것은 우주자연의 질서를 받드는 것이라는 말이 생각납니다. 우리말의 '몸'이라는 말이 가지고 있는 두 가지의 뜻 가운데 하나인 '우주자연의 일함'이라는 뜻을 뒤늦게야 깨닫는 셈입니다. 동양에서 흔히 말하는 '사람이 하늘'(人乃天)이라는 말도 그런 뜻이 아닌가 싶습니다.

'글이란 꾸미는 데서 시들고, 있는 그대로 드러내면 피어난다'고 합

333

니다. 저는 1969년에 미국으로 건너와 퍼킨스라는 이름의 감리교 신학 대학에 들어갔습니다. 그때 받은 문화적 충격은 한두 가지가 아니었습니다. 그 가운데 하나는 구약성경을 공부할 때의 일입니다. 도저히 입에 담을 수도 없는 더러운 이야기들, 특히 자기 조상들의 죄악을 낱낱이 있는 그대로 기록했다는 사실에 저는 커다란 충격을 받았습니다. 동양에서는 상상도 할 수 없는 일입니다. 자기 나라, 자기 민족, 자기 조상, 자기 종교, 자기 패거리는 무조건 옹호하고 신격화하려는 것이 동양의 문헌기록자들이었습니다. 너무도 대조적입니다. 유태인들이 나라를 잃고 땅을 잃고 몇천 년을 그렇게 비참하게(holocaust 같은 비극을 겪으면서) 떠돌아다니면서도 아인슈타인 같은 위대한 인물을 배출한 저력을 저는 구약을 읽으면서 실감했습니다. '글이란 꾸미는 데서 시들고, 있는 그대로 드러내면 피어난다'고 하는 말은 '어느 개인'의 글쓰기에만 적용되는 말이 아니고 '어떤 무리(집단)들'의 역사쓰기에게도 적용된다고 생각합니다. 이스라엘 민족의 기록과 배달민족의 기록을 비교해 보면서 그런 생각을 했습니다. 강청화 스님과 이태허 스님을 따르는 사람들이 저를 초청해 주셨습니다. 감사할 따름이지요. 그러나 그들은 꾸미다가 시들고 마는 길을 가고 있는가 아니면 있는 그대로 드러내어 피어나는 길로 가고 있는가를 부단히 살펴보아야 할 것입니다. 몸짓 번영을 몸 번영으로 오해하면 안 될 것입니다. 그래서 저는 요즈음 '있는 그대로'를 저의 구호로 삼고 있습니다. 안녕히 계십시오.

스토니브룩에서
박성배 합장

35 신기독

선생님,

안녕하십니까?

가을 날씨가 평화롭습니다.

선생님 계신 곳도 그러하리라 짐작합니다.

집사람과 저는 이 가을, 평화로운 스토니브룩이 그리워 눈에 선합니다.

선생님께서 계시기에 더 그립습니다.

며칠 전 보내드린 「『중용』 수장을 읽고서」에 대한 선생님 말씀 듣고 보니 부끄럽습니다.

저의 공부가 너무 얕고 부족하기 짝이 없습니다.

"막현호은莫見乎隱 막현호미莫顯乎微 고군자신기독야故君子愼其獨也."

나머지 부분도 마찬가지지만 특히 이 부분을 너무 엉뚱하게 새겼습니다.

유교공부는 '신독愼獨'공부라 말씀하셨는데, 불교공부도 마찬가지라 봅니다.

저의 내면을 끊임없이 들여다보았던 정신분석공부도 단지 그 의도가 내면을 탐색한다는 점에서만은 여기서 크게 벗어나지 않는 것 같습니다.

물론 유교공부와 정신분석은 비교가 이렇게 단순한 것은 아닙니다.

유교공부를 어떻게 정신분석공부와 비교하겠습니까?

선생님 연구실에 걸려 있던 '신기독愼其獨' 글귀의 의미를 조금 알겠습니다.

막현호은 막현호미 고군자신기독야.

스승의 소중함과 은혜를 새삼 절감합니다.

저에게는 선생님과의 만남이 얼마나 소중한지 모릅니다.

한문 독해 능력이 밑바닥이지만 부딪혀 보겠습니다.

선생님 말씀처럼 주자와 대결해 보겠습니다.

하늘은 높고 말이 살찌는 평화로운 이 가을을 즐기시고 평안하시길
바랍니다.

선생님, 사모님과 함께 언제나 어디서나 건강하시길 간절히 빕니다.

황경열 드림

10월 9일

황경열 교수님께,

황 교수님은 저의 스승이십니다. 황 교수님의 편지가 아니었으면 제
가 『중용』의 필신기독必愼其獨을 가지고 또 이렇게 열심히 공부하지 않
았을 것입니다. 감사드립니다.

EBS의 9월 20일자 기획특강으로 나오는 〈도올 김용옥의 중용, 인간
의 맛—중과 화〉를 보았습니다. 도올의 강의도 재미있었고 많은 청중이
열심히 듣는 모습도 좋았습니다. 김용옥 교수님은 분명히 동양사상을
널리 알리는 데 커다란 공헌을 하고 있다는 느낌을 받았습니다. 그러나
도올은 황 교수님처럼 '중과 화'를 '몸과 몸짓'으로 풀지 않았습니다. 그
대목이 좀 아쉬웠습니다. 요즈음의 세계적인 풍조가 몸짓문화의 차원을

벗어나기 싫어하기 때문에 자꾸 몸이란 말을 피하려는 경향이 있다고 느껴졌습니다. 피한다고 문제가 해결되는 것이 아닌데 좀 답답합니다.

『대학大學』 6장의 「성의장誠意章」에도 필신기독이라는 말이 나옵니다. 거기서는 신독을 무자기毋自欺(No self deception)와 결부시켜 설명하고 있습니다. 한번 읽어 보시기 바랍니다. 저는 신독의 독獨을 사람들이 자기의 근본인 '몸'을 배반하는 결정적인 순간으로 봅니다. 이것은 물론 무명과 아집에 근거한 이기심 때문에 자기도 모르게 몸을 외면하고 무상한 몸짓에 집착하는 현상이 아닌가 생각합니다.

저는 오늘 오후 롱아일랜드의 가든 시티(Garden City)에서 거행되는 어느 불교신자의 결혼식에 주례를 맡았습니다. 제 공부가 진행되는 대로 또 쓰겠습니다.

안녕히 계십시오.

박성배 합장

36 주례사

황경열 교수님,

『경향신문』 기사 잘 읽었습니다. 오늘날 조계종의 문제는 '간화선의 위기'가 아닙니다. 병을 오진하고 있는 엉터리 의사들의 잘못된 처방에 우왕좌왕 정신을 못 차리고 있다는 데에 문제가 있습니다. 활구참선을 이야기하면서 어떻게 하면 물건을 더 잘 팔 수 있을까를 이야기하고 있으니 한심스럽기 짝이 없습니다. 몸 치료는 하지 않고 몸짓 치료만 따지고 앉아 있으니 환자의 병은 더욱 악화될 뿐입니다.

몇 달 전의 일입니다. KBS의 아침마당 목요특강 시간에 퇴계학회 이사장, 이용태 박사의 강의를 들었습니다. 그분은 원래 미국의 공학박사인데 한국으로 돌아가 처음으로 한국의 컴퓨터 회사를 차려 성공시킨 과학자요 실업가라 합니다. 그런데 그분이 당신 강의의 마지막에 자기 할아버지가 입버릇처럼 항상 하신 말씀을 인용했습니다. 그것은 '지고 밑져라!'라는 다섯 글자였다고 합니다. 어렸을 때 그는 할아버지의 그 말씀이 무슨 뜻인지를 몰랐다고 합니다. 그러다가 늙어서야 그 참뜻을 깨닫게 되었다고 말씀하시면서 당신 강의의 결론을 맺으셨습니다. 자본주의 사회에선 기대할 수 없는 일입니다.

저는 지난 10월 8일 어느 불교신자의 결혼식 주례를 섰습니다. 거기서 저는 '지는 것이 이기는 것'이라는 한국의 속담을 가지고 '가정평화의 길'을 이야기했습니다. 다음은 저의 주례사입니다.

oo 양과 xx 군의 결혼을 진심으로 축하합니다. 두 분은 틀림없이 행복하실 것입니다. 그러나 한 가지 알고 계셔야 할 것이 있습니다. 그것은 인생의 특수성입니다. "인생은 결코 간단치 않다"는 것을 아셔야 합니다. 신라의 의상대사義湘大師가 지은 「법성계法性偈」에 "일미진중함시방一微塵中含十方"이란 말이 있습니다. 눈에 잘 보이지도 않는 아주 미세한 티끌 속에 이 세상의 모든 것들이 다 들어가 있다는 말입니다. 그러므로 우리는 모든 것 속에 다른 모든 것들이 다 들어 있다고 말해야 할 것입니다. 행복하다고 하여 거기에 행복 한 가지만 있다고 생각하시면 안 됩니다. 한마디로 말해서 인생의 행복에는 그 반대의 것들이 무수히 들어 있다는 것입니다. 사람은 누구나 결혼을 하면 견디기 힘들고 넘기기 어려운 고비를 여러 차례 경험하기 마련입니다. 그러므로 문제는 이 어려운 고비를 어떻게 해야 무난하게 넘길 수 있는가를 똑바로 알아야 한다는 것에 있습니다.

이러한 문제를 지혜롭게 푸는 데 있어서 가장 중요한 것은 '사람은 원래 업業의 동물'이라는 사실을 똑바로 아는 데에 있습니다. 정도의 차이는 있지만 싸우지 않는 부부는 없습니다. 사람들은 개개가 서로 다른 차별성을 가진 동물이기 때문입니다. 이 세상의 어느 누구도 자기와 똑같을 수는 없습니다. 사람은 업의 동물(a karmic being)이기 때문에 업과 업은 서로 충돌하기 마련입니다. 구체적으로 말씀드리면 사람은 무엇을 보거나 무엇을 생각하거나 똑같을 수가 없습니다. 서울 사람과 시골 사람의 입맛이 같을 수 없고, 원하는 것이 같을 수 없고, 사고방식이나 세계관이나 가치관이 같을 수 없습니다. 남자와 여자는 같을 수 없습니다. 그러므로 나와 다르다고 화를 내서는 안 됩니다. 상대방을 존중하고 왜 이러한 차이가 생기는가를 곰곰이 생각해야 합니다. 노자老子의 『도덕경道德經』을 보면 '부드러운 것'(softness)과 '딱딱한 것'(hardness)이 싸우면 부드러운 것이 이긴다는 말이 나옵니다. 좋은 예가 이빨과 혀의 관계에서 나타납니다. 이빨은 딱딱하고 혀는 부드럽습니다. 이빨은 굳세지만 잘 부러지고 일생동안 여러 번 갈아 치워야 합니다. 그러나 혀는 평생을 써도 여전히 부드럽습니다. 우리는 부드러워야 합니다. 그러고서 딱딱한 것을 감싸 안아야 합니다. 이것이 인생을 올바로 사는 길입니다. 노자는 또 말합니다. "원수는 죽여야 한다"고 외치는 군대는 망하지만, "원수를 사랑하라"는 종교는 흥한다고 했습니다. 이러한 예는 얼마든지 있습니다. 한 집안에서 딱딱한 아버지와 부드러운 어머니를 비교해 보십시오. 결과적으로 부드러운 어머니가 이깁니다. 여자를 이기는 남자는 없습니다. 여자는 부드럽기 때문입니다. 부드럽다는 말은 남을 포용한다는 말입니다. 자기 고집을 내세우지 않는다는 말입니다. 우리들의 손발을 보십시오. 딱딱한 뼈는 모두 부드러운 살로 덮여 있습니다. 부드러운 것 없이는 딱딱한 것은 존재할 수 없습니다. 딱딱한 것은 부드러운 것의 덕을 보고 있는 것입니다.

한국의 속담에, "지는 것이 이기는 것"이란 말이 있습니다. 왜 그럴까요? 진다는 말은 부드럽다는 말입니다. 지는 사람이 있어야 인간관계는 유지됩니다. 가정이 가정답게 유지될 수 있는 것은 가족 가운데 지는 사람이 있기 때문입니다. 군대 같은 딱딱한 것들만이 사는 곳에서는 지는 것은 지는 것입니다. 그들에게 진다는 말은 패배를 의미하며 멸망을 의미합니다. 그러나 부부처럼 사랑하는 사이에서는 진다는 말의 뜻이 달라집니다. 그것은 상대방을 위한다는 말입니다. 사랑하고 돌본다는 말입니다. 이러한 가족관계의 내면을 들여다보면 재미있습니다. 부부 사이에서는 상대방이 잘되면 결국 그 덕은 자기가 봅니다. 그러므로 "지는 것이 이기는 것"이라고 말하는 것입니다.

비슷한 분위기에서 나온 말로 "미운 정, 고운 정이 다 들었다"는 한국의 속담이 있습니다. 고운 정이란 말은 말이 되지만, 어떻게 미움이 정이 될 수 있단 말입니까? 상대방이 미울 때 그것을 꺾으려 말고 내가 오히려 고개를 숙이면 그 결과는 내가 덕을 봅니다. 그래서 둘이 더 친해집니다. 여기서 주의해야 할 것은 지고 미워도 내가 지고…… 그럴 때마다 지는 그 사람은 성장한다는 사실입니다. 고개 숙이는 사람이 겉보기엔 지는 것 같지만 속으로는 그 사람이 인격적으로 성장하고 있다는 사실을 우리는 알아야 합니다. 그릇이 커진다는 말이 그 말입니다. 사람의 인격과 인품이 한 차원 더 높아진다는 말은 중요한 말입니다. "진다", "이긴다"는 이기적인 차원을 벗어나 "지는 것"과 "이기는 것"을 둘 다 감싸 안고 한 차원 더 높은 인격으로 승화하는 것은 가정평화의 핵심입니다. 대가족제도에서 어머니의 역할이 그런 것 아닙니까! 어머니는 항상 개인적이고 이기적인 자아에서 이타적이고 공동체적인 자아로 넘어가면서 살고 계십니다. 그러면 '지는 것이 이기는 것'이라는 경지가 실현됩니다. 미운 정, 고운 정이 다 든다는 말도 그런 말입니다.

사랑하는 사람들 사이의 인간관계는 참으로 묘합니다. 그러나 그 이치는 아주 간단합니다. 한문의 '사람 인人'이라는 한자를 보십시오. '사람 인'자는 우리들에게 사람은 결코 혼자가 아니라는 진리를 가르쳐 주고 있습니다. 나는 혼자가 아니고 내 주변에 반드시 나를 받쳐주는 남들이 있다는 말입니다. 그러므로 저 사람이 넘어지면 나도 넘어집니다. 내가 일어서려면 저 사람이 일어서야 합니다. 이것이 인간입니다. 사람은 혼자가 아니기 때문입니다. 불행히도 현대사회는 사람을 오해하고 착각에 빠지도록 하는 약점을 가지고 있습니다. 돈만 있으면 혼자 살 수 있다고 착각하게 만드는 것이 그 대표적인 예입니다. 돈만 있다고 부부간이 행복해집니까? 천만의 말씀입니다. 돈만 있다고 부모 자식 간이나 형제자매 간이나 함께 사는 이웃들 간의 사이가 좋아집니까? 그렇지 않다는 것을 우리는 너무나 자주 경험합니다.

불교에서 인간을 연기緣起적인 존재로 보고 이를 강조하는 것도 이러한 오해와 착각을 바로잡아 주기 위해서라고 말해도 좋을 것입니다. 저는 말하고 싶습니다. 사람이 결혼을 하고 아이를 낳고 살면 많은 것을 배웁니다. 그러므로 가정은 기가 막히도록 훌륭한 수도장입니다. 그 속에서는 강철보다 더 강한 아집과 업장들이 다 녹아납니다. 그래서 사람들의 마음속에 지혜가 자라고 자비가 자랍니다.

00 신부님, xx 신랑님 축하합니다. 두 분은 틀림없이 가정생활을 통해서 인격이 승화되어 남들을 포용하는 사랑의 화신이 될 것입니다. 그리하여 마침내 부처님의 지혜와 자비를 실천하면서 주위의 모든 사람들을 행복하게 만들어 줄 것입니다.

감사합니다.

주례 박성배 드림

주례를 하고 나니 저에겐 또 풀어야 할 문제가 생겼습니다. 불교에서 말하는 무아無我는 단순하게 개인적인 아我만 없다는 말이 아니지 않습니까? 그렇다면 '지는 것이 이기는 것'이라는 진리도 가족관계에서만 나타날 수 있다고 보아서는 안 될 것입니다. 이러한 진리는 집단과 집단 간에서도 나타나야 할 것입니다. 무아의 진리는 집단 간에서도 실천되어야 하기 때문입니다. 개인 간에서만 일하는 무아가 아니라 집단 간에서도 일하는 무아라야 한다는 말입니다. 이해상반의 집단들, 예를 들면 국가라는 이름의 집단, 종교라는 이름의 집단들이 공존하는 경우, 이런 집단들 상호 간에 생기는 갈등은 이루 말할 수 없습니다. 그래서 저는 국가, 민족, 피부, 종교 등등이 서로 다른 집단들 간에서도 무아의 진리가 일을 해야 한다고 생각합니다. 이들이 모두 무아의 진리를 실천할 수 있다면 얼마나 좋을까요. 그런데 지금 제가 이명박이나 김정일에게 '지는 것이 이기는 것'이라고 말하면 그들이 저를 어떻게 대하겠습니까? 그들이 한 차원 높은 인격으로 격상될 수 있을까요? 잘 나가는 대형 교회의 목사님이나 커다란 불교사원의 주지스님이 과연 '지는 것이 이기는 것'이라는 진리를 실천할 수 있을지 의심스럽습니다. 제 눈엔 그 가능성이 전혀 보이지 않습니다. 뭔가 크게 잘못 되어 있습니다. 가르쳐 주시기 바랍니다.

안녕히 계십시오.

박성배 합장

한형조 교수의 박성배 비판

황경열 교수님께,

어제(11년 10월 22일), 로드아일랜드 프로비던스에 있는 디자인스쿨 학생이 한 명 찾아왔습니다. 찾아온 목적은 한형조 교수의 책을 읽다가 그 속에 저를 비판하는 대목이 나오는데 무슨 말인지 몰라 부득이 찾아왔다고 합니다. 저는 원래 이러한 구도적 자세를 높이 평가하기 때문에 흔쾌히 그 학생의 방문을 허락했고 길지는 않았지만 우리들은 진지한 대화를 나누었습니다.

그 학생의 문제는 지난 3월 문학동네에서 펴낸 한형조 교수의 『붓다의 치명적 농담—한형조 교수의 금강경 별기』 43쪽에 있는 한형조 교수의 박성배 비판 때문에 생겼다고 합니다. 원효가 그의 『대승기신론소』에서 『대승기신론』이라는 책 제목을 해석하면서 '대승이 체요, 기신은 용'이라고 말한 것에 근거하여 박 교수가 책 제목을 몸과 몸짓의 논리로 풀어 '대승이 기신한다'라고 이해하면서 이제까지의 '대승을 믿는다'는 능소적 모든 번역을 오역이라고 질타한 사실을 두고, 한 교수는 이제까지의 능소적 번역이 옳다고 말하면서 오히려 박 교수를 비판하고 있는데, 그게 무슨 말인지 자기는 모르겠다는 것입니다.

한형조 교수의 이 비슷한 비판을 저는 여러 군데에서 보았습니다.

① 2005년 11월, 한형조의 금강경 강의
② 2008년 『불교와 문화』, 「한형조의 격외불교 한담」
③ 2011년 3월, 『붓다의 치명적 농담』

조현용 교수님도 2009년 9월, 스토니브룩에 오셨을 때 한형조 교수의 이러한 비판을 저에게 귀띔해 주셨습니다. 한 교수의 비판은 제가 귀담아 듣고 해명해야 할 아주 좋은 학자적 질문이라고 생각합니다. 그래서 이제부터 한형조 교수의 글들을 잘 읽어 봐야겠다고 생각합니다. 그리고 한 교수에게 직접 편지로 글을 써 보내야겠다고 생각합니다. 제가 지금 맨 먼저 해야 할 일은 자료수집인 것 같습니다. 도와주시기 바랍니다.

오늘날 학자들이 이러한 문제를 다룰 때 서로 의견을 좁히지 못하는 가장 큰 이유는 무엇보다도 불교에서 말하는 신信을 제멋대로 해치워 버리기 때문이라고 생각합니다. '일체중생이 있는 그대로 다 부처님'이라는 불교의 '신信'을 지식으로 아느냐, 아니면 체험을 통해서 알고 지금 그 믿음 속에서 살고 있느냐의 차이는 크다고 생각합니다. 이런 문제가 제기될 때마다 말의 한계, 수준의 한계를 통감합니다. 한형조 교수님이 수긍할 수 있는 좋은 글이 나와야 할 텐데 걱정입니다.

초가을 추위에 감기 걸리시지 않도록 조심하시기 바랍니다.

안녕히 계십시오.

박성배 합장

38 집사람 2011년 11월 28일

황경열 교수님,

여성(모성)은 흔히 느낌으로 일을 처리하는 것 같은데 그 느낌이 보통이 아님을 느낍니다. 시공時空을 넘어서 우주자연의 이법과 하나 되는 것 같은 그러한 느낌이 여성의 느낌인 것 같습니다. 저는 요즘 집사람 간병 때문에 아침 일찍 병원에 갔다가 밤늦게 돌아오니 남는 힘이 없습니다. 한 달이 넘도록 빌(bill, 각종 청구서)을 열어 보지 못하고 있습니다. 매일 오늘 밤엔 해야지 하면서도 그냥 자 버립니다. 원기가 떨어지고 가끔 콧물이 나오고 그러나 감기는 아닌 것 같습니다. 징크를 부지런히 먹고 있습니다.

법문무량法門無量 서원학誓願學이라고 할 때의 법문은 일체중생의 모든 몸짓들이 모두 부처님의 법문이 아닐까 하는 생각이 듭니다. 그래서 무량이라 했고, 그래서 서원학이라 했지 싶습니다. 염려해 주셔서 감사합니다. 집사람은 여전히 병원에 있습니다. 아직은 언제 퇴원할지 모릅니다. 재활치료를 계속 받아야 한다고 합니다.

안녕히 계십시오.

박성배 합장

황경열 교수님,

집사람은 원래 부드러운 사람이지만 무서운 대목도 있습니다. 지금

346

도 잊히지 않는 것은 근 50년 전 경북 김룡사에서 있었던 일입니다. 가을 학기가 시작되고 9월이 중순으로 접어들었는데 저는 김룡사에서 누워 있었습니다. 성철스님의 권유로 출가를 결심, 대학에 사표를 내고 대외적으로는 칭병와상의 연극을 하고 있었습니다. 집사람이 놀라 뛰어내려 왔습니다. 성철스님은 집사람에게 매일 삼천배를 일주일 동안 하라고 시켰습니다. 집사람은 이를 거뜬히 해냈습니다. 큰스님은 매일 "왜 출가를 해야 하는지"를 집사람에게 설명해 주셨다고 합니다. 그리고 집사람은 이제야 불교가 무엇인지를 조금 알게 되었다고 좋아했습니다. 그리고 전 가족 동시 출가를 맹서했다고 합니다. 그러고서 서울로 올라갔습니다. 집안을 정리하고 아이들을 데리고 내려오겠다고 약속했다 합니다. 그러나 그 약속은 지켜지지 않았습니다. 집사람은 혼자 내려왔습니다. 아무리 생각해도 아이들은 서울서 다니던 학교를 그대로 다니게 하는 것이 옳은 것 같다고 했습니다. 그리고 저더러 혼자 출가하라고 말하면서 떠났습니다. 저는 이를 집사람의 무서운 대목이라고 생각합니다. 그 뒤로 오늘날까지 단 한 번도 집사람은 저의 출가를 비난한 적이 없고 무엇이든 당신이 옳다고 생각하면 그대로 하라는 식이었습니다. 그런데 요즈음엔 제가 저녁에 병원을 떠나려 하면 외로운 표정으로 "나 혼자 놔두고 가?"라고 말합니다. 병원에 입원한 지가 거의 한 달이 다 되어 가는데 거의 예외 없이 꼭 이렇게 말합니다. 무서운 대목이 없어졌습니다. 안되었습니다. 집사람은 내주 월요일, 12월 5일, 성 찰스 병원(St. Charles Hospital)에서 근처의 재활치료소로 옮깁니다. 거기서 근 한 달 동안 있어야 한다고 합니다.

집사람의 회복은 더디지만 수술 후유증은 없는 것 같다고 합니다.

다행한 일입니다. 모두들 집으로 돌아가는 것보다는 전문치료소에 오래 머무르는 것이 치료에 좋다고 말하는데, 집사람은 하루속히 집으로 돌아가고 싶다고 말합니다. 또 연락드리겠습니다. 저는 요즘에도 틈나는 대로 도올의 중용 강의를 보고 있습니다. 몸짓문화만 알고 몸문화를 모르는 그에게 실망했다가 그래도 계속 보고 있자니까 많은 것을 배우게 됩니다. 공자님 말씀에 "삼인행三人行에 필유오사必有吾師라"는 말이 있습니다. 옳은 말인 것 같습니다. 또 연락드리겠습니다. 항상 염려해 주셔서 감사합니다. 안녕히 계십시오.

박성배 합장

39 생사일여

황경열 교수님,

꽃이 필 때와 꽃이 질 때는 다릅니다. 아이가 태어날 때와 사람이 죽었을 때도 그렇습니다. 꽃이 지는 모습을 꽃이 피는 모습처럼 볼 수는 없을까요? 생사일여라면 그렇게 되어야겠지요? 어느 불교신도가 법정, 성철 등등을 인용하면서 여러 말을 해서 적어 보는 말입니다. 문제는 그들이 정말 있는 그대로 살았을까 하는 것입니다.

안녕히 계십시오.

박성배 합장

황경열 교수님께

황경열 교수님,

어제 책 일곱 권과 김 보따리가 도착했습니다. 반갑고 기뻤습니다. 집사람의 병 치료에 도움이 될 것으로 믿습니다. 책값은 연초에나 보내 드릴 수 있을 것 같습니다. 학과 일을 보던 비기(Biggie)가 떠난 뒤에 이런 일을 처리하는 속도가 많이 느려졌습니다. 더구나 지금은 학기 말에다 크리스마스, 연말연초가 끼어 더욱 그러는 것 같습니다. 이해해 주시기 바랍니다. 한형조 교수와 김용옥 교수의 책은 참으로 재미있을 것 같습니다. 저는 이런 책들을 좋아합니다. 나하고 다르다고 무시해 버리는 버릇은 없는 것 같습니다. 거듭 감사드립니다.

안녕히 계십시오.

박성배 합장

꾸밀 것인가, 있는 그대로 드러낼 것인가 ②

황경열 교수님,

힘들고 지친 것은 사실이지만 배운 것도 많습니다. 있는 그대로 자기를 드러내면 어느 성자의 유명한 말씀보다 더 힘 있고 감동적일 때가 많습니다. 그래서 저는 각 종교의 경전들을 두 가지로 나눠 봅니다. 하나는 있는 그대로 자기를 드러내는 대목이고, 다른 하나는 어떤 특정한 목적을 가지고 꾸미는 대목입니다. 전자는 종교를 살리지만, 후자는 종교를 죽였습니다. 불행히도 요즘엔 종교를 죽이는 후자들이 더 판을 치는 것 같습니다. 있는 그대로는 자취를 감추고 꾸미는 자들이 판을 치는 세상이 되었기 때문이 아닌가 생각합니다. 황 교수님의 이야기는 감동적일 때가 많습니다. 그럴 때마다 저의 지친 심신에 보약 노릇을 해 줍니다. 진실 이상으로 더 힘 있는 것은 없다는 생각이 듭니다. 감사합니다.

온 가족 모두 새해 복 많이 받으시기 바랍니다.

박성배 합장

42 주사야몽

2012년 3월 27일

황경열 교수님,

고마운 연락을 받고도 그때그때 연락드리지 못해 미안합니다.

집사람은 2주 전에 퇴원했습니다. 뭐니 뭐니 해도 자기 집이 제일이라 병 치료에도 도움이 되는 것 같습니다. 식사도 잘하고 잠도 잘 자고 따라서 회복 속도도 빨라지는 것 같습니다. 그렇지만 집사람은 여전히 혼자서는 침대에서 일어나지 못합니다. 팔에 힘이 없기 때문이라고 합니다.

저는 요즈음 재미있는 경험을 하고 있습니다. 다름 아닌 주사야몽晝思夜夢에 관련된 경험입니다.

"낮에 생각했던 일이 밤에 꿈으로 나타난다"는 옛말은 일리가 있는 것 같습니다. 저는 평소에 엉뚱한 꿈을 많이 꾸는 편입니다. 이 말은 제가 낮에 깨어 있을 때 엉뚱한 생각을 많이 한다는 말도 될 줄 압니다. 그런데 요즈음 저는 계속해서 좋은 꿈만 꿉니다. 한마디로 남들을 도와주는 꿈입니다. 이러한 꿈을 꾸고 나면 아침에 일어나서 기분이 아주 좋습니다. 왜 이러한 변화가 생겨나는가를 살펴보았더니 집사람 덕택인 것 같습니다. 밤낮없이 집사람 병간호하느라고 엉뚱한 생각을 할 겨를이 없다 보니 꿈에도 집사람 병간호하는 마음가짐(자비심?)이 주가 되어 좋은 꿈을 꾸는 것 같습니다. 지난 6개월여의 집사람 병간호가 지난 수십 년간의 저의 불교수행보다도 더 나를 정화시켜 주고 있구나 하는

352

생각이 들었습니다. 불교의 수도라는 게 뭔가 하는 생각을 곰곰이 하게
됩니다.

안녕히 계십시오.

감사드리면서,

박성배 드림

43 성철회의 기조강연

2012년 5월 11일

황경열 교수님,

성철회의 기조강연 원고 초고를 보내드립니다. 항상 그러듯이 또 읽어 주시고 고쳐 주시면 감사하겠습니다.

안녕히 계십시오.

박성배 합장

5월 19일

황경열 교수님,

전화 주셔서 감사합니다. 말씀드린, 성철회의 기조강연 원고 초고에 대한 전헌 교수님의 평을 첨부합니다.

안녕히 계십시오.

박성배 합장

:: 성철회의 기조강연 원고 초고에 대한 전헌 교수님의 평 ─────────

박성배 선생님 안녕하세요.

5월 24일이면, 다음 주에 곧 서울에서 뵙게 될 것을 고대합니다.

선생님께서 건강하시고 사모님도 퇴원하셔서 회복 중이시라니 참 기쁩니다.

소식도 부지런히 못 드리는 부끄러운 사람을 용서해 주십시오.

보내 주신 글, 한 자도 안 빠지고 잘 읽었습니다.

다만 돈오돈수가 학문이 아닌 불립문자라면, 기독교의 변질처럼 신비주의를 빙자한 자본주의로 타락할까 두렵습니다.(막스 베버)

꽃은 피고, 새는 지저귀며, 사람은 말하는 자연이라서 거짓말 안 하고 말을 바로 하는 일이 사람의 몫이 아닌가 합니다.

이번 학기는 성균관대학교 유학대학원에서 바울의 로마서를 같이 읽고 있습니다.

바울은 믿음이 바로 알고 바로 말하는 것이라고 말합니다.

아니면 사람은 마음이 흔들리고 의심이 싹터서 허둥댄다고 말합니다.

바로 알고 바로 말하는 것은 감정의 진실대로 사는 것이라고 말합니다.

감정의 진실은 '죽어도 다시 사는' 영생이며, 있는 것은 있는 그대로 하나도 버릴 것 없이 다 좋을 뿐이라서, 오직 사랑으로 산다고 말합니다.

말하고 안다면서 사랑이 아니라면, 고쳐 알고 더 배우며 일이관지 사랑하는 것이 믿음이라고 말합니다.

"죽으면 끝이다!" 잘못 알고 잘못 말하면 믿음을 어기는 죄라고 말합니다.

저는 학문이 바로 말하고 바로 아는 믿음의 일상생활이라는 생각으로 아직 학교의 녹을 받아 먹고삽니다.

늘 바로 알고 말하는지 두려울 따름입니다.

선생님 주신 소중한 글 읽고 거칠게 몇 자 썼습니다.

저희 내외는 잘 지내고 있습니다.

두 분 늘 건강하시고, 선생님 서울서 반갑게 뵙기를 고대합니다.

고맙습니다.

서울에서

전헌 올림

황경열 교수님,

2012년 5월 24일 성철회의 기조강연 위해 쓴 제 글의 교정본입니다.

안녕히 계세요.

박성배 합장

:: 기조강연: 성철스님의 돈오돈수사상[1]

1. 성철스님

저를 이 자리에 초청해 주신 모든 인연에 감사를 드립니다. 저는 오늘 성철스님의 돈오돈수頓悟頓修사상이 무엇이고, 어떻게 해서 저의 삶 속으로 들어 왔으며, 그리고 지금 그것이 어떻게 저의 삶 속에서 일하고 있는가를 말씀드리려고 합니다.

1964년 7월 31일 경상북도 문경 김룡사에서 저는 처음으로 성철스님을 뵈었습니다. 그때 저는 동국대학교 불교대학 인도철학과의 조교수이었으며 대학생불교연합회 구도부의 지도교수 일도 맡고 있었습니다. 구도부 학생들은 그해 여름방학 동안 여기저기의 큰스님을 찾아다니며 법문을 듣는 구도행각을 하고 있었습니다. 우리들의 구도행각 마지막 종착역이 김룡사이었습니다. 그때 저희들은 커다란 고민을 안고 있었습니다. 저희들의 고민이란 『화엄경』 「보현행원품」을 매일 독송하면서 보현행을 실천하려고 아무리 애써도 잘 되지 않는다는 것이었습니다. 저희들의 고민을 다 들으시고 큰스님은 다음과 같이 말씀하셨습니다. "관심이 용에 쏠려 있구나. 너희들에겐 보현행이 원수로다!"

---

1) 주제: 돈오돈수와 퇴옹성철의 수증론, 일시: 2012년 5월 24일, 장소: 한국불교역사문화기념관, 주최: 백련불교문화재단.

불경을 원수라니, 청천벽력 같은 말씀이었습니다. 저는 이 충격을 딛고 일어서면서 큰스님께 여쭈어 보았습니다. "이 병을 어떻게 하면 고칠 수 있겠습니까?" 큰스님의 처방은 아주 간단했습니다. "출가하라. 머리를 깎고 중이 되라. 그리고 화두를 들고 용맹정진 하라. 삼관을 돌파하라. 제8 마계를 타파하고 구경각을 증득할 때까지……" '관심이 용에 쏠려 있다'는 큰스님의 진단은 생각해 볼수록 명진단이었습니다. 얼마 안 있다가 저는 동국대학교에 사표를 내고 김룡사로 돌아가 삭발하고 중이 되었습니다.

중이 된 저를 위하여 성철스님은 대강 다음과 같은 수도의 지침서를 주셨습니다.

첫째, 삼천배를 매일 하라.

둘째, 묵언하라. 어떠한 경우를 막론하고 아무하고도 말하지 말라.

셋째, 책을 읽지 말라. 편지는 쓰지도 말고 받지도 말라. 일체의 글을 멀리하라.

저는 큰스님이 가르쳐 주신 대로 열심히 공부했습니다. 그러나 그것은 쉽지 않은 일이었습니다. 그럼에도 불구하고 거기서 저는 크게 깨우친 바가 있었습니다. 그것은 선가禪家에서 말하는 불립문자不立文字의 정신이 무엇인가를 짐작할 수 있었다는 것입니다. "글자로 배우려 말고 몸으로 부딪치며 배워라." 뚝섬 봉은사에 대학생수도원을 만들고 조석으로 「보현행원품」을 독송하며 보현행자가 되려고 그렇게 애썼지만 결국 실패하고 만 까닭을 알 수 있었습니다. 사람이 하는 일은 모두 사람의 몸이 치르는 것인데 그 중요한 몸은 돌보지 않고 건방지게 머리로 남들이 써 놓은 문자文字나 외워 가지고 인생을 지휘하려는 오류는 심각한 문제이었습니다. 이제까지 우리들의 삶은 지극히 비돈非頓적이면서 마치 돈頓을 알고 돈頓을 실천하고 있는 듯이 착각하고 망상하는 오류를 청산해야겠다는 생각이 간절해졌습니다. 돈을 실천하는 길은 불립문자의 길이지 문자로 된 길이 아니라는 것을 깨달았습니다. 불립문자의 세계와 문자문화의 갈등은 곧 이기적 이원론二元論적인 문화와 이타적 불이론不二論적인 문화의 갈등으로 직결되어 있음을 깨달았습니다.

2. 두 가지의 길

인생공부는 둘로 나누어 이야기할 수 있을 것 같습니다. 하나는 부모나 스승의 지도 아래 문자를 배우고 책을 읽으며 책이 가르치는 대로 착실하게 사는 길입니다. 다른 하나는 자기가 이제까지 가던 길이 암초에 부딪쳐 난파를 당하면서 거기서 다시 살아나는 길입니다. 과거를 혁명적으로 청산한 다음 새로운 몸으로 인생을 다시 사는 것이 후자의 길입니다. 제가 성철스님을 만난 것은 두 번째의 경우에 속하는 것 같습니다. 성철스님이 돈오돈수를 강조하신 것은 사실입니다. 그러나 스님의 돈오돈수를 문자를 통해 알려고 애쓰는 것과 그분의 삶을 통해 알려고 애쓰는 것 사이에는 커다란 차이가 있다고 생각합니다. 그래서 저는 외치고 싶습니다. "성철스님의 돈오돈수설이 일하는 현장을 보라"고.

성철스님의 돈오돈수설이 일하는 현장에서 가장 먼저 눈에 띄는 것은 불법을 수행하는 사람들의 '믿음'이었습니다. 성철스님을 모시고 살았던 해인사 백련암의 3년이 저에게 가져다 준 가장 큰 선물은 불교에서 말하는 '믿음'이 무엇인가를 깨닫게 해 준 것이었다고 말할 수 있을 것 같습니다. 성철스님은 입만 여시면 '깨침'의 중요성을 강조하셨습니다. 성철스님이 강조하신 깨침은 고개만 끄덕거리는 알음알이 수준의 것이 아니라 불교에서 말하는 증오 즉 구경각이었습니다. 그때마다 꼭 하시는 말씀이 "돈오돈수"였습니다. 돈오돈수란 말은 구경각을 증득한 깨치신 분의 경지를 가리키는 말이라는 것입니다. 따라서 아직 구경각을 증득하지 못한 사람은 짐작도 못한다는 말입니다. 그러나 여기서 기적이 일어납니다. 아직 깨치진 못했지만 깨치신 분의 말씀을 믿기 때문에 돈오돈수란 말을

358

받아들인다는 사실입니다. 자기가 지금 그 경지에 가 있느냐 않느냐의 문제가 아니고, 돈오돈수라는 깨친 경지는 분명히 있고 그러한 경지는 깨치신 큰스님의 머릿속에 있는 게 아니라 이 세상천지의 모든 것이 돈오돈수를 증명하는 일들이라는 것입니다. 이것을 사람의 세계로 끄집어내려 구태여 말하자면, "이 세상 모든 사람들이 지금 당장 바로 이 자리에서, 보리 하나 보태지 않고 번뇌 하나 버리지 않고, 있는 그대로 완전한 부처님"이라는 것입니다. 큰스님을 믿는다는 것은 곧 일체중생을 믿는 것이 되며, 이 세상 우주만물삼라만상이 모두 있는 그대로 돈오돈수의 일함이라는 것을 믿는 것입니다.

3. 몸 바꾸기

청산은 나를 보고 말없이 살라 하고
창공은 나를 보고 티 없이 살라 하네.
탐욕도 벗어 놓고 성냄도 벗어 놓고
물같이 바람같이 살다가 가라하네.

청산과 창공, 이들은 저의 도반이요, 물과 바람은 저의 스승이었습니다. 1966년 해인사 백련암에서 성철스님을 모시고 살 때 저는 "물같이 바람같이 살라"는 나옹스님의 꿈을 꾸었습니다. 푸른 하늘, 푸른 산과 함께 살면서 물같이 바람같이 사는 것이 그때 저의 꿈이었습니다. 그래서 저는 나옹스님을 꿈에 뵌 것 같습니다. 지금 생각해도 깨끗한 꿈이었습니다. 그러나 문제는 간단치 않았습니다. 문제는 엉뚱한 데에 복마처럼 숨어 있었습니다. 가야산의 계곡이 그렇게 아름답고 백련암으로 올라가는 숲속 길이 그렇게도 좋았지만 그것이 오래가지 않았습니다. 몸이 어디에 있든 그런 것에 상관없이 업業은 저를 덮치고 말았습니다. 그러한 의미에서 속세와 산중이 다르지 않았습니다. 이때에 제기된 문제가 '몸 바꾸기' 즉 '전의轉依'이었습니다.

'몸 바꾸기'를 이야기할 때면, 저는 예외 없이 "백척간두진일보百尺竿頭進一步 현애살수장부아懸崖撒手丈夫兒"라는 말을 생각합니다. 백척간두에서 진일보하는 것은 쉽지 않습니다. 그것은 죽음을 택하는 순간이기 때문입니다. 백척간두까지 가는 사람도 드물지만 설사 갔다 하더라도 대개는 마지막 판에 물러서서 옛날 집, 즉 구각舊殼으로 돌아오고 맙니다. 현애라는 말은 천 길 벼랑 절벽에 매달려 있다는 말입니다. 아주 아슬아슬한 순간입니다. 구각에서 벗어나 환골탈태하느냐 마느냐 하는 중요한 순간입니다. 그때에 '살수', 즉 손을 놓아야 한다는 말입니다. 다시 말씀드리면 삶을 포기하고 죽음을 택하라는 말입니다. 왜냐하면 이제까지 삶의 길이라고 생각했던 그 길은 실은 죽음과 윤회의 길이요, 죽음이라고 무서워했던 그 길이 진실로 삶의 길이기 때문입니다. 그러나 사람들은 자기 생각에 갇혀 있기 때문에 진짜 삶은 죽음이라 생각하고 실지론 죽음의 길이건만 그걸 삶의 길이라고 생각하고 집착합니다. 바로 이때에 일을 치르는 것이 '믿음의 힘'입니다. 믿음이 없거나 약한 사람들은 이때에 죽음을 택할 힘이 없습니다. 그래서 손을 놓지 못합니다. 문제는 그 힘이 어디서 나오는가를 똑바로 아는 데에 있습니다.

비근한 예를 하나 들겠습니다. 여기에 얼음덩어리가 하나 있다고 칩시다. 그런데 그 얼음덩어리는 너무나 딱딱해서 '부자유' 그대로입니다. 그러나 얼음에 열을 가하면 얼음은 녹아서 물이 됩니다. 물은 액체이기에 고체인 얼음보다는 더 자유롭습니다. 그렇지만 아직도 멀었습니다. 그래서 더 자유로워지려면 쉬지 않고 계속 더 열을 가해야 합니다. 열이 백도를 넘으면 물은 다시 기체로 변해 수증기가 되어 하늘로 올라갑니다. 얼음이 물이 되고, 물이 다시 수증기로 변하는 데에서 우리는 세 가지의 다른 몸을 봅니다. 고체와 액체와 기체입니다. 우리들의 사전에는 그렇게 정리되어 있습니다.

불교의 수행에서도 이와 비슷한 현상을 봅니다. 일생을 얼음덩어리처럼 고체로 사는 사람도 있고, 물처럼 액체로 사는 사람도 있고, 수증기처럼 기체로 사는 사람도 있습니다. '전의'란 말은 구태의연하지 않고 과감하게 몸을 바꾸는 것을 뜻합니다. 여기서 주의할 것은 몸 바꾸기에도 여러 가지 차원이 있다는 사실입니다. 어떤 사람은 고체 같은 몸을 액체 같은 몸으로 바꿔 사는 것으로 몸 바꾸기를 마쳤다고 생각합니다. 이 정도만 되어도 대단한 것이지만, 그래도 거기에 머물러서는 안 됩니다. 그래서 어떤 사람은 거기에 머무르지 않고 계속 열을 가하는 수행을 합니다. 그러면 다시 몸을 바꿔 수증기나 공기처럼 눈에 보이지 않는 기체 같은 몸으로 전의를 합니다. 물 같고 바람 같은 공기라야 천하를 덮습니다. 그러므로 저는 불교적 수행을 이야기한다면서 몸 바꾸기를 문제 삼지 않는 경우를 한심스럽게 생각합니다. 몸 바꾸기의 원동력은 한마디로 말해서 계속 열을 가하는 '꾸준함'과 '치열함'에서 나온다고 생각합니다. 이것이 믿음의 힘입니다.

저는 어제 모기 한 마리를 죽였습니다. 날씨가 더워지자 모기떼들이 기승을 부리고 돌아다닙니다. 어젯밤에 그 가운데 한 놈이 저를 물었습니다. 저는 저도 모르게 이놈을 때렸습니다. 모기는 그 자리에서 즉사했습니다. 저는 이때 아무런 후회도 죄책감도 없었습니다. 저는 평생을 이렇게 살아왔습니다. 그런데 어젯밤엔 『아함경』에 나오는 어느 비구의 이야기가 생각났습니다. 부처님 당시에 어느 비구가 여행 중에 도둑을 만났답니다. 도둑들은 비구가 가진 것을 다 빼앗은 다음, 그 비구를 넘어뜨려 두 손을 길가에 있는 키 큰 풀에다 묶어 놓았습니다. 비구니까 부처님의 불살생계를 지키겠지 하고 하는 짓이었을 것입니다. 그 비구는 풀에 묶인 채 거기서 한참 동안 움직이지 않고 누워 있었습니다. 그리고 사람이 오기만을 기다리고 있었습니다. 자기가 일어서면 풀이 뽑혀 죽을 것이 두려웠기 때문입니다. 그래서 그는 스스로 일어서지를 못했던 것입니다. 그 비구는 풀 한 포기 뽑히는 것 정도야 불살생계를 범하는 것도 아니라고 생각하는 그런 사람이 아니었습니다. 똑같이 부처님을 믿고 부처님의 가르침을 실천한다고 말하지만 그 내막을 들여다보면 이렇게 천차만별입니다. 여기서 그 다른 점을 들여다보면 한쪽은 모기 한 마리 죽이는 것을 대수롭지 않게 생각하는 식이고, 다른 쪽은 풀 한 포기도 뽑아 죽게 하지 못하는 식입니다. 전자가 말만의 수행을 했다고 한다면, 후자는 쉬지 않고 꾸준하게 철저히 수행했다고 말할 수 있을 것입니다. 문제는 겉과 속이 일치하고 앞과 뒤가 다르지 않으며 간단없이 버티는 수행과, 겉과 속이 같지 않고 앞과 뒤도 일치하지 않는 수행은 다르다는 것을 밝히는 데에 있습니다.

『아함경』에 나오는 풀에 묶인 비구의 이야기도 알고 보면 그 메시지는 간단하고 명료합니다. 어떠한 상황에서도 쉬지 않고 계속 수행한다는 것입니다. 수행이란 열을 가했다 말았다 하는 일이 아닙니다. 그러면 고체가 액체로 변하는 몸 바꿈이 이루어지지 않습니다. 액체가 기체로 변하는 몸 바꿈도 이루어지지 않습니다. 쉬지 않고 꾸준하게 열을 가해야 수행이라고 말할 수 있습니다. 그래야 백척간두에서 진일보하고 현애에서 살수하는 몸 바꿈이 이루어집니다. 고체가 액체 되고 액체가 기체 되는 몸 바꿈은 열을 가했다 말았다 하는 데서는 이루어지지 않습니다. 올챙이가 개구리로 몸을 바꿀 때도 그렇고, 암탉이 계란을 병아리로 부화시킬 때도 이치는 마찬가지일 것입니다. 우리는 『아함경』의 비구 이야기를 다시 음미해야 할 것 같습니다. 이런 이야기들은 모두 '몸 바꿈' 즉 '전의'의 메시지를 전하는 대목입니다. 여기서 한 번 더 강조하고 싶은 것은 '전의' 없는 수행은 불교적 수행이 아니라는 것입니다. 스승을 믿고 돈오돈수를 믿고 일체중생이 부처님임을 믿는 사람에게 어떻게 하여 '몸 바꾸기'가 핵심 문제로 등장하게 되었을까요? 성철스님의 돈오돈수에서 이 대목을 놓치면 헛농사짓는 것입니다.

여기서 저는 불가피하게 옛날에 겪은 일을 하나 털어놓아야겠습니다. 그것은 1960년대 초반의 일이었습니다. 오대산 월정사에서 동국대학교 불교대학에 다니는 승려 종비생을 위한 수련대회가 열렸습니다. 탄허스님을 모시고 일주일간의 불교공부를 하기 위해서였습니다. 그때 대학에서는 불교대학의 교수 두 사람을 동행하도록 했습니다. 말하자면 수련대회의 지도교수 일을 맡긴 것입니다. 그때 한 교수가 화엄사상을 비판했습니다. 그 당시로서는 어려운 일이었습니다. 그것은 화엄의 신해행증信解行證을 해신행증解信行證으로 신信과 해解의 순서를 바꿔야 한다는 주장이었습니다. 주장의 근거는 해解 없는 신信은 불가능하기 때문이라고 했습니다. 또한 그 교수는 불교의 무기력함을 비판하면서 불교에는 기독교의 종교개혁과 같은 경천동지의 자가혁명이 없었다고 한탄했습니다. 이때 저는 학부시절에 들은 유럽 중세의 기독교철학 강의가 생각났습니다. "신해행증은 기독교에도 있습니다. Faith seeks understanding이 바로 그 소식입니다." 그래서 저는 '신 이전의 해'와 '신 이후의 해'를 혼동하면 안 되지 않느냐고 반문했습니다. 그리고 중국불교의 선운동禪運動은 마틴 루터의 종교개혁도 족탈불급인 경천동지의 대지진적 혁명이었다고 주장했습니다. 선승들이 법당의 불상을 때려 부수고, 불경을 불사르고, 살불살조殺佛殺祖를 외치며 불립문자운동을 전개한 것은 실로 불교권 내의 종교개혁만이 아니고 전 세계모든 종교의 종교개혁을 외친 것이 아니었겠느냐고 따졌습니다. 선문의불립문자운동은 타 종교에선 그런 예를 찾아볼 수 없는 무서운 혁명이었습니다. 그것은 개혁이란 말로는 감당할 수 없는 문자 그대로의 혁명이었습니다. 결국 선문의 불립문자운동은 불교권뿐만 아니라 아세아 전체의 문화적 물줄기를 바꾸어 놓은 위대한 사건이었다고 저는 주장했습니다. 여기서 우리들이 풀어야 할 문제는 불교권에서 말하는 신과 해의 관계를 밝히는 일입니다. 그리고 선문의 불립문자운동의 차원과 깊이를 바로 알자는 것입니다. 성철스님의 돈오돈수는 이러한 당면의 문제들을 바로 짚고 나가는 데 커다란 역할을 담당했다고 생각합니다.

4. 인간의 실종

　사람의 실종, 어디를 가 보나 사람은 없고 기계만 있습니다. 사람이 모두 기계화되어 버렸다는 말입니다. 이것은 현대문명의 가장 큰 비극입니다. 얼마 전에 집사람이 평지에서 넘어져 장장 6시간의 커다란 척추수술을 받았습니다. 그래서 올봄의 우리 집 마당은 주인을 잃은 듯 엉망이 되어 버렸습니다. 그래서 저는 마당일 하는 미국 청년을 하나 채용했습니다. 그 미국 청년은 제가 보든지 말든지 쉬지 않고 열심히 일하는 아주 정직한 사람이었습니다. 그런데도 문제가 있었습니다. 마당일의 핵심은 마당에 있는 꽃나무들을 기쁘게 해 주고 잘되게 하는 것입니다. 그러나 그 사람에겐 그게 없었습니다. 다시 말하면 왜 자기가 이렇게 열심히 풀을 매는지 그리고 비료는 왜 주는지를 모르는 듯했습니다. 생명을 위하여 사랑을 실천하는 것이 풀매기요, 비료 주기이며, 마당일의 핵심인데, 그에겐 이것이 없었습니다. 별일을 다 잘해도 이것이 없으면 마당일은 빵점입니다. 제가 채용한 미국 청년은 착실하고 정직한 사람이었습니다. 그러나 그가 일하는 방식은 너무나 기계적이었습니다. 제가 무엇을 원하는지 누구를 위해 이런 일을 하는지를 모르고 있는 것 같았습니다. 제가 원하는 것은 기계적으로 풀 뽑고 비료 주는 것이 아닙니다. 꽃나무들이 잘되는 것이 제가 바라는 일입니다. 결국 꽃들이 잘 자라는 것이 우리 모두의 목적일 것입니다. 그런데 미국 청년은 거기까지는 생각이 미치지 못한 듯했습니다.

　옛날 함석헌 선생의 말씀이 생각납니다. 사람들의 그 많은 직업들 가운데서 가장 좋은 직업은 농업이라고 그는 말씀하셨습니다. 왜냐하면 농부는 밤낮없이 밭에서 살지만 일단 정력이 논과 밭의 작물들을 행복하게 하고 잘되게 하는 데에 집중되어 있기 때문입니다. 말하자면 농업은 사랑의 실천이라는 것입니다. 어머니가 갓난아이를 키울 때도 마찬가지입니다. 엄마의 마음엔 아이 잘되는 것밖엔 없습니다. 사랑입니다.

　요즈음 학자들이 학계에서 하는 일도 그렇습니다. 그 미국 청년처럼 기계적이면 안 됩니다. 지금 학계가 자기에게 무엇을 원하는지를 알아야 합니다. 그리고 나아가서 그 일이 결국 사람들에게 무슨 도움을 주는지를 알아야 합니다. 모두들 부지런히 공부하는 것은 사실입니다. 그럼에도 불구하고 뭔가 실종된 듯한 느낌을 지울 수가 없습니다. 문제는 두 가지로 압축됩니다. 첫째는 지금 학계가 자기에게 왜 이러한 연구주제를 요청하고 있는지를 모르고 있는 것 같고, 둘째로는 마당일로 치면 철쭉꽃에 해당하는 독자들을 위할 줄 모르고 있는 것 같습니다. 학자들이 논문을 발표하거나 책을 출판하면서 항상 문제가 되는 것은 10년 후, 100년 후, 아니 1000년 후에 자기가 발표한 글들이 끝없는 미래의 독자들에게 어떤 도움을 줄 것인가에 대해 생각하지 않는 듯이 보인다는 것입니다. 지금은 무주공산처럼 보이는 학계이지만 알고 보면 학계에는 마당일 시키는 주인과 같은 목마른 사람들이 있습니다. 이러한 사람들을 의식하지 못하면 일하는 학자 자신도 사람임을 포기하고 있다고 말할 수밖에 없습니다. 요즘 학자들의 업적평가는 그 업적이 사람들을 어떻게 도와주었느냐에 초점을 맞추지 않고 있습니다. 사람이 실종하면 모든 것이 다 무의미해집니다. 점수는 모두 A학점인데 공부하는 사람에게도 공부의 보고를 받는 사람에게도 도움이 되지 않는다면 최종 점수는 F학점을 면할 수 없습니다.

5. 오늘날 세상

　현대의 특징은 한마디로 서로 다른 사람들이 함께 사는 세상이라고 말할 수 있을 줄 압니다. 종교다원주의라는 말도 이러한 배경에서 나왔을 것입니다. 한국의 종교계를 보면 우리는 모두 다른 종교를 믿는 사람들과 함께 살고 있습니다. 그러므로 불교인들은 기독교를 올바로 알고 있어야 할 것입니다. 사월 초파일 부처님 오신 날 신부님이 절에 오시고, 크리스마스에 스님들이 교회를 찾아가는 일은 크게 환영해야 할 일입니다. 그러나 그런 수준에 안주해서는 안 될 것입니다. 그런 것은 몸짓 차원의 테두리 안에서도 얼마든지 일어날 수 있는 일이기 때문입니다. 두 종교의 진정한 만남은 몸의 차원에서 일어나야 합니다. 기독교에서 막힌 점을 불교가 뚫어 주고, 불교에서 막힌 점을 기독교가 뚫어 주는 세상이 되어야 합니다. 창조주 하나님과 피조물인 인간이 따로 떨어져 가지가지 어려움을 겪고 있는 기독교에 불교가 할 수 있는 일은 무엇일까요? 일체중생이 모두 완전한 부처님이라 해 놓고 옥신각신 서로 잘났다고 싸우고 있을 때 기독교가 불교를 위해 해 줄 수 있는 일은 없을까요?

창조주 하나님과 피조물 사람을 철두철미 둘로 나누는 기독교 신학과 깨친 자와 깨치지 못한 자를 철저하게 나누는 간화선의 활구참선이 서로 어떻게 다르다고 설명할까요? 기독교에선 그렇게도 심하게 죄를 따집니다. 그 많은 죄 가운데 가장 무서운 죄가 원죄라고 합니다. 신과 자기의 다름을 망각하는 죄가 원죄입니다. 저는 원래 이것은 말이 안 된다고 생각했었습니다. 일체중생이 모두 부처라는 잣대를 가지고 기독교를 재고 앉아 있었던 것입니다. 그러다가 1969년 미국 텍사스주 댈러스시에 있는 감리교 신학대학에 들어가 성경공부를 하다가 문득 깨달았습니다. 기독교에서 말하는 하나님의 세계는 불교에서 말하는 몸의 차원이기 때문에 이것을 아무리 잘 설명하려 해도 결국은 하나님의 세계를 인간의 차원 즉 몸짓문화 속으로 끄집어 내리는 일 밖에 딴 짓이 아니라는 것을 깨달았습니다. 그러한 짓은 천만 년을 계속해서 해 보았자 결국은 하나님의 세계를 흐리게 하는 짓 밖에 딴 것이 아님을 깨달았던 것입니다. 이것은 성철 스님이 저더러 눈이 용用(몸짓)에 쏠려 있다고 야단치는 것과 똑같다고 생각했습니다. 다시 말씀드리면 불교의 깨치신 선지식들이 항상 주장하는 것처럼, "깨치지 못한 자가 제아무리 별짓을 다해도 결국 그것은 깨치지 못한 경지를 정당화하고 깨친 경지를 더욱 미궁으로 몰아넣어 흐리게 만드는 결과 밖에 아무것도 아니다"라고 야단치는 것과 똑같았습니다. 그러한 방식으로는 아무도 몸짓문화의 감옥살이에서 벗어날 수 없습니다. 불교에서 각覺과 미각未覺을 왜 그렇게도 따집니까? 미각을 각이라 착각하고 오해하면 영원히 각과는 담을 쌓기 때문이 아니겠습니까. 똑같습니다. 그러면 그럴수록 더욱 더 몸짓 차원을 벗어나지 못하기 때문입니다. 이런 문제를 놓고 불교와 기독교는 얼마든지 대화의 폭을 넓히고 이해의 깊이를 심화시킬 수 있다고 생각합니다.

6. 체용의 논리

체용의 논리는 생명의 논리이고 사랑의 논리입니다. 그러한 의미에서 그것은 보통의 논리하고 다릅니다. 그것은 불이不二의 논리이고 불립문자不立文字의 논리입니다. 그래서 학자들은 이를 공부하다가 중도에 하차하는 경우가 많습니다. 오래전 이야기입니다만 미국의 스탠포드대학 불교학 교수가 불교학자들이 많이 모인 학회에서 공개적으로 자기는 학생들에게 체용의 논리를 가르치지 않는다고 말해서 파문을 일으킨 적이 있었습니다. 그는 말했습니다. "체용의 논리는 학생들을 혼란에 빠트리게 하는 결과 밖엔 아무것도 가져다주는 것이 없다." 저는 이것을 미국의 비극이요, 학계의 수난이라고 평했습니다. 체용의 논리를 가르치지 않고 어떻게 동양종교의 핵심을 밝힐 수 있겠습니까? 생명과 사랑을 어떻게 요즘의 이원론적인 논리에다 다 담을 수 있겠습니까? 못 담는다고 불교학자들이 생명과 사랑을 우리의 관심사에서 빼내 버릴 수 있습니까? 말도 안 되는 소리입니다. 생명과 사랑은 우리들의 이원적 잣대로는 도저히 잴 수 없습니다. 이것은 성철스님의 돈오돈수사상에서도 여실히 드러납니다. 성철스님이 저에게 관심이 용에 쏠려 있다고 한방 놓으셨을 때, 저는 쓰러질 것 같은 현기증을 느꼈습니다. 이러한 연유로 용用에 쏠려 있는 제 관심을 체體로 돌리는 일이 제가 성철스님을 모시고 해인사 백련암에서 한 공부의 전부라고 말해도 좋을 것입니다. 이러한 공부의 핵심에 돈오돈수頓悟頓修사상이 놓여 있었습니다. 오悟와 수修는 불교의 수행을 이야기할 때 항상 붙어 다니는 전문용어입니다. 돈오돈수는 이들 둘을 하나로 묶는 작업입니다. 오따로 있고 수 따로 있으면 불교공부가 아니라는 것입니다. 이 말은 오와수를 시간적인 또는 인과론적인 개념으로 봐두어서는 안 된다는 것입니다. 많은 사람들이 오와 수를 이야기하면서 돈이냐 점이냐를 따지다가 길을 잃고 맙니다. 돈의 원래 의미는 '몰록'입니다. 이 말은 꿈을 꾸다가 깨어날 때를 표현하는 말입니다. 꿈은 환幻인데 그걸 실체시하니까 시간이들어오고 인과가 들어옵니다. 시간도 그렇고 인과도 그렇고 모두 이원의세계에서 이기적인 탈을 쓰고 함부로 하는 말입니다. 부처님의 불이법문에서는 쓰지 않는 말입니다. 성철스님이 지해知解를 때리는 가장 큰 이유는 지해의 앞잡이 노릇 하는 문자를 때리기 위한 것입니다.

큰스님은 저에게 조용히 말씀하셨습니다. "돈오돈수란 말은 불자의 신信을 다른 말로 표현한 것에 불과하다", "일체중생이 있는 그대로 완전한 부처님이라는 말이 사실이라면 돈오돈수란 말 밖에 딴 말이 있을 수없다"는 것이 큰스님의 의중이었던 것 같습니다. 문제는 그런 말들이 남의 말처럼 들린다는 데 있습니다. 큰스님의 이러한 가르침이 결국 저로하여금 몸과 몸짓의 논리에 열중하게 만들었습니다. 문제의 핵심은 몸의발견에 있습니다. 그래서 몸짓으로 살지 않고 몸으로 살자는 것입니다. 몸엔 두 가지의 뜻이 있습니다. 하나는 우리들이 보통 말하는 생주이멸의무상한 몸이고, 또 하나는 항상 우주에 가득 차 생주이멸을 가능하게 하는불생불멸의 몸입니다. 그런 몸을 발견해야 우리의 몸짓은 배은망덕의 이기적인 못된 몸짓을 하지 않게 됩니다. 몸의 몸짓은 몸짓의 몸짓이 아닙니다. 우리들의 관심이 용에 쏠려 있는 한 우리들의 몸짓은 배은망덕을그만두지 않습니다. 그러한 경지에서는 겉 다르고 속 다르고, 앞 다르고뒤 다른 거짓과 속임수의 이중인격을 면할 수가 없습니다. 그것은 결국 우리들을 파멸의 길로 몰고 갑니다. 돈오돈수란 배은망덕 그만두라는 말입니다. 몸의 발견이 바로 돈오돈수란 말입니다. 몸을 다른 말로 하면 사랑이요 생명입니다. 그러므로 사랑의 발견이 바로 돈오돈수입니다. 체와 용의 논리, 다시 말하면 몸과 몸짓의 논리는 몸을 발견한 사람들이 증언한 생명의 논리요 사랑의 논리입니다. 그러므로 동양에서 말하는 몸의 발견은 서양에서 말하는 신의 발견에 비견할 수 있다고 생각합니다.

사람은 누구나 몸을 가지고 있습니다. 그런데 몸에는 두 가지 면이 있습니다. 하나는 자기 고유의 개체적인 몸이고, 다른 하나는 누구하고나 공유하는 우주적인 몸입니다. 사람이 부처님이란 말은 우주적인 몸으로 볼 때 사람은 다 부처님이라는 말입니다. 이 세상엔 종교가 많습니다. 남의 종교를 그들의 몸짓으로 보지 말고 그들의 몸으로 보라고 말하고 싶습니다. 그러면 그들의 몸과 나의 몸이 다르지 않음을 볼 것입니다. 다시 말하면 기독교의 몸과 불교의 몸은 두 가지의 서로 다른 몸이 아니란 말입니다. 생일날 생일을 축하하는 수준의 종교 대화는 그만두고 같은 몸을 보라고 말하고 싶습니다. 그게 진정한 대화의 길이기 때문입니다.

사람은 누구나 몸으로 살고 있습니다. 몸짓이란 몸의 일함입니다. 그러므로 몸짓이 있다는 말은 몸이 일한다는 말입니다. 그런데 해괴하게도 그 몸짓이 몸을 괴롭히는 그런 짓들을 밤낮 밥 먹듯이 하고 있다는 사실입니다. 다만 어린이들만 빼놓고 말입니다. 그래서 불교적 수행에 영아행 嬰兒行이 들어 있고 예수님도 영아처럼 되지 않고서는 아무도 천국에 갈 수 없다고 말씀하시지 않았나 싶습니다. 다시 말하면 밥 먹고 잠자고 하는 경우의 몸짓은 진정한 몸의 몸짓이고 사람들을 이간질하고 서로 싸우게 만드는 모든 몸짓들은 몸의 몸짓이 아니고 잘못된 생각의 앞잡이 노릇하는 못된 몸짓의 몸짓입니다. 그러므로 몸짓을 볼 때 이것이 몸의 몸짓인가 아니면 잘못된 생각의 앞잡이 노릇 하는 못된 몸짓인가를 분명히 가릴 줄 알아야 할 것입니다.

7. 맺는말

6·25 때, 한강 다리를 폭파한 공병 대령이 사형을 당했습니다. 이승만 정권 때 생긴 일입니다. 처형당한 공병 대령의 가족들이 기가 막혀 이승만 정권을 고소했습니다. 정권이 여러 번 바뀌도록 그 고소는 유야무야 수십 년 동안 팽개쳐져 있었습니다. 그러다가 얼마 전 민주정권이 들어서자 마침내 사법부는 공병 대령의 무죄를 선언했습니다. 6·25 때의 한강 다리 폭파를 어떻게 평할 것인가? 관점에 따라 모두 말이 다를 것입니다. 이것이 용에 관심이 쏠린 몸짓세계의 한계입니다. 성철스님이 지해知解를 폭파해 버리려고 하자 말이 많았습니다. 우리는 왜 성철스님이 지해를 폭파하려 했는가를 바로 보아야 합니다. 지해가 죄인은 아닙니다. 한강 다리에 무슨 죄가 있느냐는 반문이 가능하듯 지해에 무슨 죄가 있느냐고 되물을 수 있습니다. 기독교 역사에 마르틴 루터의 종교개혁을 무색하게 한 선승들의 철두철미한 불립문자운동의 속사정을 우리는 들여다볼 줄 알아야 합니다. 성철스님이 제자들에게 자주 쓰신 고담이 있습니다. "가공할 살인범이 나무 위로 도망가 내려오지 않을 때 나무를 자르지 않느냐?"는 고담입니다. 나무에 무슨 죄가 있습니까? 그러나 우리는 나무를 자르지 않을 수 없는 상황을 똑바로 보아야 합니다. 문자에 무슨 죄가 있습니까? 지해에 무슨 죄가 있습니까? 그러나 우리는 문자문화의 목을 베고 지해의 아성을 폭파하는 불립문자운동을 하지 않을 수 없었던 선운동禪運動의 고충도 알아야 합니다.

성철스님은 돌아가시면서 시를 한 수 남기셨습니다. 「임종게臨終偈」입니다. 거기서 스님은 "평생 사람만 속이다가 이제 떠난다"고 고백했습니다. 당신까지 포함하여 문자문화를 고발하신 것입니다. 성철스님은 『선문정로』 서문의 첫 구절에서 "고금 선지식들의 현언묘구玄言妙句가 모두 눈 속에 모래를 뿌리는 짓들"이라고 매도했습니다. 똑같은 서문의 마지막 구절은 이렇습니다.

허허, 구구한 잠꼬대가 어찌 이렇게 많은고!

억!

둥근 달 밝게 비친 맑은 물결에

뱃놀이 장단 맞춰 금잉어 춤을 춘다.

우리는 그동안 눈길이 너무 오래 용에 쏠려 있었습니다. 이제 우리는 눈을 체로 돌려야 합니다. 그래야 불법을 믿는 사람입니다. 불법을 바로 믿으면 백척간두에서 손을 놓지 않을 수 없습니다. 이것이 '몸 바꾸기' 즉 '전의轉依'의 현장입니다. 이것이 성철스님이 강조하신 '돈오돈수'사상의 핵심입니다.

감사합니다.

황경열 교수님,

송재운 박사의 성철회의 기조강연 원고 교정본 소감 편지를 전달합니다.

:: 성철회의 기조강연 원고 교정본에 대한 송재운 박사의 소감 ─────

그간 별고 없으셨지요. 선생님 원고를 인쇄해서 2번이나 읽었습니다. 내용이 하도 좋아서였습니다. 오늘 〈돈오돈수와 퇴옹성철의 수증론〉 학술 포럼에 김용정 선생과 제가 연락해서 함께 갔었지요. 물론 1차 목표는 선생님과 상봉하는 것이었습니다. 그런데 오시지 않아서 여간 서운하지 않았습니다. 아마도 사모님과 같이 동행이 어려우셔서 못 오신 것 같아 걱정이 됩니다. 괜찮으시겠지요? 원택스님이 인사말 하고 목정배 교수가 강

371

연을 했고 그리고 다음에 선생님 원고를 누가 대독했는데 아주 잘 읽었습니다. 그리고 서강대 서명원 교수, 서울대 윤원철 교수의 순서로 발표가 있었습니다.

그런데 돈오돈수든 또는 돈오점수든 선을 말로 다하는 것 같은 느낌입니다. 성철스님은 돈오돈수의 구경각을 얻으셨는지요? 저는 부처님 이후 깨친 사람들은 아무도 없다고 생각합니다. 화투, 포커 놀음하지 말고 작은 일이라도 선행을 하는 스님이 진정 깨친 스님이지요. 말로 아무리 돈오돈수 떠들어 봤자 중생에게 무슨 이익이 있겠습니까. 요새 한국의 비구승들이 너무 오만하고 부패하고 게으르고 막행막식 합니다. 결국은 간화선이 승풍을 이 지경으로 타락시킨 원흉이라고 봅니다. 쓸데없는 말했나 봅니다. 안녕히 계세요.

2012. 5. 24. 송재운 드림

황경열 교수님께,

감사합니다. 우리 집사람의 건강은 나날이 좋아져 가고 있습니다.

그동안의 여러 성철회의에서 불교학자들이 내뱉은 불립문자에 대한
비판들이 좋은 연구거리라는 생각이 듭니다. 선종의 구호는 '불립문자不
立文字'입니다. 그러나 저는 이 말을 선종의 역사 속에서만 보려 하면 그
본래 뜻이 흐려질 염려가 있다고 생각합니다. 선종운동이 처음 일어날
때 문자에 의지하는 교종과 이를 때려 부수려는 선종과의 대결 구도를
넘어서서, 그때 도道를 그리워하는 사람들이 무엇을 그리워하고 있었는
지를 들여다볼 줄 알아야 한다고 생각합니다. 도道를 그리워하는 사람
들은 동서고금 어디에나 언제나 있었습니다. 무대 장치가 다르고 옷을
바꿔 입고 화장을 달리했을 뿐, 모두 다 똑같은 인간입니다.

그래서 저는 공자님의 『논어』 「술이述而」 제7第七 첫머리에 나오는
"술이부작述而不作 신이호고信而好古"에서도 문자문화와 무문자문화의 대
결을 봅니다. 저는 처음의 술이부작述而不作을 종래의 번역과는 다르게
읽고 있습니다. 종래의 번역은 "공자는 기술을 했을 뿐 창작은 하지 않
았다"는 식이었습니다. 공자님의 이 말씀을 문자문화의 무대에서만 본
것입니다. 그러나 저는 공자님의 참뜻을 드러내기 위해서 짐짓 기독교
인들이 쓰는 말투를 빌려 "작作은 창조주 하나님이 하시는 일이다. 그리
고 술述은 인간이 하는 일이다. 어찌 인간이 창조주 하나님이 하는 일을
한단 말인가?"라고 하였습니다. 문자 발명 이후 천하에 번져 가고 있는

‘문자문화 병’에 대한 도전입니다. 작作은 진리 자체의 일함입니다. 공자님은 여기서 분명히 말씀하고 계십니다. “나는 진리의 일함을 기술할 뿐, 진리를 만들지는 않는다”고. 부처님도 자기는 있었던 길을 발견한 사람일 뿐이지, 길을 만들지는 않았다고 말씀하셨습니다. 같은 맥락이라고 말할 수 있을 것 같습니다.

그다음의 신이호고信而好古에서도 ‘고古’자를 하나님의 세계를 가리키는 말로 보면 좋겠다는 생각이 들었습니다. 여기서도 저는 기독교인들의 말투를 빌려, “그래서 이 대목은 신信으로 시작되었다. 그리고 신信과 고古는 ‘호好’자로 연결되어 있다. 호好는 사람이 가장 사람답게 사는 모습이다. 가장 원초적인 감성적 표현이다……”라고 하였습니다. 여기서 저는 고古가 문자문화 이전의 무문자문화를 상징적으로 가리키고 있다고 생각합니다. 공자나 노자나 눈 밝은 간화선객들이나 모두가 ‘문자문화의 문제점’ 때문에 괴로워한 사람들입니다.

요즘 불교학자들이 안심하고 내뱉는 불립문자에 대한 반응을 보면 해도 해도 너무 한다는 생각이 듭니다. 앞으로 이를 정리하는 작업도 제가 해야 할 일들 중의 하나라고 생각하는데, 일거리들이 너무 지루해서 곧잘 싫증이 납니다. 저의 한계인지도 모르겠습니다.

황 교수님 내외분 항상 건강하시기를 빕니다.

박성배 합장

45 주례사

황경열 교수님,

폐렴을 앓고 누워 있느라고 요즘 저는 제가 해야 할 일들을 아무것도 못하고 삽니다. 그런데 얼마 전, 과거에 제 강의를 들었던 남녀 학생 둘이 찾아왔었습니다. 자기들 둘이 결혼을 한답니다. 그리고 저더러 주례를 서 달래요. 폐렴에 걸려 힘이 빠진 상태이었지만 거절할 수가 없었습니다. 어제 오후, 근처의 컨트리클럽(Country Club)에서 열린 그들의 결혼식에 나가 주례를 섰습니다. 의사들도 가족들도 모두 조심해야 한다고 만류했지만 별수 없었습니다. 한번 약속한 일을 막판에 어길 수가 없었습니다.

그런데 어제 했던 제 주례사에 제가 지금 걸려 있습니다. 걸린 대목을 한번 정리해 보겠습니다.

저는 1960년에 결혼했습니다. 몇 년 전에 우리 딸들이 주선해서 결혼 50주년 기념 여행으로 한국도 다녀왔습니다. 집사람은 저보다 다섯 살 위입니다. 말하자면 연하의 남자가 연상의 여인과 결혼을 한 셈이지요. 집사람의 키는 저보다 훨씬 작습니다. 그녀의 머리는 저의 어깨밖에 이르지 않습니다. 저의 몸은 튼튼한 편인데, 그녀의 몸은 왜소하고 약한 편입니다. 그래서 신체적으로 볼 때 그녀는 저하고 상대가 안 됩니다. 뿐만 아니라 우리 사이엔 대조되는 게 많습니다. 저는 버클리의 박사학위를 가지고 있고, 지금 미국 대학의 교수이고, 그동안 책도 여러 권 냈고 등등, 제 이력서는 비교적 화려한 편입니다. 그러나 집사람의 이력서엔 쓸 것이 아무것도 없다고 합니다. 그럼에도 불구하고 저는 지금 집사람 앞에서 꼼짝을 못합니다. 회사로 치면 집사람은 회장이고 저는 평사원 같습니다. 그러니 저는 항상 회장님 앞에서 쩔쩔 매면서 살고 있는 것 같습니다. 왜 이렇게 되었을까요? 무엇보다도 집사람의 (정신적) 세계는 제 것에 비하면 엄청나게 큰 것 같습니다. 저는 집사람의 세계에 푹 들어가 제 꼴이 보이지 않을 정도입니다. 제 세계는 너무도 작다는 말입니다. 제 세계는 너무 작아 나 혼자도 들어가 앉아 있기 어려울 정도입니다. 왜냐하면 저는 그동안 저밖에 모르고 살아왔습니다. 그러나 집사람의 세계는 항상 그 속에 저의 모든 것을 안고 있었습니다. 저뿐만이 아니고 우리 딸들까지도 다 품고 있었습니다. 그러고도 또 무한정 넓은 세계를 가지고 있었습니다. 저는 버클리에서 박사학위 공부를 할 때, 공부밖엔 아무것도 모르고 살았습니다. 책을 쓸 때도 그랬습니다. 스토니브룩에서 교수가 된 다음에도 마찬가지였습니다. 무엇을 하든, 그것밖엔 없었습니다. 그 결과로 집사람이 가지고 있지 않은 많은 것을 가지고 있게 되었다고 사람들은 말하지만 지금 생각해 보면 그러한 말엔 문제가 있다고 생각합니다. 왜냐하면 저의 세계는 비참하리만큼 좁습니다. 특히 집사람의 세계에 비하면 더욱 그렇습니다.

저는 유교경전도 공부했고, 불교도, 기독교도 다 공부했습니다. 이렇게 가지가지 공부를 다 했지만 거기서 배운 것은 제가 집사람과 함께 살면서 집사람에게서 배운 것에 비하면 아무것도 아닙니다. 집사람은 말 한마디 없이 제가 원하는 것은 모두 다 이루게 해 주려고 무진 애를 다 썼습니다. 거기서 저는 충격적일 만큼 커다란 것을 배웠습니다. 여자의 특징은 부드럽다는 데에 있습니다. 부드럽단 말은 자기하고 다른 것을 받아들이고 포용한다는 말입니다. 엄마가 자식을 대할 때 그러한 특징이 잘 드러납니다. 말하자면 엄마의 특징입니다. 다름 아닌 사랑입니다. 제가 아무리 잘못된 생각을 가지고 있고 잘못된 짓을 해도 저의 어머니는 그러한 저를 받아들이시고 포용하셨습니다. 사랑하기 때문입니다. 엄마에겐 제가 항상 더 중요했습니다. 제가 잘되면 그것이 그대로 엄마가 잘되는 것이었습니다. 기쁨도 슬픔도 이 세상에 있는 그 어떠한 것도 저에게 있는 것은 모두 엄마의 품속에 포용이 됩니다. 엄마는 위대합니다. 사랑은 위대하단 말이 바로 그 말인 것 같습니다.

사람이 이 세상을 살면서 인간관계 이상으로 더 중요한 것은 없습니다. 부부 관계, 부모자식 관계, 직장에서 상사나 아랫사람과의 관계 등등 모두가 인간관계입니다. 여기서 중요한 것은 나보다도 상대방을 위해 주는 것입니다. 이를 잘하면 대인大人이라 하고 이를 못하면 소인小人이라 했습니다. 대인은 엄마처럼 상대방을 더 위해 주는 사람입니다. 우리 집사람은 50여 년을 함께 살면서 말없이 그것을 몸으로 실천해 보여 주었습니다. 그러니 저는 집사람은 대인이라고 생각합니다. 거기에 비해 저는 소인이었습니다. 박사학위를 가졌다고 대인이 되는 게 아닙니다. 좋은 책을 썼다고 대인이 되는 것은 아닙니다. 좋은 직장 가지고 돈 많이 벌어온다고 대인되는 것은 아닙니다. 그런 것들은 사람이 대인되는 데 아무 상관이 없습니다. 저의 이러한 말을 "박사학위 가지고 돈 많이 벌어 오면 대인 못 된다"는 말로 오해하지 마시기 바랍니다. 대인은 그런 것들과 관계가 없단 말입니다. 대인 되는 데는 그런 것들이 있고 없고와 아무 상관이 없다는 말입니다. 오직 중요한 것은 상대방을 자기보다 더 소중히 여기고 상대방을 위해서 온 힘을 다하면 대인입니다. 누구나 인간관계를 그렇게 유지하면 대인입니다. 공자님은 '인仁은 인人'이라고 말씀하셨습니다. 좋은 말입니다. 그러므로 자비롭단 말은 사람답다는 말입니다. 그런데 문제는 그렇게 좋은 말들을 아무리 많이 알고 있어도 일상생활에서 그것을 실천으로 옮기지 않으면 그런 것들은 아나 마나입니다. 그런 말도 모르고 그런 말을 한 번도 들먹이지 않아도 말없이 그것을 실천하고 있으면 그 사람은 위대한 사람입니다. 우리 집사람은 그런 사람입니다. 그래서 저는 집사람 앞에서 꼼짝을 못합니다.

신랑 신부는 상대방을 위해서 최선을 다하는 사람이 되어 주시기 바랍니다. 그것이 부부 관계 성공의 비결입니다. 부부 관계뿐만이 아닙니다. 모든 인간관계가 다 그렇습니다. 부모자식 관계도 그렇고 형제자매 관계도 그렇습니다. 친구 관계, 이웃 관계, 직장동료 관계 등등이 모두 다 똑같습니다. 우리들이 모두 다 그렇게만 살면 풀도, 나무도, 산도, 들도, 우주자연 속의 천하만물이 다 잘될 것입니다. 오늘날 동서를 막론하고 만인이 원하는 평화행복이 그런 것 아니겠습니까?

결혼 축하합니다.

46 몸의 세계—기불대화

황경열 교수님,

지난 주 목요일 오후, 기불대화 세미나(Buddhist Christian Dialogue)에서 제가 학생들에게 이야기했던 것입니다. 한번 읽어 봐 주시기 바랍니다.

온 가족 모두 항상 건강하시기 바라면서,

박성배 합장

:: 몸의 세계 ─────────────────────────

몸과 몸짓의 논리에 입각해서 생각해 보면 불교와 기독교는 둘 다 똑같은 몸에서 나왔다. 그러나 우리가 알고 있는 오늘날의 불교와 기독교는 똑같이 몸짓 차원의 한계를 벗어나지 못하고 있다. 이래서 지금 두 종교는 현저하게 다르게 보일 수밖에 없다. 이것은 어찌할 수 없는 인간의 한계에서 비롯한 것이다. 다시 말하면 사람은 누구나 자기가 보고 듣고 생각하고 경험한 것을 근거로 사물을 인식하고 판단하며 어디까지나 자기중심적이고 자기의 이익만을 추구하는 한계를 벗어나지 못한다. 그래서 우리는 여러 가지의 못된 차별을 태연히 자행하고 있는 것이다. 그러고도 아무런 부끄러움도 괴로움도 없다. 그러나 나는 오늘 여기서 그러한 '몸짓'의 한계를 벗어난 '몸'의 차원에서 『금강경』 제3장 말미에 나오는 문제를 해결해 보려고 한다. 다름 아닌 "일체중생을 다 제도했으나 실은 한 중생도 제도받은 사람은 없다"는 『금강경』의 말씀을 내 식으로 한번 풀어 보려고 한다.

몸의 차원이란 기독교식으로 말하면 하나님의 차원이다. 그러므로 몸의 차원에서는 가지가지의 못된 이기적 차별을 모두 다 뛰어넘는다. 모든 종교가 한결같이 추구하는 구제라는 개념도 몸짓 차원에서 만들어 낸 말이다. 거기에서는 제도받은 사람도 있고 제도한 사람도 분명하게 있다. 그러나 몸의 차원에서는 구제하고도 '구제했다'는 생각이 없다. 그러므로 『금강경』 제3장의 말씀, 즉 모든 중생을 하나도 빠짐없이 완전하게 다 제도해 마쳤는데도 불구하고 실은 한 중생도 제도받은 사람은 없다고 말하는 것이다. 여기서 중요한 것은 이 말씀을 '몸짓세계'의 논리로 풀려고 해서는 안 된다는 것이다. 이것은 철두철미 '몸의 세계'를 이야기하고 있는 것이다. 어찌, 부처님의 세계에서 내가 너를 제도했다는 말이 있을 수 있겠는가? 중생은 있는 그대로 모두 완전한 부처님이라는 불교의 출발점을 잊어서는 안 된다.

『마태복음』 제5장 48절의 말씀 즉 "하늘에 계신 아버지 하나님 완전하듯이 너희들도 그렇게 완전하라"(You must be perfect — just as your Father in heaven is perfect)란 말씀도 몸과 몸짓의 논리로 풀어 보면 똑같은 맥락이라고 말할 수 있을 것이다. 여기서 완전(perfect)이란 말의 참뜻은 문단 전체의 맥락에서 볼 때 원수와 친구를 구별하지 않고, 선인과 악인도 구별하지 않고, 의인과 불의인도 구별하지 않는 세계를 말한다. 성경은 우리들이 모두 그렇게 되어야 한다고 주장하고 있다. 한마디로 말해서 '몸의 세계'를 말하고 있는 것이다. 『금강경』이나 신약성서나 똑같이 '몸의 세계'를 이야기하고 있다는 사실에 우리는 주목해야 한다.

유교의 『중용中庸』은 도道를 정의하면서 "도야자道也者 불가수유리야不可須由離也"(도라는 것은 한순간도 끊어짐이 없는 것이다)라고 말했다. 이 세상에서 "한순간도 끊어짐이 없는 것"을 어디서 찾을 수 있단 말인가? 몸짓세계엔 그런 것이 없다. 오직 몸의 차원에서만 그런 말을 할 수 있다. 몸으로 돌아가라는 것이 『중용』의 메시지다. 불교, 유교, 기독교가 다 똑같은 것을 말하고 있다.……

황경열 교수님,

저의 지난 가을학기는 힘들었습니다. 기불대화 세미나는 예상했던 것보다 훨씬 더 힘들었습니다. 독실한 크리스천들이 네댓 명 들어와서 저를 여간 힘들게 하지 않았습니다. 이유는 저의 기독교 이해가 자기들이 나가는 교회 목사님 말씀과 다르다는 것이었습니다. 이러한 충돌은 가을학기의 첫 시간부터 생겼습니다. 그 대강만을 아래에 적어 보겠습니다.

『요한복음』14장, 6절을 보면 예수님은 다음과 같이 말씀하셨습니다.

나는 길이요, 진리요, 생명이다.

이 문장에서 대명사 '나'는 누구를 가리키고 있습니까? 하나님과 둘이 아닌 예수님을 가리키고 있습니다. 몸과 몸짓의 논리로 이를 풀면 이때의 '나'는 몸을 가리키고 있습니다. 다시 말씀드리면 여기서 '나'는 몸짓의 몸짓이 아니라 몸의 몸짓이란 말입니다. 여기서 몸은 무엇입니까? 하나님입니다! 그러니까 하나님이 '자기 자신'을 가리키면서 '나는 길이요, 진리요, 생명이라고 말씀하신 것입니다.

그런데 요즈음 기독교인들은 이 대목을 제대로 못 보고 이때의 '나'를 그렇게 보면 안 된다고 야단을 칩니다. 구체적으로 이때의 '나'는 세례 요한도 아니요, 구약의 모세도 아니요, 회교의 마호메트도 아니요, 물론 인도의 부처님도 아니요, 중국의 공자님도 아니라고 못 박고 있습니다. 이러다가 이들은 미궁에 빠져 들어가고 맙니다. 그 결과는, 그러니까 세례 요한은 길이 아니요, 모세도 길이 아니요, 마호메트도 길이 아니요, 부처님도 길이 아니요, 공자님도 길이 아니요…… 오직 우리 기독교 교회에서 말하는 예수님만이 길이라고 외칩니다. 이리하여 자기들이 나가는 기독교 교회의 사람만이 천국으로 가고 다른 사람들은 모두 천국에 못 간다는 것입니다. 모처럼 예수님을 믿는다 하면서 독선에 빠져 버리는 것입니다. 몸과 몸짓의 논리로 훈련 받지 아니하면 이러한 모순에서 벗어 나오지 못합니다. 몸과 몸짓의 논리로 훈련을 받으면 우주자연 천지만물이 하나 되어 일하는 몸의 세계에서 모든 것을 보고 듣고 생각합니다. 그러므로 동서고금 이 세상의 모든 성자들이 다 몸의 몸짓으로 그때 그곳에서 적절하게 일합니다. 종교를 운운하면서 독선과 오만에 빠지는 일은 있을 수 없습니다.

『마태복음』 5장, 46~48절에서 예수님은 "원수를 사랑하라"고 말씀하십니다. 여기서 저는 학생들에게 물었습니다. "원수를 사랑해 본 적이 있느냐?"고. 손드는 사람이 없었습니다. 여기서 저는 또 물었습니다. "어떻게 하면 원수를 사랑할 수 있느냐?"고. 여기서 『마태복음』은 분명하게 원수 사랑하는 길을 가르쳐 주고 있습니다. 하나님이 햇빛을 주시고 비를 내리실 때 사람들을 차별하더냐? 하늘에 계신 아버지 하나님 완전하듯이 너희들도 그렇게 완전하라!(you must be perfect as your father in heaven is perfect)고.

이 대목을 몸과 몸짓의 논리로 풀면, 원수를 미워하는 병은 몸짓이고 이를 고치는 약은 하나님처럼 완전하게 되는 것 즉 몸으로 돌아가는 것입니다. 흔히들 성자들의 가르침을 응병여약으로 푸는데, 가만히 들여다보면 여기서도 조심해야 할 대목이 있습니다. 그것은 성자들의 약은 몸짓 차원의 약이 아니라는 것입니다. 거기에는 꼭 환자가 몸을 발견하고 몸으로 돌아가는 것이 약이라는 단서가 붙어 있습니다. 원수를 사랑한다고 원수에게 웃으면서 선물 주고 사랑한다고 말하는 것이 원수 사랑이 아닙니다. 『마태복음』 말씀처럼 하나님이 완전하듯이 우리도 그렇게 완전해져야 원수를 사랑할 수 있습니다. 저는 『마태복음』의 이 대목을 공부하면서 기독교와 불교의 만남을 보았습니다.

아무리 애써 설명해도 교회에 나가는 학생들은 저의 뜻을 쉽게 받아들이려 하지 않았습니다. 저에 대한 믿음이 없기 때문입니다. 그래서 이러한 충돌은 학기 내내 계속되었습니다. 덕분에 저는 『요한복음』 공부를 얼마나 열심히 했는지 모릅니다. 저의 지난 학기는 자나 깨나, 아니 꿈속에서까지 『요한복음』과 씨름하는 삶이었습니다. 학기가 끝나고 나니 전화위복이었다는 생각이 들었습니다.

황 교수님 내외분과 두 따님 모두 항상 건강하시기 바랍니다.

안녕히 계십시오.

박성배 합장

원수사랑—기불대화

황경열 교수님,

저는 지금 지난 학기에 가르쳤던 '기불대화 세미나'를 되새겨 보고 있습니다. 원수사랑은 그 강의의 핵심이었습니다. 한번 읽어 봐 주세요. 온 가족 모두 함께 새해 복 많이 받으시기 바랍니다.

박성배 드림

:: 원수사랑

• "원수를 사랑하여라."[1]

43: '네 이웃을 사랑하고, 네 원수를 미워하여라' 하고 이른 것을, 너는 들었다.

44: 그러나 나는 너희에게 말한다. 너희의 원수를 사랑하고, 너희를 박해하는 사람을 위하여 기도하여라.

45: 그래야만 너희가 하늘에 계신 너희 아버지의 자녀가 될 것이다. 아버지께서는, 악한 사람에게나 선한 사람에게나 똑같이 해를 떠오르게 하시고, 의로운 사람에게나 불의한 사람에게나 똑같이 비를 내려주신다.

46: 너희가 너희를 사랑하는 사람만 사랑하면, 무슨 상을 받겠느냐? 세리도 그만큼은 하지 않느냐?

47: 또한 너희가 너희 형제자매들에게만 인사를 하면서 지내면, 남보다 나을 것이 무엇이냐? 이방 사람들도 그만큼은 하지 않느냐?

---

1) 『마태복음』 5장 43~48절; 『누가복음』 6: 27~28; 32~36.

48: 그러므로 너희의 하늘 아버지께서 완전하신 것과 같이, 너희도 완
전하여라."[2]

• 몸/몸짓의 논리로 읽어 본 '원수사랑'의 글

『마태복음』 5장, 43절과 46~47절은 원수라고 미워하는 우리들의 잘못
된 '몸짓'을 비판하고 있다. 그리고 44~45절과 48절은 우리들이 잘못된
몸짓세계에서 벗어나는 길을 보여 주고 있다. 그것은 우리들이 돌아가야
할 참된 '몸'을 보여 주고 있는 것이다. 이러한 몸짓세계와 몸세계의 대조
적인 차이는 기독교 성경의 핵심적인 메시지를 뚜렷하게 보여 준다. 우리
는 여기서 몸짓 비판의 차원과 몸 드러남의 차원이 서로 다르다는 것을
깨달아야 한다. 그러므로 우리는 이 자리에서 양자가 어떻게 다른가를 다
시 한 번 짚어 보자.

사람들은 흔히 양자를 병病과 약藥의 관계로 본다. 그러나 이러한 이해
에는 위험한 함정이 있다. 하나는 병이고 다른 하나는 약이라고만 말해
버리면 예수님의 뜻이 드러나지 않을 수도 있다. 왜냐하면 사람들은 모두
몸짓 차원에서 살고 있기 때문에 예수님의 가르침도 몸짓 차원에서 이해
하고 마는 경향이 있기 때문이다. 다시 말하면 종교의 세계에서 말하는
약은 요즘 약국이나 병원의 약과는 크게 다르다는 사실을 간과하는 경우
가 많다는 말이다. 이름은 똑같은 약이지만 요즈음의 약국이나 병원에서
는 구할 수 없는 약이 예수님의 약임을 알아야 한다.

거듭 말하지만 종교의 세계에서 말하는 약은 몸짓 차원의 약이 아니
다. 몸짓 차원의 약에는 문제가 많다. 잘못했다고 눈물을 흘리고, 원수를
껴안으면서 사랑한다고 말했다 해서 병이 다 나은 것은 아니다. 거기엔
여전히 몸짓 차원의 위선僞善이 어딘가에 숨어 있을 수 있다. 작심삼일作心

---

2) 『성경전서 표준새번역』(서울: 대한성공회, 1993), 6쪽b.

三日은 인생 도처에 비일비재非─非再로 일어나는 고질적인 병이다. 이러한 병을 고치기 위해서 우리는 어떻게 해야 할까? 몸으로 돌아가야 한다. 몸 짓 차원의 약에만 의존하려 하지 말고, 몸 차원의 약을 복용할 줄 알아야 한다. 몸 차원의 약을 몸짓 차원의 약과 똑같은 것으로 보아 넘기면 안 된다.

『마태복음』 5장 45절에서 예수님은 분명히 말씀하신다. 하늘이 내린 '비'나 '햇빛'을 예로 들면서 예수님은 일체의 차별을 넘어선 경지를 보여 주셨다. 그리고 그 결론으로 다음과 같이 말씀하셨다. "하늘에 계신 아버 지 완전하시듯 너희도 그렇게 완전하라"고. 병은 몸짓 병이지만 약은 '몸 짓 약'이 아니고 '몸 약'임을 잊지 말아야 한다.

• 몸/몸짓 논리로 다시 쓴 '원수사랑'의 글

답답하다! 사람들아.
친구만 사랑하고 원수는 미워하다니.
원수는 원수가 아님을 모르는구나.
사람은 완전하다. 사람이 하나님이다. 사람이 부처님이다.
하늘에 계신 하나님 아버지처럼
사람은 모두 다 그렇게 완전하다.
하늘이 비를 내릴 때, 미운 사람 고운 사람을 가리더냐?
하늘이 햇빛을 비출 때, 네 편 내 편을 가르더냐?
사람들아,
제발 네 편, 내 편 가르지 말고,
미운 사람, 고운 사람 가리지 마라!
사람은 모두 다 하나님이다.
사람은 모두 다 부처님이다!

- '『마태복음』의 원수사랑' 이야기로 읽어 본 『반야심경』

'반야'는 촛불, '마하반야'는 태양!

풍전등화 같은 지혜로 저 언덕에 가려고 하지 마라.

미운 사람, 고운 사람 가리지 않고, 의로운 사람, 의롭지 못한 사람 가르지 않는 태양처럼 살아라.

너는 태양이다.

지금 당장 네가 있는 바로 이 자리가 네가 그렇게도 가고 싶어했던 저 언덕이다.

'『마태복음』의 원수사랑' 이야기로 읽어 본 『반야심경』이다.

3월 3일

황경열 교수님,

지난 목요일 오후에 본 KOR 332 기불대화 세미나 수업의 중간시험 문제와 그 답안입니다. 한번 살펴봐 주시기 바랍니다.

안녕히 계십시오.

박성배 합장

3월 4일

황경열 교수님,

아까 보내드렸던 중간시험 답안을 좀 더 손질한 것입니다.

안녕히 계십시오.

박성배 합장

[시험 문제]

『마태복음』 5장 43~48절 '원수를 사랑하라'를 쓰고, 몸과 몸짓의 논리로 예수님이 전하려는 메시지를 논하시오.[3]

[답안]

우리는 이번 2013년 봄학기에 '기독교와 불교의 대화를 위한 도표'(a chart for Buddhist Christian dialogue, made by Minhee Ha)와 '몸과 몸짓의 논리'(the Mom/Momjit paradigm, discussed in the introduction of Sung Bae Park's One korean's Approach to Buddhism, SUNY Press, 2009)를 배웠다.

우리들이 공부한 것의 핵심은 '사람은 그 누구를 막론하고 모두 다 진리의 산물이며 언제나 어디서나 진리와 함께 살고 있다'는 것을 깨우쳐 주려는 데에 있었다. 이 점에서는 기독교의 하나님사상도 불교의 부처님 사상도 다 똑같았다. 이러한 사상을 두 학습 자료들은 '둘 아님'(不二; non-dualism or not two)의 진리라고 표현했다.

그러나 이러한 '둘 아님'의 사상은 지금 현실적으로 무서운 어려움을 겪고 있다. 불교인이든 기독교이든 모두 둘 아님 즉 불이사상을 실천하지 않고 있기 때문이다. 모든 종교의 핵심이라고 말할 수 있는 '둘 아님'의 사상을 다른 말로 표현하면 '모든 생명을 존중하고 사랑하는 것'인데 지금 종교인들은 이를 실천하지 않고 있다. 그러면서도 이렇다 할 부끄러움도 심각한 고민도 없다. 타락한 것이다. 왜 이 지경에 이르렀을까? 답변은 간단하다. 겉으로는 사랑하는 척하지만 속에는 항상 '나'밖에 모르는 이기

---

3) KOR 332 기불대화 세미나, 2013 봄학기, 중간시험; KOR 332 Buddhist Christian Dialogue, Midterm examination, Spring 2013: Please write down here Matthew 5, 43~48, LOVE YOUR ENEMY, and discuss the message of Jesus by means of the MOM/MOMJIT PARADIGM.

주의가 도사리고 있기 때문이다.

『마태복음』 5장 43~48절에 나오는 예수님의 '원수를 사랑하라'는 가르침을 구체적으로 생각해 보자. 우리는 무엇보다도 먼저 겉과 속이 다른 위선적이고 이중적이며 일시적인 사랑과 예수님의 원수사랑이 어떻게 다른가를 따져 보자. 요즈음의 천박한 사랑을 예수님의 사랑으로 착각하면 예수님의 가르침은 지상에서 사라지고 말 것이다. 그런데 한심스럽게도 요즈음 많은 사람들이 이러한 거짓 사랑을 예수님의 참된 사랑으로 착각하고 있다. 남을 속이고 자기도 속는 위선적인 사랑은 예수님의 가르침이 아니다. 위선적인 사랑은 마침내 예수님의 참된 사랑을 파괴하고 말 것이다. 그리고 마침내는 못된 이기주의만이 퍼지게 될 것이다. 그렇다면 예수님의 진정한 원수사랑은 어떤 것일까?

43절에서 예수님은 원수를 미워하는 잘못된 '몸짓'을 나무라신다. 원수라고 사람을 미워하는 것은 하나님이나 부처님의 생명존중과 사랑실천을 정면으로 배반하는 짓이다. 왜 우리는 이렇게 되어 버렸을까? 사람은 지금 누구나 '몸짓문화'의 산물로 살고 있으며 '몸짓문화'의 앞잡이 노릇만 하고 있다. 몸짓문화란 겉으로 나타난 것만을 가지고 발전시켜 나온 문화다. 문제는 여기에 있다. 기독교의 하나님이나 불교의 부처님은 '몸짓문화'의 산물이 아니다. 예수님이나 부처님은 몸짓문화의 앞잡이 노릇을 하시지 않았다. 하나님이나 부처님이라는 말은 몸짓문화가 아닌 '몸문화'의 현장에서 나온 말이다. '몸문화'는 하나님의 문화요, 부처님의 문화다. 오늘날 우리들의 표현을 빌리면 그들은 우주의 산물이며 신적 산물이다. 몸문화의 눈으로 보고 몸문화의 말로 표현하면 사람은 누구나 하나님의 화신이요 하나님의 일하심이다. 이를 깨닫지 못하고 몸문화를 배반하고 몸문화에 거슬려 가는 것은 한마디로 죄악이다.

44절에서 예수님은 원수를 사랑하라고 가르치신다.

45절에서 예수님은 우리들의 원수미움을 원수사랑으로 바꾸는 길을 가르쳐 주신다. 그 첫째는 사람이면 누구나 하나님의 자녀이기 때문에 하나님의 자녀다워야 한다는 것이다. 어떠한 모습의 생명이든 모든 생명을 똑같이 소중히 대하고 모든 생명을 똑같이 껴안고 아끼면서 보살피고 사랑해야 한다는 것이다. 예수님은 이러한 당신의 메시지를 좀 더 뚜렷하게 드러내기 위하여 하늘에서 비추는 햇빛과 하늘에서 내리는 비의 비유를 드셨다. 하늘의 태양이 악한 사람과 선한 사람을 가리더냐? 하늘에서 내리는 비가 의로운 사람과 의롭지 못한 사람을 가르더냐? 몸짓문화의 산물인 못된 차별을 집어던져 버려라! 하나님의 근본정신인 평등의 원리로 돌아가 사랑을 실천하라! 지금 정치인들은 자기들의 민주주의를 평등과 무차별의 이념을 실천하는 것이라고 말하지만 그것은 몸짓문화 속에서 하는 소리다. 하나님의 평등사상과는 너무나 거리가 멀다.

46절과 47절에서 예수님은 당신을 따르는 사람들에게 목멘 소리로 다른 사람들과는 달라야 한다고 당부하신다. 세리나 이방인들과 당신을 따르는 사람은 달라야 한다고 강조하신다. 세리나 이방인을 오늘날 우리들의 말로 바꾸면 자기밖에 모르는 이기주의자들이다. 자기가 속한 집단의 이익밖에 모르는 집단이기주의자들이 다름 아닌 세리요 이방인들이다. 몸짓문화의 한계가 여기에 있다. 우리는 여기에서 묻지 않을 수 없다. "몸짓문화 속에서 웃으면서 행복하게 사는 사람치고, 집단이기주의를 벗어난 사람이 있는가?" 있다면 한번 나와 보라고 외치고 싶다. 예수님이 여기에서 나무라시는 세리와 이방인은 바로 오늘날의 우리들임을 알아야 한다. 그렇다면 세리나 이방인들과 다른 사람들은 누구일까? 다시 말하면 예수님의 원수사랑을 진실로 실천하는 사람은 누구일까?

48절에서 예수님은 당신의 답변을 내놓으셨다. "하늘 아버지 완전하시듯 우리들도 모두 그렇게 완전하라"고. 우리는 여기에서 몇 가지 정리해 두어야 할 것이 있다. 그 첫째는 지금 우리들을 구속하고 있는 집단이기주의적인 몸짓문화를 대담하게 비판해야 한다는 것이다. 그리고 하나님의 문화요 부처님의 문화인 '몸문화'가 우리들의 원래 문화임을 큰소리로 외쳐야 한다. 사람은 누구나 원래 몸문화의 산물이요 몸문화로 살고 있다는 사실을 깨달아야 한다. 우리들이 지금 몸문화로 다시 태어나서 살 때에 우리는 모든 생명을 소중하게 여기면서 서로 사랑하는 둘 아님의 존재가 될 수 있을 것이다. 몸짓문화에서 몸문화로의 질적 전환이 우리들의 시급한 과제다. 예수님의 원수사랑은 '몸짓의 몸짓'이 아니고 '몸의 몸짓'이기 때문이다. 〈끝〉[4]

---

4) 참고문헌

〈Love Your Enemies〉 See Matthew 5, 43~48 (Also Luke 6, 27~28, 32~36)

43: "You have heard that it was said, 'Love your friends, hate your enemies.'

44: But now I tell you: love your enemies, pray for those who mistreat you,

45: so that you will become the sons of your Father in heaven. For he makes his sun to shine on bad and good people alike, and gives rain to those who do right and those who do wrong.

46: Why should you expect God to reward you, if you love only the people who love you? Even the tax collectors do that!

47: And if you speak only to your friends, have you done anything out of the ordinary? Even the pagans do that!

48: You must be perfect — just as your Father in heaven is perfect."

***[GOOD NEWS for Modern Man—The New Testament in Today's English Version. New York: American Bible Society, 1966, pp.11~12]

48 몸과 몸짓의 논리

2013년 3월 25일

황경열 교수님께,

2013년 3월 24일, 일요일 오전 11시입니다. 거기는 일요일 밤 12시지요. 내일 출근해야 할 터인데 이야기가 너무 길어졌습니다. 방금 우리들이 주고받았던 이야기 가운데에 정리해 두어야 할 대목들이 있어서 이렇게 편지로 적어 봅니다.

첫째, 몸과 몸짓의 논리를 좀 더 체계적으로 총정리해 두어야겠다는 생각이 절실해집니다. 그리고 둘째는 몸세계의 질서와 몸짓세계의 질서 사이에 벌어지는 비참한 충돌을 좀 더 뚜렷하게 보여 줘야겠다는 것입니다. 저는 그동안 이것을 몸의 몸짓과 몸짓의 몸짓이란 말로 밝혀 보려 했는데 속 시원하게 밝혀지지 않아서 답답합니다. 셋째는 몸짓세계의 속박에서 벗어나 몸세계의 창조적인 자유와 평화로 뛰어 들어가는 과정에서 생기는 전의轉依(몸 바꿈)의 경험을 좀 더 선명하게 드러내야겠다는 것입니다. 몸 바꿈은 여기서는 셋째지만 사실은 첫째요, 제 공부의 전부입니다.

이런 일들은 제가 일시도 잊어버릴 수 없는 오랜 숙제지만 그래도 다시 한 번 이렇게 적어 두면 저를 채찍질하는 역할을 해 줍니다.

전화해 주셔서 감사합니다.

안녕히 주무세요.

박성배 합장

49 최진석 교수의 인문학 특강

황경열 교수님,

안녕하세요. 혹시 최진석이라는 서강대학교의 동양철학 교수를 아시는지요? 그 교수가 요즈음 EBS에서 매주 목요일 인문학 특강을 합니다. 제목은 '최진석 교수의 현대철학자 노자'라고 되어 있습니다. 한번보시고 황 교수님의 의견을 말씀해 주시기 바랍니다.

박성배 합장

4월 14일

선생님,

소감문을 조금 더 완성시켜 보았습니다.

일요일 아침 9시경에 전화 드리겠습니다.

정원 일은 잘되셨는지요?

안녕히 계십시오.

황경열 올림

:: 최진석 교수의 인문학 특강 소감

최진석 교수의 강의는 아주 논리적이고 군더더기 없이 깔끔하다. 청중들이 좋아할 강의 스타일이다. 그러나 최 교수의 논리는 온통 겉모습 몸짓에 쏠려 있다. 그 증거들 몇 가지를 밝힌다.

1. 학學을 어떻게 볼 것인가?

공자는 학學을 강조했고 『논어』 첫머리 첫 글자가 학學이다. 학學은 모방대상을 두고 따라하는 것인데, 모방대상은 남들이 만들어 놓은 모범적 이론체계이다. 학습學習은 남들이 만들어 놓은 모범적 이론체계를 모방해서 반복 훈련하는 것이다. 학습學習이 『논어』의 핵심인 이유는 학습이 『논어』 전체를 지배하기 때문이다. 공자가 모방해서 반복 훈련하는 것이 우리가 나아갈 길이라고 말한 건 아니다. 공자는 시 삼백 편을 다 외워도 작은 정치일 하나 처리 못한다면 이것을 어디다 쓰겠느냐고 했기 때문이다. 공자는 학學을 통해 실지 활동할 수 있는 힘을 가질 수 있다고 믿었다. 그러나 학學으로 구성된 이념체계가 배우는 사람들을 개방적 태도에 머물게 할 수 없다는 것을 예상하지 못했다. 공자는 학學을 통해 우리가 나아가려는 창조적 원점으로 갈 수 있다고 믿었으나, 학學이 하나의 체계로 구성되는 한 창조적 활동으로 가는 길은 막막했다. 노자가 이 점을 비판했다. 노자 『도덕경』의 첫 글자는 도道이다. 노자가 공자를 비판할 때 위학일익爲學日益이라 했다. 학을 한다는 것은 날마다 뭔가를 보태는 일이라는 말이다. 날마다 뭔가를 강화하는 일이다. 위도일손爲道日損, 도를 행한다는 것은, 내 방식을 따라 공부한다는 것은 날마다 조금씩 덜어내는 것이다. 던다는 것은 세계를 볼 때 어떻게 봐야하고 어떻게 보는 것이 바람직하다고 믿는 신념체계와 가치체계를 줄이고 약화시키는 것이다. 그래서 자기를 무한한 개방성 속에 놔두는 것이다. 이것이 노자가 가는 길이다.

최 교수 강의 내용 중 일부를 편집하고 인용했다. 만약 공자가 학學과 습習의 의미를 최 교수의 견해대로 '남들이 만들어 놓은 모범적 이론체계를 모방해서 반복 훈련하는 것'으로 보았고 또 최 교수의 견해처럼 해석된다면, 최 교수의 주장은 전적으로 옳다. 최 교수의 이런 주장대로라면 노자의 비판 또한 당연하고 타당하다. 그러나 과연 공자가 학습을 최 교수처럼 보았을까? 학습에 대한 최 교수의 견해는 올바른가? 학습에 대한 노자의 견해도 최 교수와 같았을까? 학습은 몸 바꿈과 생활 속 몸의 실천(몸의 일함)을 말하는 것이 아닐까. 과연 노자가 공자의 학습을 비판하기는 했을까? 비판했다면 과연 노자도 공자의 학습을 최 교수와 같은 방향에서 바라보고 비판했을까? 이는 순전히 최 교수의 한계가 아닐까? 최 교수가 인용한 '시 삼백 편을 다 외워도 작은 정치일 하나 처리 못한다면 이것을 어디다 쓰겠느냐는 공자의 말만 보더라도 학學의 의미는 최소한 최 교수의 견해와는 다를 것이다. 최 교수는 공자의 학을 남들이 만들어 놓은 어떤 이념적 틀 속에 자신을 가두는 비생명적인 행위로 보았다. 과연 공자의 학이 그 정도일까? 노자도 『논어』의 핵심인 학습學習을 그 정도 수준으로 보았을까?

박성배 교수가 주장한 몸과 몸짓의 논리로 학學과 습習의 의미를 살펴보자. 학學은 어떤 맥락에서 사용하느냐에 따라 그 의미가 달라진다. 공자의 학과 노자의 학은 그 의미가 같을까? 글자라는 겉모습은 같은 학이지만 둘의 일하는 현장이 달랐을 것이다. 공자의 학學과 습習은 사람의 생명을 살리는 몸 바꿈과 몸의 실천(몸으로 돌아감과 몸의 일함)을 말한다. 다시 말해 학은 일체의 겉모습 몸짓에서 벗어난 진리의 체험이요, 습은 그 학의 촌각도 쉼 없는 일함을 이를 것이다. 노자는 학學을 언어문자 속에 자신을 가두는 비생명적인 행위로 보고 학의 폐해를 경계했다. 언어문자의 몸짓문화 폐해를 비판한 것이다. '위학일익'에서 노자가 말하는 학의 의미는 최 교수의 견해와 일치할 것이다. 위학일익爲學日益 위도일손爲道日損 손지우손損之又損 이지어무위以至於無爲 무위이무불위無爲而無不爲. 여기서 노자는 이념적 틀과 언어문자라는 몸짓 속에 생명을 가두는 학의 폐해를 지적하고 이러한 몸짓에서 벗어나야 생명이 제대로 활동을 한다는 점을 밝혔다. 도가도道可道 비상도非常道도 같은 맥락에서 이해된다. 도道를 이념적 틀과 언어문자로 규정짓는다면 진정한 도道는 아니라는 것이다. 노자가 공자의 학습學習을 최 교수의 견해처럼 이해하고 공자를 비판하기 위해 도가도 비상도를 말했던 것은 아닐 것이다. 노자는 학學의 폐해를 드러내려 했지 공자의 학學을 비판하려고 했던 것은 아닐 것이다. 그런데 후학들은 글자의 겉모습에 사로잡혀 공자와 노자의 학學을 일률적으로 모방을 근간으로 하는 배움으로 해석하고, 노자가 공자를 비판했다고 보는 분위기가 지배적인 것 같다. 노자가 최 교수의 견해처럼 겉모습 몸짓에 사로잡혀 공자의 학을 이해하고 비판했다는 것은 어불성설이다. 최 교수는 몸짓에 사로잡혀 공자를 제대로 이해 못했듯이 노자도 올바르게 이해 못한 것같이 보인다.

2. 모든 철학은 시대의 아들이다

헤겔은 모든 철학은 시대의 아들이라고 했다. 어떤 철학도 그 시대의 산물이다. 철학을 이해하려면 그 철학의 시대적 배경을 알아야 한다. 어떤 철학이 무엇을 말하려는가를 아는 것보다 어떤 시대적 조건에서 나왔는가를 아는 것이 더 중요하다. 철학 이해는 어떤 시대에서 나왔는가의 유기적 관계를 이해해야 하는 것이다. 인간의 모든 문제를 해결해 줄 수 있는 보편적인 믿음체계나 이론은 하나도 없다. 모든 것은 제한적이고 한계가 있다. 이 시대의 문제를 공자가, 노자가 다 해결해 줄 수 있다고 믿는 것은 착각이다. 어떤 시대적 조건에서 노자의, 공자의 말이 나왔는가를 알아야 한다. 과거의 것을 가지고 와서 이 시대의 문제를 해결하려는 것이 답답하다. 제가 BC 50만 년 전부터 현재까지를 말하는 것은 인간이 어떤 무늬를 그리면서 계속 변하고 있다는 것을 부지불식간에 여러분들이 알게 하고 싶어서이다. 인문학이란 인간이 그리는 무늬를 연구하는 것인데, 인문학을 통해 이 시대와 다음 시대에 인간이 어떤 무늬를 그릴 것인가를 미리 알아 그 무늬를(유행을) 남보다 앞서 미리 제시하는 것이 우리가 일류로 나아가는 길이다. 그렇지 못하면 우리는 항상 이류로 살게 된다.

최 교수 강의 내용 중 일부를 편집하고 인용했다. 위 인용문에서 내용의 순서는 최 교수의 강의와 완전히 일치하지는 않는다. 모든 철학은 당연히 그 시대의 산물이다. 모든 철학은 시간과 공간의 아들이다. 아마도 이것이 더 정확한 표현일 것이다.

모든 종교와 모든 성자들의 가르침은 시간과 공간에 따라 동일한 진리를 달리 표현하고 포장했을 뿐이다. 겉포장은 시간과 공간의 산물이고, 시간과 공간에 따라 겉포장만 달라졌을 뿐 포장 속 내용물은 동일하다. 동일한 내용물이 시간과 공간에 따라 다르게 포장된다는 것이다. 같은 내용물을 공자와 노자가 포장만 달리했을 뿐이다. 공자와 노자가 같은 것을 들여다보고 드러내려고 했을 것이다. 최 교수의 논지는 내용물에는 관심이 없고 온통 겉포장과 유행에만 몰두하고 있는 것처럼 보인다. 전형적인 몸짓문화다. 최 교수가 공자와 노자의 겉모습 몸짓만 알고 있으니 공자와 노자는 서로 다르다고 주장하고, 노자가 공자를 비판했다고 강조한다. 또한 공자와 노자는 각각 한계와 제한점이 있고 지금 시대의 문제를 다 해결할 수 없다고 한다. 게다가 과거의 가르침을 가져와 현재의 문제를 해결할 수 없다고 주장한다. 물론 시간과 공간이 다르니 적용에 어려움이 전혀 없는 것은 아니다.

최 교수가 주장하는 철학과 인문학은 겉포장과 유행만 쫓아가는 것인가? 최 교수가 주장하는 일류는 시간과 공간에 따른 포장방식을 잘 알아서 미리 앞질러 그 포장방식을 제공하는 것인가? 이것이 최 교수가 말하는 창조적인 것인가? 노자의 몸짓만 본 최 교수가 공자는 물론이고 노자는 제대로 이해했을까? 중요한 것은 시대와 공간에 따라 겉포장이 달라져도 포장 속 내용물은 달라지지 않고, 동일한 내용물이 시대와 공간에 따라 어떻게 다르게 포장되었으며, 궁극적으로는 서로 다른 포장 속의 동일한 내용물을 보고 찾아 사람들에게 전하는 것이다.

3. 중국철학을 공부할 때 주장을 조심스럽게 하라

중국철학을 공부할 때 주장을 조심스럽게 하라. 언제 어떤 자료가 발견되어 자기주장이 뒤집힐지 모르니까. 어떤 자료가 언제 발견될지는 아무도 모른다.

최 교수의 이런 주장도 내용물보다는 겉포장 몸짓에 치중한 것이다.

4. 노자는 부정어를 많이 사용했다

최 교수를 잘 아는 나의 고등학교 동창이 "노자는 부정어를 많이 사용했다"고 말했다. 이 동창은 대학교 철학과에서 동양철학을 가르치고 주역이 주된 전공인 교수다. 이 동창의 견해도 최 교수의 그것과 별 차이가 없었다. 학습에 관한 견해가 그랬고, 노자와 공자는 서로 다른 내용물을 보고 있다는 것도 그랬고, 모두가 겉모습 몸짓문화에 빠져 있었다. "노자는 부정어를 많이 사용했다"는 말을 하면서도 노자가 왜 부정어를 많이 사용했는지 그 이유는 모르고 단지 부정어를 많이 사용했다는 것만 알고 있는 것 같았다. 『반야심경』에는 온통 부정어 천지고, 불교 경전에는 부정어가 많이 등장하며, 심지어 선승들은 책을 불태워야 한다고 주장했던 이유를 설명해도 더 이상의 대화가 진전되지 않았다. 내가 모든 종교와 모든 성자의 가르침이 같은 몸에서 나온 것이고 공자와 노자의 가르침은 그 포장만 다른 것이 아닌가 하니, 이 동창은 조선시대 선비가 그 비슷한 이야기를 했다(?)고 말하면서도 시큰둥한 분위기였다.

5. 몸과 몸의 일함

　『도덕경』의 무無와 유有, 『중용』 수장 말미의 중中과 화和, 『논어』의 학學과 습習, 일심이문一心二門 심진여문心眞如門과 심생멸문心生滅門, 적寂과 광光은 모두가 각각 몸과 몸의 일함(몸의 몸짓)으로 동일할 것이다. 『도덕경』 "무無 명천지지시名天地之始 유有 명만물지모名萬物之母 차양자此兩者 동출이이명同出而異名"은 성철스님께서 말씀하신 차조동시遮照同時의 중도中道와 동일할 것이다.

『반야심경』 공부 ③

황경열 교수님,

안녕하세요. 여기는 지금 금요일 정오가 조금 지났습니다. 말씀하신 저의 『반야심경』 공부를 보내드립니다. 아직도 손볼 곳이 많지만 그냥 보냅니다.

박성배 드림

박노자 교수의 책 추천사

황경열 교수님,

최근에 쓴 제 글 하나 보냅니다. 서울에 있는 어느 출판사에서 박노자 교수의 「임종게」 해설을 출판하면서 추천사를 써 달래요. 급히 써서 좀 불안합니다. 좀 도와주시기 바랍니다.

감사합니다.

박성배 드림

:: 추천사─한중일 승려들의 「임종게」를 읽고

노르웨이 오슬로대학에서 한국학을 가르치는 박노자 교수가 파격적인 책을 한 권 내놓았다. 한중일 삼국의 선사들이 써 놓은 수많은 「임종게」 가운데서 60편을 골라 해설한 책이다. 박노자 교수는 언제 보아도 진보적이며 혁신적이다. 동양사상도 과학 하는 마음으로 꿰뚫어 보려고 애쓰는 사람이다. 이러한 사람이 불교의 선사들이 죽음 직전에 썼다는 「임종게」를 과연 어떻게 읽었을까 궁금하지 않을 수 없다.

벌써 수십 년 전의 일이다. 시카고에 있는 매코믹 장로교 신학대학에서 있었던 일이다. 전통적으로 이 학교에서는 어느 교수든 장로교 신자라야 기독교 성경을 가르칠 수 있게 되어 있었다. 전 세계에 깔려 있는 장로교회를 이끌고 나갈 신학생들을 교육할 때 중요한 것은 장로교의 가르침에 입각한 성경 교육이었다. 그래서 성경 교육만은 다른 교파에 속한 교수들이 가르칠 수 없도록 되어 있었다. 그러나 이 벽이 무너졌다. 감리교 신자면 어떻고 침례교 신자면 어떠냐고 따지는 사람들이 많아지자 학교 당국이 태도를 바꾼 것이다. 이러한 변화는 마침내 종래엔 상상할 수도 없었던 수많은 벽들이 계속해서 넘어지는 계기가 되었다. 개신교 신자가 아닌 천주교 신자도 성경을 가르칠 수 있게 되었고, 기독교 신자가 아닌 사람이 성경을 가르치는 것이 뭐 잘못됐다는 거냐고 공공연하게 따지는 분위기가 형성되었다. 이렇게 해서 매코믹은 혁신적인 신학 교육의 선두를 달리게 되었다. 제대로 된 '대화의 장'을 마련하는 것은 이렇게 중요하다. 의견을 달리하는 사람들과 함께 살면서 터놓고 대화를 하지 않으면 대화는 소통으로 이어지지 않고 따라서 인간관계는 좋아지지 않는다.

이번에 나온 박노자 교수의 「임종게」 해설도 종래의 불교계에서는 감히 뛰어넘지 못했던 고질적인 벽들을 과감하게 무너뜨리는 혁신적인 모습을 보여 주고 있다. 그의 말투는 생각나는 대로 적어 내려가는 수필식이지만 그의 생각은 항상 도전적이었다. 첫째 그는 「임종게」를 신비화하지 않고 있다. 그동안 불교계에서 쏟아져 나온 무수한 오도송悟道頌이나 「임종게臨終偈」들을 한마디로 후려쳐 버리는 도전적인 태도도 뚜렷하게 나타나 있다. 원래 선사들이란 그런 일을 하는 사람들이었다. 달마든 육조든 임제든 그 누구든 명색이 선사라면 그렇지 아니했던 사람이 있었던가. 둘째로 그는 항상 죽음 자체를 신비화하지 않고 있다. 그러면서 거기에서 생의 의미를 찾는 것이다. 우리들이 소홀히 넘겨서는 안 되는 중요한 대목이라고 말하지 않을 수 없다.

박노자 교수는 성철스님의 「임종게」(1993)도 후려쳤다. 그의 성철 평은 '오로지를 고집하는 차원에서는 동시대의 박정희와 비슷하기도 했다'로 시작하여 '그러나 군사독재나 민주화 문제 등 당대의 정치·사회적 현안들에 대해서는 끝내 함구했다'로 마무리 지었다. 박노자가 성철을 어디서 보고 있는지가 여실하게 드러났다. 기광남녀, 미천죄업, 아비지옥 등등의 말들이 일하는 성철의 현실과 푸른 산에 걸려 있는 붉은 해가 일하는 자리가 서로서로 어떠한 관계인가를 박노자는 따지지 않았다. 아쉽다. 이러

한 문제에 관심 있는 사람들의 동참이 아쉽다. 〈끝〉

6월 9일

선생님,

보스턴은 무사히 잘 다녀오셨습니까.

선생님과 사모님께서는 외손녀에게 자신을 지지해 주는 고맙고 소중한 분으로 기억될 것입니다.

제가 답이 늦었습니다.

보스턴 가실 준비로 바쁘셔서 저에게 편지를 보내시리라고는 생각도 못했습니다.

보스턴 가시는 날 메일을 보내셨더라고요.

첨부파일이 두 개인데, 하나는 추천사의 문장표현 일부를 수정해 본 것이고, 다른 하나는 추천사 소감문입니다.

저의 소감문이 말이 되는지, 긴장됩니다.

그곳 시간으로 일요일 아침 10시경에 전화 드리겠습니다.

건강하십시오.

황경열 드림

:: 추천사 소감

선생님,

추천사 잘 읽었습니다.

저의 소감은, 추천사가 군더더기 없이 간결하면서도 명쾌하였습니다.

403

속이 시원했습니다.

매코믹의 예를 빗대어 몸짓세계를 후려치는 박노자의 파격적인 모습을 구체적으로 잘 드러내셨습니다. 그의 이런 도전적이고 혁신적인 모습을 반기셨습니다. 그러나 박노자의 파격은 몸짓세계를 후려치는 데까지만이었다고 아쉬워하셨습니다. 몸짓세계를 후려침은 결국 몸세계와 몸의 일함을 드러내기 위함인데, 박노자는 이런 관계를 따지지 못했다고 아쉬워하셨습니다. 박노자의 한계를 지적하셨습니다. 말미에, 많은 사람들이 이런 문제에 관심을 갖고 철저하게 따지지 않음을 아쉬워하셨고, 이런 따짐에 동참하기를 간절하게 바라셨습니다.

저는 이 추천사에서 더 보탤 것이 없어 보입니다. 저의 견해는 다만 박노자와 독자들을 위해 추천사에서 가장 핵심인 마지막 단락에 파격과 몸 드러남의 관계를 한두 줄 더 첨언하신다면 어떨까 싶습니다. 물론 이런 첨언이 오히려 추천사의 간결함과 명쾌함을 해칠 수도 있겠습니다. 첨언에 관계없이 알 사람은 알고 모를 사람은 모르니까요.

6월 10일

황경열 교수님,

황 교수님의 말씀이 참 좋습니다. 항상 그러듯이 저는 이번에도 다시 쓸까 합니다. 출판사에서 책을 낸 다음, 매수에도 관계없고 출판사나 박노자 교수에게도 신경 쓰지 않고 제 속을 더 잘 드러내 놓는 글을 쓰고 싶습니다.

감사합니다.

박성배 드림

박성배 교수님,

안녕하십니까? 그동안 안녕히 잘 지내셨습니까? 뵙지 못한 지 벌써 거의 10년이 된 것 같습니다. 그러나 저는 그동안 교수님의 저서를 열심히 읽고, 불교에 관심 있는 학생들에게 잘 읽혀 왔습니다.

다름이 아니옵고 지난 번 졸서에 추천사를 써 주신 데에 대해서 진심으로 감사를 드리고자 합니다. 교수님의 추천사 덕분에 보는 사람마다 졸서의 의미를 훨씬 더 잘 파악하고, 아울러 졸서의 문제점이 될 수 있는 부분에 대해서도 자율적인 비판을 할 수 있게 될 것입니다. 말하자면 책에 다시 한 번 의미가 부여된 것인데, 저로서는 무한히 기쁜 일입니다. 다시 한 번, 신경 써 주시고 옥고를 써 주신 노고에 충심으로 감사를 드립니다.

제가 뉴욕에 갈 인연이 언제 될는지 알 일도 없지만 혹시나 국내나 북미에서 학회 등의 기회를 타서 만나 뵙고 직접 인사를 드릴 수만 있으면 대단히 좋겠습니다. 부디 내내 만수무강하시고, 불교 애호가들에게 계속해서 생각할 거리를 선사해 주시기를 부탁드립니다. 감사합니다!

박노자 합장

황경열 교수님,
그동안 박노자 교수와 주고받은 글들입니다.

박성배 드림

　박노자 교수님,

　감사합니다. 벌써 여러 해 전의 일입니다만 아주대학이 주최했던 국제한국학회의 때 뵙고 그 뒤로는 못 뵈었군요. 그리고 그때 아주대학에서도 일정이 너무 빠듯하여 그냥 헤어지고 만 것이 못내 아쉬웠습니다.

　저는 1977년부터 스토니브룩대학에서 가르치기 시작했으니까 올해로 36년을 이곳에 산 셈입니다. 요즈음 학교 캠퍼스에서 오다가다 우연히 만나는 오랜 동료 교수들로부터 받는 질문은 항상 똑같습니다. "너 언제 은퇴할래?" 이에 대한 제 답변 또한 똑같습니다. "나도 몰라!" 긴 설명은 안 하지만 제 맘속에 은퇴할 생각이 없는 것만은 확실한 것 같습니다.

　인생이 어떻게 변해 가든, 문제는 지금 당장 바로 이 자리에서 내가 어떻게 살고 있느냐는 것이겠지요. 쉬운 말이 어려운 말로 표현된 것 같아 미안하군요. 아무튼 항상 건강하시고 속마음 숨기지 않고 보신 인생의 길을 주위 사람들에게도 그대로 가르쳐 주시기 바랍니다. 그리고 뉴욕에 오실 기회 있으시면 스토니브룩도 일정에 넣어 주시기 바랍니다. 정성껏 모시겠습니다.

　거듭 감사드리면서,

박성배 합장

　박성배 교수님, 안녕하십니까?

　보내 주신 서한을 너무나 반갑게 잘 받았습니다. 스토니브룩대학에 오신 77년에 저는 아직 유아이었고, '뉴욕'이라는 곳이 어떤 건지도 아마 몰랐을 것입니다. 지금도 되도록이면 그런 마음으로 살고, 박성배 교수님을 비롯한 여러 인연이 되시는 분들로부터 항상 배우고 싶습니다.

혹시나 뉴욕에 가게 되면 꼭 귀교에 가도록 하겠습니다. 그리고 혹시나 구주에 오실 일이 있으시면 부디 오슬로에 왕림해 주시기 바랍니다. 저희들 학교에서 월례 불교 강연 자리[1]도 있고 해서, 부디 저희 학교 가족들에게 불교에 대한 말씀을 해 주시기를 부탁드리고자 합니다.

계속해서 많은 분들께 쉬실 사이 없이 가르침을 베푸시기를 진심으로 기원해 드립니다!

후학 박노자 삼가 합장

---

[1] http://www.hf.uio.no/ikos/english/research/network/obsf/

황경열 교수님,

지금은 6월 30일 밤 12시입니다. 방금 초고를 마무리 지었습니다. 한번 읽어 봐 주시기 바랍니다. 감사합니다.

안녕히 계십시오.

박성배 합장

:: 스토니브룩에서 읽은 성철스님의 『선문정로』 서언 ────────

1. 머리말

1968년 봄, 나는 3년간의 승려생활을 청산하고 해인사를 떠났다. 뭔가 크게 깨쳐 당당하게 하산하는 것이 아니었다. 모든 힘이 다 빠져 나가버린 허탈한 상태였다. 내려가서 무엇을 할까, 먹고 살아야 하니까 한약방이나 하나 차릴까, 그런 생각을 하면서 나는 산을 내려 왔다.

해인사를 떠나면서 나는 큰스님께 여쭈어 보았다. 3년간의 수도생활과는 관련이 없는 아주 평범한 질문이었다.

[질문 1: 진리는 하나다.]

큰스님께서는 기독교보다 불교가 위라는 말씀을 자주 하셨다. 그러나 나는 그것을 받아들일 수 없었다. 이 세상 어느 누구도 내 종교가 네 종교보다 낫단 말을 할 수는 없다고 생각했다. 주관적으로 내가 믿는 종교가 제일이라는 느낌이나 생각이나 또는 어떤 이론적인 근거는 얼마든지 있을 수 있다. 사람에 따라서는 그런 것을 근거로 신앙생활을 더 잘할 수 있을지 모른다. 그러나 그것이 객관적인 진리로 자리 잡을 수는 없다. 불교인의 경우, 자기가 불교에 대해서 알고 있는 것이 정말 알아야 할 것의 몇 분의 일이나 될까? 그리고 남의 종교에 대해서는 더더욱 그렇다. 과연 불교인들이 기독교에 대해서 알아야 할 것의 몇 분의 일이나 알고 있을까? "몰라도, 몰라도 너무 모른다!"고 말해야 옳을 것이다. 그렇거늘 어찌 불교가 기독교보다 위란 말을 할 수 있단 말인가? 그건 말이 안 된다. 기독교를 믿는 사람들이 가끔 다른 종교를 믿는 사람들을 내려다보면서 기독교가 제일이고 너희들은 모두 잘못된 길을 가고 있다고 말한다. 우리는 하루 속히 그런 수준을 넘어서야 한다.

진리가 하나라면 기독교의 진리 따로 있고 불교의 진리 따로 있고, 그럴 수는 없을 것이다. 하나의 진리를 두고 기독교에서는 저렇게 표현하는데 불교에서는 이렇게 표현한다고 말해야 옳을 것이다. 그러므로 지금 나타난 두 종교 간의 갈등은 두 가지의 서로 다른 진리들이 그 내용 때문에 싸우는 것이 아니라 하나의 진리를 두고 기독교인들의 진리 표현법과 불교인들의 진리 표현법의 차이 때문에 싸우는 것이다. 한마디로 말해 진리 표현이라는 몸짓세계에서의 충돌현상이다. 몸의 세계에서는 진리 표현의 차이 때문에 서로 다투는 충돌현상이 있을 수 없다. 하나님의 세계든, 부처님의 세계든, 둘 다 몸의 세계를 말하고 있다. 이 대목이 두 종교가 가지고 있는 종교적인 차원이다. 우리는 먼저 각 종교가 가지고 있는 종교적인 차원에 눈을 떠야 한다. 이제 우리들이 해야 할 일은 몸의 세계로 돌아가는 것이다. 우리들의 생각을 일단 이런 식으로 정리해 두면 자기하고 다른 상대방을 무시하거나 비난하는 짓은 하지 않을 것이다. 자기하고 다른 상대방을 경이와 존경을 가지고 대하게 될 것이다.

[질문 2: 사람 위에 사람 없고 사람 밑에 사람 없다.]
　"신도는 스님에게 삼배를 해야 한다." 이것은 큰스님께서 항상 하신

말씀이다. 큰스님께서 그러실 때마다 나는 큰스님께 '그래서는 안 된다'고 말씀드렸다. 앉아서 절만 받아먹는 스님들의 마음속을 들여다봐야 한다. 남모르게 자라나는 교만을 어쩌려고 그러시느냐고. 그때 큰스님께서 말씀하셨다. "그래야 젊은 스님들이 열등감에서 벗어나 당당하게 승려생활을 할 수 있다"고. 그 뒤로 근 반백 년이 흘러갔다. 그 결과는 어떻게 됐는가? 지금 스님이 살아계시면 여쭙고 싶다. 지금도 스님의 주장이 옳았다고 생각하시는지? 다시는 스님과 옛날처럼 대화를 할 수 없는 오늘날, 옛날에 풀지 못했던 질문들이 다시 되살아 나온다. 요즈음 조계종 승려들은 말한다. 신도들이 스님에게 삼배를 하는 것은 일종의 수행이라고. 마음을 비워 하심하고 일체중생을 존경하는 훈련이라고. 정말일까? 하나만 알고 둘은 모르는 소리처럼 들린다.

2. 내 글의 배경

한국의 간화선을 이해하는 데 성철스님(1912~1993)을 과소평가할 수 없다. 성철사상을 이해하려면 성철스님의 『선문정로禪門正路』와 그 서언緒言을 잘 읽어야 한다. 서양의 근대철학사에서도 헤겔(Friedrich Hegel, 1770~1831)의 위치는 과소평가할 수 없다. 그러한 헤겔을 알려면 그의 『정신현상학』과 그 서문을 잘 읽어야 한다고 한다. 앞으로 이 글의 첫째 마당, 1, 2, 3절을 살펴볼 때, 헤겔 변증법의 '정반합正反合' 논리를 빌려 성철스님이 의도한 바를 밝혀 보려고 한다.

1982년, 해인사 백련암은 성철스님의 『선문정로』 100권을 스토니브룩으로 보내 주었다. 스토니브룩에서 불교를 공부하는 사람들은 즉시 『선문정로』를 공부하는 모임을 만들었다. 이 글은 그 공부모임에서 토론했던 것들이다.

3. 공부 보고: 스토니브룩에서 읽은 『선문정로』 서언

스토니브룩 캠퍼스의 불교공부는 해인사 백련암의 불교공부와 다를 수밖에 없었다. 스토니브룩의 공부가 이른바 현대적인 학문을 위주로 하는 것이라면, 백련암의 공부는 신행信行을 바탕으로 하는 수도생활이었다. 이러한 차이 때문에 스토니브룩 사람들은 입으로는 『선문정로』를 공부한다고 말하지만 항상 논쟁과 토론으로 치닫는 것이 일쑤였다. 그것이 문제였지만 어찌할 수 없었다.

1981년, 불광출판사에서 나온 성철스님의 『선문정로』는 모두 256쪽, 저자의 서언과 함께 총 19장으로 되어 있다. 책머리의 서언은 모두 12절로 되어 있다. 우리들은 그 서언을 다음과 같은 네 마당으로 정리해 보았다.

〈첫째 마당〉: 선문의 정로를 밝히고 있다. 그 속에는 다음 세 가지가
　　　　　　들어 있다.
　　　1절, 영취산정靈鷲山頂(正)
　　　2절, 열할통방熱喝痛棒(反)
　　　3절, 정법상전正法相傳(合)

〈둘째 마당〉: 견성見性이 무엇인가를 밝히면서 특히 돈오돈수頓悟頓修의
　　　　　　중요성을 역설하고 있다.
　　　4절, 선문禪門에서 말하는 견성
　　　5절, 견성이 즉 돈오頓悟다
　　　6절, 견성의 방법方法
　　　7절, 공안타파公案打破

〈셋째 마당〉: 지해知解를 때려 부수면서 특히 돈오점수설頓悟漸修說의 피
　　　　　　해를 역설하고 있다.

8절, 무릇 이설異說 중의

9절, 원래 지해知解는

10절, 이렇듯 이설들의 피해가

〈넷째 마당〉: 성철스님의 애창곡인 "구름 걷히면 햇볕 나제!"라는 메

　　　시지가 잘 나타나 있다.

11절, 허허, 구구한 잠꼬대가

12절, 둥근 달 밝게 비친

그러면 첫째 마당부터 하나하나 따져 나가기로 한다.

〈첫째 마당〉 선문의 정로는 무엇인가?

— 1절, 영취산정靈鷲山頂(正)

[원문]

영취산정靈鷲山頂에서 세존世尊이 염화拈花함은 사슴을 가리켜 말이라고

함이요, 소림암굴少林巖窟에서 이조二祖가 삼배三拜함은 모난 나무로 둥

근 구멍을 막음이니, 고금古今 선지식善知識들의 현언묘구玄言妙句는 모

두 눈 속에 모래를 뿌림이다.

[토론]

원 세상에, 이런 법이 또 어디에 있을까? 선문의 정로를 가리킨다면서

"영취산정靈鷲山頂 세존염화世尊拈花"를 "지록위마指鹿爲馬"라니? "지록위마"

란 "사슴(鹿)을 가리켜 말(馬)이라"고 잘못 말했다는 것 아닌가? 그렇다면,

성철스님의 백일법문百日法門도 지록위마라고 말해야 되겠네! 정신이 아찔

해진다. 성철스님의 이러한 가르침을 제대로 실천하려면 성철스님의 『선

문정로』부터 먼저 집어던져 버려야 되기 때문이다.

"영취산정 세존염화"는 부처님과 가섭존자 사이에 있었던 일을 두고

하는 말이다. 성철스님은 왜 이 사건을 "지록위마", 즉 "사슴을 가리켜 말이라"고 말한 잘못처럼 야단치셨을까? 성철스님의 이런 말씀에 박살난 사람은 누구일까? 이런 것을 기록한 사람들일까? 아니면 이런 것을 사실로 믿고 쩔쩔 매는 사람들일까? 글의 분위기로 보아 문자에 집착하는 사람들이면 너나없이 모두 한 칼로 쳐 버리는 선종 고유의 말투 같기도 하다. 성철스님은 여기서 선종의 구호인 '불립문자不立文字'를 들고 나오시는 것 아닐까?

　그다음으로 성철스님이 후려친 것은 중국 선종의 초조인 달마대사와 2조 혜가스님 사이에서 있었던 일이다. 그것이 '이조삼배二祖三拜'다. 이 자리에서 성철스님이 쓰신 방망이는 '장각목두원공將角木逗圓孔', 즉 '모난 나무로 둥근 구멍을 막는 짓'이라는 혹평이다. 뿐만 아니라 성철스님은 역대 선지식들의 현언묘구玄言妙句를 모두 다 "눈에 모래 뿌리는 짓들"이라고 비판했다. 성철스님이 만년에 누구를 만나든 "자기는 평생 거짓말만 하고 산 사람이니까 내가 한 말 믿지 마라"고 하신 의도와 일맥상통하는 것 같다.

　여기서 우리들이 간추려야 할 정신은 뭘까? 우리들은 묻지 않을 수 없다. 부처님이 염화하고 가섭존자가 미소한 것이 사슴을 가리켜 말이라고 말하는 것처럼 잘못된 짓이라면, 그러면 성철스님은 지금 우리더러 어쩌라는 걸까? 선문어록에 쓰인 말들이 모두 잘못된 짓이라면 이 자리에서 우리들이 해야 할 일은 뭘까? 잘못된 짓의 반대는 잘한 짓이다. 성철스님의 이러한 말씀을 듣고 잘못을 접고 올바른 길로 가려면 어떻게 해야 할까? 도대체 잘된 짓은 어떤 짓일까? 사슴을 가리켜 사슴이라고 말해 보았자 그것 또한 잘못되기는 마찬가지 아닐까? 문제는 '사슴'(鹿)을 가리켜 '말'(馬)이라고 말하나, '사슴'이라고 말하나, 그런 것에 있지 않은 듯하다. '말'을 '사슴'으로 고쳐 보았자 그것은 주둥아리 몸짓 바꿈에 불과하기 때문이다. 중요한 몸은 하나도 바뀌지 않을 수도 있다. 이것이 인간의 비극이다. 무어라고 말하든, 아니 설사 아무 말도 하지 않았다 할지라도 그것은 모두 몸짓의 장난에 불과하다. 우리들은 여기에서 우리들의 몸을 들여다보아야 할 것 같다. 문제는 언어에 있지 않고 사람됨에 있는 것 같다.

중국 선종의 초조 달마대사에게 제2조 혜가가 삼배하고 달마의 도통을 이어 받았단 말이 둥근 구멍을 모난 나무로 막으려는 헛된 수작이라고 한다면 둥근 구멍을 둥근 나무로 막는 일은 헛된 수작이 아닐까? 그리고 역대 선지식들의 현언묘구가 모두 눈에 모래 뿌리는 짓이라면 병든 눈에 안약을 넣는 일은 어떻게 가능할까? 이것이 우리들의 문제이다.

— 2절, 열할통방熱喝痛棒(反)

[원문]

열할熱喝과 통방痛棒도 납승衲僧의 본분이 아니거늘 어찌 다시 눈 뜨고 꿈꾸는 객담客談이 있으리오마는, 진흙과 물속에 들어가서 자기의 성명性命을 부고不顧함은 고인古人의 낙초자비落草慈悲이다.

[토론]

성철스님은 여기서 불교의 자비를 들고 나오셨다. 이렇게 함으로써 분위기가 확 바뀌었다. 여기 둘째 절의 분위기는 아까 첫째 절의 분위기와 정반대가 되었다. 여기서 우리는 묻지 않을 수 없다. 열할과 통방도 납승의 본분이 아니라면, 그렇다면 무엇이 납승의 본분이란 말인가? 성철스님은 여기서 태도를 바꾸어 말문을 여셨다. 기사회생하는 장면이다. 낙초자비다. 그러면 우리들은 여기서 진흙과 흙탕물 속으로 뛰어 들어가는 스님의 낙초자비 모습을 똑똑히 보아야 할 것이다.

— 3절, 정법상전正法相傳(合)

[원문]

정법상전正法相傳이 세구년심歲久年深하여 종종 이설異說이 횡행橫行하여

414

조정祖廷을 황폐케 하므로 노졸老拙이 감히 낙초자비落草慈悲를 운위云謂할 수는 없으나, 만세정법萬世正法을 위하여 미모眉毛를 아끼지 않고 정안조사正眼祖師들의 수시법문垂示法門을 채집하여 선문禪門의 정로正路를 지시코자 한다.

[토론]

첫째 마당의 구조가 드러나도록 우리들은 헤겔 변증법의 '정반합' 논리를 적용해 보았다. 그러면 1절은 정正이요, 2절은 반反이요, 3절은 합合이라고 말할 수 있을 것이다. 1절은 당신의 부정적인 입장이요, 2절은 그 반대요, 3절은 앞의 정正과 반反을 넘어서는 합合이다. 1절에서 기껏 가진 욕 다 하시고 나서 2절에서는 고인의 낙초자비를 이야기하시면서 3절에서는 당신 스스로 욕먹을 짓을 하시려는 것이다. 우리들은 정신을 바짝 차려 스님이 어떻게 선문의 정로를 여시는지 지켜보아야겠다.

〈둘째 마당〉 견성이란 돈오돈수여야 한다.

— 4절, 선문에서 말하는 견성

[원문]

선문은 견성이 근본이니 견성은 진여자성眞如自性을 철견徹見함이다. 자성自性은 그를 엄폐한 근본무명根本無明 즉 제8 아라야의 미세망념微細妄念이 영절永絶하지 않으면 철견하지 못한다. 그러므로 선문정전禪門正傳의 견성은 아라야의 미세微細가 멸진滅盡한 구경묘각究竟妙覺 원증불과圓證佛果이며 무여열반無餘涅槃 대원경지大圓鏡智이다.

[토론]

1967년 해인사에서 살면서 큰스님들이 사용하는 '언어'에 귀가 번쩍했다. 무엇보다도 큰스님들은 '깨달음'이란 말과 '깨침'이란 말을 엄격하게 구별했다. 보통 사람들은 이들 둘을 구별하지 않았다. 그러나 절에서는 엄격히 구별했다. '깨달음'은 뭔가를 지적으로 아는 것이었다. 그러므로

'깨달았다'고 눈물까지 흘려 놓고 얼마 안 가서 똑같은 잘못을 되풀이한다. 작심삼일作心三日이다. 그러나 '깨침'은 다르다. 깨침은 '깨짐'이기 때문에 한번 깨치면 물러설 자리가 없다. 따라서 되풀이할 수도 없다. 몸이 바뀐 것이다. '깨달음'이 몸짓세계의 일이라면, '깨침'은 몸세계의 일이다.

견성은 몸짓세계의 일이 아니다. 그것은 몸세계의 일이다. 사람들이 여기서 길을 잃는다. 그래서 성철스님은 대승불교 유식학의 제8 아라야식을 들고 나오신 것이다. 선문에서 말하는 견성이 무엇인가를 밝히는 데 필요불가결한 것이 인간의 의식구조 설명이다. 6식 세계, 7식 세계, 8식 세계란 말들이 다 그런 말들이다. 8식 세계에 들어가면 보통 사람들이 하는 그런 구별에 얽매이지 않는다. 그래서 너도 없고 나도 없고 삶도 없고 죽음도 없고…… 일체의 차별이 다 없어진다고 말한다. 오매일여의 경지라고 할까. 그래서 사람들이 이를 두고 깨친 경지라고 말한다. 그러나 성철스님은 "그렇지 않다"고 말씀하신다. 그렇게 말하면 그것은 못된 소리라는 것이다. 그것이 어떠한 경지든, 깨친이의 경지든, 부처님의 경지든, 만약 그것이 지금의 '나'가 계속 발붙이고 있는 곳이라면, 그것은 깨침이 아니라는 것이다. 선의 세계에서 번쩍이는 '종교적인 차원'이다. 기독교에서 인간의 세계가 아무리 대단해도 그것은 신의 세계가 아니라고 잘라서 말하는 것도 기독교가 가지고 있는 종교적인 차원을 드러내기 위해서일 것이다. 불교와 기독교는 전혀 다른 것 같으면서도 종교적인 차원을 말하는 대목에 이르러서는 함께 가는 것 같다.

— 5절, 견성이 즉 돈오다

[원문]

이 견성이 즉 돈오이니, 오매일여寤寐一如·내외명철內外明徹·무심무념無心無念·상적상조常寂常照를 내용으로 하여 십지등각十地等覺도 선문禪門의 견성見性과 돈오頓悟가 아니다. 따라서 오후보임悟後保任은 구경불과

究竟佛果인 열반묘심涅槃妙心을 호지護持하는 무애자재無碍自在의 불사의不思議 대해탈大解脫을 말한다.

[토론]

보조스님(知訥, 1158~1210)의 돈오점수설과 성철스님의 돈오돈수설이 판연히 갈라지는 대목이다. 성철스님은 여기서 선문의 견성이 교가의 견성과 다르다는 것을 역설하고 있다. 보조스님의 돈오점수설에서 해오를 돈오로 착각하고 깨친 다음 오랜 점수를 통해 증오의 경지에 이른다는 말을 선문의 그것과 같은 것으로 착각하면 안 된다는 것이다. 선문의 견성은 돈오돈수라고 말할 때의 돈오다. 그러므로 아직 덜 됐지만 꾸준히 계속해 나가면 마침내 구경각에 이른다고 말하면 그것은 선문의 견성이 아니다. 보조스님의 깨달음을 성철스님의 깨침과 혼동하면 안 된다. 견성은 구경각이요, 증오다.

— 6절, 견성의 방법

[원문]

견성 방법은 불조佛祖 공안公案을 참구參究함이 가장 첩경이다. 불조 공안은 극심난해極深難解하여 자재보살自在菩薩도 망연부지茫然不知하고 오직 대원경지大圓鏡智로써만 요지了知하나니 공안을 명료明了하면 자성自性을 철견徹見한다. 그러므로 원증불과圓證佛果인 견성을 할 때까지는 공안 참구에만 진력하여야 하나니, 원오圓悟가 항상 공안을 참구하지 않음이 대병大病이라고 가책苛責함은 이를 말함이다.

[토론]

요즈음 한국에서는 여기저기서 견성을 몸짓세계의 일로 착각하고 별별 소리를 다한다. 그 결과 지금 한국에서는 견성한 사람들이 쏟아져 나온다고 한다. 큰일 났다. 무엇이 큰일인가? 엄격하게 말하면 '방법'이란 말이 사람들을 눈멀게 하는 것 같다. '방법'이란 말은 원래 사람들의 일상생

417

활에서 '목적'이란 말과 함께 쓰이는 이원론적인 말이다. 영리한 사람들이 몸짓세계의 질서를 바로 세우기 위해서 임시로 만들어 낸 사회적인 용어란 말이다. 불이不二 즉 '둘 아님'을 핵으로 하는 선의 세계에서는 목적과 방법이 둘로 나눠져 있을 수 없다. 원오스님이 공안을 참구하지 않음이 대병大病이라고 말씀하실 때의 공안참구도 목적을 달성하기 위한 방법을 열심히 하지 않는다는 말은 아닐 것이다. 원오스님의 말씀은 종교적인 차원의 공안참구를 하는 사람이 없다는 한탄일 것이다.

— 7절, 공안타파

[원문]

공안을 타파하여 자성을 철견하면 삼신사지三身四智를 원만증득圓滿證得하고 전기대용全機大用이 일시에 현전現前한다. 이것이 살활자재殺活自在하고 종횡무진縱橫無盡한 정안종사正眼宗師이니 정안正眼이 아니면 불조佛祖의 혜명慧命을 계승하지 못한다. 마조馬祖 제자 80명 중에 정안은 수삼인數三人이라고 황벽이 지적함과 같이 정안은 극난極難하다. 그러나 개개箇箇가 본래 비로정상인毘盧頂上人이라 자경자굴自輕自屈하지 않고 끝까지 노력하면 정안을 활개豁開하여 출격대장부出格大丈夫가 되나니 참으로 묘법妙法 중 묘법이다.

[토론]

'묘법 중 묘법'이란 말은 무슨 말인가? 이에 대한 바른 대답은 바로 앞에 나온 "인인人人 본래本來 비로정상인毘盧頂上人"이란 말일 것이다. "일체중생이 번뇌망상 하나도 버리지 않고, 지혜보리 하나도 더 보태지 않고 있는 그대로 완전한 부처님"이란 말이다. 이런 묘법이 또 어디에 있을까! 정말 묘법 중에 묘법이다. 문제는 자경자굴하지 않고 끝까지 노력하는 것이다. 황벽스님이 여기서 마조 제자 80명 중에 정안正眼은 몇 명 되지 않는다고 말씀하신 것이나, 앞에서 원오스님이 공안참구를 제대로 하지 않는 것이 대병大病이라고 한탄하신 것이나, 모두 선문의 엄격함을 강조하고 있는 것 같다. 그들이 강조한 엄격함이란 뭔가? 철두철미 '둘 아님' 앞에서 모든 이원론적인 사이비를 다 때려 부수는 일일 것이다.

〈셋째 마당〉 돈오점수頓悟漸修는 이설異說이며 그 피해가 막심하다.
— 8절, 무릇 이설 중의

[원문]

무릇 이설 중의 일례一例는 돈오점수頓悟漸修이다. 선문禪門의 돈오점수 원조元祖는 하택荷澤이며 규봉圭峯이 계승하고 보조普照가 역설한 바이다. 그러나 돈오점수의 대종大宗인 보조도 돈오점수를 상술한 그의「절요節要」 벽두에서 하택은 시지해종사是知解宗師니 비조계적자非曹溪嫡子라고 단언하였다. 이는 보조의 독단이 아니요 육조六祖가 수기授記하고 총림叢林이 공인한 바이다. 따라서 돈오점수사상頓悟漸修思想을 신봉하는 자는 전부 지해종도知解宗徒이다.

[토론]

성철스님이『선문정로』에서 비판하신 돈오점수설을 보조스님이 그의「절요」(法集別行錄節要竝入私記)에서 강조하신 돈오점수설로 속단해서는 안 될 것 같다. 우리는 오늘날 어느 편에 서서 다른 편을 공격하는 공부를 하고 있지 않다. 그러므로 우리는 맞서 있는 둘을 다 잘 들여다볼 줄 알아야 한다. 고려 중엽, 보조스님이 애써 밝히고자 했던 돈오점수설은 그 안에 독특한 뉘앙스를 가지고 있다. 그러면 지금부터 성철스님의 돈오점수와 보조스님의 돈오점수설이 어떻게 다른가를 한번 살펴보자.

먼저 성철스님의『선문정로』서언에 나오는 말부터 한번 살펴보자. 성철스님은 다음과 같이 말씀하셨다.

돈오점수의 대종인 보조도 돈오점수를 상술한 그의「절요」 벽두에서

하택은 시지해종사니 비조계적자라고 단언하였다.(5쪽, 9줄)

"단언했다"는 말투가 신경을 건드린다. 왜냐하면 이 문장에서 보조스님이 의도한 바는 성철스님의 그것과 정반대이기 때문이다. 보조스님에 있어서 수雖자는 중요하다. 수雖자로 시작하는 이 문장은 양보절이다. 왜 양보하는가? 그다음이 더 중요하다는 것을 드러내기 위한 어법이다. 그러므로 수雖자는 결코 생략되어서는 안 된다. "비록 조계적자는 아니었지만 그러나(然)…"로 이어가면서 보조스님이 전달하고자 하는 의도는 오히려 "지해가 중요하다"는 메시지로 끝을 맺고 있다. 그러므로 보조스님이 전달하고자 애쓰는 메시지는 수雖자 다음이 아니고 연然자 다음임을 알아야 한다.

보조스님의 첫 문장에 나오는 '수雖… 연然…' 어법을 성철스님은 일부러 왜곡한 것처럼 보인다. 보조스님의 경우는 연然자 다음이 더 중요한데, 성철스님의 경우는 연然자 다음은 무시해 버리고 수雖자 문장을 본론으로 만들면서 수雖란 글자도 빼 버리고 읽으셨다. 그러면서 성급하게 "~라고 단언했다"는 식으로 보조스님의 글을 바꿔 버렸다. 분명한 왜곡이다.

성철스님의 이러한 왜곡은 보조스님의 돈오점수설을 없애버리는 것만이 목적인 것처럼 보인다. 그러면 「절요」에 나오는 보조스님의 글을 한번 보자.

牧牛子曰. 荷澤神會, 是知解宗師, 雖未爲曹溪嫡子, 然悟解高明, 決擇了然, 密師宗承其旨故, 此錄中, 伸而明之, 豁然可見. 今爲因敎, 悟心之者, 除去 繁詞, 鈔出綱要, 以爲觀行龜鑑.[1]

1995년, 동국대학교부설 동국역경원은 위에 글을 다음과 같이 우리말

---

1) 安震湖 編輯, 「절요」(서울: 法輪社, 단기 4290년), 1쪽 2~5줄.

로 번역하였다.

목우자牧牛子는 말한다. 하택신회荷澤神會는 지해知解의 종사宗師로서 조계
曹溪의 적자嫡子는 되지 못하였으나 그 깨달은 바가 높고 밝아서 의심을
결단하고 이치를 분별하는 일이 분명하였으므로, 규봉종밀圭峰宗密이 그
뜻을 이어 받들었기 때문에, 그의 별행록別行錄에서도 그것을 부연하고
밝혀 환히 보게 하였던 것이다. 그래서 지금 교教에 의해 마음을 깨달
으려 하는 사람을 위해 그 중에서 번거로운 말은 줄여 버리고 요긴한
강령만 뽑아 관행觀行의 귀감龜鑑으로 삼는 것이다.[2]

보조스님을 긍정적으로 읽는 사람과 부정적으로 읽는 사람 사이엔 이
렇게 커다란 차이가 생기는 것이다. 긍정과 부정의 대결은 지해의 세계에
서 항상 일어나는 일들이다. 성철스님은 지해를 때리면서 지해에 빠져 버
렸다고 말할 수밖에 없다.

성철스님은 보조스님을 인용하면서 수雖자를 빼 버렸기 때문에 그 뜻
이 정반대쪽으로 흘러가 버렸다. 오늘날도 사람들은 일상생활에서 '수
雖…, 연然…' 어법을 자주 사용한다. 스토니브룩대학교는 물리학이 강하기
로 유명하다. 물리학과 사람들은 말한다. "물리학과의 한국인 물리학자
이 교수는 중국인 양 교수처럼 비록(雖) 노벨상은 못 탔지만…… 그러나(然)
물리학계에 미친 이 교수의 공로는 절대로 과소평가할 수 없다." 분명한
'수雖…, 연然…' 어법이다. 여기서도 '연然…' 문장이 그 앞의 '수雖…' 문장
보다 더 중요하다. 13세기 보조스님의 화법과 오늘날 스토니브룩 물리학
자들의 화법이 아주 비슷하다. 노벨상을 탔느냐, 못 탔느냐는 문제가 아니
라는 것이다. 보조스님의 경우, 조계적자냐 아니냐는 문제가 아니라는 것
이다. 더 중요한 것은 오해고명하여 사람들이 앓고 있는 병을 더 잘 치료

---

[2] 동국역경원, 『한글대장경─보조국사집 외』(서울 동국대학교, 1995), 286쪽.

해 주고 있다는 사실에 있다. 이것이 보조사상의 핵심이다. 조계적자는 못 되었지만(그따위 조계적자가 뭐라고……) 조계적자 따지고 있는 사람들보다 얼마나 더 훌륭한지 모른다는 식으로 나갈 수도 있다. 그런 걸 성철스님은 뒤에 따라오는 "연然… 문장"을 무시하고 반대방향으로 가고 말았다. 이래서 되겠는가?

보조스님에 있어서는 지해知解가 무엇이 나쁘냐는 것이고 본분本分 운운에 대해서 오히려 가소롭다는 식이다. '본분 좋아하시네!' 하면서 비웃는 분위기다. 보조스님은 현대적인 의미에서 퍽 자유로운 분이었으며 다분히 혁신적이었던 것 같다.

성철사상 속에서 '지해종도知解宗徒'와 '본분조사本分祖師'가 어떻게 다른가를 밝혀내야 한다. 무조건 지해는 욕하고 본분은 떠받든다면 그것도 문제다.

성철스님은 그의 서언에서 하택, 규봉과 같은 지해종도들의 돈오점수설에 현혹당하지 말고 마조, 백장과 같은 본분조사들의 돈오돈수설로 돌아갈 것을 간곡하게 당부하였다.

선문의 정로를 문제 삼지 않을 수 없는 성철스님의 첫째 이유는『선문정로』의 서언에 명백히 드러나 있다. 그것은 우리들이 그동안 불교를 믿고 불도를 닦는다고 하면서 불교로부터 배우고 불교에 대해서 알고 있는 모든 언어문자와 현언묘구들이 사실은 우리들로 하여금 우리들이 본래 부처임을 모르게 하고 부처 노릇 못하게 하는 원흉임을 밝히고 있다. 그리고 이런 병을 발본색원하자는 것이 이 책의 근본 목적인 듯싶다.『선문정로』를 읽으면서 성철스님의 이러한 도전적인 부정정신을 놓치면『선문정로』는 읽으나 마나다. 헛농사짓는 것이다. 한마디로 말해 도전은 부정이다. "그래!"라고 "고개 끄덕거림"은 선禪이 아니다. "아니!"라고 고함치며 자리를 박차고 일어나 판을 깨버리는 것이 선禪이다.『선문정로』를 공부할 때 우리는 이 책의 전편에 깔려 있는 성철스님의 이러한 도전과 부정으로 물결치는 물줄기를 잡아타야 한다.

그럼에도 불구하고 진정한 스승은 모두 자비로웠다. 지록위마, 장각목두원공의 못된 말과 헛된 짓을 마다하지 않는 것이 불교의 자비라는 것이다. 한의학에서 독초는 분명히 사람을 죽이는 독약이다. 그런데도 그 독초가 사람을 살리는 데 쓰인다. 이런 경우, 더 무서운 비극이 복병처럼 숨어 뒤따라 다니는 수가 있다. 약도 아닌 것을 약으로 팔아먹는 사기꾼들이다. 이것이 이설異說이다. 이러한 이설들의 횡행으로부터 사람들을 보호하기 위해서 성철스님은 이 책을 쓰신 것이다. 이름 하여 선문의 정로를 지시하는 책이다. 우리는 앞으로 이 책이 스님의 근본 목적을 제대로 달성했는가를 살펴야 할 것이다. 그리고 스님이 말씀하시는 이설의 정체도 밝혀내야 한다.

성철스님은 이설의 정체를 드러내기 위해서 정설을 제시했다. 그것이 제4, 제5, 제6, 제7절로 길게 이어진 스님의 '견성론見性論'이다. 선문에서 말하는 견성이 무엇인가를 모른다는 것은 독초가 사람을 살리는 것인지 아니면 사람을 죽이고 마는 것인지를 구별 못하는 것과 같다. 성철스님은 이 책의 서언 중 4절에서 이 작업을 시도하고 있다. 유식학에서 말하는 제8 아라야식이 폭파되어야 한다는 것이다. 그래야 견성이다. 그래야 자기가 부처인 줄을 알고 부처 노릇을 하는 것이다. 서언의 5절은 다분히 선종 밖 아니 선종 안까지도 포함해서 제8 아라야식에 안주해 부처 노릇 한다고 말하는 모든 가르침을 고발하고 있다. 13세기 보조스님의 돈오점수설을 겨냥하고 있는 듯한 느낌을 준다.

돈오점수설 공격은 제8절에서 시작하여 제10절까지 계속된다. 이런 공격전에서 사용된 원자폭탄이 몰록사상이다. 몰록이 원자폭탄이라면 폭탄을 맞아 박살난 것은 지해다. 지해知解? 그게 뭘까? 알음알이 가지고선 안 된다는 말은 많이 들었지만 막상 그게 뭐냐고 물으니 말문이 막힌다.

— 9절, 원래 지해는

　　원래 지해는 정법正法을 장애하는 최대 금기禁忌이므로 선문禪門의 정안
조사正眼祖師들은 이를 통렬히 배척하였다. 그러므로 선문에서 지해종
도知解宗徒라 하면 이는 납승衲僧의 생명을 상실한 것이니 돈오점수 사
상은 이렇게 가공한 결과를 초래한다.

[토론]

　　왜 지해가 정법을 장애하는 최대 금기일까? 오늘날 우리들이 말하는
지해는 모두 문자문화의 산물이다. 오늘날 우리들이 사용하고 있는 문자
와 언어와 논리는 몸짓문화 정당화의 일등공신이다. 우리들은 지금 문자
의 덕을 얼마나 크게 보고 있는지 모른다. 그러나 그로 말미암아 커다란
피해를 입고 있는 것도 사실이다. 사람이 사람답게 사는 일 중에 제일 중
요한 것이 뭘까? 생명과 사랑일 것이다. 생명이 생명 노릇 제대로 못하고,
사랑이 사랑 노릇 제대로 못한다면 사람이 아닐 것이다. 생명과 사랑으로
사는 마당에서 가장 무서운 적은 생명으로 하여금 생명 노릇 못하게 하고
사랑으로 하여금 사랑 노릇 못하게 하는 것이다. 그게 뭘까? 이기주의다.
이기주의는 이원론적인 사고방식에서 나온 것이다. 생명과 사랑은 항상
이원론적인 이기주의 때문에 시달려 왔고 망가져 왔다. 갓난아이를 돌보
는 어머니는 생명과 사랑의 상징이다. 거기엔 이원론적인 이기주의가 없
다. 불행히도 오늘날 사람들은 생명과 사랑을 몸으로 삼고 살면서 이기주
의적인 몸짓을 버리지 못하고 있다. 모순이요 갈등이다. 문자의 장난을
박차고 나오지 못하기 때문이다. 문자의 장난에 휩쓸려 꿈속에서도 거기
서 벗어 나오지 못한다. 죽어서도 그럴지 모른다. 이러한 지옥의 주역을
지해라고 부른다.

[원문]

이렇듯 이설異說들의 피해가 막심하여 정법正法을 성취하지 못하게 되나니, 참선고류參禪高流는 이 책에 수록된 정전正傳의 법언法言을 지침指針삼아 이설에 현혹되지 말아야 한다. 용맹정진勇猛精進 확철대오廓徹大悟하여 고불古佛도 미도未到하는 초군정안超群正眼을 원증圓證하여 하택荷澤·규봉圭峰과 같은 지해종도知解宗徒가 되지 말고 마조馬祖·백장百丈과 같은 본분조사本分祖師가 되어, 조계적자曹溪嫡子로서 불조佛祖의 혜명慧命을 계승하여 영겁永劫 불멸不滅의 무상정법無上正法을 선양宣揚하기를 기원祈願하는 바이다.

[토론]

성철스님의 간절한 소원이 들어 있는 대목이다. 다만 조계적자병에 걸리지 않으면 된다. 지해종도나 본분조사라는 말에 얽매이지 말고 우리는 자유롭게 살아야 한다. 그러면 때로는 하택스님이나 규봉스님처럼 보일 수도 있고 때로는 마조스님이나 백장스님처럼 보일 수도 있을 것이다. 어느 한쪽에 붙어 그쪽 흉내만 낸다면 그것은 몸짓문화의 노예상태에서 벗어 나오지 못한 것이다. 우리는 과감하게 몸문화 속으로 뛰어들어 자유자재로 주어진 현실에서 낙초자비를 실천해야 할 것이다.

〈넷째 마당〉 구름 걷히면 햇볕 나제!
― 11절, 허허, 구구한 잠꼬대가

[원문]

허허, 구구한 잠꼬대가 어찌 이렇게 많은고!

억!

[토론]

성철스님은 첫째 마당 1절에서 부처님의 염화를 사슴을 가리켜 말이라고 말한 오류라고 때렸고, 혜가스님의 삼배도 모난 나무로 둥근 구멍을 막는 격이라고 때렸고, 고금 모든 선지식들의 현언묘구도 모두 눈 속에 모래 뿌림이라고 때렸다. 그러고서 이제까지 하신 당신의 모든 말씀을 "잠꼬대"라고 때렸다. 해를 가리는 구름은 걷혀야 한다.

— 12절, 둥근 달 밝게 비친

[원문]

둥근 달 밝게 비친 맑은 물결에 뱃놀이 장단 맞춰 금잉어 춤을 춘다.

(辛酉 仲秋佳節 伽倻山 白蓮庵에서 退翁性徹 識)

[토론]

드디어 구름이 걷혔다. 이 세상 삼라만상이 제 모습을 드러냈다. 마지막의 11과 12절은 글을 끝맺는 시구다. 11절이 구름 걷힘이라면 12절은 햇볕 남이다. 성철스님의 「임종게」에서 처음 3절이 구름 걷힘이라면 4절은 햇볕 남과 같다.

마지막으로 성철스님의 「임종게」를 다시 읽어 보자.

生平欺誑 男女群
彌天罪業 過須彌
活陷阿鼻 恨萬端
一輪吐紅 掛碧山

해인사 백련암 고심원의 현판은 성철스님의 「임종게」를 다음과 같이 번역했다.

살면서 줄곧 뭇 남녀의 무리를 속이고 어지럽혔구나.

426

하늘까지 솟은 그 잘못이 온 천지에 자욱하네.
살아 지옥에 떨어지다니 그지없는 한일세.
붉고 둥근 해님이 푸른 산 넘어 솟으셨다.

　한문으로 되어 있는 성철스님의 「임종게」는 모두 네 줄로 되어 있다.
처음 세 줄과 마지막 한 줄이 퍽 대조적이다. 성철스님의 애창곡 "구름
걷히면 햇볕 나제"를 가지고 풀어 보면 처음 세 줄은 구름 낀 삶의 이야기
요, 마지막 줄은 푸른 산의 둥근 해님 이야기다. 그러나 성철스님의 『선문
정로』 서언을 공부한 우리는 여기에 머물러서는 안 될 것 같다. 우리는
묻지 않을 수 없다. 왜 큰스님은 평생 사람들을 속이셨을까? 그리고 그
죄업이 하늘까지 가득 차고 수미산보다 더 커서 마침내 살아서 지옥에
떨어지는 한 많은 삶을 사셨을까? 낙초자비 때문일 거라는 생각이 든다.
그렇다면 마지막 줄의 둥근 해님은 이미 첫째 줄부터 밝게 비치고 있었다
는 말이 될 수 있다.
　자, 이젠 우리도 우리글의 결론을 맺어야 할 때가 된 것 같다. 성철스
님의 『선문정로』를 어떻게 평해야 옳을까? 누가 뭐라 말하든, 성철스님은
당신이 하셔야 할 일을 하신 것 같다. 그게 뭔가? 간화선의 '종교적인 차
원'을 드러낸 것이다. 유식학의 전의轉依사상을 선문으로 끌어들인 것은
잘하신 일이다. 비종교적인 차원에서 허덕이는 사람들이 어떻게 해야 종
교적인 차원으로 넘어갈 수 있느냐를 밝히는 핵심이 '전의 경험'이다.
　'전의轉依' 즉 '몸 바꾸기'를 이야기할 때면, 나는 예외 없이 "백척간두
진일보 현애살수장부아"라는 말을 생각한다. 백척간두에서 진일보하는
것은 쉽지 않다. 죽음을 택하는 순간이기 때문이다. 백척간두까지 가는
사람도 드물지만 설사 갔다 하더라도 대개는 마지막 판에 물러서서 집(옛
날 집 즉 舊殼)으로 돌아가고 만다. 현애懸崖라는 말은 천 길 낭떠러지에 매달
려 있다는 뜻이다. 아주 아슬아슬한 순간이다. 구각에서 탈피 즉 환골탈태

하느냐 마느냐의 중요한 순간이다. 이 순간에 '살수撒手' 즉 '손을 놓아야한다'는 말이다. 다시 말하면 삶을 포기하고 죽음을 택하라는 말이다. 왜냐하면 이제까지 삶의 길이라고 생각했던 그 길은 죽음의 길이고, 죽음이라고 무서워했던 그 길이 진실로 삶의 길이기 때문이다. 그러나 사람들은 자기 생각에 갇혀 있기 때문에 진짜 삶은 죽음이라 생각하고 실지로는 죽음의 길이건만 그걸 삶의 길이라 착각하고 집착한다.

성철스님은 이러한 작업을 선문에서 용감하게 그리고 철저하게 하신 것이다. 그러므로 '전의'는 참선공부의 핵심이라고 말해야 옳을 것이다. 선문의 화두참선도 견성성불도, 아니 그 무엇도, 모두 선문의 종교적인 차원을 모르면 헛수고로 끝나고 말 것이다. 성철스님의 『선문정로』는 우리들을 그 길로 이끌어 주신 것이다. 진심으로 커다란 감사를 드린다. 〈끝〉

7월 2일

선생님,

고치신 원고가 훨씬 좋습니다.

머리말과 결론이 압권입니다.

정말 잘 읽었고 그동안의 의문들도 많이 풀렸습니다.

제가 소감문을 정리, 작성해야 하는데 게으름을 피웁니다.

소감은 전화로 말씀드리겠습니다.

그곳 시간으로 화요일 오전 10시경에 전화 드리겠습니다.

안녕히 계십시오.

황경열 드림

황경열 교수님,

교정 감사합니다. '정성 성'자가 보입니다. 목마른 자는 물을 찾습니다. 그리고 어떤 물이든 맛있게 마십니다. 서리꾼의 눈엔 소크라테스의 지갑 밖에는 보이는 것이 없다고 합니다. 저는 황 교수님의 목마름에서 많은 것을 배웁니다.

안녕히 계십시오.

박성배 합장

53

부처님의 지혜

황경열 교수님께,

어제 아침 전화를 끊고 나서 바로 황 교수님께 편지를 쓰기 시작했습니다. 그런데 한 문장 쓰고 나서 무슨 일이 생겼는지 중단했습니다. 그리고 하루가 지난, 오늘 낮 12시에 또 컴퓨터 앞에 앉아 있습니다.

어제 중단했던 일을 계속하려고 컴퓨터를 열었는데 또 문제가 생겼습니다. 어제 편지 쓸 때 쓰고 싶었던 말들이 모두 숨어 버렸습니다. 괜찮다고 모두 나오라고 해도 이놈들이 나오지 않습니다. 용서해 주세요. 말도 안 되는 소리를 하고 있습니다.

다음은 어제 써 두었던 것들입니다.

지혜는 두 가지로 나누어 생각해야 할 줄 압니다. '몸의 몸짓으로서의 지혜'와 '몸짓의 몸짓으로서의 지혜'입니다. 양자는 분명하게 구별해야 한다고 생각합니다. 부처님의 지혜는 몸의 몸짓입니다. 그러나 보통 사람들이 몸짓문화 속에 갇혀 살면서 자기가 해야 할 일들을 하기 위해서 일하는 지혜는 다릅니다. 천하의 그럴듯한 소리, 별별 좋은 소리를 다 지껄여도 모두 이상과 아견과 아집을 여의지 못한 상태에서 나온 것이기에 문제가 많습니다. 자기 잘되기 위해 남을 깎아 내리고 해치는 이기적이고 독선적인 모습은 주의해야 할 일일 줄 압니다.

항상 강조하는 말입니다만 저는 언어문자에 죄는 없다고 봅니다. 언어문자를 컨트롤하는 놈이 누구냐에 문제가 있다고 생각합니다. 그것이 몸짓의 몸짓이 아니고 몸의 몸짓이라면 모두가 부처님의 말씀이고

하느님의 말씀입니다. 어린이가 배고프다고 소리 지르는 것은 몸의 몸
짓입니다. 부처님의 말씀입니다.

　제 글을 성심성의껏 읽어 주신 선생님의 정진력과 자비심에 경의를
표합니다. 감사합니다.

　안녕히 계십시오.

박성배 합장

54

보태는 길과 버리는 길

황경열 교수님께,

저의 어젯밤 답신에 용타스님 관련의 말씀을 깜빡했군요. 좋습니다. 보내드리세요.

공부에는 '보태는 길'과 '버리는 길'이 있다고 생각합니다. 요즈음 세상에서 말하는 공부는 모두 보태는 길을 택하고 있는 것 같습니다. 그러나 옛날에 열심히 공부했던 사람들은 버리는 길이야말로 참다운 공부의 길이라고 말씀하셨습니다.

저는 이러한 차이를 여러 각도로 살펴보았습니다.

전자가 자기 자신의 세속적인 이익을 챙기는 길이라면, 후자는 주변의 남들을 위해서 사는 길입니다.

전자가 영리한 사람들의 길이라면, 후자는 멍청한 사람들의 길입니다.

전자가 자신이 이미 가지고 있는 지식의 성에 자기가 아직 모르고 있는 것을 자꾸 보태어 성을 더욱 더욱 공고하게 만드는 아상의 길이라면, 후자는 자기가 이미 가지고 있었던 성을 때려 부셔 버리는 무아의 길입니다.

전자는 아상과 아만과 아집에 사로잡혀 윤회하는 길이라면, 후자는 무아로 돌아가 우주와 하나 되어 일체만물과 함께 사는 부처님의 길입니다.

지금 여기는 수요일 아침입니다. Office hours인데 학생들이 아무도 오지 않습니다. 그래서 이렇게 황 교수님께 드릴 제 생각을 정리하고 있습니다.

저에게 공부할 기회를 만들어 주서서 감사합니다.

안녕히 계십시오.

박성배 합장

선생님,

축사 잘 읽었습니다.

군더더기 없는 간결한 글에서 깨침과 깨달음(견성과 가짜 견성)의 차이가 명확하게 잘 드러났습니다.

"다시 돌아갈 아성이 송두리째 폭파된 깨짐의 경지가 부처님의 깨침이고 불교의 깨침이다. 여기서는 태양이 일체의 차별을 넘어 천하만물을 골고루 두루 다 비추듯이 부처님의 대광명도 그러하다. 무애자재의 부사의 대해탈 경계가 현전한다"는 선생님의 메시지가 잘 표현되었습니다.

상세한 내용은 전화로 말씀드리겠습니다.

일요일 오전 10시경에 전화 드리겠습니다.

제가 붉은 색과 푸른 색, 두 가지로 교정했습니다.

붉은 색은 저의 생각대로 고쳐 본 것이고, 푸른 색은 띄어쓰기를 수정한 것입니다.

저를 공부시켜 주셔서 감사합니다.

안녕히 계십시오.

황경열 드림

:: 축사

대한불교 관음종이 주관하는 국제학술대회의 성공적인 개최를 진심으로 축원하는 바입니다. 한국의 현대불교 50년을 '깨달음'이라는 주제로 살펴보는 것은 진실로 의미 있는 일이라고 생각합니다.

불교인들이 즐겨 쓰는 '깨달음'이라는 말에는 독특한 성격이 있습니다. 일반적으로 깨달음이란 말은 어둠을 쫓아내는 밝음이라는 뜻을 가지고 있습니다. 그러나 우리들이 가지고 있는 어둠이 가지가지이기 때문에 밝음도 가지가지일 수밖에 없습니다. 등잔불이 가져다주는 밝음도 밝음인 것은 사실이나 그러한 밝음은 하늘의 태양이 가져다주는 밝음과는 다릅니다. 등잔불은 바람만 불면 꺼져 버립니다. 뿐만 아니라 멀리 비추지도 못합니다. 더 큰 문제는 등잔불의 밝음은 자기 자신도 밝히지 못한다는 결정적인 결함을 가지고 있습니다. 이와 달리 태양은 일체만물 어느 것 하나도 차별하지 않고 다 비출 뿐 아니라 폭풍우에도 끄떡없고 천재지변에도 영향을 받지 않습니다. 그러므로 우리들은 불교에서 말하는 '깨달음'을 등잔불 같은 것으로 오해해서는 안 될 것입니다. 태양이 일체의 차별을 넘어서서 친구니 원수니 구별도 하지 않고 천하만물을 골고루 두루 다 비추듯이 부처님의 깨달음도 그러한 것입니다.

여기서 우리는 불교에서 말하는 '공부'가 무엇인가를 문제 삼지 않을 수 없습니다. 아는 것이 주가 되는 사람들의 공부를 '보태는 공부'라고 말할 수 있다면, 체험을 문제 삼는 사람들의 공부는 '덜어내는 공부'라고 말할 수 있을 것입니다. 우리들이 지금 하고 있는 공부가 '보태는 공부냐?', 아니면 '덜어내는 공부냐?'를 살피는 것은 중요한 일입니다. '보태는 공부' 란 아견과 아집과 아상에 사로잡혀 항상 그것들을 더욱 공고하게 만드는 공부란 말입니다. '덜어내는 공부'란 아견과 아집과 아상을 벗어버리는 공부란 말입니다.

수도자들은 깨달음이라는 말보다는 깨침이라는 말을 선호합니다. 보통 사람들의 '깨달음'이란 아무리 좋은 것을 깨달았다 해도 작심삼일作心三日인 경우가 많습니다. 그것이 자기의 삶을 바꾸지는 못한다는 말입니다.

자기 주변을 조금 밝히는 것처럼 보이지만 등잔 밑이란 말로 표현되는 자기 자신의 고질적인 어둠은 어쩌지 못한다는 말입니다. 그래서 절에서 수도하는 스님들은 깨달음이라는 말보다는 '깨침'이란 말을 선호합니다. 절에서 말하는 깨침은 무엇입니까? 그것은 깨짐입니다. 무엇이 깨집니까? 아견과 아집과 아상의 성이 부서지고 무너지고 폭파해 버린다는 말입니다. 오늘날 우리들이 자주 쓰는 '깨침'과 '깨짐'이란 말은 둘 다 '깨다'란 말에서 나왔습니다. 다시 말씀드리면 깨치다는 말이나 깨지다는 말이나 다 똑같은 '깨다'라는 어원에서 나왔다는 말입니다. 그러므로 깨짐 없는 깨침은 없습니다. 깨쳤다는 말은 깨졌다는 말입니다. 저는 이런 말을 할 때마다 항상 느껴지는 것이 있습니다. 오래된 순수한 우리말은 퍽 불교적이라는 것입니다. 아무튼 깨졌다는 말은 다시 돌아갈 아성이 없어졌다는 말입니다. 이러한 경지에서는 작심삼일이 있을 수 없습니다. 등잔불처럼 자기가 서 있는 자리도 밝히지 못하는 깨달음은 불교에서 말하는 깨달음이 아닙니다. '불교의 깨달음은 깨침'이라고 말할 때 본래의 참뜻이 드러납니다.

이번에 대한불교 관음종이 주관하는 '깨달음 회의'가 이제까지 작심삼일에 그쳤고 등잔불의 한계를 벗어나지 못했던 우리들을 올바른 길로 인도하는 계기가 되었으면 합니다. 큰일 치르시느라 수고해 주신 모든 분들에게 진심으로 감사를 드립니다. 〈끝〉

선생님,

보내 주신 원고 잘 읽었습니다.

선생님께서 늘 강조하시는 몸/몸짓 논리와 몸 바꾸기가 잘 드러나 보였습니다. 간화선의 핵심이고, 선생님의 평생 관심사인 몸 인간관계와 몸 인간관계로 돌아가자(전위＝몸 바꾸기＝부활)는 메시지가 잘 드러났다고 저는 읽었습니다.

일부를 제가 수정해 보았습니다.

아래는 제가 수정하길 원하는 것입니다.

3쪽 첫 단락과 둘째 단락입니다.

"이래서 몸과 몸짓의 논리가 가지고 있는 종교성이 사라지고 말았던 것입니다"를 "이래서 몸의 종교성이 사라지고 말았던 것입니다"로 고치면 어떨까요.

몸(몸의 몸짓)이 종교성을 갖지 몸/몸짓의 논리가 종교성을 갖는 것이 아니라 생각됩니다.

"이것은 몸/몸짓 패러다임을 죽이는 최악의 독약입니다"를 "이것은 몸과 몸의 몸짓을 죽이는 최악의 독약입니다"로 고치면 어떨까요.

부모의 이기심이 몸과 몸의 일함을 죽이고, 아이들은 사춘기 때 부모의 이기심으로 인한 이런 왜곡된 몸 이해에 반발하는 것이라 읽었습니다.

4쪽 '전의'를 말씀하신 단락 마지막 부분에서, "바로 이때에 일을 치

르는 것은 '힘'입니다", 여기서 일을 치르는 '믿음의 힘'을 조금 설명하
시는 것이 어떻겠습니까?

바로 밑 단락에서는 무상한 몸짓을 포함한 일체가 한 몸이라는 한
몸 사상, 둘 아님 사상을 말씀하셨습니다.

'끝없이 끝없이', 이 표현은 어색해 보입니다.

나중에 전화 드리겠습니다.

건강하십시오.

황경열 드림

:: 인간관계1)

사람이 이 세상을 살면서 '인간관계'만큼 중요한 일은 없습니다. 이
중요한 인간관계를 '몸짓'으로만 하는 사람도 있고 온 '몸'으로 하는 사람
도 있습니다. 전자는 이익을 추구하는 사회생활에서 흔히 보는 경우이고,
후자는 엄마가 자신이 낳은 자식을 돌보는 경우에 여실히 드러납니다. 엄
마의 사랑은 인간관계의 극치라고 말해도 좋을 것입니다.

저는 어려서부터 '아버지와 아들은 한 몸'(父子一體)이라는 말을 자주 들
었습니다. 부계주의 남성 위주의 사회에서 '가정을 지키고 집안을 일으키
는 비법'의 하나로 어른들은 이러한 말씀을 자주 하셨던 것 같습니다. 그
러나 저는 '부자일체'라는 말보다는 '엄마와 자식은 한 몸'이라는 '모자일
체母子一體'라는 말이 더 마음에 와닿았습니다. 그러다가 대학에 들어가 불
교를 공부하면서 동양의 '한 몸'(一體) 사상에 눈을 뜨기 시작했습니다. '남
편과 아내는 한 몸'(夫婦一體), '형과 아우는 한 몸'(兄弟一體), '스승과 제자는

---

1) 스토니브룩 한국학회 공부모임, 날짜: 2013년 9월 27일 오후 7시, 장소: 뉴욕 Flushing
   민권센터 3층 강의실.

한 몸'(師弟一體), '너와 나는 한 몸'(彼我一體), '임금과 신하는 한 몸'(君臣一體) 등등, 동양의 '한 몸'(一體) 사상은 끝이 없었습니다. 이러한 환경에서 자란 저는 동양의 '한 몸' 사상에 관심을 갖지 않을 수 없었습니다.

　이러다가 저의 '한 몸' 사상 연구는 큰 벽에 부딪쳤습니다. 모두가 좋은 말씀인데 저에겐 이를 제대로 실천하는 길이 뚜렷하게 보이지 않았습니다. 저는 여기서 우리나라 옛날 어른들이 항상 하시던 말씀 하나를 소개해 드리려고 합니다. 그것은 '체體가 실實한 사람'이란 말입니다. 어렸을 때 제가 살던 시골 마을에 30대의 기골이 장대한 젊은이가 살았습니다. 그런데 그 젊은이가 깡패기질이 있어 마을의 골칫거리였습니다. 술만 먹으면 사람을 치고 박고 때려서 모두 무서워했습니다. 남만 때리지 않고 자기 부인도 때리고 자기 자식도 때렸습니다. 그때 마을 어른들이 한숨을 쉬면서 말씀하시기를 "저놈은 몸은 튼튼하나 체가 실하지 못하다"고 평했습니다. 저는 그때 어른들의 그 말씀을 잘 알아듣지 못했습니다. 또한 그 무렵 우리 마을에는 폐병환자가 살았습니다. 40대의 장년이었는데 자기 몸이 약함에도 불구하고 자기가 해야 할 일은 뭐든지 정확하게 잘하는 사람이었습니다. 그때 마을 어른들은 그를 평하면서 "몸은 저렇게 쇠약해져 있지만 체가 실한 사람"이라고 칭찬하셨습니다. 그때 저는 '체가 실하다'는 말의 참뜻을 몰랐습니다. 다만 이 경우의 '체'란 말의 뜻은 단순하게 육체를 가리키는 것은 아닐 거라는 짐작만 하고 있었습니다. 그러나 몸이 튼튼한데 하는 짓이 못되어 먹으면 '체가 실하지 못하다'고 혀를 차고, 폐병환자 같은 쇠약한 사람이라 할지라도 하는 행동이 올바르면 '체가 실하다'고 평하니 그 '체'란 말의 참뜻이 무엇일까, 의문은 계속 풀리지 않은 채로 남아 있었습니다. 그러다가 먼 훗날 불교학을 전공하고 이 세상의 산전수전 어려운 꼴을 당한 다음, 그것도 '몸과 몸짓의 논리'를 공부하고 나서야 비로소 우리의 몸엔 두 가지 뜻이 있다는 것을 알게 되었습니다. 그 하나는 우리들이 보통 말하는 육체라는 뜻이고, 다른 하나는 우리의 몸은 우주전체라는 뜻이었습니다. 그러니까 마을 어른들이 '사람은 체가 실해야 된다'고 말씀하실 때의 체는 사람이면 우주전체 이치와 하나 되어 살아야 한다는 뜻이었습니다.

그러다가 유교의 『맹자』라는 책에 나오는 어리석은 농부 이야기를 들었습니다. 어떤 농부가 벼농사를 짓다가 자기 벼가 다른 집 벼보다 키가 작은 것을 보고 화가 났다고 합니다. 그는 자기 논에 뛰어 들어가서 자기 벼를 모두 뽑아 올려놓았습니다. 자기의 벼를 남들의 벼보다 더 크게 해 놓기 위해서였습니다. 집에 돌아와 자기가 한 일을 부인에게 말하자 부인은 즉시 논에 나가 보았습니다. 자기들의 벼는 이미 시들어 죽어 가고 있었습니다. 뿌리가 뽑혔으니 죽을 수밖에 없지요. 겉으로 드러나 눈에 보이는 가지나 잎사귀보다 눈에는 안 보이는 땅속의 뿌리가 더 중요하다는 것을 그 어리석은 농부는 몰랐던 것입니다.

"보이는 지말枝末보다 안 보이는 근본根本이 더 중요하다"는 것이 맹자 사상의 핵심이었습니다. 동양의 철학자들은 맹자의 어리석은 농부 이야기를 인간 교육에 적용하였습니다. 사람의 경우, 눈에 보이는 지말과 눈에 보이지 않는 근본은 무엇일까요? 여기서 가정의 중요성, 국가와 민족의 중요성, 또는 자기가 속한 집단의 중요성을 강조하였습니다. 자기 자신은 가지요, 가정이나 국가나 집단은 뿌리라는 것입니다. 다분히 공리적인 성격을 띤 해석이었습니다.

그러나 저는 이러한 사상을 액면 그대로 받아들일 수 없었습니다. 가정이든 국가든 종교든 모두가 다 나를 해방시켜 자유롭고 창조적으로 살아가게 하는 것이어야 함에도 불구하고 사실은 그 반대 방향으로 나아가게 하는 것이었기 때문입니다. 그리고 이러한 사상의 밑바닥에는 모두 한결같이 어떤 이익을 도모하는 공리적인 속셈이 도사리고 있었습니다. 그 결과는 사람을 집단集團과 이념理念의 노예로 전락시키고 있었습니다. 진정한 자아는 무엇인지도 모른 채 이 세상을 끝마치게 했다는 말입니다.

저는 한자漢字로 된 '체용體用'이라는 말을 우리 한국말의 '몸과 몸짓'이란 말로 바꿔 쓰기 시작했습니다. 그 결과는 너무나도 좋았습니다. '체용'이라는 말의 단점들이 확연하게 드러났습니다. 첫째, 종래의 한자로 된 '체용'이란 말은 그 말이 일하는 현장과 너무 떨어져 있었습니다. 그 결과는 혼란뿐이었습니다. 한마디로 너무 다양하고 너무 복잡하여 사람들을 오리무중의 세계로 떨어트려 버렸던 것입니다. 둘째, 체용의 체는 종교적인 단어임에도 불구하고 학자들의 체용을 따지는 현장에서는 체의 종교성을 찾아볼 수 없었습니다. 체용사상에서 '종교성의 실종'은 친구 집을 찾아가면서 잘못된 주소를 가지고 헤매는 것과 똑같습니다. '체와 용은 둘이 아니다'體用不二라고 말은 하지만 그 '둘 아님'(不二)이 무엇인지 사람들은 모르고 결국 길을 잃고 말았다는 말입니다. 그러나 우리 한국말의 '몸과 몸짓'은 이러한 단점들을 깨끗하게 극복하고 있었습니다. 그것은 문제의 현장으로 사람들을 끌어들였다는 말입니다.

저는 여기서 잠깐 저의 '몸과 몸짓의 논리'를 소개해 드리려고 합니다. 몸 없는 몸짓은 없습니다. 몸이 있으면 반드시 몸짓이 있습니다. 몸짓 없는 몸도 없습니다. 몸짓이 있으면 반드시 몸이 있습니다. 몸과 몸짓의 관계는 문자 그대로 '둘 아님' 사상이 일하는 현장입니다. 그래서 저는 말합니다. "몸과 몸짓의 관계를 모르는 사람은 없다"고. 유식무식을 막론하고, 신앙의 유무를 막론하고 누구나 다 아는 말입니다. 문제는 '몸'이라는 말에 깊은 뜻이 있다는 것을 간과한 데에 있습니다. 보통 우리들이 일상생활에서 항상 쓰는 '몸'이라는 말은 우리의 육체를 가리키는 말입니다. 구체적이고 개별적이고 생로병사가 뚜렷한 그러한 몸입니다. 그러나 우리들이 쓰는 몸이라는 말에는 또 다른 뜻이 있습니다. 그것은 우주적이고 대자연 그대로라는 엄청나게 광범위하고 무궁무진한 몸입니다. 전자를 개별적이고 사회적인 몸이라면 후자는 우주적이고 대자연 그대로의 몸입니다. 이 후자에 몸의 종교성이 있습니다. 이러한 몸을 발견하면, 기독교에서 말하는 것처럼 내가 바로 하나님이며 불교에서 일체중생이 모두 부처님이라는 말이 바로 그 말임을 알 수 있습니다. 보통 사람들은 자기의 육체만을 몸이라고 생각하기 때문에 몸의 우주적인 면과 대자연 그대로의 몸을 보지 못합니다. 이래서 몸의 종교성이 사라지고 말았던 것입니다. 지금 동양학을 전공하는 학자들이 '체용體用의 논리論理'를 공부하다가 길을 잃고 마는 오류의 현장을 똑바로 보아야 합니다.

엄마가 아이를 낳고 키울 때 가장 염려하는 것은 개체적인 육체의 안전과 건강입니다. '그건 안 돼!', '그러지 마!' 등등의 엄마 말씀은 모두 여기에 초점이 맞추어져 있습니다. 그러나 우리들이 주의해야 할 것이 있습니다. 엄마들의 마음에는 자기 자식을 반우주적이고 반자연적인 질서로 키우겠다는 의식이 추호도 없었습니다. 까놓고 이야기하자면, 자기 자식을 키우는 우리 엄마들의 마음은 있는 그대로의 '몸의 몸짓'이었습니다. 그러나 불행하게도 우리 엄마들은 모두 자기 자식들이 커 가면서 다른 집 아이들과 경쟁할 때, 꼭 이기기를 바랍니다. 이것은 이기심利己心의 발동입니다. 이것은 몸과 몸의 몸짓을 죽이는 최악의 독약입니다. 인류의 불행은 여기서부터 시작됩니다. 이러한 불행의 핵심은 우리 몸을 개체적이고 사회적인 측면에서만 보도록 만들어 버렸다는 것입니다. 그 결과는 사람으로 하여금 우리 몸의 우주적이고 자연적인 측면을 외면하게 만들었습니다. 저는 사춘기 아이들이 갖는 부모에 대한 반발을 부모의 '몸 이해'에 대한 반발로 보고 싶습니다. 이때 제대로 된 부모를 만나고, 제대로 된 스승을 만나고, 제대로 된 사회를 만났더라면 얼마나 좋았을까 하는 아쉬움을 금할 수가 없습니다. 우리들은 사춘기 이후에 뒤따라 나타나는 젊은이들의 '자아발견自我發見'을 대우주인大宇宙人으로서의 자기와 대자연인大自然人으로서의 자아로 다시 태어나는 계기로 선도해야 합니다. 저의 '몸과 몸짓의 논리'가 가지고 있는 핵심은 바로 여기에 있습니다. 그래서 저는 '몸의 몸짓'이란 말을 그렇게 중요시합니다. 몸의 몸짓이란 말은 사

랑의 몸짓이란 말입니다. 하나님의 몸짓이요 부처님의 몸짓입니다. 제가
여기서 이렇게 말하는 의도는 간단합니다. 탐욕과 집착의 산물인 '몸짓의
몸짓'으로 사는 삶을 청산하자는 것입니다. 몸짓의 몸짓이 잘못된 것임은
너무나 분명함에도 불구하고 사람들이 지금 거기서 벗어 나오지 못하는
가장 큰 이유는 집단集團 때문이라고 생각합니다. 지금 사람은 모두 집단의
일원으로 삽니다. 국가, 민족, 가족, 종교단체, 사업체 등등 모두 집단 아닌
것이 없습니다. 뭔가가 잘못된 경우, 개인에겐 뉘우침도 있고 참회도 있지
만 단체는 잘못을 저질러 놓고도 뉘우침도 없고 참회도 없습니다. 그래서
거기엔 개선의 여지가 없습니다. 악입니다. 집단은 악의 은신처입니다.

　　모든 몸짓은 필요의 의해서 나타나지만 나타난 순간에 사라지는 일시
적이고 무상한 것인데 거기에 집착하여 똑같은 몸짓을 되풀이하면 저는
그것을 '몸짓의 몸짓'이라고 부릅니다. 탐진치貪瞋痴 삼독심三毒心에서 나오
는 몸짓들은 모두 '몸짓의 몸짓'입니다. 그것은 탐욕과 집착의 발작입니
다. 우리 모두 '몸짓의 몸짓'만 하는 사람에서 '몸의 몸짓'을 하는 사람으로
다시 태어나자는 것이 저의 요즘 구호입니다. 이러한 다시 태어남을 불교
에서는 전의轉依라고 부릅니다. 이 말은 자기가 지금 의지하고 있는 것을
뒤집어엎어 버린다는 말입니다.

　　불교에서 수행修行을 말할 때면, '전의轉依'(몸 바꾸기; ashraya paravrtti)라는
말을 자주 합니다. '전의'는 간화선看話禪의 핵심 사상이며 저의 평생 관심
사입니다. 1983년 뉴욕주립대학교 출판사(SUNY Press)에서 펴낸 저의 영문판
저서 *Buddhist Faith and Sudden Enlightenment*[2]에서 저는 '전의'를 'Revolution
of the Basis'라 번역했습니다. 2002년, 이 책을 한국말로 번역[3]한 윤원철
교수(서울대)는 이를 '몸 바꾸기'로 번역했습니다. '몸 바꿈'이란 죽었다가
다시 새 몸으로 태어난다는 말입니다.

---

2) Chapter 16, Revolution of the Basis, pp.126~132.
3) 『깨침과 깨달음』(서울: 예문서원), 16장, 230~240쪽.

'전의' 즉 '몸 바꾸기'를 이야기할 때면, 저는 예외 없이 "백척간두진일보百尺竿頭進一步 현애살수장부아懸崖撒手丈夫兒"라는 말을 생각합니다. 백척간두에서 진일보하는 것은 쉽지 않습니다. 죽음을 택하는 순간이기 때문입니다. 백척간두까지 가는 사람도 드물지만 설사 갔다 하더라도 대개는 마지막 판에 물러서서 집(옛날 집 즉 舊殼)으로 되돌아가고 맙니다. 현애懸崖라는 말은 천 길 벼랑 끝 절벽에 매달려 있다는 말입니다. 아주 아슬아슬한 순간입니다. 구각에서 탈피 즉 환골탈태하느냐 마느냐의 중요한 순간입니다. 그때에 '살수撒手' 즉 '손을 놓아야 한다'는 말입니다. 다시 말씀드리면 삶을 포기하고 죽음을 택하라는 말입니다. 왜냐하면 이제까지 삶의 길이라고 생각했던 그 길은 죽음의 길이었고, 죽음이라고 무서워했던 그 길이 진실로 삶의 길이기 때문입니다. 그러나 사람들은 자기 생각에 갇혀 있기 때문에 진짜 삶은 죽음이라 생각하고 실지론 죽음의 길이건만 그걸 삶의 길이라고 생각하여 집착합니다. 바로 이때에 일을 치르는 것은 '힘'입니다. 보통 사람들에겐 이때에 죽음을 택할 힘이 없습니다. 그래서 손을 놓지 못합니다. 문제는 그 힘이 어디서 나오는가를 똑바로 아는 데에 있습니다.

보통 우리들의 눈에 보이고 귀에 들리고 가슴으로 느끼고 머리로 따지고 마음에 와닿는 것들은 모두 일시적입니다. 무상하단 말입니다. 그러나 사람에게는 이 밖에도 끝없이 많은 것들이 있습니다. 불기운이 없으면 사람은 없습니다. 물기운이 없으면 사람은 없습니다. 우주에 가득 차 있는 태양과 물은 사람과 하나인 듯 서로 떨어질 수 없는 사이입니다. 이 밖에도 이 세상에 있는 모든 것들이 다 우리의 몸속에 들어와 있습니다. 이처럼 우주와 자연은 인간의 뿌리입니다. 우주와 자연은 우리와 따로 떨어져 있는 것이 아닙니다. 한 몸입니다. 요즈음 한 집에 살면서도 종교가 다르다고 대화를 하지 않는 경우들이 있습니다. 그건 보통 일이 아닙니다. 대화는 존경에서 시작됩니다. 그다음엔 말이 통해야 합니다. 저의 몸/몸짓

패러다임은 그런 일을 한번 해 보자는 것입니다. 그러려면 우리는 무엇보다 더 먼저 우리 모두가 다 '한 몸'(一體)임을 인정해야 합니다. 이것이 동양의 '한 몸'(一體) 사상이고 '둘 아님'(不二) 사상입니다.

저는 요즘처럼 인간관계를 몸짓으로만 하면 큰일 난다고 생각합니다. 온몸으로 해야 합니다. 몸으로 맺는 인간관계와 몸짓으로 맺는 인간관계의 차이는 천양지판이라고 생각합니다. 몸으로 맺는 인간관계는 온몸으로 하는 인간관계입니다. 이를 기독교인들은 하나님과 하나 되는 관계라고 말하고, 불교에서는 일체중생이 지금 당장 바로 이 자리에서, 번뇌 하나 빼지 않고 보리 하나 보태지 않고, 있는 그대로 부처님과 하나 되는 관계라고 합니다. 6세기에 중국 수나라의 신행信行(540~594)스님이 길거리로 뛰쳐나가 만나는 사람마다 그가 누구든 부처님으로 받들었다는 이야기는 불교의 몸사상을 잘 말해 주고 있습니다. 우리들의 인간관계도 이렇게 '몸의 몸짓'으로 하는 인간관계이어야 할 것 같습니다.

제 강의를 경청해 주서서 감사합니다.

박성배 합장

황경열 교수님,
말씀해 주신 것에 모두 동의합니다.
감사합니다.

박성배 합장

황경열 교수님,

먼젓번에 보내 주신 인간관계 원고 교정본은 그 즉시 읽었지요. 다만 '믿음의 힘'을 좀 더 잘 설명하는 작업은 아직 착수하지 못하고 있습니다. 어떻게 더 잘 설명하면 좋을지 한번 초안을 만들어 보내 주실 수 없나요? 기다리겠습니다.

안녕히 계십시오.

박성배 합장

57 옛날 글¹⁾

황경열 교수님,

아까 전화 주셔서 감사합니다. 우연히 발견한 글 하나 보내드립니다.

안녕히 계십시오.

박성배 합장

---

1) 옛날 글의 제목은 「나와 보현행원」으로 「21세기의 보현행원」과 내용이 거의 같아
다시 제시하지 않고, 편지만 실었다.

선생님,

성철스님 열반 20주기를 추모하는 에세이, 『참선 잘 하그래이』를 조만간 구해서 읽어 보고 소감을 말씀드리겠습니다.

선생님께서 저에게 자주 하셨던 말씀인데, 제가 공부했던 것들, 떠올랐던 생각 등을 그때마다 메모해 두었다가 글로 문자화시켜야겠다고 생각만 하고 실천에 옮기지 못하고 있습니다. 이를테면, 제가 세 번을 읽고 동영상으로 보았던 '백일법문'에 대해서도 뭔가를 쓰고 싶습니다. 선생님께서 저에게 백일법문 관련 자료를 세 번 정도나 보고 읽기도 쉽지 않다고 말씀하셨습니다. 더군다나 선생님께 배운 몸과 몸짓의 논리, 몸 바꾸기 즉 전위의 시각에서 보고 읽는 것도 쉬운 일은 아닐 것입니다.

요즘은 책을 보든 세상일을 접하든 몸과 몸짓의 논리로 보게 됩니다. 이틀 전, 선생님께서 전화로 말씀하셨던 몸과 몸짓으로 보는 일상사도 저에게는 좋은 경험이었습니다. 문자화를 선뜻 실천하지 못하는 주된 이유 중 하나는 우선 글쓰기에 대한 두려움 때문입니다. 다른 한편으로는 글로 표현할 만큼 공부했나? 스스로에게 물어보면 자신이 없어집니다.

사모님과 함께 늘 건강하십시오.

황경열 드림

『반야심경』 공부 ④

황경열 교수님,

「『반야심경』 공부」 보내드립니다.

박성배 드림

『참선 잘 하그래이』 서평　　　　　　2014년 2월 7일

선생님,

학기가 막 시작해서 많이 바쁘시리라 짐작합니다.

제가 소감문 보내드리고 난 뒤 아주 일부만 수정해 보았습니다. 저의 생각이 앞으로 더 나아갈까 기다려도 별 진전이 없어, 일부 수정했던 소감문을 다시 보내드립니다.

고르지 않은 날씨에 건강하시길 빕니다.

사모님께서도 근력이 더 좋아지시길 바랍니다.

황경열 드림

:: 『참선 잘 하그래이』를 읽고 ─────────

이번에 김영사에서 성철스님 열반 20주기를 추모하는 에세이, 『참선 잘 하그래이』를 내놓았다. 각계 지성인 스물일곱 분이 각자 성철스님과의 지난 인연을 되새기면서 추모의 글을 실었다. 성직자, 교수, 시인, 소설가, 언론인, 화가, 법학자 등이다. 과연 이분들은 성철스님과 그 사상을 어떻게 추억하고 그리는지 몹시 궁금했다.

성철스님 사상의 핵심은 『백일법문』 그리고 『선문정로』와 그 서언에 잘 드러나 있는데, 성철스님의 애창곡 "구름 걷히면 햇볕나제"로 풀어 볼 수 있다. 해를 가리는 구름이 완전히 걷히면 대광명이 이 세상 삼라만상을 있는 그대로 비추어 삼라만상이 제 모습을 드러낸다는 것이다. "산은 산, 물은 물이다." 『백일법문』에 보면, 성철스님이 인용한 백장스님 말씀 가운데 "구름 걷히면 햇볕나제"를 잘 드러낸 법문이 있다. "일체 유·무 등의

450

견해가 없으며 또한 견해가 없다는 것도 없으면 바른 견해라 한다."(都無一
切有無等見 亦無無見 名正見) "보살은 보살이 아니므로 보살이라 하며 법은 법이
아니므로 법아님이 아니라고 한다."(菩薩 卽非菩薩 是名菩薩 法 非法 非非法)

성철스님은『선문정로』서언에서, 선문의 근본인 견성은 제8 아라야
미세망념이 멸진한 구경묘각 원증불과이며 무여열반 대원경지라 했다. 십
지등각도 이 견성은 아니라고 했다. 일념불생一念不生하고 전후제단前後際斷
한 대사심처大死深處도 승묘경계勝妙境界고 제8마경第八魔境이어서 선문의 견
성이 아니라는 것이다. 하물며 염기념멸念起念滅하여 일념불생도 못된, 객
진번뇌가 그대로 있는 경계는 더 말할 것도 없다는 것이다. 이런 선문의
견성은 "구름 걷히면 햇볕나제"의 다른 표현이고 돈오돈수, 무심무념, 상
적상조, 대사각활大死却活, 대적광大寂光도 마찬가지다. 오후보임悟後保任은
구경불과인 열반묘심을 호지하는 무애자재 부사의 대해탈 즉 본래 부처
임을 깨치고 무애자재한 부처 노릇을 하는 것이라 했다. 일체의 구름이
모두 걷혀 햇빛이 어디에도 걸림 없이, 차별 없이 온 누리를 밝게 비추는
것이다. 보고 들은바, 성철스님의 법문은 온통 이런 말씀이다. 박성배 교
수의 몸과 몸짓 논리(體用 논리)를 빌리면, "구름 걷히면 햇볕나제"는 몸(體)
으로 돌아가자는 것(몸으로 돌아감과 몸의 일함을 말한다)이다. 오후보임은 몸으
로 돌아간 몸의 일함(用, 몸짓)으로 몸 차원의 이야기다.

성철스님은 세존염화, 이조삼배, 고금 선지식의 현언묘구, 열할과 통
방 그리고 마침내는 당신의 법문조차도 해를 가리는, 반드시 걷혀야 할
구름이라 했다. 일체의 구름을 모두 부정했다. 이 구름은 우리들의 눈을
멀게 하여 우리들이 본래 부처임을 모르게 하고 부처 노릇 못하게 하는
원흉이라는 것이다. 해를 가리는 구름인 줄 뻔히 알면서도 당신 스스로
자진해서 욕먹을 짓 즉 언어문자 법문을 하는 것은 중생을 위한 낙초자비
때문이라 했다. 그렇지만 우리들은 본래 개개가 비로정상인이라, 구름 걷
힘과 관계없이 본래부터 붉고 둥근 해님이 푸른 산 넘어 솟아 삼라만상을

걸림 없이 밝게 비추고 있었다는 것이다.

박성배 교수는 몸과 몸짓 논리를 들어 성철스님사상의 핵심을 "구름 걷히면 햇볕나제"로 풀고 있다. 이는 『참선 잘 하그래이』의 「성철스님의 선문정로 서언」에 잘 드러나 있다.(「성철스님의 선문정로 서언」은 『참선 잘 하그래이』의 한 장으로 수록되어 있다.) 성철스님사상을 깊이 있게 잘 이해하는 데 도움이 되는 박성배 교수의 다른 논문 중 일부를 발췌·편집해 제시한다. "성철스님이 저에게 관심이 용에 쏠려 있다고 한방 놓으셨을 때 저는 쓰러질 것 같은 현기증을 느꼈습니다. 이러한 연유로 용에 쏠려 있는 제 관심을 체로 돌리는 일이 제가 성철스님을 모시고 해인사 백련암에서 했던 공부의 전부라고 말해도 좋을 것입니다. 이러한 공부의 핵심에 돈오돈수사상이 놓여 있었습니다. 큰스님의 이러한 가르침이 결국 저로 하여금 평생 몸과 몸짓의 논리에 열중하게 만들었습니다. 문제의 핵심은 몸의 발견에 있습니다. 몸의 발견이 바로 돈오돈수란 말입니다. 그래서 몸짓으로 살지 말고 몸으로 살자는 것입니다. 몸엔 두 가지의 뜻이 있습니다. 하나는 우리들이 보통 말하는 생주이멸의 무상한 몸이고, 또 하나는 항상 우주에 가득 차 생주이멸을 가능하게 하는 불생불멸의 몸입니다. 그런 몸을 발견해야 우리의 몸짓은 배은망덕의 이기적인 못된 몸짓을 하지 않게 됩니다. 몸의 몸짓은 몸짓의 몸짓이 아닙니다. 몸짓을 볼 때 이것이 몸의 몸짓인가 아니면 잘못된 생각의 앞잡이 노릇 하는 못된 몸짓의 몸짓인가를 분명히 가릴 줄 알아야 할 것입니다. 그동안 너무 오래 우리의 눈길이 용에 쏠려 있었습니다. 이제 우리는 눈을 체로 돌려야 합니다. 그래야 불법을 믿는 사람입니다. 불법을 바로 믿으면 백척간두에서 손을 놓지 않을 수 없습니다. 이것이 몸 바꾸기 즉 전의轉依의 현장입니다. 이것이 성철스님이 강조하신 돈오돈수사상의 핵심입니다."

박성배 교수가 말한 몸 바꾸기 즉 전의는 견성이고 "구름 걷히면 햇볕나제"의 또 다른 표현이다. 박성배 교수의 언어로 바꾸면, "구름 걷히면 햇볕나제"는 몸으로 돌아가자는 것이다. 박성배 교수는 몸으로 돌아가자, 몸을 발견하자, 그래서 몸짓으로 살지 말고 몸으로 살자고 한다. 여기서 박성배 교수가 말하는 몸은 항상 우주에 가득 차 있어 생주이멸을 가능하게 하는 불생불멸의 몸이다. 몸으로 돌아간 몸의 일함과 몸을 발견하고 몸으로 사는 삶은 몸의 몸짓으로 오후보임이다. 이런 몸의 몸짓은 자신이 본래 부처임을 알고 하는 부처 노릇이다. 바뀌지 않은 몸의 몸짓은 몸짓의 몸짓으로 자신이 부처임을 알지 못하고 겉모습만 흉내 낸 부처노릇이다.

『참선 잘 하그래이』에서 보면, 모두들 성철스님을 어디서 어떻게 보고 있는지가 여실하게 드러났다. 이런저런 인연을 들어 성철스님을 추억하고 있다. 많은 분들이 하나같이 청빈, 장좌불와, 동구불출 등의 엄격한 수행을 내세워 성철스님의 훌륭함과 거룩함을 그리고 있다. 그러나 성철스님의 엄격한 수행이 일했던 현장과 많은 분들이 추억하는 성철스님의 그것이 일하는 현장은 다를 수 있다. 성철스님은 몸세계를 이야기했으나 많은 분들은 무상한 몸짓세계를 말하고 있는 것처럼 보인다. 청빈, 장좌불와, 동구불출 등의 엄격한 수행은 누구라도 얼마든지 흉내 낼 수 있는 무상한 몸짓의 몸짓일수도 있다. 많은 분들은 성철스님의 엄격한 수행을 이런 몸짓 차원에서 추억하고 있는 것처럼 보인다. 많은 분들의 관심이 몸짓 즉 용에 쏠려 있는 것 같이 보인다는 것이다. 이는 성철스님이 가장 경계하는 못된 짓인데, 문제는 이렇게 해서는 몸으로 돌아가지 못하고 성철스님을 만나지 못한다는 것이다. 구름이 가려져 있는데 해를 볼 수 있을까? 이런 몸짓을 붙들고 흉내 낸다고 성철스님을 만날 수 있을까? 구름 걷혀야 해를 볼 수 있듯이 몸으로 돌아가야 성철스님을 만날 수 있다. 몸짓 흉내로는, 몸짓 추억으로는 결코 성철스님을 만날 수 없을 것이다.

『금강경』에 "만약 형상으로써 나를 보려하거나 음성으로써 나를 찾는다면 이 사람은 삿된 길을 가는 것이니 능히 여래를 볼 수 없으리라"(若以色見我 以音聲求我 是人行邪道 不能見如來)라는 구절이 있다. 형상과 음성 등의 몸짓을 쫓아서는 결코 여래를 만날 수 없다는 것이다. 견성할 수 없다는 것이다. 『누가복음』(24:13~35) '예수께서 엠마오로 가는 제자에게 나타나시다'에 보면, "예수께서 빵을 들어서 축복하시고, 떼어서 그들에게 주셨다. 그제서야 그들의 눈이 열려서, 예수를 알아보았다. 그러나 한순간에 예수께서는 그들에게서 사라지셨다"는 구절이 있다. 여기서 빵을 들어 축복하시고, 떼어서 주시는 등의 몸짓을 알아보는 것으로는 예수님을 만날 수 없다는 메시지를 전하는 것으로 보아야 할 것이다. 『마태복음』(5:43~48) '원수를 사랑하여라'에 "너희 원수를 사랑하고, 너희를 박해하는 사람을 위하여 기도하여라. 그래야만 너희가 하늘에 계신 너희 아버지의 자녀가 될 것이다. 아버지께서는, 악한 사람에게나 선한 사람에게나 똑같이 해를 떠오르게 하시고, 의로운 사람에게나 불의한 사람에게나 똑같이 비를 내려주신다"는 말씀이 있다. 이것도 일체의 구름이 걷히고, 일체의 차별을 떠난 몸에서 하는 이야기다. 아버지께서는 악한 사람, 선한 사람, 의로운 사람, 불의한 사람 구별하지 않으신다. 결국 위의 세 구절은 구름 걷힌 몸 차원의 이야기다. 구름 걷혀야 해를 볼 수 있듯이 몸으로 돌아가야 부처님을, 하나님을, 예수님을 만날 수 있다는 메시지는 불경과 성경 곳곳에서 찾아볼 수 있다.

관심이 몸짓에 쏠린 구체적인 흔적들을 『참선 잘 하그래이』 여러 곳에서 찾아볼 수 있다. 거룩하게 기억하는 성철스님의 청빈을 어디서 바라보고 있는지, 몸 차원인지 몸짓 차원인지는 인용된 예들을 읽어 보면 잘 드러난다. 가령, 『마태복음』(19:16~30) '부자 젊은이'를 어떻게 읽어야 할까? "단순히 포기하는 데 그치지 말고 자신이 가진 것을 필요한 사람에게 넘겨주고 가벼운 상태에서 당신을 따르라는 말씀"으로, 또는 "물욕을 버리고 오로지 한 가지 가치를 위해서 헌신하라는 메시지를 전해 주고 있는 것"으로 읽어야 할까? '부자 젊은이'는 몸 차원에서 하는 이야기일 것이다. '가벼운 상태', '한 가지 가치'가 아니라 가장 소중히 여기는 것마저 내려놓고 몸으로 돌아가자는 이야기일 것이다. 예수님은 부자 젊은이에게 가장 소중히 여기는 전 재산을 가난한 사람들에게 주라고 했다. 일체를 모두 내려놓으라는 것이다. 여기서 재산은 걷혀야 할 구름이다. 일체의 구름이 걷히면 밝은 해가 드러나듯이, 일체의 구름이 걷혀 몸으로 돌아가야 부자 젊은이가 하늘에서 보물을 차지하게 된다는 것으로 읽어야 하지 않을까? '현애살수'라는 말이 떠오른다. '현애살수'라, 벼랑 끝에서 내가 붙잡고 있는, 나를 지탱해 주는 유일한 생명줄(手)이라 여기는 것마저도 놓아야 진정으로 살아난다는 것이다. '대사각활'이고 '부활'이고 '구름 걷힘'이고 '해탈'이고 '몸 발견'이고 '몸으로 돌아감'이다. 이 경지는 다양한 언어로 표현하고 포장할 수 있다.

　나옹스님의 글, "청산은 나를 보고 말없이 살라 하고, 창공은 나를 보고 티 없이 살라 하네, 사랑도 벗어 놓고 미움도 벗어 놓고, 물같이 바람같이 살다가 가라 하네"도 몸 바꾸기에 관한 것으로, "구름 걷히면 햇볕나제"로 읽어야 할 것이다. 『참선 잘 하그래이』에서 『백일법문』을 다음과 같이 평했다. "학문적 입장에서 보거나 문헌학적 잣대를 들이대면 『백일법문』은 철저하지 않고 수많은 문제점들을 드러내며, 엄밀한 학문적 연구의 결과물이 아니다. 학문적 양심이니 문헌학적 엄밀성이니 하는 잡음들을 뒤로 하고, 있는 그대로 성철스님의 말씀을 받아들일 때 아마도 성철스님의 깨달음의 노래를 함께 들을 수 있을 것 같다"고. 이 평은 『백일법문』을 학문적 입장과 문헌학적 잣대로 재는 데서 벗어나지 못한 것처럼 보인다. 여기서 학문적 입장과 문헌학적 잣대는 해를 가리는 걷혀야 할 구름이다. 또 다른 글의 끝에서는 "더 많은 일화와 인연담이 있지만 지면의 제약 때문에 줄인다"고 했다. 아무리 무수한 일화와 인연담을 소개하더라도 그것이 몸짓 차원에서 하는 이야기라면 끝내는 성철스님을 만나지 못할 것이다. 어느 책에선가 읽었던 성철스님의 말씀이 떠오른다. 인터뷰하러 왔던 사진기자들이 이런저런 주문을 하면서 자꾸 사진을 찍으니까 성철스님께서 말씀하셨다. "네놈들이 나의 면목面目을 찍을 수 있어?" 성철스님과의 겉모습 인연을 소개하고 나열하는 데 그치지 말고, 그 인연을 통해 성철스님의 사상을 몸 차원에서 드러내고 밝혀야 열반 20주기 추모에세이가 빛이 나고 의미가 있지 않을까? 그래야 『참선 잘 하그래이』를 통해 성철스님이 다시 살아 날 것이다.

일체의 구름이 걷혀야 밝은 해가 드러나고, 몸으로 돌아갈 수 있고, 예수님을 만날 수 있고, 부처님을 만날 수 있고, 나옹스님을 만날 수 있고, 부자 젊은이가 하늘에서 보물을 차지할 수 있고, 성철스님을 만날 수 있을 것이다. 그러나 우리들은 본래가 비로정상인이라, 구름 걷힘과 관계없이 본래부터 붉고 둥근 해님이 푸른 산 넘어 솟아 삼라만상을 걸림 없이 밝게 비추고 있다. 이런 문제에 관심 있는 사람들의 동참을 간절하게 바란다.

2월 8일

황경열 교수님께,

보내 주신 서평 읽었습니다. 메시지가 뚜렷하여 좋았습니다. 몇 가지 생각나는 것들을 아래에 적겠습니다.

첫째, 혼자서 메모하는 식의 글투를 벗어나야 할 것 같습니다. 대중을 상대로 하는 쉽고도 잘 정리된 글이었으면 좋겠습니다.

둘째, 글의 성격이 일종의 서평처럼 되어 있으니까 인용된 사람이 박성배 한 사람에 치우친 느낌을 주지 않는 것이 좋을 것 같습니다.

셋째, 출판사엔 대개 글을 다듬는 전문가들이 있는 것 같던데 그런 사람을 발견해 일을 시키시기 바랍니다.

윤문하는 사람들의 눈엔 여러 가지 고칠 대목들이 눈에 띄겠지만 그럴 땐 그저 그들에게 맡겨 버리십시오. 황 교수님의 글 전편에 맥맥이 흐르는 뚜렷한 메시지만 손상시키지 않는다면 그런 것들은 그들이 하자는 대로 해도 상관없을 줄 압니다.

좋은 글을 읽게 해 주셔서 감사합니다.

안녕히 계십시오.

박성배 합장

61 돈오돈수설의 종교성에 대하여
― 성철스님의 백일법문을 중심으로

황경열 교수님,

성철스님 논문입니다. 이제 막 시작하는 단계입니다.

박성배 합장

황경열 교수님,

여기는 지금 새벽 한 시, 밤이 깊었습니다. 말씀드린 바와 같이 김형균 선생님께 보낼 원고가 잘 쓰이지 않아 골치가 아픕니다. 그래서 황교수님께 일단 쓴 데까지라도 보내야겠다 싶어서 이렇게 보냅니다. 한번 읽어 봐 주시기 바랍니다.

안녕히 계세요.

박성배 합장

황경열 교수님,

어젯밤에 보내드린 것을 버리시고 오늘 것으로 교정해 주십시오. 오늘 아침 5시에 일어나 또 많이 고쳤습니다. 아직 완전한 것은 아니지만 대강 윤곽은 잡힌 것 같습니다. 이것저것 여기저기 모은 것이 되어서 황 교수님이 수고를 많이 해 주셔야 할 것 같습니다. 물론 저도 계속

458

열심히 고치면서 논문의 질을 향상시키도록 노력하겠습니다.

도와주셔서 감사합니다.

안녕히 계십시오.

박성배 합장

8월 7일

황경열 교수님,

아직도 할 말은 많습니다만 일단 앞뒤 구색을 맞추어 보았습니다. 한번 읽어 보시고 중복된 곳 또는 부족한 대목이 있으면 알려 주시기 바랍니다. 그리고 글자의 크기나 글자의 체를 통일해 주시면 감사하겠습니다.

안녕히 계십시오.

박성배 드림

8월 10일

황경열 교수님,

수정본을 보내드립니다. 계속 이렇게 황 교수님께 누를 끼쳐 미안합니다. 이젠 적당히 끝내야겠다는 생각이 듭니다.

안녕히 계십시오.

박성배 합장

황경열 교수님,

수고하셨습니다. 마지막에 성철스님의 신년법어(1983)를 넣었습니다. 제 글의 전편을 꿰뚫는 말씀이어서 좋았습니다. 1차 교정 완료본을 불지사에 보내면 어떨까요. 김형균 사장님의 의견을 듣고 싶습니다.

감사드리면서,

박성배 합장

황경열 교수님,

며칠 전에 불지사 김형균 사장님이 전화를 주셨습니다. 이번에 나올 성철스님 평전에는 제 글을 넣지 않기로 했다는 것이었습니다. 그렇지 않아도 미안한 마음에 괴로웠던 판이라 언하에 잘하신 일이라고 맞장구를 쳤습니다. 앞으로 제 글과 비슷한 성격의 글을 모아서 따로 책을 하나 더 만들겠다고 말씀하셨습니다. 그동안 수고를 많이 하신 황 교수님께 미안한 생각이 들었습니다. 용서해 주시기 바랍니다.

안녕히 계십시오.

박성배 합장

선생님,

저에게 미안해하지 마십시오. 부족한 제가 선생님 원고 읽으면서 공부를 많이 하고 있습니다. 저에게 이런 복이 또 어디 있겠습니까? 어제 제가 말씀드린 바대로, 또 선생님께서 계획 중이신 것처럼, 이번 원고에 내용을 더 추가하셔서 선생님 저서를 출판하십시오. 저에게 교정할 기회를 또 주신다면 열심히 다듬겠습니다.

사모님과 함께 항상 건강하시길 빕니다.

황경열 드림

:: 돈오돈수설의 종교성에 대하여—성철스님의 백일법문을 중심으로[1]

1. 들어가면서

1969년 1월 말, 나는 한국을 떠나 미국으로 왔다. 해인사에서 성철스님의 백일법문을 듣고 난 다음, 약 일 년이 지난 뒤의 일이었다. 내가 처음 도착한 곳은 댈러스 텍사스, 케네디 대통령이 암살당한 곳이다. 그러나 그곳 주민들은 친절했고 순진했다. 댈러스에는 SMU(Southern Methodist University)라는 대학이 있었고, Perkins School of Theology라는 기독교 신학대학원이 있었다. 나는 즉시 퍼킨스신학대학원에 입학했다. 그리고 기독교를 공부하기 시작했다.

평생을 두고 '생각할수록 잘했다'고 생각되는 일은 별로 없는 것 같다. 그러나 내가 퍼킨스에서 기독교를 공부한 것은 생각할수록 잘한 일인 것 같다. 기독교 신자도 아니고, 신학자가 되고 싶은 생각도 없었고, 기독교와 불교를 비교해 보고 싶은 학문적 관심도 없었다. 한마디로 그때 나는 신학교에서 신학을 공부할 아무런 준비도 되어 있지 않았다. 그러한 나를 누가 기독교의 바다에 던져 버렸을까? 이것을 섭리攝理라고 말하는 사람도 있고 인연因緣이라고 말하는 사람도 있다. 누가 뭐라고 말하든, 그때 내가

---

1) 2014년 8월.

신학교에 들어간 것은 나도 모르는 인연으로 기독교의 바다에 던져진 것 같다. 물에 빠진 자가 죽지 않으려고 갖은 애를 다 쓰듯, 그때 나는 있는 힘을 다해 살아남으려고 기독교 성경을 열심히 읽었다.

남의 종교를 내려다보는 버릇, 그것은 분명히 나쁜 버릇이었다. 그러나 내가 퍼킨스에서 기독교를 공부할 때, 나에게는 기독교를 내려다보는 오만 같은 것이 없었다. 그렇다고 당당하게 기독교와 대결한다는 의식도 없었다. 그때의 나는 그동안 내가 가지고 있었던 잣대라고는 하나도 남김 없이 모두 다 내던져 버린 상태였다. 땅도 내가 살던 땅이 아니고, 말도 내가 쓰는 말이 아니고, 전후좌우 어디를 봐도 나하고는 전혀 다른 서양 사람들 사이에서 내가 할 수 있는 일은 그저 매일매일 온 힘을 다해 기독교 성경을 열심히 공부하는 일밖엔 없었다.

그러한 상황에서 뜻하지 않았던 문제가 하나 생겼다. 그것은 인간을 죄인으로 보는 기독교사상이 나를 괴롭히는 것이었다. 인간을 이렇게까지 죄인으로 몰아붙일 필요가 뭐 있단 말인가? 강한 반발이 내 속에서 폭풍처럼 일어났다. 외부에 있는 남들의 인간관이 아니고 내 속으로 들어온 기독교의 인간관이 종래부터 내 속에 있어 왔던 불교적 인간관과 충돌한 것이다.

이때 홀연히 일 년 전 해인사에서 들었던 성철스님의 백일법문이 떠올랐다. "활구참선活句參禪의 세계에서는 구경각이 아니면 어떠한 깨달음도 사람을 죽이는 독약일 뿐"이라는 성철스님의 그 무서운 질책이 생생하게 다시 들리기 시작했다. 못 깨친 자를 사정없이 두들겨 패는 성철스님의 무자비한 장면이 그때 느닷없이 내 앞에 나타난 것이다. 그런데 묘하게도 성철스님의 이러한 모습은 기독교에서 인간을 비판하는 장면과 아주 흡사했다. 기독교와 불교의 차이, 신학교 교수들과 성철스님의 차이, 한국의 해인사와 미국의 퍼킨스신학교의 차이, 이런 여러 가지 차이들은 전혀 문제되지 않았다. 다만 성철스님의 그러한 비판이 사람들을 살려내기 위한 자비의 법문임을 잘 아는 나는, 인간을 죄인으로 몰아붙이는 기독교의 인간비판이 인간을 살려내기 위한 사랑의 복음임을 문득 깨달았다. 기독교에서 인간을 비판하는 것이나 불교에서 못 깨친 자를 무자비하게 비판하는 것이나, 다 똑같이 종교의 핵심인 종교성을 드러내기 위한 것임을 알았다.

2. 종교성의 발견

종교성宗敎性(religiosity)이란 무엇을 의미하는 것일까? 신성神性과 인간성人間性을 떠나서는 종교성을 이야기할 수 없다. 신성과 인간성, 둘 중 특히 인간성을 바로 보는 것이 종교성을 바로 보는 지름길이라 생각한다. 인간성을 떠나 신성을 이야기하는 사람도 없지 않지만 사실 인간성을 떠나서는 아무도 신성을 밝힐 수 없다. 신성과 인간성은 불가분리다. 다시 말하면 인간성을 이야기하면서 신성을 이야기하지 않을 수 없고, 신성을 이야기하자면 인간성을 이야기하지 않을 수 없다. 인류 역사의 종교문화전통에서 신과 인간은 분리시킬 수가 없다. 그러한 의미에서 종교성을 이야기한다는 것은 곧 인간성을 이야기하는 것이 된다.

불교도 기독교도 모두 똑같이 믿음의 세계가 어떤 것인지를 잘 드러내려고 무진 애를 쓰고 있다. 기독교의 인간비판은 인간을 죄인으로 보고 부정하는 것이 아니었다. 거기를 넘어서서 하나님을 발견하고 하나님과 하나 되게 하기 위한 것이었다. 불교에서는 깨치지 못한 자가 뭐라 하든 별별 희한한 기적을 다 나타내든, 한결같이 모두 다 때려 부수는 그 무서운 비판이 깨침을 부정하는 것이 아니고 사람들로 하여금 진짜 부처님을 발견하고 부처님과 하나 되어 부처님답게 살게 하기 위한 것이었다. 나는 그러한 작업의 핵심에 '종교성이 일하고 있다'고 생각한다.

종교성이 일하고 있는 현장을 들여다보면 기독교든 불교든 둘 다 똑같은 작업을 하고 있다는 사실을 깨닫게 된다. 이러한 깨달음을 맛본 다음부터 나에게서는 기독교인들이 사용하는 "하나님"이라는 말에 대한 거부감이 사라졌다. 나의 이러한 경험을 나는 여러 가지로 이름 붙여 보았다. '하나님과 부처님의 만남' 또는 '하나님의 발견' 등등이 모두 그러한 맥락에서 나온 말들이다. 여기에 이르기까지, 나는 오랫동안 불교인들이 사용하는 말과 기독교인들이 사용하는 말의 차이에 사로잡혀 있었던 것 같다. 솔직히 말해서 나는 오랫동안 기독교인들이 사용하는 하나님이란 말을 이해하지 못했다. 그러나 신학을 공부하면서 그동안 내가 기독교의 하나님을 오해하고 있었다는 것을 깨달았다. 몸짓세계의 말버릇에 갇혀 있었던 것이다. 그래서 말에 집착하여 말이 일하고 있는 현실을 못 본 것이다. 말이야 어떻게 하든 말이 가리키는 달을 보면 될 것을, 그것을 몰랐던 것이다.

퍼킨스에서의 기독교공부는 나로 하여금 모든 종교가 가지고 있는 종교성을 바로 보도록 도와주었다. 무엇보다도 나는 신학교에서 자주 쓰는 '종교성'이란 말을 깊이 생각하게 되었다. 우리나라 말에도 '성性'자로 끝나는 말들이 많다. 신성神性, 인간성人間性, 민족성民族性 등등의 말들을 가만히 생각해 보면 정신이 바짝 든다. 신성神性이 무엇인 줄 모르면서 신神을 알았다고 말할 수 있을까? 인간성人間性이 무엇인 줄 모르면서 인간人間을 알았다고 말할 수 있을까? 종교의 세계에서 종교성宗敎性을 모르고서 어떻게 종교를 알았다고 말할 수 있을까? 기독교든 불교든 그 종교성이 뚜렷이 드러날 때 하나님을 보게 되고 부처님을 만나게 될 것이다. 하나님이란 말은 기독교의 종교성을 제대로 이해할 때 비로소 드러나는 말일 것이다. 기독교의 하나님은 이 세상 천지만물을 모두 다 창조하신 분이고 창조 즉시 시간과 공간을 초월하여 그 모든 피조물 속에서 그 피조물과 함께 산다는 것이다. 여기서 창조자 '하나님'과 피조물 '인간'과의 관계가 뚜렷해져야 한다. 양자의 관계는 양자를 분명하게 구별할 줄 알 때에 비로소 드러난다. 자기의 언어로 자기가 조작해 놓은 가짜 하나님을 알 때가 아니라 자기의 거짓된 조작을 다 때려 부셔 완전히 없애 버린 다음 진짜 하나님을 제대로 알 때, 자기 자신을 제대로 안다는 것이다. 기독교에서 양자를 철저하게 구별할 때 노리는 것은 자기의 잣대를 버리라는 것이었다. 여기서 '버린다'는 말은 자기가 가지고 있는 모든 것을 버린다는 말이므로 '이제까지의 자기가 죽는다'는 말이다. 자기가 죽을 때 자기가 산다는 말은 자기와 하나님이 하나가 되는 '다시 태어남'을 의미한다. 불교에서 말하는 '둘 아님' 즉 '불이不二'(not two; non-dual)의 세계다. 그때 내가 만난 하나님이란 말은 대강 이러한 뜻이었다.

내가 퍼킨스에서 하나님을 만날 수 있었던 것은 미국으로 떠나오기 1년 전에 해인사에서 성철스님의 백일법문을 들었기 때문이 아니었을까, 이런 생각이 든다. 무슨 말인가? 성철스님은 '깨친 자'와 '깨치지 못한 자'의 구별을 철저히 하였다. 그것은 무자비할 정도의 가혹한 비판이었다. 다시 말하면 '깨치지 못한 자'의 못되어 먹음을 가혹할 정도로 나무랐다. 양자의 차이를 제대로 알지 못하면 수행자는 가지가지의 오류를 범하고 수행은 결국 헛수고로 돌아가고 만다. 기독교에서 하나님과 인간을 구별하는 것과 불교의 활구참선活句參禪 세계에서 깨친 자와 깨치지 못한 자를 분명하게 구별하는 분위기가 어쩌면 그렇게도 비슷할 수가 없었다. 한마디로 말해, 두 종교가 가지고 있는 종교성은 서로 떨어질 수 없는 공통점을 가지고 있는 것이다. 종교성을 두고 볼 때 두 종교는 서로서로 크게 다르지 않다. "둘은 다르지 않다!"는 감탄사가 나도 몰래 끝없이 쏟아져 나왔다. 두 종교의 종교성이 제대로 드러나면 '불교와 기독교는 다르다'고 외치는 사람들의 천박함과 경솔함이 저절로 드러날 것이다. 못 깨친 자가 스스로 못 깨쳤음을 제대로 알 때 깨침을 믿게 된다. 그때 믿음은 큰일을 한다. 이것이 바로 둘 아님 즉 불이不二에 대한 믿음이라고 말할 수 있을 것이다. 모든 것이 다 상대相對가 되어 둘로 갈라져 있는 세상에서 둘 아님의 진리를 발견한다는 것은 쉬운 일이 아니다.

기독교에서 신과 인간의 구별을 철저히 하고, 불교에서 오悟와 미오未悟의 구별을 철저히 할 때 드러나는 것은 하나님의 세계와 깨침의 세계가 서로 다르지 않다는 것이다. 두 종교의 둘 아님 사상은 신앙으로 이어진다. 기독교의 성경과 성철스님의 백일법문이 내 속에서 만났다는 것은 나에겐 잊을 수 없는 커다란 사건이었다. 이러한 사건은 두 종교의 종교성을 제대로 발견할 때에 일어났다. '종교성'과 '불이不二'는 서로 떨어질 수 없는 말이다.

앞에서도 말했듯이, '종교성'이란 종교가 종교이려면 꼭 있어야 할 가장 중요한 것이라고 말할 수 있을 것이다. 인간이 인간이려면 꼭 있어야 할 것이 '인간성'이라고 말하는 것과 똑같은 말투다. 불교의 경우 그것은 부처님이라고 말해야 할 거고, 기독교의 경우는 그것을 하나님이라고 말해야 할 것이다.

기독교의 하나님은 이 세상 천지만물을 모두 다 창조하신 분이고 창조 즉시 시간과 공간을 초월하여 그 모든 피조물 속에서 그 피조물과 함께 산다고 앞에서 언급했다. 불교의 부처님은 일즉일체一卽一切적인 존재다. 가장 미세한 하나 속에 이 세상 천지만물 자연 대우주가 다 들어 있다는 말이다. 그것이 종교성의 첫째 조건이다. 그다음, 양자는 완전히 구별된다. 하나님과 인간이 다르고 부처님과 중생이 구별된다는 것이다. 기독교에서 인간을 죄인으로 보는 것이나 불교에서 중생을 삼악도를 윤회하는 존재로 보는 대목이 바로 이것이다.

천지 자연 대우주로 하여금 저렇게 일하게 하는 이치가 바로 너 다르고 나 다른 개개인이 개개인 노릇 제대로 하게 하는 이치 그것이다. '천지 자연 대우주'라고 말하면 뭐 대단한 것처럼 들리고 '너 다르고 나 다른 개개인'이라고 말하면 그까짓 것 대꾸도 하기 싫은 듯 무시하는 사람도 없지 않겠지만, 사실 알고 보면 '너 다르고 나 다른 개개인'을 빼놓고 '천지 자연 대우주'를 바로 볼 길은 없고, '천지 자연 대우주'를 바로 보지 않고 '너 다르고 나 다른 개개인'을 바로 볼 길이 없다. 이 세상에 있는 것 가운데 가장 어마어마하게 큰 것이 사실은 이 세상에 있는 것 가운데 가장 미세한 것 속에 들어가 있다는 진리가 바로 이 세상 어느 종교든 그 종교성을 문제 삼을 때 반드시 대두된다. 기독교에서 창조주 하나님과 피조물 인간의 관계가 그렇고, 불교에서 깨친 부처와 못 깨친 중생의 관계가 바로 그렇다. 여기서 기독교의 말투와 불교의 말투가 서로 다른 것을 가지고 왈가왈부할 필요는 없다. 그것은 시간낭비요 허송세월이며 잘못된 주소를 가지고 길을 찾아 나서는 것과 똑같은 잘못이다. 그러므로 나는 말하고 싶다. "어느 종교든, 아니 그 어느 누구든 종교성만 확인되면 똑같이 종교 대접해 주고 종교인으로 모셔야 한다"고.

1983년, 뉴욕주립대학교 출판사(SUNY Press)에서 나온 나의 영문판 저서 *Buddhist Faith and Sudden Enlightenment*에서 나는 성철사상의 핵심이라고 말할 수 있는 '몸 바꿈' 법문을 진지하게 다루었다. '몸 바꿈'이란 죽었다가 다시 태어난다는 말이며, 종교계에서 흔히 사용하는 '부활'이란 말과 비슷한 말이다. 불교의 몸 바꿈 사상은 대승불교의 유식사상에서 말하는 '전의 轉依'사상에 잘 드러나 있다. 산 사람이 삶을 포기하고 죽음을 택한다는 것은 쉬운 일이 아니다. 이제까지 삶의 길이라고 생각했던 그 길은 죽음의 길이었고, 죽음이라고 무서워했던 그 길이 진실로 삶의 길이라는 것을 깨닫는 것은 어려운 일이다. 사람은 누구나 자기 생각 속에 갇혀서 산다. 그래서 진짜 삶은 죽음이라 생각한다. 그리고 죽음의 길을 삶의 길이라 착각하고 거기에 집착한다. 비극이다. 어떻게 해야 이런 비극을 극복할 수 있을까? 예수가 십자가에 못 박혀 죽는 장면이 생각난다. 무엇이 예수로 하여금 그 어려움을 극복하도록 도와주었을까? 정말 어려울 때 어려움을 극복하는 힘은 어디서 나올까? 보통 사람들에겐 자기 스스로 죽음을 택할 힘이 없다. 중요한 것은 그 힘이 어디서 나오는가를 똑바로 아는 데에 있다.

일생을 얼음덩어리처럼 굳어 빠진 고체로 사는 사람도 있고, 물처럼 부드럽게 액체로 사는 사람도 있고, 수증기처럼 자유롭게 기체로 사는 사람도 있다. 유식의 '전의사상'은 어떻게 해야 우리들이 고체 상태에서 빠져나와 액체 상태로 바뀌고 더 나아가 액체 상태에서 다시 기체 상태로 몸을 바꿀 수 있느냐를 밝혀 주었다. 여기서 우리들이 주의해야 할 것은 몸 바꾸기에도 여러 가지 차원이 있다는 것을 똑바로 아는 것이다. 어떤 사람은 고체 같은 몸을 바꿔 액체 같은 몸으로 사는 것으로 몸 바꾸기를 마쳤다고 생각할 것이다. 이 정도만 되어도 대단한 것이지만, 그래도 거기에 머물러서는 안 될 것이다. 그래서 어떤 사람은 거기에 머무르지 않고 끊임없이 열을 가하는 수행을 계속한다. 그러면 다시 몸을 바꿔 수증기나 공기처럼 눈에 보이지 않는 기체 같은 몸으로 전의를 한다. 공기라야 천하를 뒤덮는다. 그러므로 나는 불교적 수행을 이야기하면서 몸 바꾸기를 문제 삼지 않는다면 어불성설이라 생각한다. 몸 바꾸기의 원동력은 한마디로 말해서 계속 열을 가하는 '꾸준함'과 '치열함'에서 나온다고 말해야 할 것이다. 성철스님의 돈오돈수사상은 유식학의 '전의轉依'사상을 화두참선의 세계로 끌어들인 것이라고 말해도 좋을 것이다.

3. 돈오돈수설의 종교성

성철스님은 부처님의 구경각만을 깨침으로 인정했다. 그리고 독실한 불교신자나 수행자들이 말하는 어떤 형태의 깨침 이야기도 그것이 부처님의 구경각이 아니면 전혀 인정하지 않았다. 이 대목에서 성철스님은 무서운 분이었다. 그렇다면 돈오돈수란 무슨 말인가? 그것은 부처님의 구경각을 다른 말로 표현한 것이다. '구경각 즉시 돈오돈수, 돈오돈수 즉시 구경각'이다. 그러므로 초보자에게 돈오돈수란 말은 부처님의 구경각을 믿고 받아들이는 것 밖에 딴 길은 없다. 한문불교권에서 돈頓이란 말은 사람들의 말문을 막아 버리는 말이다. '몰록'이란 말이 그런 말이다. 보통 '돈오頓悟'다 또는 '점오漸悟'다 라고 말할 때, 점오는 시간이 오래 걸리는 것이요, 거기에 반해서 돈오는 아주 짧은 시간밖에 안 걸린다는 뜻으로 쓰이고 있다. 그러나 이것은 잘못된 해석이다. 몰록의 세계는 시간이 짧으냐 기냐의 문제가 아니고 아예 시간개념 자체를 거부한다. 돈오 또는 돈수란 말은 오니 수니 하는 착상자체를 거부하는 것이다. 그러므로 돈오란 말은 오에 대한 모든 말들을 막아 버리는 것이다. 그리고 돈수도 마찬가지다. 수에 대한 어떠한 말도 다 거부하는 것이다. 언어거부다. 불립문자다. 문자문화를 거부하는 것이다. 거듭 말하지만 돈이란 말은 사람들의 시간개념을 박살 내버리는 말이다. 시간개념이 박살났는데 무슨 시간의 장단이 있겠는가?

성철사상의 핵심은 돈오돈수설頓悟頓修說에 있다고 말해도 좋을 것이다. 그러나 '돈오돈수'라는 말은 아직까지 깨끗하게 정리되어 있지 않은 것 같다. 1981년 12월, 성철스님이 『선문정로禪門正路』라는 책을 출판한 뒤로 '돈오돈수'는 갑자기 유명해졌다. 그리고 이젠 이 말을 모르는 사람이 없을 정도다. 성철스님이 『선문정로』를 출판한 목적은 지눌知訥(1158~1210)의 돈오점수설頓悟漸修說을 비판하기 위해서라고 말하는 사람도 있다. 성철스님에 의하면, 지눌의 돈오점수설은 아직 참선參禪이 무엇인지도 모르는 교종의 강사들이나 하는 소리를 마치 선종의 올바른 수행론인 듯 높이 평가하여 그 뒤 거의 천 년이 다 되도록 한국선종을 잘못 이끌어 왔다는 것이다. 지금 불교계는 지눌의 돈오점수설이 옳은가 아니면 성철의 돈오돈수설이 옳은가를 가지고 계속 시끄럽다.

문제는 양쪽의 주장을 제대로 알지도 못하면서 어느 한쪽이 옳다는 소리를 함부로 하는 오늘날 불교계의 잘못된 학풍에 있다. 지눌의 돈오점수설은 조금도 어려울 것이 없다. 수행자는 먼저 깨닫고 그 깨달음에 근거하여 오래오래 닦아야 한다는 지눌의 말을 못 알아들을 사람은 없다. 그러나 성철의 돈오돈수설에 대해서는 모두들 제법 잘 아는 것처럼 말하지만 거의 모두가 오리무중이다.

'읽은 책의 뜻을 제대로 헤아리는 것'은 간단치 않은 일이다. 사람은 누구나 자기의 업에 따라 자기 나름의 잣대를 가지고 산다. '몸과 몸짓의 논리'로 생각해 볼 때, 몸문화적인 잣대를 가지고 사느냐, 아니면 몸짓문화적인 잣대를 가지고 사느냐의 차이는 결코 소홀히 웃어넘길 수 없는 일이다. 동아시아 불교사에서 신라의 원측圓測(613~696)은 결코 무시할 수 없는 존재이다. 그런데 그는 그의 『반야심경소般若心經疏』에서 기원전 5세기의 『아함경』과 그 뒤 대승불교를 일으킨 반야경과 반야의 공사상을 딛고 일어선 기원후 3세기의 유식사상을 모두 똑같은 부처님이 설하신 것으로 보고 있다. 원측스님의 이러한 발언은 불교사상사에서 웃어넘길 수 없는 커다란 문제를 안고 있다. 이에 대한 현대 학자들의 평은 이렇다. "원측이 보통 분이 아닌 것은 사실이다. 그러나 그는 역사에 어두웠다. 불행히도 그는 기원전 5세기의 아함사상과 기원전 2세기의 반야사상과 기원후 3세기의 유식사상을 동시대로 착각했다." 여기서 문제되는 것은 원측의 저술에 나오는 '부처님'이라는 말이 실지로 무엇을 가리키고 있느냐는 것이다. 현대 학자들에게 있어서 부처님은 기원전 5~6세기에 살았던 역사적인 부처님이다. 자기들이 읽은 책들과 사전에 그렇게 쓰여 있기 때문이다. 그러나 원측의 부처님은 시공을 포용한 "일즉일체一即一切 일체즉일一切即一"이며 "일미진중一微塵中 함시방含十方"의 우주적인 부처님이다. 몸짓문화의 부처님과 몸문화의 부처님을 혼동해서는 안 된다. 내가 강의실에서 이 대목을 아무리 애써 설명해도 학생들은 나의 뜻을 잘 못 알아듣는다. 알아들은 척 고개를 끄덕거리는 학생도 나중에 물어보면 똑같이 못 알아듣는 학생이었음을 알 수 있었다. 여기에 현대 교육의 맹점이 있다. 현대 교육은 사람들을 몸짓문화의 노예 상태에서 빠져나오지 못하게 하고 있다. 그것이 교육이라고 생각하기 때문일 것이다. 그래서 사람들은 누군가가 몸문화를 이야기하면 감이 잡히지 않는 것이다. 불행히도 많은 현대학자들은 원측스님이 말했던 부처님이 어떤 부처님인지를 짐작도 못하고 있는 것 같다. '제대로 헤아린다'는 말이 내뱉기는 쉬워도 '정말 제대로 헤아리기'는 쉽지 않다는 것을 알 수 있다.

'돈오돈수頓悟頓修'란 말은 쉬운 말이 아니다. 사람들은 보통 "갑자기 깨치고 갑자기 닦는다"로 번역하는데, 말도 안 된다. "점차로 깨닫고 점차로 닦는다"는 점오점수漸悟漸修라는 한자어에 근거해서 억지로 만들어 낸 말이다. 점오점수든 돈오점수든 점수파 사람들은 자기의 경험에 근거하여 돈오돈수를 해석한다. 그러나 여기에 문제가 있다. 점수파 사람들은 점수와 돈수는 말의 족보가 다르다는 사실을 간과하고 있다. 점수漸修는 연장적인 시간개념이 중심이 되어 하는 말이지만, 돈수頓修는 시간개념이 아니다. 꿈의 세계에서 깸의 세계로 넘어올 때 시간의 길고 짧음은 문제되지 않는다. 꿈에서 깨어날 때 점차 깨어나든가 갑자기 깨어나는가? 점의 세계는 시간의 장단이 문제되지만 돈의 세계는 시간의 장단이 문제되지 않는다. 아니, 시간개념을 버려야 '몰록'(頓)이란 말의 참뜻이 드러난다. 꿈속에서 내가 서양 사람이었다고 치자. 꿈속의 나는 서양 사람일지 모르나 꿈을 꾸는 나는 서양 사람이 아니다. 여기서 꿈속의 나와 꿈꾸는 나 사이에 갈등이 생긴다. 그러다가 꿈을 깬다. 꿈속의 서양 사람이 점차로 동양 사람이 되든가? 아니다. 그때 돈이란 말이 나온다. 갑자기란 말도 정확하지 않다. 왜냐하면 꿈을 꿀 때도 꿈을 깰 때도 나는 본래부터 똑같은 동양 사람이기 때문이다. 그래서 몰록이라고 말한다. 망妄의 정체를 알아야 한다. 돈오돈수의 종교성이 여기에 있다.

시간? 이것이 문제다. 시간을 빼내면 남는 게 뭔가? 말을 못한다. 말문이 막힌다. 시간을 빼내면 과거 현재 미래가 없어진다. 그리고 그 사이에 일어난 일들이 허물허물 허물어진다. 나와 너의 차이도 없어진다. 무문자 문화다. 몸문화다.

다음은 2012년 가을, 하버드대학교 세계종교연구소에서 발표한 나의

논문이다. 화두를 들고 참선을 하는 세계에서 종교성이란 말이 어떤 역할
을 하는지를 설명하려고 애썼다.

Religiosity of Korean Zen(Hwadu) Meditation[2]

Prologue

Recently I have read many articles and books on Zen(hwadu) meditation
published in Korea. What I have observed from my readings and discussions
is that people's opinions about the Zen(hwadu) fall into two distinct categories:
"pro" and "con." Those in the "pro" category feel that the Zen(hwadu) is
the only means by which enlightenment can be achieved, whereas those in
the "con" category feel that hwadu is ineffective. However, from my
observation, I have noticed that both sides are experiencing a sense of crisis
regarding the proper use of hwadu meditation. I feel that the suffering on
both sides is intensifying; I hear it as a scream for help, and I cannot ignore
these screams. I will now look at each side in more detail.

The message of the "pro" people is simple: using hwadu is the only way
to become enlightened. However, these people realize that many, if not most,
people are not practicing it correctly. People may appear to be using hwadu
during their meditation but in reality they are not. This is the crux of the
crisis. In order to help these people, the "pros" continue to emphasize the
teachings of the ancient Zen masters, reminding them of the basic fact of
non-duality and so forth. Some of the "pro" people have proposed to
develop some kind of special technique of meditation in order to help those
who are having difficulties, such as putting band-aids next to their ears or

---

2) Dr. Sung Bae Park, Professor of Buddhist Studies, Stony Brook University, At the
Center for the Study of World Religions, Harvard University, November 6, 2012.

having them listen to tranquilizing music with headphones, and so forth. However, such methods are not a solution, as they only serve to increase a sense of duality between the practitioner and the practice. In my opinion, the problem is that practitioners are not examining themselves deeply. In other words, they lack the necessary practice of brutal and honest self-criticism.

When I observe the "con" people, I see that they can be further divided into two groups. The first group consists of people who have tried using the hwadu, but feel that it doesn't work, so they give up and claim that it cannot lead to enlightenment. These people, I feel, are innocent in the sense that they are not aiming to malign or demean others; they simply feel that the hwadu has no value. The second group is more sophisticated. These people are intellectually well-armed; they have much knowledge, having by and large been trained or at least influenced by modern scholars. Of course, there are many things to be learned from their research, yet what I feel is lacking in their comments is any real interest in Zen meditation. They have no real desire for spiritual practice. They are isolating themselves within their fortress of intellectual security, and from there they feel safe enough to freely attack others. Again, as with the "pro's", I feel that there is an absence of brutal self-criticism. In a way, these people cannot be blamed entirely for their views. The media is forcing them to feel as they do, for the media sees any true spiritual practice, any practice based on non-dualism, as mysticism, and looks at it with a skeptical and disdainful eye. But putting blame aside, I find that there is presently no room in the consciousness of the "con" people to accept the mission of the hwadu. What is the mission? It is, metaphorically speaking, to cause the practitioner to have an experience of being in a shipwreck. That is, their very foundation must be shaken. This will be discussed in more detail later on, but for now I would like to ask: is it really possible for "con" people to accept the mission of the hwadu? My answer is: yes, it is possible. However, most of them are simply not ready for such an experience. They have not reached the point in their lives at which they are able to accept the possibility of, or the need for, any real or fundamental change in the way they view things.

Chapter I: The Nature of the Problem

Two immediate facts need to be mentioned: one concerning spirituality in general and one concerning hwadu meditation specifically. First of all, in Korea today, and indeed all over the world, an increasing spiritual thirst is becoming more and more evident among people of all ages and from all sectors. We are all experiencing the pressures caused by our modern way of living and are searching for ways to alleviate these stresses. As a result, we are discovering and learning about various techniques that can presumably enable us to calm our minds and/or strengthen our bodies. Some of these techniques include tai chi, yoga, chi kung, as well as various forms of breathing exercises and meditation. Any and all of these techniques are certainly capable of helping us to feel better.

The second fact that needs to be recognized is that hwadu meditation is, by its very nature, not intended to alleviate people's tensions and stress. Its practice is far too serious and demanding for it to be categorized among the previously mentioned methods that are on the market today. This is important for people to realize so that they don't attempt to compare hwadu meditation with any of these other methods, and so that they don't hold any false illusions or expectations about either the purpose or the value of the hwadu. It requires tremendous discipline and diligence.

It is also helpful to remember that the hwadu method of meditation was introduced and practiced by Zen masters many hundreds of years ago, when the economy of the country, whether it is Korea, China, Japan, or any other country, was completely self-supported. If food was needed, people went into the fields and planted rice and vegetables. If fuel was needed, they went into the mountains and collected firewood. In such a serene atmosphere of relative simplicity, using the hwadu was doubtlessly much easier than it is in today's world. The most vital requirement for hwadu meditation is the ability to attain a state of total concentration, so that one can then transcend the limits of time and space. In our modern society, to reach such a state is not an easy task, as we are constantly being bombarded by all kinds of external distractions wherever we go. We cannot even try to escape them at home, as most of us now own television sets, radios, computers, telephones, and numerous other technological gadgets.

Another important feature of the hwadu is that it is not intended to be practiced only during the time of one's formal sitting meditation. Rather, it is supposed to be used during each and every one of our four possible bodily positions: sitting, standing, lying and walking. In other words, regardless of one's physical situation, whether he/she is in the meditation hall, the garden, the kitchen, the car, the store, the office, or wherever, his/her mind should be with the hwadu. Is it possible for modern ·people to maintain such a total, uninterrupted concentration?

It was in order to alleviate the problem of being distracted by external stimuli that serious practitioners left home in the past, and still do so today, to become monks or solitaries. They left the secular world behind and completely isolated themselves in the monastery or the mountains, living like hermits in partial or complete solitude. Yet the Zen masters taught that such an attitude, that is, of attempting to avoid difficult external conditions, was not correct. They constantly emphasized that hwadu meditation could be practiced by anyone, no matter who that person was or where that person lived. Many Zen practitioners living in our world today, however, have abandoned the hwadu method of meditation altogether, replacing it with other, easier styles of meditation, such as those mentioned earlier. Feeling the stresses of modern day society, they have opted for practices that help to calm their minds so that they feel able to cope with all their tensions. Yet this is not the true purpose of Zen.

What is to be done? In the Chogye order, here in Korea, the leaders are in a bit of a dilemma, as they have lost a large part of their membership to these popular styles of spiritual practice. To point out the dangers of this modern trend, a group of reformers has recently arisen and become quite vocal. This group is concerned about what they view as the misbehavior and even the corruption of the religious community. They have made it a point to analyze the psychology of hwadu meditation and they claim that the leaders of the Zen community, that is, the Zen teachers practicing today, are misleading people. What is the nature of their accusation? These reformists claim that the Zen leaders are "sugar-coating" hwadu practice by promising that if done correctly it leads one to enlightenment. The reformers point out that this was never the Buddha's message. As we know, his great gift to us was his understanding that we are all already enlightened, just as we are. So how can practicing the hwadu with such a futuristic goal in mind ever produce the correct results?

The majority of practitioners, however, are seduced by these promises of enlightenment. They don't believe that they are already enlightened. They don't understand that their real task is to awaken to their inherent essence as fully enlightened beings. They believe instead that by donating money or medicine or by providing gifts to the monks and leaders of their order they can earn merit and thus eventually gain salvation. The leaders in turn are monetarily benefiting from such attitudes, as they are the recipients of all these donations and gifts. Therefore, they are often reluctant to make any changes to this system. They continue to receive gifts while the members continue to practice incorrectly.

To summarize what has been said so far: 1 - In the present world, hwadu practice is generally viewed by most people as too difficult to undertake and 2 - the leaders and monks are not willing to correct people's views, as they continue to profit from them.

Chapter II: The Real Meaning of "Hwadu"

Almost all Zen texts contain at least some discussion about the use of the hwadu in one's practice. Indeed, hwadu meditation is and always has been considered the core of Zen practice. Yet this term "hwadu" is not being understood correctly by the vast majority of people living in Korea today. In my opinion, they have "stolen" the term and given it a completely erroneous meaning, which translates into English as "an agenda to be pursued or an issue to be clarified." Korean journalists, politicians, and others from all walks of life use this term in their writings and/or speech freely, saying for example, "The hwadu of the president in this situation is……" or "What is the hwadu to be discussed here?" Such uses of this term are totally incorrect; the word is currently being presented in a secular manner, but that was not the original intention of the Zen masters who originally taught with it.

A similar situation may be seen to exist in the contemporary Christian world.

The word "God" has also lost its original meaning, except to a very rare few. Most people these days view God as a kind of broker or agent to whom they can appeal when they have a need to be met. Yet this was certainly not the understanding of Abraham or Moses or Jesus.

Throughout the course of history humans have invented many such sacred words, whose original meaning has either been completely distorted or else has disappeared altogether. To name a few: "tao" in Taoism (meaning the Way), "ren" in Confucianism (meaning benevolence), "ti-yung" in early Chinese thought (meaning essence-function), and so forth. The meaning of these words was originally pure and essential, but as time passed people did not practice according to the original message of the meaning, and so these terms eventually lost their power. This is a great tragedy which has occurred to our human civilization, and it explains why I say that the meaning of "hwadu" has been stolen. It no longer exists in its pure form. In Korea, during the Koryo dynasty (from the 10th to 14th century), there was a very popular event that used to occur regularly: Buddhist practitioners would gather together, not in a temple or monastery, but in a large field. There they would discuss and practice the teachings of the Buddha. As there were no boundaries to the field, anyone could attend. Such gatherings were called "yadan popsuk", which means "Dharma seat in the field". Later the Koryo was replaced by the Choson dynasty, which embraced neo-Confucianism, and this popular practice disappeared. To this day, the term "yadan popsuk" is still in use, but just like the word "hwadu", its meaning has become greatly distorted; now when people use the term, they use it to mean "noisy". This is yet another example of a sacred term whose original meaning has been lost due to people's inability to live up to it. So what is the original meaning of "hwadu", the meaning reflected by the teachings of the ancient Zen masters? In my understanding, "hwadu" helps us to return to the Buddha. The hwadu may be used to help us make this journey back to the source. In the history of religion, such a message has always been the core principle: return to the Buddha, return to God, return to Allah, return to Brahma, and so forth. The special message that lies hidden within all these religions is that this source exists within each and every one of us. We ourselves contain or reflect the source that we are seeking. In the Buddhist tradition, when the ancient Zen masters saw that the practitioners did not understand or did not accept this truth, and instead viewed themselves as existing apart from their own, innate Buddha-nature, these Zen masters became angry and hit the seekers with a stick to wake them up. This was an animal instinct arising from inside and manifesting itself. Parents often exhibit the same behavior, scolding or even hitting their children if they see them doing something wrong. The Zen masters recognized the severity of the practitioners' error in understanding, and wanted to help them rectify it. What was the mistake the seekers were making? In the Zen masters' eyes, the aspirants' fundamental error was that they were too attached to the scriptures. After reading a particular text, they would organize various dogmas based on their understanding and would then become imprisoned in their own dogmas. The Zen masters knew very well that this was not in accordance with Buddhist teachings. They knew that no matter how well an aspirant might understand a scripture intellectually, if he remained attached to the idea that he was not a Buddha, his understanding would yield no results, like a farmer without a harvest. So the message of the Zen masters was always the same: Don't go in the wrong direction. Return to the Buddha.

How did the use of the hwadu come into being? At an early stage in the history of Zen Buddhism, there emerged a division into two schools, each practicing quite differently. One school is called "Soto" in Japanese; in Korean it is called "mukjo". Westerners usually translate this term as "sitting only", and interpret it to imply the absence of the use of the hwadu. Yet if we analyze this word "mukjo", we find that it may be broken down into two parts: "muk", which means "silence", and "jo", which means "bright illustration". In the "mukjo" school, then, the practice involved first quieting the mind and body and then observing the manifestation of one's field of consciousness. There are several other terms which are now in use that reflect a similar practice: they are "samatha/vipasyana" in Sanskrit, "chih/kuan" in Chinese, "ting/hui" in Chinese, and "dhyana/prajna" in Sanskrit. These terms all have similar meanings. Yoshito Hakeda, in his translation of the Awakening of Faith, has rendered "samatha/vipasyana" as "cessation/clear observation." Chinul, the well-known Korean monk of the 12th to 13th century, made extensive use of the combined practice of "dhyana"(meditation) and "prajna"(wisdom).

The second school of Zen was called Rinzai in Japanese. This school used the hwadu exclusively. The Zen masters of this school observed the practitioners of the Soto school with a critical eye and concluded that their practice was ineffective. They felt that too many seekers were using the "mukjo" practice in the hopes that some day all of their problems would be magically solved. They saw that the aspirants did not understand the true relationship between "muk" and "jo," which is based on non-duality or non-separation. Instead, they were striving to create a balance between the two and thus were attempting to control their practice through the use of their intellects. The Zen masters knew, however, that in order for enlightenment to occur, the intellect must be abandoned. Yet instead what was happening was that the practitioners were holding onto their intellects with all their might! It is for this reason that the Zen masters created the hwadu; it was used to help practitioners loosen and ultimately break their bondage to their intellect. This is always the reason why Zen masters would hit meditators with a stick. The stick itself was a hwadu. It helped the seeker let go of his habitual conceptual tendencies.

With reference to the techniques of the Soto school, however, please do not misunderstand what I say. There is nothing wrong with the practice of "mukjo" if it is performed correctly. It must be understood, though, that the two aspects, "muk" and "jo", should not be viewed as two different types of practice to be pursued. The truth of the matter is that if the first aspect, "muk", is performed with the correct understanding, the second aspect, "jo", will occur naturally on its own. Thus, if cessation is practiced correctly, then clear observation will automatically emerge, with no effort required on the part of the practitioner. We may see a similar truth if we look at the relationship between the sun and the clouds. When the clouds disappear, the sun is automatically seen. It doesn't have to be coaxed out in order to manifest itself; it is already there. The Zen masters, then, introduced the use of the hwadu in order to help the practitioner dispel the clouds, which are a reflection of his own ego, his own intellect, so that he could see the sun, or his own Buddha-nature, shining in all its beauty and magnificence.

We live in a pluralistic world; there is no one way of life or culture that exists to the exclusion of all the others. The same may be said of religions, beliefs, and practices. We need to respect all views, whether it is belief in the Pure Land, use of a mantra, practice of prostration, or the performance of various types of breathing exercises. What these practitioners need to be aware of, however, is that they are all practicing "muk" or cessation. That is, these practices are all examples of the first aspect of the Soto school practice, which involves the calming of the mind. They need to ask themselves if they are practicing it correctly. If they are, then the second part, "jo" or clear observation will arise spontaneously. So what does it mean to practice correctly? It means to break apart the whole of the intellect, the ego, and to abandon the dualism between the practice and the one who is practicing. If the seeker is able to practice in this way, then he will be in accordance with the Zen masters' original message. This has been the basic teaching of all religious saviors of the past, and remains the most vital point which all monastery leaders should be imparting to their members. Let us now delve into the nature of the hwadu a little more deeply. Why is it that the hwadu is considered by many as being too difficult to practice? Is it merely due to the fact that it requires one's utmost concentration and discipline, as mentioned earlier? In my view, the issue goes deeper than that. In my understanding, as I mentioned earlier, the core of the nature of the hwadu is that it gives the practitioner the experience of being in a shipwreck. In other words, his very foundation is completely destroyed. Such an experience may be compared to an earthquake. About thirty years ago a severe earthquake struck Berkeley, California, where I was living as a graduate student. The experience was totally devastating. Inside my living quarters pictures fell off the walls. Books, tables, chairs, and all the furniture were turned over. Outside in the streets, buildings collapsed and cars were demolished due to the debris that fell on them. Our lives are based on the belief that our physical foundation, the earth, is solid. When this earthquake occurred, however, this belief was completely turned 180 degrees in my mind. Our earth is not a permanent fixture, I now realized; it can be disrupted at any time.

It is understandable that people seek security, both physical and psychological. Living in fear can and does cause many internal as well as external problems. Thus, we will do everything we can to avoid any fears that arise regarding our own mental and personal safety. Let it be understood: the hwadu will shake our very foundation, just as the earthquake shook my living space. What is the nature of this shipwreck, this earthquake that occurs within us as we practice the hwadu? What is it inside of us that is being shaken to the core?

Unlike the physical shaking of the earth caused by an earthquake, when we are shaken by the hwadu, it is our very belief system, which has been developed within us from the time we are born, that is being attacked. This belief system, which includes our world-view as well as our views about ourselves, has been created by the letter culture in which we live. By letter culture I mean the value system which we have created over hundreds and thousands of years by means of the written word. This letter culture has gone a long way to contribute to our illusion of safety; it has become a dogma for most of us, deceiving us by pretending to insulate us from fear and by claiming to make us feel strong and secure. It is like living inside a dark fortress.

The hwadu, however, bombs this fortress. It rips away any and all illusions we may have regarding who we are and what this world is. It does not allow us to receive the benefits which other types of meditation or spiritual practice may offer us, such as better health, ease of tensions, calmer minds, and so forth. Thus, if a teacher asserts that hwadu mediation can be used to achieve any such beneficial effects, he is being dishonest. We must never propagate the belief that the hwadu can be used in order to bring about any enhanced state of being, including enlightenment. To do so is to use the hwadu as a type of bait in order to lure or entice the practitioner, or like an advertisement in which one says, "Use the hwadu and be cured!" Such tactics are greatly misleading and do not support the teachings of either the Buddha or the ancient Zen masters.

Chapter III: The Solution

As mentioned above, almost every Buddhist monastery these days teaches various forms of meditation in addition to the hwadu. Also, many universities now include Zen Buddhism among their course offerings. In Korea alone, there are about 100 large-scale universities, most of which offer such courses, which generally include information on how to practice meditation. How are they teaching hwadu meditation? If we examine the Zen texts being used in these university courses and in the monasteries as well, we discover that there exists a serious problem: the texts, by and large, are based on ordinary logic as opposed to Zen logic. What is the difference between the two? In ordinary logic, a friend is a friend and an enemy is an enemy. In Zen logic, however, a friend may be an enemy and an enemy a friend. In other words, the reality of a situation and indeed, the reality of existence, cannot be based on one's pre-conceived understanding alone. This is a fundamental fact that Zen students need to keep in mind at all times. Yet these texts are often using ordinary people's logic, based on the intellect, in their attempts to interpret Zen logic. This is a serious mistake. The students are being misled and are thus bound to develop an incorrect understanding of the true meaning of Zen.

I like to use the Korean term "mom" which means body or essence, and "momjit" which means function, when discussing the logic of Zen. Zen logic is "mom"; in other words, Zen logic is primarily concerned with the entire body or essence of any phenomenon or circumstance. It thus transcends the dualism of the intellect. Ordinary logic, on the other hand, is "momjit" logic, and reflects our usual, day-to-day way of viewing ourselves and life in general. This logic, stemming from our intellect, is based entirely on dualistic concepts of good and bad, right and wrong, and so forth.

We find many examples of Zen logic in the Buddhist texts. For example, after the Buddha gave his famous sermon on the four noble truths, one of his disciples, Kondanna, remarked that the second noble truth, which identifies desire as the cause of suffering, was in essence the same thing as the third noble truth, which refers to the cessation of desire. By his statement, Kondanna was using Zen logic; he was saying that the arising of a state and its cessation are no different. In other words, in one is contained the other and vice versa; they cannot be separated. In the field of science, we may discover a similar truth when we examine the law of gravity. What goes up must come down; one cannot exist without the other. This type of understanding is what we usually fail to recognize when we use our ordinary, conceptual way of thinking to view our world or ourselves.

Another example of Zen logic may be found in the Mahayana text entitled The Awakening of Mahayana Faith. This treatise categorizes all phenomena, including all sentient beings as well as our thoughts and actions, as operating within the confines of four distinct sequential stages: 1-arising, 2-abiding(or lasting), 3-decaying and 4-dying. The stage of arising corresponds to our physical birth; then for the major part of our lives we exist in the abiding stage; later, in old age, our bodies begin to decay; finally, at the end of our life, we die. The same process occurs with our every thought and action as well: they arise, experience a period of lasting or abiding, eventually beginning to ebb or die out, and finally they disappear altogether.

For ordinary people like you and I, these four stages are experienced as completely distinct and separate phases of a process. Usually, for regular people, it is not until a thought has already disappeared that we even realize that we were thinking the thought. Buddhist practitioners who have a slightly higher level of awareness, for example the level of a Hinayana Buddhist, are able to realize the existence of their thoughts when they are still at the third level, that is before they have disappeared from their consciousness. A Bodhisattva, who functions at an even higher level, is able to be aware of his thoughts while they at the second stage of abiding. This is the stage at which our thoughts are most powerful; we can see the value of being able to thus catch hold of our thoughts before they begin to lose their force and die out. Only an enlightened being, a Buddha, is able to perceive his thoughts at the very moment of their inception, as they are being created in his mind. Indeed, ultimate enlightenment entails knowing right from the start exactly what is occurring within your own mind.

The crucial point that the text makes is that these four stages are said to occur simultaneously. This is a clear example of Zen logic. Everything is seen to happen right at the very beginning; there is no sequential development of one stage occurring before or after another. This understanding is also reflected in the often-quoted analogy of the water and the wave. Each is a part of the other, and they both exist together and at the same time. It is not possible to separate them into two independent entities. Similarly, "mom" and "momjit" also operate in unison. Every "mom" is also a "momjit" and every "momjit" is also a "mom".

The teachings of Hua-yen Buddhism are yet another example of this fundamental Zen truth. According to this school of thought, there exist 52 stages with regard to the attainment of enlightenment. The first stage refers to the arising of the desire for bodhicitta, or the wisdom mind, which reflects one's initial desire for enlightenment. Each stage represents one step further along on the path, and the 52nd and final stage is the attainment of ultimate enlightenment itself. Hua-yen thought teaches that at the moment one enters the first stage, that is, the moment the aspiration for enlightenment arises, at that very moment the last stage is inherently included. This is the timeless perspective; by using theistic language, we may call it God's perspective. It is extremely difficult to comprehend the Zen logic described above. Our intellects alone cannot accomplish such a feat, for this logic points to an understanding which lies beyond the realm of our reason. It is here that faith is required in order to bridge the gap; otherwise, the practitioner may easily be tempted to give up his practice altogether. What is meant by faith? It is nothing other than having complete and utter trust in the teachings of Buddha. If the practitioner can develop and maintain such an attitude of firm conviction within himself, then eventually his intellect will soften its grip and the practitioner may catch a glimpse of the truth of non-duality.

Many, if not most, scholars, including Hakeda in his discussion of the four stages of phenomena as mentioned above(see p.40 in his translation and commentary on The Awakening of Faith), fail to recognize the crucial need for faith on the part of the practitioner. They discuss non-duality in a straightforward, scientific manner, but do not understand that such an approach is incomplete. Something more is needed if one is to grasp the truth of the Buddha; something is required if we are to transcend the limits of our intellect. In my opinion, it is the underlying background of faith, or the ultimate trust that we, too, are Buddha, which enables us to "cross to the other shore" and attain our goal of enlightenment. It is this issue, the issue of faith, that scholars need to recognize and address if they are to correctly and successfully interpret and communicate the Buddha's understanding.

Conclusion

What is the hwadu? It is nothing but returning to the Buddha. We must not fall prey to the temptation of mysticizing it by saying that it promises enlightenment. The hwadu, in and of itself, does not promise us anything. It merely points to what already is, to what exists right in front of us. If a Zen master was asked, "What is the essence of the Buddha's message?", he would reply, "Flowers are red and leaves are green", or "My nose is vertical and my eyes are horizontal."

How did the mystification of the hwadu arise? Whatever the answer to that question, we must not view the hwadu in such an illusory sense. The hwadu means to return to our ordinary, everyday life as it is. There is no mystery about it; therefore, we shouldn't try to add anything extra. Nor should we be concerned with others' practice with other methods- these things are not important. What is important is that we return to the Buddha. How can we do this? We need to fix our false techniques. We are already Buddha; we exist as timeless beings, as "mom". So let's not use "momjit" language or ways of thinking in our spiritual practice. Let's move, act, think, and speak as that which we are. The hwadu shows us who we are. It is enlightenment itself. Let's wake up and celebrate our true identity.

In his Tao Te Ching, Lao Tzu says, "One who knows does not speak; one who speaks does not know." Yet I feel that those who know need to speak. Ordinary, unenlightened people need to hear the message of the Buddhist truth as understood by enlightened Zen masters. What is this message that we need to hear? In my opinion, the idea of the fundamental truth of hwadu meditation needs to be sharpened. Chinul's book concerning the hwadu was the first book in the history of Korean Buddhism to discuss the meaning and value of hwadu meditation. His understanding of the live word versus the dead word proved to be of great benefit to Buddhist practitioners, and successfully helped to sharpen this fundamental issue concerning the hwadu. Now, Zen masters living today need to continue to relay this message. What is the message? It concerns the utmost necessity for all practitioners to return to the spirit and practice of religiosity. The meaning of religiosity itself needs to be sharpened. What is its meaning? In terms of hwadu meditation we can say two things:

First, as practitioners we need to "shut up." We first and foremost need to abandon all sense of ownership. I may own many things, in terms of physical possessions, professional qualifications, personal opinions, and so forth. Yet while I am investigating the hwadu, I must abandon all of these things. This is the meaning of surrender, which is so central to all religions. I must surrender all of my opinions, all of my values, all of my understandings, so that in front of the hwadu, I am empty; I have nothing to say. This attitude of "shut up" is the humblest position that can be seen to exist; it is this attitude that comprises religiosity and which needs to be sharpened by all practitioners.

Second, religiosity means to recognize the primary importance of faith. What is the meaning of faith, with regard to hwadu practice? It means to accept the message of the Buddha, which is conveyed by all enlightened Zen masters. The basic teaching is: don't seek anything outside of yourself. Look inside; there you can see the Buddha existing within you, just as you are. Your outer circumstances are not important so don't pay attention to them. Just hold onto the faith that proclaims that you are already the Buddha, right here, right now. This kind of faith must be exhibited in our practice. How is it practiced? By respecting ourselves and others, just as we are, just as they are. This is the meaning of faith, of practice, and of religiosity. It is this message that must be sharpened and then conveyed by all enlightened teachers. 〈End〉

4. 성철스님을 만나기까지

수행修行을 한다면서 온몸으로 하지 않는다면 그건 보통 문제가 아니다. 그러나 너무나 많은 종교인들이 몸짓 수행만을 하고 있으면서 그것을 수행이라고 말하고 있다. 놀라지 않을 수 없는 일이다. 1970년 겨울방학, 나는 퍼킨스신학교에서 〈수도원순방〉이라는 과목을 선택했다. 텍사스, 오클라호마, 아칸사 등 미국 남부 3개 주에 있는 가지가지의 종교단체들을 순방하는 과목이다. 그 가운데는 불교의 간판을 내건 수도원들도 끼어 있었다. 이때에 내가 느낀 것은 한마디로 '저게 뭐 수행일까' 하는 의구심이었다. 겉모습만 불교의 수행을 흉내 내고 있었기 때문이다. 이러한 느낌은 서부의 버클리 캘리포니아에서나 동부의 스토니브룩 뉴욕에서도 마찬가지였다. 모두들 '몸 참선'은 하지 않고 '몸짓 참선'만 하고 있었다. 여기서 나는 다시 과거로 돌아가 내가 어떻게 몸짓 참선을 그만두고 몸 참선으로 들어가게 되었는가를 밝혀야겠다. 이것은 결국 내가 어떻게 성철스님을 만났는가를 밝히는 것이다.

1950년대 말엽, 그때 나는 의과 대학생이었다. 그러나 의학공부보다는 철학에 더 관심이 많았다. 그래서 기회만 있으면 문리대로 철학 강의를 들으러 다녔다. 한번은 서울대학교 철학과의 박종홍 교수가 전남대학교로 내려와 한국철학을 강의한다는 소식을 들었다. 나는 제백사하고 참석했다.

박종홍 교수의 한국철학 강의는 보조국사 지눌知訥(1158~1210)의 사상을 소개하는 것으로 시작되었다. "한국철학 역사상 지눌만큼 '이론과 실천'의 문제를 공정하고도 완벽하게 전개한 사람을 보지 못했다"고 박종홍

490

교수는 지눌을 극구 칭찬했다. 이때 나는 속으로 '나도 지눌을 공부해야지', 다짐을 했다. 그 뒤 얼마 안 있다가 나는 의대를 중퇴하고 해남 대흥사로 들어가 정전강 스님의 상좌가 되어 중노릇을 했다. 승적은 전강스님 상좌이었지만 실지는 송담스님의 지도를 많이 받았다. 머리를 깎고 중이 된 것도 송담스님 때문에 그렇게 했고, 전강스님의 상좌가 된 것도 송담스님이 하라고 해서 그렇게 했다. 그러나 그때 전강스님의 시봉을 했기 때문에 승려에 대한 견문을 넓힐 수 있었다. 그럼에도 불구하고 전강스님이 깨치신 선지식이라는 것을 확인할 수는 없었다. 오히려 전강스님의 일거일동이 나의 잣대에 맞질 않아서 속으로 저게 무슨 중이야, 저게 무슨 선지식이야, 반발심만 자꾸 일어났다. 우선 참선할 때 앉아 있는 모습이 허리를 구부리고 의젓하지 못했다. 그리고 공양시간에 맞있게 구운두부가 나오면 술 한 잔이 생각난다고 말해 사람을 놀라게 했다. 이런 것을 하나하나 다 열거하자면 끝이 없다. 그래서 나는 속으로 점을 찍어 버렸다. 저분은 중이 아니라고. 그러나 먼 훗날, 해인사에서 3년간 성철스님을 모시고 나니, 내 마음속 잣대들이 변하면서 내 기억 속의 전강스님은 나쁜 점보다는 좋은 점이 더 많았던 분이었음이 떠올랐다. 내가 바뀌면 너도 바뀌는 것 같았다.

그때 대흥사 큰절 행자들의 공부방에서 나는 우연히 지눌의 마지막 저술로 알려져 있는 『간화결의론看話決疑論』이란 책을 발견했다. 그렇지 않아도 박종홍 선생의 지눌 강의를 들은 후로 지눌을 공부해 보고 싶다는 생각이 간절했던 판이라 정신없이 읽었다. 그렇게 쉽진 않았지만 활구참선活句參禪이 어째서 중요한가를 여기서 배웠다.

그 뒤 전공을 바꿔 동국대학교 철학과에 들어갔다. 순천 송광사 출신인 김잉석 교수의 지눌 강의는 깊이가 있었고, 임석진 스님의 금강경 강의는 두고두고 잊히지 않는 대목들이 많았다. 동국대학교에서 석사학위를 받은 다음, 구직논문으로 근 300매나 되는 「지눌연구」라는 논문을 학교에 제출했다. 그 결과 동국대학교의 시간강사가 되었다. 그리고 새로 생긴 대학선원의 간사로 임명되었다. 그때는 대학선원과 동국역경원이 가까이에 있었다. 그래서 당시의 역경원장이었던 운허스님에게 본격적인 지눌 강의를 들었다. 나는 그때 지눌의 돈오점수頓悟漸修 사상에 푹 빠지게 되었다. 퇴경 권상로 선생과 포광 김영수 선생의 지도도 이때에 받았다. 모두가 참선을 하는 선사는 아니었지만 박학다식으로 소문난 일류 강사들이었다. 그러나 박종홍 교수에서 시작하여 김영수 박사에 이르기까지 십수 년이 넘는 오랜 기간 동안 익혀 온 돈오점수적인 수련이 커다란 변을 만났다. 그것은 1965년 문경 김룡사에서 성철스님의 돈오돈수頓悟頓修사상과 충돌한 것이었다.

지눌의 돈오점수설과 성철의 돈오돈수설의 충돌은 그렇게 길지 않았다. 이들 두 수행론의 충돌은 처음에 지적인 성격을 넘지 못했기 때문에 큰 충돌이 아닌 것처럼 보였다. 그러나 지적 성격을 벗어나 체험의 문제로 넘어가자 두 수행론은 공존을 불허했다. 1960년대 중엽의 일이었다. 뚝섬 봉은사에 세워진 대학생수도원의 지도교수를 맡으면서 일은 벌어졌다. 수도원생들과 합숙을 하면서「보현행원품」을 조석으로 외웠다. 그리고 보현행자의 길을 걷겠다고 다짐했다. 그러나 이러한 서원은 일 년을 넘기지 못하고 커다란 암초에 부닥쳤다. 낮에는 학교 가서 학교공부를 하고, 밤에는 절로 돌아와 절집 수도생활을 병행하는 공부란 쉽지 않았다. 무엇보다도 체력이 달렸다. 하루에 두 직장을 뛰는 것 같은 생활을 감당할 수 없었다. 몸에 힘이 떨어지니 매사에 짜증이 나고 결국은 학교공부도 잘 안되고 절에서의 수도생활도 만족스럽지 못했다. 대학생수도원 생활에 대한 회의가 고개를 들기 시작했다. 그러다가 여름방학이 되었다. 우리들은 구도행각을 떠나기로 했다. 전국의 큰스님들을 찾아가 가르침을 받기로 했다. 구도행각의 마지막 종착지가 문경 김룡사이었다. 그때 성철스님은 김룡사의 방장스님이었다.

김룡사에 도착하자마자 우리들은 성철스님께 가르침을 청했다. 그러나 성철스님은 우리들의 청을 들어주시지 않았다. 먼저 수험료를 내라는 것이었다. 우리들은 놀랐다. 절에서 수업료를 받다니, 우리들은 어쩔 줄 몰랐다. 큰스님은 껄껄 웃으시면서 말씀하셨다. "절집의 수험료는 너희들 속가의 수험료하고는 다르다." 절집의 수험료란 가르침을 청한 사람이 먼저 '믿음'을 보여야 한다는 것이다. 그것은 대웅전 부처님께 삼천배를 올리는 것이었다. 우리들은 선뜻 삼천배를 하겠다고 나설 수 없었다. 그 무더운 여름날, 구도행각 한답시고 제대로 먹지도 못하고 제대로 자지도 못하고 제대로 쉬지도 못하고, 그러기를 몇 달을 계속해 왔던 참이라 우리들은 지칠 대로 지쳐 있었다. 그래서 우리들은 큰스님께 그동안의 사정을 말씀드리고 다음 기회에 꼭 하겠다고 약속드렸다. 그러나 큰스님은 고함을 치셨다. "당장에 나가거라. 너희들은 여기서 물 한 모금 얻어먹을 자격도 없는 놈들이다. 구도행각을 한다면서 피곤해서 부처님께 절을 못하겠다니 그게 말이 되는 소리냐?" 그러면서 큰스님은 당신이 겪은 지나간 이야기를 하나 들려주셨다. 몇 년 전에 경상도에 사는 어느 비구니가 폐병 말기로 거의 죽게 된 상태에서 김룡사로 성철스님을 찾아왔다. 죽기 전에 성철스님의 법문을 한번 듣고 싶다는 것이었다. 버스 종점에서 큰절까지 건강한 사람은 10분도 안 걸리는 거리를 한 걸음 걷고 한동안 쉬고 또 한 걸음 걷고 또 쉬고, 마침내 하루가 걸려 성철스님 방에 도착했다. 비구니는 그처럼 쇠약해 있었다. 성철스님은 그 비구니에게 먼저 삼천배를 하라고 했다. 비구니는 할 수만 있으면 왜 안 하겠느냐고 반문하면서 그건 불가능한 일이라고 거절하였다. 성철스님은 그때도 역시 고함을 치셨다. "아니, 내가 할 수 없는 일을 시키고 있단 말이냐?"고 야단치셨다. 결국 그 비구니는 삼천배를 시작했다. 건강한 사람은 7, 8시간밖에 안 걸리는 삼천배를 그 비구니는 여러 날이 걸려 끝마쳤다. 삼천배를 끝마친 그 비구니는 생기가 돌았다. 환희심이 난 그는 삼천배를 또 했다. 하고 또 하고,

이러기를 몇 달 동안 계속했다. 마침내 폐병이 나았다. 지금은 건강하게 잘 살고 있다. 그 말씀을 듣고 난 우리들은 마침내 삼천배를 시작했다. 그리고 8시간 만에 끝마쳤다. 우리들은 변했다. 무엇보다도 조용해졌다. 그렇게도 말이 많고 밤낮 시비만 일삼던 학생들이 갑자기 조용해진 것이다. 그것은 커다란 변화이었다.

우리들이 삼천배를 끝낸 다음, 큰스님은 우리들의 이야기를 다 들어주셨다. 그리고 다음과 같은 진단을 내려주셨다. 너희들은 보현행자가 되겠다면서 "관심이 용用(몸짓)에 쏠려 있었구나!" 이 한 방에 나의 몸짓 수행은 막을 내렸다. 그 뒤로 두고두고 생각해 봐도 큰스님의 이 말씀은 명진단이었다. 큰스님의 이 말씀은 오랫동안 용用(몸짓)에 쏠려 있었던 나의 관심을 체體(몸)로 돌려놓았다.

'몸 참선'이란 결국 '몸 수행'을 의미했다. 이는 한마디로 이제까지의 자기를 '버리는 것'이었다. 여기서 '버림'이란 '죽음'을 의미한다. 이제까지의 자기가 죽어야 한다는 것이다. 그래야 산다는 것이다. 버림과 죽음과 삶은 떨어져 있는 딴 것들이 아니었다. 한 덩어리로 뭉쳐져 있었다. 그러므로 정말 버릴 때 그것은 죽는 것이고 정말 죽을 때 그것은 산 것이란 말이다.

5. 왜 '체용'을 '몸/몸짓'으로 바꿨는가?

왜 돈오돈수설이 그렇게 오랫동안 오리무중의 안개 속에 처 박혀 있었을까? 동양사상에 대한 잘못된 생각 때문이다. 동양문화에서 종교성이 실종된 것은 커다란 비극이었다. 2007년 3월, 나는 한국에서 책을 한 권 냈다. 민음사에서 나온 『몸과 몸짓의 논리』라는 책이다. 이 책이 나오기 전에 나는 오랫동안 체용體用이란 한자漢字에 얽매어 있었다. 체용의 논리를 떠나서는 동양사상을 이야기할 수 없었다. 유교, 불교, 도교 사상만이 아니고 동양의 그림도 조각도 건축도 모두 체용을 떠나서는 그 깊이를 이해할 수 없었다. 동양의 문화뿐만이 아니다. 가족, 친구, 이웃 등등의 인간관계도 체용을 떠나서는 이해할 수 없었다. 체용을 떠나서는 천지만물 일체를 이해할 수 없었다.

1977년 가을부터 나는 뉴욕주립대학교 스토니브룩대학에서 불교를 가르치기 시작했다. 그때 내가 주장했던 불교 교육은 불교의 체용사상에 근거하고 있었다. 그런데 동료 교수나 학생들의 반응이 의외로 담담했다. 괴로운 일이었다. 오랜 고민 끝에 마음에 짚이는 진단이 하나 나왔다. 그것은 체용을 말하는 사람들이 모두 오리무중이라는 사실이었다. 글을 쓰고 책을 내는 그런 세계에서만이 아니라 말하고 생각하고 행동하는 세계에서도 마찬가지였다. 나의 진단은 중단되지 않고 계속되었다. 결론이 나왔다. 동양에서 체용이란 말이 등장한 이래 너나없이 오랫동안 모두 횡설수설 오리무중의 경지를 벗어나지 못했다는 사실이다. 그래서 나는 체용이란 말을 쓰지 않고 '몸과 몸짓'이라는 우리말로 그 사상을 설명하기 시작했다. 그 결과는 너무나도 놀라웠다. 하도 답답해서 한번 해 본 일일 뿐이었는데 그 결과는 천양지판으로 뚜렷하게 달랐다. 말의 중요성을 통절하게 실감했다. 학자의 머릿속에서 '체용體用'이란 한자어漢字語가 일을 하면 체용은 이 한자어가 일하는 한자문헌漢字文獻 속을 헤매고 돌아다니지만, 이를 한국말의 '몸과 몸짓'으로 바꾸니까 학생들의 머리는 한자문헌의 세계를 떠나 우리들의 일상생활로 그 무대를 바꾸더라는 사실이다. 학생들의 머리가 일하는 무대가 바뀌니까 학기가 시작되어 한 달이 채 못되어 학생들은 몸과 몸짓의 논리를 자기들의 일상생활에 적용하기 시작했다. 그리고 수업시간에 토론을 할 때도 몸과 몸짓의 논리를 야무지게 구사하는 것이었다. 정말 기적이었다. 요즈음 많은 동양학자들은 체용의 논리는 논리가 아니라고 말한다. 심한 경우 "체용의 논리는 공부하면 할수록 혼란밖에 없다"고 말하는 사람도 있다. 한심스러운 현상이다.

학생들이 체용이란 말 대신에 몸/몸짓이란 말을 쓰기 시작한지 얼마 안 되던 어느 날 한 학생의 가족이 나를 찾아왔다. 그리고 몸과 몸짓의 논리를 가지고 이야기하기 시작했다. "우리 아이는 몸과 몸짓의 논리는 잘 구사하는데도 몸짓문화에 사로잡혀 몸문화로 돌아갈 줄을 모른다"고 털어놓았다. 나는 정말 놀랐다. 그래서 물었다. 어디서 몸과 몸짓의 논리를 공부하셨느냐고. 대답이 놀라웠다. "우리 아이가 입만 열면 몸과 몸짓의 논리를 들고 나와서 우리도 귀동냥으로 배웠다"는 것이다.

'체용논리'와 '몸과 몸짓의 논리'가 어떻게 다른가? 우선 둘은 똑같은 것이란 말을 분명히 해야겠다. 양자 간엔 다를 것이 하나도 없는데 다만 하나는 한자이고, 하나는 우리말이라는 차이가 있을 뿐이다. 그러나 그 차이는 무서울 정도로 컸다. 하나는 고전 속에 갇혀 있는 말이고 하나는 우리의 일상생활에서 일하는 말이다. 체용을 몸/몸짓으로 바꾼 것은 사람을 관념적 문자의 세계에서 일상적 실지 현실생활로 돌아오게 만드는 역할을 한 것이었다.

지금부터 몸과 몸짓의 논리가 일하는 현장으로 들어가 보자. 몸과 몸짓의 논리가 수행해야 할 일은 지극히 간단하다. 그것은 다름 아닌 종교적 차원을 드러내는 것이다. 몸짓의 차원은 누구나 알고 누구나 경험하는 가장 일상적인 것인 데 비하여 몸의 차원은 누구나 놓치기 쉬운 종교적인 차원이다. 일상적인 몸짓의 차원에 얽매어 종교적인 몸의 차원을 놓치면 안 된다는 것이 몸과 몸짓의 논리가 수행하려는 사명이다. 몸짓세계의 그 어떤 것이든 하나도 예외 없이 모두가 종교적인 몸의 차원과 연결되어 있고, 모든 몸짓은 하나도 빠짐없이 몸의 일함이다. 몸을 알면, 모든 몸짓이 몸의 일함임을 단박에 알아차릴 수 있다. 그런데 사람들은 몸을 모르니, 몸짓만 보고 몸을 못 본다. 그래서 삼라만상을 그 가짓수만큼 낱낱이 구별한다. 이것이 큰 문제다.

동양사상을 잘 들여다보면 천지에 가득 차 있는 것이 종교성이다. 그러나 서양문화가 수입되면서 언어에 혼란이 생겼다. 그 혼란은 서양사상에 입각하여 서양의 논리로 동양사상을 난도질한 데서 시작되었다. 그래서 종교도 그런 식으로 정리했다. 서양 종교와 다른 종교는 모두 종교가 아닌 것으로 정리됐다. 그 가운데 대표적인 것이 유교에 대한 오해다. 인간관계를 무엇보다 더 중요시했던 유교는 한낱 윤리로 전락되고 말았다. 유교를 좋아하는 사람도 유교는 종교가 아니라고 강변하는 세상이 되고 말았다. 그 결과, 유교에 스며 있는 종교성은 모두 왜곡될 대로 왜곡되고 말았다. 그 대표적인 것이 유교의 예禮에 대한 왜곡이다.

종교라고 말하면 특별한 것이나 되는 것처럼 야단치고 거드름을 부리는 것이 서구적 전통이다. 창조주 유일신을 말하지 않으면 종교가 아니라든가, 죽음을 말하고 사후세계를 이야기하지 않으면 종교가 아니라고 생각하는 전통에서 종교를 이야기하는 것과 몸과 몸짓의 논리로 종교를 말하는 것과는 그 분위기가 판이하게 다르다. 그래서 전자에 속하는 사람들은 체용의 논리나 몸과 몸짓의 논리를 구사하는 사람들을 종교인으로 보려하지 않았다. 그러나 이것은 큰 오해가 아닐 수 없다. 이러한 오해는 비단 서양의 종교인들이 동양의 종교인들을 대할 때에만 일어나는 것은 아니었다. 이러한 오해는 같은 동양인들 사이에서도 태연히 일어났다. 동양의 종교적인 세계에 본격적으로 들어가서 종교적인 냄새를 강하게 풍기는 사람들과 종교적인 냄새를 풍기지 않는 사람들 사이에서 이러한 오해는 빈번하게 일어났다. 예를 들면, 불교인들이 유교인들을 대할 때도 이러한 오해가 뚜렷이 드러났다. 더 큰 문제는 남이 나를 볼 때에 어떻게 보느냐에 있지 않고 내가 나를 어떻게 정리하고 있느냐에 있다. 많은 유교인들에게서 빈번하게 일어나는 일은 자기들이 종교인이 아니라고 생각한다는 것이다. 이런 이유 때문에 유교에서 일하는 몸과 몸짓의 논리가 빛을 잃고 오리무중을 헤매게 된다. 적은 밖에 있지 않고 안에 있다는 말이 옳은 말이다. 몸과 몸짓의 논리가 이러한 동양인들의 오랜 오류를 극복하도록 도와주고 있다. 그러면 이런 사실들을 좀 더 구체적으로 이야기해 보자.

　'몸/몸짓의 논리'를 설명하기 위해서 사람들은 곧잘 『맹자』에 나오는 어리석은 농부 이야기를 인용한다. 이 이야기의 핵심은 유교 교육에서 항상 문제 삼는 보다 중요한 근본根本(root)과 덜 중요한 지말枝末(branches)을 똑바로 구별해 볼 줄 알아야 한다는 데에 있다. 어느 여름날, 한 농부가 자기의 논에 나가 보고는 대단히 화가 났다. 남들의 벼가 자기의 벼보다 더 키가 컸기 때문이다. 그 농부는 자기의 논에 뛰어 들어가 자기의 벼가 남들의 벼보다 더 키가 크도록 자기 벼를 모두 뽑아 올렸다. 집에 돌아와 자기가 한 일을 부인에게 이야기했다. 그 말을 들은 부인이 논에 나가 보았더니 자기들의 벼는 이미 고개를 수그리고 시들어 가고 있었다. 뿌리가 뽑혔으니 벼는 시들 수밖에 없었다. 벼농사를 지을 때 눈에 보이는 가지나 잎도 중요하지만 더 중요한 것은 눈에 보이지 않는 뿌리다. 그래서 농부들은 눈에 보이지 않는 뿌리가 튼튼해지게 뿌리에 물을 주고, 비료를 주고, 잡초를 뽑아 준다. 그 결과 눈에 보이는 가지, 잎, 꽃, 열매 등이 풍성하게 자란다. 농사의 비법은 여기에 있다. 그러나 어리석은 농부는 그걸 몰랐다. 농사의 비법을 모르면 농사를 망칠 수밖에 없다. 한자문화권 철학자들은 눈에 보이지 않는 근본을 체體(몸)라 부르고 눈에 보이는 지말을 용用(몸짓)이라 부르면서 서로 떨어질 수 없는 양자의 관계에 주목하도록 가르쳤다.

　유교 교육은 체용논리를 떠날 수 없었다. 학생들로 하여금 눈에 보이는 지말과 눈에 보이지 않는 근본을 알아보게 하는 훈련에서 가장 중요한 것은 눈에 보이지 않는 근본을 발견하는 것이다. 나아가서 이렇게 눈에 잘 보이지 않는 근본과 눈에 보이는 지말의 관계를 바로 아는 것이다. 좀 더 구체적으로 파고 들어가면, 아이를 교육시킬 때 아이의 근본은 부모다. 부모 없는 아이도 없다. 여기서 아이는 지말이고 가족은 근본이라는 말이 나온다. 조부모, 부모, 형제자매로 이루어진 가족 전체가 잘 되어야 아이가 잘 된다는 것이다. 이러한 사고방식을 더 밀고 나가면 마지막엔 사회전체가 잘되고 천하가 잘되어야 우리도 잘된다는 결론에 도달한다. 학생들로 하여금 지말과 근본을 똑바로 가려볼 줄 알도록 가르치는 유교교육은 이기적, 공리주의적 차원에 머무르지 않고, 윤리적, 철학적, 종교적 차원으로 자꾸 올라간다. 여기서 천天, 성性, 도道, 태극太極, 무극無極의 세계까지 문제 삼게 되었다. 기독교의 경우는 예수님과 하나님의 세계요, 불교의 경우는 부처님과 불법의 세계가 중요한 문제로 다가오게 되었다.

6. 불립문자

우리는 문자의 세계에 살고 있다. 그렇다면 무문자의 세계란 어떤 것일까? 성철스님은 때와 장소를 가리지 않고 '문자문화文字文化'를 때려 부수는 일을 서슴지 않는다. 신문기자들과 인터뷰를 할 때도 "나는 거짓말쟁이야, 내 말 믿지 마라"는 말을 입버릇처럼 내뱉듯 항상 하신다. 저술마다, 심지어 「임종게」에서까지도 그렇다. 선종의 구조가 불립문자라는 말을 모르는 사람이 없지만 성철스님의 문자 때림은 그 저의가 뭘까?

불립문자不立文字란 말을 빼 버리면 성철사상에서 무엇이 남을까? 아니, 불립문자를 떠나서 선종禪宗이 설 자리가 있을까? 선종이든 성철사상이든 모두가 다 불법이니 부처님을 떠나서는 있을 수 없다. 그러므로 우리는 맨 먼저 부처님의 경우 불립문자사상이 어떻게 나타나 있는가를 살펴보자.

첫째, 카필라국의 왕자로 태어난 부처님은 아버지 정반왕의 교육이념에 따라 문자 교육을 철저하게 받았다. 베다 성전을 비롯하여 인도의 모든 경전 교육을 빠짐없이 다 받았다. 그러나 부처님은 거기에 만족할 수 없었다. 그래서 한밤중에 아버지 몰래 성을 뛰어넘어 집을 떠났다. 유성출가踰城出家다. 우리는 여기서 싯다르타 왕자의 문자문화에 대한 반발을 읽을 수 있다.

둘째, 집을 떠난 부처님은 오랜 수행 끝에 커다란 깨침을 얻었다. 그러나 부처님은 이를 말로 표현하려 하지 않았다. 설법거부說法拒否다. 함께 출가한 카차야나(가전연) 등 소위 5비구에게도 당신의 깨침 체험을 이야기 하려 하지 않았다. 이러한 부처님의 모습을 보고 하늘에서 천사가 내려와 제자의 예를 갖추고 설법을 청했지만 부처님은 여전히 설법을 거절했다. 그럼에도 불구하고 천사가 세 번을 거듭 간청했기 때문에 마침내 부처님 은 입을 열었다고 한다. 불경은 이러한 맥락에서 이루어졌다. 부처님은 왜 설법을 거부했을까? 여기서도 우리는 부처님의 문자문화에 대한 반발 을 읽을 수 있다.

셋째, 부처님은 녹야원에서 5비구에게 최초의 설법을 한 다음, 49년 동안 계속 설법하다가 발제하에서 임종할 때 또 독특한 발언을 했다. 당 신은 한평생 단 한 번도 하고 싶은 말을 해 본 적이 없다고 말씀하신 것이 다. 그의 「임종게」는 다음과 같다.

시종녹야원始從鹿野苑
종지발제하終至跋提河
어중사구년於中四九年
증무일언설曾無一言說

이는 무엇을 뜻하는가? 문자문화에 대한 반발이 아니고 뭔가? 부처님 의 설법은 달 가리키는 손가락이었다. 그렇다면 여기에서 달은 뭔가? 무 문자문화다.

동양의 한자문화권에서 무문자문화를 이야기한 책으로는 노자의 『도 덕경』을 꼽는다. 『도덕경』 제1장을 한번 읽어 보자.

도가도 비상도道可道 非常道
명가명 비상명名可名 非常名

무명 천지지시無名 天地之始

유명 만물지모有名 萬物之母

고상무욕 이관기묘故常無欲 以觀其妙

상유욕 이관기요常有欲 以觀其徼

차양자동此兩者同

출이이명出而異名

동위지현同謂之玄

현지우현玄之又玄

중묘지문衆妙之門

다음은 1972년 Random House에서 출판한 Gia-fu Feng과 Jane English의 『도덕경』 영역英譯이다. 이 영역이 나의『도덕경』이해와 비교적 가까워서 여기에 인용한다.

The Tao that can be told is not the eternal Tao.

The name that can be named is not the eternal name.

The nameless is the beginning of heaven and earth.

The named is the mother of ten thousand things.

Ever desireless, one can see the mystery.

Ever desiring, one can see the manifestations.

These two spring from the same source but differ in name;

this appears as darkness.

Darkness within darkness.

The gate to all mystery.

다음은 나의 번역이다.

언어로 된 도는 진짜 도가 아니고,

문자로 된 이름은 진짜 이름이 아니다.

문자가 없을 때 하늘과 땅은 창조되었고,

문자의 등장으로 만물이 생겨났다.

그러므로 항상 욕심에서 벗어나면 천지의 오묘함을 볼 수 있고,

항상 욕심에 사로잡히면 만물의 겉만 보게 된다.

그러나 이들 둘은 원래 같은 것이지만,

겉으로 나타날 때 이름이 달라진다.

원래 같은 대목을 현 즉 알 수 없는 것이라 하고,

현하고 또 현하면, 모든 오묘함이 여기서 나온다.

　노자『도덕경』제1장은 모두 11행 59자로 되어 있다. 대화상의 편의를 위해서 11행을 먼저 다섯 단으로 나누어 보았다.

〈첫째 단〉 총론

(1) 道可道 非常道

(2) 名可名 非常名

〈둘째 단〉 문자문화의 한계

(3) 無名 天地之始

(4) 有名 萬物之母

〈셋째 단〉 사람들의 정신상태

(5) 故常無欲 以觀其妙

(6) 常有欲 以觀其徼

〈넷째 단〉 실지 세계와 언어문자의 세계

(7) 此兩者同

(8) 出而異名

〈다섯째 단〉 현과 묘

(9) 同謂之玄

(10) 玄之又玄

(11) 衆妙之門

『도덕경』 제1장에 담겨져 있는 메시지는 뭘까? 문자문화와 무문자문화가 어떻게 다른가를 밝히고 있는 것 같다. 그리고 공부하는 사람의 마음자리나 공부하는 태도에 따라 별별 현상이 다 일어남을 말하고 있다. 그러면 하나하나 따져 보자.

〈첫째 단〉 총론. 언어문화와 문자문화를 총괄적으로 말하고 있다.

첫째 줄: 사람들이 사용하고 있는 언어言語의 한계를 드러내고 있다.

둘째 줄: 사람들이 사용하고 있는 문자文字의 한계를 드러내고 있다.

　*** 해설: 첫째 줄은 인간의 언어를 문제 삼고 있으며, 둘째 줄은 인간의 문자를 문제 삼고 있다. 인간사회에 언어와 문자가 등장하면서 커다란 이변이 생기고 있다는 경종을 울리는 것 같다. 그러므로 우리는 언어와 문자가 하는 일들을 똑바로 볼 줄 알아야 한다. 총론의 핵심은 인간의 언어와 문자가 인간이 해야 할 일들을 제대로 못하게 방해하고 있다는 것을 경고하고 있는 것 같다. 이 책의 저자가 살았을 때 사람들의 최대 관심사는 도道(TAO; 길; WAY)이었던 것 같다. 그런데 불행히도 사람들은 언어와 문자의 등장으로 오히려 길을 잃고 있다. 언어와 문자 때문에 오히려 사람들은 도道와

503

점점 멀어져 가고 있다는 것이다. 이러한 걱정과 두려움이 첫째 줄, "道可道 非常道"라는 문장 속에 나타나 있다. 한마디로 말해서 우리들의 언어를 통해서 드러나고 있는 도道는 우리들이 정말 필요로 하고 우리들이 찾고 있는 진짜 도道가 아니라는 것이다. 이러한 메시지는 둘째 줄, "名可名 非常名"이라는 문장 속에서도 '문자문화 때려 부수기'라는 모습으로 나타나 있다. 사람들이 언어와 문자를 교묘하게 잘 구사할 줄 알면서부터 그들은 진정으로 찾고 있는 것으로부터 점점 더 멀리멀리 떨어져 살게 되었다는 것이다. 여기에서 첫째 줄의 상도常道를 영어로 'eternal TAO'라고 번역하고 둘째 줄의 상명常名을 'eternal name'이라고 번역한 데 대해서 한마디 쓴소리를 하지 않을 수 없다. 여기서 말하는 도道는 언어를 가리키고 명名은 문자를 가리킨다. 그 이유는 인간사회의 언어문화 자체와 문자문화 자체가 지니고 있는 문제점을 밝히기 위해서다. 다 좋은데 영원하고 절대적인 것을 드러낼 때만 문제가 있다는 말이 아니다. 여기서 말하는 상도와 상명을 영어번역자들은 가지가지로 표현하지만 문제점은 다 똑같다. 예를 들면 'absolute TAO' 또는 'absolute name'이나, 아니면 'true TAO' 또는 'true name'이라고 번역할 때나, 'real TAO' 또는 'real name' 등등으로 번역할 때도 풀어야 할 문제는 마찬가지다. 그러므로 여기서 중요한 것은 『도덕경』을 쓴 사람이 독자에게 무엇을 말하고 싶어하는가를 제대로 알아듣는 일이다. 그것은 사람들이 언어와 문자를 사용하기 시작하면서 인간사회는 더 커다란 비극으로 치닫고 있다는 것이다.

〈둘째 단〉 문자문화의 한계. 잠깐 언어문화를 제쳐 놓고 문자문화만 따지고 있는 것처럼 보이지만 사실은 둘 다 함께 따지고 있는 것 같다.

셋째 줄: 무문자문화는 천지의 일함을 드러내고 있는데,

넷째 줄: 문자문화는 현상계에 있는 만물의 겉모습만 드러내고 있다.

   *** 해설: '무명無名' 즉 '문자를 떠난 세계'는 천지를 있는 그대로 드러내는 데 반하여 '유명有名' 즉 '문자를 사용하는 세계'는 현상세계의 모든 것을 만들어 낸다. 이 말은 무문자문화와 문자문화가 하는 일이 서로 다르다는 것을 밝히는 것이다. 다시 말하면 전자는 천지라는 본체를 문제 삼고 있는 데 반하여 후자는 만물이라는 현상을 따지고 있는 것이다.

〈셋째 단〉 사람들의 정신상태. 사람들의 마음자리 즉 욕심이 있고 없음의 차이를 따지고 있다.

다섯째 줄: 욕심을 떠나면 모든 것이 있는 그대로 다 보인다.

여섯째 줄: 욕심을 버리지 못하면 겉(徼)만 보인다.

   *** 해설: 둘째 단의 무명이 셋째 단에서는 무욕無欲으로 발전했다. 사람의 마음자리가 문제된다는 말이다.

〈넷째 단〉 실지 세계와 언어문자의 세계

일곱째 줄: 둘은 하나인데,

여덟째 줄: 나타나면서 다른 이름이 됐다.

   *** 해설: 양자를 철저히 구별해 놓은 다음, 그럼에도 불구하고 양자는 원래 별개의 딴 것들이 아니라고 말하고 있다. 불교에서 유와 무를 철저히 따지다가 마지막에 가서 유와 무는 둘이 아니라고 돌아서는 중도中道의 이야기처럼 들린다.

〈다섯째 단〉 현과 묘

아홉째 줄: 다른 것을 같다고 말할 때 현玄이라 하고,

열째 줄: 현을 또 현하면

열한 번째 줄: 거기서 모든 묘한 것들(衆妙)이 다 나온다.

*** 해설: 이왕 중도에 들어섰으면 철두철미 중도로 밀고 나가자는 태도처럼 보인다. 현玄(모르겠다)과 묘妙(신비롭다)의 세계는 언어와 문자의 장난에 놀아나지 않고 사랑과 생명의 신비를 만끽하자는 말인 것 같다.

부처님은 처음 깨친 다음 입 열기를 거부했고, 49년간의 긴 설법여행을 마친 다음 발제하에서 열반할 때도 그는 그동안 하고 싶었던 말을 한마디도 못했다고 한탄했다. 우리는 선종의 불립문자 구호가 별개의 딴 것이 아니란 사실을 알아야 한다.

7. 왜 종교성이 사라지는가?

종교성이란 사라질 수 없는 것이다. 천지에 가득 찬 종교성을 못 알아보는 데에 문제가 있다. 잘 안 보이지만 속에는 종교성이 넘쳐흐르고 있음에도 불구하고 겉으로는 그 종교성이 사라지거나 희박해지는 경우가 있다. 동양의 유교가 그 대표적인 예라고 말할 수 있을 것이다. 오늘날 많은 학자들이 유교를 종교가 아니라고 말한다. 그 까닭을 따져 보지 않을 수 없다.

첫째, 20세기 초에 일본서 나온 동양사상사전이 문제였다. 이 사전은 동양을 모르는 서양 사람들을 돕기 위해 만든 사전이 아니고 동양을 서양식으로 이해하기 위해 만든 사전이었다. 이 사전은 동양적인 낱말들을 모두 서양식으로 소개하였다. 동양의 종교, 철학, 윤리 등을 소개하면서 동양 고유의 것을 알리지 않고 서양 사람들의 잣대에 두들겨 맞추어 난도질하는 짓들을 자행했다. 일례를 들면, "공자가 신神에 대한 질문"을 받고 "사람도 모르면서 무슨 신神이냐"고 답변을 피했으며, 죽음에 대해서도 "삶도 모르면서 무슨 죽음이냐"고 답변한 것을 들어 공자사상엔 종교적 차원이 없는 것이라고 주장했다. 무슨 가르침이던 종교적이려면 신神을 이야기하고 죽음(死)을 이야기해야 한다는 서구적 종교 정의에 집착해 있는 것이다. 그래서 유교는 종교가 아니고 윤리라는 말이 나왔다. 20세기 초에 일본인들이 만든 종교사전은 서구에서 썼던 서구적 종교사전을 그대로 베낀 것이었다. 학생들이나 선생들이 모두 이렇게 한심스러운 종교사전을 사용했고, 그때 그들이 읽어야 할 책들도 모두 이런 식의 책들이었으니 서양인의 동양 오해는 그대로 동양인의 동양 오해로 이어졌고, 이런 식의 동양 파괴는 전 동양으로 퍼져나갔으며, 그 피해는 21세기의 오늘날까지도 여전하다. 오늘날 누군가가 유교는 종교라고 외치면 옳다고 따라올 사람들이 몇이나 될지 모르겠다.

둘째, 공자의 가르침엔 항상 두 가지 차원이 동시에 있다. 하나는 사회적 차원이고 다른 하나는 종교적 차원이다. 사람들은 유교에서 사회적 차원만을 보고 종교적 차원을 간과한다. 공자의 가르침 가운데서 사회적 차원의 가르침은 사람들이 곧잘 알아듣는다. 그러나 그 종교적 차원은 못 알아듣는다. 이러한 사람들의 한계 때문에 유교의 종교성은 지금 실종 위기에 처해 있다. 그 결과로 유교 오해는 널리 퍼져가고 있다. 사실, 공자의 사상 속에서 사회적 차원과 종교적 차원은 서로 떨어질 수 없도록 밀접하게 붙어 있다. 공자는 무엇보다도 인간을 중요시했다. 공자가 들여다보고 있는 인간은 막연한 인간이 아니고 지금 당장 바로 이 자리에서 살아 움직이는 사회적이면서도 현실적인 인간이다. 신도 죽음도 살아 있는 인간을 떠나 이야기하는 것을 공자는 싫어했다. 공자가 내뱉은 "부지생不知生 언지사焉知死"라는 말이나 "부지인不知人 언지신焉知神"이라는 말도 조심스럽게 들여다보면, 살아 있는 인간 속에서 신神도, 사死도 봐야 한다는 메시지가 들어 있다. 사람들은 신神과 인人을 둘로 나누지만 공자는 그걸 싫어했다. 사람들은 생生과 사死를 둘로 나누지만 공자는 그걸 싫어했다. 인人을 떠난 신神, 생生을 떠난 사死를 이야기하는 것은 옳지 않다는 말이다.

한마디로 공자사상은 종교적인 차원을 떠나서는 올바로 이해할 수 없도록 되어 있다. 공자사상의 이러한 특징은 여러 군데에서 나타난다.

『논어』제1장 첫 문장에서 공자는 말한다. "학이시습지學而時習之 불역열호不亦說乎."(배우고 때때로 익히면 기쁘지 아니한가) 여기서 공자가 말하는 기쁨이란 어떤 것일까? 공자가 말한 기쁨을 잘 알아야 한다. 공자가 말하는 기쁨은 두 가지로 나누어 말할 수 있다. 하나는 보통 사람들의 기쁨이다. 배워 가지고 때때로 익히면 기쁘지 아니한가 라고 말할 때의 기쁨은 보통 사람들의 기쁨이다. 그러나 공자의 기쁨은 그것만이 아니다. 보통 사람들의 기쁨을 넘어선, 한 차원 높은 기쁨이 거기에 숨어 있다. 이것은 공자의 안연顏淵 발견에서 뚜렷이 드러난다. 공자가 안연을 높이 평가한 이유를 알면 공자의 기쁨은 한 차원 높은 것이었다는 것을 알 수 있다. 공자의 눈에 띈 안연은 배운 다음 기회 있을 때마다 배운 것을 익히는 그런 보통 학생들보다 한층 더 높은 차원의 사람이었다. 안연의 그 대목이 공자의 눈에 띈 것이다. 나는 그것을 다음과 같이 표현하고 싶다. 배우면 배운 즉시 배운 진리와 하나 되는 사람, 진리와 하나 되어 배운 진리로 사는 사람, 그런 사람이 안연이었다. 안연의 경우, 학이學而와 습지習之는 동시다. 그러므로 글 가운데 끼어 있는 '시時'는 '시시'(때때로)가 아니고 '항시'(언제나)다. 안연의 배움은 공자로부터 '지식'을 배우는 데에 그치지 않고 몸으로 진리와 막 '부딪치는 배움'이다. 그러므로 학이學而는 진리와 하나 됨이요, 습지習之는 그 진리의 일함이다. 그런 사람이 공자의 눈에 비친 안연이었다. 안연의 발견은 공자의 일생 중 가장 위대한 발견이었다. 그런 안연이 서른에 요절했다. 공자는 슬펐다. 공자는 통곡했다. "하늘이 나를 망쳤다"(天喪予!)고 하늘을 원망했다. 옆에서 제자들이 성인도 우느냐고 물었을 때 공자는 "이럴 때 울지 않고 언제 울겠느냐"고 대꾸했다.

공자의 안연 발견은 공자의 종교적인 차원을 보여 주고 있다. 그러므로 『논어』의 첫 문장은 "(진리)배움은 (진리)일함이다. 이것이 나의 기쁨이다", 이렇게 읽어야 안연을 살리는 올바른 읽음이 된다. 만일 이것을 "배우고 때때로 익힌다면 기쁘지 않겠는가"로 읽으면 안연은 제대로 드러나지 않고 만다. 그러한 독법으로는 안연을 드러낼 수 없다. 그래서 나는 여기서 몸과 몸짓의 논리를 적용하여 '학이學而'는 '몸'이요, '습지習之'는 그 '몸짓'이라고 말하고 싶다. 몸과 몸짓의 관계는 불이不二(둘 아님; not-two)라고 밖엔 말할 수 없다. 학이學而를 몸으로 보고 습지習之를 그 몸짓으로 보아야 안연의 진가는 드러난다. 안연은 배우면 즉시 그 배움이 몸이 되어 그 몸짓으로 실천의 세계에 들어가는 사람이란 것이다.

『논어』「안연顔淵」편에서 공자가 말한 "극기복례克己復禮"나 "비례물시非禮勿視"라는 말도 똑같다. 몸과 몸짓은 떨어지지 않는다는 지혜의 눈으로 이 글을 읽어야 한다. 여기서 중요한 말은 예禮이다. 예禮의 종교적 차원을 보지 못하면 이 글을 헛읽는 것이다. 그래서 나는 공자의 가르침을 '몸짓 차원'에서만 보지 말고 '몸 차원'에서 보자고 외치는 것이다.

요즈음의 번역자들은 "극기복례克己復禮"를 "자신(이기심)을 이기고 예절(사회적 규범)로 돌아가는 것"이라고 번역한다. 이게 무슨 말인가? 요즈음의 서구적 학문 중심의 유교연구에서 제일 큰 문제는 유교를 도덕윤리의 차원에 가두어 놓는다는 것이다. 이기심을 극복하고 예절 즉 사회적 규범으로 돌아가는 것이라고 번역하는 것은 매우 윤리적인 해석이다. 그러나 이것이 정말 공자가 가르치고자 하는 "극기복례"일까? 위인爲仁 즉 인仁을 실천하는 극기복례를 윤리적인 해석 정도의 극기복례로 이해해도 되는 걸까? 문제는 여기에 있다. 그렇지 않다는 것이다. 왜? 바로 그다음에 따라오는 공자의 "일일극기복례一日克己復禮 천하귀인天下歸仁"이란 말씀에서 우리는 눈을 크게 떠야 한다. 어떤 사람이 단 하루라도 극기복례를 하면 천하가 어짊으로 돌아간다니 그게 무슨 말인가? 이것은 종교적 차원을 전제하지 않고서는 풀리지 않는 문제다. 우리들이 알고 있는 여러 가지 논리 가운데서 종교적 차원이 가장 잘 드러나는 몸/몸짓 논리로 풀면 길이 열린다. 극기는 몸짓 차원에서 벗어나란 말이고 복례는 몸 차원으로 돌아가란 말이다. 그것이 어짊 즉 인仁이다. 어짊은 몸의 세계다. 그것은 기독교의 경우 하나님의 세계다. 어느 누구라도 이렇게 살 때 천하가 어짊의 세상이 된다는 것이다. 유교의 예禮는 종교의 세계다. 예禮를 도덕윤리의 차원에 가두어 놓으면 유교는 엉망이 되고 만다. 학용논맹 사서 모두가 빛을 잃고 만다. 요즈음의 유서 번역자들은 이 대목을 놓치고 있는 것 같다.

'비례물시非禮勿視'의 영역英譯을 한번 살펴보자. 『논어』의 제12장 「안연顔淵」편에 나오는 "비례물시非禮勿視"(예가 아니면 보지 마라)라는 말의 참뜻을 알아내는 것이 중요하다. 이 대목의 영역들은 대개 "Do not look at what is contrary to propriety"로 되어 있다. '비례非禮'를 자기의 비례로 보지 않고 남들의 비례로 본 것 같다. 여기서 말하는 '비례'가 누구의 비례냐는 것을 밝혀내야 한다. '보는 사람 자신의 비례'냐 아니면 '보이는 남들의 비례'냐고 물을 때, 왜 오늘날의 영역들은 하나같이 이를 남들의 비례로 보았을까? 우리들은 이 문제를, 극기복례를 실천하려는 안연이나 중궁이 비극기복례한 상태에서 남들을 보고 있는 것으로, 이런 식으로 해석하면 안 된다는 뜻으로 받아들여야 한다. 다시 말하면 '비례물시'란 문장 속의 '비례'란 말은 바로 그 앞에 나온 '극기복례克己復禮'란 말을 받아서 '극기복례가 안 되면……'으로 보아야 한다는 말이다. 이것은 극기복례를 현실적인 일상생활에서 구체적으로 실천하려 할 때 필연적으로 생기는 절박한 문제라고 생각된다. 보고 듣고 말하고 행동하는 시청언동視聽言動의 생활현장에서 '극기복례'를 구체적으로 어떻게 할 것인지가 문제의 핵심인 것 같다. 한마디로 말해서 공부하는 사람은 매 순간 쉴 사이 없이 극기복례하라는 가르침이다. 이렇게 읽어야 문맥의 가닥이 잡힌다. 다시 말하면 극기복례 작업은 사람들을 보기 전에 이미 실천되고 있어야 한다는 말이다. 그래서 '비례물시'를 '비(극기복)례물시'로 읽고 이를 다음과 같이 해석해 보았다.

남들을 보는 자기 자신의 '극기복례' 작업이 제대로 되어 있지 않으면 보이는 것이 제대로 보이는 것이 아니다.

남들을 보는 것이 급한가? 아니면, 자기의 극기복례가 더 급한가? 대답은 후자가 더 급하다는 것이다.

문제가 되었던 『논어』의 원문은 다음과 같다. 원문의 오른쪽이 나의 번역이다.

顏淵 第十二   논어 제십이 안연편
顏淵問仁   안연이 어짊(仁)에 대해서 물었다.

子曰   공자가 말씀하셨다.
克己復禮爲仁   "자기를 이기고 예로 돌아가는 것이 어짊이다.
一日 克己復禮   하루라도 '극기복례'를 하면
天下 歸仁焉   천하가 어짊으로 돌아갈 것이다.
爲仁由己   어짊을 행하는 것은 자기로 말미암는 것이지,
而由人乎哉   어찌 남으로 말미암겠는가!"

顏淵曰   안연이 물었다.
請問其目   "좀 더 구체적으로 말씀해 주십시오."

子曰   공자가 말씀하셨다.
非禮勿視   "극기복례가 안 된 상태에서 남들을 보아서는 안 된다;
非禮勿聽   극기복례가 안 된 상태에서 들어서는 안 된다;
非禮勿言   극기복례가 안 된 상태에서 말해서는 안 된다;
非禮勿動   극기복례가 안 된 상태에서 행동해서는 안 된다."

顏淵曰   안연이 말하였다.
回雖不敏   "회가 비록 영민하지 못하지만,

請事斯語矣　　　　　　선생님의 이 말씀을 평생 실천하겠습니다.”

仲弓問仁　　　　　　　중궁이 어짊에 대해서 물었다.

子曰　　　　　　　　　공자가 말씀하셨다.
出門如見大賓　　　“문밖에 나가서는 마치 큰손님을 뵌 듯이 하고,
使民 如承大祭　　사람을 부릴 때는 마치 큰 제사를 모신 듯이 하며,
己所不欲　　　　　　　내가 바라지 않는 것은
勿施於人　　　　　　　남에게도 하지 말아야 한다.
在邦無怨　　　　(그리하면) 나라에 원망이 없을 것이며,
在家無怨　　　　　　집안에도 원망이 없을 것이다.”

仲弓曰　　　　　　　　중궁이 말하였다.
雍雖不敏　　　　　“옹이 비록 영민하지 못하지만,
請事斯語矣　　　　선생님의 이 말씀을 평생 실천하겠습니다.”

‘몸과 몸짓의 논리’로 이 대목을 풀어 보았다.

본다는 것은 몸짓이다. 극기복례를 하고 보는 것은 ‘예禮’의 몸짓이기 때문에 이것은 곧 ‘인仁’의 몸짓이다. 그러나 극기복례를 하지 않고 보는 것은 ‘비례非禮’의 몸짓이다. 안타깝게도 사람들은 곧잘 극기복례를 하지 않은 상태에서 보고 듣고 말하고 행동한다. 그래서는 안 된다는 것이 공자의 뜻이 아닌가 싶다. 공자는 여기서 그러한 비례非禮의 시청언동視聽言動에 제동을 걸고 있다. “잠깐만……” 하면서 제동을 거는 것이 사물론四勿論의 본지가 아니겠는가? 여기서 인仁은 몸이요 예禮는 그 몸짓이다. 따라서 비례는 몸의 몸짓이 아니라 몸짓(사라져야 할 무상한 時空上의 제약의 연장으로서)의 몸짓이다. 천하귀인天下歸仁은 내가 극기복례克己復禮한 다음에 비로소 나타나는 몸의 몸짓이다. 몸짓의 몸짓일랑 그만하고 몸의 몸짓을 하자는 것

512

이 공자의 뜻이 아닌가 짐작해 본다.

「안연顔淵」편 첫머리에 계속 나오는 '기己와 인人의 대비'(為仁由己而由人乎哉……己所不欲勿施於人……)는 몸과 몸짓의 논리를 행동으로 실천하려 할 때 필연적으로 대두되는 문제를 다룬 것이라고 생각한다. 그래서 비례非禮를 남의 비례로 읽지 말고 자기의 비례로 보아야 한다고 했다. 이런 맥락에서, 자기가 극기복례 안 된 상황에서 눈에 보이는 것, 귀에 들리는 것에 휩쓸리지 말고 또한 확신에 찬 언행도 삼가라는 뜻으로 읽어야 한다고 했다. 한문어법으로 보아도 '非…… 勿……' 구문은 부정의 부정을 통한 강한 긍정이 아닌가 생각한다. 예로 보고 예로 듣고 예로 말하고 예로 행동하라는 긍정이 전제되어야 비로소 부정도 그 사명을 제대로 할 수 있기 때문이다.

나는 이 대목을 다음과 같이 번역했다. "비례로 시청언동 마라", Don't see anything with the eyes which are contrary to propriety. 이 대목의 다른 영어 번역 몇 가지를 살펴보자. ① 논어 원문, ② 한글 번역, ③ James Legge의 영역, ④ W.T. Chan의 영역, ⑤ Arthur Waley의 영역, ⑥ D.C. Lau의 영역순으로 소개한다.

非禮勿視

예禮가 아니면 보지 말며;

Look not at what is contrary to propriety;

Do not look at what is contrary to propriety;

To look at nothing in defiance of ritual;

Do not look unless it is in accordance with the rites.

非禮勿聽

예禮가 아니면 듣지 말며;

Listen not to what is contrary to propriety;

Do not listen to what is contrary to propriety;

To listen to nothing in defiance of ritual;

Do not listen unless it is accordance with the rites.

非禮勿言

예禮가 아니면 말하지 말며;

Speak not what is contrary to propriety;

Do not speak what is contrary to propriety;

To speak of nothing in defiance of ritual;

Do not speak unless it is accordance with the rites.

非禮勿動

예禮가 아니면 행동하지 마라;

Make no movement which is contrary to propriety;

Do not make any movement which is contrary to propriety;

Never to stir hand or foot in defiance of ritual;

Do not move unless it is in accordance with the rites.

위의 인용문에서 첫 질문자는 안연顏淵이고, 다음 질문자는 중궁仲弓이다. 안연과 중궁은 인仁에 대한 스승의 가르침을 듣고 똑같이 '불민하지만 선생님의 가르침을 실천하면서 살겠다'고 맹서한다. 나는 학생들과 함께 『논어』를 읽을 때 이 대목에 학생들의 주의를 환기시킨다. 그래서 학생들에게 '회수불민回雖不敏 청사사어의請事斯語矣'와 '옹수불민雍雖不敏 청사사어의請事斯語矣'를 주문처럼 되뇌이게 하면서, 마치 우리도 '오등수불민吾等雖不敏 청사사어의請事斯語矣'라고 맹서하는 것처럼, 함께 도 닦기를 맹서하게 했다. 요즈음의 학문적인 교육풍토에서는 이러한 맹서가 웃기는 짓으로 보일지 모르지만 공자가 안연을 가르칠 때는 이 대목이 가장 중요한 대목이었을 것이라는 생각이 든다. 왜냐하면 이 대목이 안연 같은 제자와 여타의 다른 제자들이 갈라지는 대목이기 때문이다.

이왕 말이 나온 김에 한 가지만 더 짚고 넘어가자. "안연왈顏淵曰 회수불민回雖不敏 청사사어의請事斯語矣", "중궁왈仲弓曰 옹수불민雍雖不敏 청사사어의請事斯語矣"라는 문장에서 "사어斯語"가 구체적으로 무엇을 가리키는가? "사어" 즉 "이 말씀"이 무엇이냐는 것이다. "이 말씀"이란 물론 여기에 나오는 공자님의 '인仁에 대한 가르침'일 것이다. 여기서 '사어'라는 말은 섬길 사事의 목적어로 되어 있고 섬김의 주어는 안연과 중궁이다. '사어'는 인仁의 실천을 자기공부의 근본으로 삼겠다고 맹서한 안연과 중궁이 실지로 일상생활에서 실천해야 하고 실천할 수 있는 '사어'이어야 함을 잊지 말아야겠다. 그런데 여기서 어짊을 실천하겠다고 맹서해 놓고서, 예禮에 어긋난 남들의 행위를 안 보는 그 정도를 가지고 어짊을 실천하는 것으로 삼는다면 말이 되지 않는다.

그다음으로 문제 삼고 싶은 것은 공자의 인사상仁思想에서 인仁을 실천하는 사람 자신의 양심이 얼마나 중요한가에 대해서이다. 그것이 여기에서는 '기己와 인人의 관계'로 나타나 있다. 여기에 나오는 기己와 인人은 각각 '자기自己'와 '타인他人'으로 읽으면 된다. 이런 말들이 나오는 대목은 "위인유기이유인호재爲仁由己而由人乎哉……", "기소불욕물시어인己所不欲勿施於人……"이다. 여기서 우리들이 해야 할 공자 공부는 '기己공부'이지 '인人공부'가 아니다. 공자는 '인人'에 쏠리는 사람들의 관심을 '기己'로 돌리려고 무척 애쓰고 있다. 그래서 뒤에 나온 신유교시대의 성리학자들이 강조했던 위기지학爲己之學이란 말도 이러한 맥락에서 이해되어야 한다. 뿐만아니라, 요즈음 사람들이 '밖에 것'을 살피는 일에 너무 급급한 나머지 '안에 것'을 살피지 않는 것은 공자의 입장에서 보면 커다란 병폐라고 말하지 않을 수 없다. 인류가 어떻고 지구가 어떻고 역사가 어떻고 사회가 어떻고 법이 어떻고 제도가 어떻고 하면서 떠들어대는 사람들을 보면 우리는 그들에게 묻지 않을 수 없다. "그걸 무시하는 사람이 일찍이 있었더냐?"고. 인류, 지구, 역사, 사회, 법, 제도 등등은 아무도 무시할 수 없는 것들이다. 그렇지만 그 이전에 해야 할 일이 있다. 그것이 기己(자기 자신)이다. 인人(남)을 문제 삼기 전에 기己(자기 자신)가 더 큰 문제라는 말이다. 이것이 '밖'을 보기 전에 밖을 보는 '안'을 먼저 살피는 공자 공부라고 생각한다. 안을 보지 않고 밖에 것만을 문제 삼을 때 멍드는 것은 사람이다. 개혁이니 혁명이니 하는 것도 마찬가지다. 누가 개혁과 혁명을 마다하겠는가? 그것을 외치다가 사람이 망가지니 그게 문제란 말이다. 이것을 사람이 멍들고 사람이 망가지면 안 된다고 외치면서 개혁도 혁명도 하지 말자고 외치는 요즈음의 보수 꼴통들과 혼동해서도 안 될 것이다. 공자는 분명히 요즈음 사람들보다는 한 차원 더 높은 경지에서 제자들과 대화하고 있었던 것 같다. 그래서 나는 '비례물시非禮勿視'에 나오는 비례非禮를 '인人의 비례非禮'가 아니라 '기己의 비례非禮'로 보고 싶은 것이다.

여기서 우리들이 다루지 않을 수 없는 문제들을 열거하면 다음과 같다.

첫째, 극기克己가 뭐냐는 것이다. 나는 이것을 '몸짓문화를 극복하자'는 것으로 보고 싶다.

둘째, 극기克己와 복례復禮와 위인爲仁, 삼자 간의 시간적인 관계다. 삼자를 동시로 보고 이를 '종교적 차원' 즉 '몸의 차원'으로 보고 싶다.

셋째, 본문에 나오는 일일一日……과 천하天下……의 관계다. 이것 또한 '몸의 차원'으로 보아야 한다고 생각한다.

넷째, 시청언동視聽言動은 지금 바로 이 자리를 떠나 공부 길이 따로 있는 것이 아님을 밝힌 것이다.

다섯째, '비非…… 물勿……' 구문을 양 부정 구문으로 보고 본래의 의도는 강한 긍정에 있다고 생각한다.

여섯째, 안연과 중궁이 똑같이 불민不敏 운운한 것은 이 일이 일반 보통의 일이란 말이다.

일곱째, 대빈大賓과 대제大祭라는 비유는 하나같이 자기의 경건함, 성실함, 겸허함을 극치로 나타내려는 공자의 의도가 엿보이는 대목이다.

여덟째, 재방在邦(밖에서나) 재가在家(안에서나) 원怨이 없다니 이게 무슨 말일까? 몸짓세계에서 몸의 세계를 드러내려는 공자의 의도를 보여 주는 대목이다.

마지막으로, 나는 학생들에게 이 대목을 천천히 목청을 높여 만독萬讀하라고 권하고 싶다. 독서백편讀書百遍 기의자통其意自通이라는 우리의 속담이나 불교의 독경삼매讀經三昧 등등이 모두 우리를 한 차원 높이는 데에 그 목적이 있는 것 같다.

8. 공부는 어떻게 해야 하나?

우리를 키워 주신 부모님이나 우리를 가르치신 선생님들은 모두 입만 열면 "공부하라"고 야단치시지만 도대체 어떻게 하는 공부가 참다운 공부일까? 공부란 말의 뜻도 여러 가지다. 말은 똑같은 공부지만 사실은 전혀 다른 내용일 때가 많다. 아주 대조적인 공부의 두 가지 특징을 살펴보자. 하나는 지식으로 공부하는 공부요, 다른 하나는 체험으로 공부하는 공부다. 전자는 거의 모든 가정에서 그리고 거의 모든 학교에서 쓰는 방법이다. 먼저 글자를 가르치고 그런 다음 그런 글자로 쓰인 책들을 읽게 하고 그리고 책에서 가르쳐 준 대로 사는 것이다. 이것은 철저한 지식 위주의 교육이다. 여기서 글자와 책과 지식은 한 덩어리가 되어 사람을 만든다. 그러나 우리는 조심해야 된다. 이렇게 해서 만들어진 사람은 "어떤 사람"일까를 살펴야 한다. 전쟁터에서 군인들이 무기 하나만 믿고 싸우듯이 지식 교육의 현장에서는 지식이 유일한 무기 노릇을 한다. 지식이라는 무기로 무장해 나를 위해 남들과 싸워 이기는 것이 인생의 전부다. 나를 망치고 우리를 망치고 전 인류와 우주자연 모두를 망치는 이기주의만 더욱 강해질 수밖에 없다. 우리는 이기주의가 인간성을 말살하는 독약임을 알아야 한다.

그러나 다행히도 인간 세상엔 지식 위주가 아닌 공부도 있다. 그것은 지식이 아니라 체험으로 하는 공부다. 이 공부는 기독교에서 말하는 하나님의 '섭리'나 불교에서 말하는 '인연'으로 이루어지는 것 같다. 이러한 공부의 특징은 이제까지의 '나'가 깨지면서 이루어진다는 데에 있다. 여기서 나는 그동안 내가 체험했던 것을 이야기하고 싶다.

첫째는 8·15 해방이다. 1945년 8월 15일, 그때 나는 초등학교 6학년 학생이었다. 그날 온 동네 사람들이 모두 집 밖으로 뛰쳐나와 온 천지가 발칵 뒤집혀진 듯 고함을 치면서 일본 제국주의를 비판하고 태극기를 흔들면서 대한민국 만세를 불렀다. 청천벽력이었다. 나는 어리둥절했다. 생전 처음으로 이제까지의 '나'가 송두리째 무너지는 체험을 했다. 내가 태어난 1933년 9월 21일부터 13살이 된 1945년 8월 15일까지, 아무도 우리나라는 일본이 아니고 조선이라는 사실을 가르쳐 주지 않았다.

둘째는 6·25 전쟁이다. 북쪽에서 쳐들어온 인민군이 처음으로 소련의 스탈린이 누구이며 북쪽의 김일성이 누구인가를 가르쳐 주었다. 사회주의가 무엇이며 공산혁명이 어떤 것인가를 알게 되었다.

셋째는 대학 교육에 대한 실망이다. 여러 가지 이유로 의과대학에 들어갔다. 그러나 의과대학 교육이 그렇게 엉터리인 줄을 몰랐었다. 그것은 인간 교육이 아니었다. 그때 내가 받은 교육은 그렇다 치고 대학 밖의 사회는 어떠했는가? 한마디로 더 엉망이었다. 해방이 되어 조국을 되찾고 밝은 세상이 될 줄 알았는데 실지는 그 반대이었다. 일제강점기 친일파들은 모두 망할 줄 알았는데 해방이 된 다음에도 여전히 계속 잘살았다. 이러한 불합리한 사회에 대한 불만과 혐오가 갈수록 커져 갔다. 그래서 심한 사회불만증이 생겼다. 나의 이러한 사회불만증은 상기증이라는 일종의 신경질환을 가져왔다. 사회만 생각하면 열이 올라와 얼굴이 빨개지고 골치가 아픈 것이었다. 그때 송담스님을 만나 머리를 깎고 중이 되었다. 불교의 '불佛'이라는 글자가 무슨 뜻인지도 모르고 사회혁명을 꿈꾸던 의과대학 학생이 해남 대흥사라는 불교수도원에 내던져진 것이다. 이런 연유로 나는 의과대학을 그만두고 동국대학교 불교대학 철학과로 전공을 바꿔 오늘에 이르렀다.

나의 모든 것은 지식 위주의 공부로 이루어진 것이 아니고 내던져진 체험, 즉 이제까지의 '나'가 송두리째 깨지는 체험을 통해 죽었다가 다시 살아나는 식의 공부이었다. 이러한 체험 위주의 공부는 이성적으로 준비를 잘해 가지고 얻어진 공부가 아니었다. 지식공부와 체험공부의 차이는 앞으로 두고두고 이야기해야 할 것 같다. 전자가 사람을 결과적으로 이기주의적 오만에 빠지게 만든다면, 후자는 사람을 오히려 겸허하게 만드는 것 같다. 사람은 자연과 하나가 될 때 오히려 이기주의를 버리고 모두와 함께 사는 세상으로 돌아가는 것 같다.

지식으로 세상을 보지 말자, 지식으로 사람을 평하지 말자는 것이 요즈음 내가 강조하는 것이다. 체험 위주의 공부를 제대로 하려면 제일 먼저 해야 할 일이 자기가 가지고 있는 지식의 노예상태에서 벗어나는 일이다. 닥치는 대로, 있는 그대로, 하루 24시간을 실속 있게 살면 되는 것이다. 미국 사람들이 일상생활을 하면서 자주 하는 말이 있다. "A wrong address!"(잘못된 주소)란 말이다. 어딘가로 누군가를 찾아가면서 잘못된 주소를 가지고 찾아 헤매는 과오를 바로잡기 위해서 하는 말인 것 같다. 나는 미국 사람들의 이런 말을 듣고 있노라면 곧잘 성철스님이 즐겨 쓰시던 "삼관돌파"라는 말이 생각났다. 성철스님에 의하면 '돈오돈수'는 삼관三關(세 가지 관문)을 돌파하고 정각, 묘각, 구경각의 경지(6식, 7식, 8식, 9식의 경지)마저 깨끗이 떨쳐버린 사람의 경지라는 것이다. 그런데 요즈음 돈오돈수를 이야기하는 사람들은 거의가 이를 몸짓문화 속에서 찾고 있는 것이다.

한마디로 말해서 "A wrong address!"다. 잘못된 주소를 가지고 엉뚱한 곳에서 헤매고 있는 꼴과 똑같다는 말이다. 나는 이러한 과오를 '몸과 몸짓의 논리'로 재정리해 보았다. 문제는 우리들이 몸짓문화의 감옥 속에 갇혀 자유를 잃고 노예생활이나 다름없는 비참한 꼴을 당하고 살면서도 이런 엄연한 사실을 똑바로 보지 못하고 있다는 데 있다. 부처님 말씀이든 역대 조사들의 말씀이든 누구의 어떠한 말씀이든, 그것이 몸짓문화 속에 자리를 잡고 거기에 굳어져 있다면 그것은 모두 무효다. 무효 정도가 아니라 그것은 모두 사람을 죽이는 독약에 불과하다. 일단 몸짓문화의 속박에서 벗어나 몸문화 속으로 들어가 다시 살아나면, 그 경지에서는 모든 몸짓문화가 다 몸문화 속에 있고 잘못된 것에 대해서는 응병여약으로 적절한 치유를 받게 된다. 진정한 선지식은 돈오돈수의 세계에서 3000계율을 다 지키면서 철두철미 더욱 치열하게 수행하는 사람일 거라는 생각이 든다. 선지식이라고 간판 내걸고 다니는 사람들이 제발 이제는 그만 그 몸짓문화의 노예 같은 냄새를 풍기지 말았으면 좋겠다.

몇 년 전 초여름의 어느 날, 나는 뉴욕주 롱아일랜드의 경치 좋은 바닷가에서 어느 불교신자의 딸 결혼식 주례를 섰다. 온 집안이 모두 절에 다니는 독실한 불교신자이며 옛날 한국에 있었을 때엔 인천 용화사, 송담 스님 절에 다녔다고 했다. 그때 나의 주례사는 "체體가 실實한 사람이 되라"는 것이었다. 결혼식이 끝난 다음 모두들 나의 주례사가 좋았다고 칭찬이 자자했다. 다음은 그날 내 주례사의 줄거리다.

옛날 어렸을 때 내가 살던 시골 마을에 30대의 기골이 장대한 젊은이가 살았다. 그런데 그 젊은이가 깡패 기질이 있어 마을의 골칫거리였다. 술만 마시면 사람을 치고 박고 때려서 모두들 그를 무서워했다. 남만 때리는 것이 아니라 자기 부인도 때리고 자기 자식도 때렸다. 그때 마을 어른들이 한숨을 쉬면서 말씀하시기를 "저 놈은 몸은 튼튼하나 체가 실하지 못하다"고 평했다. 나는 그때 어른들의 그 말씀을 잘 알아듣지 못했다. 그런데 그때 우리 마을에는 폐병환자도 하나 살았다. 40대의 장년이었는데 자기 몸이 약함에도 불구하고 자기가 해야 할 일은 뭐든지 정확하게 잘하는 사람이었다. 그때 마을 어른들은 그를 평하면서 "자기의 몸은 저렇게 쇠약해져 있지만 체가 실한 사람"이라고 칭찬했다. 그 당시 나는 "체가 실하다"는 말의 참뜻을 몰랐다. 다만 이 경우의 '체'란 말의 뜻은 단순하게 육체를 가리키는 말이 아닐 거라는 짐작만 하고 있었다. 그러나 몸이 튼튼한데 하는 짓이 못되어 먹으면 '체가 실하지 못하다'고 혀를 차고, 폐병환자 같은 쇠약한 사람이라 할지라도 하는 행동이 올바르면 '체가 실하다'고 평하니 그 '체'란 말의 참뜻이 무엇일까, 이런 의문은 계속 풀리지 않은 채 내 머릿속에 남아 있었다. 그러다가 먼 훗날 불교학을 전공하고 이 세상의 산전수전 어려운 꼴을 다 겪은 다음, 그것도 '몸과 몸짓의 논리'를 공부하고 나서야 비로소 우리의 몸엔 두 가지의 뜻이 있다는 것을 알게 되었다. 그 하나는 우리들이 보통 말하는 육체라는 뜻이고, 다른 하나는 우리의 몸은 우주전체라는 뜻이었다. 그러니까 마을의 어른들이 "사람은 체가 실해야 된다"고 말씀하실 때의 체는 사람이면 우주전체 이치와 하나 되어 살아야 한다는 뜻이었을 거라는 생각이 들었다.

그날 결혼식엔 스님들이 한 분도 보이지 않았다. 중요한 신도의 결혼식인데 웬일이냐고 물었더니 신부 아버지의 답변이 예상 밖이었다. 자기들이 다니는 절의 스님들은 초상 같은 궂은일엔 신도들과 어울리지만 결혼식 같은 데는 안 간다고 말했다. 나는 그때 스님들의 '체가 실하지 못하구나' 하는 생각을 금할 수가 없었다. 경조 간에 중생과 함께 살아야 체가 실한 것이 아닌가 하는 생각이 들었다.

그러면 우리는 어떻게 공부를 해야 할까? 성철스님은 항상 반야사상을 강조하셨다. 『반야심경般若心經』이야말로 생명과 사랑이 무엇인가를 똑바로 가르치는 경전이다. 그래서 나는 『반야심경』을 불이경不二經이라 부르고 있다. 둘 아님이 드러나지 않으면 사랑도 생명도 제 모습이 드러나지 않기 때문이다.

『반야심경』은 그 제목부터 제대로 이해해야 한다. 『반야심경』의 핵심은 그 제목에 잘 나타나 있다. 문제는 '마하반야摩訶般若'(maha prajna; great wisdom; 위대한 지혜)라는 말과 '바라밀다'(paramita; arrival at the other shore; 到彼岸; 피안에 도착함)라는 말의 관계를 어떻게 이해하느냐에 달려 있다. 다시 말하면, 이러한 두 개의 전문적인 불교용어의 관계를 '둘 아님'(不二; not two; non-dual) 사상으로 풀어 나가느냐, 아니면 이원론적으로 풀어 나가느냐에 따라 커다란 차이가 생긴다는 말이다. 사람이면 누구나 다 잘 알고 있는 우리의 몸과 몸짓의 관계로 설명할 때 불교의 불이不二사상은 가장 잘 드러난다. 다시 말하면 '마하반야'는 몸이고, '바라밀다'는 그 몸짓이란 말이다. 몸과 몸짓의 관계에서 드러나는 불이 관계를 마하반야와 바라밀다에서 읽어야 한다. 행여나 요즈음 많은 사람들이 이해하는 것처럼, "위대한 지혜를 가지고 피안에 이른다"고 읽으면 안 된다. 그렇게 읽으면 반야사상의 핵심인 불이사상을 등지는 것이 된다. 그렇게 읽으면 불이不二의 반대인 이원二元으로 『반야심경』을 왜곡하는 것이 된다. 무슨 말인가? 첫째, 그렇게 읽으면 독자인 '나'와 '마하반야'가 둘로 나누어지고 만다. 경을 읽는 사람과 마하반야가 둘로 나누어질 때 『반야심경』은 파산을 당하는 꼴이 된다. 둘째, 그렇게 읽으면 경을 읽는 사람이 가지고 있는 '마하반야'와 경을 읽는 사람이 성취해야 할 '도피안'이 둘로 나누어진다. 이원론이다. 셋째, 그렇게 읽으면 『반야심경』이 전개하고 있는 '불이론적인 무문자문화'에 역행하는 '이원론적인 문자문화'에 사로잡히는 현상이 벌어지고 만다.

기독교는 믿음을 강조하지만 불교는 그렇지 않다고 말하는 사람도 있다. 그러나 실지로 불교를 믿고 불법을 실천하는 세계에 들어가 보면 불교만큼 믿음을 강조하는 종교도 없다는 것을 알게 될 것이다. '믿음'(FAITH;

신앙)은 모든 종교가 똑같이 강조하는 것이지만 그 의미는 종교 따라 조금씩 차이가 있는 것 같다. 설사 같은 종교를 믿는다 할지라도 사람 따라 그 내용에 차이가 있는 것도 사실이다. '믿음'이란 말이 지니고 있는 깊이나 폭이나 차원 등등이 사람 따라 처지 따라 모두 다르기 때문일 것이다. 그럼에도 불구하고 믿음이 종교의 생명이라는 사실에는 이의가 없을 것이다. 특히 사람의 고질적인 병이라고 말할 수 있는 이원론적인 오류를 극복하는 길은 '믿음'밖에 없다고 말해도 과언은 아닐 것이다. 그러면 지금 우리들이 『반야심경』을 읽으면서 문제 삼는 '믿음'이 무엇인가를 한번 밝혀 보겠다.

불경에서 말하는 지혜는 일반적으로 부처님의 지혜를 말한다. 그러므로 불교의 지혜는 어둠을 밝히는 빛의 역할을 한다. 사람들이 가지고 있는 어둠은 가지가지이기 때문에 어둠을 밝히는 지혜 또한 가지가지다. 『반야심경』에서 말하는 지혜는 '마하반야' 즉 위대한 지혜이기 때문에 등잔불같은 지혜가 아니다. 그것은 태양과 같은 것이다. 태양이 어둠을 비출 때는 친불친을 가리지 않는다. 옳고 그른 것도 가리지 않는다. 일체만물을 똑같이 골고루 다 비춘다. 부처님의 지혜는 그러한 것이다. 부처님의 그러한 지혜가 나 자신에게도 있다는 것을 믿어야 한다. 아니, 나 자신이 바로 부처님의 마하반야임을 믿어야 한다. 일체중생이 모두 다 부처님이란 말이 바로 그 말이다. 이것이 불교의 믿음이다. 이러한 '믿음'이 확립되어야 한다. '마하반야'라고 말할 때, 바로 그 자리에 '바라밀다' 즉 도피안이 있는 것이다. 그래서 마하반야는 몸이고 바라밀다는 그 몸짓이라고 말하는 것이다. 양자는 둘이 아니라는 말이다. 모든 생명이 있는 모습은 둘이 아닌 모습이다. 그것이 사랑이다. 그것이 사람이다. 그것이 삶이다. 그것이 생명이다. 우리말에서 생명과 사랑과 사람이라는 말은, 말은 다르지만 사실은 똑같은 것을 가리키고 있다. 한마디로 불이不二다. 둘이 아니다.

자기가 가진 지식으로 불교를 판단하는 사람들이 곧잘 저지르는 오류

중 하나가 불교의 역사에는 종교개혁宗敎改革이 없었다고 말하는 것이다. 그러나 『반야심경』을 조심스럽게 읽어 보면 사실이 그렇지 않다는 것을 깨달을 것이다. 『반야심경』은 불교적 종교개혁의 선언문이다. 동국대학교 불교대학에서 오랫동안 불교를 가르쳤던 고 이기영 교수는 기독교와 불교의 차이를 이렇게 말씀하셨다. "기독교는 16세기에 종교개혁이 일어나 다시 태어났지만, 불교에는 불행히도 그러한 종교개혁이 없었다"고. 이기영 교수의 이러한 말씀은 나에게 일종의 화두를 던져 준 셈이다. "과연 그런가?" 오래오래 생각하게 되었다. 오늘 우리들이 하고 있는 『반야심경』 공부가 바로 그러한 물음에 대한 해답이다. 다시 말하면 『반야심경』이야말로 불교의 종교개혁 선언문이란 말이다. 한마디로 『반야심경』은 불교의 모든 사전을 다 때려 부수고 있다. 『반야심경』의 첫머리부터 등장하는 '불이의 논리', '즉시의 논리'가 뭔가? '색'은 이러한 것, '공'은 이러한 것……이라고 정의해 놓은 우리들의 사전을 거부하고 있다. 불교사전에 적혀 있는 불교 용어들의 정의에 사로잡혀 거기에 주저앉아 있는 우리들의 지적인 '업의 아성'을 때려 부수고 있다.

　『반야심경』은 사리자를 두 번 부르면서 중요한 메시지를 전달하고 있다. 두 번째 사리자 장에서 『반야심경』은 커다란 폭격을 가하고 있다. 몸짓문화의 근본이라고 말할 수 있는 '생멸과 구정과 증감'이라는 원리를 거부한다. "불생불멸이요, 불구부정이요, 부증불감"이라 외치고 있다. 사람치고 '생멸이라는 잣대' 밖에 사는 사람이 있는가? '옳다느니 그르다느니' 하는 문제 밖에서 사는 사람이 있는가? 윤리나 철학이나 종교를 문제 삼는 사람이라면 '더럽다느니, 깨끗하다느니' 하는 '구정이라는 잣대'를 가지고 있지 않는 사람이 있는가? 어떠한 직업을 갖든, 사회라는 구조 속에서 일거리를 갖고 있는 사람치고 '잘됐다느니 못됐다느니' 하는 '증감의 잣대'를 가지고 있지 않는 사람이 있는가? 『반야심경』이 밝히고자 하는 공의 세계는 생멸, 구정, 증감이라는 잣대를 가지고 일하는 그러한 세계가 아니란 말이다. 그게 뭘까?

그다음에 『반야심경』은 더 무서운 세 번째의 폭격을 가하고 있다. 폭격 맞아 부서진 것들이 뭔가를 알아보자. 오온, 육근, 육경, 육식의 18계, 12인연의 순관과 역관 모두, 그리고 사제법문, 마지막엔 지도 없고 득도 없다고 때려 부셨다. 그 결과를 한번 상상해 보자. 어떻게 됐는가? 폭격을 당한 다음, 무엇이 남았는가? 아무것도 남은 게 없다. 나는 이러한 현상을 사람들이 몸짓문화와 결별하고 몸문화로 다시 태어나는 순간으로 본다. 문자문화에서 무문자문화로 넘어가고, 이원론적인 이기주의문화에서 불이론적인 우주와 자연의 문화로 넘어가는 것으로 본다. 이것이 『반야심경』이 수행한 종교혁명이다. 이러한 『반야심경』의 종교개혁의 결과는 어떻게 됐는가? 불교인들이 붙들고 있는 불교적인 잣대를 빼앗아 버린 것이다. 모든 중생이 신음하고 있는 몸짓문화의 감옥에서 벗어나는 것이다. 그리하여 몸문화라는 부처님의 세상에 다시 태어나는 것이다. 이러한 『반야심경』의 종교개혁은 불교인만을 살려내는 것이 아니었다. 불교 밖의 모든 종교가 다 그 덕을 본 것이다. 한마디로 말해 일체중생이 모두 다 그 덕을 보았다. 불교의 자연사랑, 불교의 우주사랑, 불교의 중생사랑, 불교의 타종교사랑 등등 끝이 없다. 동양의 도교를 보라! 동양의 신유교를 보라! 동양의 모든 윤리 철학 종교 등등을 보라! 『반야심경』이 수행한 불교적 종교개혁의 덕을 보고 있지 않는가? 『반야심경』이 수행한 불교적 종교개혁이란 이런 것이다. 그것은 불교마저 버리고 벗어나는 종교개혁이다. 그래서 유교도 도교도 모두 그러한 불교적 종교개혁의 덕을 보았다고 말하는 것이다. 아니, 이 세상 모든 사람들이 다 그 덕을 보았다. 16세기 마르틴 루터의 기독교적 종교개혁과는 차원이 다르다. 루터의 종교개혁은 기독교의 성경으로 돌아가자는 것이었다. 『반야심경』의 종교개혁은 무문자문화인 몸으로 돌아가자는 것이었다.

불이不二를 실천하는 자는 자비를 실천하는 자다. 관자재보살이 바로 그런 분이다. 어떻게 실천하는가? 조견照見이다. 여기서 조견하는 자는 '등잔불'이 아니고 '태양' 같은 자다. 태양 앞에서는 일체의 차별이 다 없어진다. 공空이다. "텅 비었다"는 말이다. 일체의 차별을 모두 다 넘어섰다는 말이다. 그것이 생명이다. 생명이란 모두가 다 한 덩어리로 어우러져 함께 일하고 있는 모습을 말한다. 그것은 사랑이다. 사랑은 사람의 본래 모습이다. 고통이란 무엇인가? 사랑을 모르고 생명에 거슬러 비인간화될 때 나타나는 현상이다. 그래서 『반야심경』은 '텅 빔의 세계'에서는 모든 고통이 다 사라졌다고 말하는 것이다.

색 따로 공 따로 정의 내리고 있는 사전을 버려라.
색불이공 공불이색 색즉시공 공즉시색이다.
생멸과 구정과 증감이라는 잣대로 세상을 사는 사람들에게 하차명령을 내리고 있다.
그러므로 공의 세계에는 색수상행식이라는 오온의 세계가 따로 있을 수 없다.
또한 공의 세계에는 안이비설신의라는 6근도 없고,
색성향미촉법이라는 6경도 없고,
안계에서 의식계까지의 6식도 없고,
무명에서 노사까지의 12인연도 없고
고집멸도라는 4성제도 없고
지智도 없고 득得도 없다.
아무것도 얻는 것이 없기 때문에
모든 보살들이 다 반야바라밀에 의지하는 것이다.

성철스님의 모든 가르침은 『반야심경』의 진리를 잘 드러내고 있는 것 같다.

9. 나가면서

나는 뉴욕주립대학교 스토니브룩대학에서 여러 해 동안 〈기독교와 불교의 대화〉라는 과목을 강의했다. 기독교 사상의 핵심에는 항상 예수님이 계신다. 그 대목을 몸과 몸짓의 논리로 생각해 보자.

〈기독교와 불교의 대화〉 강의에서 우리들이 공부한 것의 핵심은 '사람은 그 누구를 막론하고 모두 다 진리의 산물이며 언제나 어디서나 진리와 함께 살고 있다'는 '사실'을 깨닫는 데에 있었다. '사실'은 진리의 대명사다. 이렇게 엄연한 진리 앞에서 동양의 불교와 서양의 기독교는 똑같은 태도를 취하고 있다. 기독교의 하나님 사상도 불교의 부처님 사상도 그들의 제자들을 가르치는 데 있어서는 똑같았다. 이러한 두 종교 간의 공통된 진리를 동양에서는 '둘 아님'(不二; non-dualism or not two)의 진리라고 표현했다. 하나님과 인간이 둘이 아니요, 부처님과 중생이 둘이 아니요, 원수와 친구가 본래 둘이 아니라는 말이다.

그러나 이러한 '둘 아님'의 사상은 지금 현실적으로 무서운 어려움을 겪고 있다. 불교인이든 기독교이든 모두 둘 아님 즉 불이사상을 실천하지 않고 있기 때문이다. 모든 종교의 핵심이라고 말할 수 있는 '둘 아님'의 사상을 다른 말로 표현하면 '모든 생명을 똑같이 존중하고 똑같이 사랑하는 것'이다. 그러나 지금 종교인들은 이를 실천하지 않고 있다. 그러면서도 이렇다 할 부끄러움도 없고 심각한 고민도 없다. 한마디로 타락한 것이다. 왜 우리는 이 지경에 이르렀을까? 답변은 간단하다. 겉으로는 종교인인 척, 모든 생명을 다 사랑하는 척하지만 속에는 항상 '나'밖에 모르는 이기주의가 도사리고 있기 때문이다.

『마태복음』 5장 43~48절에 나오는 예수님의 '원수를 사랑하여라'는 가르침을 가지고 한번 진지하게 생각해 보자.

- '원수를 사랑하여라'(『마태복음』 5: 43~48; 『누가복음』 6: 27~28; 32~36)

  43: '네 이웃을 사랑하고, 네 원수를 미워하여라' 하고 이른 것을, 너는 들었다.

  44: 그러나 나는 너희에게 말한다. 너희의 원수를 사랑하고, 너희를 박해하는 사람을 위하여 기도하여라.

  45: 그래야만, 너희가 하늘에 계신 너희 아버지의 자녀가 될 것이다. 아버지께서는, 악한 사람에게나 선한 사람에게나, 똑같이 해를 떠오르게 하시고, 의로운 사람에게나 불의한 사람에게나, 똑같이 비를 내려 주신다.

  46: 너희가 너희를 사랑하는 사람만 사랑하면, 무슨 상을 받겠느냐? 세리도 그만큼은 하지 않느냐?

  47: 또한 너희가 너희 형제자매들에게만 인사를 하면서 지내면, 남보다 나을 것이 무엇이냐? 이방 사람들도 그만큼은 하지 않느냐?

  48: 그러므로 너희의 하늘 아버지께서 완전하신 것과 같이, 너희도 완전하여라.[3]

우리는 겉과 속이 다른 이중적이고 위선적인 사랑에 익숙해져 있다는 것을 무엇보다도 먼저 인정해야 한다. 이것은 예수님의 원수를 사랑하라는 말씀과 근본적으로 다르다. 어떻게 다른가? 이 다른 대목이 분명해져야 한다. 요즈음의 위선적인 사랑을 예수님의 사랑으로 착각하면 예수님의 가르침은 지상에서 사라지고 말 것이다. 그런데 한심스럽게도 요즈음 많은 사람들이 이러한 위선적인 사랑을 예수님의 참된 사랑으로 착각하고 있다. 남을 속이고 자기도 속는 위선적인 사랑은 예수님의 가르침이 아니다. 위선적인 사랑은 마침내 예수님의 참된 사랑을 파괴하고 말 것이

---

3) 『성경전서 표준새번역』(서울: 대한성서공회, 1993), 6쪽b.

다. 그리고 마침내는 못된 이기주의만이 온 세상에 가득 차고 말 것이다. 그렇다면 예수님의 진정한 원수사랑은 어떤 것일까?

43절에서 예수님은 원수를 미워하는 잘못된 '몸짓'을 나무라신다. 원수라고 이름 붙여 사람을 미워하는 것은 하나님이나 부처님의 생명존중과 사랑실천을 정면으로 배반하는 짓이다. 왜 우리는 이렇게 되어 버렸을까? 사람은 지금 누구나 '몸짓문화'의 산물로 살고 있으며 '몸짓문화'의 앞잡이 노릇만 하고 있다. '몸짓문화'란 겉으로 나타난 것만을 가지고 모든 것을 판단하는 잘못된 문화다. 문제는 여기에 있다. 기독교의 하나님이나 불교의 부처님은 '몸짓문화'의 산물이 아니다. 예수님이나 부처님은 '몸짓문화'의 앞잡이 노릇을 하지 않았다. 하나님이나 부처님이라는 말은 '몸짓문화'가 아닌 '몸문화'의 현장에서 나온 말이다. '몸문화'가 무엇인 줄 모르면 예수님도 모르고 부처님도 모른다. '몸문화'는 하나님의 문화요, 부처님의 문화다. '몸문화'의 눈으로 보고, '몸문화'의 말로 표현하면 사람은 누구나 하나님의 화신이요 부처님의 일하심이다. 이를 깨닫지 못하고 '몸문화'를 배반하고 '몸문화'에 거슬러 '몸짓문화'만 뒤따라가는 것은 한마디로 크나큰 죄악이다.

44절에서 예수님은 '원수를 사랑하라'고 가르치신다. 그리고 45절에서 예수님은 우리들에게 원수를 사랑하는 길을 가르쳐 주신다. 그 첫째는 사람이면 누구나 하나님의 자녀이기 때문에 하나님의 자녀다워야 한다는 것이다. 어떠한 모습의 생명이든 모든 생명을 똑같이 소중히 대하고 모든 생명을 똑같이 껴안고 아끼면서 보살피고 사랑해야 한다는 것이다. 이것이 하나님의 자녀다운 모습이다. 예수님은 이러한 당신의 메시지를 좀 더 뚜렷하게 드러내기 위하여 하늘에서 비추는 햇빛과 하늘에서 내리는 비의 비유를 드셨다. 하늘의 태양이 악한 사람과 선한 사람을 가리더냐? 하늘에서 내리는 비가 의로운 사람과 의롭지 못한 사람을 가리더냐? '몸짓문화'의 산물인 못된 차별을 집어던져 버려라! 하나님의 근본정신인 평등의 원리로 돌아가라. 그리고 모든 사람을 평등하게 사랑하라. 오늘의 정치인들은 자기들이 떠받들고 있는 민주주의는 평등과 무차별을 실천하는 것이라고 말하지만, 그것은 위선이요 기만이다. '몸짓문화' 속에서 말만 그럴 법한 헛소리다. 그것은 '몸문화' 속에서 나온 하나님의 평등사상과는 너무나 거리가 멀다.

46절과 47절에서 예수님은 당신을 따르는 사람들에게 목멘 목소리로 당부하신다. 세리나 이방인들과 당신을 따르는 사람들은 달라야 한다고 강조하신다. 세리나 이방인은, 오늘날 우리들의 말로 바꾸면 자기밖에 모르는 이기주의자들이다. 자기가 속한 집단의 이익밖에 모르는 집단이기주의자들이다. 그러므로 오늘날 '몸짓문화' 속의 우리들이 다름 아닌 세리요 이방인들이다. 우리는 여기에서 '몸짓문화'의 한계를 들여다볼 줄 알아야 한다. 우리는 묻지 않을 수 없다. "'몸짓문화' 속에서 웃으면서 행복하게 사는 사람치고, 집단이기주의를 벗어난 사람이 있던가?", 있다면 한번 나와 보라고 외치고 싶다. 예수님이 여기서 나무라시는 세리와 이방인은 바로 오늘날의 우리들임을 깨달아야 한다. 그렇다면 세리나 이방인들과 다른 사람들은 누구일까? 다시 말하면 예수님의 원수 사랑을 진실로 실천하는 사람은 누구일까?

48절에서 예수님은 당신의 답변을 내놓으셨다. "하늘에 계신 아버지 하나님이 완전하시듯 우리들도 모두 그렇게 완전하라"고. 우리는 여기에서 정리해 두어야 할 것이 있다. 예수님 사상의 특징이다. 하나님과 우리들을 둘로 나누는 것을 철저하게 반대하고 계신다. 원수를 미워하는 우리들더러 하나님과 똑같아야 한다고 외치고 계신다. 그것은 똑같아질 수 있기 때문이다. 우리는 지금 우리들을 속박하고 있는 집단이기주의적인 '몸짓문화'를 대담하게 비판해야 한다. 그리고 하나님의 문화요 부처님의 문화인 '몸문화'가 우리들의 원래 문화라는 것을 큰소리로 외쳐야 한다. 사람은 누구나 원래 '몸문화'의 산물이요 '몸문화'로 살고 있다는 사실을 깨달아야 한다. 우리들이 지금 '몸문화'로 다시 태어나서 살 때에 우리는 모든 생명을 소중하게 여기면서 서로 사랑하는 둘 아님의 존재가 될 수 있을 것이다. '몸짓문화에서 몸문화로의 질적 전환'이 우리들의 시급한 과제다. 예수님의 원수 사랑은 '몸짓의 몸짓'이 아니고 '몸의 몸짓'이기 때문이다.

나는 하도 답답해서 '몸과 몸짓의 논리'로 '원수 사랑의 글'을 다시 써 보았다.

답답하다! 사람들아.
친구만 사랑하고 원수는 미워하다니.
원수는 원수가 아님을 왜 모르는가?
사람은 완전하다. 사람이 하나님이다. 사람이 부처님이다.
하늘에 계신 하나님 아버지처럼,
사람은 모두 다 그렇게 완전하다.
하늘이 비를 내릴 때, 미운 사람 고운 사람을 가리더냐?
하늘이 햇빛을 비출 때, 네 편 내 편을 가르더냐?
사람들아,
제발 미운 사람, 고운 사람 가리지 말고,
네 편, 내 편 가르지 마라!
사람은 모두 다 하나님이다!
사람은 모두 다 부처님이다!

종교의 진정한 모습이란 어떤 것일까? 요즘 TV나 책을 보면, 종교의 힘 덕분에 지독한 고난을 극복하고 성공에 이른 사람들의 일화가 종종 소개되고 있다. 사업의 실패로 밑바닥까지 떨어졌다가 기적같이 재기에 성공한 사람들이 있고, 이런 예화들은 많은 사람들에게 희망과 꿈을 준다. 또한 종교의 '기적' 덕분에 암을 극복한 사람의 이야기도 종종 등장하며, 이는 많은 사람들에게 큰 희망이 되고 있다.

그러나 실패했다가 기적적으로 다시 성공한 사람들의 수가 실패했다가 성공하지 못한 사람들의 수보다 많을까? 그리고 죽기만을 기다리는 말기 암환자들 중에서, 기적적으로 병이 치료되어 다시 삶을 되찾은 사람들이 많을까? 아니면 그대로 죽음을 맞이한 사람들이 많을까? 실패했다가 다시 성공해서 돈 잘 벌고 잘 먹고 사는 사람은 극소수다. 병실에서 죽음의 문턱까지 갔다가 돌아오지 못한 사람들이 훨씬 더 많다.

그런데 왜 사회는, 종교는 기적을 강조하는가? 이름 모를 죽어간 사람들, 실패해서 밑바닥을 헤매는 사람들을 왜 외면하는가? 왜 종교는, 사회는 더 많은 수의 사람들을 감추려하는가? 종교가 진실 되게 우리 사회에 줄 수 있는 메시지는 무엇인가?

내가 보기에 종교의 진정한 모습은, 병실에 누워 다시 살아날 수 있을 것이라는 실낱같은 희망을 버리지 못한 채 죽어간 이름 모를 수많은 사람들에게 있다. 파산을 당하거나, 사업이 실패하여 가난하고 비참하게 살아가는 사람들 속에 종교의 진실 됨이 함께하고 있다. 병실에 누운 환자가 죽음을 맞이하고 있는 그 순간, 숨을 헐떡이며 죽음에 이르고 있는 그 순간, 가족들이 오열하는 그 순간 부처님과 하나님이 함께하고 있다. 넉넉하고 부족함이 없이 행복하게 잘살던 사람들이 파산에 이르러, 단칸방에 모여 앉아 배고픔을 겨우 달래고 있는 그 순간 하나님과 부처님이 함께한다.

하나님과 부처님이 계시지 않은 곳이 있는가? 기적과 가피는 극소수의 사람들에게만 내려지고, 부처님과 하나님은 그들에게만 함께하는가? 성공이라는 놈은 무엇이며, 실패라는 놈은 무엇인가? 삶은 축복받은 것이요, 죽음은 저주받은 것인가? 삶과 죽음 중에서 부처님과 하나님이 계시지 않은 곳이 있는가? 가난하고 힘듦 속에, 죽음이 다가오고 있는 바로 그 속에 부처님과 하나님이 더욱 더 환하게 빛나고 있다.

1983년, 성철스님은 신년법어에서 다음과 같이 말씀하셨다. "지식만능은 물질만능 못지않게 큰 병폐입니다. 인간 본질을 떠난 지식과 학문은 깨끗하고 순진한 인간 본래의 마음을 더럽혀서 인간을 타락시키기 일쑤입니다. 인간의 본래 마음은 허공보다 깨끗하여 부처님과 조금도 다름이 없으나 진면목을 발휘하려면 삿된 지식과 학문을 크게 버려야 합니다. 아무리 좋은 보물도 깨끗한 거울 위에서는 장애가 됩니다. 거울 위에 먼지가 쌓일수록 거울이 더 어두워짐과 같이 지식과 학문이 쌓일수록 마음의 눈은 더욱 더 어두워집니다. 우리 모두 마음의 눈을 가리는 삿된 지식과 학문을 아낌없이 버리고, 허공보다 깨끗한 본래의 마음으로 돌아가서 마음의 눈을 활짝 열고 이 광명을 뚜렷이 바로 봅시다." 〈끝〉4)

---

4) 이 글은 4교까지 보았다. 그 중간에 박성배 선생님과 더 많은 이메일이 오갔다.

황경열 교수님,

글 하나 보냅니다. 소람해 주시기 바랍니다.

안녕히 계십시오.

박성배 드림

:: 김수곤 선생님께

어제 아침 선생님이 주신 전화를 받고나서 많은 생각들이 오고 갔습니다. 저는 『반야심경』 강의를 하진 않을 것 같습니다. 요즘 제 사는 모습이 그렇습니다. 무슨 말을 하든, 동문서답을 합니다. 학생들에게 강의를 할 때도 그렇고 무슨 회의를 할 때도 그렇습니다. 그런데 학생들이 그걸 좋아합니다. 가을학기의 마지막 날, 학생들은 박수를 치고 휴대폰으로 사진을 찍자고 줄을 섰습니다. 돌이켜 생각해 봤더니 이유는 간단했었습니다. 요즈음의 제 변한 모습을 있는 그대로 드러내 보여 주었기 때문입니다.

국정원의 사찰을 좋아하는 사람은 없습니다. 비행기에서 내려 세관을 통과할 때 그 분위기를 좋아하는 사람은 없습니다. 정부나 근무하는 기관의 우두머리들이 지나친 통제를 하려 하면 정말 불쾌합니다. 이러한 경우를 못 견디는 것은 지성인일수록 더욱 뚜렷합니다.

그러나 우리는 여기서 해괴한 현상을 봅니다. 지성인일수록 자기에게 다가서는 남들을 대할 때의 태도가 어느 독재자보다도 더 무서운 독재자가 되어 있다는 사실입니다. 이것은 국정원 직원이 무색할 지경입니다. 세관의 어느 직원들이 그렇게 합니까? 직장의 어느 상관이 그렇게 합니까? 지성인일수록 어느 독재정권의 독재자보다도 더 심하게 자기의 아성을 지키기 위해 못할 짓이 없다는 말입니다. 이것이 몸짓문화의 한계입니다. 몸짓문화는 문자문화에 근거하여 이기, 배타, 독선에 근거한 아성으로 이루어져 있습니다.

왜 우리는 산천을 좋아합니까? 왜 우리는 화초를 좋아합니까? 그들에겐 문자에 근거한 몸짓문화적인 독선과 위선이 없습니다. 지금 우리 집사람은 중병을 앓고 있습니다. 밤에만 대소변을 가리지 못하던 사람이 이젠 낮에도 대소변을 가리지 못합니다. 환자나 간병하는 사람이나 죽을 지경입니다. 여기서 병이 없는 간호인이 병을 앓고 있는 환자와 둘이 아닌 하나로 사는 길은 무엇일까요? 몸짓문화엔 희망이 없습니다. 몸문화로 돌아가야 합니다. 몸짓 간호로는 안 됩니다. 몸 간호라야 합니다. 그러나 말이 쉽지 그걸 실천하는 일은 쉽지 않습니다. 몸짓문화의 아성에서 벗어나 몸문화로 돌아가는 길은 어디에 있을까요?

선생님, 저는 오늘 아침 새벽에 일어나 성철스님을 비판하는 글을 썼습니다. 성철은 누구인가? 무문자문화인 선이 문자문화의 아성 속에서 살아남기 위해 애쓰다가 마침내 무문자문화도 문자문화와 함께 문자병, 몸짓병의 공범이 되게 만들어 버린 사람! 선사란 누구인가? 모두 그런 사람들이다. 산천이 웃고 화초가 곡할 노릇이다.

선생님, 저는 요즈음 어디 가나 이런 소리만 하고 삽니다. 오는 12월 19일, 제가 이런 모습으로 나타나도 될지 모르겠습니다.

박성배 드림

63   Flushing에서 있었던 12월 19일 강의 초안

황경열 교수님,

크리스마스가 가까워지니까 그런지 괜히 바쁘네요. 어젯밤 제 강의는 잘된 것 같습니다. 사람들도 많이 왔었습니다. 아래에 어젯밤의 제 강의 초고(『반야심경』 공부)를 첨부하겠습니다. 저는 강의가 끝난 다음 더 많이 생각하고 더 많이 고칩니다. 더 고친 다음, 또 보내드리겠습니다.

안녕히 계십시오.

박성배 합장

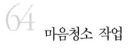

황경열 교수님,

아래에 첨부한 글은 제가 요즘 하고 있는 '마음청소' 작업의 일환입
니다. 소람해 주시기 바랍니다.

박성배 드림

:: 숭산스님 ────────────

나는 1969년 1월, 미국으로 이민 왔다. 미국으로 떠나기 전해인 1968년
에 나는 동국대학교 인도철학과의 과장직을 맡았다. 그리고 전국대학생불
교연합회의 지도교수직도 맡고 있었다. 매우 바쁜 나날이었다. 그 당시
불교신문사의 사장이었던 덕산 이한상 거사는 풍전산업 사장의 재력으로
여러 가지 불교 활동을 많이 도와주었다. 덕산거사의 아낌없는 후원으로
동국대학과 대학생불교연합회는 크게 발전하였다.

그런데 한번은 이상한 소문이 떠돌았다. 덕산거사가 '견성見性'을 했다
는 것이다. 숭산스님(그 당시의 이름은 행원스님)이 덕산거사의 '견성인가見性認
可'를 많은 사람들 앞에서 공표했다는 것이다. 그때 숭산스님은 수덕사 송
만공스님의 도통을 이어받은 견성한 젊은 선지식으로 소문이 나 있었다.
그리고 그는 막강한 불교신도 단체이었던 달마회의 지도법사이기도 했다.
그러나 숭산스님의 '덕산거사 견성인가'는 큰 파문을 일으켰다. 이러한 사
건이 일어난 배경이 재미있었다. 어느 겨울날 숭산스님이 달마회 간부들
과 함께 전국의 주요 사찰을 돌아다니다가 일어난 일이다. 그들이 타고
다니던 자동차가 동해안을 달리고 있을 때, 덕산거사가 큰소리로 소리를
질렀다고 한다. 아름다운 바다를 찬탄한 것이다. 이때 숭산스님이 '덕산거

사가 견성을 했다'고 인가했다. 분명한 사기극이다. 이런 말을 들은 다음, 나는 서울 안암동 보현사로 박고봉 스님을 찾아갔다. 수덕사 송만공 스님의 도통을 이어받은 박고봉 스님이 숭산스님의 견성을 인가했다고 들었기 때문이다. 나는 단도직입적으로 따졌다. "숭산스님의 견성을 인가한 근거가 뭐냐'고. 고봉스님은 묵묵부답이었다.

1973년, 덕산거사가 미국으로 건너와 캘리포니아주 남부의 카멜 벨리(Carmel Valley)에 한국불교수도원을 지었다. 그 이름은 삼보사三寶寺이었다. 수도원장은 덕산거사가 맡았고 나는 부원장으로 임명되었으며 숭산스님이 조실로 추대되었다. 그때 나는 버클리대학의 박사과정 학생이었다. 버클리에서 카멜까지는 하이웨이를 약 2시간 반가량 달려야 했다. 그러나 나는 계속 3년간을 단 한 번도 빠지지 않고 매월 한 번씩 카멜 삼보사로 내려가 불교 강연을 했다. 여기서 나는 숭산스님과 정면으로 충돌했다. 삼보사 수도원의 법회는 조실스님인 숭산스님의 법문으로 시작되었다. 나는 그 뒤를 이어 불교 강연을 했다. 그러다가 한번은 강연 중에 조실인 숭산스님의 법문에 대해서 의문을 제기했다. 그것은 비판이 아니었고 선가禪家에서는 항상 일어나는 의문제기이었을 뿐이었다. 그러나 숭산스님은 노발대발 그것을 인신공격으로 받아들였다. 괴로운 일이었다.

1977년부터 나는 스토니브룩대학에서 동양사상을 가르치기 시작했다. 여기서 나는 또 숭산스님과 부딪치게 되었다. 무슨 악연인가 싶었다. 스토니브룩대학에서 가르치기 시작한 지 얼마 안 되어 주변의 많은 한국인 의사들과 친해졌다. 그리고 함께 불교를 공부하는 모임을 만들었다. 그때 가장 열성적인 공부꾼이 내과의사인 강자구 박사이었다. 그런데 그분이 갑자기 변했다. '자기는 견성을 한 법사이고, 박 교수는 아직 깨치지 못한 사람'이라면서 엉뚱한 소리를 하는 것이었다. 알아보았더니 숭산스님의 절에 다니다가 숭산스님의 견성인가를 받았다는 것이다. 숭산스님의 '견성인가 사건'이 또 일어난 것이다.

한번은 그 당시 무대예술학과의 김기자 교수의 딸, 크리스티나 김(지금 버스웰의 부인) 때문에 또 소동이 벌어졌다. 그때 크리스티나는 스토니브룩 대학의 학생이었다. 그리고 그는 나의 불교강의를 수강하고 있었다. 크리스티나의 병은 덕상거사나 강자구 씨의 병과 똑같았다. 나의 강의가 끝나면 크리스티나는 함께 강의를 듣는 학생들을 모아 놓고 이상한 소리를 한다는 것이다. "자기는 숭산스님으로부터 견성인가를 받은 법사이고, 박 교수는 아직 깨치지 못한 사람"이니 박 교수의 말을 따라가면 안 된다고 학생들에게 주의를 준다는 것이다. 그때 크리스티나는 불교법회에 나갈 때마다 법사복을 입고 나타났었다. 숭산스님은 이렇게 자기를 따르는 신도들에게 견성인가증을 남발했었다. 그리고 하시는 말씀이 있었다. "견성은 부처님의 집에 들어온 것이다. 집안의 이 방 저 방 사정은 앞으로 차차 돌아다니면서 보면 알게 되는 것이다." 보조국사 지눌知訥(1158~1210)스님의 돈오점수설頓悟漸修說이 이 지경에 이르도록 타락할 줄은 몰랐다.

나는 그때부터 공개적으로 숭산스님의 불법을 비판하기 시작했다. 나의 공개적인 숭산스님 비판은 뉴욕 전역의 불교사회를 시끄럽게 만들었다. 그 당시 뉴욕대학(NYU)에서 박사학위 과정을 밟고 있던 강건기 교수에게서 전화가 왔다. 지금 뉴욕 일원의 한국불교사회는 풍비박산의 위기에 처해 있다고 한탄했다. 숭산스님과 박성배 교수, 이들 두 지도자 간의 공개적인 상호비방은 종식되어야 한다고 주장했다. 그리고 두 분의 화해를 제의했다. 나는 즉시 강 교수의 제의를 받아들였다.

그때 숭산스님이 맨해튼의 어느 아파트에 계신다는 소문을 듣고 전화를 걸었다. 뵙고 싶다고. 차를 몰고 스토니브룩에서 맨해튼으로 달려가는 두 시간이 지옥으로 내려가는 것처럼 고통스러웠다. 화해를 하겠다고 길을 떠났지만 나의 마음속에서는 여전히 숭산을 후려치는 비판의 소리로 가득 차 있었다. 마침내 맨해튼의 아파트에 도착했다. 엘리베이터를 탔다. 스님이 계시는 7층의 버튼을 눌렀다. 그 순간까지도 내 마음속에 "내가 잘못했다"는 생각이 추호도 없었다. 그러나 기적이 일어났다. 나는 그 기적의 순간을 지금도 잊을 수가 없다. 엘리베이터가 7층에 도착해 문이 열리는 순간, 이변이 생긴 것이다. "이래서는 안 되지" 하는 생각이 들었다. 그러면서 나의 마음 문이 활짝 열렸다. 나의 마음 문 열림은 엘리베이터의 문 열림과 동시이었다. 문이 열리자 숭산스님이 활짝 웃으면서 나를 반갑게 맞아 주셨다. 그리고 우리의 대화는 오랜 지기지우知己之友처럼 즐겁게 계속되었다. 단 한마디도 피차간의 입장 차이나 싸울 때 내뱉었던 말은 꺼내지 않았다. 한참 대화를 나누다가 작별인사를 하고 집으로 돌아왔다. 그 뒤로 오랫동안 나를 괴롭혔던 숭산 불교 혐오증은 사라졌다. 그 뒤로 나는 숭산스님을 스토니브룩대학으로 초청하여 성대하게 법회를 열었다. 큰스님을 모시는 예의를 다 갖추었다. 한번은 학생들을 위한 주말의 24시간 장좌불화 불철주야 용맹정진 법회에도 스님을 지도법사로 모신 적이 있었다.

숭산스님의 훌륭하심을 모르는 사람은 없을 것이다. 인자한 성품에 재치가 뛰어나 사람들의 막힌 대목을 잘 풀어 주는 큰스님이었다. 그 덕을 본 사람이 부지기수다. 뿐만이 아니다. 신심이 돈독하여 불법포교의 정열이 대단한 분이었다. 지금 한국불교는 숭산스님의 원력으로 전 세계 방방곡곡 널리 퍼져가고 있다. 이것은 전 세계의 불교인들이 다 알고 있는 사실이다.

'그러나, 그러나, 그래서 어쩼다는 것인가?' 이러한 질문은 지금도 나에게서 사라지지 않는다. 〈끝〉

시험 문제

황경열 교수님께,

새벽 4시에 일어나 컴퓨터 앞에 앉았습니다. 이것저것 뒤적이다 지난해 학기 말에 학생들에게 주었던 시험 문제를 엉뚱한 곳에서 발견했습니다. 다시 읽어 보았더니 혼자 읽기가 아까워 선생님께 보내드립니다.

오늘도 좋은 하루 되시기 바랍니다.

박성배 드림

:: 시험 문제 ─────────────────────────────

1. 우리는 어떤 식으로 배우는가? 하나는 글자로 지식(knowledge)을 배우는 것이다. 우리들의 지식은 대개 이제까지의 것에다 무엇인가를 더 보태는 것이다. 그러나 우리의 배움에는 또 하나의 다른 배움이 있다. 그것은 자기가 깨지는 체험을 통해서 배우는 것이다. 이러한 배움은 보태는 것이 아니다. 이제까지의 자기가 뿌리째 뒤흔들리면서 뽑히는 것이다. 이것은 이제까지의 자기가 죽는 일종의 '죽음의 체험'이다. 그러나 이러한 죽음이야말로 새롭게 다시 사는 길임을 알아야 한다. 만일 이제까지의 것이 완전히 부서지고 새로 태어나면 그것이야말로 진정 배우는 것이다. 종교적인 배움이란 이에 속하는 것이다.

2. 진리는 하나다. 그러한 진리는 이 세상 도처에서 대자연, 대우주와 함께 끝없이 끝없이 일한다. 시간과 공간을 초월해서(언제나 어디서나) 항상 일한다. 그러므로 진리가 나에게만 있고 너에게는 없다는 식으로 말하면 그것은 커다란 잘못이다. 일부 종교인들이 그런 생각을 가지고 있는데 그

것은 종교가 집단이기주의로 변질하면서 생긴 병폐에 불과하다. 진리는 7세기 신라시대의 불교승려였던 원효대사하고 함께 일했고, 15세기 조선시대의 유학자였던 퇴계선생과 함께 일했다. 그러므로 이들은 모두 인류의 큰 스승들이다. 우리는 답답한 문자문화, 가증스러운 몸짓문화, 이기주의적인 이원론문화를 넘어서서 인류의 스승을 알아봐야 한다. 그것이 우리들이 해야 할 공부다.

황경열 교수님 내외분께 올립니다.

황경열 교수님 댁의 상견례를 진심으로 축하드립니다. 『반야심경般若心經』에 '색즉시공色卽是空'이란 말씀이 나옵니다. 여기서 '색'은 눈에 보이는 것입니다. 인간에게 있어서 '색'은 우리들의 눈에 보이는 구체적인 것입니다. 가령, 용서 못할 원수를 만났다면 그 원수가 '색'이고 그 원수를 본 자가 나의 눈입니다. 『반야심경』의 색즉시공은 여기서 우리를 다음과 같이 가르치고 있습니다.

"너의 눈은 그를 원수로 보고 있다. 그러나 사실을 말하자면 그는 원수가 아니다. 너는 그를 잘못 보고 있다. 그러므로 너의 잘못된 생각을 내려놓아라."

색즉시공, 내 눈에 보이는 원수가 바로 공이란 말입니다. 여기서 공은 서양의 하나님이요, 동양의 도요, 불교의 부처님이요, 기독교의 예수님이요, 요즈음 사람들의 진리입니다. 진리는 만인의 것입니다. 그래서 진리는 보편적이고 영원한 것입니다. 그러나 그러한 진리가 구체적인 현실에서, 지금 당장 바로 이 자리에서 일을 하지 않는다면 그것은 뭔가 잘못된 것입니다.

우리는 『반야심경』의 색즉시공을 지금 당장 바로 이 자리에서 일하는 진리로 만들어야 합니다. 내 눈에 비친 색은 무슨 색이든 내가 만든 색입니다. 그러나 이것은 『반야심경』의 색즉시공사상을 모르는 데서 나온 것입니다. 『반야심경』을 제대로 읽는 사람은 그럴 수 없습니다.

그래서는 안 됩니다.

　상견례를 할 때, 내 눈에 비친 사돈은 내가 만든 사돈입니다. 이것은 숨길 수 없는 사실입니다. 내가 아무리 눈치가 빠르고 관상을 잘 보고 학식이 많고 별별 재주를 다 가지고 있다 하더라도 내 눈에 비친 사돈은 진짜 사돈이 아니고 내가 만든 사돈입니다. 그러므로 그것을 내려놓아야 합니다. 그렇게 내려놓는 순간이 색즉시공의 순간입니다. 그리고 그러한 공이 구체적인 현실에서 일하는 모습이 공즉시색이란 말입니다.

　『반야심경』을 이렇게 읽으면 『반야심경』의 색즉시공은 영원한 진리이면서 지금 당장 바로 이 자리에서 일하는 구체적인 진리가 됩니다.

　황 교수님 댁의 상견례를 진심으로 축하드립니다.

2015년 8월 2일 스토니브룩에서

박성배 올림

범산 최종일 박사님과 주고받은 편지　　　　　2015년 10월 28일

황경열 교수님께,

범산 최종일 박사님이 보내 주신 글입니다. 혼자 읽기가 아까워 이렇게 보내 드립니다.

안녕히 계십시오.

박성배 드림

:: 편지 ①(10월 26일)

박 교수님께,

안녕하십니까? e-mail을 저한테 보내 주신 데 대하여 생각을 해 보았습니다. 강의 내용, 계획 등은 김홍경·손희정 교수님과 상의하실 내용이나 저한테 보내신 이유가 무엇일까 생각해 보았습니다. 아마 Medically, what do you think?로 질문하신 것으로 이해하고 외람된 말씀 드리고자 합니다.

요즘 흔히 Well-being이니 Well-dying이니 말들 합니다. 사실 Well-aging이 뒷받침되어야 가능한 이야기입니다. 어떻게 Well-aging을 계획하는 것이 좋을까요? 저도 요즘 화두처럼 틈만 나면 생각합니다. 노익장이라는 옛말대로 앞으로 몇 년간의 원대한 계획을 설계하신 박 교수님 계획이 훌륭하십니다. 그런데 작은 걱정이 하나 있습니다. 박 교수님의 incredible energy level은 젊은이를 능가하지만 medically 조금 염려가 되는 것이 사실입니다.

지금 드시는 항우울제, Mirtazapine(Remeron) 15㎎은 원기(sense of wellbeing)도 증가시키고, 수면 유도도 하고, mood 증진에 단기간 도움은 되나 일시

적이어서 오래 드시면 부작용이 축적되어 조만간 끊으셔야 합니다. 건강한 신체 능력의 상실은 세월의 흐름을 피할 수 없는 우리 모두의 현실입니다. 얼마 전 고생하셨던 PMR(Polymyalgia Rheumatica) 기억하시지요? 다리가 뻣뻣하게 아프고, 근육통 등 sense of wellbeing을 망가뜨려서 노년이 되었음을 실감하셨을 것입니다. 문제는, 그것은 완치가 아니고 잠시 보류(?)되어 있다고 보시면 됩니다. 무리하시면 어느 때나 다시 나올 수 있어 잠복하고 있는 것이지요.

MCI라고 하는 의학용어가 있습니다. Mild Cognitive Impairment, 경증 인지능력장애입니다. 여기에 네 가지 장애가 있습니다. 기억, 계산, 판단, 그리고 성격 장애입니다. 나이에 따라 차이는 있으나 요즘은 젊은 사람도 흔하게 옵니다만 특히 육체적 기운이 충만할 때에는 자신들이 MCI가 진행되고 있다는 것을 미처 모르고 있습니다. 기억·계산 장애는 스스로 알아차리기 쉬우나, 판단·성격 장애는 다른 사람들이 알 수 있지, 본인은 잘 모릅니다. 요즘 저도 사람 얼굴은 생각나는데 이름이 퍼뜩 떠오르지 않아서 난감할 때가 있습니다. 얼굴까지 생각이 안 나면 치매영역인데 얼굴은 알아보니 아직 거기까지는 안 들어갔다고 스스로 위로합니다. 그래도 걱정이 되어서 판단·성격 장애를 일찍 알아차리는 방법을 생각해 봅니다. 일종의 self-reflection이지요. 일찍이 부처님께서 청정념이라는 수행방법을 제시하셨지요. 그래서 새삼 『아함경』·니카야 경전을 읽으면서 사선팔정 수행을 시작해 봅니다.

노년이 되면, 건강치 못한 몸을 건강하게 만드는 건 불가능에 가깝습니다. 의학은 고통을 약화시키는 역할을 할 뿐, 노년의 몸을 청년의 나이로 되돌리진 못합니다. 따라서 건강한 식사와 적절한 운동, 무엇보다도 과도한 스트레스를 피하는 것이 중요합니다. 지금 stressful한 새로운 강의 개설 등은 정신적·육체적으로 무리가 되실 듯싶습니다. 제 생각으로는, 많은 선지식이 그랬던 것처럼, 모든 의무(obligation)를 벗어나신 지금이야말로 박 교수님께서 편안하고 고요한 마음으로, 일생을 통하여 축적하신 학문과 체험이 녹아드는 역작을 내시어 은퇴 후의 삶을 보람 있게 보내시면 좋겠다는 제안을 드려 봅니다. 제 의학 의견을 원하시는 것 같아서 공자님 앞에 문자 쓰는 우를 범하는 것을 염려하면서 글을 올립니다.

안녕히 계십시오. 보살님, 빠른 시일 내 회복하시길 기원합니다.

범산 올림

:: 편지 ②(10월 26일)

범산거사님께,

정말 감사합니다. 범산거사님이 저에게 이렇게 고마우신 분인 줄을 몰랐습니다. 근 40년 전, 제가 스토니브룩에서 기차를 타고 맨해튼에 가서 거기서 워싱턴 행 열차로 바꿔 타고 거사님 댁에 가서 자고, 그다음 날 거기 사는 한국 사람들을 상대로 불교 이야기를 하고 돌아오곤 했던 생각이 납니다. 지금도 아름다운 추억입니다. 보내 주신 의학적 충고를 성경 읽듯 자꾸 읽어야겠다는 생각이 들었습니다. 정말 옳으신 말씀이라고 느껴졌기 때문입니다. 왜 옳으신 말씀이라고 느끼는가 하면, 저를 속속들이 들여다보고 하신 말씀 같기 때문입니다. 자세한 것은 나중에 또 말씀드리겠습니다.

거듭 감사드리면서,

박성배 합장

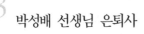

감사합니다. 제가 오늘 이 자리에서 이렇게 여러분의 좋은 말씀을 듣고, 저에게 좋은 자리를 마련해 주신 것은 저로 인한 것이 아니고 전부 여러분의 덕택입니다. 오늘 이 자리만이 아니고 이제까지 저의 일생이 모두 다 여러분의 덕분입니다. 여기에 오신 분뿐만이 아니고 참석하지 못하신 많은 분, 또 제가 만나 뵙지도 못하고 이름도 알지 못하는 많은 분의 덕으로, 저는 오늘 이 자리에 서 있는 것 같습니다.

제가 오전 10시 좀 지나서 스토니브룩을 떠났습니다. 12시 이 모임에 참석하기 위해 롱아일랜드 고속도로를 따라 저의 딸이 차를 운전하고, 저는 뒷자리에 앉아서 걱정을 했습니다. 오늘 한 말씀 해 달라는데 무슨 말씀을 드릴까, 그 걱정을 하고 있는데…… 가을이니까 단풍이 들어서 나뭇잎이 빨갛게 물들고 또 많은 나무는 이미 잎이 떨어져버리고…… 그런데 그 사이사이로 푸른 나무가 눈에 확 들어왔습니다. 소나무, 어쩌면 다른 나무에 비해서 저렇게도 뚜렷할까! 오늘 처음 보는 소나무가 아니고 항상 소나무를 볼 때마다 제가 옛날부터 줄곧 느꼈던 건데 오늘 새삼스럽게 그 소나무가 눈에 띄었습니다. 그러면서 그 소나무에 대해서 나도 모르게 한참 동안 생각을 했습니다. 무엇이 소나무를 이토록 뚜렷하게 눈에 들어오게 만드는가? 뭐니 뭐니 해도 푸른 것…… 상록수, 소나무는 항상 푸르다. 푸른 것뿐만이 아니라 기둥이 확고하게 딱 서 있는 것이 소나무의 또 다른 특징입니다. 다른 나무들은 다소 구불구불한데 소나무는 기둥이 똑바로 서 있습니다. 그 소나무 사이사이로 가지들이 뻗어 있는데 가지들은 아래위로 그 간격이 떨어져 있습니다. 이런 것들이 인생을 가르쳐 주는, 소나무 한 그루가 나에게 삶을 가르쳐 주는, 인생의 길을 가르쳐 주는 것을 느꼈습니다. 소나무를 관찰해 보신 분은 누구나 다 아시겠지만 소나무는 그 뿌리가 굉장히 깊고 넓게 들어갑니다. 그러니까 폭풍이 불어도, 다른 나무는 많이 쓰러지고 피해를 입는데, 소나무는 대개 비교적, 절대는 아니지만 폭풍의 피해를 적게 입습니다. 그 이유는 뿌리가 튼튼하기 때문입니다. 그리고 기둥이 실하기 때문입니다. 또 나무와 나무 사이에 공간이 있어 바람이 통하기 때문입니다. 그래서 생각합니다. 사람도 저래야 되겠구나. 우선 소나무가 항상 파랗듯이 사람도 항상 파래야겠다. 소나무가 항상 흔들림이 없듯이 사람도 뿌리가 튼튼해야겠구나. 가지를 뻗어도 가지와 가지 사이에 공간을 주어서 바람이 통하도록, 다른 나무에도 바람이 지나가도록 다 양보하는 그런 삶을 살아야겠구나. 그런 생각을 했습니다. 이것 가지고 제가 오늘 무슨 말씀을 드려야 될 텐데 생각했는데, 이 상념과 결부되어서 떠오른 생각이 몇 가지 있습니다. 사실은 은퇴기념일을 갖는다고 해서 그때부터 제일 걱정되는 것이 '이야기하라는데 무슨 이야기를 할까?', 그래서 컴퓨터에 적어 놓기도 했습니다. 저의 잡기장에다 떠오르는 대로 이 말 해야겠다, 저 말 해야겠다, 적어 놓은 것이 있습니다. 그것 다 소용이 없었습니다. 오늘 여기 오면서 고속도로 주변의 소나무 한 그루를 보고 떠오른 생각, 그것이 제 이야기의 핵심이 될 것 같습니다.

무엇이 나를 오늘날의 이 모습으로 만들었을까? 제일 먼저 떠오른 것이, '박성배 너는 소나무가 아니야. 파랗다? 어디가 파래. 누렇다, 빨갰다, 검었다, 뭐 별별 부끄러운 것들 잔뜩 싸여 있는데. 그다음에 나를 받쳐 주는 뿌리, 그게 뭘까? 뭐 별소리 다 있지만 한마디로 말해서 저는 여러분 앞에 설 때, 또 여기 오시지 않은 모든 분께 저를 소개할 때 "미안합니다. 부끄럽습니다." 겉으로 드러난 것, 박사학위를 가졌다, 책을 몇 권 썼다, 무슨 이론을 발표했다 등등 별별 걸 다 하지만 그런 것들은 아무것도 아니고, 실제 박성배는 무엇이냐? 부끄럽다는 것밖에 없습니다. 그래도 이제 저를 한번 돌이켜 보면서 제가 그동안 공부했던 것을 이야기해 봐야겠다 싶었습니다. 그 공부는 크게 세 가지로 나누어집니다. 하나는 초등학교, 중학교, 고등학교, 대학교, 대학원, 미국 와서 댈러스 텍사스 Southern Methodist University(SMU)의 퍼킨스신학교에서 신학공부 3년, 버클리로 가서 박사학위를 따기 위해 6년 동안 죽으라고 공부 열심히 했습니다. 이러한 현대식 교육이 제 공부였습니다. 저에게는 그 현대식 공부 말고 또 다른 공부가 있었습니다. 이런 사람들이 저 말고도 많겠지만 최소한 제 주변에는 그렇게 많지는 않았습니다. 특히 요즘 사람들에게는…… 그것이 뭐냐면, 4살 때부터 저의 아버지는 저에게 하늘 천, 땅 지, 검을 현, 누를 황…… 천자문을 가르쳤습니다. 천지현황 우주홍황…… 이런 식으로 4살 때부터 외웠습니다. 그러다가 현대학문으로 들어가서 다 잊어버리고 대학에 갔습니다. 처음에 의과대학을 들어갔습니다. 의과대학 1년을 했는데, 저는 대학이라면 사람을 제대로 만드는 교육인 줄 알았는데 의과대학에서 가르치는 것을 보니 사람 만드는 교육은 하나도 안 시키더라고요. 유기화학, 무기화학, 무슨 수학, 기하학 등을 가르치는데 그런 것 아무리 공부해 봤자 사람 되는 데는 소용이 없겠더라고요. 휴학계를 내고 효당 김문옥이라는 유학자가 계신, 전라남도 보성 벌교에 있는 효당서원에 갔습니다. 거기서 학용논맹 사서, 『대학』에서 시작해서 『중용』, 『논어』, 『맹자』유교경전을 1년 동안 배웠습니다. 다시 돌아와서 의과대학 다니다가 또 싫증이 나서 간 곳이 해남 대흥사입니다. 전강스님 밑으로 가서 1년 동안 중노릇을 했습니다. 그러다가 또 의과대학으로 돌아와서 공부를 했습니다. 가방 속에 해골 넣어 다니며 몇 백 개나 되는 뼈 이름을 외우는데, 이 짓해서는 도저히 안 되겠더라고요. 내 주변에 의사가 많았습니다. 의과대학생이면 모두 병원에 가서 돕기도 하고 근무도 했습니다. 그 의사들 하는 걸 보면 별로 존경심도 안 생기더라고요. 그래서 결심을 했습니다. 의과대학 그만두고 나는 불교학을 전공해야겠다. 동국대학교 불교대학 철학과에 들어갔습니다. 현대식 교육은 이런 식으로 여러 가지를 공부했습니다. 그런데 현대식 공부 말고 효당선생께 갔다, 전강스님 밑에서 중노릇했다, 이런 것이 저에게는 상당히 의미가 있었습니다. 만약 제가 대학을 휴학하지 않고 효당선생 밑에 가서 사서를 공부하지 않았더라면, 해남 대흥사 전강스님 밑에서 중노릇 1년을 하지 않았더라면 현대식 교육 밖의 것이 얼마나 소중한지를 몰랐을 것이라는 점을 절실히 느낍니다. 제가 비교적 출세를 잘하는 편입니다. 어디를 가든 길이 열립니다. 누가 도와줘서 그런지 아무튼 길이 잘 열립니다. 취직도 잘하고…… 버클리대학교에서 박사학위를 받았을 때, 10여 명이 박사학위를 받았는데, 그 무렵 대학교에 취직하기가 힘들었습니다. 모두 박사학위를 따 놓고도 취직을 못하고 있었습니다. 이때 스토니브룩대학에서 사람을 뽑는다고 했는데, 저의 지도교수가 "내가 내 밑에서 박사학위를 한 사람들과 취직자리만 나오면 항상 함께했는데 이번에는 내가 작전을 바꾸기로 했다. 너만을 추천하기로 했다. 그러니까 잘해라", 그러더라고요. 그래서 제가 "감사하다"고 했습니다. 스토니브룩에서 인터뷰를 했는데 바로 채용하겠다고 했습니다. 그런데 이런 일들은 현대식 공부만이 아닌 효당선생 밑에 가서 사서를 공부하고, 전강스님 밑에 가서 무자화두로 참선을 1년 하고, 뭐 이런 것들이 큰 힘이 되었던 것 같습니다. 그리고 저를 채용한 사람도 그런 얘기를 하더라고요. "너의 경력을 보고 우리가 반해서 너를 채용했다"고. 제가 여기서 말씀드리고 싶은 것은 그것만이 아닌 것 같습니다. 저에게서 제일 중요한 것이 또 있습니다. 그러니까 현대식 교육, 즉 초등학교, 중학교, 고등학교, 대학교 이런 것 말고, 유교, 불교, 이런 데서 공부한 것도 말고, 또 하나가 있습니다. 그것이 저에게 굉장히 중요한 것이었습니다. 그것이 뭐냐면, 제가 어렸을 때 우리 집에 살면서 6·25를 만났는데 그때가 중학교 3학년쯤이었습니다. 많은 거지가 집으로 찾아왔습니다. 그때 거지에게 밥 주면서 거지의 모습을 보고 나도 언젠가 거지 노릇을 한번 해 봐야지, 부잣집 아들이 싫고 거지가 되는 것이 꿈이었습니다. 한번은 실제 거지가 되었습니다. 거지가 되고 보니 해만 지면 불안했습니다. 집에 있을 때, 부모님 밑에서 살 때 해가 지면 아름답지요. 저녁에 밥 먹어야지요. 행복합니다. 그런데 해가 질 때마다 불안해지는 것, 그게 거지입니다. 아마도 거지 노릇 안 해 본 사람은 모를 겁니다. 배가 고픕니다. 배가 고프면 뭣이 그립냐면 사람이 그립습니다. 그때 제가 18살쯤인가, 20살 전이었는데, 젊은 나이에 사람이 그립다고 하는 것, 왜냐하면 사람을 만나야 밥을 얻어먹거든요. 해가 지면 불안하고 또 배가 고프면 사람이 그립고, 이런 것들은 현대식 교육이건 절간의 수도생활이건 유교서당이건 아무 데서도 못 배워요. 그건 제가 거지노릇을 했기 때문에 배운 것 같습니다.

이런 경험이 극에 다다른 적이 있었습니다. 거지가 된 뒤 한번은 가도 가도 집이 안 보였습니다. 배는 고파 죽을 지경인데, 마침내 어느 집에 도착했습니다. 밥 좀 달라고 구걸했습니다. 식모 아주머니 같았습니다. 밥이 없는데 조금 기다리라고 그러더니 밥을 가지고 나와요. 먹으려고 보니 쓰레기통에 버린 것을 다시 주워서 온 것이었습니다. 콩나물, 김치 깍두기 등등, 냄새도 고약했습니다. 나도 모르게 구역질이 났습니다. 그러나 구역질은 일순간이었습니다. 배가 고프니까 그냥 정신없이 먹었습니다. 뉴욕주립대학교 스토니브룩대학 교수가 되었을 때, 우리 대학 총장이 모금을 하는데 부자만 오면 시내 좋은 음식점에서 대접을 받고는 같이 가자고 저를 초대했습니다. 언젠가 한국 부자가 와서 우리를 초청했습니다. 또 저와 총장 둘이 가서 밥을 먹었습니다. 한 상에 500불 짜리라 그래요. 별별 음식이 다 나오고 진수성찬이었습니다. 지금 그 500불짜리 밥상, 뭐 먹었는지도 모릅니다. 밥맛 하나도 기억 안 납니다. 저의 일생에서 제가 먹어 보았던 것 가운데 가장 맛있었던 음식은 쓰레기통에 버렸다가 다시 가져온 쉰밥인데, 그 밥맛을 잊어버릴 수가 없습니다. 이것은 현대 교육, 절간공부, 유교서당공부 등 별별 교육과는 상관이 없는 것 같습니다. 쓰레기통에서 건진 고약한 냄새나는 쉰 밥맛, 일평생 잊지 못하는 그 밥맛을 제가 이 자리에서 여러분께 말씀드리고 싶습니다.[1]

---

1) 이것은 내(황경열)가 2015년 11월 8일에 뉴욕에서 있었던 은퇴식 동영상을 구해 박성배 선생님의 말씀을 글로 옮긴 것이다. 선생님께서 전하시려는 메시지가 다치지 않도록 애를 썼다.

선생님,

제가 2000년 1월, 선생님을 처음 뵙고 지금까지 줄곧 선생님의 가르침을 받고 있습니다. 저의 안목, 지금의 저, 그 모든 것은 선생님의 가르침으로 이루어진 것입니다. 선생님의 가르침으로 인해 저는 진리에 눈 뜨고 이 세상 삼라만상을 새롭게 보고 있습니다. 제가 학생들에게 가르치는 심리학도 새로운 시각으로 보고 있습니다.

선생님께서는 언제나 청년처럼 에너지 넘치고 열정적이고 은퇴가 없으시리라 생각했습니다. 한편으론 오랫동안 사모님 간병하시는 선생님의 건강이 염려는 되었습니다. 이번 여름, 학교를 그만두신다 하셨을 때 저에게는 상반되는 양가감정이 있었습니다. 아니 벌써 은퇴하시나? 그래 맞아, 80이 넘은 연세에 사모님 간병으로 심신이 많이 피로하실 거야! 사실 저는 최종일 박사님같이 그렇게 선생님의 건강을 염려하진 않았습니다. 오히려 선생님의 계획처럼 앞으로 몇 년간은 더 활동적으로 일을 하실 수 있으리라 생각했습니다.

은퇴식 동영상 속의 선생님은 제가 뵙기에 단지 약간 여위었을 뿐 예전 그 모습이셨습니다. 지난 토요일 전화 통화에서, 선생님께서 댁에서 미국 학생들을 가르치신다니 좋았습니다. 목소리도 밝고 힘차게 들렸습니다. 이웃의 앞길을 밝히는 게 선생님의 업이라 어쩔 수 없구나 생각했습니다. 선생님, 그래도 늘 몸이 보내는 신호와 상태를 확인하시어 건강을 유지하시길 바랍니다.

앞으로도 선생님과 마주하든 아니든, 저를 포함한 이 세상의 모든 생명들의 앞길을 밝히는 등불이 되어주시길 빕니다.

사모님의 건강 회복, 두 따님과 사위, 손자손녀의 건강과 행복을 빕니다.

선생님의 은퇴를 접하며 뒤늦게나마 저의 감사와 존경과 기원과 염려를 전합니다.

선생님, 언제나 어디서나 감사하고 그립고 경외합니다.

황경열 올림

11월 20일

황경열 교수님께,

황 교수님의 편지를 읽고 또 읽었습니다. 그러다가 문득 이런 생각이 떠올랐습니다. 자기를 칭찬해 줘 싫어하는 사람 없다더니, 저를 채찍질해 주는 것으로 알고 더욱 노력하겠습니다.

안녕히 계십시오.

박성배 합장

조현용 교수님과의 편지 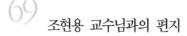 2015년 11월 25일

황경열 교수님께,

아래에 조현용 교수님께 보낸 편지를 첨부하겠습니다. 소람해 주시기 바랍니다.

박성배 드림

:: 조현용 교수님께

　　오늘 아침, 선생님의 「자신을 가두는 생각」을 읽고 떠오른 생각입니다. 우리는 동양문화와 서양문화의 차이를 공부할 때 서양의 유목민문화와 동양의 농경민문화의 차이를 이야기합니다. 유목민은 항상 목초를 찾아 움직여야 합니다. 그러나 농경민은 자기가 살던 땅을 버리고 떠나면 망합니다. 이사폐사移舍廢舍, '이사 가면 집안 망한다'는 말도 농경사회에서 나온 말일 것입니다. 유목문화가 움직이는 문화라면, 농경문화는 움직이지 않는 문화라고 말할 수 있을 것입니다. 움직이면 눈을 크게 떠야 합니다. 거기서 새것을 만나면 거기에 대책을 강구해야 합니다. 움직이지 않는 농경민은 밤낮 똑같은 것을 보고 사니 자연히 눈을 감습니다. 눈을 감으면 과거도 미래도 현재도 모두 함께 있습니다. 동서남북이 공존합니다. 눈을 감으면 명상세계가 펼쳐집니다. 어렸을 때의 일들이 생각납니다. 아이들이 싸우면 어른들은 싸우지 말고 눈을 감고 가만히 생각해 보라고 가르치셨습니다. 농경문화의 특징이 아니었던가 싶습니다. 그러나 유목민은 새 목초를 찾아다녀야 하기 때문에 눈을 크게 뜨고 항상 긴장해야 합니다. 만일 새 목초를 발견해도 이미 거기서 자기들의 양 떼를 키우고 있는 다른 유목민과 싸워야 합니다. 그들이 어깨에 들쳐 메고 다녔던 베이

결과 화살의 줄이 이를 잘 말해 줍니다. 싸우면 이겨야 합니다. 싸움터에서 가장 중요한 것은 무기이고 무기 중에 가장 좋은 무기는 자기들에게 승리를 가져다주는 신(god)입니다. '우리들이 믿고 있는 신이 최고의 신이다.' 전지전능의 최고신이라는 사상이 여기서 나옵니다. 그 뒤에 나온 가지가지 종교들이, 많은 성자들이 바로잡으려고 무진 애를 썼던 것도 바로 이 대목입니다. 그러나 업은 좀처럼 바로잡아지지 않고 오늘날 여전히 판을 치고 있습니다. 그러나 농경민의 종교는 가는 곳마다 그곳의 문화를 존경하고 그 밑으로 내려가 종노릇하면서 받들었습니다. 불교가 그 좋은 예 중의 하나입니다.

조현용 교수님, 우선 생각나는 대로 적었습니다. 앞으로 계속 다듬어야 할 줄 압니다.

안녕히 계십시오.

박성배 드림

70

돈오돈수에 대해서

황경열 교수님께,

오늘 아침 전화 주셔서 감사합니다. 성철스님의 '돈오돈수'를 놓고 말이 많아 제가 글을 하나 썼습니다. 소람해 주시기 바랍니다.

안녕히 계십시오.

박성배 합장

:: 돈오돈수라는 말에 대해서

요즈음 한국에서 성철스님의 '돈오돈수頓悟頓修'에 대해 말들이 많다. 그러나 대부분의 발언자들이 '돈오돈수'가 무슨 말인지도 모르면서 왈가 왈부하고 있는 것 같다. 한마디로 말해 '돈오돈수'는 보통 사람들이 가지고 있는 '시간 개념'을 때려 부수는 말이다. 그러므로 우리들은 돈오돈수 라는 말 앞에서 아찔해져야 한다. 요즈음 학자들은 공부를 한다면서 단한 번도 자기 자신의 시간 개념이 난파당하는 경험이 없기 때문에 불교에서 말하는 각覺의 경지에 대해서 거침없이 말하면서도 실지로 자기 자신은 단 한 번도 각覺의 세계에 들어가 본 적이 없다는 자기모순을 통절하게 반성할 줄 모른다. 그래서 입을 열 때나 글을 쓸 때 별별 문헌과 별별 표현을 다 동원하지만, 결국 자기 자신은 시간의 틀 속에 갇혀 모든 것을 상대적으로 처리하고 있다는 자기모순적인 비극을 극복할 줄 모른다.

다시 말해, '돈오돈수頓悟頓修'라고 말할 때의 '돈頓'은 시간 개념이 아니다. 자기 자신이 점漸적인 구조 속에 갇혀 있으면 '돈頓'은 짧은 시간일 수밖에 없다. 그러나 자기 자신이 점漸의 틀에서 벗어나면 '돈頓'은 짧음이라는 시간의 틀 밖에 있는 것이다. 이것이 각의 경험이다. 자기 자신과 부처님은 깨달음이니 깨침이니 하는 말이 있기 전에 원래 함께 있는 것이다. 불성은 사람들이 말하는 돈오 이전이나 돈오 이후에 관계없이 여법한 것이다. 돈오돈수는 이 대목을 들여다보고 있는 것이다.

돈점頓漸이라는 한자漢字는 고저高低, 장단長短, 전후前後, 좌우左右, 진위眞僞, 선악善惡 등등과 마찬가지로 사물의 상대적인 관계를 표현할 때 쓰는 말이다. 그래서 요즈음 학자들은 선禪불교의 돈점 관계를 시간의 틀 속에 집어넣고 있다. 문제는 여기에 있다. 돈오돈수를 이런 식으로 이해하면 백발백중 혼란에 빠진다. 한마디로 돈오돈수는 시간 개념이 아니기 때문이다. 요즈음 많은 사람들이 돈오돈수를 빨리 깨닫고 빨리 닦는다는 식으로 이해하고 있다. 돈오돈수가 시간 개념이 아니라는 사실을 바로 알면 이렇게 말도 안 되는 소리를 함부로 하지는 않을 것이다. 돈오돈수는 시간의 틀을 넘어섰다는 말, 돈오돈수는 수행자가 시간적인 구조에서 벗어났다는 말임을 잊지 말자.

『반야심경』 공부 ⑤

황경열 교수님,

우리들이 만난 지 16년이라니 믿어지지 않습니다. 항상 만난 것 같은데…… 송암 지원스님이 저의 「『반야심경』 공부」를 출판하고 싶다 하셔서 지금 그것을 정리하고 있습니다. 써 놓은 것은 많은데, 책 한 권으로 만들자니까 쉽지 않네요. 정리되면 보내드릴게요.

새해 온 가족 모두 복 많이 받으시기 바랍니다.

박성배 합장

황경열 교수님,

감사합니다. 『반야심경』 공부에 관련된 것 두 가지를 아래에 첨부합니다. 앞으로 많이 손을 봐야 할 것 같습니다.

안녕히 계십시오.

박성배 합장

우파니샤드—어느 한 종교학과 학생과의 문답   2016년 1월 31일

황경열 교수님,

『『반야심경』 공부』를 쓰다가 자꾸 딴 일들이 생겨 통 진전이 안 되는 군요. 오늘 일어난 일도 그 중에 하나입니다. 소람해 주시기 바랍니다.

안녕히 계십시오.

박성배 합장

:: 질문과 답변 ①[1]

[질문]

○○○입니다.

첫 번째 질문은 아래와 같습니다.

한국에서는 불교인의 믿음과 기독교인의 믿음이 심하게 충돌할 때가 가끔 있습니다. 기독교인들은, '신이 우주를 창조했고 통치하고 있다는 사실을 믿는 것이야말로 구도자가 믿어야 할 첫 번째 진리'라고 주장하고 있습니다. 그런데 불교학자들과 스님들은, '기독교에서 믿으라고 하는 그런 신은 없다'고 생각하는 경우가 많습니다. 기독교에서는, 절대자인 신뿐만 아니라 천사들, 악마들도 있고, 천국과 지옥도 있다고 가르치고 있습니다. 만약, 원효가 기독교를 접했다면, 기독교 교리를 '허망한 분별'이라고 생각해서 거부했을까요? 아니면 기독교 교리에도 진리가 있다고 생각했을까요?

---

1) 다음은 당시 서울대학교 종교학과 박사과정에 있던 한 학생의 문의 이메일과 이에 대한 박성배 선생님의 답장이다.

두 번째 질문은 아래와 같습니다.

원효가 말하는 '일심'에 대해, 그리고 '일심의 근원으로 돌아간다는 것'의 의미에 대해, 학자들마다 조금씩 설명이 다릅니다. 박성배 선생님께서는 '일심'에 대해, 그리고 '일심의 근원으로 돌아간다는 것'에 대해 어떻게 학생들에게 설명해 주실 수 있습니까?

[답변]

기원전 6세기의 인도는 아직 불교가 등장하기 전이라 우파니샤드(Upanishad)사상으로 가득 차 있었다고 말할 수 있을 것입니다. 다음은 우파니샤드철학의 대표적인 인물로 손꼽히는 Yajnavalkya의 이야기입니다.

한번은 Yajnavalkya가 범아일여梵我一如(Brahma-atma-aikyam)에 대해서 이야기를 했습니다. 그때 한 제자가 Brahman(梵)이 누구냐고 물었습니다. 스승은 질문하는 제자에게 당신 옆으로 가까이 와서 앉으라고 했습니다. 그리고 질문하는 제자의 귀에 당신의 입을 대고 다른 사람들은 아무도 못 듣게 소근소근 이야기했습니다. 이 장면을 범어로 '우파니샤드'(upanishad)라고 말합니다. 그 말은 upa(near)+ni(down)+shad(sitting)라는 말입니다. 영어로는 'sitting down near'라는 말이고, 한국말로는 '가까이 와서 앉아라'라는 말입니다.

문제는 Yajnavalky가 왜 그랬느냐는 데에 있습니다. 'Brahman'은 말로 이야기해 준다고 해서 누구나 다 알아들을 수 있는 그러한 존재가 아니라는 것입니다. 오직 알아들을 수 있는 때가 되었을 때 비로소 알아들을 수 있다는 것입니다. 아직 알아들을 수 없는 상황에 놓여 있는 사람에게 말로 Brahman에 대해서 설명해 주면 그 설명하는 말에 집착하여 앞으로 정말 Brahman을 알아야 할 때에 장애물이 된다는 것입니다. 한마디로 백해무익이라는 것입니다. 우리는 'Upanishad'라는 말을 귀가 아프게 들었습니다. 그러나 그 말의 배경에 그러한 깊은 뜻이 있다는 것을 제대로 아는 사람은 드물다고 말해야 할 것입니다.

그러면 본론으로 들어가서 오늘 ○○○ 씨가 저에게 던진 질문을 놓고 upanishad식으로 말문을 열어 볼까 합니다. 저는 ○○○ 씨를 만나본 적이 없습니다. 저는 ○○○ 씨가 누구인 줄을 모릅니다. 그러므로 질문자인 ○○○ 씨는 먼저 자기가 던진 질문에 대해서 '나는 이렇게 생각한다'고 자기를 드러내고 밝혀 줘야 합니다. 그때에 비로소 저는 저의 입장을 밝힐 것입니다.

안녕히 계십시오.

박성배 합장

황경열 교수님께,

황 교수님의 공부하시는 태도는 저를 신선하게 만듭니다. 감사합니다. 아래에 ○○○ 씨에게 보낸 저의 편지를 첨부합니다. 약 3일을 고심하다가 마침내 작성한 편지입니다. 윤원철 교수는 무시해 버리라고 말씀하시지만 그게 쉽지 않았습니다.

안녕히 계십시오.

박성배 드림

:: 질문과 답변 ②

[질문]

박성배 선생님은 성철스님에 대해 별다른 감정이 없을 수도 있지만, 한국의 진지한 구도자 중에는 성철스님이 사기꾼이라고 생각하는 사람들이 종종 있습니다. 그 사람들이 그렇게 생각하는 이유는 성철스님의 법어

중에서 이상한 표현이 자주 나오기 때문입니다. 예를 들면 아래와 같은 표현들이 있습니다. 성철스님이 진정한 스승이었다면 아래와 같은 말들을 할 수 없었을 것입니다. 박성배 선생님께서는 성철스님을 어떻게 생각하는지 친절하고 자세하게 설명해 주시면 감사하겠습니다.

성철스님의 석탄절 법어 중에서 아래와 같은 말이 있습니다.

사탄이여!
어서 오십시오.
나는 당신을 존경하며 예배합니다.
당신은 본래로 거룩한 부처님입니다.
사탄과 부처란 허망한 거짓 이름일 뿐, 본모습은 추호도 다름이 없습니다.
사람들은 당신을 미워하고 싫어하지만, 그것은 당신을 모르기 때문입니다.
당신을 부처인 줄 알 때에 착한 생각, 악한 생각, 미운 마음, 고운 마음 모두 사라지고, 거룩한 부처의 모습만 뚜렷이 보게 됩니다.
그리하여 악마와 성인을 다 같이 부처로, 스승으로, 부모로 섬기게 됩니다.
여기에서는 모든 대립과 갈등은 다 없어지고, 이 세계는 본래로 가장 안락하고 행복한 세계임을 알게 됩니다.
일체의 불행과 불안은 본래 없으니, 오로지 우리의 생각에 있을 뿐입니다.
우리가 나아갈 가장 근본적인 길은 거룩한 부처인 당신의 본모습을 바로 보는 것입니다.
당신을 부처로 바로 볼 때에, 온 세계는 본래 부처로 충만해 있음을 알게 됩니다.
더러운 펄 밭 속에서 아름다운 연꽃이 가득 피어 있으니 참으로 장관입니다.
아!

이 얼마나 거룩한 진리입니까?

이 진리를 두고 어디에서 따로 진리를 구하겠습니까?

「자기를 바로 봅시다.」(성철스님 法語)

자기를 바로 봅시다.

자기는 원래 구원되어 있습니다.

자기가 본래 부처입니다.

자기는 항상 행복과 영광에 넘쳐 있습니다.

극락과 천당은 꿈속의 잠꼬대입니다.

자기를 바로 봅시다.

자기는 시간과 공간을 초월하여 영원하고 무한합니다.

설사 허공이 무너지고 땅이 없어져도 자기는 항상 변함이 없습니다.

유형무형 할 것 없이 우주의 삼라만상이 모두 자기입니다.

그러므로 반짝이는 별, 춤추는 나비 등등이 모두 자기입니다.

자기를 바로 봅시다.

모든 진리는 자기 속에 구비되어 있습니다.

만약 자기 밖에서 진리를 구하면 이는 바다에서 물을 구함과 같습니다.

자기를 바로 봅시다.

자기는 영원하므로 종말이 없습니다.

자기를 모르는 사람은 세상의 종말을 걱정하며 두려워하여 헤매고 있
습니다.

자기를 바로 봅시다.

자기는 본래 순금입니다.

욕심이 마음의 눈을 가려 순금을 잡철로 착각하고 있습니다.

나만을 위하는 생각은 버리고 힘을 다하여 남을 도웁시다.

욕심이 자취를 감추면 마음의 눈이 열려서 순금인 자기를 바로 보게
됩니다.

[답변]

　　○○○ 씨에게,

　　미국은 오늘이 섣달그믐입니다. 한국은 정월 초하루 설날이지요. 새해 복 많이 받으시고 크게 깨치시어 일체중생을 제도하여 주시기 바랍니다.

　　보내 주신 「성철스님의 석탄절 법어」와 「자기를 바로 봅시다」를 잘 읽었습니다. 보내 주신 성철스님의 두 글은 전에도 여러 번 읽은 글이었지만 몇 번을 다시 읽어도 신선하고 좋았습니다.

　　○○○ 씨에게 질문을 하나 드리겠습니다. 제가 왜 성철스님의 글을 이렇게 좋아할까요? 답변해 주시기 바랍니다. 그리고 ○○○ 씨는 '한국의 진지한 구도자 중에는 성철스님이 사기꾼이라고 생각하는 사람들이 종종 있다'고 말씀하셨는데 좀 더 구체적으로 말씀해 주시기 바랍니다. 그들이 누구입니까?

　　첫째, 진지한 구도자의 이름을 말씀해 주시기 바랍니다.

　　둘째, 이들이 성철스님을 사기꾼이라고 말한 구체적인 증거를 말씀해 주십시오. 누가 언제 어디서 누구에게 또는 어느 책 몇 페이지에 그런 말을 했는지 알려 주시기 바랍니다.

　　셋째, 성철스님의 글을 좋아하는 저와 성철스님을 사기꾼이라고 욕하는 사람들 사이엔 분명한 차이가 있습니다. 그 차이에 대한 ○○○ 씨의 솔직한 의견을 듣고 싶습니다.

박성배 드림

---

73 부처님 오신 날 축사

황경열 교수님께,

뉴욕시에 있는 한국불교방송국 곽재환 법사님이 부처님 오신 날 축사를 써 달라고 해서 급히 써서 보냈습니다. 한번 읽어 보시고 교정을 봐 주시기 바랍니다.

안녕히 계십시오.

박성배 합장

:: 부처님 오신 날 축사 ─────────────────────

2016년 5월 15일, 어제는 불기 2560년 〈부처님 오신 날〉이었습니다. 왜 우리는 2560년 전에 오신 부처님을 오늘도 이렇게 기념해야 하는지 다시 한 번 생각해 보고 싶습니다.

부처님은 누구십니까? 긴 설명 그만두고, 한마디로 말해서 '부처님은 오늘 이 순간 우리들 모두를 다 부처님으로 다시 태어나게 해 주신 고마운 분'입니다. 그러나 오늘날 불교를 믿고 불교를 좋아한다고 말하면서도 정말로 부처님 가르침대로 부처님답게 사는 사람은 그렇게 많지 않은 것 같습니다.

이 세상을 살면서 고마운 분들이 많습니다. 누가 고맙네, 누가 고맙네, 별별 말씀을 다 해도 솔직히 말해서 우리를 낳아 주시고 키워 주신 우리 부모님보다 더 고마운 분은 없을 것입니다. 이것은 동서고금을 막론하고 아무도 부정 못할 엄연한 사실입니다.

그러나 우리들의 부모님 사랑에는 한 가지 특징이 있습니다. 그것은

567

우리들이 우리 부모님을 사랑하듯이 옆집 부모님을 사랑하지는 않는다는데에 있습니다. 이것은 동양과 서양이 똑같습니다. 기독교인이나 불교인이나 모두 다 똑같습니다. 다시 말씀드리면 종교적인 입장에서 말할 때, 이 세상을 사는 모든 사람들이 공통적으로 앓고 있는 현대사회의 커다란 문제가 바로 여기에 있습니다.

사람들이 모두 다 자기들의 부모님만을 사랑하고 옆집 부모님을 자기들의 부모님처럼 사랑하지 않는 것은 당연한 것 같지만 알고 보면 이것은 인간사회의 큰 문제점입니다. 인간사회의 가장 큰 문제점은 사람들이 모두 개인주의에 빠져 있고 따라서 모두 이기주의자들이 되어 있다는 데에 있습니다. 사람이 올바른 사람이 되고, 우리들이 사는 사회가 모두 다 함께 잘 사는 평화로운 사회가 되려면 이러한 개인주의와 이기주의를 넘어서야 합니다. 우리 부처님은 우리들의 이러한 한계를 넘어서도록 도와주신 분입니다. 거듭 강조하지만 부처님은 별다른 분이 아닙니다. 우리들이 개인주의와 이기주의를 넘어서서 모든 사람들이 서로 사랑하고 함께 살수 있도록 도와주신 분입니다.

여기서 우리는 개인주의와 이기주의가 활개 치는 보통 사회와 모든 사람들이 서로 사랑하면서 함께 사이좋게 사는 종교사회의 차이를 분명히 알아야겠습니다. 다시 말씀드리면, 우리는 누구나 다 똑같이 보통 사회에 살고 있지만 종교사회는 보통 사회와 크게 다르다는 사실에 눈을 떠야겠다는 것입니다. 이것이 부처님 가르침의 핵심이기 때문입니다. 음력으로 사월 초파일, 부처님 오신 날이라고 몇천 년, 몇백 년을 계속해서 떠들어도 부처님 가르침의 핵심을 잡지 못하고 부처님 가르침대로 살지 못한다면 부처님은 얼마나 답답하시고 슬프시겠습니까?

보통 사회에 사는 우리가 각각 다름에도 불구하고 모두 함께 잘 살게해 주신 분이 다름 아닌 부처님이라는 사실을 우리는 오늘 부처님 오신날 똑바로 깨쳐야겠습니다. 그리고 부처님이 가르쳐 주신 대로 살아야겠습니다. 여기서 중요한 것은 보통 사회와 부처님이 말씀하신 종계사회가 어떻게 다른가를 바로 아는 것입니다. 그 다른 대목에 눈을 떠야겠습니다. 보통 사회는 누가 별별 말 다 해도 결국 개인주의적이고 이기주의적이지만 종교사회는 그렇지 않다는 것입니다. 보통 사회는 개인주의와 이기주의가 판치는 사회지만 종교사회는 이를 넘어서서 지혜와 사랑으로 남들을 먼저 돌봐 주는 사회라는 것입니다.

그런데 역설적이게도 오히려 문제는 바로 여기에 있습니다. 오늘 이 세상에 있는 어떤 종교사회를 들여다보아도 모두 다 개인주의와 이기주의에 빠져 있다는 것입니다. 이러한 무서운 현실을 눈앞에 두고 우리 불교사회만은 그렇지 않다고 말할 수 있는 사람이 있습니까? 오늘날, 많은 불제자들이 절에 가기를 싫어하는 이유도 바로 여기에 있습니다. 이것은 불교만의 문제가 아니고 이 세상에 있는 모든 종교가 공통적으로 앓고 있는 커다란 고민거리입니다.

한번 구체적으로 살펴봅시다. 먼저 가까이에 있는 기독교의 경우를 들여다보십시오. 오늘날, 하나님을 믿고 예수님을 믿는 많은 기독교인들이 성당이나 교회에 나가기를 싫어한다고 합니다. 그 이유는 하나님과 예수님을 배반하는 현장이 바로 성당이요 교회이기 때문이라고 말합니다. 이것은 불교의 경우도 마찬가지입니다. 모든 불교사원이 개인주의와 이기주의에 사로잡혀 '일체중생을 다 똑같이 사랑하라'는 부처님의 가르침을 실천하지 않고 있기 때문에 사람들은 절에 가기를 싫어한다는 것입니다.

그럼에도 불구하고 오늘날 왜 우리들이 이 험악한 세상을 살면서도 부처님을 믿고 부처님의 가르침을 실천하려고 끊임없이 애쓰는 것입니까? 부처님의 길 밖에 따로 살 길이 없기 때문이 아니겠습니까? 부처님은 우리들 모두를 다 똑같이 부처님으로 다시 태어나게 해 주신 고마운 분입니다. 지금 이 순간 우리 모두가 완전무결한 부처님임을 깨우쳐 주신 분이 부처님입니다.

이것은 기독교의 경우도 마찬가지입니다. 서양에서 처음 기독교가 나왔을 때 예수님의 가르침은 모든 사람들을 다 깜짝 놀라게 했다는 것입니다. 천지를 창조하신 창조주 하나님이 인간을 창조할 때 자기 모습을 본떠서 만들었다는 것입니다. 그런데 인간은 태어난 다음 창조주 하나님답게 살지 않고 하나님을 배반하여 모두 죄인이 되고 말았습니다. 그러나 예수님은 증언하셨습니다. 하나님의 독생자인 자기 자신이나 지금 당장 용서할 수 없는 극악무도한 죄인들이 모두 다 똑같이 하나님의 자식들이라는 것입니다. 이것은 기독교의 핵심 사상입니다. 자세히 들여다보면 불교와 기독교는 이러한 구제의 논리에 많은 공통점을 가지고 있습니다. 이것은 기독교와 불교만이 그런 것 아닙니다. 오늘날 이 세상에 있는 모든 종교가 똑같이 이렇게 가르치고 있습니다.

우리는 오늘 이러한 무서운 현실을 똑바로 들여다보아야 합니다. 무엇이 오늘날 이 세상에 있는 모든 종교를 이 지경에 몰아넣었습니까? 한마디로 말해서 '돈'입니다. 오늘날 '돈'은 이 세상의 어떠한 것보다도 더 파워풀(powerful)합니다. 입으로는 별별 성스러운 말을 다 쏟아 내어도 속으로는 돈에 달라붙습니다. 그러니 오늘 부처님 오신 날에 우리 불제자들은 커다란 결단을 내려야겠습니다. 오늘 우리들이 어떻게 해야 참다운 불제자로 다시 태어날 수 있느냐는 것입니다.

여기서 우리는 부처님의 출가 이야기를 다시 한 번 조심스럽게 살펴봐야겠습니다. 불교에서 출가가 무엇입니까? 출가정신으로 사는 삶은 과연 어떻게 사는 삶일까요? 한번 구체적으로 짚어 보겠습니다. 먼저 부처님의 일생을 다시 한 번 철저히 살펴보십시오. 2500여 년 전 인도 가비라성 정반왕의 왕자로 태어나신 부처님에게 아버지 정반왕은 이 세상에 있는 모든 좋은 교육을 다 시켰습니다. 당신의 뒤를 이어 가비라국의 좋은 임금이 되게 하기 위한 것입니다. 그러나 싯다르타 왕자는 아버지 정반왕의 뜻에 동의하지 않았습니다. 그는 마침내 어느 추운 겨울날 이른 새벽,

왕성의 높은 벽을 뛰어넘어 설산으로 들어가 삭발하고 중이 되었습니다. 그다음 그는 거기서 크게 깨쳐 부처님이 되셨습니다. 여기서 중요한 메시지는 출가가 없는 한 대각은 없다는 사실을 깨닫는 것입니다.

부처님의 가르침이 들어간 인도뿐만 아니라 중국, 한국, 일본, 유럽, 미국 등 모든 곳에서 출가를 강조했습니다. 우리는 부처님의 출가 정신이 얼마나 중요한가를 깨달아야겠습니다. 출가가 무엇입니까? 자기가 가진 모든 것을 아낌없이 다 버린다는 말입니다. 집을 나가 삭발하고 승복 입고 절에서 사는 것만이 출가의 전부는 아닙니다. 있는 것, 없는 것, 속에 것, 밖에 것을 모두 완전히 다 버린다는 말입니다. 이것이 출가의 정신입니다.

그러나 오늘날 많은 불교인들이 절에 가지 않는 이유는 간단합니다. 머리 깎고 승복 입고 절에 사는 스님들이 삭발도 하지 않고 승복도 입지 않고 절에서 살지도 않는 보통 사람들 이상으로 더 개인주의적이고 이기주의적이고 돈밖에 챙기지 않기 때문이라는 것입니다. 이것을 사실이 아니라고 부정하기는 어려울 것입니다.

오늘 부처님 오신 날 우리 불제자들이 가야 할 길은 하나밖에 없습니다. 그것은 부처님의 가르침으로 돌아가는 길입니다. 우리가 지금 이 순간 있는 그대로 모두가 다 똑같이 완전한 부처님이라는 가르침으로 돌아가야 합니다.

그러나 요즈음 우리 불자들 중에 이렇게 사는 분이 몇 분이나 됩니까? 정말 한심스러운 현실입니다. 오늘이 정말 부처님 오신 날이 되려면, 우리들 모두가 지금 이 순간 부처님의 가르침으로 돌아갈 때 비로소 그 의미가 있을 것입니다.

새로운 시작이 필요합니다. 새로운 시작은 어떤 마음가짐으로 시작해야 하는지 다시 한 번 구체적으로 짚어 보겠습니다.

부처님의 가르침 가운데 가장 중요한 말씀이 동체대비同體大悲라고 합니다. 사람이 사람다운 가장 중요한 대목은 사람이면 누구나 사랑을 실천하는 데에 있다고 합니다. 한국말의 사람은 사랑과 동의어라고 합니다. 사랑이 곧 사람이고 사람이 곧 사랑이라는 말입니다. 사람은 항상 누군가를 사랑합니다. 그런데 부처님은 자기하고 다른 사람들을 자기하고 한 몸이라고 가르쳐 주셨습니다. 이것을 한문으로는 동체同體라고 합니다. '동체대비'라는 말은 우리 눈에 다른 몸으로 보이지만 사실은 우리와 한 몸이라는 것입니다. 그러니까 사람은 남들을 자기 몸처럼 소중하게 여기고 아끼고 사랑해야 한다는 것입니다. 이것이 부처님이 가르치신 동체대비사상입니다. 우리들이 부처님을 믿는 불제자로서 동체대비를 실천하는 데 있어서 '출가자 따로 있고, 재가자 따로 있다'고 생각하는 것은 부처님의 동체대비에 어긋나는 생각입니다. 출가자는 출가자대로, 재가자는 재가자대로 모두 자기중심으로 가다 보면 동체대비의 길은 점점 더 멀어지고 말 것입니다. 오늘날 비구, 비구니, 우바새, 우바니, 사부대중이 과연 오늘의 이 무서운 이기적 자본주의사회에서 동체대비를 이룰 수 있는 길은 없을까요?

사람의 삶은 사람이면 누구나 다 가지고 있는 '이목구비'와 깊은 관련을 가지고 있습니다. 우리는 누구나 다 '눈'으로 보고, '귀'로 듣고, '입'으로 말하고, '코'로 냄새를 맡으면서 삽니다. 이것이 인간의 사는 모습입니다. 그러므로 우리의 이목구비가 제대로 일을 하면 올바른 사람이 되고 이목구비가 제대로 일을 하지 않으면 잘못된 사람이 됩니다. 그래서 우리의 인간 교육은 이목구비의 교육이라고 말해도 좋을 것입니다.

그러나 우리는 여기서 부처님의 가르침에 입각하여 우리의 이목구비 활동을 잘 살펴봐야 합니다. 다시 말씀드리면, 우리의 귀가 과연 들어야 할 것을 제대로 다 잘 듣는가를 살펴봐야 한다는 말씀입니다. 우리의 눈이 과연 보아야 할 것을 제대로 잘 보고 있는지, 우리의 입이 해야 할 말을 제대로 잘하고 있는지, 우리의 코가 맡아야 할 냄새를 제대로 잘 맡고 있는지를 조심스럽게 살펴봐야 합니다. 그래야 우리는 부처님의 가르침을 실천하는 불제자라고 말할 수 있을 것입니다. 언제나 어디서나 우리는 부처님다워야 합니다.

이제 우리의 결론은 분명해졌습니다. 불제자로서 부처님답게 사는 길은 분명해졌습니다. 그것은 우리의 '이목구비'가 '이목구비' 노릇을 제대로 하는 것 밖에 딴 길은 없습니다. 우리는 일상생활을 하면서 일단 일상적인 이목구비 활동에서 해방되어야 합니다. 보통 사람들의 일상적인 이목구비는 자기의 사리사욕적인 야심의 앞잡이 노릇을 하고 있습니다. 다시 말씀드리면 무지몽매한 무명중생의 앞잡이 노릇을 하고 있다는 말입니다. 우리는 그런 경지에서 해방되어야 한다는 말입니다. 그러면 우리의 이목구비는 부처님의 이목구비가 됩니다. 우리의 귀는 부처님의 귀가 되고, 우리의 눈은 부처님의 눈이 되고, 우리의 입은 부처님의 입이 되고, 우리의 코는 부처님의 코가 됩니다. 모든 사람이 부처님으로 보이게 됩니다. 바로 그때, 사람은 모두 그 자리에서 부처님의 동체대비를 실천하게 됩니다.

원수를 만났을 때 원수를 원수로 보지 않고 부처님처럼 받들어 모십니다. 문제는 어떻게 해야 그렇게 할 수 있느냐에 있습니다. 한국불교의 큰스님들은 항상 우리더러 밉고 못마땅한 사람을 만나면 '관세음보살 나무아미타불'을 부르라고 가르치십니다. 바로 그것입니다. '관세음보살 나무아미타불'을 부를 때 우리는 우리의 일상적인 '이목구비'에서 해방되어 부처님의 대자대비를 실천하는 부처님의 '이목구비'가 됩니다. 문제는 이러한 큰스님의 가르침을 믿고 매순간 어디서나 '관세음보살 나무아미타불'을 열심히 부르느냐 부르지 않느냐의 차이에 있을 뿐입니다.

'부처님은 오늘 이 순간 우리들 모두를 다 부처님으로 다시 태어나게 해 주신 고마운 분'입니다. 우리들이 다 같이 동체대비를 실천할 때 비로소 부처님의 가르침은 빛을 발하게 될 것입니다.

경청해 주셔서 감사합니다.

박성배 올림

황경열 교수님께,

다음은 전 교수님과 나눈 대화입니다.

안녕히 계십시오.

박성배 합장

:: 대화 ①

박성배 선생님 안녕하세요.

선생님께서 쓰신 「부처님 오신 날 경축사」를 읽으면서, 선생님께 배운 저는 어쩌자고 엉뚱한 소리를 하고 있는지 놀랐습니다.

"다시 태어나 보니 바로 있는 그대로 나로구나." "부처님의 이목구비는 알고 보니 바로 일상적인 나의 이목구비로구나." "출가가 따로 있나, 출산, 출생이 다 출문이로구나." "부처님도, 공자님도, 예수님도 보통 사회가 바로 종교사회라고 가르쳐 주셨다." "이기주의, 개인주의 탓할 것 없다. 나는 바로 있는 그대로 나다." 이런 소리 마냥 하며, 선생님께 배운 체용론인 줄 알았습니다.

제가 볼기를 맞아도 단단히 맞아야겠습니다.

선생님 고맙습니다.

전헌 올림

:: 대화 ②

전헌 교수님께,

답장이 늦었습니다. 집사람은 인지능력이 많이 좋아져서 대화도 곧잘 합니다. 그러나 수족은 여전히 제대로 못 쓰고 있습니다. 전헌 교수님의 편지는 상당히 어려운 문제를 제기하고 계셨습니다. 그 어려움이란 우리의 일상적인 의식세계와 아라야식과의 관계입니다. 불교의 유식학자들은 이를 6식 세계와 8식 세계의 관계를 가지고 설명합니다. 이 문제에 대한 저의 의견은 다음에 다시 정리해서 말씀드리겠습니다.

좋은 주말되시길 바라면서,

박성배 올림

:: 대화 ③

박성배 선생님,

안녕하세요. 곧 찾아뵙겠습니다.

심학心學의 함정이 6식과 8식을 나누는 것이고 맹자가 방심放心이라 하네요. 동서고금 글이 쓰인 때부터 심학心學이 애물단지네요.

두 분의 건강을 두 손 모아 빕니다.

전헌 올림

---

74 결혼 축사

선생님,

바쁘실 텐데 저의 딸 결혼 축사를 보내 주셔서 감사합니다. 그리고 죄송합니다.

군더더기 없는 명문인 축사의 가르침, 무한하게 감사합니다. 선생님의 그 가르침이 잘 전달되도록 제가 잘 읽겠습니다. 결혼식, 여법하게 잘 치르겠습니다.

선생님의 축사와 결혼하는 딸에게 전하는 저의 간절한 바람과 참회글을 함께 보내드립니다. 저의 참회글은 일부 수정했습니다.

선생님, 어느 시간대에 전화 드리면 선생님께서 편하게 전화 받으실 수 있겠습니까?

선생님의 은혜에 늘 감사를 드립니다.

건강하십시오.

황경열 올림

:: 결혼 축사

황수현 양의 결혼을 진심으로 축하합니다.

우리는 모두 사람입니다. 사람에게서 가장 중요한 것이 무엇일까요? 그것은 '몸'이라고 말해도 좋을 것입니다. 몸이 없으면 사람이 아닙니다. 그런데 몸에는 아주 대조적인 두 가지의 측면이 있습니다. 하나는 '개인적이고 사회적인 측면'이요, 다른 하나는 '우주적이고 자연적인 측면'입니다.

사람들은 보통 몸의 개인적인 측면만 보고 우주적인 측면을 보지 못합니다. 여기서 사람들은 커다란 잘못을 저지릅니다. "나의 몸과 너의 몸은 다르다"고 생각하는 오류가 바로 그것입니다. 이것은 인간의 개인적인 측면만을 보고 인간의 우주적인 측면을 간과하고 내뱉는 오류입니다. 이러한 오류를 우리 주변의 모든 사람들이 언제나 어디서나 밤낮없이 저지르면서 살고 있습니다.

얼핏 생각해 보면, 인간의 이러한 오류는 옳은 것처럼 생각되기도 합니다. 그러나 그것은 사람이면 누구나 다 가지고 있는 두 가지의 측면 중에서 한 가지만을 보고 하는 소리입니다. 다시 말씀 드리면, 몸의 개인적인 측면만 보고 우주적인 측면을 보지 못하고 내뱉는 소리라는 것입니다.

인간의 개인적인 측면과 우주적인 측면은 불가불리입니다. 인간의 개인적인 측면은 인간의 우주적인 측면의 일함입니다. 그러므로 인간의 개인적인 측면이 없는 인간의 우주적인 측면이란 있을 수 없습니다. 똑같은 논리로, 인간의 우주적인 측면이 없는 개인적인 측면 또한 있을 수 없습니다. 이것이 양자의 불가불리적인 관계입니다. 인간이면 누구나 다 가지고 있는 이러한 두 가지의 측면을 동양의 성자들은 '체와 용'의 논리를 가지고 설명하셨습니다. 동양사상에서 가장 중요한 '체용논리體用論理'가 바로 이런 것입니다. 저는 이것을 우리말의 '몸과 몸짓'의 관계를 가지고 설명했습니다. '체용논리'는 '몸과 몸짓의 논리'라는 말입니다.

이제 우리들은 성인들의 이러한 가르침을 구체적인 현실에서 실천해야 합니다. 중요한 것은 '나의 몸과 너의 몸이 둘이 아닌 진리'를 구체적인 현실에서 체험해야 합니다. 사람은 누구나 이 세상을 살아가면서 몸의 우주적인 측면을 발견하게 됩니다. 그 가운데 가장 뚜렷한 경험이 '사랑의 체험'입니다. 결혼은 신랑의 몸과 신부의 몸이 하나 되는 '사랑 체험'을 양가의 부모님과 형제자매, 일가친척, 모든 친지 앞에서 공개하고 앞으로도 이러한 '사랑 체험'을 영원히 변치 않고 실천하겠다는 맹서의 현장입니다.

신랑 남윤수 군, 신부 황수현 양, 영원토록 오늘의 맹서를 잊지 마시고 영원토록 '사랑 체험'을 실천해 주시기 바랍니다.

두 분의 결혼을 축하하면서,

뉴욕 스토니브룩에서

박성배 합장

:: 딸에게 전하는 바람과 참회

신랑 남윤수 군과 저의 딸 결혼을 축하하기 위해 원근각지에서 오셔서 이 자리를 밝게 빛내 주신 양가의 형제자매, 일가친척, 모든 친지들께 심심한 감사의 말씀을 올립니다. 진심으로 감사합니다.

오늘 이 자리의 주인공이자 신부인 저의 딸이 이 세상에 태어나 저와 아내가 기뻐했던 때가 엊그제 같은데, 결혼을 한다고 신랑 남윤수 군과 함께 저와 마주하고 있으니 참으로 세월이 빠릅니다. 이 자리에서, 제가 아버지로서 사위와 딸에게 저의 간절한 바람과 참회를 전하는 지금 심정은 더없이 고맙고, 기쁘고, 미안하고, 후회스런 등의 가지가지 감정들이 오고 갑니다.

성자들의 가르침에 따르면, 신랑 남윤수 군과 저의 딸을 비롯한 우리 모두는 스스로 알든 모르든 우주의 질서를 따라 살고 하나님의 섭리대로 사는 완전하고 훌륭한 존재입니다. 그런데 지난날 저는 딸이 세상에서 가장 훌륭한 존재라는 성자들의 이런 가르침을 몰랐습니다. 그래서 지나간 세월 동안 딸의 본래 모습을 믿지 못하고 훌륭하게 양육한다는 명분 아래, 제가 배우고 익힌 좁은 식견을 바탕으로 한 저의 질서와 기준대로 저의 딸을 이리 몰고 저리 쫓아 딸의 마음을 상하게 하고 가슴 아프게 했습니다. 게다가 저의 딸이 본래로 가진 무한한 능력도 발휘 못하게 가로막았습니다. 저는 그동안 이런 어리석은 짓들 때문에 딸에게 항상 미안하고,

후회스럽고, 괴로웠습니다. 그러나 저의 이런 어리석은 부모 노릇에도 불구하고 저의 딸은 반듯하게 성장했습니다. 그 증거의 한 예로, 의식이 반듯하고 훌륭한 신랑 남윤수 군을 데려와 평생을 함께하겠다고 했습니다. 이때 저와 아내는 고맙고 기쁘기 그지없었습니다. 저는 이 자리에서 저의 딸에게 그리고 저의 딸과 평생을 함께할 신랑 남윤수 군에게 그간의 저의 어리석은 부모 노릇에 대해 마음 깊이 용서를 구합니다. 제가 신랑·신부에게 저의 바람과 참회를 전하는 이 순간에도 저를 뉘우치게 하고 공부시켜 주는 두 사람이 고맙습니다.

불교의 표현을 빌리면, 우리들 각자는 비로정상인毘盧頂上人이라, 번뇌망상 하나 버리지 않고 지혜보리 하나 보태지 않고 있는 그대로 완전한 부처님입니다. 원하건대 사위와 저의 딸이 성자들의 이런 가르침을 부디 잊지 말고 굳게 믿어, 서로에게는 물론이고 시댁의 부모님과 형제자매, 일가친척들을 공경하고 두려워하기를 진심으로 바랍니다. 나아가 세상의 모든 사람들도 공경하기를 바랍니다. 신랑과 신부는 서로에 대한 이런 믿음과 공경과 두려움을 바탕으로 장차 살아가면서 마주칠 갖가지 크고 작은 풍파들을 지혜롭게 헤쳐 나가기를 기원합니다. 그래서 두 사람은 언제나 어디서나 건강하고 행복하기를 두 손 모아 진심으로 빕니다.

자식은 부모를 비추는 거울이라 합니다. 저의 딸의 허물은 전적으로 아버지인 저의 잘못입니다. 시댁의 부모님과 형제자매, 일가친척들께서는 저의 딸 허물은 너그러이 용서하시고 예쁘게 봐 주십시오. 딸의 허물은 전적으로 저의 탓이니 저를 꾸짖고 벌하시길 바랍니다. 그렇다고 저의 딸의 예쁜 모습은 본래 딸의 것이지 저의 공은 절대 아닙니다.

사랑하는 사위와 딸의 결혼식에서 부족한 아버지가 간절한 바람과 참회를 전합니다.

감사합니다.

선생님,

축사 속에 선생님 가르침의 골수가 간결하면서도 빠짐없이 드러나 있습니다.

다시 감사드립니다.

황경열 올림

황경열 교수님,

아주 좋습니다. 황 교수님께서 성심성의껏 하는 일은 다릅니다. 감사합니다. 즉시 동국대학교 황정일 교수님께 보내 주시기 바랍니다. 제가 따로 황정일 교수님께 편지를 써서 보내겠습니다.

거듭 감사드리면서,

박성배 합장

:: 『반야심경』 공부 최종본

■ ■ 공부를 시작하기 전에

『반야심경』 공부를 시작하기 전에 명심해야 할 것이 있다. 공부에는 두 가지의 서로 다른 길이 있다는 것이다.

하나는 몸짓으로 하는 공부요, 다른 하나는 온몸으로 하는 공부다.

'몸짓으로 하는 공부'는 문자에 의존하고 문자의 테두리 안에서만 빙빙 도는 공부를 말한다. 그러나 '온몸으로 하는 공부'는 다르다. 온몸으로 하는 공부는 문자문화의 테두리를 벗어난다. 그리고 무문자의 세계로 뚫고 들어간다. 온몸을 던져 하는 공부냐 아니면 문자와 지식에 의존하는 공부냐의 차이는 크다. 문자로만 공부한다는 것은 몸과 몸짓의 논리로 풀면 몸을 보지 못하고 몸짓만을 보면서 왈가왈부하고 앉아 있는 것이다. 공부를 이런 식으로 하면 이제까지 자기가 쌓아 놓은 성을 더욱 공고하게 만드는 결과밖에 없다. 아만我慢과 아집我執만 키우고 앉아 있다는 말이다. 그러므로 그러한 『반야심경』 공부는 헛공부라고 말할 수밖에 없다. 『반야심경』은 이제까지 자기가 쌓아 놓은 성을 무너뜨리고 때려 부수라고 가르치고 있기 때문이다. 『반야심경』 공부는 온몸으로 해야 한다. 온몸으로 공부하지 아니하면 이제까지의 잘못된 거짓된 몸이 부서지지 않는다.

구체적으로 이야기해 보자. '온몸으로 하는 공부'는 무엇보다도 불철주야 공부에 몰두하는 그런 공부다. 잠자고 꿈꿀 때도 『반야심경』의 세계를 떠나지 않는다. 겉과 속이 다르고 앞과 뒤가 다른 생활을 하면 그런 사람은 잠잘 때와 꿈꿀 때가 딴판이기 마련이다. 이건 '온몸으로 하는 공부'가 아니다. 그러므로 『반야심경』을 온몸으로 공부하려면 무엇보다도 『반야심경』을 불철주야 독송해야 한다. 미친 듯이 외워야 한다. 이렇게 꾸준히 공부하면 자기가 바뀐다. 한 번만이 아니고 계속 자기가 바뀐다. 이제까지의 자기가 죽고 다시 새로 태어난다는 말이다. 만에 하나라도 그렇게 할 생각이 없으면 그따위 공부는 아예 시작하지 않는 것이 좋다. 다음에 『반야심경』 공부를 제대로 하기 위해서 꼭 알아야 할 것들을 살펴보자.

첫째, 『반야심경』 공부는 그 제목부터 제대로 읽어야 한다

"천 리 길도 첫걸음부터다.……", "첫걸음이 잘못되면 갈수록 엉뚱한 방향으로 가기 마련이다.……" 옛날 어른들의 말씀을 명심하자. 『반야심경』의 제목에 나오는 첫 글자가 '마하'(Maha)라는 사실에 우리는 눈을 크게 떠야 한다. 우리들이 지금 읽고 있는 『반야심경』의 원래 제목은 'Mahaprajna Paramita Hrdaya Sutra'이었다. 이것이 7세기에 현장玄奘(602~664)법사의 신역이 나오면서부터 변했다. 범어 원문에 충실해야 한다는 현장법사가 내세운 신역의 번역 원칙 때문에 '마하'가 빠진 'Prajna Paramita Hrdaya Sutra'로 변한 것이다. 『반야심경』을 공부하면서, 지혜(prajna) 앞에 '마하'가 있느냐 없느냐의 차이는 하늘과 땅의 차이보다 더 크다. 그래서 민중은 현장의 신역을 따르지 않았다. 오늘날 『반야심경』은 세계 각국의 모든 불교종파가 다 존중하고 세계 각국의 모든 불교단체가 다 독송하고 있지만 모두가

'마하'로 시작한 구마라집鳩摩羅什(Kumarajiva, 343~413)의 구역을 따르고 있다. 현장의 신역을 따르지 않고 구마라집의 구역을 따르는 까닭은 무엇인가? 영어권에서는 이를 단순하게 "It is not a prajna but the mahaprajna"라고만 말할 뿐 길게 설명하지 않는다. 『반야심경』이 말하고자 하는 것은 촛불처럼 깜박깜박하는 보통 '지혜'가 아니라, 태양처럼 항상 천지만물을 하나도 차별 없이 골고루 다 비추는 커다란 '지혜'라는 말이다. 첫 글자에 '마하'(Maha)를 갖다 붙인 이유가 여기에 있다. 마하야나운동을 처음 일으킨 대승불교 종교 개혁가들의 'Mahaprajna사상'을 분명하게 깨달아야 한다.

왜 민중은 구마라집의 구역을 따르는가? 왜 오늘날 사람들은 『반야심경』을 독송할 때, 현장의 신역을 따르지 않는가? 민중은 목마르다. 지식으로는 민중의 목마름이 가시지 않는다. 민중은 체험을 갈구한다. 근본적인 변화를 갈구한다. 민중을 우중이라고 말하는 사람들도 있다. 그러나 그 우중이 부처님의 참뜻을 따라가고 있을 때가 있다. 왜 신역이 부처님 뜻을 따라가지 못하는가? 지식 위주의 문자문화에 사로잡혀 있었기 때문이 아닐까?

둘째, 『반야심경』의 핵심은 '불이不二사상'이다

『반야심경』을 불이사상으로 읽는다는 말은 『반야심경』의 제목에 나오는 '마하반야'와 '바라밀다'를 '불이不二'로 읽는다는 말이다. 『반야심경』의 제목을 이렇게 읽으면 그다음의 본문 첫 단어 '관자재보살'도 '불이'사상으로 이해해야 한다. 첫 문장의 동사인 '조견照見'을 어떻게 읽느냐에 성패의 관건이 달려 있다. 이 말은 '조견'의 주어인 관자재보살과 조견의 내용인 오온이 '불이'이어야 한다는 것이다. 또한 이것을 읽는 독자도 동시에 '불이'이어야 한다. '관자재보살'과 '조견'과 '오온'과 '독자'가 모두 한 덩어리라는 말이 여기서 말하는 불이적不二的 독법讀法이다. 이렇게 읽어야 『반야심경』을 올바로 읽는 것이다.

『반야심경』을 읽으면서 가장 빈번하게 저지르는 오류가 『반야심경』을 '불이'의 경지에서 읽지 않고 지적知的으로 읽는 데에 있다. 그 좋은 예가 '조견'의 목적어를 '오온개공五蘊皆空'이라고 생각하는 것이다. 이것은 '불이' 사상으로 읽는 것이 아니다. 지적으로 읽는 것이다. 지적 이해의 단적인 오류가 영역에 나타난다. "Avalokiteshavara Bodhisattva perceives five skandhas are empty."[1] 문제는 영어의 'perceive'와 한문의 '조견'이 어떻게 다른가를 바로 아는 데에 있다. 한문의 '조견'은 주어인 관자재보살과 관자재보살이 비추어 보고 있는 오온이 둘이 아님을 말하고 있다. 관자재보살은 불이不 二 보살이다. 당신과 오온이 둘로 나누어져 있지 않는 불이보살이다. '오온 개공'이라는 intellectual statement를 관자재보살이 지적으로 인식하고 있다 고 해석하면 그것은 지적 해석 밖에 아무것도 아니다. 『반야심경』의 지혜 는 촛불 같은 지혜가 아니다. 그것은 태양 같은 절대불이의 지혜다. 그리 고 그것은 너 자신임을 알아야 한다. 아니, 믿어야 한다. 이것을 믿지 않으 면 계정혜 삼학이 하나라는 선의 경지로 불경을 읽는다는 말이 무슨 말인 지를 모르고 말 것이다.

『반야심경』 본문의 첫마디는 "관자재보살觀自在菩薩"(Avalokiteshvara Bodhisattva)이다. 왜 그가 주인공이 되었는가? 그는 불교의 사랑과 자비를 상징하는 대승보살이다. 자비는 불이不二(둘 아님; not two 즉 non-duality)다. 엄 마와 자식의 관계는 사랑이다. 엄마와 자식은 둘이 아니다. 불이不二는 무 문자문화無文字文化의 진면목이다. 그다음의 "행심반야바라밀다行甚般若波羅 蜜多"란 말은 불이를 실천하는 모습을 가리키고 있다. 그게 뭔가? 조견照見 이다. 조견은 행심반야바라밀다요, 행심반야바라밀다는 조견이다. 이때에 드러난 것이 '오온五蘊'(panca skandha; five aggregates; 다섯 가지 쌓임)이다. 오온은 이 세상을 온통 두루두루 가리키는 말이다. 그런데 이 '오온'이 모두 텅

---

1) 1975년, 버클리 행원스님 지도 미국인 사원 사용본.

비어 있다는 것이다. 공은 불이의 다른 표현이다. 화엄학華嚴學이 힘주어 밝혔던 "일즉일체一卽一切 일체즉일一切卽一", 하나가 여럿이고 여럿이 하나라는 이치와 똑같다. 이를 『반야심경』은 개공皆空이라고 표현한 것이다. 그래서 도일체고액度一切苦厄이라고 한다. 모든 괴로움에서 해방된다는 말이다. 문제 해결의 관건은 조견오온照見五蘊이란 말을 어떻게 읽느냐에 달려 있다. 요즈음 이를 두고 "오온개공을 조견한다"고 읽는 사람들이 있다. 이렇게 읽으면 문자문화에 갇혀 있음을 고백하는 것이 된다. 그러면 관자재보살이 어떤 지적인 작업을 하고 있다는 말이 되어버리기 때문이다.

셋째, 예수님의 '원수사랑'

타산지석他山之石 가이공옥可以攻玉이란 말이 있다. 진리는 여기에만 있는 게 아니란 말이다. 이와 똑같은 사상이 기독교에서도 발견된다. 그것은 '예수님의 원수사랑' 사상이다. 예수님이 "원수를 사랑하라"고 가르치신 것은 불교의 불이不二사상을 구체적인 현실에서 실천하는 길을 제시한 것이다. 타산지석이다. 기독교의 신약성서 『마태복음』 5장 48절에서 예수는 다음과 같이 말한다. "하늘에 계신 아버지 하나님께서 완전하듯이 너희들도 완전하라"고. 우리는 여기서 예수님의 말씀을 다시 한 번 음미해 보지 않을 수 없다. 불교공부와 기독교공부가 한길임을 명확하게 깨달아야 한다. 먼저 요즈음 영어권이 이를 어떻게 번역하고 있는가를 살펴보자.

You must be perfect — just as your Father in heaven is perfect.

여기서 "완전하라"는 "완전할 수 있다"를 전제하고 있다. 그러므로 우리는 "완전해야 한다"는 것이 예수의 메시지다. 『반야심경』사상과 똑같다. 예수님에게는 "우리는 원리적으로 하나님과 똑같이 완전하다"는 사상이 그 밑바닥에 깔려 있었던 것 같다. 다시 말하면 그 말은 너희들이 곧 하나님이란 말이다. 2010년, 권애 김경수가 출판한 『한문성경漢文聖經』2)은 이 대목을 다음과 같이 번역했다.

故爾當純全若爾在天父之純全焉.

그러나 2014년에 나온 같은 분의 『성경聖經』(文理和合譯本)에는 다음과 같이 되어 있다.

故當純全若爾天父焉.

1971년 대한성서공회에서 나온 공동번역 『신약성서』에는 이 대목을 "하늘에 계신 여러분의 아버지께서 완전하신 것 같이 여러분도 완전한 사람이 되어라"라고 번역했고, 1993년 대한성서공회에서 나온 『성경전서 표준새번역』에는 이 대목을 "그러므로 너희의 하늘 아버지께서 완전하신 것과 같이, 너희도 완전하여라"라고 번역했다.

어느 쪽이든 메시지는 똑같은 것 같다. 문제는 나와 하나님과의 거리다. 거리가 있어야 하는가? 아니면 거리가 없어야 하는가? 불교적 접근이니 또는 기독교적 접근이니 그런 소리 하지 말고 예수님의 메시지가 무엇인가 살펴보자. 지금 당장, 바로 이 자리에서, 일이 벌어지고 있는 현장에서 커다란 결투를 벌여야 한다.

넷째, '즉시卽是'의 의미

『반야심경』 본문의 둘째 장과 셋째 장은 모두 사리자장舍利子章이다. 이들 두 사리자장들은 모두 일종의 경고문이다. 첫 번째 사리자장은 즉시

---

2) 1912년 중국 발간본.

卽是(jishi)의 세계를 가르쳐 주면서 불이를 드러내려 하고 있다. 즉시의 세계는 불이不二(pu-i; not two; 둘 아님)의 세계다. 그것은 무문자無文字문화의 세계다. 그것은 대자연 대우주의 세계다. 두 번째 사리자장은 육불六不을 분명히 하고 있다. 육불六不은 다음과 같은 세 구절로 되어 있다.

불생불멸不生不滅
불구부정不垢不淨
부증불감不增不減

여기서 첫째의 '불생불멸不生不滅'은 모든 것을 생멸生滅로 처리하는 지성인들을 위한 것이다. 그리고 둘째의 '불구부정不垢不淨'은 모든 것을 더럽고 깨끗한 것으로 처리하는 종교인들을 위한 것이다. 그리고 셋째의 '부증불감不增不減'은 모든 것을 증가와 감소로 처리하는 장사치 모리배들이나 권력에 정신 나간 정치인들을 위한 것이다. 생멸이라는 잣대, 구정이라는 잣대, 증감이라는 잣대는 모두 문자문화에 갇혀 사는 사람들의 공통적인 병폐에서 나온 잘못된 사고방식과 여기서 나온 잘못된 가치관이나 세계관 등등을 가리킨다.

공의 세계란 무엇인가? 무문자문화의 세계다. 부처님의 세계다. 예수님의 세계다. 하나님의 세계다. 우리들이 부처님이고 하나님이니까 우리의 세계가 공의 세계다. 이것이 사랑의 세계요, 둘 아님의 세계다. 다시 말하면 나는 태양이요 창조적 자비의 당체라는 말이다.

『반야심경』은 '마하반야가 그대로 '바라밀다'라고 말하고 있다. 이때에 일하는 자가 '즉시卽是'다. '마하반야가 그대로 '바라밀다'라니 이게 무슨 말인가? 다름 아닌 '불이不二'사상이다. '바라밀다'(到彼岸), 저 언덕에 이르는 것을 지금은 없지만 나중엔 있는 것이라 생각한다면 그것은 '불이사상'이 아니다. '바라밀다'가 지금의 나에겐 없지만 오래오래 수행하면 그

땐 내가 그 속에 있는 것이라고 말하면 그것은 '불이사상'이 아니다. '바라밀다'는 누구나 다 바라는 것이지만 사람들은 그것을 이원론적二元論的으로 이해하고 있다. 그래서 바라밀다 즉 도피안到彼岸(저 언덕에 도착하는 것; 극락세계에 들어가는 것; arrival at the other shore)하는 것은 지금은 안 되고, 여기는 없고, 나는 안 되고…… 등등의 잘못된 해석이 지금 천하를 휩쓸고 있다. 이원론적인 사고방식에 사로잡혀 있기 때문이다. 이원론적인 문자문화권에 갇혀 살고 있기 때문이다. 우리는 이를 때려 부셔야 한다. 이것이 『반야심경』 등장의 배경이다. 그래서 마하반야는 바라밀다라고 말하는 것이다. 한문으로는 마하반야 즉시卽是 바라밀다'라고 말하는 것이다. 경천동지의 소식이다. 우리는 여기서 '즉시'라는 한문의 의미를 바로 알아야 한다.

'즉시卽是'란 무슨 말인가? '즉시'의 의미를 바로 알려면 '반야般若'(prajna; wisdom; 지혜)와 '마하반야'(mahaprajna; great wisdom; 커다란 지혜)의 차이를 알아야 한다. 범어의 반야는 지혜를 뜻하는데 이때의 지혜는 촛불 같은 지혜다. 가까이는 비추지만 멀리는 비추지 못한다. 정말 가까운 바로 밑은 비추지 못한다. "등잔 밑이 어둡다"는 속담이 그런 말이다. 뿐만 아니라, 바람만 불면 흔들거리고 마침내 꺼져 버린다. 반야는 그런 것이다. 그러나 마하반야는 다르다. 바람이 불어도 꺼지지 않는다. 자기 밑도 환히 밝히고 자기 속까지도 환하게 밝힌다. 비바람이 후려쳐도 폭풍이 불어도 끄떡도 없다. 그런 지혜가 '마하반야'다. 이것이 불이사상이다. 그러므로 '마하반야'면 그게 바로 도피안 즉 '바라밀다'란 말이다. 이래야 불이사상이다. '즉시卽是'는 두 개의 서로 다른 것들이 사실은 조금도 다르지 않다는 것을 보여주려는 상징적인 부호일 뿐이다. 『반야심경』 본문 가운데서 가장 널리 알려져 있는 색'즉시'공色'卽是'空, 공'즉시'색空'卽是'色이란 말도 똑같은 말이다. "마하반야 즉시 바라밀다, 바라밀다 즉시 마하반야"는 『반야심경』의 핵심 사상이다. 무명 중생인 내가 바로 대자대비 대지대혜의 부처님이란 말이다. 나는 촛불이 아니고 태양이란 말이다.

다섯째, 앞으로 풀어야 할 문제

공부는 목이 말라야 한다. 6·25때 피난민들은 7월의 논물을 꿀떡꿀떡 마시더라. 냇물은 논물보다 더 더러운 구정물이다. 그래도 이를 꿀떡꿀떡 마시는 사람들이 있었다. 목마르기 때문이다. 진리는 도처에 있다. 진리에 목마르지 않으면 진리를 코앞에 두고도 못 알아본다.

불교에서 말하는 믿음이란 무엇인가? '믿음'(FAITH; 신앙)은 모든 종교가 똑같이 강조하는 것이지만 그 의미는 종교 따라 조금씩 다른 것 같다. 설사 같은 종교를 믿는다 할지라도 사람 따라 그 내용에 차이가 있는 것도 사실이다. '믿음'이란 말이 지니고 있는 깊이나 폭이나 차원 등등이 사람 따라 처지 따라 모두 다르기 때문일 것이다. 그럼에도 불구하고 믿음이 종교의 생명이라는 사실에는 이의가 없을 것이다. 특히 사람의 고질적인 병이라고 말할 수 있는 이원론적인 오류를 극복하는 길은 '믿음'밖에 없다고 말해도 과언은 아닐 것이다. 그러면 지금 우리들이 『반야심경』을 읽으면서 문제 삼는 '믿음'이 무엇인가를 한번 밝혀 보겠다.

불경에서 말하는 지혜는 일반적으로 부처님의 지혜를 말한다. 그러므로 불교의 지혜는 어둠을 밝히는 빛의 역할을 한다. 사람들이 가지고 있는 어둠은 가지가지이기 때문에 어둠을 밝히는 지혜 또한 가지가지다. 『반야심경』에서 말하는 지혜는 '마하반야' 즉 위대한 지혜이기 때문에 등잔불 같은 지혜가 아니다. 그것은 태양과 같은 것이다. 태양이 어둠을 비출 때는 친불친을 가리지 않는다. 옳고 그른 것도 가리지 않는다. 일체만물을 똑같이 골고루 다 비춘다. 부처님의 지혜는 그러한 것이다. 부처님의 그러한 지혜가 나 자신에게도 있다는 것을 믿어야 한다. 아니, 나 자신이 바로 부처님의 마하반야임을 믿어야 한다. 일체중생이 모두 다 부처님이란 말이 바로 그 말이다. 이것이 불교의 믿음이다. 이러한 '믿음'이 확립되어야 한다. '마하반야'라고 말할 때, 바로 그 자리에 '바라밀다' 즉 도피안이 있는 것이다. 그래서 마하반야는 몸이고 바라밀다는 그 몸짓이라고 말하는 것이다. 양자는 둘이 아니라는 말이다. 모든 생명이 있는 모습은 둘이 아닌 모습이다. 그것이 사랑이다. 그것이 사람이다. 그것이 삶이다. 그것이 생명이다. 우리말에서 생명과 사랑과 사람이라는 말은, 겉보기에 모습은 다르지만 사실은 똑같은 것을 가리키고 있다. 한마디로 불이不二다. 둘이 아니다.

『반야심경』 공부를 하면서 앞으로 풀어야 할 문제들을 한번 살펴보자. 지금 『반야심경』을 공부하고 있는 '나' 자신과 '마하반야' 하고의 관계가 문제된다. 무명과 삼독심으로 가득 차 있는 촛불 같은 '나'와 태양 같은 '마하반야가 어떻게 하나가 될 수 있단 말인가? 그것이 말이 된다고 생각하는가? 양자는 달라도 달라도 너무 다르다. 이렇게도 무섭게 다른 양자가 어떻게 '즉시卽是'로 이어질 수 있단 말인가? 이것이 문제란 말이다. 이런 문제는 일어날 수밖에 없다. 일어나야 한다. 그래야 일은 시작된다. 문제는 부처님의 첫 제자 교진여喬陳如(Kondanna)의 이야기에서 부터 나타난다. 교진여는 부처님의 사제법문四諦法門을 듣고 최초로 깨친 사람이다. 깨친 장면이 극적이다. 집제즉시멸제集諦卽是滅諦(yamkinci samudaya dhammam sabbam tam nirodha dhammam; 괴로움을 일으키는 진리가 괴로움을 없애는 진리다)라고 말했기 때문에 부처님은 그를 깨쳤다고 칭찬했다. 집제는 이 세상에서 제일 나쁜 것을 말하는 것이다. 그리고 멸제는 그렇게 나쁜 것들이 모두 다 완전히 없어져 버렸다는 제일 좋은 경지를 말하는 것이다. 그런데 사실인즉 '가장 나쁜 것'이 '가장 좋은 것'이라는 말이다. 이것이 교진여의 "집제즉시멸제集諦卽是滅諦"란 말이다. 이래도 모르겠는가? 깨져야 산다. 죽어야산다. 문제는 여기에 있다. 부처님은 깨치신 다음 '입 열기'(開口)를 주저했다. 왜 그랬을까? 당신이 깨친 것은 무문자문화無文字文化의 세계이었다. 그런데 사람들은 문자문화文字文化의 감옥 속에 사로잡혀 있었다. 이것이 문제였다. 문자문화를 부인하는 것이 아니다. 문자문화에 사로잡혀 문자문화권에 갇혀 살고 있는 것이 잘못이란 말이다. 무문자문화를 발견하면 문자문화는 제 할 일을 한다. 거기에 사로잡히거나 갇혀 살지는 않는다. 큰 그릇을 작은 그릇 속에 다 넣으려 하면 그릇은 깨져 버리지만 작은 그릇을 큰 그릇 속에 넣어 두면 두 그릇 다 편안하게 자기가 할 일을 한다.

여섯째, 부처님의 '중도법문中道法門'과 '열반송涅槃頌'

부처님은 '중도법문'을 끝마치고 다음과 같이 말했다. "지금 인도의 인구는 9억이다. 이 가운데 3억은 여러분들처럼 나의 중도법문을 친히 들은 사람들이다. 그러나 그다음의 3억은 나의 이름만 들었을 뿐 실지로 내가 무엇을 가르쳤는지 모르는 사람들이다. 문제는 마지막 3억이다. 이들은 나의 가르침은 물론, 나의 이름도 들어 보지 못한 사람들이다. 그러나 이 마지막 3억이 나의 '중도법문'을 가장 잘 알고 가장 잘 실천하고 있는 사람들이다." 이게 무슨 말인가? 무문자문화의 안목에서 세상을 보는 것이 아닐까?

부처님의 열반송은 다음과 같다.

내가 처음 녹야원에서 설법을 시작한 다음부터
오늘 발제하에서 마지막으로 이렇게 세상을 떠나는 이 순간까지
그 사이 49년간을
일찍이 한마디 말도 못했다.[3]

이것이 부처님의 열반송이다. 이게 무슨 말인가? 문자문화를 때리고 무문자문화를 드러내려는 것 아닐까? 일찍이 한마디 말도 못했다(曾無一言說)에서 부처님의 메시지는 뭘까?

---

3) 始從鹿野苑, 終至跋堤河, 其中四九年, 曾無一言說.

일곱째, 불제자들의 오류

부처님이 이 세상을 떠난 뒤 제자들이 모였다. 자기들이 듣고 보고 배운 부처님의 가르침을 모두 모아 편집하기 위해서였다. 이를 불경佛經의 결집結集(samgiti)이라 부른다. 그 결과 오늘날의 불경이 생겨났다. 그러나 결집하는 과정에서 문제가 생겼다. 제자들의 의견이 가지각색이었다. 심지어 이러한 결집을 무의미한 짓이라 비판하고 마침내 퇴장해 버린 제자들이 있었다. 이들은 누구이었을까? 이들이 먼 훗날 소승불교를 비판하고 대승불교적 종교개혁을 일으킨 무문자문화의 선구자들이 아니었을까?

1982년 9월, 나는 테뉴어(tenure)를 따기 위해 나의 모든 자료들을 학교에 제출하였다. 그 가운데는 그동안 발표한 논문들과 새로 쓴 책도 포함되어 있었다. 이때 테뉴어 커미티(tenure committee)의 한 사람이었던 철학과의 David Dilworth 교수가 나를 반대하고 나섰다. 그는 컬럼비아대학에서 동양학 박사학위를 딴 철학자이었다. 그래서 스토니브룩의 철학과에서 불교를 가르치고 있었다. 그는 나를 비판했다. "불경의 제목만 설명하다가 만 사람에게 테뉴어를 주어서는 안 된다"고 고래고래 소리를 질렀다 한다. 불경은 그 제목부터 올바로 읽어야 한다는 대승불교의 전통을 몰랐던 것 같다. 6세기의 중국불교계에서 '천태지자대사天台智者大師'로 존경받던 지의 智顗(538~597)가 그 좋은 예다. 그는 『법화경』을 해설하는 책을 써서 마침내 중국불교를 혁명적으로 바꿔 놓은 사람이었다. 그 책의 내용은 『법화경』의 제목 일곱 글자, '나무묘법연화경南無妙法蓮華經'을 설명하는 것뿐이었다. 그러나 그 책은 세상을 바꾸었다. 왜? 무엇이? 의문이 끝없이 나와야 한다. 불경공부는 그 제목부터 올바로 읽어야 한다는 대승불교의 전통을 컬럼비아대학 불교학 교수들은 가르치지 않았던 것 같다. 1967년 컬럼비아대학출판사에서 나온 컬럼비아대학 불교학 교수 Yoshito Hakeda의 『대승기신론』 영역이 그 좋은 예다. Hakeda 교수는 『대승기신론大乘起信論』이라는 책의 제목을 영어로 번역하면서 그 서론 첫 문장에서 "The text known as the Awakening of Faith in the Mahayana is……"라고 말문을 열었다. 이원론 二元論이다. 원효가 『해동소』를 쓰면서, "대승大乘은 체體요, 기신起信은 그 용用이라"고 내뱉은 불이不二사상과 정반대다. 우리는 오늘날 불교를 공부 하면서 이러한 학자들의 오류를 간과해서는 안 된다.

여덟째, 『반야심경』의 종교개혁宗敎改革적 성격

고故 이기영 교수는 기독교와 불교의 차이를 이렇게 말씀하셨다. "기 독교는 16세기에 종교개혁이 일어나 다시 태어났지만, 불교에는 불행히도 그러한 종교개혁이 없었다"고. 이기영 교수의 이러한 발언은 그 뒤 나의 화두가 되었다. "과연 그런가?……" 오늘 우리들이 하고 있는 『반야심경』 공부가 바로 그러한 물음에 대한 해답이다. 다시 말하면 『반야심경』이야 말로 불교의 종교개혁선언문이라고 말하고 싶은 것이다. 한마디로 『반야 심경』은 불교의 모든 사전을 다 때려 부수고 있다. 『반야심경』의 첫머리 부터 등장하는 불이의 논리, 즉시의 논리가 뭔가? '색'은 이러한 것, '공'은 이러한 것…… 이라고 정의해 놓은 우리들의 사전을 거부하고 있다. 심지 어 보통 사람들의 생멸적 사고방식마저 때려 부수고 있다. 불교사전에 적 혀 있는 불교용어들의 정의에 사로잡혀 거기에 주저앉아 있는 우리들의 지적인 '업의 아성'을 때려 부수고 있다. 『반야심경』은 사리자를 두 번 부 르면서 중요한 메시지를 전달하고 있다. 두 번째 사리자장에서 『반야심경』 은 커다란 폭격을 가하고 있다. 몸짓문화의 근본이라고 말할 수 있는 '생 멸과 구정과 증감'이라는 원리를 거부한다. "불생불멸이요, 불구부정이요, 부증불감"이라 외치고 있다. 사람치고 '생멸이라는 잣대' 밖에 사는 사람 이 있는가? 옳다느니 그르다느니 하는 문제 밖에서 사는 사람이 있는가? 윤리나 철학이나 종교를 문제 삼는 사람이라면 '더럽다느니, 깨끗하다느 니' 하는 '구정이라는 잣대'를 가지고 있지 않은 사람이 있는가? 어떠한 직업을 갖든, 사회라는 구조 속에서 일거리를 갖고 있는 사람치고 '잘됐다느니 못됐다느니' 하는 '증감의 잣대'를 가지고 있지 않는 사람이 있는가?
『반야심경』이 밝히고자 하는 공의 세계는 생멸, 구정, 증감이라는 잣대를
가지고 일하는 그러한 세계가 아니란 말이다. 그게 뭘까? 그다음에 『반야
심경』은 더 무서운 제3의 폭격을 가하고 있다. 폭격 맞아 부서진 것들이
뭔가를 알아보자. 오온, 육근, 육진, 육경 등의 18계, 12인연의 순관과 역관
모두, 그리고 사제법문, 마지막엔 지도 없고 득도 없다고 때려 부셨다. 그
결과를 한번 상상해 보자. 어떻게 됐는가? 폭격을 당한 다음, 무엇이 남았
는가? 아무것도 남은 게 없다. 나는 이러한 현상을 사람들이 몸짓문화와
결별하고 몸문화로 다시 태어나는 순간으로 본다. 문자문화에서 무문자문
화로 넘어가고, 이원론적인 이기주의 문화에서 불이론적인 우주와 자연의
문화로 넘어가는 것으로 본다. 이것이 『반야심경』이 수행한 종교혁명이
다. 이러한 『반야심경』의 종교개혁 결과는 어떻게 됐는가? 불교인들이 붙
들고 있는 불교적인 잣대를 빼앗아 버린 것이다. 그 결과는 모든 중생이
신음하고 있는 몸짓문화의 감옥에서 벗어나는 것이다. 그리하여 몸문화라
는 부처님의 세상에 다시 태어나는 것이다. 이러한 『반야심경』의 종교개
혁은 불교인만을 살려내는 것이 아니었다. 불교 밖의 모든 종교가 다 그
덕을 본 것이다. 한마디로 일체중생이 모두 다 그 덕을 보았다. 불교의
자연사랑, 불교의 우주사랑, 불교의 중생사랑, 불교의 타종교사랑 등등 끝
이 없다. 동양의 도교를 보라! 동양의 신유교를 보라! 동양의 모든 윤리,
철학, 종교 등등을 보라! 『반야심경』이 수행한 불교적 종교개혁의 덕을
보고 있지 않는가! 『반야심경』이 수행한 불교적 종교개혁이란 이런 것이
다. 그것은 불교마저 버리고 벗어나는 종교개혁이다. 그래서 유교도 도교
도 모두 그러한 불교적 종교개혁의 덕을 보았다고 말하는 것이다. 아니,
이 세상 모든 사람들이 다 그 덕을 보았다. 16세기 마르틴 루터의 기독교
적 종교개혁과는 차원이 다르다. 루터의 종교개혁은 기독교의 성경으로
돌아가자는 것이었다. 『반야심경』의 종교개혁은 인간이 조작해 놓은 문자

문화의 감옥을 때려 부수고 무문자문화인 원래의 몸으로 돌아가자는 것이었다.

절에 다니고 교회에 나간다고 다 종교인이라고 말할 수는 없을 것이다. 옛날 우리 할머니 생각이 난다. 일자무식 한글 편지도 못 읽는 분이었다. 그러나 40명이 넘는 당신의 자손들 하나하나를 속속들이 꿰뚫어 보고 계셨다. 뿐만 아니라 자손들 전체를 이 세상의 모든 것들과 관련시켜 들여다보고 계셨다. '하나가 여럿이고 여럿이 하나'(一卽一切 一切卽一)인 세계에 살고 계셨던 분이었다. 한마디로 사랑의 세계다, 생명의 세계다. 이것이 종교의 세계다. 기독교란 말은 들어 보지도 못했고, 절에도 다니시지 않았고 불교가 무엇인지도 모르고 일생을 마치셨던 우리 할머니. 그러나 나는 우리 할머니처럼 종교적인 사람을 일찍이 보지 못했다. 종교를 종교에서만 찾고, 종교인을 종교인에게서만 찾는 과오는 시정되어야 한다. 종교에는 종교가 없고, 종교인에게는 종교인이 없다는 것이 부처님의 가르침이다. '종교 즉시 공, 공 즉시 종교'다. 이것이 『반야심경』의 메시지다. 큰 그릇을 작은 그릇에 다 넣으려고 하면 안 된다는 말이 무슨 말인가? 여기서 '큰 그릇'이란 무엇이고 '작은 그릇'이란 무엇인가? 큰 그릇이란 너와 내가 둘이 아닌 사랑의 세계요 종교의 세계다. 작은 그릇이란 항상 자기의 이익을 도모하는 이른바 요즘의 사회적 세계를 가리킨다. 요즈음에도 많은 사람들이 종교에 관심을 가지고 있다. 그러나 문제는 많은 사람들이 종교의 세계를 자기의 세계로 끌어들여 해체해 버린다는 데에 있다. 이들은 "종교란 별것 아니다"라고 말한다. 그러나 큰 그릇을 작은 그릇 속에 억지로 집어넣으려 하면 마침내는 큰 그릇도 작은 그릇도 다 깨지고 만다는 사실을 똑바로 보아야 한다. 아는 사람은 다 아는 말이지만 작은 그릇을 큰 그릇 속에 넣으면 둘 다 편안하다. 종교적인 세계가 제대로 일을 하면 사회적인 세계도 제대로 되어갈 것이다.

아홉째, 『반야심경』 공부를 제대로 하려면

불이不二를 실천하는 사람이 되어야 한다. 다시 말하면 자비를 실천하는 사람이 되어야 한다는 말이다. 관자재보살이 바로 그런 분이다. 어떻게 실천하는가? 조견照見이다. 거듭 강조하지만 조견은 타동사가 아니다. 조견을 지적 작업으로 보면 안 된다. 조견의 현장을 문자문화의 잣대로 보아서는 안 된다. 타동사의 세계는 너와 내가 둘로 대립해 있는 이원의 세계에서 쓰는 말이다. 여기서 말하는 조견하는 자는 '등잔불'이 아니고 '태양 같은 자다. 태양 앞에서는 일체의 차별이 다 없어진다. 이 자리는 나는 비추는 자이고 너는 비추이는 자라는 구별이 없어진 자리다. 이것을 『반야심경』은 공空(sunyata)이라고 이름 붙인 것이다. 공 즉 '텅 비었다'는 말은 무슨 말인가? 부처님이 깨치고 나서 아무 말도 못한 자리다. 사람들이 입 좀 열고 말 좀 해 달라고 아우성치고 애원해도 깨치신 부처님은 입을 열지 않고 입 열기를 거부했다. 그 자리는 일체의 차별을 모두 다 넘어선 자리이기 때문이다. 이것이 무문자의 세계다. 무문자의 세계가 문자의 세계와 어떻게 다른가를 알아야 한다. 지금 사람들은 모두 생명체이면서 생명이 무엇인지를 모르고 반생명적으로 살고 있다. 우리는 생명 자체임을 알아야 한다. 생명이란 모두가 다 한 덩어리로 어우러져 함께 살고 있는 모습을 말한다. 그것은 사랑이다. 사랑은 사람의 본래 모습이다. 고통이란 무엇인가? 사랑을 모르고 생명에 거슬러 나가고 비인간화 될 때 나타나는 현상이다. 그래서 『반야심경』은 '텅 빔의 세계'에서는 모든 고통이 다 사라졌다고 말하는 것이다. 『반야심경』 공부는 어떻게 해야 하나? 일체의 차별을 넘어선 태양 같은 사람이 되어야 한다. 『마태복음』5장 48절의 예수님 말씀처럼 친구와 원수의 차별도 없고, 의로운 사람 의롭지 못한 사람 등등의 구별도 하지 않는 태양처럼 살아야 하는 것이다. 남들만 비추는 게 아니고 자기 자신도 똑같이 비춘다. 그러므로 중요한 것은 일상생활에서 태양 노릇을 하는 것이다. 그게 가능할까? 자기가 태양인데 왜 그것이 불가능하단 말인가? 작업이 필요하다. 불가능케 하는 것들을 모두 다 때려 부셔야 한다. 그것이 공空이 일하는 혁명적인 현장이다. 그래서 공은 부처님의 6근, 6식, 6경 등등의 18계설과 12인연설과 그 순관, 역관 등등을 모두 다 때려 부셨다. 뿐만 아니다. 부처님의 최초 법문인 고집멸도 4제도 때려 부셨고, 프라주냐(prajna)도 니르바나(nirvana)도 모두 다 때려 부셨다. 그래서 공空이 일하는 마당엔 항상 무無란 글자가 앞장선 것이다. 이런 작업이 성공적으로 이루어지면 그것이 '아뇩다라삼먁삼보리'(anuttara samyak sambodhi) 즉 '마하반야'(Mahaprajna)의 세계다.

경청해 주서서 감사합니다.

박성배 합장4)

8월 21일

황경열 교수님께,

아래에 황정일 교수님께 보낸 제 편지를 첨부합니다. 참고하시기 바랍니다.

박성배 합장

:: 황정일 교수님께 ─────────────────────────────

대구대학교 황경열 교수님이 제 원고를 성심성의껏 교정해 보내 주셨습니다. 가능하시면 황경열 교수님의 교정본을 사용해 주시기 바랍니다. 황경열 교수님은 스토니브룩대학에도 여러 번 연구교수로 와 계셨고 저

---

4) Sung Bae Park, Ph. D. Emeritus Professor of Korean Studies, Center for Korean Studies, Stony Brook University, Stony Brook, New York, 11794, USA.

하고는 오랫동안 불교공부를 함께 한 도반입니다.

황경열 교수님은 저의 아들 이상으로 저의 모든 일을 다 해 주시는 고마운 도반입니다. 원고료도 황경열 교수님께 보내 주시기 바랍니다. 황경열 교수님은 한국서 제가 필요한 모든 자료를 다 구해서 보내 주시기 때문에 제가 갚아야 할 빚이 많습니다.

여러 차례 선생님을 괴롭히는 것 같아서 죄송합니다.

박성배 올림

8월 22일

선생님,

원고를 다시 첨부해 보내드립니다. 제가 2, 6쪽 각각 한 곳을 붉은색으로 수정해 보았습니다. 보시고 즉시 답을 주시면 좋겠습니다.

황정일 교수님께는 형편이 된다면 내일(8/23)까지 하루의 말미를 더 달라고 메일을 보냈습니다. 물론 원고는(선생님께 보낸 것과 동일한) 보냈습니다. 저의 휴대전화 번호도 메일로 보냈습니다.

제가 8월 22일 오전에 선생님께 전화 드리겠습니다.

저를 공부시켜 주시는 선생님, 언제나 감사합니다.

황경열 드림

8월 22일

황경열 교수님께,

너무 수고가 많습니다. 이제 마음 놓으시고 동국대학교 황정일 교수

님께 모두 넘겨 버리시기 바랍니다. 보다 더 좋은 논문을 만들기 위한
욕심은 끝이 없습니다. 책이 나온 뒤에 고쳐도 된다고 생각하면 마음이
편합니다. 황정일 교수님이 원고료 200만 원을 보내 주시겠다고 합니다.
그 돈을 우리 황경열 교수님에게 보내 주시라고 말했습니다. 괴로우시
지만 그 돈을 보관하고 계시다가 저를 위해서 쓸 데가 생기면 써 주시
기 바랍니다. 부탁입니다.

감사합니다.

박성배 합장

8월 28일

황경열 교수님께,

날씨가 제법 선선해졌습니다. 저의 「『반야심경』 공부」를 이용부 선
생님께 보내 주시기 바랍니다. 이용부 선생님의 이메일 주소는 다음과
같습니다. xxxxxxxx@xxxxx.com

수고해 주서서 감사합니다.

박성배 합장

8월 28일

선생님,

이용부 선생님께 「『반야심경』 공부」를 전했습니다.

저는 선생님께서 계셔서 선생님의 귀한 법문과 말씀을 배우고 익힙
니다.

599

제가 어디서 이런 소중하고 훌륭한 법문을 듣고 배울 수 있겠습니까?

부족하기 짝이 없는 저를 이끌어 주셔서 언제나 감사합니다.

제가 선생님의 발뒤꿈치라도 보는 게 소원입니다.

선생님, 언제나 어디서나 감사를 드립니다.

앞으로는 조금도 개의치 마시고 어떤 일이라도 말씀하십시오.

저는 조금도 귀찮지 않고 성가시지 않습니다.

황정일 교수님과는 전화 통화를 했습니다.

교정본 잘 전했습니다.

원고료는 10월경에나 저에게 보내 주신답니다.

제가 잘 보관하고 있겠습니다.

이제 이곳은 더위가 물러가고 날씨가 시원합니다.

저는 늘 선생님을 뵙고 싶습니다.

선생님, 사모님, 따님과 함께 건강하십시오.

황경열 올림

76 정종 선생님과 나

황경열 교수님께,

황 교수님의 전화 메시지 잘 받았습니다. 어젯밤 늦게 병원에서 돌아왔기 때문에 이제야 답장을 드립니다. 집사람은 병원에서 여전히 치료를 잘 받고 있습니다. 앞으로도 한참 동안 더 병원에 있을 모양입니다. 저는 그간 며칠 동안 온몸이 제대로 움직이지 않아서 혼이 났습니다. 오늘은 한결 좋아졌습니다. 의사들 말이 노인에게 흔히 나타나는 증상이니 걱정 마라 합니다. 동봉한 「정종 선생님과 나」를 한번 읽어보시고 윤문해 주시기 바랍니다. 또 연락드리겠습니다.

안녕히 계십시오.

박성배 합장

:: 정종 선생님과 나 ────────────────

1953년 4월, 나는 광주의과대학에 입학했다. 의대 의예과 1학년의 교양과목에는 〈철학개론〉이 들어 있었다. 나는 눈이 번쩍 띄었다. 담당 교수는 정종 선생님이었다. 정종 선생님의 철학 강의는 다른 교수들의 강의와는 달랐다. 마치 동네 아저씨가 아이들에게 세상 이야기를 들려주는 것처럼 알아듣기 쉬웠다. 그때 의과대학의 다른 교수님들 강의는 모두 과학 일변도이었다. 그러나 정종 선생님은 달랐다. 항상 현대과학의 문제점을 지적하고 의대 교육은 '인간 교육'이어야 한다고 역설하셨다. 인간 교육? 나는 정종 선생님의 그 말씀에 귀가 번쩍 띄었다. 내가 의학을 전공하겠다고 결심한 이유가 바로 '올바른 인간이 되기 위해서'이었기 때문이다.

중학생 시절에 나는 춘원 이광수의 『흙』을 읽었다. 어느 변호사가 가난한 농촌으로 들어가 마을 사람들을 돕는 장면이 나왔다. 그러나 그 변호사의 농민운동은 한심스러웠다. 그때 나는 결심했다. 나는 나중에 의사가 되어야겠다. 그리고 가난한 농촌으로 돌아가 병들어 누워 있는 농민들을 도와야겠다. '좋은 의사가 되려면 먼저 올바른 사람이 되어야 한다'는 정종 선생님의 말씀은 다시 한 번 나의 가슴을 울려 주었다.

그러나 불행하게도 그 당시의 의대 교육은 한심스러웠다. 한마디로 과학 일변도이었다. 인간 교육에는 관심이 없었다. 나는 크게 실망했다. 그래서 사람 되는 공부를 시키는 곳을 찾아 나섰다. 나는 모든 성자들의 가르침 중에서 인간 교육을 가장 강조한 분들이 공맹이라는 사실을 알아냈다. 그런 공맹의 사서를 가르치는 곳이 바로 유교서당이다. 나는 마침내 의대를 그만두고 전남 보성군 벌교읍에 있었던 효당 김문옥 선생님의 서당에 들어갔다. 그러나 그 일은 쉽지 않았다. 그때는 6·25 사변 직후이었기 때문에 젊은 놈이 대학을 중퇴하면 즉시 군대에 끌려가는 무서운 세상이었다. 고민 끝에 나는 정종 선생님을 찾아갔다. 그때 정종 선생님의 말씀이 지금도 잊히지 않는다. "사람은 소신대로 살아야 한다"는 것이었다. 그래서 만난을 극복하고 소신대로 효당 선생님의 서당에 들어갔다. 효당 서원에서 『대학』, 『중용』, 『논어』, 『맹자』 등을 배웠다. 유교공부를 한참 하다가 나는 충격을 받았다. 그것은 『중용』을 읽다가 생긴 일이었다. 문제는 '중'이란 말의 뜻이 들어오지 않는 것이었다. 『중용』을 주석하는 정자, 주자 등등의 송대 학자들이 별별 해석을 다 하지만 하나도 도움이 되지 않았다. '중'이란 "불편불의 무과불급지명"이라고 쓰여 있지만 그게 무슨 말인지 이해할 수 없었다. 그래서 정종 선생님께 편지를 썼다. "'중'이 무슨 뜻입니까?"라고 여쭈어 보았다. 정종 선생님의 답변은 의외로 간단했다. "빨리 대학으로 돌아오라"는 것이었다. 그래서 다시 의과대학으로 돌아갔다. 그러나 나의 현대의학 혐오증은 갈수록 심해졌다. 또 정종 선생님을 찾아갔다. "저는 도저히 의학을 할 수 없을 것 같다"고 말씀드렸다. 그때 정종 선생님의 답변이 나의 앞길을 바꿔 놓았다. "동국대학교 철학과는 유교, 불교, 도교 등등의 동양철학을 서양철학과 함께 가르치는 특별한 대학이다. 너 적성에 맞을 것 같다." 그래서 나는 광주의과대학을 그만두고 동국대학교 철학과로 편입했다. 정종 선생님은 정말로 나를 선도하신 것이다.

의대를 그만두고 광주를 떠나는 나를 보내는 광주 사람들의 시선은 비참했다. 내가 광주를 떠날 때 나를 만나는 사람마다 던지는 말들이 생각난다. "정말 안되었다!"는 말을 무수히 들었다. 전공을 바꾸어 동국대학교 철학과 3학년에 편입한 다음, 나는 2년 만에 학사학위를 땄고, 동국대 대학원으로 들어가 인도철학을 전공했다. 그리고 2년 후에 석사학위를 땄다. 나의 석사학위 논문 제목은 인도의 「범아일여사상」이었다. 나의 「범아일여사상」 논문은 대학의 화제가 되었다. 그 결과, 나는 동국대학교 철학과 조교수로 임명되었다. 광주의과대학을 그만두고 광주를 떠난 뒤, 만 4년 만의 일이었다. 동국대 조교수가 되자마자 전남대학교 철학과 사람들이 나를 초청했다. 동양철학 강연을 해 달라는 것이었다. 4년 전, 울면서 나를 보냈던 사람들의 시선이 변했다. 그들이 하는 말이 놀라웠다. "네가 보통 사람이 아니라는 것을 우리는 알고 있었다!"는 것이었다. 광주 강연을 마치고 서울로 돌아가 나는 즉시 정종 선생님을 찾아가 보고의 말씀을 드렸다. 그때도 정종 선생님의 말씀은 간단했다. "세상은 원래 그런 것이니, 신경 쓰지 말라!"는 것이었다. 정종 선생님의 말씀은 항상 선사들의 말씀처럼 간결했다. 그럼에도 불구하고 정종 선생님의 말씀은 두고두고 잊히지 않았다.

동국대학교 교수 노릇 3년이 되던 해에 나는 대학에 사표를 냈다. 곧 해인사로 들어가 성철스님 밑에서 중노릇을 했다. 해인사를 떠나기까지 3년 동안 묵언을 했다. 책도 보지 않고, 글도 쓰지 않고, 먼지를 비롯한 일체중생을 부처님으로 모시면서 정진했다. 3년 후, 중노릇을 그만두고 서울로 돌아가 제일 먼저 찾아가 뵌 분이 정종 선생님이었다. 1969년 1월 19일, 나는 미국으로 건너왔다. 도착하자마자 텍사스주 댈러스시에 있는 SMU의 퍼킨스신학교에 들어갔다. 거기서 나는 예수님을 만났다. 예수님을 만난 다음, 나는 이 세상 모든 성자들의 가르침을 똑같이 소중하게 받들 수 있게 되었다. 내가 만난 예수님은 부처님이었다. 부처님이 그때 그곳에서는 예수님으로 나타나 그렇게 가르치시고 그렇게 일하셨던 것이다. 1971년, 나는 캘리포니아주 버클리시에 있는 캘리포니아주립대학교 박사과정에 들어갔다. 거기서 6년 만에 박사학위를 따고 1977년 9월 지금 있는 스토니브룩대학교 종교학과의 불교학 교수가 되었다. 그리고 작년 8월 말로 은퇴했다. 그러니까 스토니브룩대학에서 약 40년 동안 가르친 셈이다.

1978년 말, 나는 미국으로 건너온 지 10년 만에 고국을 찾아갔다. 한국 가는 비행기 속에서 별별 생각이 다 났다. 지금도 뚜렷하게 생각나는 것은 내가 나에게 묻는 질문이었다. "① 한국 가면 어디를 가고 싶으냐? ② 한국서 누구를 만나고 싶으냐?" 만나고 싶은 많은 사람들 가운데 정종 선생님만은 꼭 찾아뵈야겠다고 다짐했다. 정종 선생님은 내가 귀국했다는 말을 듣고, 동국대학교 철학과의 동창들에게 연락하여 나를 환영하는 만찬을 베풀어 주셨다. 그 만찬회 석상에서 정종 선생님은 나를 소개하는 말씀을 해 주셨다. 지금도 나는 그 장면이 잊히지 않는다. 제자가 은사 소개할 때는 응당 그렇게 하는 것이지만, 은사가 제자 소개를 그렇게 자상하게 할 수는 없을 것 같았다. 정종 선생님과 나와의 관계는 단순한 학교의 스승－제자 관계가 아니었다는 것을 새삼스럽게 느꼈다. 정종 선생님과 나를 잇는 고리는 '인간'이라는 말 밖에 딴 말이 없을 것 같다. 사람, 사람, 사람…… 이것이 정종 선생님이 나에게 항상 해 주신 말씀이었다. 정종 선생님, 감사합니다. 저는 영원히 선생님을 잊지 않겠습니다. 그리고 앞으로도 꾸준히 선생님의 가르침을 실천하면서 살겠습니다.

9월 30일

선생님,

쓰신 글 읽고 교정보았습니다. 교정본 첨부합니다.

며칠간 불편하셨던 몸이 편해지셨다니 다행입니다. 늘 몸을 잘 살피
시고 건강하시길 빕니다.

사모님께서도 빨리 회복하시길 기도합니다.

선생님의 가르침에 인연하여, 어린 시절부터 품어 온, 머리 깎고 중
옷 입고 절에 사는 그런 몸짓 차원의 출가와 중 되고픈 소망은 접었지
만, 일즉일체 일체즉일의 체험과 우주적인 나, 자연적인 나를 체험하려
는 몸 차원의 출가와 중 되려는 간절한 소원은 아직도 진행 중입니다.

이 모두가 선생님 가르침의 은혜입니다.

저의 큰애가 추석 무렵 선생님께 전화 드리겠다고 저에게 말했는데,
지금은 전화 받으실 형편이 안 되니 나중에 전화하라고 했습니다.

사모님께서 조속히 쾌차하셔서 두 분께서 익숙한 일상으로 돌아오
시길 원합니다.

또 연락드리겠습니다.

황경열 올림

황경열 교수님께,

수고하셨습니다. 우리 집사람은 여전히 병원에 있습니다. 수족을 움직일 수 없어서 항상 병상에 누워 있는 집사람의 모습이 안타깝습니다. 인생의 생로병사를 실감케 하는 수도생활입니다. 그러나 집사람의 의식은 많이 좋아져서 곧잘 자기 의견을 뚜렷하게 말합니다. 그래서 나의 병원생활이 심심하지 않습니다. 어제 황 교수님의 전화 메시지 잘 받았습니다. 거듭 감사드립니다. Mrs.황, 두 따님 모두에게 저의 감사의 메시지를 전해 주시기 바랍니다.

안녕히 계십시오.

박성배 합장

77 빌 게이츠

태어나서 가난한 건 당신의 잘못이 아니지만,
죽을 때도 가난한 건 당신의 잘못이다.

화목하지 않은 가정에서 태어난 건 죄가 아니지만,
당신의 가정이 화목하지 않은 건 당신의 잘못이다.

실수는 누구나 한 번쯤 아니 여러 번, 수백수천 번 할 수 있다.
그러나 같은 실수를 반복하면 그건 못난 사람이다.

인생은 등산과도 같다.
정상에 올라서야만 산 아래 아름다운 풍경이 보이듯,
노력 없이는 정상에 이를 수 없다.

때론 노력해도 안 되는 게 있다지만,
노력조차 안 해 보고 정상에 오를 수 없다고 말하는 사람은 폐인이다.

가는 말을 곱게 했다고 오는 말도 곱기를 바라지 마라.
다른 사람이 나를 이해해 주길 바라지도 마라.

항상 먼저 다가가고 먼저 배려하고 먼저 이해하라.

주는 만큼 받아야 된다고 생각지 마라.
아낌없이 주는 나무가 되라.

시작도 하기 전에 결과를 생각하지 마라.
다른 사람이 나를 어떻게 보는지 생각 마라.
다른 사람을 평가하지도 마라.

눈에는 눈, 이에는 이, 갚을 땐 갚고, 받을 땐 받아라.
모든 걸 내가 아니면 할 수 없다는 생각은 버려라.

나 없인 못 산다는 생각 또한 버려라.
내가 사라져도 세상은 잘 돌아간다.

78 아내 간병

황경열 교수님께,

오늘이 올해 마지막 날이군요. 은퇴를 한 다음 집사람 때문에 병원
에 묶여 사니까 달력문화에서 벗어나게 됩니다. 옛날 동국대학교를 그
만두고 가야산으로 들어가 3년간 성철스님의 무서운 훈련을 받았지만
그래도 그것은 오늘, 병원에 누워 있는 집사람을 보살피는 수도만큼 철
저하진 못했던 것 같습니다. 그래서 나는 어찌하여 이렇게 복이 많은가
하고 감사를 드리면서 살고 있습니다.

황 교수님 댁 모든 분이 모두 새해 복 많이 받으시고 항상 행복하시
기 바랍니다.

감사드리면서,

박성배 합장

79

무량사 일요일 법회에서

황경열 교수님께,

그동안 별고 없으신지요. 저도 별 탈 없이 잘 지내고 있습니다.

하와이 무량사 일요일 법회 시간에 그동안 제가 어떻게 살아왔는가
를 이야기했습니다. 그것을 좀 정리해 보았습니다.

소람해 주시기 바랍니다.

:: 무량사 일요일 법회에서 ─────────────

　　저는 전남 보성군 노동면 명봉리에서 태어났습니다. 두메산골 가난한
농촌이었습니다. 마을에는 약 90호 가족들이 함께 살고 있었는데 모두가
똥구멍이 찢어지게 가난한 사람들이었고, 오직 우리 아버지만이 유일한
부자이었습니다. 그러니까 한동네에 사는 90여 가족들은 모두 우리 아버
지의 농사일을 도와주는 역할을 했고, 우리 아버지는 그들을 먹여 살리는
책임을 진 것처럼 보였습니다. 마을은 모두가 초가집이었고, 우리 아버지
의 집만이 유일한 기와집이었습니다. 우리 부모님은 7남매의 자녀를 두었
는데, 나는 그중 막내이었습니다. 우리 어머니가 만 40에 저를 낳았고 저
는 여섯 살이 되도록 엄마의 젖을 빨았습니다. "다 큰 놈이 어머니의 젖을
빨다니……" 형님들이 야단을 쳤습니다. 그러나 우리 어머니는 저를 꼭
꺼안고 "그래도 성배는 나중에 훌륭한 사람이 될 거"라고 저를 위로해 주
셨습니다. 누가 무슨 야단을 쳐도 우리 어머니는 항상 저를 그렇게 위로
해 주셨습니다. "너는 나중에 훌륭한 사람이 된다"는 어머니의 말씀은 평
생 제 귀에 쟁쟁했습니다.

7남매의 막내로 태어난 저는 위로 형님이 넷이고 누님이 둘이 있었습니다. 그런데 문제는, 저는 어려서부터 공부하기 싫어했습니다. 날만 새면 밖으로 뛰어나가 하루 종일 산으로, 들로 쏘다니는 것을 좋아했습니다. 그러다가 해가 지면 어슬렁어슬렁 집으로 돌아와 저녁을 먹고, 또 머슴방으로 가서 머슴들과 함께 자는 것입니다. 머슴방은 빈대와 벼룩이 득실거리고 머슴들의 땀내와 오줌똥 냄새로 코를 찔렀습니다. 그런데 부잣집 막내아들로 태어나 자기 방이 기와집 안채에 따로 있었건만 그 방을 그렇게 싫어했습니다. 그리고 항상 머슴방에 가서 자곤 했습니다.

　　그러다가 1945년 8월 15일, 해방이 되었습니다. 온 동네 사람들이 술 먹고 춤추고 노래 부르면서 대한독립만세를 불렀습니다. 그러다가 세상은 둘로 갈라져 싸움판이 되었습니다. 소련의 스탈린 공산주의를 따를 것이냐, 아니면 미국의 루즈벨트 자본주의를 따를 것이냐, 싸움은 그칠 날이 없었습니다. 온 나라가 두 동강이로 갈라져 싸움판이 되고 만 것입니다. 저는 그때 한마을에 사는 공산주의자하고 친했습니다. 그분의 이름은 박을주이었습니다. 을주 아저씨의 영향을 받아 저는 공산주의가 옳다고 확신하게 되었고, 따라서 나는 공산주의자라고 선언했습니다. 그러다가 1950년 6월 25일 전쟁이 터져 나라는 엉망진창이 되고 말았습니다. 그리고 전쟁 중에 공산주의자들의 만행을 무수히 목격했습니다. 여기서 공산주의에 대한 두려움이 생겼고, 전쟁 자체에 대한 혐오증이 생겼습니다.

　　고등학교를 졸업할 때 어느 대학에 갈 것인가를 두고 고민을 많이 했습니다. 가난한 농촌에서 태어나 약국도 없고 병원도 없는 환경에서 병들어 죽어가는 모습을 무수히 보았습니다. 그래서 저는 의사가 되어 아파도 병원에 못 가는 사람들을 도와야겠다는 생각을 했습니다. 그래서 결국 저는 의과대학에 들어갔습니다. 그러나 저는 또 실망했습니다. 의대 교육이 너무도 엉망이었습니다. 의사는 병들어 죽어가는 사람을 돕는 자비보살인데, 의과대학 교육에는 그런 교육이 전혀 없었습니다. 이러한 의대 교육은 결국 자비보살을 만들지는 못할 것이라는 생각이 들었습니다. 그러다가 어찌어찌하다 보니 5년이라는 세월이 흘러가고 말았습니다. 1955년 4월 저는 마침내 의대를 그만두고 서울에 있는 동국대학교 불교대학 철학과에 편입했습니다. 거기서 만 2년 만에 학사학위를 땄고 계속해서 대학원에 들어가 석사학위를 땄습니다. 그러자 학교 당국이 저를 불교대학 인도철학과의 조교수로 임명해 주었습니다.

광주의대를 그만두고 서울로 떠날 때 모든 사람들이 저를 불쌍한 눈초리로 바라보았습니다. 그러한 제가 만 4년 만에 대학의 조교수가 되어 돌아오니 광주 사람들이 모두 놀랐습니다. 그러나 저는 또 어려움에 처했습니다. 대학교수 노릇에 싫증이 난 것입니다. 그래서 동국대학교에 사표를 냈습니다. 그리고 해인사로 들어가 중이 되었습니다. 성철스님의 제자가 되어 3년을 묵언하며 용맹정진을 했습니다. 그러나 그 3년 동안에 저는 깨침을 얻지 못했습니다. 내놓을 만한 아무런 체험도 못했습니다. 마침내 저는 또 결심을 했습니다. 중 옷을 벗어야겠다고 마음먹고 성철스님에게 퇴속하겠다고 말씀드렸습니다. 성철스님은 1년만 더 참고 계속 정진하라고 말씀하셨지만 저는 마음을 바꾸지 못했습니다. 성철스님은 환계식을 열고 환계의 이유를 밝히라고 말씀하셨습니다. 저는 성철스님이 시키는 대로 하고 마침내 절을 떠났습니다. 절을 떠날 때 저의 모습은 비참했습니다. 패잔병도 그렇게 처참한 패잔병은 없을 것이라는 생각이 들었습니다. 해인사를 떠나올 때 별별 생각을 다했지만 결국 서울 종암동에 있었던 우리 집으로 돌아갔습니다.

서울로 돌아와서야 안 일이지만 동국대학교는 3년 전에 제출한 저의 사표를 수리하지 않고 계속 월급을 지급하고 있었습니다. 학교 당국의 말이 우스웠습니다. 과학 계통의 교수들이 외국 유학을 가면 몇 년이고 계속 월급을 주면서, 불교학 교수가 깨치기 위해 산중 수도원으로 들어가 3년 동안 용맹정진을 하고 돌아왔는데 어찌 월급을 중단할 수 있느냐고,

그래서 3년간 계속해서 월급을 지급했다고 합니다. 그건 그렇더라도 아무튼 다시 동국대에서 가르치는 저의 모습은 비참했습니다. 그러나 사람들은 저의 속사정은 모르고 날카로운 눈초리로 저를 바라보는 것이었습니다. 불교대학에서는 불교학회를 소집하여 제가 해인사에서 3년간 어떻게 공부했으며 공부한 결과가 무엇인지 공개하라고 독촉해서 꼼짝 못하고 당했습니다. 대중 앞에 선 저의 모습은 비참했으며 할 말이라고는 아무것도 없었습니다. 그런데 사람들은 저의 그런 모습을 신비화시켜 진짜 공부를 하고 돌아온 것 같다고 수군거렸다고 합니다.

그러다가 1년 후에 저는 미국으로 왔습니다. 그것이 1969년 1월 19일이었습니다. 무슨 야심을 가지고 미국 유학을 온 것이 아니고 집사람이 미국 텍사스주 댈러스시에 있는 어느 병원에 간호사로 취직이 되어 떠난다고 해서 저는 아무런 계획도 없이 부인 따라 미국에 온 것입니다. 그러나 미국에 들어온 다음의 제 모습은 저도 모르게 변했습니다. 미국 도착 며칠 후 저는 그곳에 퍼킨스신학교라는 유명한 기독교신학대학이 있다고 해서 거기를 한번 방문하였습니다. 제일 먼저 신학교의 책방을 찾아갔습니다. 거기서 이 책 저 책 별 흥미도 없는 책들을 뒤적이고 있었는데 어떤 사람이 저에게 다가오더니 "한국 분이세요?" 하면서 인사를 하는 것이었습니다. 그분은 다름 아닌 서울대학교 철학과를 나온 다음 신학을 공부하러 미국에 온 전헌 교수이었습니다.

전헌 교수님의 지도로 저는 신학공부를 열심히 했습니다. 주로 성경공부에 주력했습니다. 구약성서도 공부하고 신약성서도 공부했습니다. 가장 기억에 남는 것은 신약성서의 『요한복음』 공부이었습니다. 약 3년간의 신학공부를 마치고 저는 켈리포니아주의 버클리대학 대학원 박사과정에 들어갔습니다. 거기서 만 6년 만에 불교학 박사학위를 땄습니다. 1977년 9월 저는 뉴욕주립대학교 스토니브룩대학 종교학과의 조교수가 되었습니다. 가르치는 과목은 주로 불교 과목이었습니다. 그러다가 2015년 8월, 근

40년 만에 83세로 은퇴했습니다. 은퇴의 가장 큰 이유는 제 나이나 건강 문제 때문이 아니었고 집사람이 아파서 병원에서 살다시피 했기 때문에 별수가 없었습니다.

하와이 무량사에서

박성배 합장

80

하와이 무량사에서

황경열 교수님께,

안녕하신지요. 저는 여전히 하와이 무량사에서 잘 지내고 있습니다. 일요일마다 오전 11시, 절에 나오는 신도들을 상대로 약 1시간 동안 불교 강의를 합니다. 요즈음은 『금강경』을 공부하고 있습니다. 오는 일요일, 12월 3일엔 『금강경』 제11장 무위복승분을 공부할 것입니다. 그 내용은 "보시에는 두 가지가 있다. 하나는 물질보시요, 다른 하나는 법보시다. 법보시란 『금강경』 정신으로 이 세상을 살고 그것을 사람들에게 알려 주는 것이다.……"

제가 하와이 무량사에 들어온 다음 저는 현저하게 전자문화로부터 멀어진 것 같습니다. 그래서 황 교수님께 미안할 때가 많습니다. 용서해 주시기 바랍니다.

안녕히 계십시오.

박성배 합장

1. 틀을 깨자

1. 무엇을 위한 배움인가?

뉴욕주립대학교 스토니브룩대학의 한국학 교수 세미나(Korean Studies Faculty Seminar)에 나가는 나의 주된 목적은 나의 의식세계를 저 허공처럼 정화시키기 위해서였다. 다시 말하면 내 의식의 혁명적 전환이 주목적이지 거기서 정보만을 주고받자는 것이 아니다. 자기를 바꾸는 공부는 지식의 많고 적음과는 무관하다. 지식은 오히려 거추장스러울 수 있다. 지식은 우리를 묶는 틀이므로 지식이 많을수록 깨어야 할 틀이 많아진다. 분별은 망념에 의해 생겨나는데, 망념에 의해 규정된 우리의 사고 틀 혹은 사고방식이 깨어진 경지는 하나가 곧 일체(一卽一切)의 경지이며, 말이 떠나고 생각이 끊어진(離言絶慮) 경지이다. 이 틀을 깨는 방법은 참선, 염불 등이다. 부처님을 비롯한 역대 조사들과 선지식들은 이 틀을 깨라고 누누이 말씀하셨다. 『금강경』에서 "신상은 곧 신상이 아니다, 모든 상이 다 상 아니다"[1]의 곧 아니다(卽非)나, 『반야심경』에서 생겨나지도 않고 사라

---

* 부록에는 황경열 교수가 쓴 글 두 개를 싣는다.(「틀을 깨자」, 「질의응답에 대해서」) 첫 번째 「틀을 깨자」는 뉴욕주립대학교 스토니브룩대학에서 가졌던 연구년(2000년) 기간 중 2000년 11월 22일에 열린 한국학 교수 세미나에서 발표했던 것으로, 연구년 1년 동안 박성배 교수님에게 배운 공부 경험 전부를 글로 옮긴 것이다. 「틀을 깨자」라는 제목도 박성배 교수님이 단 것이다. 이어지는 두 번째 「질의응답에 대해서」는 2000년 11월 22일에 열린 한국학 교수 세미나 중 부록 1의 「틀을 깨자」 발표에서 토론이 미진하여 추가로 작성한 것이다. 2000년 11월 29일 모임에서 배부하였다.
1) 『금강반야바라밀경』, 『대정장』 제8권, p.749a, "身相卽非身相, 諸相非相."

지지도 않으며, 더러운 것도 아니고 깨끗한 것도 아니며, 늘어나지도 않고 줄어들지도 않는다(不生不滅, 不垢不淨, 不增不減)의 양 부정(兩否定)은 모두 이 틀을 깨라는 메시지를 담은 말들이다. 『대승기신론』에서 "일체 모든 법이 오직 망념을 의지하여 차별이 있으니 만약 망념만 여의면 곧 일체 경계의 상이 없어지리라"2)와 보조의 망념(연)만 떠난다면 그대로 여여한 부처(但離妄念[緣], 卽如如佛)라는 구절도 같은 맥락에서 이해되는 말이다. 우리는 스스로가 규정한 번뇌망상에 갇혀 있는데, 그 번뇌망상에서 벗어나면 절대 자유의 부처님 세계가 드러난다. 또한 이 경지는 임제스님의 "언제나 어디서나 주인공이 된다면, 그곳이 모두 참"(隨處作主 立處皆眞)이라는 말로도 표현될 수 있다. 사고 틀 혹은 경계(boundary)가 깨지지 않으면, 바뀌지 않으면, 팔만사천법문과 사서삼경을 다 외워도 아무 소용이 없다. 사람들은 자기들이 가진 사고 틀로써 팔만사천법문과 사서삼경을 이해하기 때문이다. 다르게 표현하면 사람들은 공자, 예수, 부처의 말씀을 자기 수준만큼 끌어내려 왜곡·해석하기 때문이다. 이것은 지팡이로 숲을 칠 때 개구리가 맞으면 개구리가 튀어나오고, 뱀이 맞으면 뱀이 튀어나오는 것과 꼭 같은 이치이다. 그렇지만 과일이 익지 않으면 안 떨어지듯이 자기가 준비되지 않으면 틀이 깨지지 않는다.

이런 목적과 일치할 뿐 아니라 달을 가리키는 손가락을 보자마자 곧바로 달을 즐기는 안목을 키우자는 의도에서 나를 바꾸기 위해 발버둥쳐 왔던 지금까지의 노고와 경험의 흔적들을 개략적으로 기술하고자 한다. 물론 이런 기술과정에서 나의 꼴이 드러나는 데 따르는 부담이 많으

---

2) 『대승기신론』, 『대정장』 제32권, p.576a, "一切諸法, 唯依妄念, 而有差別, 若離妄念, 則無一切境界之相."

나 의식개발이라는 큰 명제 하에서 나는 이런 부담을 인욕정진으로 극복하고 있다.

2. 불안과 고뇌

나는 아주 어릴 때부터 심리적 갈등과 고민 때문에 고통스러웠다. 심리적 갈등과 고민이 남보다 많았는지 아니면 남보다 민감하게 느꼈는지는 모르겠으나, 어쨌든 나는 철이 들면서부터 지금까지 줄곧 고통으로부터 나를 해방시키려는 노력의 연속선상에 있다. 우선 내가 이런 고통에서 벗어나고, 그다음은 나처럼 고통 받는 타인들도 도와주자는 것이 지금까지 끊임없이 계속되어 온 나의 화두였다. 고통에서 벗어나려는 노력의 과정에서 수없이 많은 좌절감과 도저히 극복될 것 같지 않은 절망감, 그리고 이로 인한 이중 삼중의 고통을 경험하였다. 심지어 삶을 포기하고 싶은 충동을 느꼈던 적도 한두 번이 아니었다. 그러나 오히려 이런 것들이 나로 하여금 끊임없이 더 많은 노력을 하도록 만들었다.

고통 극복의 한 방편으로 중학교 시절에는 스님이 되려고도 하였다. 스님이 되려는 생각은 박성배 교수를 만나기 전까지도 계속되었다. 고통으로부터의 해방이 나의 끊임없는 화두였고, 이런 맥락에서 고등학교 시절에는 장차 정신과 의사가 되는 것이 꿈이었다. 대학에서는 심리학과에 학사편입해서 오랫동안 정신분석공부에 몰두하였다. 정신분석 지식을 나에게 적용시켜 고통으로부터 나를 해방시키려는 체험 위주의 공부를 하였다. 정신분석 지식이 나의 고통 극복에 어떤 의미가 있고, 어떤 관련이 있는지를 항상 생각하였다. 정신분석을 통해 밤낮없이 심지어 꿈에서조차 고통에서 벗어나고자 노력하였다. 한약방의 약상자식으로 정신분석

지식과 정보를 단순히 머리에 저장시키는 것을 주된 공부 방법으로 삼지는 않았다. 이런 끊임없는 노력과 그 결과 교수가 되면 고통으로부터 벗어나리라 기대하였다. 정신분석은 그 당시의 나를 정화시키고 변화시키는 데 많은 도움을 주었고 장점을 가지고 있음에는 틀림이 없다. 그러나 정신분석은 이원론적, 점종적, 몸짓적 사고구조를 가지고 있고, 절대자유의 세계에 도달하는 것을 목표로 삼지도 않기 때문에 나를 고통으로부터 완전히 해방시켜 주지 못하였다. 다시 말하면 정신분석은 지금은 고통스럽지만 열심히 노력하면 차츰 차츰 고통에서 벗어날 것이라고 하는데, 바로 이 점 때문에 나를 고통으로부터 해방시켜 주지 못하였다. 언어는 달이 아니라 달을 가리키는 손가락에 불과한데, 언어를 치료의 주된 수단으로 사용하는 정신분석은 언어가 가진 한계를 인식하지 못하고 있는 듯하다. 내가 공부했던 다른 상담심리학이론도 정신분석과 비슷한 한계점을 갖고 있다. 또한 정신분석은 나의 부정적인 면에 초점을 맞추어 이를 제거하려 하였기 때문에 나로 하여금 스스로를 부정적인 면만 갖고 있는 문제아로 생각하게 하거나 열등감을 갖게 하였다. 교수가 되어 심리학을 공부하고 학생들을 가르치는 일에서도 큰 의미를 찾지 못하였다. 나 하나도 주체 못하면서 어떻게 뻔뻔스럽게 남을 가르치고 도와준다고 할 수 있겠는가? 늘 미안하고 자신이 없었다. 현실로부터 도망치고 싶었다. 그러면서 그 이유가 분명하지는 않았지만 막연하게 종교 특히 불교에 귀의하지 않고서는 고통으로부터 벗어날 수 없다는 생각을 하게 되었다.

어린 시절부터 불교에 관심을 가지고 있었다. 1996년을 전후해서 대략 1년 정도 불교에 관심 있는 사람들끼리 모여 불교경전을 읽었다. 이 당시 이 공부가 나의 가슴에 와닿는 체험 위주의 공부가 아니라 사변적이고 관념적인 지식 위주의 공부였던 것 같다. 특별히 지도해 주는 사람이 있었던 것이 아니라 그냥 돌아가면서 경전을 읽는 수준이었다. 나의 변화에는 도움이 되지 않았다. 차라리 아침저녁으로 108배를 하는 것이 나을 듯했고, 이 무렵 어느 스님으로부터 주력을 배웠기 때문에 이 모임에서 과감하게 탈퇴하였다. 그래서 오랫동안 아침저녁으로 108배를 하고 열심히 기도를 하였다. 그 이후 절이 너무 하고 싶어 해인사 백련암에서 삼천배도 몇 차례 하였다.

3. 청화 큰스님

1990년 이후 몇 분의 큰스님들의 녹음 법문을 들었는데 그중 청화 큰스님의 녹음 법문에 완전히 매료되었다. 최근 2년 여 동안 청화 큰스님을 나의 마음속에서 스승으로 모시고 큰스님의 말씀을 따라 열심히 공부하였다. 물론 만나 뵙고 가르침도 받았다. 이 당시 출가 수행승이 되고 싶은 충동은 굉장히 강렬하였다. 처자가 없었더라면 아마도 스님이 되었을 것이다. 내가 이해한바 청화 큰스님 가르침의 핵심은 "삼라만상의 모든 현상계는 다 무상한 허상이고 가상이요 본래로 존재하지 않는 것"(큰스님이 뜻하는 허상과 가상의 의미는 우리가 일반적으로 알고 있는 허상과 가상의 의미와는 다를 것이다. 사람들이 무상한 현상계에 집착하기 때문에 집착을 깨기 위해 현상계는 허상이고, 가상이며, 본래로 존재하지 않는다고 하였을 것이다. 아무것도 없고 무가치하다는 의미는 아닐 것이다. 영가스님의 증도가에 보면, '허깨비 같은 빈 몸이 곧 법신'[幻化空身 卽法身][3]이라는 구절이 있다. 이 구절은 우리의 육신이 곧 법신이라는 뜻이다. 엿을 만들 때 거품이 생기는데 이때 거품을 걷어 버리면 엿을 만들 수가 없다. 엿이 곧 거품이고, 거품이 곧 엿이

---

3) 성철, 『신심명·증도가 강설』(장경각, 1986).

다. 여기서 엿은 법신에, 거품은 육신에 비유할 수 있다)이며, 현상계 너머 오로지 진여자성만이 존재하고 진여자성이 중도실상이라는 것이다. 이러한 깨달음이 반야의 지혜이고, 일상삼매이며, 이런 깨달음을 생각생각 상속하여 앞생각과 뒷생각 사이에 다른 생각들이 끼어들지 못하게 하는 것이 일행삼매라는 것이다. 불교의 모든 수행법이 실상인 진여자성에 도달하기 위한 방편인데 실상에 대한 이해 즉 반야의 지혜 없이 화두선을 한다, 염불선을 한다는 것은 잘못된 공부 방법이라는 것이다. 실상을 관하고 떠나지 않는 것이 참선인데, 화두를 들건 염불을 하건 어떤 수행방법을 택하건 실상에 대한 올바른 이해를 가지고 공부를 해야 공부가 속 빠르다"는 것이다. 내가 청화 큰스님의 위와 같은 법문을 처음 접했을 때 한 치의 의심도 없이 그대로 다 받아들였다. 그 당시의 충격과 감동이 오랫동안 지속되었다. 청화 큰스님의 나머지 모든 법문들도 대체로 이해되었다. 큰스님의 말씀을 철저하게 믿고 받들었다. 나의 주된 공부 방법은 언제 어디서고 보리방편문을 관하고 실상을 관하는 것이었다. 간단없이 진여자성을 관하고 그리워하다 보면 여러 단계를 거쳐 종국에는 마음의 고향인 부처님 세계로 갈 것이라고 철썩 같이 믿었다. 이 무렵부터 술과 담배는 완전히 끊었고, 채식만 했고 오신채도 먹지 않았다. 식사량은 아주 적었다. 이전부터 요가체조도 줄곧 해 오던 터라 모든 감각이 아주 예민해졌다. 특히 채식에 대한 나의 결의는 아주 대단해서 그 누구도 나의 채식 습관을 바꿀 수 없었다.

한번은 몇 명의 일반 대중들과 함께 청화 큰스님의 처소에 들렀던 적이 있었다. 이때 큰스님은 연세고 공부고 모든 면에서 우리들보다 앞서 있었다. 그런데 비가 오는데도 불구하고 마루에서 내려 처마 밑까지 나와

두 손을 모아 합장하면서 아주 깍듯하게 90도 각도로 허리를 굽혀 절을 하면서 우리를 배웅하였다. 청화 큰스님의 이런 모습에서 큰스님의 인품을 엿볼 수 있었다. 타인에 대한 존중심이 몸에 배어 있었다. 이것이 나에게는 훌륭한 공부 방법의 하나로 보였다. 그 이후로 나도 상대방이 누구든지 관계없이 상대에 대한 지극한 존경심을 갖고 나의 몸과 마음을 낮추려고 노력하였다. 우연의 일치인지 그로부터 오랜 시간이 지나지 않아 어느 노스님과 70세가 훨씬 넘은 할머니가 아주 공손하게 허리를 굽히며 나에게 합장을 하였다. 나를 공부시키려고 나타난 선지식들 같았다.

청화 큰스님의 법문 가운데서 기억에 남는 것을 소개하면, 중생은 만물을 그 수만큼 따로따로 분리해서 보나, 성자는 일체를 하나의 생명체로 본다는 것이다.(나는 큰스님의 이 법문을 듣고 이제까지 일체를 그 수만큼 분리시켜 보는 것은 이원론이고, 일체를 한 생명체로 보는 것은 不二論이라고 이분법적으로 나누어 생각하였다. 아마 큰스님은 이러한 의미로 말하지는 않았을 텐데, 내가 왜곡 해석하였다. 그러나 이 부분에 대해 박성배 교수님과 이야기하는 가운데, 분리시켜 보는 것은 이원론이고 한 생명체로 보는 것은 불이론이라는 이분법적 사고의 양면을 다 부정하고 뛰어넘은 차원이 불이라는 것을 박성배 교수님이 이해시켜 주었다.) 왜냐하면 성자는 만물을 생명의 근본인 불성에서 보기 때문에 일체가 한 생명체로 보인다는 것이다. 그러면서 용수의 입불이법문入不二法門을 소개하였다. 여하히 불성자리에서 일체를 한 생명체로 보는 불이의 경지를 체험하느냐가 나의 화두가 되었고, 자연스럽게 용수의 입불이법문을 읽고 싶은 마음이 간절하였다. 이러는 가운데 청화 큰스님과 박성배 교수님의 도움으로 미국으로 오게 되었다. 미국으로 오겠다고 마음을 낸 최초의 동기는 청화 큰스님의 승인하에 큰스님이 몇 년간 공부했던 로스앤젤레스 근교에 있는 금강선원에 가서 생명의 근본인 불성자리로 돌아가 불이의 경지를 체험하려는 것이었다. 그래서 청화 큰스님의 법문집 1권, 수릉엄삼매도, 약간의 불교 용품외에는 아무런 책도 가지고 오지 않았다. 옷도 법복 몇 벌과 간편하게입을 수 있는 옷들만 가지고 왔지 양복은 애초에 가지고 올 생각도 하지않았다.

4. 박성배 교수님

박성배 교수님과의 만남은 나의 삶에 있어서 일대 전환점이었다. 불교에 대한 안목이 바로 선 것이다. 더 높은 경지의 체험 여부는 순전히나의 노력 여하에 달려 있는 것이다. 명고수 밑에 명창이 나온다는 말이있는데, 나는 박 교수님을 볼 때마다 박 교수님은 명창을 만들려는 명고수의 수고로움을 조금도 마다하지 않는다는 느낌이 들었다. 나는 내 자신이 물기를 보는 족족 빨아들이는 스펀지 같다는 생각을 했었다. 가슴이벅차올랐던 적이 한두 번이 아니었다. 물론 혼란과 갈등의 시간도 있었다. 박 교수님의 사상이 진리의 세계로 들어가는 올바른 길일까? 그러면청화 큰스님이 제시한 길은 그릇된 길이란 말인가? 나는 그동안 무엇을믿고 좇았단 말인가? 어떻게 해야 절대자유의 부처님 세계로 들어갈 수있단 말인가? 답답했다.

미국 입국 서류를 준비하는 과정에서 한국에 있으면서 박 교수님과몇 차례 전화로 통화하였다. 이것이 박 교수님과의 첫 만남이었다. 몇 차례 전화를 주고받는 가운데 박 교수님으로부터 받은 첫 느낌은 청화 큰스님에게서 받은 느낌과 같았다. 상대방에 대한 공손함과 존중이 박 교수님몸에 배어 있었다. 미국에 도착한 후 박 교수님을 만나 전화 통화에서 받은 느낌을 이야기했더니, 박 교수님은 대학시절 한때 출가했을 당시 다른 절에 가서 쫓겨나지 않도록 송담스님이 당신에게 일러 주었던 행동지침을 들려주었다. 그 중 하나는 누구를 만나든지 먼저 이마가 땅에 닿도록 공손하게 절하는 것이고, 다른 하나는 솔선수범해서 남을 위해 닥치는 대로 일을 찾아 하라는 것이었다고 했다. 이 지침을 실천에 옮겼더니 가는 절마다 대환영이고, 다른 절로 가지 말고 같이 오래 살자고 했다 한다. 이것이 사홍서원 중 첫 번째인 중생이 수없이 많지만 기어코 다 건지겠다(衆生無邊誓願度)는 것이고, 귀족이 되지 말고 천민이 되자는 박 교수님의 사상과 일치하며, 스스로 고승이 되기를 거부한 원효의 행동과 일치하는 대목이다. 중생무변서원도와 천민이 되자는 박 교수님의 말은 나로 하여금 부끄러움 때문에 얼굴을 들지 못하게 한 대목이다. 이 대목은 나를 일깨우고 공부시키기에 충분하였다. 이 대목은 「보현행원품」 예경분에서 선재동자의 물음에 답한 보현보살의 대답과 같은 맥락에서 이해된다. 보현보살의 대답은 다음과 같다. "허공계가 다하면 모든 부처님에 대한 나의 예배하고 공경하는 것도 다하려니와, 허공계가 다할 수 없으므로 나의 예배하고 공경함도 다함이 없느니라. 이와 같이 하여 중생계가 다하고 중생의 업이 다하고 중생의 번뇌가 다하면 나의 예배하고 공경함도 다하려니와 중생계 내지 중생의 번뇌가 다함이 없으므로 나의 예배하고 공경함도 다함이 없어 생각 생각 상속하여 끊임이 없되 몸과 말과 뜻으로 짓는 일에 지치거나 싫어하는 생각이 없느니라."[4] 여기서 모든 부처님이란 바로 일체중생이다. 나의 주변에 있는 일체의 모든 것들이 다름 아닌 부처님이다. 성철스님도 성불하는 것 아주 간단하다, 전적으로 남을 위해서만 살

___
4) 광덕, 『화엄경 보현행원품』(석남사, 1997).

고 화두 참구하면 된다고 하였다. 그런데 현재의 내 모습은 어떤가? 멀리는 2년여 전, 가깝게는 서너 달 전의 맹세와 다짐과 감동은 퇴색되고 실천 없는 헛구호만을 외치고 있는 것은 아닌가? 신심이 퇴색된 것은 아닌가? 아내에게 항상 지적당하는 부분이다. 생각만 앞선다고. 실천 없는 수행이 무슨 소용이 있는가. 부끄러운 모습이다.

5. 지금 당장, 여기 이 자리(right now, right here)

미국에 처음 왔을 당시 나는 청화 큰스님 사상의 핵심을 잘 알고 있었고, 그대로 받아들여 공부하고 있었던 터라 내심 자신감이 있었다. 그래서 박 교수님에게 나의 체험 중 일부를 이야기하면서 대단하지 않느냐는 식으로 은연중에 나를 드러내 보였다. 그리고 여차여차해서 로스앤젤레스로 가겠노라고 했다. 박 교수님은 별 반응이 없었다. 그러다가 미국에 온 지 불과 한 달도 못 되어 박 교수님의 폭격에 나의 철옹성이 함락되는 사건이 벌어졌다. 박 교수님의 맨 처음 폭격은 대체로 다음과 같았다. "들이쉰 숨 내쉬기 전에 깨치지 못하면 영원히 깨치지 못한다는 말이 있는데, 이는 바로 이 순간 이 자리에서 깨치지 못하면 영원히 못 깨친다는 뜻이다. 들이쉰 숨 내쉰 다음에 깨치겠다는 것은 깨침과 거리가 멀다. 숨 들이쉰 바로 이 순간 내가 부처고 거기에 끼어들 시간과 공간이 없다. 잠깐 있어 숨 좀 내쉬고, 잠깐 있어 이번 하안거 죽어라고 용맹정진해서 뭐 어쩌고 하면 벌써 깨침과는 거리가 멀다. 숨 들이쉬고 내쉴 것도 없다. 그러니까 지금 이 자리에서는 안 되지만 장차 다른 곳에서는 된다고 하는 이원론적 사고방식은 용납 안 된다. 불교에서 제일 먼저 깨려고 하는 것이 이원론적 사고방식이다. 그런데 시간과 공간을 집어넣어 로스앤젤레스에 가서 공부하겠다고 하는가." 이런 내용이었다. 나의 이원론적 점종적 수행관에 대한 경책이었다. 그러나 그 당시 이 말은 현재 내가 느끼고 있는 무게와 깊이로는 가슴에 와닿지 않았다. 비록 미국 오기 전에도 나름대로 불이론적 공부를 한다고 하였지만 이원론적 사고와 불이론적 사고 그리고 이 사고가 수행과 어떤 관계가 있으며 어떤 영향을 미치는지에 대해서는 명확하게 몰랐다. 그저 다른 스님들이 하는 방식을 따라 공부했을 뿐이다. 불이론적 사고와 불이론적 사고에 기초한 수행에는 명확한 개념이 서 있지 않았다. 이 당시 박 교수님의 말을 듣고 공감했으나 대체로 어리벙벙한 느낌이었고 내가 뭔가 잘못 가고 있구나 생각하였다. 지금은 안 되지만 나중에는 된다는 이원론적 사고방식의 문제점은 지금 이 자리에서의 삶에 충실하지 않게 만들고, 현재 충실하지 못한 것에 대한 구실을 만들어 주고, 사람의 힘을 확 빼 버리는 것이다. 스님들이고 신도들이고 흔히들 이생에서 성불 못하면 다음 생에서, 그다음 생에서, 또 그다음 생에서 성불하겠다고 자꾸만 현재의 노력을 미래 어느 시점으로 미룬다. 이런 태도라면 미래세가 다해도 성불은 어려울 것이다.

6. 몸짓 닦음

이 당시 나는 철저한 채식주의자였다. 오신채도 먹지 않았다. 어느 날 저녁 집으로 가는 길에 박 교수님이 "황 교수님이 음식을 가리지 않고 아무거나 먹으면 피자나 먹으면서 이야기를 좀 할 텐데. 원래는 대자유인이 무슨 채식이 어떻고 하면서 나도 남도 괴롭히는가. 황 교수님이 부인에게 김치를 두 가지(젓갈과 마늘이 들어간 김치와 들어가지 않은 김치)로 담그게 하고, 채소 반찬을 만들 때도 오신채를 사용하지 못하게 하는 등 부인을 얼마나 힘들게 하는가. 나도 남도 괴롭히는 것이 무슨 공부가"라고 했다. 나는 뒤통수를 정통으로 얻어맞은 것처럼 정신이 아찔하였고 부끄러워 고개를 들 수가 없었다. 와락 눈물이 쏟아졌다. "황 교수님은 청화 큰스님 같이 계행이 청정한 분들이나 상대하지 거지나 창녀 같은 사람들은 거들 떠보지도 않겠네." 모두 다 나의 몸짓 닦음에 대해 일격을 가하는 말이었다. 계행이 청정한 것을 공부가 깊은 것으로 착각해 몇 년간 고수해 왔던, 그 누구도 부수지 못했던 채식을 그 순간 이후로 포기했다. 그날 피자집에서 박 교수님에게 로스앤젤레스로 가지 않겠다고, 여기 뉴욕에서 공부하겠다고 말했다. 나는 박 교수님에게 정곡이 찔려 완전히 항복하였다. 어떻게 대항할 여지가 없었다. 물론 이에 앞서 다른 장소에서 박 교수님과 몇 차례 공부에 대한 이야기가 오고 갔다. 피자집에서 박 교수님의 몇 마디에 내가 왜 완전히 항복했던가? 그 이유가 그 당시로는 정확하게 파악되지 않았으나 여하튼 꼼짝할 수가 없었다. 그런데 그 이후 생각해 보았더니 이것이 굉장히 중요한 사건이었다. "원래는 대자유인이 채식으로 자기를 묶어 남도 자기도 불편하게 만드는가" 하는 이 말에 깊은 의미가 담겨 있다. 우리는 원래 절대 자유인인데 스스로를 자기가 만든 번뇌망상의 틀 속에 가두어 두고 있다. 그 번뇌망상에서 벗어나면 절대 자유의 부처님 세계가 드러난다. 망념으로 규정된 사고의 틀을 깨는 것이 수행이고, 그 방법은 참선, 염불 등이다. 이 틀이 깨어진 경지가 말이 떠나고 생각이 끊어진(離言絶慮) 일즉일체, 사사무애, 그리고 한 티끌 그 가운데 시방세계 머금었다(一微塵中含十方)는 경지이다. 대승기신론에서 "일체 모든 법이 오직 망념을 의지하여 차별이 있으니 만약 망념만 여의면 곧 일체 경계의 상이 없어지리라"[5]와 "만약 무념을 얻으면 내지 생·주·이·멸의 사상이 함께 있어서"6)도 같은 맥락으로 이해할 수 있다. 부처님, 역대 조사들과 선지식들이 이 틀을 깨라고 누누이 말씀하셨다. 『금강경』, 『반야심경』, 『대승기신론』에서도 이 틀을 깨라고 한다. 『금강경』의 논리를 즉비卽非의 논리라고 한다. 『금강경』은 나와 나 아닌 것의 경계가 없어지면, 일체우주가 나이고, 일체중생이 나이고, 일체가 나 아님이 없다고 가르친다. 다시 말하면 경계란 아我인데, 이것이 없어지면 무아이다. 무아일 때 내가 없어지는 것이 아니라 구체적인 내가 분명하게 있으면서 나와 일체가 하나가 된다는 것이다. 인드라망을 생각하면 쉽게 이해할 수 있다. 부연하면 이것이 일즉일체이고 사사무애이며, 일체가 한 덩어리이다. 한 덩어리가 된 것이 몸이다. 일즉일체의 경지는 우리의 사고 틀로는 담겨지지 않고, 사고의 틀을 깰 때 경험된다. 틀을 깨고 일즉일체를 경험하려는 노력이 몸 닦음이다. 이런 노력 없이 문자에 얽매이고 선지식들의 흉내만 내는 이원론적 점종적 수행은 몸짓 닦음이다. 몸은 체에, 몸짓은 용에 해당된다. 어떤 종교, 어떤 경전에도 틀을 깨라는 이언절여의 메시지가 있을 것이다. 예를 들어 『심경부주』에서 보면, 공자는 인仁에 대한 안연의 물음에 "하루라도 자기를 이겨 예로 돌아가면 천하가 인으로 돌아갈 것이니 내지 예가 아니면 보지도 말고, 예가 아니면 듣지도 말며, 예가 아니면 말하지도 말며, 예가 아니면 움직이지도 마라"7)라고 하였다. 이것도 틀을 깨고 이언절여한 몸으로 돌아가라, 겉보기의 몸짓에는 속지 마라는 의미인 것 같다.

---

5) 『대승기신론』, 『대정장』 제32권, p.576a, "一切諸法, 唯依妄念, 而有差別, 若離妄念, 則無一切境界之相."
6) 『대승기신론』, 『대정장』 제32권, p.576c, "若得無念者 내지 以四相俱時而有."
7) 최중석, 『역주 심경부주』(1998), "一日克己復禮, 天下歸仁焉, 내지, 非禮勿視, 非禮勿聽, 非禮勿言, 非禮勿動."

이 당시 박 교수님에게 항복하고 난 후 한동안 혼란스러웠다. 나의 기존의 사고 틀이 남아 있어 이 틀로 박 교수님의 사상을 받아들이자니 뭔가 삐거덕거렸다. 자꾸만 죽 떠먹던 자리로 되돌아가려고 했다. 이원론적 점종적 사고 틀로 불이론적 돈종적 사상을 받아들이려니 혼란스러울 수밖에 없었다. 박 교수님은 나보고 내 자신이 가지고 있는 틀 때문에 진리를 받아들이지 못하는 어리석음을 저지르지 말라고 하였다. 마치 부처님이 일곱 분의 스승을 만날 때마다 당신의 틀을 벗어 버리고 그 스승에게 가르침을 받았던 것과 꼭 같은 태도로 공부하라고 하였다. 그래서 나는 정확하게 나를 진단 받아 혼란으로부터 벗어나기 위해 박 교수님에게 나의 사고 틀과 이 틀을 바탕으로 한 공부 방법을 개략적으로 설명하였다. "만약 형상으로써 나를 보려하거나 음성으로써 나를 찾는다면 이 사람은 삿된 길을 가는 것이니 능히 여래를 볼 수 없으리라"[8]라는 『금강경』의 구절로써 나의 몸짓 닦음을 경책하였다. 그동안 신비체험이나 하는 몸짓 닦음을 공부의 척도로 삼았던 내가 부끄러웠고, 불교에 대한 나의 사고 틀이 얼마나 왜곡되었는지 정신이 번쩍 들었다. 박 교수님에게 항복의 깃발을 더 높이 들 수밖에 없었다. 문제의 심각성은 많은 수행자들이 몸짓 닦음을 견성의 척도로 삼고 있다는 것이다.

7. 믿음: 일체중생이 모두 다 부처님

깨침에 있어서 '믿음'이 가장 중요하다. "믿음으로써 능히 불법의 큰 바다에 들어가고"(以信能入 佛法大海), "믿음이 도의 근본이며 공덕의 어머니

---

8) 『금강반야바라밀경』, 『대정장』 제8권, p.752a, "若以色見我, 以音聲求我, 是人行邪道, 不能見如來."

이다"(信爲道原 功德母)라는 말은 깨침에 있어 믿음의 중요성을 강조하는 말이다. 『화엄경』에서 사람이 공부를 시작해서 부처의 경지에 도달하기까지를 신信, 해(주)解(住), 행行, 증証 4단계로 나눈다. 구역에서는 해 대신 주로 번역하였다. 신은 항상 시작이고, 신이 흔들리지 않는 부동의 불퇴신不退信 상태로 들어가는 것이 해(주)이다. 이러한 불퇴신을 바탕으로 확신에 찬 행이 나오고, 증의 경지로 간다는 것이다. 루터도 종교개혁을 할 때 '오직 믿음 하나만으로'(FAITH ONLY)를 기치로 내세웠다. 그러면 무엇을 믿어야 할까? 무엇을 믿느냐가 중요하다. 우리가 믿는다고 할 때 '부처님의 증의 세계'를 받아들이는 것이다.

『원각경』에 "일체중생一切衆生 개증원각皆証圓覺"9)이란 말이 있다. 나를 포함한 일체중생이 지금 이 자리에서 바로 부처라는 말이다. 수행과 무관하게 잘난 놈, 못난 놈, 병신, 건강한 놈 할 것 없이 일체중생이 모두 다 부처라는 말이다. 이 말은 부처님의 증의 세계를 한마디로 표현한 말이다. 여기에는 시간과 공간 그리고 일체 차별이 싹 빠졌다. 이것이 불이사상이다. 나는 아직 일체중생 개증원각을 체험하지 못했지만 그렇겠습니다 하고 받아들이는 것이 신이다. 이 신이 불이론적 사고방식이고 돈종적 사고방식이다. 매순간 일체중생 개증원각의 믿음을 가지고서 만사에 임하고 자기 자신에게도 임하고 그렇게 해서 이 믿음 앞에서 자기 자신이 부단히 깨지고 되살아나는 것이 올바른 믿음(正信)이고 불퇴신이며 수도다. 나는 이 말을 듣고 환희심이 생겼다. 바로 지금 이 순간, 나의 행동이, 일체중생의 행동이, 다름 아닌 부처님의 행行이 아닌가. 퇴근길에 박 교수님과 이 대목에 대해 이야기를 주고받던 그 장면 그 느낌이 아직도 생생

9) 『대방광원각수다라요의경』, 『대정장』 제17권, p.916b~c.

하게 기억난다. 이 대목에 대해서는 박 교수님과 그 이후에도 많은 이야기가 오고 갔다. 박 교수님의 지적대로 일체중생 개증원각을 인식론적으로 혹은 당위론적으로가 아니라 존재론적으로 믿고 받아들여 이 믿음에서 한 치도 물러서지 않으리라 다짐하였다.

실제 수행자들을 보면 흔히 대부분이 일체중생 개증원각이라는 부처님의 증언을 등지고 시간과 공간을 집어넣어 부처가 되려고 한다. 부처와 자기를 분리시켜 놓고 부처가 되려고 하는 이원론에 빠져 있다. 일체중생 개증원각의 믿음 없는 몸짓 닦음을 통해 부처가 되려고 한다. 특정한 몸짓을 해야 부처가 되는 것으로 착각하고 있는 것 같다. 어떤 몸짓을 하건 우리는 이미 부처다. "열려진 문으로는 기꺼이 나가지 않고 창에다 몸을 처박으니 이 얼마나 어리석은가"(空門不肯出 投窓也大癡)라는 말이 생각난다. 잘나건 못나건 몸짓에 관계없이 일체의 여인이 모두 여인인데도 사람들은 마릴린 먼로처럼 되어야만 여인인 것으로 착각하고 있다. 이는 마치 많은 수행자들이 특정한 몸짓을 해야 부처가 되는 것으로 착각하고 있는 것과 꼭 같은 이치이다. 규봉종밀 선사가 『원각경』을 주석하면서 '일체중생 개증원각'을 '일체중생一切衆生 개구원각皆具圓覺'으로 해석하였다. 일체중생이 모두 이미 증했다 하면 너무하고 장차 증할 수 있는 가능성을 가진 것으로 보자는 것이었다. 신앙의 근본을 흐리게 했다고 당대의 선사들이 노발대발했다. 규봉종밀 선사가 몸은 못 보고 몸짓만 본 것이다. '일체중생 개증원각'이라고 할 때 점종에서 오해의 여지가 다분히 있다. 점종의 반론은 이미 부처라면 이제 공부할 것도 없고 공부할 필요도 없다는 것이다. 점종과 돈종의 출발점의 차이를 보여 주는 대목이다. 점종은 부처 되는 것(성불)이 목표이지만, 돈종은 부처님의 가르침은 우리가 이미 부처이므로 여하히 부처 노릇(불행)을 잘하느냐가 목표이다.

8. 자신은 여전히 없다

미국에 오고 얼마 지나지 않아 박 교수님의 수업을 청강하게 되었다. 박 교수님이 나보고 수업시간에 시간을 할애할 테니 언제 내가 가진 불교관을 강의하라고 제안하였다. 나는 쾌히 승낙했다. 그때까지만 해도 나는 청화 큰스님의 가르침의 핵심을 환히 꿰뚫고 있었다고 스스로 생각했고 나름대로 열심히 정진하고 있었기 때문에 자신이 있었다. 그런데 시간이 갈수록 자신감이 없어지고 나중에는 이야기할 것이 없어졌다. 그 당시 나의 불교관이 이원론적, 점종적, 몸짓적 불교관이어서 부처님의 가르침과는 거리가 멀었다. 결국 강의는 하지 않았다. 그러나 언젠가부터 나의 혼란도 잠잠해졌다. 스님이 되고 싶은 생각도 없어졌다.

스님, 신도 가릴 것 없이 전부가 다 마음병에 걸려 있고, 박 교수님을 만나기 전에는 나도 예외는 아니었다. 육체는 죽어도 영혼은 살아 있다는 희랍철학의 이원론처럼, 스님들도 현상계는 변해도 불변하는 마음이 있다는 이원론에 빠져 있었다. 마음이 어딘가에 존재하는 것처럼 실체화시켜 놓고 이 마음만 보면 부처가 된다고 한다. 사실 이 마음이라는 것은 사사무애의 경지와 구체적인 내가 분명하게 있으면서 나와 일체가 하나된 일즉일체의 경지를 지칭하는 대명사일 뿐이다. 마음은 실체화를 깨기 위한 말이다. 진여와 생멸이 현실이고, 진여와 생멸의 두 면에 종교적으로, 상징적으로, 이름 붙인 것이 일심一心이다. 인식상의 오류이다. 이런 오류는 기독교에서도 일어나고 있다. 나의 생각으로는 하나님이란 이언절여의 경지에 대해 이름 붙여진 대명사인데, 이와 같은 하나님을 실체화시켜 놓고 하나님이 천지를 창조했다고 한다. 이런 오류는 유교에서도 마찬가지인 것 같다. 마치 태극이 있어 태극에서 음과 양이 나오고, 오행, 삼라만상이 벌어졌다고 한다. 그러나 태극은 음과 양의 조화에 대해 이름 붙여진 대명사일 뿐 음과 양이 현실이다. 그래서 태극의 실체화를 깨기 위해 주렴계가 태극 앞에 무극을 넣었던 것은 아닌가. 이런 인식상의 오류는 손가락과 달의 관계를 모르기 때문이다. 마음, 하나님, 태극은 달을 가리키는 손가락에 불과한데, 우리가 달은 못 보고 손가락만 보기 때문에 이런 인식상의 오류가 생긴다.

불교는 이원론이 아니다. 일체는 무상하니까 무상한 일체를, 현실을, 제대로 보자는 것이다. 이런 사상이 중국으로 가서 화엄사상이 되면서 사사무애로 발전하였다. 그리고 중국 선으로 넘어가서 수처작주 입처개 진이라는 말로 표현되었다. 언제 어디에서건 주인공이 된다면 그곳이 바로 진리라는 것이다.

나는 지금이 미국 오기 전과 비교해 현재와 현실에 보다 더 충실해진 것 같다. 불교에 대한 안목이 지금처럼 바뀌기 전에는, 교수가 되어 학생들을 가르치는 일도 의미가 없었고 이때 이 자리에서의 현재적 삶보다는 절집생활에 더 많은 관심과 가치를 두었다. 한국에 돌아가면 앞으로 어떻게 변할지는 모르겠으나 지금으로서는 교수라는 직업과 현재 삶에 더욱 충실해질 것 같다. 지금 생각해 보면 절집생활에 대한 많은 관심이란 것도 현실인 현상계를 무가치하게 보고, 미래와 내세에 더 많은 가치를 두고, 마음만을 소중히 생각하는 등 왜곡된 것이었다. 현실을 무시하고 초월하는 것이 도가 높은 것으로 알고 법신인 나의 육신도 천시하였다. 대부분의 사람들과 마찬가지로, 나는 불교로 착각하고 있는 허무주의와 은

둔주의를 더 가치 있게 생각하고 그래야 공부가 많이 된 것으로 오해하고 있었다. 이런 사고의 틀을 가지고 있다 보니 현재를 소홀히 할 수밖에 없었다. 남들의, 바닥 인생들의 아픔을 나의 아픔으로 느끼고 당장 달려가서 도와주기보다는 멀리 떨어져서 방관자처럼 객관적으로 보고 그것은 너의 업보야 라고 하는 것이 공부가 깊은 것으로 착각하였다. 이것이 나의 현실이었다. 또한 이것은 스님을 비롯한 많은 불교인들의 현주소이기도 하다. 특히 스님들은 아침저녁으로 중생무변서원도를 외치면서도 부처님의 말씀과는 거리가 있는 중생제도를 하고 있다. 이에 비해 고승 되기를 거부하고 중생을 위해 인간으로서 현재의 삶에 충실한 원효스님은 나에게 귀감이 되기에 부족함이 없다.

9. 나는 지금 어디에?

나의 또 다른 변화는 이전에 비해 감정들이 자연스럽게 일어나고, 일어나는 감정들을 편안하게 대하는 것 같다. 많이 편안해진 것 같다. 흔히들 극단적인 감정이든 아니든 감정을 느끼지 않고 무덤덤하게 있는 것을 공부가 깊은 것으로 생각한다. 『심경부주』 내용에서도 이런 대목이 나왔다. 그래서 토론에서 내가 "도인은 인간이 아니구나"라고 말한 적이 있다. 감정을 느끼지 않는다면 그림 속의 부처나 예수고, 돌부처나 나무 조각 예수에 불과하지 인간은 아니다. 인간이면서 도인이어야지 인간도 아닌데 도인이면 우리에게 무슨 소용이 있는가. 그런 도인은 인간세상에는 필요 없고 다른 세상에서나 필요하다. 흔히들 유교 선비들은 황진이, 화담선생, 그리고 어느 스님에 대한 이야기를 하면서 황진이의 불타는 유혹에 스스럼없이 주저하지 않고 몸을 바친 스님보다 철인 같이 냉담하게 눈썹 하나 까딱하지 않은 화담선생의 도가 더 높다고 한다. 세상 사람들이야 유교 선비가 그렇게 말하니 별 생각 없이 그런가 보다 하고 받아들인다. 그러나 나는 다르게 생각한다. 화담선생에게 인간다움을 느끼지 못하겠다. 인간이라면 감정에 솔직하고 충실해야 하지 않겠는가. 가장 평범하고 자연스러운 것이 도일 텐데 자연스러운 흐름에 역행하는 것이 도일 것인가? 몸을 보지 않고 몸짓만 보니까 화담선생의 도가 높은 것으로 보일 수도 있다. 정명도와 정이천에 관한 일화 중에 두 형제가 술집에 가서 했던 행동을 보고 정명도의 공부가 더 높다고 하는 이야기도 있지 않은가. 불교의 공안 가운데 암자를 불태운 노파에 관한 이야기가 있다. 한 노파가 어느 스님을 공부하라고 몇 년간 지극정성으로 뒷바라지하였다. 어느 날 밤 노파는 스님의 공부를 점검하기 위해 자기 딸을 스님 방으로 들여보냈다. 다음 날 아침 노파가 딸에게 전날 밤 스님이 어떻게 하더냐고 물었다. 딸이 말하기를 스님이 장승처럼 자기를 본 척도 않더라고 했다. 노파는 "이런 도둑놈. 공부는 안 하고 밥만 도둑질했구나" 하고는 그 길로 달려가 스님을 내쫓고는 암자를 불태웠다는 이야기가 있다. 노파가 왜 그랬을까? 그 스님이 여자에게 마음이 흔들리지 않았으니 도가 높을 것 같은데 말이다. 원효스님이 인간으로서 도인이니까 요석공주와 사랑에 빠지지 않았을까. 인간이 아니었더라면 사랑에 빠지지도 않았을 것이다. 이 예들은 몸짓 닦음을 경책하는 예들일 것이다.[10]

10) 참고문헌

광덕, 『화엄경 보현행원품』(석남사, 1997); 성철, 『신심명·증도가 강설』(장경각, 1986); 최중석 역주, 『역주 심경부주』(국학자료원, 1998); 『금강반야바라밀경』, 『대정신수대장경』 제8권; 『대방광원각수다라요의경』, 『대정신수대장경』 제17권; 『대승기신론』, 『대정신수대장경』 제32권.

2. 질의응답에 대해서

나의 지난번 발표에 대한 토론은 동문서답이 되고 만 것 같다. 발표자의 본뜻은 전달되지 않았다.

첫째, "들이쉰 숨, 내쉬기 전에 깨쳐야 한다"는 것은 선승禪僧의 철칙鐵則이다. 숨 들이쉰 이 순간에 깨쳐야 한다는 것이다. 지금, 이 자리에서 깨치지 못하면 영원히 못 깨친다는 사고는 시간과 공간을 빼 버린 돈종적 사고방식이다. 이것이 부처님의 가르침이다.

이에 대해 어느 교수님은 도의 경지에 이르는 데 단계적 과정이 필요하다는 입장을 취하셨다. 이것은 전형적인 점종적 사고방식이다. 걸음마 단계를 거쳐 점차적으로 도의 경지에 이른다는 것이다. 그러면서 공자도 70세가 되어서 도의 경지에 이르렀다고 했다. 그런데 공자가 과연 점종적 사고방식에 입각해서 단계적 수행의 당연함을 말하기 위해 자신이 70세에 도의 경지에 이르렀다고 했을까? 공자처럼 70세가 되어야만 도의 경지에 이를 수 있다는 것인가? 그렇지는 않을 것이다. 그 교수님의 말씀처럼 만약 공자가 단계적 수행의 당연함을 주장하기 위해 자신이 70세에 이르러 도의 경지에 들었다고 했다면, 이는 규봉종밀의 '일체중생 개구원각'과 같은 맥락에서 이해될 수 있다. 단계적이고 점종적인 사고방식으로는 "일일극기복례 천하귀인언"을 설명할 수 없을 것이다. 이 말은 일일극기복례면 천하가 일시에 인으로 돌아간다는 뜻인데, 돈종적 사고방식이 아니고서는 설명할 수가 없다.

둘째, 망념분별에 의해 생겨난 사고 틀이 깨어진 경지가 일즉일체의 경지이고, 이언절여의 경지이다. 부처님을 비롯한 역대 조사들과 선지식들 그리고 『금강경』, 『반야심경』 등의 경전들은 하나같이 이 틀을 깨라고 했다. 좋은 틀이건 나쁜 틀이건(좋다, 나쁘다는 것도 우리의 분별에 의해 생겨난 틀이다) 말이다. 이 틀이 깨어지면 절대자유의 부처님 세계가 드러난다. 그런데 그 교수님은 틀이 있어야 한다고 말씀하셨다. 나쁜 틀은 깰지라도 좋은 틀은 지켜야 한다는 것이다. 그리고 인간 내부에 있는 본심의 발현이 유교의 공부라고 했다. 그런데 사람들이 틀을 가지고 있을 경우, 그것도 사람들이 단계별로 자기 단계에 맞는 틀을 가지고 있다면 인간 내부의 본심이 완전하게 발현될까? 본심은 각자가 가진 틀에 굴절되어 발현될 것이다. 다시 말해 제 눈에 안경 식으로 본심이 발현될 것이다. 어떤 사람이 빨간색 안경의 틀을 끼고 있을 경우, 내부의 본심은 빨갛게 채색되어 발현될 뿐 아니라 외부의 현실도 있는 그대로 못 보고 빨갛게 채색해서 볼 것이다.

공자의 일일극기복례 천하귀인언 내지 비례물시 비례물청 비례물언 비례물동을 어떻게 해석할 것인가? 틀을 깨라, 그러면 천하가 일시에(단계적이 아니라) 인으로 돌아간다. 내지 틀을 깨고 몸으로 돌아가지 않으면 시청언동의 몸짓은 의미 없다는 뜻일 것이다. 상중무불相中無佛 불중무상佛中無相(상 가운데는 부처가 없고 부처 가운데는 상이 없다)이라는 말도 틀을 깨면 진리의 세계가 드러난다는 뜻으로 이해할 수 있다.

우리는 상식적인 논리에 익숙해 있어 틀을 깨야 한다고 하면 내가 없어지는 것으로 착각한다. 틀을 깬다는 것은 꿈틀꿈틀 기어 다니는 배추벌레의 경지에서 어디든지 훨훨 날아다니는 배추흰나비의 경지로 비약한다는 것을 의미한다.

마지막으로 한마디 더 첨부한다면, 나는 대결구도의 측면에서 원고를 발표한 것은 아니었다. 단지 달과 손가락, 몸과 몸짓의 관계를 이야기하려 했다. 그 예의 하나로 '황진이' 예를 인용했다. 그런데 나의 이런 의도가 왜곡된 것 같다. '황진이' 예는 몸과 몸짓의 관계를 밝히기 위한 손가락에 불과하다. 정명도, 정이천 형제의 일화와 암자를 불태운 노파의 예를 제대로 읽었다면 이런 왜곡된 해석을 하지 않았을 것이다. 돌을 던지면 개는 돌을 쫓아가 물지만, 사자는 돌을 쳐다보지도 않고 돌 던진 사람을 덮친다는 말이 생각난다.